해법코드로 설명한
심층 강화학습

Deep Reinforcement Learning Hands-On

Apply modern RL methods, with deep Q-networks,
value iteration, policy gradients, TRPO, AlphaGo Zero and more

Deep Reinforcement Learning Hands-On

by Maxim Lapan

해법코드로 설명한

심층강화학습

인 쇄 : 2020년 3월 2일 초판 1쇄
발 행 : 2020년 3월 9일 초판 1쇄

역자와의
협의하에
인지생략

역 자 : 이승익
발행인 : 송 준
발행처 : 도서출판 홍릉
등 록 : 1976년 10월 21일 제5-66호

주 소 : 서울시 강북구 인수봉로 50길 10
전 화 : 02-999-2274~5 **팩 스 :** 02-905-6729
e-mail : hongpub@hongpub.co.kr
홈페이지 : www.hongpub.co.kr

ISBN : 979-11-5600-740-1
정 가 : 39,000원

낙장 및 파본은 구입처나 본사에서 교환하여 드립니다.

반복 강화학습, 정책 그라디언트, TRPO, AlphaGo Zero 등
Q-네트워크를 이용한 최신 RL 방법 적용!

해법코드로 설명한 심층강화학습

Maxim Lapan 지음
이승익 옮김

Packt>

도서출판 홍릉

역자 약력

이승익

- 현재 과학기술연합대학원대학교(UST)에서 교수로 재직하고 있으며, 동시에 한국전자통신연구원에서 연구원으로 재직하고 있다. 이 교수는 연세대학교에서 학사, 그리고 동 대학교에서 컴퓨터공학(인공지능)으로 석사, 박사를 받았고, 일본 ATR연구소에서 연구원으로 근무하였다.
- 귀국 후 한국전자통신연구원에서(2004~) 지금까지 근무하면서 인공지능과 관련한 다양한 국책연구과제를 진행하였다. 또한, UST 교수로 재직하면서 대학원생들을 대상으로 딥러닝 과목과 강화학습 과목을 강의중이며, 관련하여 우수강의로 선정되고 국내외에서 딥러닝과 강화학습 분야에서 다수의 강연을 진행하는 등 후학양성에 정성을 쏟고 있다.
- 관련된 주요 연구분야로는 딥러닝과 강화학습을 기반으로 이상상황 탐지와 객체추적 등을 연구하고 있다.

역자의 말

해법코드로 설명한 심층 강화학습은 강화학습과 관련한 학습을 원하는 분들에게 새로운 학습 방법을 제시하고자 노력하는 책이다. 기존의 강화학습 관련 책들을 살펴보면 대부분 너무 이론에 치우쳐서 실제적으로 제시된 알고리즘들이 어떻게 코드로 구현되는지 알기 어려운 경우가 많았고, 그로 인하여 강화학습을 실전에 적용할 때 어려움을 느끼곤 하였다. 이 책은 그러한 독자들의 갈증을 해결해 줄 수 있을 것이라 기대된다.

이 책은 이론을 간단히 소개하고, 그 이론이 실제 코드로 어떻게 구현되는지에 대하여 중점을 둔 책이다. 물론, 강화학습의 각 이론들이 코드로 구현된 것들은 우리가 깃허브 등을 조금만 검색해보면 쉽게 구할 수 있다. 하지만, 그러한 단편적 조각들을 일일이 이론과 대응시켜 찾아보는 것도 상당히 귀찮은 일일뿐더러, 여기 저기 산개해 있어서 하나로 일목요연하게 정리하기가 쉽지 않은 게 사실이다. 다행히, 이 책은 이론과 더불어 코드를 잘 제시해 놓았고, 특히 깃허브에 일목요연하게 챕터 별로 정리해 놓았기 때문에 독자 여러분들이 손쉽게 접근할 수 있다.

따라서, 이 책은 이론과 실전을 동시에 학습하고자 하는 분들에게 추천해 드리고 싶다. 다만, 이 책은 전반에 걸쳐서 심층 강화학습, 즉 딥러닝과 강화학습의 결합에 대하여 주로 논의하고 있기 때문에, 이 책을 읽기 원하는 독자들은 최소한 딥러닝에 대한 기초 지식은 갖추고 있어야 한다. 예를 들어서, CNN, RNN 등과 같은 딥러닝에서 많이 쓰이는 구조와 그들이 동작하는 방식에 대해서는 어느 정도 이해를 갖추고 있어야 한다.

이 책을 번역하면서 가장 힘들었던 부분은 책 자체가 이론과 코드를 같이 제시하는 컨셉으로 만들어졌기 때문에, 아무래도 이론적인 부분에서 다소 빈 공간이 생길 수 밖에 없다는 점이었다. 번역을 할 때 독자 여러분들이 이러한 빈 공간을 느끼지 않도록 최대한 친절히 번역을 하고, 원서에는 없는 내용도 필요하다면 과감히 추가하여 독자 여러분들의 이해를 돕고자 노력하였다.

또한, 번역을 함에 있어서 원서에 나온 대로 글자 그대로 번역을 하는 방법도 있고, 최대한 의역을 하면서 번역을 할 수도 있는데, 이 책은 두 번째 방법, 즉 최대한 의역을 하는 방식을 택하였다. 이는 독자 여러분들의 이해를 최대한 돕고사 하였다. 따라서, 원서와 완전히 단어 대 단어식으로 일대일 대응하시는 않는다는 점을 이해해 주시면 감사하겠다.

또한, 원서에서 설명이 다소 부족하거나 어렵게 되어 있는 경우, 혹은 내용 전개상 필요 없는 경우 등이 있는데, 그러한 경우에는 과감히 내용을 삭제하기도 하고, 내용을 추가하기도 하고, 완전히 새로운 내용으로 고쳐 쓴 부분도 있다. 따라서, 이 책은 원서와 비교하여 완전히 새로운 책은 아니지만 굳이 비교하자면 대략 원서 대비 1.2~1.5 버전 정도로 자리매김할 수 있을 것이다.

이 책이 번역되어 나오기까지 많은 분들의 노력, 고통, 이해가 필요로 하였다. 먼저 이 책의 번역을 허락해 주신 홍릉출판사에 감사의 말씀을 전합니다. 또, 저와 이야기하시면서 직접적으로 책의 번역을 담당해주신 송성환 부장님께는 그동안 고생 많이 하셨다고 감사의 말씀을 전해드리고 싶습니다. 그리고, 저의 무수한 수정요구에 힘드셨을 편집부 직원분들께도 감사의 말씀을 전합니다.

마지막으로 이 책이 나오기까지 주말에도 작업을 진행하면서 그 동안에 많이 저를 응원해주고 지원해주고 참아준 가족들에게도 감사의 말씀을 전합니다. 사랑스러운 나의 아내 소영과, 주말에 많이 놀러가지도 못하고 기다려준 사랑하는 나의 아들 딸 산이와 강이에게도 미안한 마음을 같이 전합니다.

2020년 2월 20일

이승익

목차

제 1 장

강화학습이란?

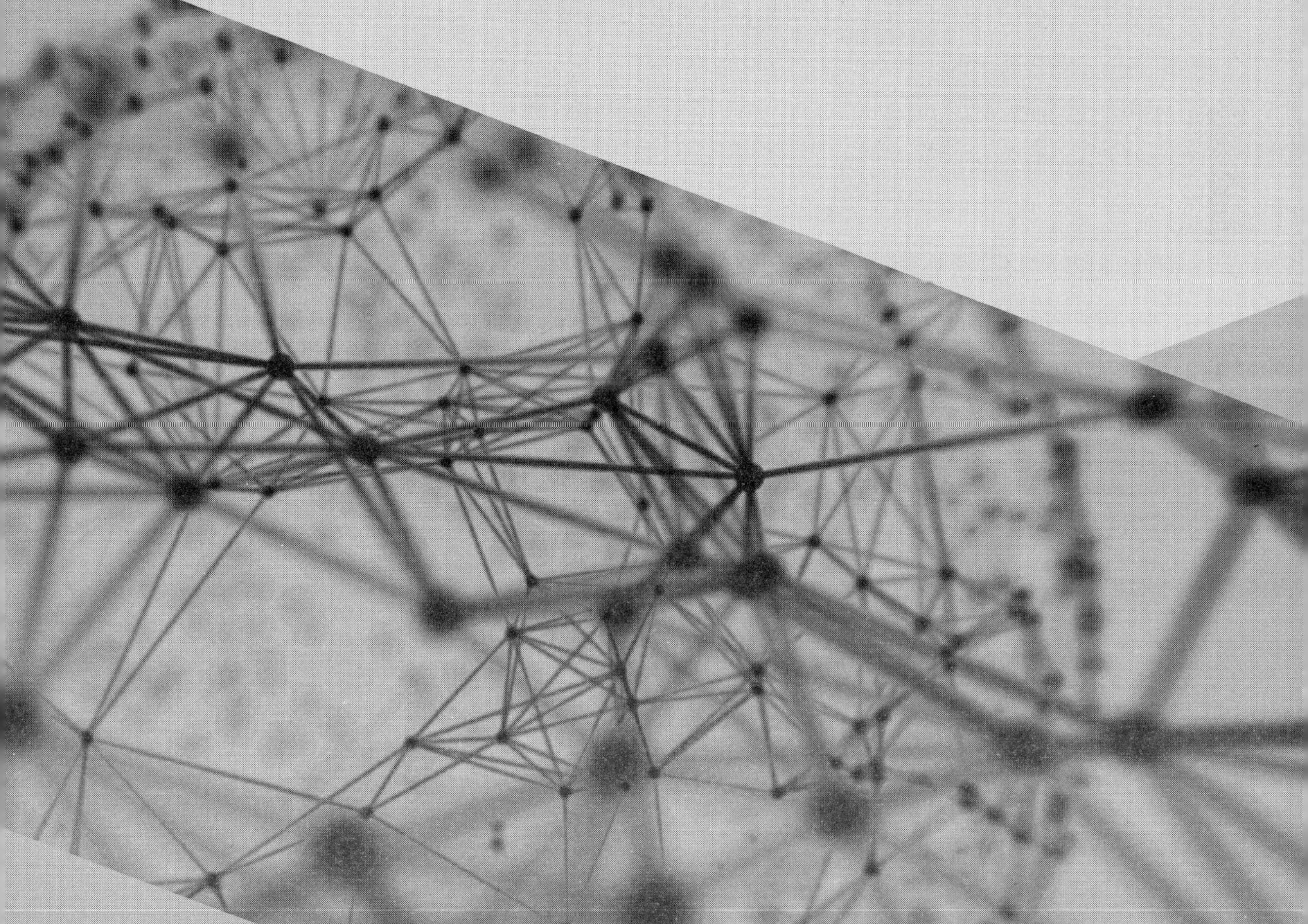

강화학습(Reinforcement Learning 혹은 간단히 RL)은 머신러닝의 한 분야로서, 보다 구체적으로는 매 순간마다 최적으로 행동을 선택하는 것을 자동적으로 배우는 문제를 다룬다.

언뜻 보기에는 입력과 출력이 정적인 것 같아 보이는 문제도 좀 더 큰 관점에서 보면 동적인 문제가 되는 경우가 종종 있다. 예를 들어, 지도학습을 이용하여 이미지로부터 '개'와 '고양이'를 구분하는 간단한 두 클래스 분류 문제를 살펴보자. 아마도 여러분은 학습데이터를 모으고, 딥러닝 툴킷 같은 것을 사용하여 분류기를 구현할 것이고, 아주 훌륭한 성능을 보여주는 분류기를 얻을 수 있을 것이다. 여러분은 이것을 컴퓨터에 넣어서 잘 돌아가도록 그대로 놔두고 휴가를 갔다. 그런데, 휴가 중에 보고서를 만들려고 하다 보니 시스템의 입력 이미지 중에서 '개'의 헤어 스타일이 학습시킬 때의 스타일과 확연히 다른 이미지가 들어오는 것을 발견하였고, 이로 인해서 입력으로 들어오는 상당히 많은 수의 이미지가 잘 못 분류되고 있는 것을 발견하였다. 아, 망했다! 어떻게 해야 하지? 사실 딱히 방법이 없다. 우리 모두가 알다시피, 그저 새로운 헤어스타일을 가지고 있는 이미지를 포함하도록 학습데이터를 업데이트하고, 다시 학습시키고, 다시 배포해야 한다. 물론, 이런 상황은 상당히 빈번히 일어나기 때문에 상당히 고통스러운 일이고 고역이다.

앞의 예는 여러분이 학습시킨 시스템을 실제 필드에 적용할 때, 시간이 지남에 따라서 발생할 수 있는 사례를 의도적으로 상상해 본 것이지만, 머신러닝 분야에서는 실제로 너무 많이 간과되고 있는 문제이기도 하다.

강화학습은 사실 인간이 인공지능에 대해 갖고 있는 기존 관념(즉, 인공지능은 시간이 지나도 스스로 변화하는 환경에 적응할 수 있다)에 상당히 가깝게 구현할 수 있는 접근 방법이다. 이 장에서 우리는 다음과 같은 사항에 익숙해질 수 있는 시간을 가져 볼 것이다.

- 강화학습과 머신러닝의 또 다른 분야인 지도학습 혹은 비지도학습과의 관계
- 강화학습의 구성 및 그들의 상호작용
- 강화학습의 이론적 토대인 마르코프 의사결정 과정(Markov decision process)

지도학습, 비지도학습, 그리고 강화학습

지도학습(supervised learning)은 머신러닝 분야에서 가장 많이 연구되고 잘 알려진 분야로서 아마 여러분들이 가장 친숙하게 느낄 수 있는 분야일 것이다. 지도학습은 입력(input)과 출력(output)을 쌍으로 하는 학습데이터가 주어 졌을 때, 이를 이용하여 입력과 출력을 매핑하는 함수를 자동적으로 배우는 것을 다룬다. 이게, 처음에는 간단하게 들릴지도 모르지만 사실은 최근에야 컴퓨터를 이용해서 연구자들이 해답을 제시하기 시작한 매우 다루기 어려운 문제들도 포함하고 있다. 지도학습을 활용한 응용 예는 매우 많은데 몇 가지 예를 들자면 다음과 같다.

- **텍스트 분류**: 이메일이 스팸인지 아닌지?
- **이미지 분류**: 사진에 고양이, 개, 혹은 다른 무엇이 있는가?
- **회귀 문제**: 날씨 센서(예를 들면, 온도나 습도 센서)로부터 받은 정보가 주어 졌을 때 내일의 날씨는 어떨까?
- **감성 분석**: 이 리뷰를 남긴 고객의 만족도는 얼마일까?

위의 질문들은 매우 다르게 보일 수 있지만, 모두 같은 아이디어를 공유하고 있다. 입력과 원하는 출력을 쌍으로 하는 다수의 데이터가 주어졌을 때, 아직 보지 않은 미래의 입력에 대하여 출력을 생성하고 싶은 것이다. 지도학습이라는 이름은 알려진 정답(혹은 레이블)으로부터 우리가 무언가를 배우다는 것에서 유래한다(역자주: 즉, 알려진 정답으로부터 지도를 받는다는 의미다). 물론 이 정답은 누군가(지도자)가 입력에 일일이 다 붙여 놓아야 한다.

지도학습의 저 반대편 끝 쪽으로 가보면, 우리가 흔히 비지도학습(unsupervised learning)이라고 부르는 분야가 있는데, 여기서는 데이터에 아무런 정답이 붙어 있지 않다. 따라서, 우리의 주요 목적은 우리가 가지고 있는 데이터 셋 내의 데이터들이 가지고 있는 숨겨진 어떤 구조를 학습하는 일이다. 대표적으로는 클러스터링(clustering)이 있다. 클러스터링은 주어진 데이터를 몇 개의 연관된 클러스터(그룹)로 나누게 되는데, 그럼으로써 데이터들 간의 관계를 밝혀내는 것이다.

비지도학습의 또 다른 예로서 최근에 매우 각광받는 분야인 생성형 대립 신경망(Generative Adversarial Networks, GAN)이 있다. 여기서 우리는 두 개의 신경망 즉, 생성형(generative) 신경망과 구분형(discriminative) 신경망을 운용하게 되는데, 생성형 신경망은 구분형 신경망을 잘 속일 수 있도록 진짜와 비슷한 가짜 데이터를 생성하도록 노력하고, 반면 구분형 신경망은 우리가 가지고 있는 실제 데이터와 생성형 신경망이 생성한 가짜 데이터를 잘 구분할 수 있도록 학습된다. 이렇게 학습시키면, 시간이 흐를수록 각자 자신의 역할을 충실히 수행하도록 학습되므로 결국 생성형 신경망은 실제와 거의 유사한 가짜 데이터를 생성할 수 있게 된다.

강화학습은 앞서 언급한 두 개의 머신러닝 분야인 지도학습과 비지도학습과의 사이에 위치하는 분야이다. 즉, 완벽한 지도가 이루어지는 환경(레이블이 있는 환경)과 지도가 전혀 없는 환경(레이블이 전혀 없는 환경) 사이에서 동작하는 분야이다. 예를 들면 강화학습은 지도학습에서 잘 알려진 딥러닝 망을 이용하여 함수를 근사하는 데 사용되기도 하고, 확률적 경사 하강법(stochastic gradient descent)과 오류 역전파(error backpropagation)를 사용하여 데이터의 표현을 배우기도 한다. 하지만, 강화학습은 이러한 지도학습적 기법들을 기존 지도학습과는 약간 다르게 적용한다.

이 장의 다른 두 섹션을 통하여, 우리는 수식을 포함하여 강화학습이 가정하고 있는 것과 그 추상화에 대하여 수식을 통하여 자세히 살펴볼 것이다. 하지만, 일단 지금은 강화학습과 지도학습 혹은 비지도학습의 관계를 직관적으로 먼저 살펴보자

그러기 위해서, 일단 어떤 주어진 환경에서 동작하는 하나의 에이전트를 상상해 보자. 이 에이전트는 미로속에 놓인 로봇 쥐일 수도 있고, 자율 헬리콥터일 수도 있고, 체스에서 최고수를 이기기 위한 체스 프로그램일 수도 있다. 일단, 지금은 그냥 로봇쥐라고 가정하자.

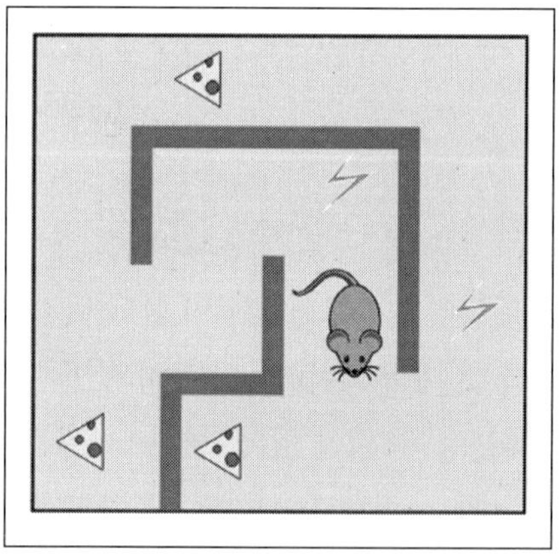

그림 1. 미로 환경에 놓인 로봇쥐

그림에서 보이는 것처럼 미로 곳곳에는 음식이 놓여 있고, 또 다른 곳에는 전기 충격기가 놓여져 있다. 로봇 쥐가 할 수 있는 행동은 좌회전, 우회전, 혹은 직진이다. 로봇 쥐는 매 순간마다 환경을 완벽히 인식할 수 있으며, 이를 바탕으로 자신의 행동을 결정한다. 로봇 쥐는 최대한 많은 양의 음식을 찾기를 원하지만, 전기 충격은 가능한 피해야 한다. 바로 이 음식과 전기 충격이

로봇이 취한 행동에 대한 보상이 된다. 보상은 강화학습에서 매우 중요한 개념으로서, 이 장의 나중에 다룰 것이다. 지금은 에이전트(=로봇쥐)가 가능한 최대한의 보상을 받으려고 노력한다는 점만 이해하자. 이 특정 예에서는, 음식을 얻으러 가는 와중에 쥐가 전기 충격으로 고생할 수도 있지만, 아무 것도 하지 않고 그냥 제자리에 있는 것보다는 나을 것이다.

여기서, 우리는 로봇쥐가 매 순간 취할 수 있는 최적의 행동과 로봇이 인식하는 환경을 고정시키고 싶지는 않다(왜냐하면, 이렇게 하는 것은 너무 많은 노력을 필요로 할 뿐만 아니라, 환경에 조금만 변화가 가해져도 쓸모가 없어지기 때문이다). 우리가 하고자 하는 것은 전기 충격을 회피하면서 될수록 많은 음식을 모을 수 있는 방법을 로봇 쥐 스스로 학습을 통하여 배우길 원하는 것이다.

강화학습은 마치 마술과 같이 이런 것을 스스로 배울 수 있는 도구 박스이며, 이것이 강화학습을 기존의 지도학습 혹은 비지도학습과 구분지을 수 있는 가장 큰 특징이다. 강화학습은 지도학습과는 다르게 정답 셋(=레이블)이 필요없다. 무슨 말인가 하면, 강화학습에서는 누구도 로봇쥐가 보는 현재 상황(환경)이 좋은 지 혹은 나쁜 지에 대한 답을 알려 주지도 않을 뿐더러, 어디로 가야 할지(좌회전, 우회전, 혹은 직진)에 대한 것도 알려주지 않는다.

하지만, 반대로 비지도학습처럼 완선히 눈이 먼 것도 아니다. 우리는 보상 시스템이 있다. 보상은 음식을 모음으로써 받게 되는 긍정적 보상이 될 수도 있고, 아무것도 하지 않을 때처럼 중립적일 수도 있고, 전기 충격처럼 부정적인 보상일 수도 있다. 우리의 에이전트는 보상을 관찰하고 이를 취해야 할 행동과 연계함으로써 어떻게 하면 더 좋은 행동을 취할 수 있는지, 그리고 그로 인하여 더 많은 음식과 더 적은 전기 충격을 받을 수 있는지를 학습을 통하여 배우게 될 것이다.

이런 강화학습의 일반성과 유연성은 물론 공짜로 주어지지는 않는다. 강화학습은 지도학습 혹은 비지도학습과 비교하여 훨씬 더 도전적인 영역으로 여겨지는데, 무엇이 강화학습을 어렵게 하는지 한번 살펴보자.

첫 번째로 주목할 점은 강화학습에서의 관찰(observation)은 에이전트의 행동에 의존적이며 어느 정도까지는 행동의 결과로 발생한다는 점이다. 만일 여러분의 에이전트가 비효율적인 행동을 하기로 결정했다면, 에이전트가 무엇을 잘 못 했는지 또는 이 상황을 타개하기 위해서 무엇을 해야 할지에 대한 어떠한 정보도 관찰로부터 얻을 수는 없을 것이다(에이전트는 단지 부정적 피드백만 얻을 뿐이다). 만일 에이전트가 상당히 고집이 세서 실수를 계속하게 된다면, 에이전트는 더 큰 보상을 받기 위한 방법이 전혀 없다는 인상을 관찰을 통해서 받을 것이다. 하지만 사실은 전혀 그렇지 않다. 에이전트가 이러한 인상을 받게 되는 이유는 머신러닝의 용어로 말하자면 에이전트가 얻는 관찰이 독립적이고 동일한 분포(independent and identically distributed, 줄여서 I.I.D)로부터 온 데이터가 아니기 때문이다. 즉, 비 I.I.D 데이터이다. 대부분의 지도학습 방법들은 데이터가 I.I.D이기를 기대한다.[1)]

두 번째로 눈여겨 봐야 할 점은 에이전트가 현재 가지고 있는 정책(policy)만을 활용(exploitation)해서는 안된다는 점이다. 오히려, 에이전트는 환경을 적극적으로 탐색(exploration)해야 할 필요가 있다. 경우에 따라서는 에이전트가 늘 해오던 방식(즉, 현재의 정책)과는 다른 방식으로 했을 때 훨씬 더 큰 보상을 받을 수 있을지 모르기 때문이다. 물론 맞는 말이다. 늘 해오던 대로만 하면 현상을 유지할 수는 있을지 모르나, 발전을 기대할 수는 없는 노릇 아닌가? 하지만, 또 다른 측면으로는 항상 탐색만 할 수는 없다는 것이다. 항상 탐색만 해서는 오히려 받을 수 있는 보상을 심각히 저하시킬 수도 있기 때문이다. 따라서, 우리는 이 둘(기존 정책의 활동 혹은 새로운 탐색) 사이의 적절한 밸런스가 필요하며, 이 둘 사이의 딜레마(기존 정책을 계속 따라야 하는지 아니면 새로운 행동을 해야 하는지)가 사실 강화학습에 있어서의 가장 기본적인 그러나 아직 완전히 해결되지 않은 문제이다.

사람도 이러한 딜레마에 항상 마주한다: 오늘 저녁은 잘 알고 있는 식당으로 가야 할까(exploitation, 기존정책의 활용) 아니면 최근에 새로 생긴 근사한 식당으로 갈까(exploration, , 탐험 혹은 탐색. 현재 정책에 의해 결정되는 행동외의 행동을 해 보는 것)? 새로운 영역을 공부해 볼까 아니면 그냥 내가 하고 있는 분야를 계속할까? 다들 아시겠지만, 이러한 질문들에 대한 명확한 해답은 존재하지 않는다.

세 번째로 강화학습을 어렵게 하는 것은 어떤 행동을 취했을 때 받게 되는 보상이 상당히 지연될 수 있다는 점이다. 체스를 예로 들어보면, 게임의 중간에 내가 취한 하나의 행동이 나중에 게

1) 역자주: 이부분은 좀더 설명이 필요한 부분으로 보인다. 에이전트는 관찰을 한 번 하고, 이 관찰을 토대로 어떤 행동을 할지를 결정하고 그리고 나서 이 행동을 수행한다. 그러면, 이 행동의 결과 다음 번 관찰이 결정된다. 예를 들어, 현재 상황에서 에이전트가 오른쪽으로 회전을 해서 얻게 되는 다음 상황과 왼쪽으로 회전을 해서 얻게 되는 다음 상황이 분명히 다를 것이다. 결국, 에이전트가 얻게 되는 다음 번 관찰값(그리고 이에 따르는 보상값)은 현재 관찰값과 완전히 독립적인 값이 아니다(이것이 비 I.I.D 데이터인 이유이다). 그렇게 때문에, 에이전트는 가능한 모든 관찰들을 두루두루 경험하기가 어렵게 되고, 에이전트가 잘못된 행동을 계속하게 될 경우 이 환경 자체에 대하여 매우 비관적인 판단을 하게 되는 지경에 이를 수가 있다. 반면, 환경에서 받게 되는 관찰이 매우 독립적이라고 가정한다면(물론, 강화학습에서는 이렇지 않지만), 에이전트는 현재 관찰이나 행동과는 상관없이 매우 다양한 관찰(혹은 보상)을 받게 될 것이고, 그러면 에이전트는 환경에 나쁜 상황뿐만 아니라 좋은 상황도 있다는 것을 알 수 있을 것이다.

추가적으로 설명하자면, 머신러닝에서는 일반적으로 학습 데이터가 I.I.D라고 가정한다. 예를 들면, 우리가 신경망을 학습시킬 때, 데이터들을 모든 클래스가 잘 섞이도록 해주지 않는가? 그러한 것들이 데이터가 서로 독립적이도록 만들어 주는 행동이며, 꼭 필요한 행동이기도 하다. 신경망 학습을 시켜본 분들은 알겠지만, 우리가 같은 클래스만 연속으로 넣어주고, 그 다음에 다른 클래스를 넣어주고 하지는 않는다. 이렇게 되면, 데이터 간의 의존성이 생기기 때문이다.

하지만, 강화학습에서는 데이터들이 서로 I.I.D하지 않다. 이것이 문제를 어렵게 만드는 하나의 이유이다.

임이 끝난 후 승부를 결정짓는 아주 중요한 수였음을 알 수는 있지만, 대개는 그 행동을 취한 그 순간에는 그게 어느정도 중요한지를 알지 못하는 경우가 많다. 단지 게임이 끝났을 때야 비로서 그때 그 수가 묘수였구나 하는 것을 알 수 있을 뿐이다. 이처럼 행동은 현재 시간에 이루어지지만 그 행동이 어떠한 보상(체스의 경우에는 승패)을 받는지는 나중에 결정되는 것이 강화학습의 경우에는 비일비재하다.

이런 모든 어려움에도 불구하고 강화학습은 최근 몇 년간 굉장히 큰 진보를 이루었으며, 연구적으로나 실용적인 측면에서나 갈수록 활발한 분야가 되어 가고 있다.

자, 어떤가? 흥미가 좀 생기는가? 그러면 좀더 깊게 들어가서 강화학습이 어떻게 구성되는지 그리고 게임의 룰이 어떻게 되는지 살펴보자.

강화학습의 구성 및 관계

주지하듯이, 모든 과학 혹은 공학 분야는 나름의 가정과 한계가 있기 마련이다. 예를 들어서, 이전 섹션에서 살펴본 지도학습의 경우 입력-출력(레이블) 쌍에 대한 관계를 알고 있다고 가정한다. 만일, 데이터에 레이블이 없다면? 그렇다면, 여러분 스스로 데이터에 대한 레이블을 알아 내거나 혹은 다른 접근 방법을 사용해야 할 것이다. 레이블이 없으면 이는 단순히 지도학습의 성능을 좋게 하거나 나쁘게 하는 정도의 영향을 미치는 게 아니라, 말 그대로 지도학습을 적용할 수

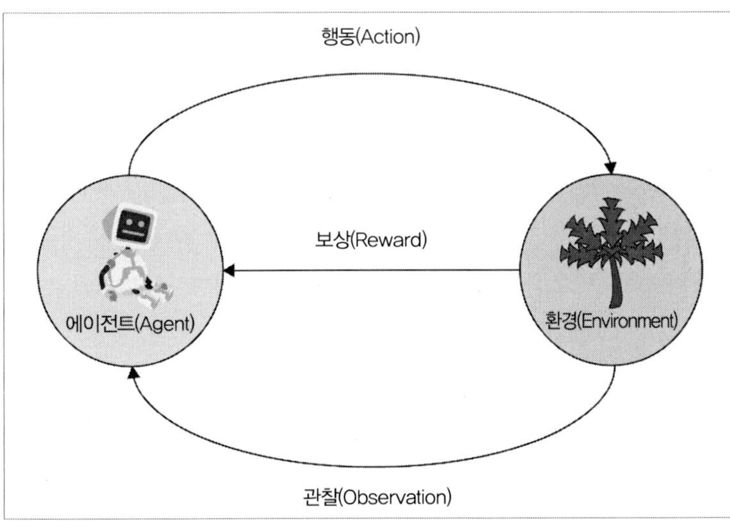

그림 2. 강화학습의 구성 요소 및 그들 간의 상호작용

없게 된다. 따라서, 어떤 분야이든 이러한 게임의 룰이나 가정을 이해하는 것은 필수적이며, 여러분은 많은 시간을 절약할 수 있을 것이다. 물론, 그러한 게임의 규칙이나 가정에 도전하여 혁신을 이룬 많은 사례들을 알고 있으나, 그것 또한 우선 기본적인 한계점들에 대하여 명확히 인지하고 있어야 가능한 일일 것이다.

강화학습도 물론 그러한 면을 가지고 있으며, 이제는 그것을 소개할 적당한 시간이 된 것 같다. 그림 2에서 보듯이 강화학습에는 두 가지의 주요 구성요소가 있는데, 하나는 에이전트와 환경이고, 다른 하나는 그들 간의 상호작용인 행동, 보상, 그리고 관찰이다.

보상(reward)

강화학습에서 보상은 단순히 말하자면 어떤 실수형 숫자 혹은 스칼라 값(scalar value)인데, 이 값은 환경으로부터 얻게 된다. 보상은 긍정적일 수도 있고, 부정적일 수도 있으며, 크기의 관점에서 보면 클 수도 있고 작을 수도 있다. 그렇지만, 어디까지나 그냥 숫자일 뿐이다. 보상은 에이전트가 얼마나 잘하고 있는지를 알려주는 역할을 한다. 주의할 점은 에이전트가 얼마나 자주 보상을 받을지를 우리가 스스로 정하지는 않는다는 점이다. 보상은 매초 마다 일 수도 있고, 전 생애에 걸쳐서 단 한 번뿐일 수도 있다. 물론, 일반적으로는 일정한 시간 간격마다 보상을 받거나 환경과의 매 상호작용마다 받게 된다. 만일 전 생애에 걸쳐서 한 번만 받게 된다면, 그 전 시간에서의 보상은 자동으로 0이 된다(역자주: 예를 들어서, 체스 게임의 경우 우리는 체스 게임이 끝났을 때야 비로서 승패를 알게 되고, 이를 보상으로 받게 된다. 따라서, 중간에 취한 어떤 행동에 대해서도 보상은 자동으로 0이다)

앞서 언급했듯이, 보상은 에이전트에게 성공 여부에 대한 피드백을 주는 것이 목적이며, 따라서 보상은 강화학습에서 매우 중심적인 일을 수행한다. 기본적으로, 강화학습에서 강화(reinforcement)라는 용어는 에이전트가 얻은 보상이 자신의 행동을 좋거나 나쁜 쪽으로 강화한다는 점으로부터 유래한다. 보상은 에이전트가 성취한 모든 성공에 대한 것이 아니라, 에이전트가 행한 최근의 행동의 성과라는 점에서 보면 지역적인 특성을 지닌다. 하지만 주의할 점은 지금 당장 꽤 큰 보상을 받았다고 해서 그것이 이후 예를 들면 몇 초 후에도 좋은 결과로 귀결됨을 보장하지는 않는다. 예를 들어, 우리가 은행털이를 성공적으로 했다고 해서 그것이 이후 줄곧 좋은 결과를 보장하지는 않을 것이다. 왜냐하면, 우리는 감옥에 처박혀 있을 것이므로!

따라서, 에이전트가 이루고자 하는 것은 일련의 선택된 행동의 결과 모아지는 보상들의 총합을 최대화하는 것이어야 한다. 보다 직관적으로 설명하기 위해서, 다음을 통하여 보상의 예에 대하여 살펴보자.

- **금융 거래**: 주식을 사고 파는 거래에 있어서의 이익의 양

- **체스**: 여기서 보상은 게임의 마지막에 얻어진다. 즉, 승패가 보상이 된다. 물론, 게임의 결과를 어떻게 해석하느냐에 따라 달라지는 점은 있다. 예를 들어, 내가 체스 챔피언과 게임을 해서 비겼다면, 나에게는 엄청난 보상이 아니겠는가? 우리는 보상의 정확한 크기나 값을 명확히 할 필요가 있지만, 사실 그것은 꽤 복잡한 일일 수도 있다. 예를 들어 체스의 경우 보상은 상대의 능력(초보자나 혹은 챔피언이나)에 따라서 다르게 설계될 수 있다.

- **뇌에서의 도파민 시스템**: 우리의 뇌에는 뇌의 다른 영역으로 긍정적인 신호를 보낼 때 도파민을 생성하는 영역(보다 정확히는 변연계)이 있다. 도파민이 많이 분비되면 우리는 행복감을 느끼게 되는데, 그러면 우리 뇌는 이러한 행복감을 준 행동을 강화하게 된다. 사실 변연계는 현대적인 관점에서 보면 상당히 구식의 시스템이다. 변연계가 중요하다고 생각하는 것은 예를 들면, 음식, 후손 생산, 그리고 지배 등과 같은 것으로서, 현대적인 관점에서 보면 그리 세련된 점들은 아닐 것이다. 하지만, 뭐 그것은 또 다른 이야기이니까.

- **컴퓨터 게임**: 컴퓨터 게임은 플레이어에게 대체로 명확한 피드백을 제공한다. 피드백은 게임에서 죽인 적들의 숫자일 수도 있고 그동안 모은 스코어일 수도 있다. 이런 경우에, 우리가 보게 되는 점수는 보상들이 모인 것들이므로, 컴퓨터 게임에서의 보상 시스템은 우리가 적을 하나씩 죽일 때마다 +1 그렇지 않으면 0이어야 할 것이다.

- **웹 네비게이션**: 검색 엔진은 우리가 원하는 정보를 제공하기 위해서 많은 노력들을 기울이고 있지만, 가끔 우리는 우리가 원하는 정보를 얻기 위해서 공란으로 제시된 폼(form)을 채워야 하거나 링크를 따라가며 이동해야 하거나 아니면, 캡차(captcha)를 맞추어야 할 때도 있다. 이런 것들은 검색 엔진이 하기 어려운 작업 중의 하나인데, 강화학습이 이런 경우에 이용될 수 있다. 여기서 보상은 우리가 얻은 정보가 될 것이다.

- **신경망 구조 탐색**: 강화학습은 신경망의 구조를 최적화하기 위한 분야에 성공적으로 적용될 수가 있다. 이 경우에 강화학습은 신경망의 계층의 수를 결정한다거나, 스킵 연결(by-pass connection)을 추가로 연결한다거나, 기타 다른 변형을 통하여 최고의 성능을 내는 것을 목적으로 한다. 이 경우에 보상은 성능(정확도나 기타 신경망의 예측을 측정하는 메트릭)이 된다

- **개 훈련**: 개를 훈련시켜 본 사람은 알겠지만, 훈련시킬 때 우리가 원하는 것을 제대로 할 때마다 반드시 뭔가 맛나는 것을 개에게 주어야 한다(물론, 너무 많이 주면 안된다). 애완동물이 우리가 원하지 않는 행동을 할 때는 약간의 벌(부정적 보상)을 주어야 한다는 점도 상식이다(최근

의 연구결과에 따르면, 부정적 보상은 긍정적 보상보다 그리 효과적이지 않다는 점도 밝혀지긴 했지만 말이다)

- **학교**: 학창시절을 돌이켜 보면, 우리는 선생님의 칭찬 스티커가 학생들에게 주어지는 보상 시스템이란 것을 단번에 알 수 있다.

위에 열거한 예에서 볼 수 있듯이, 보상이라는 것은 에이전트의 성능에 대한 일반적인 지표이며 우리를 둘러싼 많은 실제적인 문제들에서 발견되거나 혹은 인공적으로 디자인될 수 있다.

에이전트(agent)

에이전트는 어떤 행동을 취함으로써 환경과의 상호작용을 수행하고, 관찰값을 얻고, 행동에 대한 보상을 받는 어떤 개체 혹은 물건으로 정의될 수 있지만, 실제적인 시나리오에 있어서 에이전트는 주어진 문제를 풀어나가야 하는 소프트웨어이다. 앞서, 언급한 여섯 가지의 예를 들어보면 에이전트는 다음과 같다.

- **금융 거래**: 금융 거래 실행에 대한 의사결정을 수행하는 금융 거래자 혹은 금융 거래 시스템
- **체스**: 플레이어나 컴퓨터 프로그램
- **도파민 시스템**: 센싱 데이터에 따라서 좋은 경험인지 나쁜 경험인지를 판단하는 뇌 자체
- **컴퓨터 게임**: 게임을 즐기는 플레이어나 컴퓨터 프로그램(안드레이 카파시(Andrej Karpathy)는 그의 트윗에서 이런 말을 남기기도 했다: AI가 우리 대신 일을 하고 우리는 게임이나 즐기면 될 줄 알았는데, 우리가 일을 다하고 AI는 게임이나 하고 있다니!!)
- **웹 네비게이션**: 브라우저에게 무엇을 클릭하고, 마우스를 어디로 움직이고, 어떤 텍스트를 들어갈지를 말해주는 소프트웨어
- **신경망 구조 탐색**: 신경망의 구조를 탐색하고 제어하는 소프트웨어
- **개 훈련**: 우리의 사랑스러운 애완견
- **학교**: 학생들

환경(environment)

기본적으로 에이전트의 외부 모두는 환경이라고 볼 수 있다. 물론, 이론적으로 봤을 때 가장 일반적인 것은 에이전트를 제외한 우주 전체라고 할 수 있지만, 이것은 너무 나갔거나 과장된 것이어서 차세대 혹은 그 다음 세대의 컴퓨터로도 처리할 수 없겠고, 실제적으로는 에이전트가 보상(환경으로부터 얻는다)을 얻고, 행동(에이전트가 수행하고 환경에 영향을 미친다)을 수행하고, 그리고 관찰(보상과는 별도로 환경으로부터 얻는 정보)할 수 있는 에이전트 외부에 있는 환경으로 한정된다.

행동(action)

행동은 환경에서 에이전트가 수행하는 그 어떤 것이다. 만일 게임이라면 게임의 규칙이 허용하는 어떤 움직임이 될 것이고, 학교라면 숙제를 하는 것일 수도 있다. 행동의 단위 측면에서 살펴보면 장기 게임에서 졸을 앞으로 움직이는 것처럼 단순한 것에서부터, 세관에 낼 문서의 양식을 채우는 것처럼 복잡한 것일 수도 있다. 강화학습에서 행동을 다룰 때 우리는 두 가지로 크게 분류할 수 있는데, 하나는 이산(discrete)적인 행동이고 다른 하나는 연속(continuous)적인 행동이다. 이산적인 행동은 유한집합의 원소로 볼 수 있는데, 에이전트가 취할 수 있는 행동을 몇 개의 독립적인 행동으로 나누는 것이다. 예를 들면, 좌회전 혹은 우회전 같이 말이다. 연속적인 행동은 연속된 값을 가질 수 있는데, 예를 들면 자동차를 운전하는 경우에 운전대의 각도와 방향이 될 수 있다. 각도나 방향은 연속된 값이고 각 값마다 그 결과가 다르기 때문에, 단순히 운전대를 움직여라와 같이 말하는 것은 충분하지 않다.

관찰(observation)

환경에 대한 관찰은 에이전트에게 두 번째 정보 채널이다. 물론, 첫 번째는 보상이다. 여러분은 왜 이렇게 다른 데이터 소스가 필요하지 하고 의문을 가질 수도 있지만, 그 답은 편의성에 있다. 관찰은 환경이 에이전트에게 제공하는 정보로서 에이전트를 둘러싼 환경에서 무슨 일이 일어나고 있는지에 대한 정보를 제공한다. 관찰은 앞으로 받게 될 보상과 관련이 있을 수도(예를 들면 '월급이 들어왔어요' 하는 은행 문자 메시지처럼) 아닐 수도 있다. 관찰은 때때로 보상에 관한 정보도 모호하게 혹은 난해하게 포함할 수도 있는데, 예를 들어서 컴퓨터 게임상의 점수가 그렇다(역자주: 이 경우, 관찰은 컴퓨터 게임상의 이미지라고 보면 관찰 자체 내에 보상에 대한 힌트가 들어 있다). 이 경우 점수는 실제로는 그냥 이미지상의 픽셀일 뿐이지만 딥러닝 같은 것을 이용하면 점수를 뽑아내는 것은 그리 어려운 일은 아니다.

반면, 보상은 부차적이거나 중요하지 않은 것으로 여겨져서는 안 된다. 보상은 에이전트의 학습 과정을 추동하는 주요한 힘이기 때문이다. 잘못되거나 노이즈가 섞이거나 혹은 원래 목적에 부합하지 않는 보상은 에이전트를 잘못 길들일 뿐이다.

또 다른 중요한 점은 환경의 상태와 관찰을 구분하는 것이다. 환경의 상태는 아마도 우주에 있는 모든 원자를 포함해야 할 것이지만 사실 그것을 다 알기는 불가능하다. 환경의 크기를 매우 작게 제한한다 하더라도, 환경에 대한 모든 정보를 알아내는 것은 불가능하거나 또는 측정자체가 노이즈를 갖기 때문에 부정확하다. 그렇지만 강화학습 자체가 이런 것에 잘 대응하도록 설계되어 있기 때문에, 이것에 대하여 너무 걱정할 필요는 없다. 다시 한번 위의 예시를 통하여 그 차이점을 알아보자.

- **금융 거래**: 여기서 환경은 금융 마켓과 이에 영향을 미치는 모든 것이다. 이 경우 뉴스, 정치적 환경, 날씨, 식량 공급, 트윗 트렌드 등을 포함하는 굉장히 긴 리스트가 될 것이다. 우리가 오늘 그냥 집에 머무르기로 했다면, 이 또한 간접적으로 세계 금융 시스템에 영향을 미치는 사건이 될 수도 있다. 그러나, 관찰은 주식 가격이나 뉴스와 그런 것들로 제한된다. 우리는 환경의 상태에 대한 모든 정보에 접근할 수는 없다. 그래서 금융 거래가 어려운 것 아니겠는가?

- **체스**: 체스 보드와 더불어 상대의 체스 기술, 기분, 뇌의 상태, 그리고 선택된 전략 등이 환경이다. 이 경우 관찰은 우리가 보는 체스 보드판이 될 것이다. 고수들은 심지어 상대의 기분이나 심리를 읽는 능력이 있다고 하는데, 그렇다면 관찰 범위가 확장될 것이고 그러면 이길 수 있는 확률도 높아질 것이다.

- **도파민 시스템**: 여기서 환경은 뇌, 신경계와 조직(organ)의 상태, 그리고 우리가 인지할 수 있는 세상일 것이다. 반면 관찰은, 뇌의 상태와 감각계로부터 들어오는 신호가 될 것이다.

- **컴퓨터 게임**: 환경은 컴퓨터의 메모리와 디스크상의 데이터를 포함하는 컴퓨터의 상태이다. 네트워크 게임이라면 다른 컴퓨터들과 그들 사이의 인터넷 인프라, 그리고 우리의 컴퓨터가 환경이 될 것이다. 관찰은 스크린상에 보이는 픽셀들과 소리가 된다. 참고로, 스크린 이미지 상의 픽셀들은 결코 작은 양의 정보가 아니다(누군가 계산해봤는데, 1024×768 크기의 이미지가 표현할 수 있는 이미지의 개수는 우주에 있는 원자의 개수보

다도 크다고 한다)[2]

- **웹 네비게이션**: 에이전트가 활동하고 있는 컴퓨터와 웹서버 사이의 네트워크 인프라를 포함하는 인터넷이 환경이다. 이 환경은 수백, 수천만의 컴포넌트를 포함하는 엄청나게 큰 시스템이 되는 것이다. 관찰은 현재 단계에서 로딩되는 웹페이지가 될 것이다.
- **신경망 구조 탐색**: 이 예에서 환경은 꽤 간단한데, 특정한 신경망의 성능을 평가하는 신경망 툴킷과 성능 평가에 쓰이는 데이터 셋이 환경이다. 앞서의 웹 네비게이션과 비교하면, 이것은 마치 장난감과도 같이 작은 환경이다. 관찰은 이 경우에는 상당히 다양할 수 있는데 예를 들어 손실 함수가 수렴해가는 다이나믹스라든지 평가 단계에서 얻은 여러가지 메트릭과 같은 테스트 관련 정보가 될 것이다.

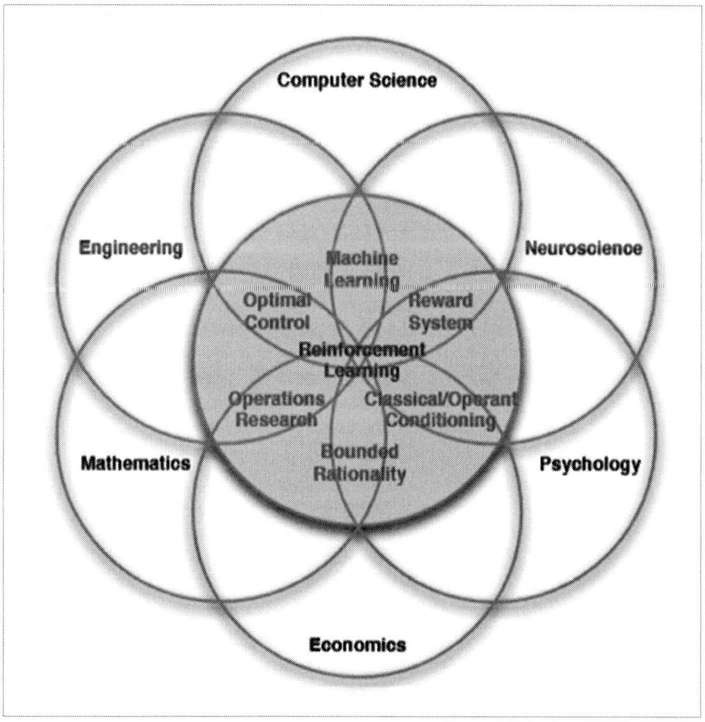

그림 3. 강화학습과 관련된 다양한 분야들

2) 역자주: 만일 1024×768 크기의 그레이(grey) 이미지라면, 하나의 픽셀이 0~255까지의 값을 가질 수 있고, 하나의 이미지에 1024×768개의 픽셀이 존재하므로, 전체 가능한 이미지의 개수는 256의 (1024×768)승이다. 우주에 있는 원자들의 개수는? 이건 뭐 가늠하기 힘들지만, 혹자의 주장으로는 10의 80승 정도라고 하므로, 1024×768 크기의 이미지가 표현할 수 있는 이미지의 개수는 우주의 원소 개수보다도 훨씬 큰 무한이라고 할 수 있다. 따라서, 같은 사진이 있을 확률은 거의 제로에 가깝다(그냥 복사하지 않는 한).

- **개 훈련**: 여기서의 환경은 개와(관찰하기는 어렵지만 개의 내부 반응, 기분, 그리고 삶(?)의 경험을 포함) 개를 둘러싼 모든 것(다른 개들, 덤불에 숨어 있는 고양이 포함)이다. 관찰은 우리의 감각기관으로부터 얻게 되는 신호들과 우리의 기억이다.
- **학교**: 환경은 학교 자체, 나라와 사회, 그리고 문화적 유산으로부터 유래되는 교육시스템이다. 관찰은 학생의 감각과 메모리이다.

이것이 우리가 강화학습에서 필요한 설정이고, 이 책의 나머지 부분을 통하여 우리가 살펴볼 요소들이다. 나는 여러분이 벌써 강화학습의 모델이 굉장히 유연하고, 일반적이고, 다양한 시나리오에 적용될 수 있다는 것을 눈치챘으리라 생각한다. 강화학습 모델의 상세한 내용을 살펴보기 전에 강화학습이 다른 분야와 어떤 관계가 있는지 먼저 살펴보자.

강화학습과 관련이 있거나 강화학습에 영향을 준 분야는 상당히 많이 있다. 가장 중요한 몇 가지는 다음 그림 3에 나와 있다(http://www0.cs.ucl.ac.uk/staff/d.silver/web/Teaching.html). 여섯 개의 분야가 강화학습과 깊은 관련이 있는데, 주로 의사결정과 관련이 있는 방법이나 주제이고 서로 상당히 영역이 겹친 것을 알 수 있다. 이러한 다양한 영역들의 교차점에 강화학습이 자리하고 있으며(물론, 별도의 학문 분야로서), 다양한 분야에서의 장점들을 흡수한 학문이라는 것을 알 수 있다.

- **머신러닝**(Machine Learning, ML): 강화학습은 머신러닝의 한 분야로서, 강화학습의 많은 기법들이 머신러닝으로부터 유래했다. 기본적으로, 강화학습의 목적은 불완전한 관찰 데이터가 주어졌을 때 에이전트가 어떻게 행동해야 할지를 배우는 것이다.
- **공학**(특히 최적 제어): 강화학습과 마찬가지로 가장 좋은 결과를 얻기 위하여 일련의 최적 행동을 취하는 문제를 다루는 분야이다.
- **신경 과학**: 앞서 언급한 도파민 시스템도 신경 과학의 한 예이며, 신경 과학은 사람의 뇌가 강화학습의 모델과 비슷하게 동작함을 보인다.
- **심리학**: 다양한 환경에서의 행동에 관하여 연구하는 분야로서, 특히 사람이 어떻게 환경에 반응하고 적응하는지를 연구하며, 이런 점에서 강화학습과 가까운 분야이다.
- **경제학**: 변화하는 환경과 완벽하지 않은 지식을 가지고 어떻게 하면 보상을 최대화할지에 대한 주제를 다룬다.
- **수학**: 운영 연구(operations research) 분야에서 최적의 조건을 찾거나 이르는 과정에 많은 주목을 하고 있는 학문이다.

마르코프 의사결정 과정(Markov Decision Process, MDP)

이번에는 강화학습의 이론적인 토대에 좀더 친숙해져 보자. 이번 절은 이 책의 나머지 부분을 이해하는데 중요하며, 우리가 강화학습과 보다 친숙하게 되는 데 기여할 것이다. 이 절에서는 첫째, 우리가 앞서 살펴보았던 내용(보상, 에이전트, 행동, 관찰, 그리고 환경)에 대하여 수학적으로 어떻게 표현하는지를 살펴볼 것이다. 둘째, 이 책의 나중에 나오는 내용들을 설명하는 데 사용하게 될 용어들 예를 들면 상태, 에피소드, 히스토리, 가치, 그리고 이득에 대하여 소개한다. 마지막으로, 우리가 살펴보게 될 마르코프 의사결정 과정에 대한 설명은 마르코프 과정(Markov Process, MP)의 가장 간단한 예(마르코프 체인으로도 알려져 있음)에서 출발해서, 보상을 추가하여 확장하고, 이후 마르코프 보상 과정으로 변모한다. 여기서 끝이 아니고, 마르코프 보상 과정에 다시 행동을 추가함으로써 우리의 마지막 종착역인 마르코프 의사결정 과정(Markov Decision Processes, MDPs)에 이른다.

마르코프 과정과 마르코프 의사결정 과정은 컴퓨터 과학과 다른 공학 분야에서 광범위하게 사용된다. 따라서, 이 장은 강화학습뿐만 아니라 다른 광범위한 영역에도 도움이 될 것이다.

여러분이 MDP에 이미 익숙하다면 이 장을 건너뛰어도 무방하지만, 이 장에서 정의되는 용어들은 나중에 사용될 것이므로, 한 번쯤 관심을 가져주길 바란다.

마르코프 과정(Markov Process)

자 그럼 마르코프 패밀리의 가장 간단한 녀석부터 시작해 보자. 우선, 마르코프 과정인데, 마르코프 체인이라고도 알려져 있다. 여러분 앞에 어떤 시스템이 놓여 있는데 여러분은 오직 관찰만 가능하다고 하자. 우리가 관찰하는 것을 상태(state)라고 하며, 시스템은 다이나믹스 법칙에 의하여 상태 간 전환을 할 수 있다. 다시 한번 말하자면, 우리는 시스템에 영향을 미칠 수는 없고 오직 상태가 변화하는 것을 관찰할 수만 있다.

시스템의 모든 가능한 상태를 모아 놓은 집합을 상태 공간이라고 한다. 마르코프 과정에서는 이 상태 공간이 한정적(finite)이어야 한다(물론 그 크기는 대단히 커도 상관없다. 단지 한정적이어야 한다). 우리가 하는 관찰은 일련의 상태들 혹은 체인을 형성한다(이렇게 때문에 마르코프 과정을 마르코프 체인이라고 부르기도 한다). 예를 들어서, 어느 도시의 가장 간단한 날씨 모델을 살펴보자. 이 도시의 날씨를 '맑음' 혹은 '비'라고 한다면, '맑음'과 '비'가 이 도시의 상태 공간이 된다. 일정 시간에 걸쳐서 날씨에 대한 관찰을 모으면 상태들의 체인이 되고(예를 들면 [맑음, 맑음, 비, 맑음, …]) 이것을 히스토리(history)라고 부른다.

이러한 시스템을 마르코프 과정(Markov Process, MP)이라고 부르기 위해서는, 마르코프 속성(Markov

Property)을 만족해야 하는데, 이것이 의미하는 바는 다음 단계의 시스템 상태가 오로지 현재의 상태에만 의존해야 한다는 것이다. 따라서, 시스템의 다음 미래를 설명하기 위해서는 오직 하나, 현재의 상태만 필요로 할 뿐, 전체 히스토리 혹은 지난 N 개의 상태 등은 전혀 필요하지 않다.

우리의 날씨 예제가 마르코프 속성을 만족한다면, 오늘 맑은 후 다음날 비가 올 경우에 대한 모델을 만들 때, 오직 오늘 맑았다라는 사실만 고려할 뿐이지 과거에 맑은 날이 얼마나 지속되었는지는 고려하지 않는다는 것을 의미한다. 솔직히 말하면, 이것은 그렇게 현실적인 모델은 아닐지도 모른다. 왜냐하면, 상식적으로 생각했을 때, 우리는 내일 비가 올 확률은 현재의 날씨 상태뿐만 아니라 기타 다른 여러 가지 요인들, 예를 들면 계절이나 위도, 그리고 근처에 산이나 바다가 있는지에 따라 다르기 때문이다. 심지어 최근의 연구 결과에 따르면, 태양의 활동 또한 날씨에 중요한 영향을 미친다고 한다. 그러므로, 여기서 제시된 날씨 예시는 매우 단순한 모델임이 틀림없다. 하지만, 중요한 것은 그 한계를 이해하고 그것에 대하여 올바른 결정을 내리는 것이다.

혹시 그 모델이 보다 복잡하길 원한다면, 우리는 언제든지 그 상태 공간을 확장해서 우리의 모델이 보다 많은 의존성을 잡아내도록 할 수도 있다. 물론, 이 경우에는 상태 공간이 커진다는 비용을 지불하고서 말이다. 예를 들면, 여름과 겨울 동안 비오는 날에 대한 확률을 분리해서 모델링하고자 한다면 그냥 그렇게 하면 된다. 즉, 계절을 우리의 상태 변수 중 하나로 추가하면 된다. 이럴 경우 우리의 상태 공간은 [맑음+여름, 맑음+겨울, 비+여름, 비+겨울] 과 같은 식으로 확장될 것이다.

우리의 시스템 모델이 마르코프 속성을 만족한다면, 전이 행렬(transition matrix)을 가지고 우리의 상태 전이 확률(transition probability)을 묘사할 수 있다. 전이 행렬은 N×N 정방행렬(square matrix)로서, 여기서 N은 모델 내의 상태의 개수를 의미한다. 이 행렬에서 i번째 행의 j번째 열인 셀은 상태 i에서 상태 j로의 전이 확률을 가지고 있다.

예를 들어, 우리의 날씨 예제에서 전이 행렬은 다음과 같다:

	맑음	비
맑음	0.8	0.2
비	0.1	0.9

이럴 때, 만일 오늘의 날씨가 맑음이라면, 다음 날 날씨가 맑음일 확률은 80%이고, 다음 날 날

씨가 비일 확률은 20%라고 할 수 있다. 반대로, 오늘 날씨가 비라면, 다음 날 날씨가 맑음일 확률은 10%이고, 다음 날 역시 비일 확률은 90%이다.

어떤가? 쉽지 않은가? 마르코프 과정에 대한 형식적 정의는 다음과 같다:

- **상태 집합**(S): 시스템에 있을 수 있는 상태의 모음/집합
- **전이 행렬**(T): 시스템의 역학(혹은 다이나믹스)을 규정하고 있는 상태 전이 확률로 이루어진 행렬

마르코프 과정에 대한 표현은 그래프를 이용하여 쉽게 표현되는데, 여기서 그래프는 시스템의 상태를 노드로 하고, 시스템의 상태 전이를 에지로 그리면 된다. 물론, 에지에는 상태 전이 확률이 들어간다. 만일, 상태 전이 확률이 0이라면, 해당하는 에지를 안 그리면 된다(확률이 0이면, 그러한 상태 전이는 발생하지 않으므로). 오토마타(automata)의 유한 상태 기계(finite state machine)에 친숙한 분이라면 이러한 식의 표현 방법이 낯설지 않을 것이다. 자, 이제 우리의 날씨 모델이 그래프로 어떻게 표현되는지 살펴보자.

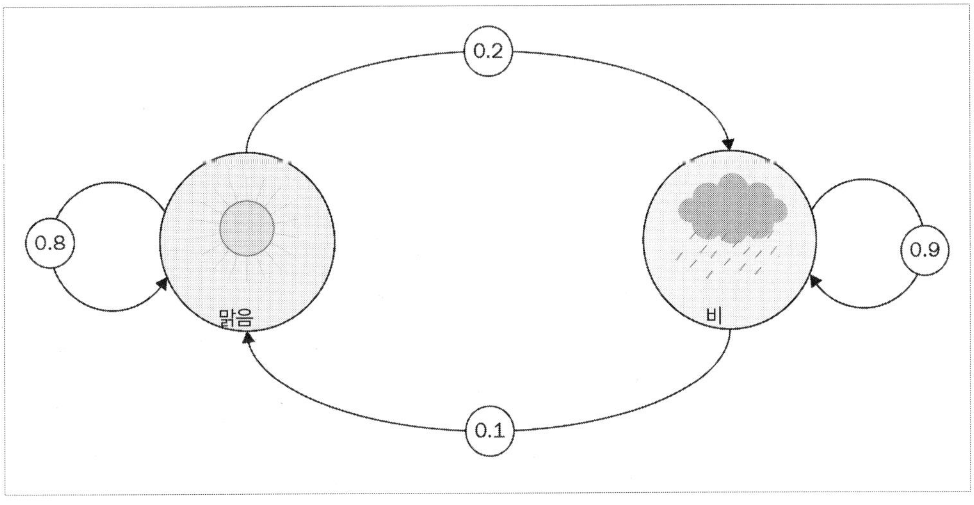

그림 4. 맑음/비 날씨 모델

다시 한번 말하지만, 우리는 아직까지 관찰만을 이야기하고 있다. 우리가 날씨에 영향을 끼칠 수 있는 방법은 없으므로, 우리는 그냥 관찰하고 기록할 뿐이다. 좀 더 복잡한 예로서 다음과 같은 일꾼 모델을 생각해 보자(스콧 아담스의 유명한 만화에 나오는 길버트 같은 캐릭터가 좋은 예시이다). 이 일꾼의 상태 공간은 다음과 같다:

- **집**: 일터에 있지 않음
- **컴퓨터**: 일터에서 컴퓨터를 사용해서 일하고 있음
- **커피**: 일터에서 커피를 마시고 있음
- **채팅**: 일터에서 동료와 무언가를 토의하고 있음

이에 해당하는 상태 그래프는 다음과 같다:

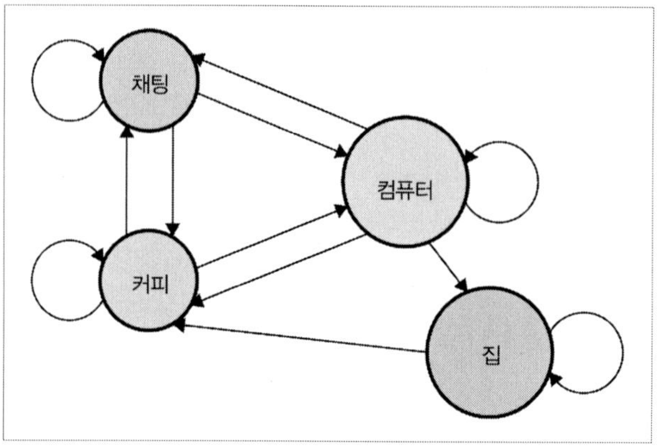

그림 5. 상태 전이 그래프

우리는 이 일꾼이 보통 '집' 상태에서 그의 하루 일과를 시작한다고 기대할 수 있으며, 또한 하루 일과를 예외 없이 항상 '커피'로 시작한다고 할 수 있다('집' → '컴퓨터'로 가는 에지도 없고, '집' → '채팅' 에지도 없다). 또, 그래프에서 알 수 있듯이 일꾼의 하루 일과는 항상 '컴퓨터'에서 끝남을 알 수 있다(즉, '컴퓨터'에서 '집'으로 상태 전이). 이 그래프를 위한 상태 전이 행렬은 다음과 같다.

	집	커피	채팅	컴퓨터
집	60%	40%	0%	0%
커피	0%	10%	70%	20%
채팅	0%	20%	50%	30%
컴퓨터	20%	20%	10%	50%

위 표에 제시된 상태 전이 확률은 아래 그림처럼 상태 전이 그래프상에서 바로 표시될 수 있다.

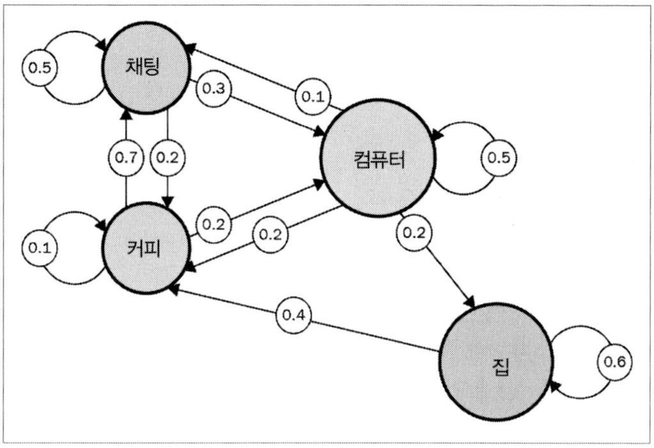

그림 6. 상태 전이 확률이 함께 도시된 상태 전이 그래프

주의할 점은 실제적으로는 우리가 상태 전이 행렬을 아는 사치를 누릴 수 있는 기회는 거의 없다.[3] 대개의 경우, 현실적인 상황에서 우리가 알 수 있는 것은 보통 시스템 상태에 대한 관찰뿐이다(이 일련의 관찰을 에피소드라고 한다). 예를 들면, 다음과 같은 일련의 관찰만 알 수 있을 뿐, 시스템의 상태 전이 확률 자체에 대하여 알 수는 없다.

- 집 → 커피 → 커피 → 채팅 → 채팅 → 커피 → 컴퓨터 → 컴퓨터 → 집
- 컴퓨터 → 컴퓨터 → 채팅 → 채팅 → 커피 → 컴퓨터 → 컴퓨터 → 컴퓨터
- 집 → 집 → 커피 → 채팅 → 컴퓨터 → 커피 → 커피

관찰로부터 전이 행렬을 추정하는 것은 그리 복잡하지 않다. 그냥 모든 상태로부터 전이가 일어나는 개수를 센 다음 그 총 개수로 정규화하면(합계가 1이 되도록 확률값으로 만들기 위해) 된다. 보다 많은 관찰값이 있을수록 우리의 추정은 내재된 모델의 참값(시스템에 원래 내재된 알려지지 않은 전이 확률)에 보다 가까워진다.

마르코프 속성을 만족한다는 것은 안정성(stationarity)를 함축한다는 것을 말해두고 싶다(즉, 어느 상태이든 그 상태로의 전이 확률이 시간에 흐름에 따라서 변치 않는다). 비안정성(Nonstationarity)이란, 어떤 숨겨진 요

3) 역자주: 시스템의 상태 전이 확률을 안다는 것은 간단히 예를 들면, 여러분이 친구를 때렸을 때 친구가 화를 낼 확률이 몇 %이고, 나를 때릴 확률이 몇 %이고, 울음을 터트릴 확률이 몇 %인지를 안다는 것이다. 물론, 현실에서는 이것을 알긴 어렵다

인이 있고, 그 요인이 우리의 시스템에 영향을 미치지만 우리의 관찰에는 포함되어 있지 않았다는 것을 의미한다. 하지만, 이렇게 되면 마르코프 속성을 위반한 것이 된다. 왜냐하면, 마르코프 속성하에서는 시간이 흐르는 동안 상태 전이가 어떻게 이루어져 왔는지는 상관없이, 어느 상태로의 전이 확률은 현재 상태에만 의존하기 때문이다(역자주: 만일 그 어떤 관찰되지 않는 은닉 요인이 상태 전이에 영향을 미친다면, 현재 상태에서 다른 상태로의 전이확률은 이 은닉된 상태에 의해 영향을 받으므로, 현재 상태가 같더라도 은닉 상태에 따라서 다음 상태로의 전이확률이 달라지게 된다. 그러면, 이것이 바로 마르코프 속성을 위반한 것이 된다). 하나의 에피소드(역자주: 하나의 에피소드는 시작 상태에서 종료 상태까지에 이르기까지 거쳐간 일련의 상태들)에서 실제 관찰되는 상태 전이와 상태 전이 행렬에서 주어지는 내재된 분포와의 차이를 구별하는 것은 중요하다. 우리가 실제로 관찰하게 되는 구체적인 에피소드들은 모델에 내재된 확률분포로부터 샘플링된 샘플일 뿐이므로 같은 시작 상태에서 시작하더라도 에피소드들은 할 때마다 다르게 관찰될 수 있다. 그러나, 그러한 특정한 상태 전이가 발생할 내재된 확률은 변하지 않고 그대로이다. 만일, 그렇지 않다면 그것은 마르코프 체인 형식화가 잘못되었거나 적용 불가능하다는 것이다.

자, 이제 이 여행을 보다 더 진척시켜서, 마르코프 과정 모델을 강화학습에 보다 가깝게 만들어 보자. 즉, 마르코프 과정에 보상을 추가하자는 것이다.

마르코프 보상 과정(Markov Reward Process, MRP)

보상을 시스템에 끌어 들이기 위해서는 마르코프 모델을 좀 확장할 필요가 있다. 우선, 상태에서 상태로 전이하는 곳에 어떤 값을 추가할 필요가 있다. 이미 우리는 여기에 확률값을 추가해 가지고 있는데, 확률값은 단지 시스템의 역할을 표현하기 위한 것이므로, 우리는 여기에 더해서 스칼라 값[scalar] 하나를 더 추가한다.

보상은 여러 가지 형태로 표현될 수가 있다. 가장 일반적으로는 상태 전이 행렬과 유사하게 정방 행렬을 하나 더 정의하는 것이다. 이 정방행렬의 i번째 행, j번째 열인 셀은 상태 i에서 상태 j로의 전이에 대한 보상값을 표현한다. 보상은 양수(긍정) 혹은 음수(부정)가 될 수 있고, 클 수도 작을 수도 있다. 그냥 숫자일 뿐이다. 몇몇 경우에는 행렬을 이용하여 보상을 표현하는 것이 잉여적일 수가 있다. 예를 들면, 보상이 이전 상태에 상관없이 그냥 어떤 상태에 이르기만 하면 주어지는 보상이라면 그냥 간단히 (상태, 보상) 짝만을 유지하여 보상을 보다 간결하게 표현할 수 있다. 하지만 (상태, 보상) 짝만을 이용한 표현 방법은 보상이 타겟 상태(즉, 도착하는 상태)에만 의존하므로 그리 일반적인 케이스는 아니다.

모델에 추가할 두 번째는 감소 요인 γ(감마)인데, 0에서 1 사이의 값을 갖는 하나의 숫자이다. 이것이 갖는 정확한 의미는 마르코프 보상 과정에 대한 다른 추가 특징을 정의한 다음에 설명하기로 하자.

기억하다시피, 우리는 마르코프 과정에서 일련의 연속된 상태 전이 즉, 상태 전이 체인을 관찰한다. 마르코프 보상 과정에서도 이는 동일하다. 하지만, 이제는 보상이라는 숫자가 하나 더 추가된 상태로 시스템의 상태 전이를 관찰하게 된다.

매 에피소드에 대하여, 시간 t에서의 총 보상(return)을 다음과 같이 정의한다:

$$G_t = R_{t+1} + \gamma R_{t+2} + \ldots = \sum_{k=0}^{\infty} \gamma^k R_{t+k+1}$$

이게 무엇을 의미하는지 이해해 보도록 하자. 시간의 매 순간마다, 우리는 이후에 받게 되는 보상의 합으로서 총 보상을 계산한다. 하지만, 나중에 받는 보상에 대해서는 그 보상이 현재로부터(=시간 t) 몇 단계(k) 떨어져 있느냐에 따라 단계 수만큼 할인율(γ^k)이 곱해지게 된다. 할인율은 에이전트가 미래를 얼만큼 보느냐 하는 일종의 미래를 보는 시력하고도 관계가 있다. 만일 할인율 감마가 1이라면, 총 보상 G_t는 그냥 단순히 현재 시간 t 이후에 받게 되는 모든 보상의 합이 되고, 이럴 경우 에이전트의 미래에 대한 시력은 완벽하다고 할 수 있다. 반대로 감마가 0이라면, 총 보상 G_t는 시간 t에서 받게 되는 즉각 보상 외에 이후에 받는 보상은 없으므로 에이전트의 미래에 대한 시력은 극단적으로 짧다고 할 수 있다.

물론, 이렇게 극단적인 값들은 일반적으로 쓰이지는 않지만 가끔은 이렇게 극단적인 값을 살펴봄으로써 그것이 갖는 의미를 보다 명확히 이해할 수 있는 경우가 많다. 일반적으로 할인율은 이 두 극단의 어딘가 즈음이 되는데, 예를 들어서 0.9 혹은 0.99가 대표적으로 쓰이는 값들이다. 이럴 경우, 우리는 미래의 보상을 충분히 고려하지만, 너무 멀리까지는 고려하지 않는다고 볼 수 있다.

이 감마 파라미터는 강화학습에서 매우 중요한데, 뒤에 나오는 장들에서도 자주 보게 될 것이다. 지금은 그냥 우리가 미래를 어느 정도까지 고려해야 하는지를 결정하는 숫자라는 정도만 알고 지나가자. 1에 가까울수록 더 많은 미래를 고려한다.

이 총 보상값은 하나하나의 개별 값으로는 실제적으로는 그리 유용하지 않은데, 왜냐하면 마르코프 보상 과정에서 관찰하는 체인마다 총 보상값이 산출되는데, 동일한 상태에서 계산하더라도 그 값이 매우 다를 수 있다. 하지만, 이를 좀 극단적으로 끌고 가서 수학적 기대값을 계산한다면(많은 수의 체인을 평균하여)[4], 그 결과 얻을 수 있는 값은 우리가 상태값 혹은 상태 가치(value of state)라고 부르는 꽤 유용한 값을 얻게 된다.

$$V(s) = \mathbb{E}[G|S_t = s]$$

뭐, 해석은 간단하다. 상태 s의 상태값 V(s)는 마르코프 보상 과정에 따라 받게 되는 총 보상에 대한 평균(혹은 기대값)이다.

이 이론적 수식이 실제로 무엇을 의미하는지 보여주기 위해서, 딜버트 과정(역자주: 기억하시는가? 우리의 일꾼 예제)에 보상을 추가하여 딜버트 보상 과정으로 확장하여 보자. 그러면, 보상값들은 다음과 같이 된다:

- 집 → 집: 1 (집에 있는 거는 좋은 거잖아?)
- 집 → 커피: 1
- 컴퓨터 → 컴퓨터: 5 (열심히 일하는 것은 좋은 것)
- 컴퓨터 → 채팅: −3 (산만해지는 것은 안 좋은 것)
- 채팅 → 컴퓨터: 2
- 컴퓨터 → 커피: 1
- 커피 → 컴퓨터: 3
- 커피 → 커피: 1
- 커피 → 채팅: 2
- 채팅 → 커피: 1
- 채팅 → 채팅: −1 (너무 오래 이야기하면 지겨워지므로)

이 보상을 아래 그림에 표시하여 보자.

4) 역자주: 이 표현이 좀 어려울 수 있는데, 좀 더 쉽게 설명하자면, 현재 상태를 s1이라고 하고, 현재 상태에서 에이전트의 정책에 따라서 선택된 행동을 한 결과 s2 상태에 도착할 것이고, 이러한 과정을 반복하다 보면 결국엔 종료 상태에 이르게 된다. 이것을 하나의 체인(=에피소드)이라고 하는데, 다음 번에 같은 시작 상태 s1에서 출발하더라도 에이전트의 정책이나 혹은 환경의 역학에 따라서 이전과는 다른 체인을 얻게 된다. 결국 하나의 상태가 얼마나 유용한지 나타내는 지표인 상태값은 하나의 총 보상값으로는 충분치 않으며, 이것을 여러 번 반복하여 평균한 값이 보다 쓸모 있게 예측한 상태값이 된다. 이것을 수학적으로 표현하면 현재 상태에 대한 총 보상의 기대값=상태값이 된다.

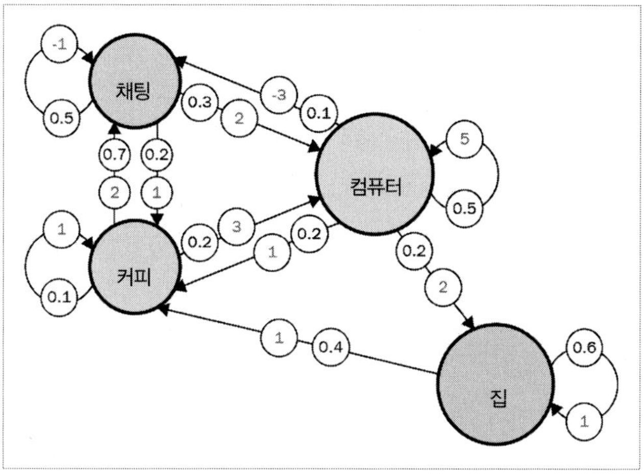

그림 7. 전이 확률(어둡게 표시됨)과 보상(밝게 표시됨)이 함께 표시된 상태 전이 그래프

자, 그러면 이제 감마 파라미터로 돌아가서 감마값이 바뀔 때마다 상태값이 어떻게 될지를 생각해 보자. 우선, 간단한 경우부터 시작해 보자. 감마가 0일 경우 그림에 있는 상태값이 어떻게 될까?

이 질문에 답하기 위해서는 일단 관심 상태를 '채팅'으로 고정해 보자. 채팅 상태에서 상태 전이가 일어나면 나음은 어느 상태일까? 해답은 운에 따라 다르다. 딜버트 과정의 전이 행렬에 따르면, 다음 상태가 '채팅'일 확률이 50%, '커피'일 확률이 20%, 그리고 나머지 30%의 확률로는 '컴퓨터' 상태가 된다. 감마=0이라면 우리가 얻게 되는 총 보상은 바로 다음 상태의 상태값과 동일하게 된다. 따라서, '채팅'의 상태값을 계산하고자 한다면, 상태 전이 결과 이르게 되는 모든 상태의 상태값들을 같이 고려해야 하며, 그들 각각을 상태 전이 행렬에 명시된 전이 확률값으로 곱해야 한다.

$$V(채팅) = (-1) \times 0.5 + 2 \times 0.3 + 1 \times 0.2 = 0.3$$

$$V(커피) = 2 \times 0.7 + 1 \times 0.1 + 3 \times 0.2 = 2.1$$

$$V(집) = 1 \times 0.6 + 1 \times 0.4 = 1.0$$

$$V(컴퓨터) = 5 \times 0.5 + (-3) \times 0.1 + 1 \times 0.2 + 2 \times 0.2 = 2.8$$

따라서, '컴퓨터' 상태가 가장 값어치 있는 상태라는 것을 알 수 있으며(물론, 즉각적인 보상만을 신경쓴다면 말이지만), 그렇게 놀라운 결과도 아니다. 왜냐하면, '컴퓨터' →'컴퓨터' 전이는 매우 자주 일어고(0.5), 보상값(5)도 크며, 방해[5]도 자주 일어나지 않기 때문이다.

그러면 보다 난해한 질문을 해 보자. 감마=1이라면 상태값들은 어떻게 될까? 잠시 잘 생각해 보기 바란다.

해답은 모든 상태에 대하여 무한의 값을 갖는다. 다이어그램에서 알 수 있듯이, 우리는 싱크 상태(=종료 상태, 즉 밖으로 나가는 전이가 없는 상태)를 가지고 있지 않고, 감마=1이라면 미래에 발생하는 전이에 대하여 모두 고려한다는 의미이고, 종료 상태가 없으므로 미래에 발생하는 전이는 무한대로 발생 가능하다. 감마=0이 경우에서 보았듯이 먼 미래를 고려하지 않으면 상태값이 양수인 값을 가지게 되지만, 이것들을 무한으로 합하게 되면 시작 상태가 어떤 곳에서 시작하든 상관없이 그 합은 무한이 된다.

이 무한값을 주는 경우가 마르코프 보상 과정에서 감마 파라미터를 도입한 이유를 설명한다. 감마가 없이 미래의 값을 모두 합한다면 무한으로 가기 때문에, 이를 방지하기 위함이다. 대부분의 경우에 시스템은 무한하거나 대단히 큰 수의 전이를 가질 수 있다. 무한의 값을 다루는 것은 매우 어렵기 때문에, 우리가 보는 경계(horizon)를 제한해야만 한다. 1보다 작은 감마값은 그러한 한계를 제공하게 된다. 이에 대해서는 나중에 값순환 방법(value iteration)들을 다룰 때 다시 한번 논의할 것이다. 반면, 유한한 경계(finite horizon)를 다룬다면(예를 들면, 틱택토 게임 같은 경우임. 이 게임은 최대 9 스텝까지만 게임할 수 있음) 감마값을 1로 설정해도 무방하다. 또 다른 예로, 여러 개의 팔을 가진 밴딧(multi-armed bandit) 마르코프 과정에서는 단 하나의 단계만 존재한다. 즉, 매 단계마다 여러 행동 중 하나를 선택하며, 이후 보상이 주어지고 에피소드는 끝난다.[6]

앞서 말한 것처럼 마르코프 보상 과정에서 감마는 0과 1사이의 값으로 설정된다(일반적으로는 감마값은 0.9 혹은 0.99로 설정함). 그러나, 감마가 그러한 값을 가지게 되면 상태값들을 직접 손으로 써가면서 계산하다는 것은 딜버트 예시처럼 매우 간단한 MRP라고 할지라도 매우 어렵게 된다. 왜냐하면, 그런 값들을 수백 번 더해야 하기 때문이다. 그러나, 너무 걱정하지 않아도 된다. 우리는 컴퓨터라는 강력한 도구가 있지 않은가? 컴퓨터는 원래 그런 일을 대단히 잘해서 상태 전이와 보상에 대한 행렬만 주어진다면, 어떤 MRP라도 손쉽게 상태값을 구할 수 있는 방법이 있다. 5장에서 그러한 방법(테이블형 학습과 벨만 수식)에 대해서 살펴보고 구현까지 해볼 것이다.

---

5) 역자주: 여기서 방해는 '컴퓨터' →'컴퓨터'가 아닌 '컴퓨터' →다른상태로 가는 것을 방해라고 볼 수 있다. 따라서 '컴퓨터' →'컴퓨터'가 50%의 확률값을 가지므로, 방해 확률은 나머지 50%가 된다.

6) 역자주: 여기서 핵심은 다른 상태로 상태전이가 일어나지 않는다는 점이다. 행동 선택 후 바로 종료되므로, 단계가 하나뿐이다.

일단 지금은 마르코프 보상 과정에 하나의 복잡도를 더 추가하는 것으로 만족하자. 그것은 바로 행동이다.

마르코프 의사결정 과정(Markov Decision Process, MDP)

마르코프 보상 과정(MRP)을 어떻게 확장해서 행동을 그림속에 넣을지 여러분은 벌써 눈치 챘을 것이다. 우선 행동들을 원소로 가지는 유한한 행동집합 A를 넣어야 한다. 이것이 에이전트의 행동공간이 된다.

그러고 나서, 전이 행렬을 행동에 조건적으로 연동되도록 해야 한다. 그러기 위해서 전이 행렬에 행동이라는 하나의 차원을 추가해야 하는데, 그렇게 되면 기존의 전이 행렬(그림 8)은 이제 큐브(역자주: 3차원)가 된다. 기억할런지 모르지만 마르코프 과정(MP) 혹은 마르코프 보상 과정(MRP)의 경우 전이 행렬은 행에는 소스(source) 상태를 가지고 열에는 타겟(target) 상태를 가지는 2차원 정방 형태였다. 따라서, 각 i번째 행은 모든 상태로 점프해 가는 확률을 가진 리스트라고 볼 수 있다.

자, 그럼 행동을 추가했으므로 에이전트는 더 이상 수동적으로 상태 전이를 지켜만 보지 않아도 된다. 에이전트는 이제 능동적으로 행동을 선택할 수 있게 되었기 때문이다. 행동이 하나의 차원으로 추가된 전이 행렬에서 우리는 각 상태에 대하여 더 이상 숫자로 이루어진 리스트를 가지는 것이 아니라 행렬을 가지게 된다(삼차원이 되었으므로). 여기서, 깊이 방향의 차원은 에이전트가 취할 수 있는 행동들을 가지고 있으며, 다른 차원은 에이전트가 해당 행동을 취한 후 점프하게 될 타겟 상태를 가지고 있다. 그림 9에서 보이듯이, 새로운 전이 테이블은 이제 삼차원 큐브가 되었

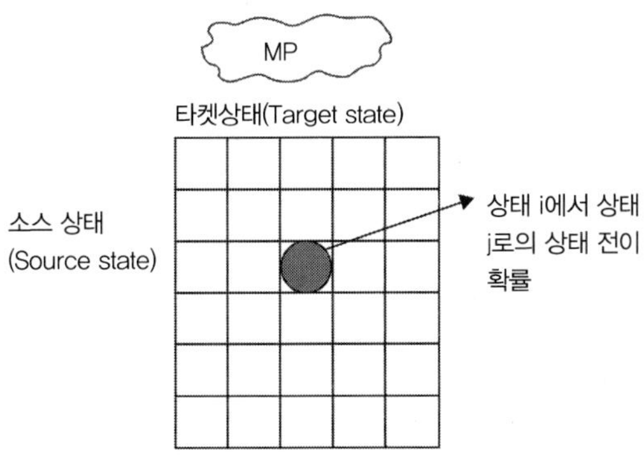

그림 8. 전이 행렬

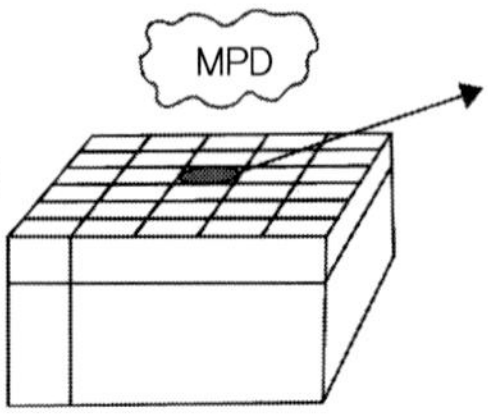

그림 9. MDP를 위한 전이 확률

는데, 이 큐브에서 소스 상태는 세로(height) 차원(i), 타겟 상태는 가로(width) 차원(j), 그리고 에이전트가 취할 수 있는 행동들은 깊이(depth) 차원(k)에 표시되어 있다.

따라서, 현재 상태가 동일한 상태라 하더라도 에이전트가 어떤 행동을 선택하느냐에 따라서 타겟 상태로의 전이 확률이 달라지게 된다.

이렇게 복잡하게 만드는 이유에 대한 감을 좀 얻기 위해 3 × 3 그리드에서 좌회전, 우회전, 그리고 직진을 수행할 수 있는 작은 로봇을 한번 상상해 보자. 이 조건 하에서 상태란 로봇의 위치(3 × 3 그리드 상에서의 위치)와 방향(위, 아래, 왼쪽, 오른쪽)이 되는데, 결국 3 × 3 × 4 = 36 개의 상태가 존재하게 된다(로봇은 어느 위치에도 있을 수 있고, 각 위치에서 어느 방향이든 바라보고 있을 수 있으므로).

일을 좀 복잡하게 만들기 위해서 로봇이 주어진 명령을 완벽하게는 수행하지 못한다고 가정하자(실제로 로봇은 정말로 이렇다). 무슨 말이냐 하면, 로봇이 왼쪽으로 돌거나 오른쪽으로 돌 때, 90%의 확률로만 원하는 방향으로 제대로 돌 수 있다고 가정하자는 것이다. 그러면 사실 나머지 10%의 확률로는, 로봇이 그만 미끄러져서 현재의 상태에 머무르게 된다. 같은 일이 직전의 경우에도 마찬가지로 발생하는데 90%의 경우 제대로 직진을 수행하지만 나머지 10%의 경우에는 그냥 현재 상태에 머무르게 된다.

그림 10은 상태 전이 다이어그램의 일부만 보인 것인데, 현재 상태가 (1, 1, up)이라고 했을 때, 그림에서 보이는 것처럼 로봇은 그리드상에서 중앙에 위치해 있고 바라보고 있는 방향은 위쪽이다. 만일, 로봇이 직진하고자 한다면, 90%의 확률로 (0, 1, up)상태에 도달할 것이지만, 나머지 10%의 확률로는 바퀴가 미끄러지는 바람에 결국 다시 현재 상태인 (1, 1, up)에 그대로 머물게 된다.

환경에 대한 이 모든 자세한 사항들과 로봇이 취하는 행동에 대한 반응들을 제대로 잡아 내기 위해서는 마르코프 의사결정 과정(MDP)은 3차원 전이 행렬이 되야 하며 각 차원은 (소스 상태, 행동, 타겟 상태)가 된다.

마지막으로, 마르코프 보상 과정(MRP)을 마르코프 의사결정 과정(MDP)으로 바꾸기 위해서는 전이 행렬에 우리가 했던 것과 동일하게 보상 행렬에도 행동들을 추가해야 한다. 그로 인하여 보상 행렬은 상태뿐만 아니라 행동에도 의존적이 된다. 다시 말하자면, 에이전트가 얻게 되는 보상이 이제는 타겟 상태에 의존적일 뿐만 아니라 이 타겟 상태에 이르게 한 행동에도 의존적이라는 것이다. 비유하자면 우리가 노력을 들여서 어떤 일을 할 때, 비록 그 결과가 좋지 않더라도 우리는 그 과정을 통하여 기술과 지식을 얻는 것과 유사하다. 비록 그 결과가 아무것도 하지 않는 경우와 똑같다고 하더라도, 최소한 우리는 그러한 노력을 통해서 보상을(기술과 지식 혹은 경험이라고 해도 좋고)을 받게 되는 것이다.

이제 보다 형식적으로(formal) 정의된 마르코프 의사결정 과정(MDP)을 가지게 되었으므로, 이제 마르코프 의사결정 과정(MDP)과 강화학습에서 가장 중요한 무언가를 알아볼 준비가 되었다. 그것은 바로 정책(policy)이다.

정책에 대한 직관적인 정의는 에이전트의 행동을 제어하는 일종의 규칙 집합이다. 꽤 간단한 환경에 대해서 조차도, 우리는 매우 다양한 정책을 가질 수 있다. 앞서 살펴본 그리드 월드에서의 로봇을 보면, 에이전트는 서로 다른 상태를 방문하도록 이끄는 서로 다른 정책들을 가질 수 있는데, 예를 들어서 다음과 같은 행동을 취할 수 있다:

- 무조건적으로 직진만 하기
- 앞서 수행한 직진 행동이 실패했는지를 살펴보고 장애물을 회피하도록 하기

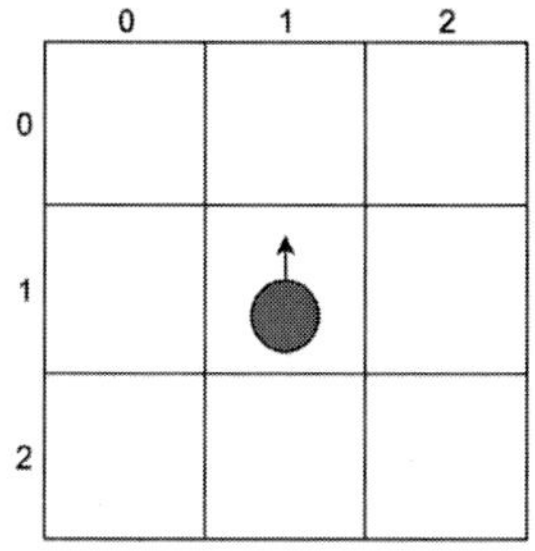

로봇이 셀(1,1)에 위치하고 위쪽을 바라보고 있음

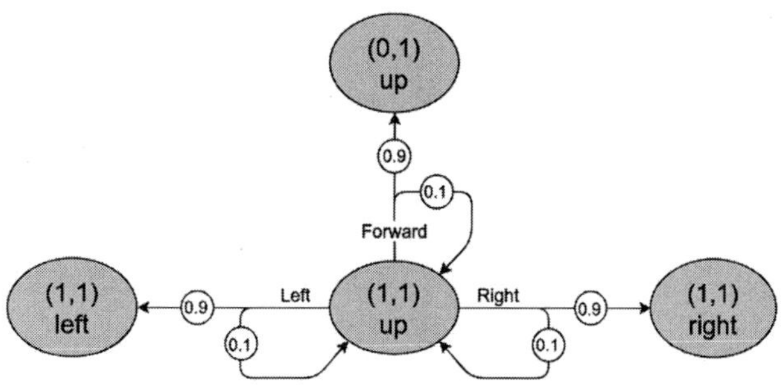

로봇의 상태 전이 다이어그램 일부

그림 10. 그리드 월드 환경

- 로봇을 만든 사람을 기쁘게 해주기 위해서 재미있게 스핀턴하기
- 술취한 것처럼 흉내내기 위해서 아무 행동이나 하기 등등등 ……

기억하겠지만, 강화학습 에이전트의 주요 목적은 가능한 많은 총 보상을 모으는 것이다(할인된 누적 보상이라고 정의된다). 따라서, 직관적으로 보면 서로 다른 정책들은 서로 다른 총보상들을 수집할 것이므로 좋은 정책을 찾아내는 것이 중요하게 된다. 이것이 정책이라는 것이 왜 중요하며, 우리가 찾아내고자 하는 중심적인 그 무엇인지를 설명해준다.

보다 형식적으로 보면, 정책은 가능한 모든 상태들에서 에이전트가 취할 수 있는 행동들에 대한 확률분포로 정의된다.

$$\pi(a|s) = P[A_t = a|S_t = s]$$

정책은 구체적인 어떤 행동이 아니라 확률로서 정의되는데, 에이전트의 행동에 무작위성을 부여하기 위해서 그렇다. 나중에 이것이 왜 중요하고 유용한지 살펴볼 것이다. 마지막으로, 정책의 매우 특별한 경우로서 결정론적(deterministic) 정책이 있는데, 이 정책은 주어진 상태에서 특정한 하나의 행동이 1의 확률을 가지고 있을 때를 의미한다.[7)]

다른 유용한 개념은 정책이 고정되어 있다면, 마르코프 의사결정 과정(MDP)은 마르코프 보상 과정(MRP)이 된다. 왜냐하면, 전이 행렬과 보상 행렬에서 행동차원을 제거할 수 있게 되고, 그러면 해당 행렬은 결국 마르코프 보상 과정(MRP)을 위한 행렬이 되기 때문이다.

여기까지 무사히 온것을 자축하자. 이번 장은 꽤 도전적이었지만, 다음에 올 실제적인 내용들을 위해서 매우 중요한 부분이었다. OpenAI gym과 딥러닝을 위한 두 장의 소개 부분이 지나면, 실제 문제들을 풀기 위해서 어떻게 에이전트를 가르칠지에 대한 질문을 실제적으로 다루기 시작할 것이다.

요약

이 장에서는 강화학습이 지도학습 그리고 비지도학습과 어떤 관계가 있는지, 그리고 무엇이 강화학습을 특별하게 만드는지에 대하여 배우면서 강화학습에 대한 우리의 여행을 시작했다. 그

7) 역자주: 어떤 상태이든, 하나의 행동이 1의 확률을 가지고 있으면, 그 상태에 에이전트가 도착하게 되면 항상 1의 확률을 가진 행동을 한다는 뜻이다. 즉, 다른 행동을 하지 않게 된다. 따라서, 무작위성이 사라지게 되고, 결국 선택되는 행동은 이미 결정(deterministic)된 것과 마찬가지다.

리고 강화학습의 기본적인 형식화를 배웠고, 그 구성요소들이 어떻게 상호작용하는지, 그리고 그 구성요소들에 기반해서 마르코프 과정, 마르코프 보상 과정, 그리고 마르코프 의사결정 과정에 대하여 살펴보았다.

이제 우리는 이 장에서 살펴보았던 이론적인 부분을 뒤로 하고 강화학습의 실제적인 세계로 들어갈 예정이다. 그러기 위해서 이후에는 필요한 셋업과 라이브러리를 살펴보고나서 마침내 첫 번째 에이전트를 만나볼 것이다.

제2장

OpenAI Gym

지금까지 강화학습의 이론적인 측면에 대하여 많은 이야기를 했다. 이제는 좀 실제적인 무언가를 할 때가 된 것 같다. 이 장에서는 OpenAI Gym API의 기초를 배우고 앞서 배운 개념들과 보다 친근해지기 위해서 첫 번째 에이전트를 작성해 볼 것이다. 처음이니까, 그냥 무작위로 행동하는 에이전트이지만.

에이전트의 해부학

이전 장에서 이미 본 것이지만, 강화학습이 세상을 바라보는 관점에는 여러 개의 개체들이 있다.

- **에이전트**: 일반적으로 어떤 역할을 수행하는 사람이나 물건으로 정의되지만, 실체적으로는 어떤 정책을 구현하고 있는 코드 덩어리이다. 정책은 관찰이 주어졌을 때, 매 단계마다 어떤 행동을 취할지 결정한다.
- **환경**: 에이전트를 둘러싼 세계에 대한 어떤 모델로서, 에이전트의 외부에 존재한다. 환경은 우리가 환경을 관찰하고 보상을 받을 수 있도록 하는 책임이 있고 에이전트의 행동에 기초하여 상태를 바꾼다.

자, 그러면 간단한 상황에서 이 둘이 파이썬으로 어떻게 구현되는지를 보자. 우선, 환경 하나를 정의할 예정인데 이 환경은 에이전트의 행동과는 전혀 무관하게 그냥 제한된 시간 단계 동안 임의의 보상을 에이전트에게 주는 환경이다. 물론, 이런 시나리오는 그렇게 쓸모 있어 보이지는 않지만 환경과 에이전트 클래스에 있는 메소드(methods)들에 대하여 살펴볼 수 있는 기회는 제공할 것이다. 그럼, 일단 환경부터 시작해 보자.

```
class Environment:
    def __init__(self):
        self.steps_left = 10
```

위 코드에서 우리는 환경을 초기화하였다. 이번에는 에이전트가 환경과 상호작용할 수 있는 시간을 제한할 수 있도록 하는 카운터가 상태로서 정의되었다.

```
    def get_observation(self):
        return [0.0, 0.0, 0.0]
```

get_observation() 메소드는 에이전트에게 환경의 현재 관찰값을 돌려준다. 이 함수는 보통 환경의 내부 상태에 대한 어떤 함수로 구현된다. 위 예에서는, 관찰 벡터가 항상 0이므로 환경에는 기본적으로 아무런 내부 상태가 없다고 할 수 있다.

```
    def get_actions(self):
        return [0, 1]
```

get_actions() 메소드는 에이전트가 수행할 수 있는 행동들의 집합에 대하여 물어볼 수 있는 방법을 제공한다. 에이전트가 수행할 수 있는 행동 집합은 보통은 시간이 지나도 변하지는 않지만, 어떤 행동은 특정 상태에서 실행이 불가능한 경우는 있다(예를 들어, 틱택토TicTacToe 게임에서 위치에 따라서는 어떤 행동은 실행이 불가능하다). 위 코드에서는, 단 두 가지의 행동만 에이전트가 실행할 수 있으며, 각각은 정수 0과 1로 표현되어 있다.

```
    def is_done(self):
        return self.steps_left == 0
```

이 메소드는 에이전트에게 에피소드의 끝을 알려준다. 1장에서 보았듯이, 에이전트와 환경과의 상호작용은 에피소드라 부르는 일련의 단계들로 나뉘어 진다. 에피소드는 체스 게임처럼 유한할 수도 있고, 보이저 2(보이저 2호는 약 40년 전에 발사되었고, 지금은 태양계를 벗어나 아직도 여행하고 있다)의 경우처럼 무한할 수도 있다. 이 두 가지 경우를 모두 포함하기 위해서 환경은 에피소드가 언제 끝나는지 알 수 있는 방법을 제공한다.

```
    def action(self, action):
        if self.is_done():
            raise Exception("Game is over")
        self.steps_left -= 1
        return random.random()
```

action() 메소드는 환경의 기능 중에 중심적인 역할을 수행한다. 이 메소드는 에이전트의 행동을 처리하고 이 행동에 대한 보상을 반환하는 역할을 수행한다. 위 코드에서는 임의의 값을 보상으로 반환하였고, 인자로서 전달받은 action은 그냥 쿨 하게 무시한다. 추가적으로, 스텝 수를 갱신하고 에피소드가 종료되면 더 이상 행동을 실행하는 것을 거부하기도 한다.

에이전트 관련 부분은 좀더 간단하여 단 두가지 메소드만을 가지고 있다. 하나는 생성자이고, 다른 하나는 환경에서 한 스텝을 실행하는 메소드다.

```
class Agent:
    def __init__(self):
        self.total_reward = 0.0
```

생성자에서는 에피소드에서 에이전트가 모으는 총 보상값을 담고 있는 카운터가 초기화된다.

```
    def step(self, env):
        current_obs = env.get_observation()
        actions = env.get_actions()
        reward = env.action(random.choice(actions))
        self.total_reward += reward
```

step 함수는 환경 인스턴스를 인수로 받아서 에이전트가 다음의 일들을 할 수 있도록 해준다:

- 환경을 관찰하기
- 관찰에 기반하여 실행할 행동에 관한 결정을 내리기
- 환경에 행동을 제출하기
- 현재 단계에 대한 보상받기

위 코드에 나타난 에이전트는 너무나 쿨해서 환경으로부터 받은 관찰은 그냥 가볍게 무시해버리고 자신의 행동을 결정하는데 관찰은 전혀 사용하지 않는다. 그냥 랜덤하게 선택할 뿐이다. 마지막으로 우리가 필요한 코드는 위 두 개의 클래스를 생성하고 하나의 에피소드를 실행하는 코드이다.

```
if __name__ == "__main__":
    env = Environment()
    agent = Agent()

    while not env.is_done():
        agent.step(env)

    print("Total reward got: %.4f" % agent.total_reward)
```

앞서 보았던 코드들은 이 책의 github 저장소에서 찾을 수 있다(https://github.com/PacktPublishing/Deep-Reinforcement-Learning-Hands-On에서 Chapter02/01_agent_anatomy.py). 이 코드는 아무런 외부 의존성이 없으므로, 대부분의 파이썬 버전에서 잘 동작할 것이다. 여러 번 돌려보면, 아마도 에이전트가 수집하는 보상의 양이 할 때마다 조금씩 달라짐을 알 수 있을 것이다.

위 코드는 간단하지만, 우리에게 강화학습 모델의 중요한 기본 개념들을 잘 보여준다. 환경은 아주 복잡한 물리 모델일 수도 있고 에이전트는 가장 최신의 강화학습 알고리즘을 구현한 매우 큰 신경망일 수도 있다. 그렇지만, 기본적인 패턴은 변하지 않는다. 매 스텝마다 에이전트는 환경을 관찰하고, 계산을 좀 하고, 행동을 선택한다. 이 행동의 결과로서 보상을 받고 다시 새로운 관찰을 수행한다.

만일, 패턴이 그렇게 동일하다면 왜 프로그램을 처음부터 작성해야 하지? 라는 의문이 들지도 모르겠다. 또는, 혹시 누군가가 이미 구현해 놨고 우리가 쓸 수 있도록 라이브러리화해 놓지는 않았을까? 이에 대한 대답은 '물론 그렇다'이다. 하지만, 이에 대하여 시간을 쓰기 전에 개발 환경부터 미리 준비해보자.

하드웨어와 소프트웨어 요구사항

이 책에 있는 코드들은 파이썬 3.6 버전을 이용하여 개발되고 테스트되었다. 이 책에서는 여러분이 파이썬 언어와 그 외 몇 가지 자주 쓰이는 개념들, 예를 들면 가상 환경 등에 이미 친숙하다고 가정한다. 따라서, 파이썬 패키지를 어떻게 설치하고, 프로그램을 어떻게 하면 독립된 환경(역자주: 가상 환경을 말함)에서 실행하는지에 대하여는 설명하지 않을 예정이다. 이 책에서 우리가 쓰게 될 외부 라이브러리들은 모두 오픈소스 소프트웨어들이고 다음과 같은 것들이 있다.

- NumPy: 과학적 계산과 행렬에 관한 함수 계산들을 수행하기 위한 라이브러리.
- OpenCV Python bindings: 이미지 프로세싱을 위한 컴퓨터 비전 라이브러리.
- Gym: OpenAI가 개발하고 유지하고 있는 강화학습 프레임워크로서 다양한 환경을 제공하며 환경에 대한 단일한 인터페이스를 제공함.
- PyTorch: 유연하고 표현력이 있는 딥러닝 라이브러리. 다음 장에서, 이에 대하여 아주 짧게 살펴볼 것이다.
- Ptan(https://github.com/Shmuma/ptan): Gym을 확장한 오픈소스로서 최신의 강화학습 방법들과 빌딩 블록(building blocks)을 제공한다. 이 책에서 사용된 모든 클래스들은 소스코드와 함께 자세히 설명될 것이다.

이 책의 상당 부분은(2, 3, 4장)은 지난 몇 년간 개발되어온 최신의 심층 강화학습(deep reinforcement learning) 기법들에 중점을 두고 있다. 여기서 심층이라는 말은 딥러닝이 아주 많이 활용된다는 것을 의미한다. 여러분은 딥러닝 방법들이 컴퓨팅 파워를 아주 많이 필요로 한다는 것을 알고 있을 것이다. 최근의 GPU 한 개는 가장 빠른 멀티 CPU 시스템들보다 10배에서 100배까지 빠르다. 이것이 실제적으로 의미하는 바는 GPU에서 돌리면 한 시간 정도면 학습이 완료되는 시스템도 CPU 기반 시스템으로 돌리면 최소 반나절에서 길게는 일주일 이상 걸릴 수도 있음을 의미한다. 물론, 이것이 이 책에 제시된 코드들을 여러분들이 CPU 기반으로 실행할 수 없다는 것을 의미하지는 않지만, 최소한 시간이 훨씬 많이 걸리기는 한다. 이 책의 코드들을 직접 실행(무언가를 배울 때 가장 유용한 방법)해 보고 싶은 독자는 GPU가 달린 머신에 접근할 수 있었으면 좋겠다. 다음과 같이 GPU를 이용하는 방법이 있다.

- CUDA가 가능한 최근의 GPU를 사는 방법
- **클라우드 서비스**: 아마존 AWS나 구글 클라우드는 GPU를 이용할 수 있는 서비스를 제공한다

해당 시스템을 어떻게 설치하고 설정하는지 등에 대해서는 이 책의 범위를 벗어나지만, 인터넷에 찾아보면 그에 관한 많은 정보들이 있으므로 너무 염려하지는 않아도 된다. 운영체제는 사실, 리눅스 아니면 맥 운영 체제를 써야 하는데, 왜냐하면 파이토치(PyTorch)나 대부분의 Gym 환경이 윈도우 환경을 지원하지 않기 때문이다(최소한 이 책을 쓰고 있는 때까지는 그렇다). 이 책 전반에 걸쳐서 사용하게 될 외부 라이브러리에 대한 정확한 버전 정보를 제공하기 위해서, 아래에 pip freeze 명령의 결과를 이 책에 넣어 놓았다(혹시, 이 책에 있는 코드를 실행할 때 발생할지도 모르는 문제점들에 잘 대처할 수 있도록 하기 위해서이다. 요새 라이브러리들은 너무 빨리 버전업 되고 있기 때문에, 그러한 상황이 발생할 수도 있지 않겠는가!)

```
numpy==1.14.2
atari-py==0.1.1
gym==0.10.4
ptan==0.3
opencv-python==3.4.0.12
scipy==1.0.1
torch==0.4.0
torchvision==0.2.1
tensorboard-pytorch==0.7.1
tensorflow==1.7.0
tensorboard==1.7.0
```

이 책에 있는 모든 예제 코드들은 파이토치 0.4 버전 기반으로 개발되고 테스트 되었다. 여러분은 pip install pytorch==0.4.0 명령을 사용하여 이 버전의 파이토치를 설치할 수 있다.

자, 그러면 그렇게 복잡하지 않으면서 우리에게 시시한 것에서부터 도전적인 것까지 매우 많은

환경들을 제공하는 OpenAI Gym의 API에 대하여 자세히 알아보는 시간을 갖도록 하자.

OpenAI Gym API

Gym 파이썬 라이브러리는 OpenAI(www.openai.com)에서 개발/유지되고 있다. Gym의 목적은 강화학습 실험을 할 때 단일한 인터페이스를 통하여 접근할 수 있는 환경을 매우 다양하게 그리고 많이 제공하는 것이다. 그러므로, 이 라이브러리의 가장 중심적인 클래스가 Env라고 불리는 환경에 대한 클래스라는 것이 그리 놀랍지는 않다. 이 클래스는 환경이 할 수 있는 여러 가지 일들에 대한 정보를 제공하기 위한 메소드(method)와 필드(field)를 제공한다. 크게 보면, 모든 환경은 다음과 같은 정보와 기능을 제공한다.

- 환경에서 실행 가능한 행동 집합. Gym은 이산적 행동, 연속적 행동, 그리고 이 둘의 조합도 지원한다.
- 환경이 에이전트에게 제공하는 관찰에 관한 모양과 경계.
- step 메소드: 이 메소드는 행동을 실행하고 그 결과 현재의 관찰, 보상, 그리고 에피소드의 종료 여부를 반환한다.
- 환경을 초기 상태로 되돌리고 최초의 관찰을 얻기 위한 reset 메소드.

자, 이제 환경이 제공하는 기능들에 대하여 자세히 살펴보자.

행동 공간(Action Space)

이미 알다시피, 에이전트의 행동은 이산적이거나 연속적, 혹은 그 조합일 수도 있다. 이산적 행동은 예를 들어 그리드 월드에서 좌회전, 우회전, 위로, 아래로와 같이 몇 가지로 이미 정해진 행동이라고 볼 수 있다. 또 다른 예로서, 버튼을 누르는 것도 이산적 행동의 예이다. 그냥, 누르거나 아니면 버튼을 놓거나 둘 중의 하나이므로. 따라서, 이산적 행동들은 한 번에 하나의 행동만 수행 가능하다. 버튼을 누르거나 놓거나 할 수 있을 뿐이지 누르면서 동시에 놓을 수는 없지 않은가? 이런 면에서 보면 이산적 행동은 상호 배타적(mutually exclusive)이다.

연속적 행동은 어떤 실수형 값을 가진다. 예를 들어서, 자동차의 운전대라면 운전대가 움직인 각도, 자동차의 엑셀레이터라면 가해진 힘에 따라서 눌린 정도를 나타내는 값일 것이다. 따라서, 연속된 행동은 그 값이 변할 수 있는 한계가 있어야 한다. 다시 운전대를 소환해보면, 예를 들면 −720도에서 720도까지라고 할 수 있을 것이다. 엑셀레이터라면 0에서 1사이의 값이라면 될 것이다.

물론, 에이전트가 한 번에 하나의 행동만을 수행할 수 있는 것은 아니다. 예를 들어서, 여러 개의 버튼을 동시에 누를 수도 있고, 운전대를 돌리면서 엑셀레이터 페달을 밟거나 브레이크 페달을 밟을 수도 있다. 이런 경우도 지원하기 위해서, Gym에는 특별한 컨테이너(container) 클래스라는 것이 있는데, 이 클래스는 여러 행동 공간을 하나의 통일된 행동으로 묶을 수 있는 기능을 제공한다.

관찰 공간(Observation Space)

관찰은 환경이 보상과 더불어 에이전트에게 매 스텝마다 제공하는 정보이다. 관찰은 숫자로만 구성된 간단한 것일 수도 있고 여러 대의 카메라로부터 얻은 컬러 이미지들을 담고 있는 다차원 텐서(tensor)처럼 복잡할 수도 있다. 더욱이, 관찰은 행동 공간과 비슷하게 이산적일 수도 있다. 가령 전구를 예를 들면, 전구는 켜져 있거나 꺼져 있음을 나타내는 이진값으로 관찰된다.

그러면, 클래스 다이어그램을 살펴보자.

Space라는 추상 클래스는 다음과 같은 두 개의 메소드를 가지고 있다:

- sample(): 공간에서 랜덤 샘플을 반환한다
- contains(x): 인수 x가 공간의 도메인에 속하는지를 체크한다

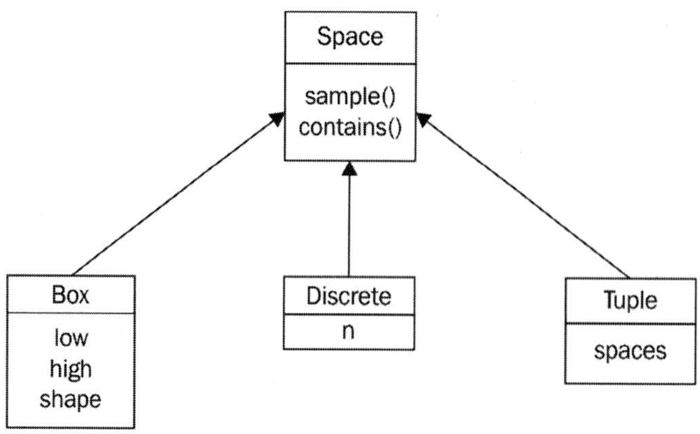

그림 1. Gym의 Space 클래스의 계층 구조

이 두 메소드는 추상 클래스여서 Space 클래스의 자식 클래스에서 재정의 된다:

- Discrete 클래스는 0에서 $n-1$까지 번호가 붙은 상호 배타적인 아이템의 집합을 표현한다. 예를 들어서, [left, right, up, down]과 같이 네 개의 행동을 가진 행동 공간을 위해서는 Discrete(n=4)라고 하면 된다.

- Box 클래스는 [low, high] 사이의 값을 갖는 유리수로 이루어진 n 차원의 텐서를 표현한다. 예를 들면, 0.0에서 1.0 사이의 값을 갖는 엑셀레이터 페달을 표현하고 싶으면 Box(low=0.0, high=1.0, shape=(1,), dtype=np.float32) (shape 인수가 1로 설정됨으로써, 하나의 값만을 가질 수 있는 일차원 텐서라고 알려준다)라고 표현하면 된다. dtype 매개변수는 값의 타입을 명시할 수 있는데, 여기서는 NumPy 32 비트 float 타입으로 명시하였다. Box의 다른 예시로서, *Atari* 게임의 스크린 이미지에 대한 관찰(나중에 *Atari* 환경에 대해서는 많이 나온다)을 들 수 있는데, RGB 이미지로서 크기는 210 × 160이다. 이때는, Box(low=0, high=255, shape=(210, 160, 3), dtype=np.uint8)라고 하면 된다. Shape 매개변수는 세 개의 원소로 이루어진 튜플인데, 첫 번째는 이미지의 세로, 두 번째는 가로, 그리고 세 번째는 3인데, 이는 컬러 이미지의 R, G, B 즉, 빨강, 녹색, 파랑의 세 채널에 해당한다. 따라서, 전체적으로는 100,800 바이트의 크기를 가지는 3차원 텐서가 매 관찰마다 얻어진다.

- Space 클래스의 마지막 자식 클래스는 Tuple 클래스이다. 이 클래스는 여러 개의 Space 클래스 인스턴스들을 함께 묶어 주는 역할을 한다. 이는 우리가 어떠한 복잡성을 가진 행동 공간이나 관찰 공간이라도 생성할 수 있게 해준다. 예를 들어 자동차를 위한 행동 공간을 만든다고 상상해 보자. 자동차는 운전대의 각도, 브레이크 페달의 위치, 그리고 엑셀레이터 페달의 위치 등과 같이 매 스텝마다 변할 수 있는 여러 개의 제어 변수가 있다. 이 세 개의 제어 변수들은 세 개의 실수형 값들을 가지는 하나의 Box 인스턴스로 처리할 수 있다. 이 세 개 외에도, 방향 지시등("꺼짐", "오른쪽", "왼쪽")이나 경적("켜짐", "꺼짐") 등이 추가적으로 있을 수도 있다. 이런 것들을 모두 모아서, 하나의 행동 공간에 대한 클래스로 만들려면, Tuple클래스를 이용하여 Tuple(spaces=(Box(low=-1.0, high=1.0, shape=(3,), dtype=np.float32), Discrete(n=3), Discrete(n=2)))와 같이 하나의 인스턴스를 만들면 된다. 이 책에서는 물론 이 정도의 유연성과 복잡성을 가진 예는 거의 사용되지 않는다. 이 책에서는 행동 혹은 관찰 공간을 위해서 기껏해야 Box 혹은 Discrete 정도만을 사용할 것이다(물론, 간혹 Tuple 클래스가 유용한 경우도 있다).

Gym에는 그 외 다른 Space 자식 클래스들이 있기는 하지만 앞에 나온 세 개가 가장 많이 사용되는 것들이다. 모든 자식 클래스들은 sample()과 contains() 메소드를 구현한다. Sample() 함수는 Space 클래스와 인수에 따른 랜덤 샘플링을 수행한다. 예를 들자면, Discrete.sample()은 이산적인 범위로부터 랜덤으로 하나의 원소를 반환한다. 그리고 Box.sample()은 주어진 범위내의 값들을 채워진 랜덤 텐서가 될 것이다(물론 차원도 올바르게 지켜진다). 이 기능은 행동 공간에서 행동을 랜덤으로 선택할 필요가 있을 때 유용하다. Contains() 메소드는 전달받은 인수가 Space 파라미터를 잘 준수하는지를 검증하는데, Gym이 내부적으로 에이전트의 행동이 합당한지를 체크할 때 사용한다.

모든 환경은 action_space와 observation_space라고 불리는 두 개의 Space 타입의 멤버를 가지고 있다. 이것은 어떤 환경에서도 잘 돌아갈 수 있는 포괄성 혹은 일반성이 있는 코드를 작성할 수 있게 해준다. 물론 스크린 상의 픽셀들을 다루는 것과 이산적인 관찰들(앞선 경우와 마찬가지로, 여러분은 컴퓨터 비전 도구 박스나 컨벌루션 계층들을 이용하여 이미지를 전처리하고 싶을 수도 있다)은 다르기 때문에 대부분의 경우 특정 환경이나 환경그룹에 최적화된 코드를 작성해야 하지만, 그렇다고 Gym 자체가 포괄성이나 일반성이 높은 코드를 작성하는 것을 방해하지는 않는다.

환경(Environment)

Gym에서 환경은 Env 클래스로 표현되며 다음과 같은 멤버를 갖는다.

- action_space: Space 클래스 타입의 필드로서 환경에서 수행 가능한 행동들을 명시한다.
- observation_space: 마찬가지로 Space 클래스 타입의 필드로서 환경에 의해서 제공되는 관찰을 명시한다.
- reset(): 환경의 상태와 관찰 벡터를 초기화한다
- step(): 에이전트가 행동을 수행할 수 있도록 하고, 그 행동의 결과에 대한 정보를 반환한다. 반환되는 정보는 다음 관찰, 보상, 그리고 에피소드의 종류를 알리는 플래그이다. 이 메소드는 다소 복잡해서 이후에 좀 더 상세히 다룰 것이다.

Env 클래스에는 사람에 친숙한 형태로 관찰을 얻을 수 있도록 하는 render()와 같은 다른 부가적인 메소드들도 있지만 당장은 이를 사용하지는 않는다. 이런 함수들에 관심이 있는 독자는 Gym의 문서에서 전체 리스트를 확인해 보기 바란다. 지금으로서는, Env 클래스의 핵심 메소드인 reset()과 step()에 집중하도록 하자.

지금까지는 환경으로부터 행동의 결과나 관찰을 얻는 것들을 어떻게 코딩하는지를 배웠다. 자, 이제부터는 행동 자체에 대하여 좀 친숙해지는 시간을 가져보자. 환경과의 의사소통은 Env 클래스의 step과 reset, 이 두 메소드를 가지고 이루어진다.

우선, 간단한 reset()부터 보자. reset() 메소드는 인수 없이 환경을 초기 상태로 돌리고 초기의 관찰을 얻는다. 환경을 생성한 후에는 reset()을 호출해야 한다는 것을 잊지 말자. 1장에서 살펴본 것처럼, 환경과의 상호작용은 종료 시점이 있을 수 있는데(게임에서의 "게임 종료" 화면과 같이), 이렇게 종료된 세션들을 에피소드라고 부르며, 하나의 에피소드가 종료되면 에이전트는 다시 새로운 에피소드를 시작한다. 이 메소드에 의해서 반환되는 값은 환경에 대한 첫 관찰이다.

Step() 메소드는 환경의 기능 중에 가장 중심적인데, 한 번 호출될 때 다음과 같은 일들을 수행한다.

1. 다음 스텝에서 어떤 행동을 수행할지 환경에 알려준다
2. 이 행동의 결과 환경으로부터 새로운 관찰을 얻는다
3. 이 스텝으로부터 에이전트가 받게 되는 보상을 얻는다
4. 에피소드가 종료됐는지 여부를 얻는다

1 번에 쓰여 있는 행동이 이 메소드에 인수로서 행동이 전달되고, 2~4 번은 이 함수로부터 전달받는데, 보다 정확하게는 네 개의 원소(observation, reward, done, extra_info)를 가지는 튜플을 반환 받는다(아, 여기서 튜플은 앞 절에서 이야기 했던 Space 클래스 타입의 Tuple 클래스가 아니라 파이썬의 tuple이다). 각각은 다음과 같은 타입과 의미를 지닌다.

- observation: NumPy 벡터 혹은 행렬로서 관찰 데이터를 가짐
- reward: float형의 보상
- done: 이진값으로, True이면 에피소드가 종료
- extra_info: 환경에 대한 추가적인 정보로서 환경 마다 전달하고 싶은 나름의 정보를 전달한다. 이것을 다루는 실제적인 방법은 대개 그냥 무시하는 것이다(특정 환경에 의존적인 정보를 고려하지 않는 것이 좋지 않은가?).

아마도, 여러분은 에이전트의 코드에서 환경을 어떻게 사용하는지에 대한 아이디어를 이미 얻었을 것이다. 그저 하나의 행동을 전달하여 step()을 호출하고, 그 결과 반환된 종료 플래그가 True가 될 때까지 반복적으로 step()을 호출하면 된다(반복문 안에서 사용하면 된다). 이제 마지막으로 한

가지 빠뜨린 점을 살펴보자. 애초에 Env 객체를 어떻게 생성하는지에 대한 것이다.

환경의 생성

모든 환경은 EnvironmentName-vN 형태로 유일한 이름을 가지게 되는데, 여기서 N은 같은 환경이더라도 서로 다른 버전을 구별하기 위해서 쓰인다(버그를 수정한 새로운 버전이거나 대규모 수정이 이루어졌을 때나). Gym에서 환경을 생성하기 위해서는 make(env_name) 함수를 사용하는데, 문자열 형태로 환경의 이름을 전달한다.

이 책을 쓰고 있는 시점에서, Gym 버전 0.9.3은 777개의 서로 다른 이름을 가진 환경을 포함하고 있다. 물론, 이것들 중에는 하나의 환경에 대한 다른 버전들이 존재하기 때문에 777 개가 서로 완전히 다른 환경은 아니다. 더불어, 같은 환경이라도 하더라도 설정 혹은 관찰 공간이 조금씩 다를 수 있다. 예를 들면, 아타리 게임의 브레이크아웃(Breakout)은 다음과 같은 환경 이름을 가지고 있다:

- **Breakout-v0, Breakout-v4**: 랜덤 초기 위치와 볼의 방향을 가지고 있는 원래의 환경
- **BreakoutDeterministic-v0, BreakoutDeterministic-v4**: 볼에 대한 고정된 초기 위치와 방향 벡터를 가지고 있는 환경
- **BreakoutNoFrameskip-v0, BreakoutNoFrameskip-v4**: 모든 프레임을 에이전트에게 보여주는 환경
- **Breakout-ram-v0, Breakout-ram-v4**: 스크린 픽셀 대신에 아타리 에뮬레이터의 전체 메모리(128 바이트)에 대한 관찰을 가지고 있는 환경.
- Breakout-ramDeterministic-v0, Breakout-ramDeterministic-v4
- Breakout-ramNoFrameskip-v0, Breakout-ramNoFrameskip-v4

전체적으로 12 개의 브레이크아웃 환경이 있으며, 그림 2는 게임 플레이 중의 예를 보여준다(아직 해보지 않은 사람들을 위해서 넣어보았다).

중복이 있는 것들을 제외한다 하더라도, Gym 0.9.3은 116개의 굉장히 인상적인 환경을 가지고 있으며, 이것들을 그룹화하면 다음과 같이 몇 개로 나눌 수 있다.

- **전통적인 제어 문제들**: 여기에 속하는 환경들은 최적 제어 이론(optimal control theory)과 강화학습 논문에서 벤치마크 혹은 데모용으로 쓰이는 장난감 문제들이다(toy tasks). 따라서, 여

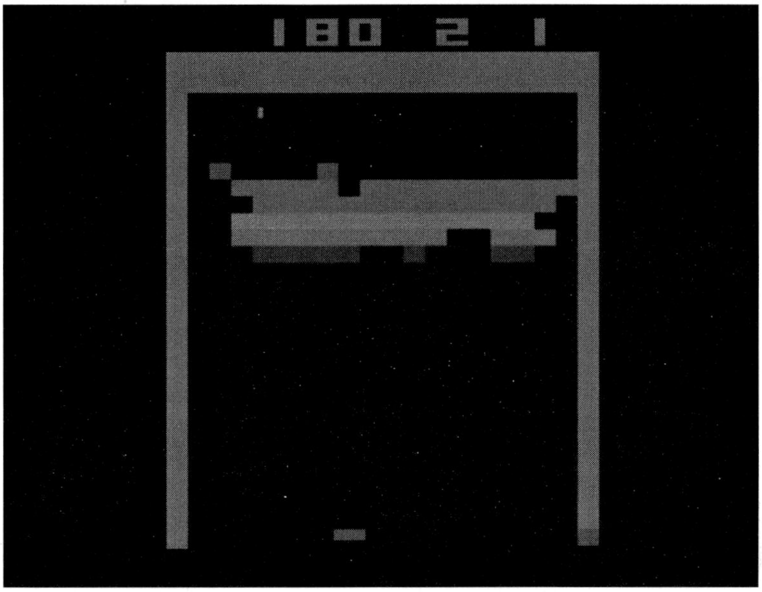

그림 2. 브레이크아웃 게임 장면

기의 환경들은 저차원의 관찰과 행동 공간을 가지고 있으며 단순하다. 하지만, 알고리즘을 빨리 검증하는 데에는 유용하게 쓰일 수 있다. 아마도, 여러분은 이것을 강화학습계의 MNIST 데이터 정도로 생각해도 되겠다(여러분이 MNIST에 대해서 혹시 들어보지 못했다면, MNIST는 얀리쿤(Yann LeCun)이 만든 데이터 셋이며 사람들이 손으로 쓴 0~9까지의 숫자들로 이루어져 있다).

- **Atari 2600:** 여기 환경들은 1970년대 유행하던 고전적 게임 플랫폼들이다. 63 개의 게임들이 있다.
- **Algorithmic:** 이곳은 관찰된 시퀀스를 복사하거나 숫자를 더하는 등의 간단한 연산 태스크들을 수행할 수 있도록 설정된 환경들이다
- **Board games:** 바둑(Go)과 헥스(Hex) 게임
- **Box2D:** 걷기나 자동차 제어를 학습시킬 수 있는 Box2D 물리엔진 시뮬레이터를 사용하는 환경들
- **MuJoCo:** 여러 개의 연속 제어 문제(continuous control problems)를 위한 또 다른 물리 엔진 시뮬레이터

- **Parameter tuning:** 신경망의 파라미터를 최적화하기 위해 쓰이는 강화학습
- **Toy text:** 텍스트 기반 그리드 월드 환경들
- **PyGame:** PyGame 엔진을 사용하여 구현된 환경들
- **Doom:** ViZdoom 위에 구현된 9 개의 미니 게임들

https://gym.openai.com/envs나 프로젝트의 github 저장소에 있는 위키페이지에 가보면 전체 환경에 대한 리스트를 확인할 수 있다. OpenAI 유니버스에 가보면 가상 머신에 연결하여 플래시 실행이나 네이티브 게임, 웹 브라우징, 그리고 기타 다른 응용들을 가상 머신에 연결하여 실행할 수 있는 더 대규모의 환경도 이용 가능한 것을 알 수 있다. OpenAI 유니버스가 Gym API를 확장하고 있기는 하지만, 기본적으로는 같은 디자인 원칙과 패러다임을 사용하고 있다. https://github.com/openai/universe에서 확인 가능하다.

그러면, 이론은 충분히 살펴봤으니 이제 본격적으로 Gym 환경을 다루어 보도록 하자.

CartPole 세션

```
$ python
Python 3.6.5 |Anaconda, Inc.| (default, Mar 29 2018, 18:21:58)
[GCC 7.2.0] on linux
Type "help", "copyright", "credits" or "license" for more information.
>>> import gym
>>> e = gym.make('CartPole-v0')
WARN: gym.spaces.Box autodetected dtype as <class 'numpy.float32'>.
Please provide explicit dtype.
```

우선, CartPole이라고 불리는 환경을 생성하기 위해서 Gym 패키지를 임포트하자. 이 환경은 "classic control" 그룹에 있으며, 그림 3에서 보이듯이 아래쪽의 플랫폼에 붙어 있는 막대기를 제어하는 것이다. 막대기는 왼쪽 혹은 오른쪽으로 쉽게 떨어지기 때문에 매 순간 플랫폼을 왼쪽 혹은 오른쪽으로 잘 움직여서 막대기가 떨어지지 않도록 제어해야 한다. 코드 예제에서 보이는 경고[WARM: gym.spaces...] 메시지는 우리가 뭘 잘못해서 나오는 것이 아니고 Gym 내부에 뭔가가 잘 안 맞아서 나오는 메시지이니 무시해도 좋다.

이 환경으로부터 얻을 수 있는 관찰에는 막대기의 질량 중심에 대한 x 좌표, 속도, 플랫폼쪽으로의 각도, 그리고 각속도를 나타내는 네 개의 실수값이다. 물론, 약간의 수학과 물리적 지식을

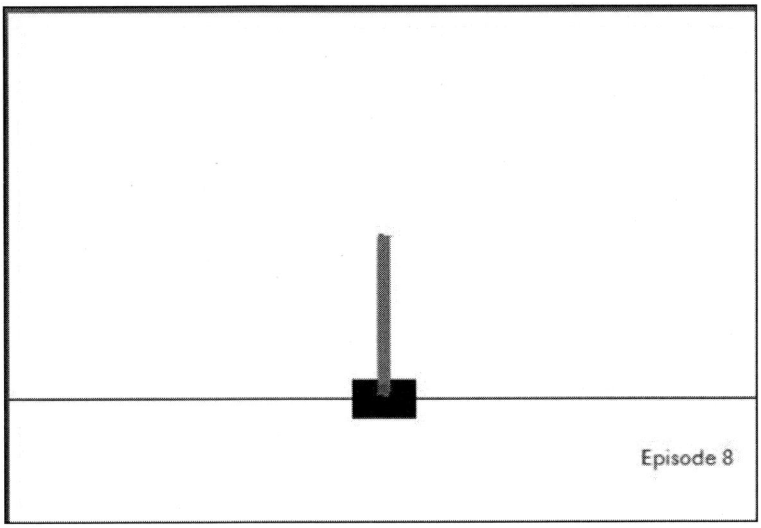

그림 3. CartPole 환경

동원한다면, 이 네 숫자들을 행동으로 변환하여 막대기가 떨어지지 않도록 잘 제어할 수도 있지만, 우리가 풀고자 하는 문제는 더 까다롭다. 무슨 말이냐 하면, 우리가 관찰로부터 얻는 이 네 가지 숫자가 가지는 진정한 의미를 모른다 하더라도 막대기가 떨어지지 않도록 잘 제어할 수 있는 방법을 배울 수 있을까? 하는 점이다. 물론, 보상을 사용하여서 말이다. 이 환경에서의 보상은 매 스텝 마다 1로 주어지며, 에피소드는 막대기가 떨어질 때까지 계속된다. 따라서, 누적되는 보상을 많이 받기 위해서는 막대기가 떨어지는 것을 어떻게든 방지해야 하고, 이러기 위해서는 막대기 아래쪽에 붙어있는 플랫폼을 이용하여 균형을 잘 잡도록 해야 한다.

이 문제는 언뜻 어려운 문제로 보이겠지만, 앞으로 나오는 단 두 개의 장을 통하여 우리는 이 문제를 아주 손쉽게 그것도 단 몇 분만에 풀 수 있는 알고리즘을 작성할 것이다. 우리는 이것을 시행착오(trail-and-error) 방식과 약간의 강화학습 마술만을 이용하여 해결할 것이지만, 일단, 지금은 세션을 가지고 좀 놀아보자.

```
>>> obs = e.reset()
>>> obs
array([-0.04937814, -0.0266909 , -0.03681807, -0.00468688])
```

자, 환경을 초기화했고 그 결과 첫 번째 관찰을 얻었다(새롭게 만들어진 환경은 항상 reset해야 한다). 방금 말했듯이, 관찰은 네 개의 숫자인데 먼저 정말로 숫자 네 개인지 확인해 보자.

```
>>> e.action_space
Discrete(2)
>>> e.observation_space
Box(4,)
```

action_space 필드는 Discrete 타입이다. 따라서, 행동은 단순히 0이거나 1인데, 0은 플랫폼을 왼쪽으로 미는 것을 의미하고 1은 물론 오른쪽이다. 관찰 공간은 Box(4,) 타입인데, [-inf, inf] (역자주: 음의 무한대에서 양의 무한대까지) 범위의 값을 가지는 네 개의 숫자로 이루어진 벡터이다.

```
>>> e.step(0)
(array([-0.04991196, -0.22126602, -0.03691181, 0.27615592]), 1.0,
False, {})
```

여기서, 행동 0을 step() 메소드에 전달함으로써 이 행동을 수행하였고(플랫폼을 왼쪽으로 밀었고), 그 결과로 다음과 같은 네 개의 원소를 가지는 튜플을 얻었다:

- 새로운 관찰 벡터(네 개의 숫자로 이루어짐)
- 보상값 1.0
- 종료 플래그= False, 에피소드가 아직 종료되지 않았다는 것을 의미하며 따라서 아직은 어떻게든 잘하고 있다는 것을 의미한다.
- 환경에 대한 추가정보: 파이썬 사전(dictionary) 타입으로서 현재는 비어 있음

```
>>> e.action_space.sample()
0
>>> e.action_space.sample()
1
>>> e.observation_space.sample()
array([ 2.06581792e+00, 6.99371255e+37, 3.76012475e-02,
       -5.19578481e+37])
>>> e.observation_space.sample()
array([4.6860966e-01, 1.4645028e+38, 8.6090848e-02,
3.0545910e+37],
       dtype=float32)
```

여기서는 Space 클래스의 action_space와 observation_space에 대하여 sample() 메소드를 호출하였다. 이 메소드는 해당 공간으로부터 랜덤 샘플을 반환하는데, 위 예에서 Discrete 행동 공간의 경우 0 혹은 1 중에 랜덤으로 하나를 의미하고, 관찰 공간의 경우에는 네 개의 숫자를 가진 랜덤 벡터를 의미한다. 관찰 공간에서 얻은 랜덤 샘플은 그렇게 유용해 보이지는 않고(실제로도)

행동 공간에서 받은 샘플은 우리가 행동을 어떻게 실행할지 잘 모를 때 유용할 듯하다. 이 특징은 아주 편리한데, 왜냐하면 우리는 아직 강화학습의 어떤 방법론에 대하여 잘 모르는 상태에서 Gym 환경을 가지고 놀 수 있기를 바라기 때문이다. 이제, CartPole 환경에서 랜덤으로 행동하는 우리의 첫 번째 에이전트를 구현하기 위한 충분한 준비가 되었다.

랜덤 CartPole 에이전트

여기서 사용하는 환경은 우리가 일전에 보았던 첫 번째 환경보다는 훨씬 더 복잡하지만, 에이전트 코드는 훨씬 더 짧다. 이것이 재사용, 추상화, 그리고 제 삼자 라이브러리(third-party libraries)의 힘이다.

자 코드를 살펴보자(Chapter02/02_cartpole_random.py 참조)

```
import gym

if __name__ == "__main__":
    env = gym.make("CartPole-v0")
    total_reward = 0.0
    total_steps = 0
    obs = env.reset()
```

위에서 환경을 만들었고, 스텝 카운터와 누적 보상을 초기화하였다. 마지막 줄은 환경을 초기화하고 첫 번째 관찰(이것을 여기서 사용하지는 않는다. 왜냐하면, 우리의 에이전트는 이것과 상관없이 그냥 확률적으로 행동할 것이므로)을 얻는 것을 보여준다.

```
    while True:
        action = env.action_space.sample()
        obs, reward, done, _ = env.step(action)
        total_reward += reward
        total_steps += 1
        if done:
            break

    print("Episode done in %d steps, total reward %.2f" %
(total_steps, total_reward))
```

반복문 안에서, 랜덤 행동을 샘플링하고, 환경에 전달하여 실행하고, 환경으로부터 다음 번 관찰과 보상, 그리고 종료 플래그를 전달받았다. 에피소드가 종료되면 반복문은 종료되고 그동안 얼마나 많은 스텝을 수행했는지, 그리고 얼마나 많은 보상을 모았는지 출력한다. 여러분이 이 코드를 실행하면 아마도 다음과 비슷한 결과를 볼 것이다(에이전트가 랜덤하게 행동하기 때문에 아주 똑같지는 않아도 된다).

```
rl_book_samples/Chapter02$ python 02_cartpole_random.py
WARN: gym.spaces.Box autodetected dtype as <class
'numpy.float32'>. Please provide explicit dtype.
Episode done in 12 steps, total reward 12.00
```

앞서와 마찬가지로 여기서 보이는 경고(WARN)는 Gym의 내부 구현과 관련된 것이기 때문에 신경 쓰지 않아도 된다. 에이전트는 막대기가 쓰러지면서 에피소드가 종료되기 전에 평균적으로 12-15 스텝을 진행할 것이다. Gym의 대부분 환경들은 소위 "보상 경계"라는 것을 가지고 있는데, 보상 경계는 주어진 환경을 풀었다고 간주할 수 있는 기준으로서, 100번 연속으로 에피소드를 수행했을 때 에이전트가 얻어야 하는 평균 보상값이다. CartPole 문제에서는 이것이 195로 설정되어 있는데, 이것이 의미하는 바는 평균적으로 에이전트는 막대기를 195 스텝이나 그 이상으로 유지할 수 있어야 한다는 것이다. 그런 의미에서, 우리의 랜덤 에이전트는 잘못하고 있다고 할 수 있다. 뭐, 그렇지만 너무 일찍 실망할 필요는 없다. 이제 막 시작했을 뿐이며, 조만간 CartPole을 잘 풀 수 있게 될 것이고, 그보다 더 흥미롭고 도전적인 많은 문제들도 풀 것이기 때문이다.

Gym의 기타 기능들: wrapper와 monitor

그동안 살펴보았던 것들은 Gym 핵심 API의 3분의 2정도로서, 에이전트 작성을 시작하기 위한 아주 핵심적인 기능들이었다. 나머지 API들이 없어도 크게 문제될 것은 없지만, 알아 두면 삶에 도움이 될 것이고 코드가 보다 간결하게 될 수 있다. 그러면, 나머지 API들에 대하여 간단히 한 번 살펴보자.

Wrappers

아마도 아주 빈번하게 여러분은 기존에 있는 환경의 기능을 좀 확장하고 싶을 것이다. 예를 들어, 환경이 우리에게 주는 관찰을 버퍼 같은 곳에 모은 다음 에이전트에게 최근의 N개 관찰을 한 번에 전달하고 싶다고 치자. 동적 게임의 경우가 그러한 경우인데, 현재 게임 프레임(이미지 프레임) 하나만 가지고는 게임의 진행 상태에 대한 정보를 충분히 얻을 수 없기 때문에[1], 이럴 때 관찰들을 모아서 사용한다. 또 다른 경우는 에이전트가 보다 쉽게 정보를 처리할 수 있도록 이미지를 크롭(crop)하거나 이미지에 대하여 전처리를 하고 싶을 때 혹은 보상 점수를 정규화하고 싶을 때이다. 요컨대, 우리가 하고 싶은 것은 기존 환경을 싸고(wrapping) 거기에 추가적인 기능을 집어넣고 싶은 것이다. Gym은 이런 경우를 위해서 Wrapper 클래스를 제공하며, 그림 4에서 그 구조를 볼 수 있다.

Wrapper 클래스는 Env 클래스를 상속받는다. Wrapper 클래스의 생성자는 단 하나의 인수를 받는데, 둘러싸고 싶은 환경의 인스턴스이다. 그리고, 이 Wrapper 클래스에 추가적인 기능을 넣고자 한다면, step() 함수나 reset() 함수를 확장하여야 한다.

여러분이 기존 환경에서 관찰, 행동, 혹은 보상만 변경하기를 원하는 경우 다음과 같이 Wrapper 클래스의 자식 클래스들을 사용하면 된다. 주의할 것은, 아래 클래스들의 자식 클래스들을 정의할 때 가정 먼저 해야 할 일은 부모 클래스의 생성자를 호출해야 한다는 점이다.

- `ObservationWrapper`: 부모 클래스의 `observation(obs)` 메소드를 재정의해야 한다. `Obs` 매개변수는 싸여진 환경으로부터 오는 관찰이다. 이 메소드는 관찰을 반환해야 한다.
- `RewardWrapper`: 이 클래스는 `reward(rew)` 메소드를 노출하고 있는데, 에이전트에게 주어지는 보상을 수정할 수 있다.
- `ActionWrapper`: 이 클래스는 `action(act)` 메소드를 재정의(override)할 수 있는데, 이를 통하여 에이전트가 싸여진 환경으로 전달하는 행동을 수정할 수 있다.

보다 실제 상황과 비슷한 다음 상황을 가정해 보자. 에이전트는 환경에 일련의 행동들에 대한 명령을 보내게 되는데, 이때 약 10%의 확률로 현재 행동 대신에 무작위의 행동을 선택해서 보낸다고 하자. 이렇게 하는 것이 처음에는 별로 현명한 방법 같아 보이지 않을지 몰라도, 강화학습에서 유명한 난제 중의 하나인 "탐색/활용 문제(exploration/exploitation problem)(1 장에서 설명)"를 해

1) 역자주: 이것이 무슨 말인가 하면, 브레이크아웃이라는 벽돌깨기 게임을 생각해 보자(그림 2 참조). 이 게임에서는 스크린의 위쪽에 벽돌들이 층층히 쌓여 있고, 스크린의 아래쪽에는 우리가 제어해야 할 막대기가 있어서, 날아오는 공을 막대기를 이용하여 튕겨내서 벽돌을 깨는 게임이다(아, 어렵다. 해보신 분은 무슨 게임인지 잘 알 것이다). 이 게임에서 우리가 단 하나의 이미지만 주어 졌다면, 그리고 이 이미지 안에 공이 중간에서 움직이는 찰나의 순간이 포착되어 있다면 이 그림만 보고 공이 어디로 움직이고 있는지 우리가 알 수 있을까? 당연히 알 수가 없다. 적어도 두 개의 이미지 프레임이 있어야만 공이 막대기 쪽으로 내려오고 있는 중인지, 아니면 막대기에 맞고 벽돌 쪽으로 가고 있는 상황인지를 판단할 수 있을 것이다. 이렇듯, 동적 게임에서는 하나의 프레임만으로는 현재의 상태를 모두 파악하기가 불가능한 경우가 있으므로, 이럴 때는 여러 개의 프레임을 모아야만 에이전트에게 보다 정확한 현재의 상태를 알려줄 수 있는 것이다.

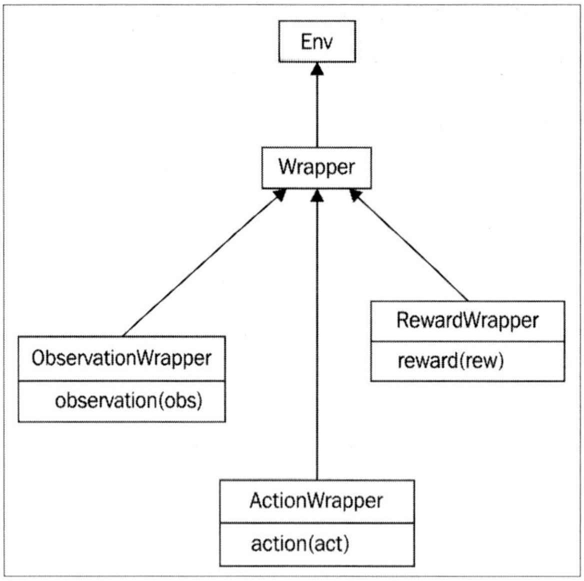

그림 4. Gym의 Wrapper 클래스의 계층 구조

결하는 간단하지만 실용적이면서 강력한 트릭 중의 하나이다. 이렇게 무작위적인 행동들을 일련의 행동에 끼워 넣음으로써, 정책이 이끄는 평범한 길을 벗어나 약간의 배회를 수행하게 되고 환경을 보다 더 많이 탐색할 수 있다[2]. ActionWrapper 클래스를 사용하면(Chapter02/03_random_action_wrapper.py 참조) 이런 것이 매우 쉽게 구현될 수 있다.

```
import gym
import random
class RandomActionWrapper(gym.ActionWrapper):
    def __init__(self, env, epsilon=0.1):
    super(RandomActionWrapper, self).__init__(env)
    self.epsilon = epsilon
```

여기서 부모 클래스의 __init__ 메소드를 호출하여 wrapper 클래스를 초기화하며, 동시에 epsilon(무작위 행동을 위한 확률값)을 저장한다.

```
    def action(self, action):
```

2) 역자주: 이 부분에서 강화학습에 아직 익숙하지 않은 독자들은 약간 혼란스러울 수도 있겠다. 만일 에이전트가 주어진 정책에 의해서 결정되는 행동만을 수행한다면, 정책이 이끄는 대로 행동할 것이고 이렇게 되면 환경내에서 자주 방문하게 되는 것은 자주 방문하지만 정책이 회피하는 환경 영역은 방문할 기회가 없을 것이다. 그렇지만, 현재의 정책이 최선이 아닌 이상 우리는 더 좋은 정책을 찾기 위해서라도 아직 가보지 않은 환경 영역도 가봐야 하는 것이고, 그렇기 때문에 탐색 행동이 필요한 것이다

```
        if random.random() < self.epsilon:
            print("Random!")
            return self.env.action_space.sample()
        return action
```

이 메소드는 에이전트의 행동을 바꾸기 위해서 부모 클래스로부터 우리가 재정의해야 할 부분이다. 앞서 초기화 과정에서 전달된 epsilon 값을 가지고 동전을 던져 가령 앞면이 나오면(여기서 epsilon 값을 앞면이 나오는 값이라고 가정) 에이전트가 자신의 정책에 따라 우리에게 전달한 행동을 수행하지 않고, 대신 행동 공간에서 무작위로 샘플링한 행동을 반환한다. 이 클래스를 통하여 원래 행동을 바꿀 때마다 메시지를 출력함으로써, wrapper가 잘 동작하고 있음을 확인할 수 있다. 물론, 이 코드를 실제 운용 환경에서 배포할 때에는 굳이 출력할 필요가 없다.

```
if __name__ == "__main__":
    env = RandomActionWrapper(gym.make("CartPole-v0"))
```

이제, 작성한 wrapper를 써먹을 때가 되었다. CartPole 환경을 만들고, 이를 wrapper 클래스 생성자에게 전달한다. 그러고 나면, 기존의 CartPole 인스턴스 대신에 wrapper를 마치 보통의 Env 인스턴스처럼 사용할 수 있다.

```
    obs = env.reset()
    total_reward = 0.0

    while True:
        obs, reward, done, _ = env.step(0)
        total_reward += reward
        if done:
            break


    print("Reward got: %.2f" % total_reward)
```

여기 코드는 매 순간 같은 행동 0을 하도록 명령하는 것 빼고는 기존의 코드와 동일하다. 에이전트는 멍청하게도 계속 같은 일만 한다. 코드를 실행해보면 알겠지만, 우리가 작성한 wrapper가 실제로 잘 동작하는 것을 확인할 수 있다.

```
rl_book_samples/Chapter02$ python 03_random_actionwrapper.py
WARN: gym.spaces.Box autodetected dtype as <class
'numpy.float32'>. Please provide explicit dtype.
Random!
Random!
Random!
```

```
Random!
Reward got: 12.00
```

혹시 관심이 있다면 wrapper를 생성할 때 전달되는 epsilon 파라미터의 값을 바꾸어 가며 좀더 놀아볼 수도 있다. 이 값을 증가시킬수록 무작위성이 늘어나며, 그럴수록 에이전트가 얻는 평균 스코어가 향상됨을 확인할 수 있을 것이다. 자, 그러면 Gym이 가지고 있는 또 하나의 보물인 Monitor에 대하여 알아보자.

Monitor

Monitor는 Wrapper와 비슷하게 구현되는데, 이것이 하는 일은 에이전트의 성능에 대한 정보를 파일로 기록하게 해준다. 또한, 에이전트가 행동하는 것을 비디오로 녹화도 할 수 있다. 얼마 전까지만 해도 Monitor 클래스가 기록한 것을 https://gym.openai.com 웹사이트에 업로드할 수 있었는데, 불행히도 2017년 8월부터 OpenAI는 이 기능을 막아버렸다. 이를 대체할 수 있는 대안

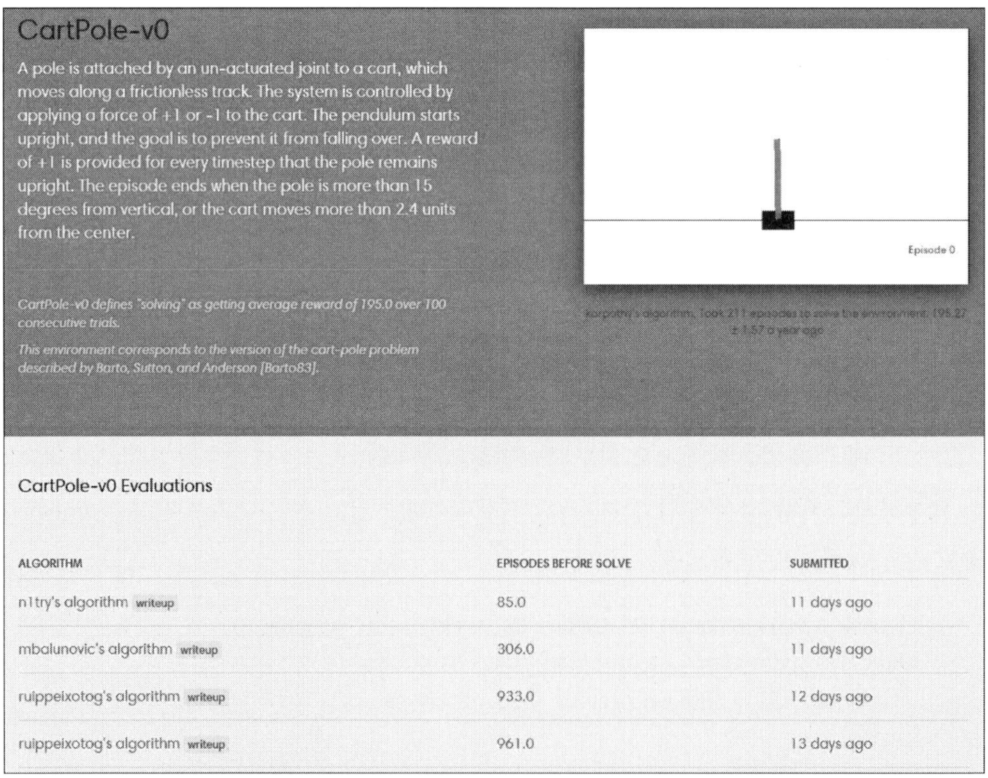

그림 5. OpenAI Gym 웹 인터페이스

을 만들자는 운동도 있었지만, 아직까지는 완벽히 준비가 된 것 같지는 않다. 이런 상황이 곧 해결되면 좋겠지만 현재는 여러분의 결과를 다른 사람들과 비교 검토해보는 것은 가능하지 않다.

Gym의 웹 인터페이스가 어떻게 생겼는지 보기 위해서는 그림 5의 CartPole 환경의 리더 보드를 참고해 주기 바란다.

웹 인터페이스를 통해서 제출된 각 기록은 훈련 과정이 어땠는지에 대한 자세한 기록을 담고 있다. 예를 들면, 그림 6은 Doom 미니 게임에 저자가 제출한 해답이다.

그럼에도 불구하고 Monitor는 여전히 유용한데, 에이전트가 환경에서 어떻게 살아왔는가 하는 기록을 보여주기 때문이다. 아래는 CartPole 에이전트에 Monitor를 추가한 것을 보여준다(다른 것은 다 동일하며, Chapter02/04_cartpole_random_monitor.py 참조하길 바란다).

```
if __name__ == "__main__":
    env = gym.make("CartPole-v0")
    env = gym.wrappers.Monitor(env, "recording")
```

Monitor에 전달하는 두 번째 파라미터는 기록의 결과가 저장되는 디렉토리의 이름이다. 이 디렉토리는 사전에 존재하면 안 된다. 그렇지 않으면, 여러분의 프로그램은 예외[exception]과 함께 실패할 것이다(따라서 기 존재하는 디렉토리를 지우던가, 아니면 Monitor 클래스의 생성자에 있는 force 인수를 True로 설정하면 된다).

Monitor 클래스는 챕처된 관찰들을 비디오 파일로 출력하는 FFmpeg 유틸리티를 사용하는데, 여러분의 시스템에 이 유틸리티를 설치하는 가장 쉬운 방법은 시스템의 패키지 관리자를 이용하는

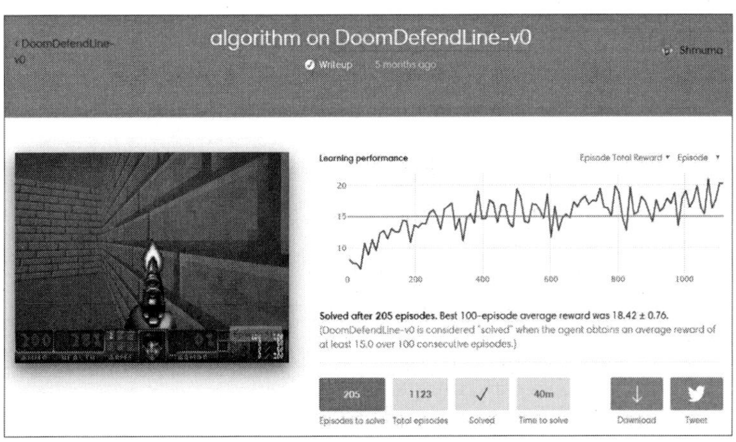

그림 6. DoomDefendLine 환경에서의 훈련 과정을 보여주는 그래프

것이다(이것은 리눅스 배포 본에 따라 조금씩 다르다).

이 예제를 실행하기 위해서는 다음 세 개의 추가적인 사전 조건이 충족되어야 한다.

- 코드는 OpenGL 확장(GLX)이 있는 X11 세션에서 실행되어야 한다
- 코드는 Xvfb 가상 디스플레이에서 시작되어야 한다
- ssh 연결 하에 X11 포워딩(forwarding)을 사용할 수도 있다

위의 사항이 필요한 이유는 환경이 그리는 윈도우에 대한 스크린 샷(screenshot)을 취함으로써 비디오 녹화가 이루어지기 때문이다. 몇몇 환경은 그림을 그리기 위해서 OpenGL을 사용하기 때문에 OpenGL이 필요하다. 하지만, 그렇게 되면 클라우드 서비스에서 제공하는 가상 머신을 사용하는 경우에는 문제가 좀 될 수 있는데, 클라우드에는 물리적인 모니터나 그래픽 인터페이스가 있는 것이 아니기 때문이다. 이를 위해서, 또 다른 특별한 "가상" 그래픽 디스플레이인 Xvfb(X11 virtual framebuffer)가 있는데, 기본적으로는 서버에 가상의 그래픽 디스플레이를 시작시키고 프로그램으로 하여금 그 안에 그리도록 강요한다. 이 정도면, Monitor가 원하는 비디오를 만드는 데 충분할 것이다.

프로그램을 Xvfb 환경하에서 실행하기 위해서는 우선 Xvfb를 여러분의 머신에 설치하고(보통은 xvfb 패키지를 설치하면 된다) xvfb-run 이라는 스크립트를 실행하면 된다.

```
$ xvfb-run -s "-screen 0 640x480x24" python 04_cartpole_random_monitor.py
[2017-09-22 12:22:23,446] Making new env: CartPole-v0
[2017-09-22 12:22:23,451] Creating monitor directory recording
[2017-09-22 12:22:23,570] Starting new video recorder writing to
recording/openaigym.video.0.31179.video000000.mp4
Episode done in 14 steps, total reward 14.00
[2017-09-22 12:22:26,290] Finished writing results. You can upload
them to the scoreboard via gym.upload('recording')
```

앞에 로그에서 볼 수 있듯이, 비디오는 성공적으로 녹화되었고 이것을 플레이해보면 에이전트의 내부를 잠시 들여다 볼 수 있다. 에이전트의 행동을 녹화할 수 있는 또 다른 방법은 ssh의 X11 포워딩을 사용하는 것인데, 이 방법은 X11 클라이언트(그래픽 정보를 표시하고 싶은 파이썬 코드)와 서버(물리적 디스플레이에 접근할 수 있으며, 전달된 정보를 어떻게 디스플레이하는지 아는 소프트웨어)간의 통신 터널을 만들 수 있는 ssh의 기능을 이용한 것이다. X11 구조하에서 클라이언트와 서버는 분리되어 있으며 각각이 서로 다른 머신에서 실행되고 있어도 동작할 수 있다. 이 방법을 사용하려면 다음 사항이 필요하다:

1. 여러분의 로컬 머신 상에서 돌고 있는 X11 서버. 리눅스는 X11 서버가 기본적으로 설치된다(모든 데스크톱 환경은 X11을 사용한다). 윈도우 머신 환경에서는 VcXsrv (https://sourceforge.net/projects/vcxsrv/)와 같은 써드 파티가 제공하는 오픈소스 구현을 이용하면 된다.
2. ssh를 이용하여 원격지 머신에 로그인할 수 있어야 함. Ssh를 쓸 때는 -X 커맨드 라인 옵션을 사용해야 하는데 ssh -X servername와 같이 쓰면 된다. 이렇게 하면, X11 터널이 열리게 되어 이 세션에서 시작된 모든 프로세스들이 로컬 디스플레이를 사용하여 그래픽 출력을 할 수 있도록 허용된다.

이렇게 하면 Monitor 클래스를 사용하는 프로그램을 실행할 수 있으며 에이전트의 행동을 디스플레이하거나 이미지를 캡처하여 비디오 파일로 녹화할 수도 있다.

요약

드디어 강화학습의 실제적인 면을 배우기 시작하였다. 이번 장에서는 OpenAI Gym을 설치하고, 기본적인 API에 대해서 공부하고, 무작위로 행동하는 에이전트도 만들어 보았다. 또한, 기존재하는 환경에 우리가 원하는 기능을 모듈화된 방법으로 추가하는 방법을 배웠고, Monitor wrapper를 이용하여 에이전트의 활동을 녹화하는 것에도 친숙하게 되었다.

다음 장에서는 딥러닝 연구자들이 애용하는 파이토치를 사용하여 딥러닝에 대하여 빠르게 한번 훑어보려고 한다. 채널 고정!

제 3 장

파이토치와 함께 배우는 딥러닝

이전 장을 통하여 다양한 강화 학습 환경을 제공하는 오픈소스 라이브러리와 친숙해지는 시간을 가졌다. 최근에는 강화 학습이 딥러닝과 결합되면서 그 전보다 훨씬 복잡하고 도전적인 문제들도 풀 수 있게 되었다.

이 장에서는 딥러닝에 자주 쓰이는 도구 중의 하나에 집중하고자 한다. 이를 가지고 단 몇 줄의 파이썬 코드만을 이용하여 딥러닝 모델을 구현해 볼 것이다. 물론, 이 장만으로 방대하고 계속 발전해 가고 있는 딥러닝에 대한 완벽한 매뉴얼을 제공할 수는 없겠지만, 딥러닝 기본 정도는 알고 있다는 가정하에 파이토치(PyTorch) 라이브러리와 이를 이용한 구현에 보다 가까이 다가가려고 한다.

호환성 노트: 이 책에 있는 모든 예제는 파이토치 0.4.0 버전에서 호환되도록 업데이트되었다. 파이토치 0.3.1버전과는 많은 부분이 달라졌기 때문에, 혹시 오래된 버전을 사용하고 있다면 업데이트 하기를 바란다.

텐서(Tensor)

텐서는 모든 딥러닝 툴킷의 가장 기본적인 빌딩블록이다. 이름이 쿨하게 들리고 심지어 약간 신비롭기까지 하지만, 사실 바탕에 깔고 있는 것은 그냥 다차원 배열일 뿐이다. 하나의 숫자는 점이므로 0차원이고, 하나의 벡터는 선분과 같은 일차원, 그리고 행렬은 2차원의 객체이다. 그리고, 이것들이 3차원으로 확대되면 다차원 행렬 혹은 텐서라 부른다.

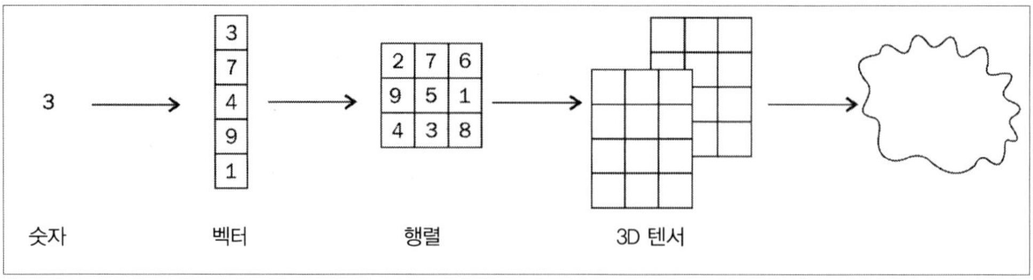

그림 1. 하나의 숫자에서 n-차원 텐서까지

텐서의 생성

파이썬 NumPy 라이브러리에 익숙한 사람이라면(물론 그래야겠지만) 알겠지만 NumPy의 중심적 목적은 다차원 배열을 잘 다루게 해주는 방법을 제공하는 것이다. NumPy에서 그러한 배열을 텐서라 부르지는 않지만 실제적으로는 텐서이다. 텐서는 과학적인 계산을 함에 있어서 일반적인 데이터 공간으로서 두루 사용된다. 예를 들어, 컬러 이미지는 넓이, 높이, 컬러 플레인이라는 차원들을 가지고 있는 3차원 텐서로 인코딩될 수 있다.

차원 외에 텐서는 그것이 포함하는 원소의 타입으로도 특징지어 지며, 파이토치에는 8가지 타입이 있다: 세 가지의 실수형 타입(16-비트, 32-비트, 64-비트)과 다섯 가지의 정수형 타입(부호가 있는 8-비트, 부호 없는 8-비트, 16-비트, 32-비트, 64-비트). 서로 다른 타입의 텐서는 서로 다른 클래스로 표현되는데, 그 중에서 가장 널리 쓰이는 것들은 torch.FloatTensor (32-비트 실수형), torch.ByteTensor (8-비트 부호 없는 정수형), 그리고 torch.LongTensor (64-비트 부호 있는 정수형)이며 나머지는 파이토치 문서에 자세히 기술되어 있다.

파이토치에서 텐서를 만들려면 다음과 같은 세 가지 방법을 사용하면 된다.

1. 필요한 타입의 생성자를 호출하는 방법
2. NumPy 배열이나 파이썬 리스트를 텐서로 변환하는 방법. 이 경우에 텐서의 타입은 배열의 타입으로부터 유추된다.
3. 원하는 데이터를 가지고 파이토치로 하여금 생성하게 하는 방법. 예를 들면, 0값으로 채워진 텐서를 만들고자 한다면, torch.zeros()를 호출한다.

```
>>> import torch
>>> import numpy as np
>>> a = torch.FloatTensor(3, 2)
>>> a
tensor([[ 4.1521e+09, 4.5796e-41],
        [ 1.9949e-20, 3.0774e-41],
        [ 4.4842e-44, 0.0000e+00]])
```

여기서는 파이토치와 NumPy를 임포트하고 3 × 2 크기의 초기화되지 않은 텐서를 만들었다. 기본적으로 파이토치는 텐서를 위해서 메모리를 할당하기는 하지만, 초기화하지는 않는다. 텐서를 0으로 초기화해서 깨끗이 비우기 위해서는 다음을 사용한다.

```
>>> a.zero_()
tensor([[ 0., 0.],
        [ 0., 0.],
        [ 0., 0.]])
```

텐서에는 인플레이스(in-place)와 함수형(functional)이라는 두 가지 타입의 연산이 있다. 인플레이스 연산은 이름에 밑줄이 있으며(앞의 a.zero_()처럼) 텐서의 내용에 연산이 적용되기 때문에, 텐서 자체의 값이 변하게 되며 연산 후에는 객체 자신이 반환된다. 함수형은 밑줄이 없는 연산들인데 텐서를 복사해서 연산을 수행하기 때문에 원래의 텐서는 그대로 유지된다. 일반적으로 인플레이스 연산이 성능이나 메모리 관점에서 더 효율적이다.

텐서를 생성하는 다른 방법은 파이썬 이터러블(iterable, 예를 들면 리스트나 튜플)을 텐서의 생성자에 전달하는 것인데 이터러블이 가지고 있던 내용이 새로 생성된 텐서의 내용으로 이용된다.

```
>>> torch.FloatTensor([[1,2,3],[3,2,1]])
tensor([[ 1., 2., 3.],
[ 3., 2., 1.]])
```

다음은 NumPy를 이용해서 0으로 이루어진 객체를 생성하는 것이다.

```
>>> n = np.zeros(shape=(3, 2))
>>> n
array([[ 0., 0.],
       [ 0., 0.],
       [ 0., 0.]])
>>> b = torch.tensor(n)
>>> b
[ 52 ]
tensor([[ 0., 0.],
        [ 0., 0.],
        [ 0., 0.]], dtype=torch.float64)
```

torch.tensor 메소드는 NumPy 배열을 전달받아서 이 배열과 같은 모양의 텐서를 생성한다. 앞의 예에서는 먼저 0으로 초기화된 NumPy 배열을 만들었다. 이때 기본값으로 double(64-비트 실수형) 형 배열이 생성되기 때문에, 그 결과 DoubleTensor 타입의(앞의 예에서는 dtype의 값으로 확인할 수 있다) 텐서를 생성받는다. DoubleTensor는 2배의 정밀도를 표현할 수 있기는 하지만 추가적인 메모리를 소모하고 성능적으로도 손해이기 때문에 딥러닝에서 꼭 필요하지는 않다. 가장 일반적으로 쓰이는 32-비트 실수형 타입이나 16-비트 실수형 타입이면 충분하다. 이런 타입의 텐서를 만들기 위해서는 NumPy 배열의 타입을 명시적으로 지정하면 된다.

```
>>> n = np.zeros(shape=(3, 2), dtype=np.float32)
>>> torch.tensor(n)
tensor([[ 0., 0.],
        [ 0., 0.],
        [ 0., 0.]])
```

또 다른 옵션으로는 원하는 타입을 torch.tensor의 dtype 인수에 전달하는 것이다. 주의할 것은, 이 함수는 파이토치 타입을 이용해야지 NumPy용 타입을 이용하면 안 된다. 파이토치 타입들은 torch 패키지에 들어 있는데, 예를 들면 torch.float32, torch.uint8과 같다.

```
>>> n = np.zeros(shape=(3,2))
>>> torch.tensor(n, dtype=torch.float32)
tensor([[ 0., 0.],
        [ 0., 0.],
        [ 0., 0.]])
```

- **호환성 노트**: torch.tensor() 메소드 자체와 파이토치 타입을 사용해야 한다는 규정은 텐서 생성을 간략히 하고자 0.4.0 버전에 추가된 기능이다. 이전 버전에서는 torch.from_numpy()를 이용하여 NumPy 배열을 변환하는 것이 추천되는 방법이었는데, 파이썬 리스트와 NumPy 배열의 조합을 다루어야 되는 이슈가 있었다. from_numpy() 함수는 하위 호환성을 위해서 아직 있기는 하지만 보다 유연성을 제공하는 torch.tensor()를 사용해야 한다.

스칼라 텐서(Scalar tensor)

파이토치 0.4.0 버전 이후 스칼라 값을 표현하기 위해서 0 차원 텐서가 지원되기 시작했다. 이것이 새롭게 도입된 이유는 약간의 편의성 때문인데, 예를 들면 어떤 텐서에 있는 모든 값들을 합하면 하나의 숫자가 되는데, 이전에는 이런 경우에 단 하나의 원소를 담기 위해서 벡터형인 1 차원의 텐서를 만들어야 했다. 물론, 이 방법도 동작은 제대로 되었지만 깔끔한 방법은 아니었고 값에 접근하기 위해 인덱싱을 해야만 했다.

하지만, 이제는 0 차원 텐서가 기본적으로 지원되며 torch.tensor()에 의해서 생성될 수 있다. 스칼라 텐서의 값에 접근하기 위해서는 item() 메소드를 이용하면 된다.

```
>>> a = torch.tensor([1,2,3])
>>> a
tensor([ 1, 2, 3])
>>> s = a.sum()
>>> s
tensor(6)
>>> s.item()
6
>>> torch.tensor(1)
tensor(1)
```

텐서 연산

텐서를 가지고 할 수 있는 연산은 아주 다양하며 그것들을 모두 나열하기에는 너무 많고, 보통은 파이토치 문서(http://pytorch.org/docs/)를 찾아보는 것으로 충분하다. 여기서는, 앞서 살펴본 바 있는 인플레이스와 함수형 외에(즉, 밑줄이 있는 것과 없는 것. 예를 들면 zero()와 zero_()), torch 패키지와 tensor 클래스에 있는 연산들을 살펴볼 것이다. Torch 패치지는 보통 텐서를 인수로 받는 반면, tensor 클래스는 텐서 자체에 대한 연산을 수행한다.

대부분의 경우 텐서 연산은 NumPy의 연산에 상응하도록 설계되었다. 따라서 NumPy에 있는 일반적인 기능이라면 파이토치에도 있을 확률이 높다. 예를 들면, torch.stack(), torch.transpose(), 그리고 torch.cat() 같은 것들처럼 말이다.

GPU 텐서

파이토치는 CUDA GPU를 지원하며, 텐서에 대한 연산이 CPU 혹은 GPU에서 이루어질 지가 자동으로 선택된다. 다시 말하면, 모든 연산에는 CPU와 GPU라는 두 가지 버전이 자동으로 선택된다. 둘 사이의 결정은 텐서 타입에 따라 결정된다. 앞서 언급됐던 모든 텐서 타입은 CPU 용이었지만 이에 상응하는 GPU 용이 존재한다. 유일한 차이점은 GPU 텐서는 torch 패키지가 아니고 torch.cuda 패키지에 있다는 것이다. 예를 들어, torch.FloatTensor는 CPU 메모리에 상주하는 32 비트 실수형 텐서이지만 torch.cuda.FloatTensor는 GPU에 상주한다. CPU와 GPU 간 텐서를 변환하려면 텐서의 to(device) 메소드를 사용한다. 이 메소드는 지정된 장치(device, CPU 또는 GPU가 될 수 있음)에 텐서 복사본을 만든다. 만일 해당 텐서가 이미 지정된 장치에 있으면 아무 일도 일어나지 않고 원래의 텐서가 그대로 반환된다. 장치 유형은 여러 가지 방법으로 지정할 수 있다. 우선, 장치의 문자열 이름을 전달할 수 있는데, CPU 메모리의 경우 "cpu"이고 GPU의 경우 "cuda"를 지정하면 된다. GPU 장치는 콜론 다음에 장치 인덱스를 추가적으로 가질 수 있는데, 예를 들어 시스템의 두 번째 GPU 카드는 "cuda:1"(인덱스는 0부터 시작하므로 1은 두 번째)로 처리된다.

to() 메소드에서 디바이스를 지정하는 좀 더 효율적인 방법은 디바이스 이름과 인덱스를 허용하는 torch.device 클래스를 사용하는 것이다. 아래 예에서 보면 ca 텐서는 현재 GPU에 존재함을 확인할 수 있다.

```
>>> a = torch.FloatTensor([2,3])
>>> a
tensor([ 2., 3.])
>>> ca = a.cuda(); ca
tensor([ 2., 3.], device='cuda:0')
```

위에서 우리는 CPU에 텐서(a 텐서)를 생성한 다음 GPU 메모리에 복사하였다(ca 텐서). 두 복사본 모두 동시에 존재하고 있는 상태이기 때문에 둘 모두 각자의 계산에 사용될 수 있다. 물론, GPU 관련 세부사항은 사용자에게 투명하기 때문에 실제 사용시에는 이름만 가지고는 현재 텐서가 어디에 있는 텐서인지 구분이 안 된다.

```
>>> a + 1
tensor([ 3., 4.])
>>> ca + 1
tensor([ 3., 4.], device='cuda:0')
>>> ca.device
device(type='cuda', index=0)
```

- **호환성 노트**: to() 메소드와 torch.device 클래스는 0.4.0에 도입되었다. 이전 버전에서는 CPU와 GPU 간의 복사가 별도의 텐서 메소드인 cpu()와 cuda()로 수행되었으므로 텐서를 CUDA 버전으로 변환하기 위해 명시적으로 코드를 추가할 필요가 있었다. 최신 버전에서는 프로그램 시작 부분에 원하는 torch.device 객체를 만들고 to(device)를 사용하여 원하는 장치(CPU 혹은 GPU)로 이동시킬 수 있다. cpu()와 cuda()는 여전히 존재하지만 더 이상 사용하면 안되겠다.

그라디언트(Gradients)

비록 GPU가 투명하게 지원된다 하더라도 이제 이야기할 "킬러 기능" 없이 딥러닝에서 텐서를 사용하기는 여간 귀찮은 일이 아닐 수 없다. 이 킬러 기능은 바로 그라디언트[딥러닝망의 가중치를 업데이트하는 데 쓰이는 가중치 변화량 정도라고 이해하면 되겠다]를 자동으로 계산하는 것이다. 가장 단순한 신경망[NN]의 경우에도 그라디언트를 수동으로 계산하는 것은 구현 및 디버깅에 있어서 매우 고통스러운 일이다. 모든 함수에 대해 미분을 계산해야 하고 체인 규칙[chain rule]을 적용하여 오류를 신경망의 하단으로 전파해야 하며, 특히 이 모든 작업이 올바르게 완료되도록 기도해야 함은 물론이다. 물론 한번쯤은 이렇게 해보는 것도 딥러닝과 관련된 학습 과정을 제대로 이해하는 데 매우 유용한 연습이긴 하지만, 다른 딥러닝 구조를 실험하면서도 반복적으로 또 하고 싶은 작업은 절대로 아니다.

다행스럽게도 납땜 인두와 진공관을 사용하여 하드웨어를 프로그래밍하던 시대는 지나갔다. 이제 수백 개의 계층이 있는 신경망도 미리 정의된 빌딩 블록을 가지고 조립하는 식으로 정의될 수 있으며, 간혹 아주 흥미로운 무언가를 해야만 하는 극단적인 경우라도 변환 표현식을 수동으로 정의하는 것 이상을 필요로 하지는 않는다. 모든 그라디언트는 딥러닝 라이브러리에 의해서 자동적이지만 아주 주의 깊게 계산되며 자동으로 신경망에 적용된다[1]. 따라서, 여러분은 그저 딥러닝 라이브러리를 사용하여 신경망 아키텍처를 정의하기만 하면 된다. 물론, 여러분이 하고자 하는 일에 따라 세부 사항은 다를 수 있지만 일반적으로는 그저 입력을 출력으로 변환시켜주는 신경망 내의 계산 순서를 정의하기만 하면 된다.

딥러닝 라이브러리에서 그라디언트를 어떻게 계산하는지에 따라서 딥러닝 라이브러리에 근본적인 차이가 발생한다. 여기에는 두 가지 접근 방식이 있다.

1. **정적 그래프 방식**: 딥러닝 라이브러리들은 딥러닝의 계산 과정을 일종의 그래프로 표현하게 되는데, 정적 그래프 방식은 이 계산 과정을 모델링한 그래프를 실제 계산이 이루어지기 전에 먼저 만들고 최적화한 후 실제 계산이 이루어진다. 따라서, 이 방법에서는 계산 그래프 생성 후 나중에 실제 계산이 이루어 지기 때문에 이후에는 그래프가 변경될 수 없다. 즉, 정적 그래프 방식에서는 딥러닝망의 구조나 계산 과정을 동적으로 변경할 수 없다는

1) 역자주: 신경망은 기본적으로 매우 많은 수의 파라미터 혹은 가중치(weights)를 조정함으로써 학습이 이루어진다. 이때, 이 가중치를 조정하기 위해서 필요한 것이 가중치가 얼마나 신경망의 손실함수(loss function)에 기여했는지 나타내는 값인데, 이를 그라디언트라고 한다. 이 그라디언트를 계산하는 과정은 손실함수의 값으로부터 출발해서 신경망의 계산 과정을 거꾸로 타고 내려가면서 수행하게 되는데, 이를 오류역전파(error backpropagation) 알고리즘이라고 한다.

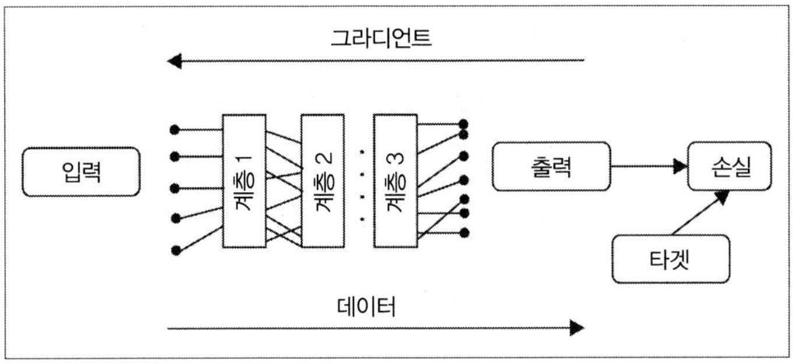

그림 2. 데이터와 그라디언트가 신경망을 흐르는 모습

뜻이다. 이 모델은 TensorFlow, Theano 등의 딥러닝 라이브러리에서 채용되었다.

2. **동적 그래프 방식**: 이 방식은 그래프를 미리 정의할 필요는 없으며, 실제 데이터를 변환하는 데 필요한 연산만 실행된다. 그래프를 미리 만들지는 않지만 수행된 연산 순서를 기록하고 있어야 한다. 그래야만, 이후에 딥러닝망의 가중치를 업데이트할 때 기록된 연산 과정을 거꾸로 따라 가면서 신경망의 가중치 갱신을 위한 그라디언트를 누적할 수 있다. 이 방법은 파이토치(PyTorch), 체이너(Chainer) 등이 사용하는 방식이다.

두 방법 모두 장점과 약점이 있다. 정적 그래프는 일반적으로 모든 계산을 GPU로 옮길 수 있기 때문에 더 빠르며 데이터 전송 오버 헤드도 최소화할 수 있다. 또한 딥러닝 라이브러리가 계산이 수행되는 순서를 최적화하거나 혹은 필요에 따라 그래프의 일부를 제거하는 데 있어서 훨씬 자유롭다. 반면, 동적 그래프는 계산 오버 헤드가 높지만 개발자에게 훨씬 더 많은 자유를 준다. 예를 들어, 어떤 특정 데이터에 대해서는 딥러닝망을 두 번 적용하거나, 또 다른 데이터에 대해서는 완전히 다른 신경망 모델을 쓰거나, 혹은 배치 평균으로 잘라낸 그라디언트를 사용할 수도 있다. 동적 그래프 모델의 또 하나의 매력적인 장점은 정적 그래프 방식보다 훨씬 더 파이썬과 비슷하게 계산 과정을 표현할 수 있다는 것이다. 딥러닝 라이브러리도 결국은 기능이 많은 파이썬 라이브러리일 뿐이므로 그냥 라이브러리의 기능을 호출하고 나머지는 딥러닝 라이브러리에 맡기면 된다.

텐서와 그라디언트

파이토치의 텐서는 그라디언트를 계산하고 추적하기 위한 기능이 내장되어 있으므로 여러분이 해야 할 일은 데이터를 텐서로 변환하고 제공되는 함수들과 텐서의 메소드들을 이용하여 계산을 수행하기만 하면 된다. 물론 필요에 따라서는 라이브러리 기저 수준의 세부 정보에 접근해야 하는 경우도 있지만 대부분은 파이토치가 우리가 기대하는 것을 알아서 할 것이다.

모든 텐서는 그라디언트와 관련된 몇 가지 속성을 지니고 있다.

- grad: 계산된 그라디언트를 가지고 있으며 원래 텐서와 동일한 형태의 텐서를 가지고 있음
- is_leaf: 텐서가 사용자에 의해서 만들어 졌으면 True, 함수 변환의 결과로 만들어 졌으면 False.
- requires_grad: 이 텐서로 그라디언트를 계산할 필요가 있는 경우는 True. 이 속성은 리프 텐서(leaf tensor)로부터 상속되며 텐서 생성 단계(torch.zeros() 또는 torch.tensor() 등)에서 이 값을 얻는다. 생성자에는 기본적으로 requires_grad = False가 있으므로 어떤 텐서에 대해 그라디언트를 계산하려면 명시적(역자주: requires_grad = True)으로 그렇게 해야 한다.

이를 좀더 명확히 알아보기 위해 다음을 살펴보자.

```
>>> v1 = torch.tensor([1.0, 1.0], requires_grad=True)
>>> v2 = torch.tensor([2.0, 2.0])
```

앞의 코드에서 텐서 두 개를 생성했는데 첫 번째는 그라디언트가 계산되도록 하였고 두 번째는 그렇지 않다.

```
>>> v_sum = v1 + v2
>>> v_res = (v_sum*2).sum()
>>> v_res
tensor(12.)
```

이제 두 벡터를 합하고(vector [3, 3]), 두 배를 하고(vector [6, 6]) 나서 벡터에 있는 모든 원소를 더했다. 결과는 값이 12인 0-차원 텐서이다. 뭐, 아직까지는 그냥 간단한 수학일 뿐이다. 이제 위의 표현식이 만든 그래프를 살펴보자.

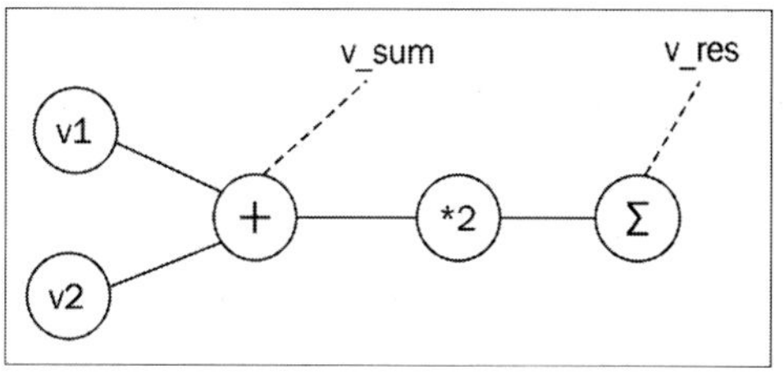

그림 3. 표현식의 계산 그래프 표현

우리가 만든 텐서의 속성을 조사해보면, v1과 v2 모두 리프 노드[leaf node]임을 확인할 수 있고(사용자가 만들었으므로), v2를 제외한 모든 변수가 그라디언트가 계산되기를 요구한다는 것을 알 수 있다.[2)]

```
>>> v1.is_leaf, v2.is_leaf
(True, True)
>>> v_sum.is_leaf, v_res.is_leaf
(False, False)
>>> v1.requires_grad
True
>>> v2.requires_grad
False
>>> v_sum.requires_grad
True
>>> v_res.requires_grad
True
```

자, 그럼 파이토치에게 그래프의 그라디언트를 계산하라고 시켜보자.

```
>>> v_res.backward()
>>> v1.grad
tensor([ 2., 2.])
```

여기서 우리는 v_res 텐서에 대하여 backward 함수를 호출하였다. 그렇게 함으로써 그래프에 있는 모든 변수들이 v_res에 어떤 영향을 미쳤는지에 대한 값, 즉 v_res 변수의 수치 미분을 계

2) 역자주: v1, v2는 사용자가 만들었으므로 리프 노드이다. 그리고 v_sum, v_res는 사용자가 생성한 것이 아니고 계산 과정에서 생성되는 텐서이므로 리프 노드는 아니다. 여기서 중요한 것은 우리가 v1을 생성할 때 그라디언트를 계산하도록 지정하였으므로 이후에 v1으로부터 유래되는 계산의 결과들은 모두 그라디언트를 계산하도록 하는 속성을 상속받았음을 확인할 수 있다. 그래서 v_sum, v_res도 그라디언트를 계산하도록 이들의 속성이 requires_grad가 True인 것을 확인할 수 있다.

산하도록 파이토치에 요청하였다. 다시 말하면 나머지 그래프 혹은 다른 변수가 v_res에 어떤 영향을 미칩니까? 하고 물어본 것이다. 이 예에서는 v1을 1씩 증가시킨다면 v_res의 값이 2씩 증가한다는 것을 의미한다.

앞서 언급했듯이, 파이토치는 리프 텐서라 하더라도 requires_grad = True로 설정한 것들에 대해서만 그라디언트를 계산한다. 따라서 v2의 그라디언트를 확인하려고 해봤자 아무 것도 얻지 못한다.

```
>>> v2.grad
```

딥러닝망은 보통 수 백만 개의 가중치를 가질 수 있으며 수백 개의 연산을 수행하게 되는데, 딥러닝망을 최적화하는 과정에서 중요한 것은 결국 모델이 가진 가중치에 대한 손실 그라디언트이지 입력 데이터에 대한 것이 아니다. 따라서, 굳이 입력 데이터들까지 requires_grad를 True로 설정할 필요는 없다. 물론 여러분이 굳이 입력 데이터의 그라디언트를 계산하고자 한다면(예를 들어, 이미 있는 신경망을 속일 수 있는 일부 적대적인 예제(adversarial examples)를 오류 역전파 과정을 통하여 최적으로 만들려고 한다거나 사전 학습된 워드 임베딩(word embedding)을 조정하려는 경우 유용할 수 있음) 텐서 생성 시에 requires_grad = True를 전달하여 쉽게 수행할 수 있다.

이것으로 여러분은 이제 신경망 최적화 프로그램을 구현하는 데 필요한 기본적인 것들은 모두 갖추었다. 이 장의 나머지 부분에서는 신경망 구조의 상위 레벨 빌딩 블록, 최적화 알고리즘 및 손실 함수와 같은 좀 더 편리성을 더하는 기능에 대해 설명한다. 그러나, 잊지 말아야 할 것은 여러분이 원한다면 이러한 기능들을 손쉽게 재 구현할 수 있다는 것이며, 이것이 파이토치가 딥러닝 연구자들 사이에서 매우 인기 있는 이유, 혹은 파이토치가 가지고 있는 우아함과 융통성이다.

호환성 노트: 텐서에서 그라디언트 계산 지원은 파이토치 0.4.0의 주요 변경 사항 중 하나이다. 이전 버전에서는 그래프 트래킹과 그라디언트를 누적시키는 역할이 Variable이라는 별도의 클래스에서 행해졌기 때문에 텐서를 Variable 클래스의 인스턴스로 감싸야만 했다. Variable 클래스는 여전히 0.4.0에 있기는 하지만 더 이상 사용되지 않으므로 새 코드에서는 사용하지 말자. 필자의 견해로는 Variable을 사용하여 텐서를 감싸고 풀어주는 것은 개발자에게 추가적인 주의를 요하는 일이었기에 0.4.0에서와 같이 텐서 자체에서 그라디언트 계산을 지원하는 것은 매우 중요한 변화였다고 판단된다. 이제 그라디언트는 텐서(tensor)에 내장된 속성이 되었고 이로 인하여 API가 훨씬 더 명확해졌다.

신경망 빌딩 블록

torch.nn 패키지에는 기본 기능 블록을 제공하는 미리 정의된 많은 수의 클래스가 있으며, 이들 모두는 실전을 염두에 두고 설계되었다(예를 들어, 미니배치[mini-batch]를 지원하고 기본값[default value]이 정상적으로 설정되며 가중치가 제대로 초기화된다). 모든 모듈은 호출 가능[callable] 규칙을 따르고 있으므로 모듈의 인스턴스를 마치 함수와 같이 사용할 수 있다. 예를 들어 아래 nn.Linear 클래스는 피드 포워드[feed-forward] 계층을 구현하고 있는데, 이 모듈의 인스턴스에 인수를 전달하여 함수처럼 사용할 수 있다.

```
>>> import torch.nn as nn
>>> l = nn.Linear(2, 5)
>>> v = torch.FloatTensor([1, 2])
>>> l(v)
tensor([ 0.1975, 0.1639, 1.1130, -0.2376, -0.7873])
```

여기서 우리는 nn.Linear 모듈을 이용하여 두 개의 입력과 다섯 개의 출력을 가지는 무작위로 초기화된 피드 포워드[feed-forward] 계층을 만들고 여기에 FloatTensor인 v를 전달하였다. torch.nn 패키지의 모든 클래스는 nn.Module이라는 베이스 클래스를 상속받는데 이 nn.Module 클래스는 좀더 상위 레벨의 신경망 블록을 구현하는 데 사용된다. 다음 절에서 어떻게 하는지 살펴 보겠지만 일단 지금은 모든 nn.Module 자식 클래스들이 제공하는 유용한 메소드들을 먼저 살펴보자.

- parameters(): 그라디언트 계산을 필요로 하는 모든 파라미터에 대한 iterator를 반환(즉, 모듈의 가중치[weights]에 대한 iterator)
- zero_grad(): 모든 파라미터에 대한 그라디언트를 0으로 초기화
- to(device): 모듈의 모든 파라미터를 지정된 장치(CPU 또는 GPU)로 옮김
- state_dict(): 모듈의 모든 파라미터에 대한 딕셔너리[dictionary]를 반환하는데, 이 기능은 모델 직렬화[serialization]에 유용함
- load_state_dict(): 앞의 함수로 직렬화된 모델을 읽어 들여서 모듈을 초기화

가용한 클래스들에 대한 리스트는 http://pytorch.org/docs를 방문하면 확인할 수 있다

이제 여러 계층들을 하나의 파이프 라인으로 결합시켜주는 매우 편리한 클래스인 Sequential을 살펴보자.

```
>>> s = nn.Sequential(
... nn.Linear(2, 5),
... nn.ReLU(),
... nn.Linear(5, 20),
... nn.ReLU(),
... nn.Linear(20, 10),
... nn.Dropout(p=0.3),
... nn.Softmax(dim=1))
>>> s
Sequential (
  (0): Linear (2 -> 5)
  (1): ReLU ()
  (2): Linear (5 -> 20)
  (3): ReLU ()
  (4): Linear (20 -> 10)
  (5): Dropout (p = 0.3)
  (6): Softmax ()
)
```

이 예에서는 세 개의 계층에 이어 출력에는 softmax 노드가 사용되었고(softmax는 1차원에 적용되었는데, 0차원은 배치 샘플들이 있고, 1차원은 샘플에 대한 신경망의 결과값이 들어 있다), 그리고 비선형 활성화 함수로서 ReLU를 사용하였다. 그러면, 이 신경망에 값을 한번 넣어보자.

```
>>> s(torch.FloatTensor([[1,2]]))
tensor([[ 0.1410, 0.1380, 0.0591, 0.1091, 0.1395, 0.0635,
0.0607,
          0.1033, 0.1397, 0.0460]])
```

입력으로는 [1, 2]를 지니는 하나의 입력을 신경망에 넣어 주었고 뭔가 출력물이 생성되었다. 여기서는 입력으로 하나의 데이터만 사용하였으므로 데이터 하나로 이루어진 미니 배치가 되었다.

커스텀 계층

이전 절에서는 모든 신경망 빌딩 블록들의 부모 클래스인 nn.Module을 간단하게 살펴보았다. 물론, 이 클래스는 단순히 부모 클래스로서만 역할을 수행하는 것은 아니다. nn.Module 클래스를 서브 클래싱(subclassing)하면 여러분 나름의 빌딩 블록을 생성할 수 있고, 이렇게 생성된 것들은 다른 것과 함께 쌓을 수도 나중에 재사용할 수도 있다. 물론 파이토치 프레임워크에 아주 자연스럽게 녹아들어 가는 것은 기본이다.

nn.Module이 자식 클래스들에게 꽤 많은 기능을 제공하는데 다음과 같은 것들이 있다.

- nn.Module에서 상속받은 클래스는 자신이 포함하고 있는 다른 모듈들에 대한 추적 기능을 제공한다. 예를 들면, 여러분의 클래스가 nn.Module에서 상속받고 두 개의 피드 포워드 계층을 포함하고 있다면, 이 피드 포워드 모듈들에 대한 추적 기능을 제공한다
- nn.Module은 자기로부터 상속받은 모듈에 등록된 서브 모듈이 가지고 있는 모든 파라미터를 다루는 기능을 제공한다. 따라서, 이 기능을 사용하여 모듈의 파라미터에 대한 전체 목록(parameters() 메소드)을 얻을 수도 있고, 파라미터들에 대한 그라디언트를 0(zero_grads() 메소드)으로 만들 수도 있고, CPU 또는 GPU(to(device) 메소드)로 파라미터들을 이동시킬 수도 있고, 모듈을 직렬화하거나 역직렬화(state_dict()와 load_state_dict() 사용)할 수도 있고, 심지어는 자신 만의 callable을 사용하여 일반 변환을 수행할 수도 있다(apply() 메소드).
- 모듈에 데이터를 적용할 때 필요한 기본 규약을 정의한다. 즉, 모든 모듈은 forward() 메소드를 재정의함으로써 모듈에 입력으로 들어온 데이터를 변환한다.
- 마지막으로 더 고급 기능이긴 한데, 모듈이 수행하는 데이터 변환 기능이나 그라디언트의 흐름을 수정할 수 있도록 하기 위한 후크 함수(hook function) 등록 기능 등과 같은 함수들이 더 있다.

이러한 기능을 통해 우리는 하위 모델을 일관된 방식으로 상위 레벨 모델에 중첩시킬 수 있다. 이는 복잡성을 다룰 때 매우 유용하다. 하나의 계층으로 이루어진 선형 변형이나 1001개의 계층으로 이루어진 ResNet 형태의 괴물 같은 크기이건 nn.Module 규칙을 따르기만 하면 모두 같은 방식으로 처리될 수 있기 때문에 코드가 간결해지고 재사용성이 높아진다.

따라서, 파이토치의 규칙을 따르고, 신경망을 디자인할 때 약간의 신중함을 더한다면 모듈 생성을 아주 간단히 할 수 있다. 그래서, 만일 여러분이 여러분만의 커스텀 모듈을 생성하길 원한다면 서브 모듈을 등록하고 forward() 메소드를 구현하는 두 가지만 하면 된다. 자, 그러면 이전 절에서 살펴보았던 Sequential 예제를 좀 더 일반적이고 재사용 가능하게 바꾸어 보자(전체 코드는 Chapter03/01_modules.py이다).

```
class OurModule(nn.Module):
    def __init__(self, num_inputs, num_classes, dropout_prob=0.3):
        super(OurModule, self).__init__()
        self.pipe = nn.Sequential(
            nn.Linear(num_inputs, 5),
            nn.ReLU(),
            nn.Linear(5, 20),
            nn.ReLU(),
            nn.Linear(20, num_classes),
            nn.Dropout(p=dropout_prob),
            nn.Softmax()
        )
```

OurModule 클래스는 nn.Module을 상속받은 모듈 클래스이다. 생성자는 입력 크기, 출력 크기 및 dropout 확률(옵션임)이라는 세 개의 인수를 전달받는다. 우리가 해야 할 첫 번째 일은 부모의 생성자를 호출하여 OurModule 자신을 초기화하는 것이다. 두 번째 단계에서는 이미 익숙한 nn.Sequential을 사용하여 여러 개의 계층을 생성하고 그 결과 생성된 객체를 OurModule 클래스의 self.pipe 필드에 할당한다. Sequential 클래스의 인스턴스를 필드에 할당하면 모듈이 자동으로 등록되기 때문에(nn 패키지의 모든 것이 그러한 것처럼 nn.Sequential 또한 nn.Module에서 상속받음) 등록을 위하여 아무 것도 추가로 호출할 필요가 없으며 필드에 서브 모듈을 지정하기만 하면 된다. 생성자가 종료되면 모든 필드가 자동으로 등록된다(혹시, 등록하기를 원한다면 물론 nn.Module이 가진 하위 모듈을 등록하는 함수를 사용하면 됨).

```
    def forward(self, x):
        return self.pipe(x)
```

여기서 forward() 함수를 재정의해서 데이터를 우리가 원하는 방향으로 변환되도록 해야 한다. 우리 모듈은 다른 계층들을 감싸는 아주 단순한 래퍼이므로 여기서는 단순히 다른 계층들에게 데이터를 변환하도록 요청하기만 하면 된다. 모듈에 데이터를 입력하려면 모듈의 인스턴스를 만들고 마치 이 인스턴스가 함수인양 그냥 데이터를 입력으로 해서 호출하면 된다[역자주: callable 인터페이스를 가진 객체는 이런 식으로 사용이 가능하다]. 즉, 별도로 forward() 함수를 호출할 필요가 없다는 것이다. 이것이 가능한 이유는 모듈이 상속하고 있는 nn.Module이 __call __() 메서드를 재정의하고 있는데, 이 함수로 인하여 우리가 객체를 함수처럼 취급할 때 자동적으로 __call __() 메소드가 호출되고 이것이 다시 우리 모듈의 forward() 함수를 호출하기 때문이다. 혹시라도, 수동으로 forward()를 직접 호출하면 nn.Module이 해야 할 일을 간섭하는 것이기 때문에 잘못된 결과를 얻을 수 있다.

자, 그러면 한번 사용해보자.

```
if __name__ == "__main__":
    net = OurModule(num_inputs=2, num_classes=3)
    v = torch.FloatTensor([[2, 3]])
    out = net(v)
    print(net)
    print(out)
```

OurModule 인스턴스를 만들고 원하는 수의 입력과 출력을 인수로 제공한 다음, FloatTensor를 이용하여 입력 데이터를 지정하였다. 그리고 나서, OurModule 인스턴스를 마치 함수처럼 사용하여 우리가 정의한 데이터를 전달해서 호출한다. 그런 다음 내부 구조를 알아보기 위해 print(net)에서 프린트한다(nn.Module이 재정의한 __str __() 및 __repr __() 함수가 이용됨). 마지막으로 우리가 지정한 신경망의 입력이 어떻게 변형되었는지를 보여주기 위하여 신경망 출력인 out을 프린트한다.

이 코드를 실행하면 다음과 같다:

```
rl_book_samples/Chapter03$ python 01_modules.py
OurModule(
  (pipe): Sequential(
      (0): Linear(in_features=2, out_features=5, bias=True)
      (1): ReLU()
      (2): Linear(in_features=5, out_features=20, bias=True)
      (3): ReLU()
      (4): Linear(in_features=20, out_features=3, bias=True)
      (5): Dropout(p=0.3)
      (6): Softmax()
  )
)
tensor([[ 0.3672, 0.3469, 0.2859]])
```

비록 위의 예에서는 파이토치의 큰 특징 중의 하나인 동적인 특성을 사용하지는 않았지만 여전히 파이토치는 그런 역동성을 잘 지원하는 훌륭한 도구임은 틀림없다. 특히, Forward() 함수는 배치 데이터를 어떻게 변형할지에 대한 모든 통제권을 가지고 있으므로, 이 함수를 잘 이용하면 동적인 특성을 지원하는 파이토치를 훌륭히 이용할 수 있다. 예를 들어, forward() 함수 내에 일반적인 소프트맥스 대신 계층적 소프트맥스를 적용할 수도 있고, 아니면 여러 개의 신경망을 미리 만들어 놓고 현재 데이터에 따라서 서로 다른 신경망에 입력으로 줄 수도 있다. 사실 우리가 이곳에서 무엇을 할 수 있는지에 대한 제약은 거의 없다. 이제 손실 함수와 최적화 도구인 옵티마이저라는 파이토치 라이브러리의 두 가지 중요한 부분을 살펴볼 것이다.

최종 접착제 - 손실 함수 및 옵티마이저

입력 데이터를 출력으로 변환하는 신경망 모델만으로는 학습을 할 수 없다. 모든 학습에는 목표가 있어야 하는데, 신경망에서는 신경망의 출력(예측)과 우리가 원하는 출력(레이블)의 두 가지를 인수로 받는 손실 함수라는 것을 가지고 학습 목표를 정의한다. 이 함수는 신경망의 출력이 원하는 결과와 얼마나 가까운지를 나타내는 하나의 스코어를 반환하는데, 이 함수를 손실 함수라고 하며, 이 함수의 출력을 손실값이라고 한다. 손실값을 사용하여 신경망 가중치의 그라디언트를 계산하고, 이 그라디언트를 이용하여 손실값을 줄이기 위해 가중치를 조정함으로써 미래에 더 나은 결과를 얻을 수 있다. 손실 함수와 더불어 그라디언트로 신경망 가중치를 조정하는 것은 파이토치 라이브러리의 중요한 부분을 형성한다. 그러면, 손실 함수부터 살펴보자.

손실 함수(Loss Function)

손실 함수는 nn 패키지에 있으며 nn.Module 하위 클래스로 구현된다. 손실 함수는 일반적으로 신경망으로부터의 출력(예측)과 원하는 출력(데이터 샘플의 레이블이라고도 하는 참값)의 두 인수를 사용한다. 이 글을 쓸 당시 기준으로 파이토치 0.4는 17가지 손실 함수를 포함하고 있다. 가장 일반적으로 사용되는 것은 다음과 같다.

- nn.MSELoss: 두 개의 인수 간의 차이를 제곱하고 그 평균을 구한 것. 이 손실 함수는 회귀문제에 대한 표준적인 손실 함수이다.
- nn.BCELoss와 nn.BCEWithLogits: 이진 크로스 엔트로피(Binary cross-entropy) 손실 함수. nn.BCELoss는 하나의 확률값(보통은 Sigmoid 계층의 출력임)을 입력으로 받는 반면, nn.BCEWithLogits은 원래 스코어를 입력으로 받고 이에 대하여 Sigmoid 활성화 함수를 자체적으로 적용한다. 두 번째 방법이 수치적으로는 보다 안정적이며 효율적이다[3]. 이 두 가지 손실 함수는 이름에서 나타나듯이 이진 분류 문제에 주로 쓰인다.

3) 역자주: 관심있는 독자들은 log-sum-exp 트릭에 대하여 찾아보길 추천드린다.

- nn.CrossEntropyLoss와 nn.NLLLoss: 복수 클래스 분류 문제에 쓰이는 유명한 "maximum likelihood" (역자주: 보통 한글로는 최대 우도 추정 방법이라고 하는데, 이 이름이 그다지 직관적이지 않기 때문에, 그냥 영어를 그대로 사용하였다)를 나타내는 손실 함수임. nn.CrossEntropyLoss는 각 클래스에 대하여 원래 스코어를 입력으로 받아서 LogSoftmax를 내부적으로 적용하는 반면, nn.NLLLoss는 확률에 대한 로그값(log probability)를 입력으로 받는다.

물론 이것 외에 다른 손실 함수들도 존재하며, 필요에 따라서는 Module의 서브클래스를 스스로 작성해서 원하는 손실 함수를 새로 정의해서 사용할 수도 있다. 자, 그러면 최적화 과정의 두 번째 요소에 대하여 살펴보자.

옵티마이저(Optimizers)

옵티마이저의 기본적 책임은 그라디언트를 가지고 파라미터를 변경하여 손실값을 줄이도록 하는 것이다. 손실값을 줄임으로써 모델이 우리가 원하는 출력을 내뱉도록 모델을 이끌어갈 수 있다. 이러한 과정을 반복하면 결국은 향후 더 나은 모델 성능을 기대할 수 있다. "파라미터 변경"은 간단하게 들릴지 모르지만 여기에는 관련된 세부 사항들이 많이 있으며, 최적화는 여전히 뜨거운 연구 주제이다. torch.optim 패키지에는 파이토치에서 많이 사용되는 옵티마이저 구현이 제공되며 가장 널리 알려진 것은 다음과 같다 (역자주: 사실 제일 많이 쓰이는 옵티마이저는 Adam인데, 원서는 이 부분에 대한 언급이 없어 아쉽다. Adam은 기본적으로 RMSprop과 모멘텀이 결합된 모델인데, 자세한 사항은 여기서 다루기에 적당하지 않다. 하지만, 제일 많이 쓰이는 것은 역시 Adam이다).

- SGD: 가장 기본적인 옵티마이저로 확률적 경사 하강(stochastic gradient descent) 알고리즘이다. 선택적으로 모멘텀(momentum) 기능을 추가로 확장할 수 있다.
- RMSprop: 제프리 힌튼이 제안한 옵티마이저
- Adagrad: 적응적 그라디언트 옵티마이저

모든 옵티마이저는 통일된 인터페이스를 제공하므로 다른 최적화 방법도 쉽게 실험할 수 있다. 옵티마이저 생성시에는 Variable에 대한 iterable을 전달해야 하는데, 일반적으로 그라디언트가 있는 모든 리프(Leaf) Variable의 iterable을 반환하는 nn.Module 인스턴스의 params() 호출 결과를 전달한다.

그러면 학습 반복문의 큰 그림에 대하여 살펴보자.

```
for batch_samples, batch_labels in iterate_batches(data,
batch_size=32):                                                      # 1
    batch_samples_t = torch.tensor(batch_samples))                   # 2
    batch_labels_t = torch.tensor(batch_labels))                     # 3
    out_t = net(batch_samples_t)                                     # 4
    loss_t = loss_function(out_t, batch_labels_t)                    # 5
    loss_t.backward()                                                # 6
    optimizer.step()                                                 # 7
    optimizer.zero_grad()                                            # 8
```

학습 데이터는 반복적으로 신경망에 입력으로 주어지는데, 일반적으로 학습 데이터 전체는 너무 커서 CPU 또는 GPU 메모리가 한 번에 모두 읽어 들일 수가 없으므로, 전체 학습 데이터를 나누어서 같은 크기의 배치로 분할된다. 모든 배치에는 데이터 샘플(batch_samples_t)과 타겟 레이블(batch_labels_t)이 포함되며 둘 다 텐서(2, 3 행)여야 한다. 데이터 샘플을 신경망으로 전달하고(4 행) 신경망의 출력 및 타겟 레이블을 손실 함수(5 행)에 제공한다. 손실 함수는 타겟 레이블을 기준으로 신경망의 출력(예측)이 얼마나 불량한지를 계산한다. 신경망에 대한 입력과 네트워크의 가중치가 텐서(tensors)이므로 신경망이 수행하는 모든 변환은 계산의 중간 과정을 나타내는 중간 텐서 인스턴스가 있는 계산 그래프(computational graph)일 뿐이다. 마찬가지로 손실 함수도 결과는 하나의 손실값을 갖는 텐서이다. 이 계산 그래프상의 모든 텐서는 부모를 기억하므로 전체 신경망의 그라디언트를 계산하려면 손실 함수 결과(행 6)에 backward( ) 함수를 호출하면 된다.[4)]

Backward( ) 함수가 호출되면, 파이토치는 계산 그래프를 이용하여 require_grad = True인 모든 리프 텐서에 대한 그라디언트를 계산한다. 일반적으로 리프 텐서는 신경망의 파라미터들인데, 이들은 결국 피드 포워드 신경망의 가중치(weights), 바이어스(bias), 혹은 컨볼루션 필터(convolution filter) 등이다. 텐서에 대한 그라디언트가 계산될 때마다 그 그라디언트는 텐서의 tensor.grad 필드에 누적되므로 하나의 텐서가 여러 번 변환에 참여하더라도 그라디언트가 적절하게 합쳐진다.

4) 역자주: 계산 그래프에 있는 모든 텐서가 부모를 기억한다는 것은 어떤 텐서의 값을 계산할 때 쓰인 텐서들이 어떤 것이었는지를 기억한다는 말이다. 우리가 최종적으로 얻게 되는 손실 함수의 값(역시 텐서이다)은 신경망의 입력 데이터(역시 텐서임)로부터 출발해서 중간에 신경망의 파라미터로 곱해지거나 활성화 함수를 통과하는 등의 변환 과정을 거쳐서 최종적으로 신경망의 출력으로 변환되고, 이 신경망의 출력과 타겟 레이블과의 비교를 통하여 손실값이 계산된다. 따라서, 손실값에 이르기까지 참여한 모든 텐서들을 알 수 있고(부모 텐서들을 기억하므로), 이들 텐서들이 어떠한 계산 과정을 거쳐왔는지 알 수 있으므로(계산 그래프로부터) 우리는 각 텐서들이 손실값에 얼마나 영향을 주었는지를(이것이 바로 그라디언트다) 손실값에 대한 backward() 함수를 호출하여 계산할 수 있다. 이 그라디언트로 신경망의 각 파라미터를 조정하면 한 번의 학습(배치단위의 학습)이 끝난 것이고, 동일한 과정을 계속 반복하는 것이다.

loss.backward() 호출이 완료되면 축적된 그라디언트를 얻게 되고 드디어 옵티마이저가 활동할 시간이 된다. 옵티마이저 생성 시에 우리는 최적화할 파라미터 리스트를 전달했는데, 이제 이 파라미터들이 축적된 그라디언트를 가지고 있으므로, 옵티마이저는 이 축적된 그라디언트를 이용하여 파라미터를 업데이트한다. 이 과정은 step() 메소드(7 행)로 수행된다.

마지막으로 잊지 말아야 할 부분은 파라미터의 그라디언트를 0으로 만드는 일이다. 신경망 자체에 있는 zero_grad()를 호출하여 그라디언트를 0으로 만들 수도 있지만, 옵티마이저에도 편의를 위하여 같은 함수가 제공되며 8행에서 이를 호출한다. 때로는 zero_grad()가 학습 반복문의 시작 부분에 배치되기도 하지만, 끝에 있든 처음에 있든 별로 상관은 없다. 중요한 점은 새로운 그라디언트를 계산하기 전에 초기화하면 된다.

앞서 살펴본 학습 과정은 매우 융통성 있게 최적화를 수행할 수 있도록 해주며, 실제로 매우 복잡하거나 정교한 연구에서의 요구 사항도 충족시킬 수 있다. 예를 들어서, 같은 학습 데이터에 대하여 두 개의 모델을 훈련시킬 필요가 있다면 이때는 각각 모델에 대한 옵티마이저를 하나씩 생성하면 되겠다(실제로 GAN을 학습시킬 때 이렇게 한다).

이것으로 신경망을 훈련시키는 데 필요한 파이토치의 필수 기능을 살펴보았다. 이 장에서 우리가 배운 모든 개념을 보여주기 위한 중간 크기의 실제적인 예제가 준비되어 있지만, 실제로 그것을 보기전에 우선 신경망을 실제 사용/적용하고자 하는 분들을 위하여 필수적인 것을 하나 더 살펴보자. 그것은 바로 학습 과정을 모니터링하는 것이다.

텐서보드(tensor board)를 이용한 학습 과정 모니터링

혹시 스스로 신경망을 훈련시켜 보았다면 그것이 얼마나 고통스럽고 불확실할 수 있는지 잘 알고 있을 것이다. 모든 하이퍼 파라미터가 이미 잘 튜닝된 튜토리얼 혹은 데모를 따라 하는 경우를 말하는 것이 아니라, 데이터를 직접 가져오고 처음부터 무언가를 만드는 것에 대해 이야기하는 것이다. 적절히 가중치를 잘 초기화하고, 옵티마이저 혹은 기타 옵션들이 모범사례처럼 정상적인 기본값으로 설정되고, 심지어 최신 딥러닝 고급 툴킷을 사용하더라도 우리는 여전히 많은 결정들을 내려야 하고 따라서 많은 것들이 잘못될 수 있다. 이로 인하여 우리의 신경망은 처음 실행될 때부터 거의 작동하지 않을 수 있으며 이에 익숙해져야 할 필요가 있다.

물론 여러분은 연습과 경험을 통해 문제의 원인들에 대하여 틀림없이 어떤 직관을 갖게 될 것이지만 그러한 직감조차도 신경망 내부에서 일어나는 일에 대한 판단을 할 수 있는 어떤 입력이 필요하다. 따라서 어떻게든 학습 과정을 들여다보고 내부의 변화를 관찰할 수 있어야 한다. 작은 신경망(작은 MNIST 튜토리얼 신경망과 같은)조차도 비선형 학습 역학을 가진 수십만 개의 파라미터를 가질 수 있다. 보통 다음과 같은 것들이 훈련 중에 관찰해야 할 것들이다.

- 손실값: 기본 손실(base loss)과 정규화 손실(regularization loss)을 포함. 따라서, 우리는 총 손실(역자주: 기본 손실 + 정규화 손실)과 함께 개별적인 손실에 대한 모니터링이 필요.
- 학습 및 테스트 데이터에 대한 검증(validation) 결과
- 그라디언트와 가중치에 대한 통계치
- 학습률(Learning rates) 및 기타 하이퍼 파라미터에 대한 모니터링(물론, 이것들이 고정된 것이 아니라 학습 과정에서 변하는 것이라면)

이 목록은 훨씬 더 길 수도 있고 심지어는 단어 임베딩의 투영(word embeddings' projections), 오디오 샘플 및 GAN에 의해 생성된 이미지와 같은 도메인 특화된 항목을 포함할 수도 있다. 또한 에포크(epoch)[5] 소요 시간과 같은 최적화 속도 혹은 학습 속도와 관련된 값을 모니터링할 수도 있다.

요컨대, 시간이 지남에 따라 많은 수치를 추적하고 분석하고 이를 표시하고 하는 어떤 솔루션이 필요하다는 것이다. 특히 딥러닝 전용으로 그러한 솔루션이 있으면 좋은데(Excel 스프레드 시트에서 이러한 통계를 보는 것을 상상해 보면 좀 끔찍하다) 다행히도 그런 도구가 존재한다.

텐서보드 101

사실 이 글을 쓰는 시점 기준으로 선택할 수 있는 대안은 많지 않다. 퍼블릭 버전으로서는 텐서플로우(TensorFlow)가 제공하는 텐서보드(TensorBoard)라는 특수 도구가 있다. 이 도구는 학습과 관련하여 신경망의 다양한 특성을 관찰하고 분석하는 방법에 관한 문제를 해결하기 위해 개발되었다. 텐서보드는 커다란 커뮤니티가 있는 강력하고 포괄적인 솔루션이며 꽤 예쁘기까지 하다.

구조의 관점에서 볼 때 텐서보드는 파이썬 웹 서비스로서 신경망 훈련 과정에서 분석할 값을 저장할 디렉토리를 전달한다. 그런 다음 브라우저에서 텐서보드의 포트(일반적으로 6006)를 지정하면 실시간으로 값이 업데이트되는 대화형 웹 인터페이스가 표시된다. 이런 기능은 특히 신경망을 클라우드의 원격 머신에서 훈련할 때 편리하고 좋다.

원래 텐서보드는 텐서플로우의 일부로 배포되었지만 최근에는 별도의 프로젝트(아직 구글에서 유지 관

5) 역자주: 전체 학습 데이터에 대하여 학습 과정을 한 번 반복했을 때를 에포크(epoch)라고 함

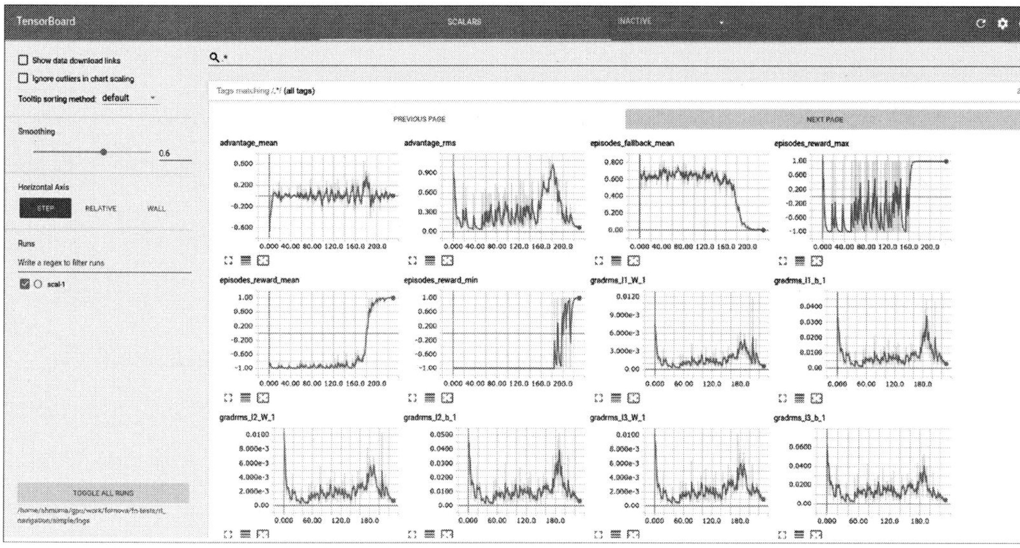

그림 4. 텐서보드 웹 인터페이스

리하고 있음)로 옮겨졌으며 자신만의 패키지 이름을 가지고 있다. 그러나 텐서보드는 여전히 텐서플로우 데이터 형식을 사용하므로 파이토치 최적화에서 학습 관련 통계를 작성하려면 tensorflow 및 tensorflow-tensorboard 패키지가 모두 설치되어 있어야 한다. 텐서플로우는 텐서보드에 의존하므로 두 가지를 모두 설치하려면 파이썬 가상 환경에서 pip install tensorflow를 실행하면 된다(역자주: 그러면 텐서보드 및 텐서플로우가 설치됨).

텐서플로우 패키지는 텐서보드에서 읽을 수 있는 데이터를 작성하는 클래스를 제공하므로 이론적으로는 신경망 모니터링을 시작하는 데 필요한 모든 것이지만, 그렇게 실용적이지는 못할 수도 있는데 그 이유는 제공되는 클래스들이 너무 하위 레벨의 기능을 제공하기 때문이다. 다행히도, 이를 극복하기 위해 편리한 상위 레벨 인터페이스를 제공하는 몇 가지 써드파티(third-party) 오픈 소스 라이브러리가 있다. 이 책에서 즐겨 사용되는 것 중 하나는 tensorboard-pytorch(https://github.com/lanpa/tensorboard-pytorch)인데, pip install tensorboard-pytorch로 설치 가능하다.

그림 그리기

tenorboard-pytorch가 얼마나 간단한 지 알아보기 위해 비록 신경망과 관련이 없긴 하지만 텐서보드에 내용을 쓰는 작은 예제를 생각해 보자(전체 예제 코드는 Chapter 03/02_tensorboard.py

에 있음).

```
import math
from tensorboardX import SummaryWriter

if __name__ == "__main__":
    writer = SummaryWriter()

    funcs = {"sin": math.sin, "cos": math.cos, "tan": math.tan}
```

필요한 패키지를 임포트하고, 데이터를 써줄 writer를 생성하고, 시각화할 함수를 정의하였다. 기본적으로 SummaryWriter는 시작 시마다 runs 디렉터리 아래에 고유한 디렉터리를 만들기 때문에 다양한 학습 과정을 서로 비교할 수 있다. 생성되는 디렉토리의 이름에는 현재 날짜 및 시간과 호스트 이름이 포함된다. 이것을 바꾸려면, log_dir 인수를 SummaryWriter에 건네주면 된다. 코멘트 옵션을 전달하여 디렉토리 이름에 접미사(suffix)를 추가할 수도 있다(예: dropout = 0.3 또는 strong_regularisation과 같은 실험의 의미를 나타내는 접미사를 붙일 수 있음).

```
    for angle in range(-360, 360):
        angle_rad = angle * math.pi / 180
        for name, fun in funcs.items():
            val = fun(angle_rad)
            writer.add_scalar(name, val, angle)
    writer.close()
```

여기서는 각도를 라디안값으로 변환하고 앞서 정의한 세 개의 함수값을 계산한다. 인수 이름, 값, 각도값의 세 가지 인수를 add_scalar 함수에 전달하여 writer에 추가되고 저장된다.

루프를 마친 후 마지막으로 해야 할 일은 writer를 닫는 것이다. writer는 정기적으로 플러싱(메모리의 내용을 하드디스크에 기록하는 일, 기본적으로 2 분마다)을 수행하므로 시간이 많이 걸리는 최적화 프로세스의 경우에도 여전히 값을 볼 수 있다.

실행 후에는 runs 디렉토리 내에 새 디렉토리가 만들어지며 하나의 파일을 갖고 있는 것을 확인할 수 있다. 결과를 보려면 텐서보드를 시작해야 한다.

```
rl_book_samples/Chapter03$ tensorboard --logdir runs --host localhost
TensorBoard 0.1.7 at http://localhost:6006 (Press CTRL+C to
quit)
```

그러면, 브라우저에서 http://localhost:6006라고 입력하고 무엇이 나오는지 보자.

그래프는 대화형이므로 마우스를 움직여 가면서 실제값을 볼 수 있고 영역을 선택하면 세부 정보가 확대되어 확인 가능하다. 축소하려면 그래프 내부를 두 번 클릭한다. 프로그램을 여러 번 실행하면 왼쪽에 있는 "runs" 목록에 여러 항목이 표시된다. 여기 항목들은 활성화 및 비활성화할 수 있으므로 여러 최적화 결과를 서로 비교할 수 있다. 텐서보드를 사용하면 스칼라 값뿐만 아니라 이미지, 오디오, 텍스트 데이터 및 임베딩(embeddings)을 분석할 수도, 신경망 구조를 보여줄 수도 있다. 모든 기능에 대해서는 tensorboard-pytorch 및 텐서보드의 설명서를 참조하길 바란다.

이제 배운 모든 것을 통합하고 파이토치를 사용하여 실제 신경망 최적화 문제를 살펴보도록 하자.

예제- 아타리 이미지에서의 GAN

딥러닝에 관한 거의 모든 책들은 딥러닝의 힘을 보여주기 위해 너무나도 당연히 지난 수년간 MNIST 데이터 셋을 사용하여 왔지만, 그로 말미암아 이 데이터 셋은 마치 유전 연구자들에게 있어서의 초파리와 같이 딥러닝 연구자들에게 지루한 데이터 셋이 되어 버렸다. 이 전통을 깨고 책을 좀 더 재미있게 만들기 위해 필자는 쉬운 길을 피하고 다른 것을 사용하여 파이토치를 설명하고자 한다. 아마 여러분은 이안 굿펠로우(Ian Goodfellow)가 제안한 생성형 대립 신경망(generative adversarial networks, GAN)에 대해 들어보셨을 것이다. 여기서는 GAN을 학습시키고 다양한 아타리 게임의 스크린샷을 생성하고자 한다.

가장 단순한 GAN 구조는 두 개의 신경망을 가지고 있는데, 첫 번째는 "사기꾼"(생성자라고도 함)으로 작동하고 다른 하나는 "형사"(다른 이름은 판별자)이다. 두 신경망은 서로 경쟁 관계이다. 생성자는 판별자가 실제 학습 데이터와 구별하기 어려울 가짜 데이터를 생성하려고 시도하며, 판별자는 생성된 데이터 샘플을 감지(즉, 실제 학습 데이터 셋에서 온 데이터인지 아니면 생성된 데이터인지)하려고 노력한다. 학습 과정을 통하여 시간이 지남에 따라 두 신경망 모두 자신의 기술을 향상시키게 되는데, 생성자는 점점 더 현실적인 데이터 샘플을 생성하고, 판별자는 가짜 항목을 구별하는 보다 정교한 방법을 고안한다. GAN은 실제로는 이미지 품질 개선, 사실적인 이미지 생성 및 특징(feature) 학습에 이용되지만, 이 책에서는 비록 실용적인 유용성은 거의 제로이지만 꽤 복잡한 모델을 파이토치가 얼마나 간결하고 깔끔하게 구현해 내는가 하는 점에 중점을 두고 예제를 풀어가 볼 것이다.

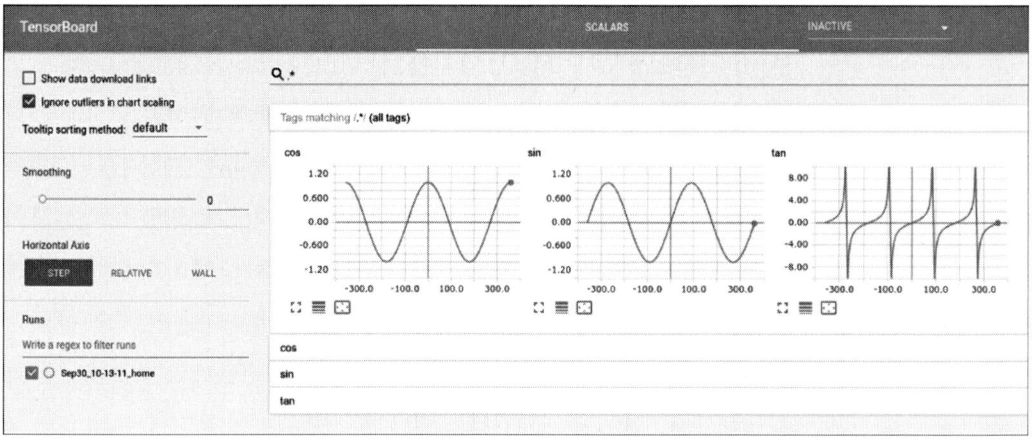

그림 5. 예제가 만든 도표

자 그럼 시작해 보자. 전체 코드는 Chapter03/03_atari_gan.py 파일에 있다. 여기에서는 임포트 및 상수 선언 없이 중요한 코드 부분만 살펴보자.

```
class InputWrapper(gym.ObservationWrapper):
    def __init__(self, *args):
        super(InputWrapper, self).__init__(*args)
        assert isinstance(self.observation_space, gym.spaces.Box)
        old_space = self.observation_space
        self.observation_space =
gym.spaces.Box(self.observation(old_space.low),
self.observation(old_space.high), dtype=np.float32)

    def observation(self, observation):
        # resize image
        new_obs = cv2.resize(observation, (IMAGE_SIZE,
IMAGE_SIZE))
        # transform (210, 160, 3) -> (3, 210, 160)
        new_obs = np.moveaxis(new_obs, 2, 0)
        return new_obs.astype(np.float32) / 255.0
```

InputWrapper 클래스는 Gym을 중첩하고 있는 클래스인데, 다음과 같은 여러 변환을 포함한다.

- 입력 이미지를 210 × 160 (아타리 게임에서의 표준해상도)에서 64 × 64로 변환
- 이미지의 컬러 플레인[역자주: 이미지의 RGB 채널을 의미]을 마지막 차원에서 첫 번째 차원으로 옮

기기. 이는 파이토치의 컨볼루션 계층이 입력으로 받는 텐서에 대하여 채널, 높이, 넓이 형태를 가지도록 관습적으로 기대하고 있기 때문이다.

- 바이트(byte) 형태의 이미지 표현을 float 형태로 변환하고 0..1 범위의 값을 갖도록 리스케일(rescale)한다.

그러면, Discriminator와 Generator라는 두 개의 nn.Module 클래스를 정의하자. Discriminator는 스케일된 컬러 이미지를 입력으로 사용하고, 이 이미지가 5개의 컨벌루션 계층을 통과한 후, Sigmoid 비선형 함수를 통과하면 하나의 숫자로 변환된다. Sigmoid의 출력(역자주: 기억하시는가? Sigmoid는 0~1 사이의 확률값을 출력)은 Discriminator가 입력 데이터가 실제 데이터 집합에서 유래한 데이터라고 생각할 확률로 해석된다[6].

생성자는 랜덤 벡터(잠복 벡터, latent vector)를 입력으로 사용하고 transposed convolution (deconvolution이라고도 함)을 사용하여 이 벡터를 원래 해상도의 컬러 이미지로 변환한다. 하지만, 여기에서 생성자 클래스는 너무 길기 때문에 여기에서는 살펴보지 않는다. 관심 있는 사람은 예제 파일을 살펴봐 주길 바란다.

입력 영상으로는 랜덤 에이전트에 의해서 플레이되는 아타리 게임으로부터 얻은 스크린샷을 사용한다. 그림 6은 입력 영상이 어떻게 생겼는지 보여준다. 이 영상은 다음 함수를 사용하여 생성되었다.

```
def iterate_batches(envs, batch_size=BATCH_SIZE):
    batch = [e.reset() for e in envs] # reset을 통하여 각 환경으로부터 첫 번째 관찰을 얻음
    env_gen = iter(lambda: random.choice(envs), None)

    while True:
        e = next(env_gen)
        obs, reward, is_done, _ = e.step(e.action_space.sample())
        if np.mean(obs) > 0.01:
            batch.append(obs)
        if len(batch) == batch_size:
            yield torch.FloatTensor(batch) # yield를 통하여 여기서 호출자에게 함수가 반환되고
다음이 이 함수가 다시 호출되면 이 다음줄 즉 batch.clear()부터 실행이 계속된다.
```

6) 역자주: 다시 말하면, Sigmoid 값이 1에 가까우면 가까울수록 Discriminator는 주어진 입력이 실제 학습 데이터 집합에서 왔을 것이라 확신하는 것이고, 반대로 0에 가까우면 가까울수록 입력이 Generator가 생성된 가짜 데이터라고 확신하는 것이다. 덧붙여 말하면, Discriminator에 실제 학습 데이터 집합에서 샘플링한 데이터 혹은 Generator가 생성한 가짜 데이터를 번갈아 가며 Discriminator에 넣어준다.

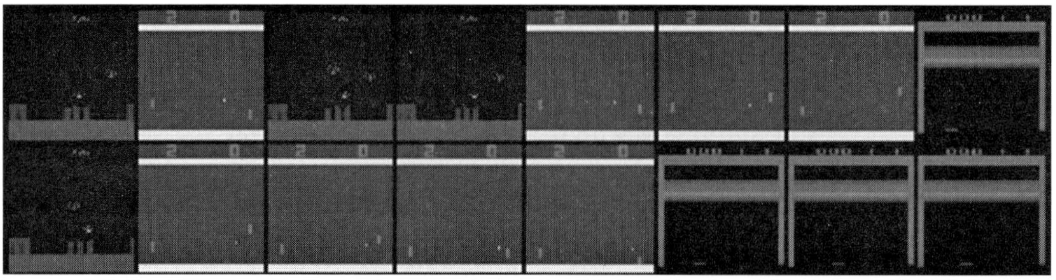

그림 6. 세 개의 아타리 게임의 스크린샷

```
        batch.clear()
    if is_done:
        e.reset()
```

이렇게 하면 제공된 환경 배열에서 환경을 샘플링하고 임의의 행동을 실행하고 배치에 관찰을 저장한다. 배치가 처리가 필요한 크기가 되면 텐서로 변환한다. 한 가지 특이한 코드 부분이 np.mean(obs)>0.01 부분인데 이는 관찰의 평균이 0이 아닌지 검사하기 위한 것으로, 게임 중 하나가 화면이 깜빡이는 버그가 있어서 이를 방지하기 위한 코드이므로 신경 쓰지 않아도 된다.

이제 모델을 준비하고 학습 루프를 실행하는 main 함수를 살펴보자.

```
if __name__ == "__main__":
    parser = argparse.ArgumentParser()
    parser.add_argument("--cuda", default=False,
action='store_true')
    args = parser.parse_args()
    device = torch.device("cuda" if args.cuda else "cpu")

    env_names = ('Breakout-v0', 'AirRaid-v0', 'Pong-v0')
    envs = [InputWrapper(gym.make(name)) for name in env_names]
    input_shape = envs[0].observation_space.shape
```

여기에서는 명령행 인수(GPU 모드 사용을 지정하는 인수인 --cuda)를 처리하고 앞서 정의한 InputWrapper가 적용된 환경 배열(envs)을 만든다. 이 환경 배열은 iterate_batches 함수에 전달되어 학습 데이터를 생성하는 데 이용된다.

```
    Writer = SummaryWriter()
    net_discr = Discriminator(input_shape=input_shape).to(device)
    net_gener = Generator(output_shape=input_shape).to(device)
```

```
    objective = nn.BCELoss()
    gen_optimizer = optim.Adam(params=net_gener.parameters(),
lr=LEARNING_RATE)
    dis_optimizer = optim.Adam(params=net_discr.parameters(),
lr=LEARNING_RATE)
```

생성자를 위한 옵티마이저와 판별자를 위한 옵티마이저를 개별적으로 정의

이 코드에서는 SummaryWritter, 두 신경망(Discriminator와 Generator), 손실 함수 및 두 개의 옵티마이저 인스턴스를 만든다. 여기서 두 개의 옵티마이저가 필요한 이유는 GAN이 훈련받는 방식에서 기인한다. 판별자를 훈련시키기 위해서는 적절한 레이블(실제 데이터의 경우 1, 생성된 데이터의 경우 0)을 사용하여 실제 및 생성된 가짜 데이터 샘플을 판별자에게 보여줘야 한다. 이 과정에서는 판별자의 가중치만 업데이트된다[7].

한편, 생성자를 훈련시키기 위해서는 생성자가 생성한 가짜 샘플을 판별자에게 전달하지만 이번에는 모든 샘플에 대해 라벨이 1이고[8], 생성자의 가중치만 업데이트한다. 이 두 번째 과정은 생성자가 판별자를 잘 속여서 판별자가 진짜 데이터와 가짜 데이터를 잘 구분하지 못하도록 하기 위해서, 즉, 생성자가 진짜와 되도록 비슷한 가짜 이미지를 만들도록 생성자를 학습시킨다.

```
    gen_losses = []
    dis_losses = []
    iter_no = 0
    true_labels_v = torch.ones(BATCH_SIZE, dtype=torch.float32,
device=device)
    fake_labels_v = torch.zeros(BATCH_SIZE, dtype=torch.float32,
device=device)
```

여기서, 진짜(1) 및 가짜용 레이블(0)을 위한 배열을 정의하였다.

```
    for batch_v in iterate_batches(envs):
        # generate extra fake samples, input is 4D: batch,
filters, x, y
        gen_input_v = torch.FloatTensor(BATCH_SIZE,
LATENT_VECTOR_SIZE, 1, 1).normal_(0, 1).to(device)
```

생성자를 위한 노이즈를 샘플링하고 이를 지정된 장치(cpu 혹은 gpu)에 넣는다.

7) 역자주: 생성자의 가중치를 업데이트할 때도 마찬가지이다. 생성자가 가짜 데이터를 생성하면 이를 판별자에 전달하고, 판별자는이를 진짜 데이터인지 가짜 데이터인지 판별하게 된다. 이후, 판별자의 판별 결과가 생성자의 손실 함수에 인수로서 쓰인다. 그런데, 오류를 역전파할 때 이 손실함수 결과가 쓰이므로, 결국 오류 전파는 판별자를 거쳐야만 생성자 까지 도달하게 된다. 하지만, 우리는 생성자의 가중치만 갱신하기를 원하므로, 생성자의 가중치만 인수로 받는 옵티마이저가 따로 필요하게 된다.

8) 역자주: 왜냐하면, 우리는 생성자를 학습시키는 단계에 있고, 생성자가 생성한 가짜 샘플을 판별자가 진짜로 혼동하기를 원하므로 레이블은 진짜를 나타내는 1을 전달해야 한다.

```
            batch_v = batch_v.to(device)
            gen_output_v = net_gener(gen_input_v)

            dis_optimizer.zero_grad()
            dis_output_true_v = net_discr(batch_v) # 환경에서 생성된 실제 데이터를 판별자에 넣고
            dis_output_fake_v = net_discr(gen_output_v.detach())        # 생성자가 만들어낸 가짜 데이터도 판별자에 넣고
            dis_loss = objective(dis_output_true_v, true_labels_v) +
objective(dis_output_fake_v, fake_labels_v)
            dis_loss.backward()
            dis_optimizer.step()
            dis_losses.append(dis_loss.item())
```

코드를 보면 판별자(net_discr)가 두 번 적용되었음을 확인할 수 있다. 배치(batch_v)의 실제 데이터 샘플(역자주: 이 실제 데이터는 앞서 살펴보았듯이 환경으로부터 온다)에 한 번, 그리고 생성자가 생성한 가짜 데이터 샘플에 또 한 번 적용된다. 여기서 주목해야 할 점은, 이 과정은 판별자를 위한 과정이므로 그라디언트가 생성자로 흘러가는 것을 막아야 한다. 이를 위해서 detach() 함수를 생성자 출력(gen_output_v)에 호출하였다(detach()는 Tensor 클래스에 정의된 메소드로서 텐서의 복사본을 만듦. 이렇게 함으로써 이 텐서의 부모 연산과의 연결이 끊어지게 만듦[9]).

```
            gen_optimizer.zero_grad()
            dis_output_v = net_discr(gen_output_v)
            gen_loss_v = objective(dis_output_v, true_labels_v)
            gen_loss_v.backward()
            gen_optimizer.step()
            gen_losses.append(gen_loss_v.item())
```

이제 생성자를 학습시킬 시간이다. 우리는 생성자의 출력을 판별자로 전달하지만 이전과는 달리 이제는 판별자를 위한 그라디언트 계산을 중지하지는 않는다[10]. 또한, 실제 데이터용 레이

9) 역자주: 만일 우리가 gen_output_v 텐서에 detach를 하지 않으면, gen_output_v의 값을 만들어낸 부모 텐서들과의 연결이 살아 있게 된다. 그러면, gen_output_v의 부모 텐서는 무엇일까? 의심의 여지없이 생성자이다(gen_output_v가 생성자의 출력이므로). 그렇게 되면 판별자를 위해서 계산한 그라디언트가 gen_output_v의 부모 텐서를 타고 흘러 결국은 최초 입력 단계까지 그라디언트가 전파되게 된다. 이렇게 되면 컴퓨팅 자원의 낭비가 심각히 우려되는데, 무슨 말인가 하면 판별자용 손실 함수를 계산했으면 판별자의 가중치 갱신을 위한 그라디언트만 계산하면 되는데, 생성자용 그라디언트도 계산하게 되어 쓸모없이 컴퓨팅 자원을 낭비하는 셈이다. 결국, 학습 속도를 심각히 감소시킨다.

10) 역자주: 이것도 좀더 설명이 더 필요한데, 우리는 현재 생성자를 위한 학습 과정에 있다. 그리고 생성자를 위한 손실함수는 판별자의 출력에 기초해서 계산된다. 즉, 생성자가 생성한 가짜 샘플이 판별자까지 간 다음에 손실함수가 계산되기 때문에, 생성자를 위한 그라디언트 계산도 역시 판별자에서부터 계산되어져야 한다(이것은 오류역전파 알고리즘의 특성상 반드시 그래야 한다). 따라서, 여기서는 앞서 판별자를 위한 학습 과정과는 달리 detach() 함수를 사용하여 판별자의 그라디언트 계산 과정을 건너뛰면 안된다.

블(역자주: 왜냐하면, 우리는 판별자가 가짜 이미지를 진짜로 판별하길 원하므로)을 사용하여 목적 함수(= 손실함수)를 계산한다. 이로 인하여, 생성자가 생성하는 샘플이 판별자를 보다 잘 속이도록 생성자가 훈련된다.

이것이 사실 학습의 전부이다. 다음 두 줄은 손실을 보고하고 텐서보드에 이미지 샘플을 제공한다.

```
        iter_no += 1
        if iter_no % REPORT_EVERY_ITER == 0:
            log.info("Iter %d: gen_loss=%.3e, dis_loss=%.3e",
    iter_no, np.mean(gen_losses), np.mean(dis_losses))
            writer.add_scalar("gen_loss", np.mean(gen_losses),
    iter_no)
            writer.add_scalar("dis_loss", np.mean(dis_losses),
    iter_no)
            gen_losses = []
            dis_losses = []
        if iter_no % SAVE_IMAGE_EVERY_ITER == 0:
            writer.add_image("fake",
    vutils.make_grid(gen_output_v.data[:64]), iter_no)
            writer.add_image("real",
    vutils.make_grid(batch_v.data[:64]), iter_no)
```

이 예제는 꽤 오랫동안 훈련시켜야 한다. GTX 1080 GPU에서는 100회 반복 작업에 약 40 초가 걸린다. 처음에는 생성된 이미지가 완전히 랜덤 노이즈이지만, 만 회에서 이만 회 반복 후에는 생성자가 생성한 이미지가 실제 게임 스크린샷과 점점 더 비슷해지는 것을 볼 수 있다.

다음 이미지는 저자가 수행한 실험에서, 약 4만~5만 반복 학습(GPU에서 수 시간) 후에 생성자가 생성한 이미지들이다.

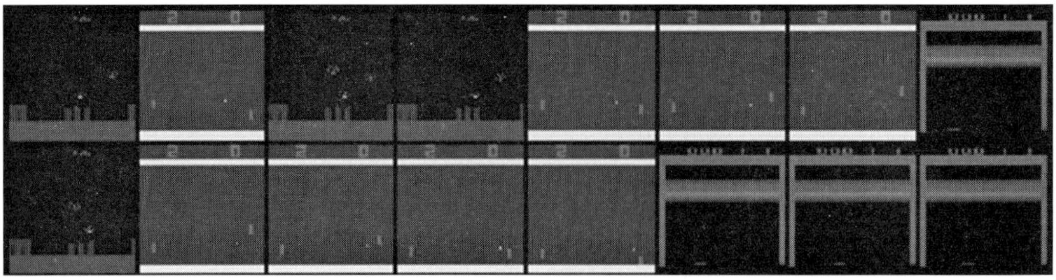

그림 7. 생성자 신경망이 생성한 샘플 이미지

요약

이 장에서는 파이토치의 기능과 특징을 간략히 살펴보았다. 텐서와 그라디언트 같은 기본 개념에 대해 살펴보았고, 기본적인 빌딩 블록을 가지고 신경망을 어떻게 만드는지 알아보았다. 또한, 이 블록들을 스스로 구현하는 법을 배웠다. 이후, 손실 함수 및 옵티마이저에 대하여 알아보았고 학습 과정을 어떻게 모니터링하는지도 보았다.

다음 장에서는 이 책의 주요 주제인 강화학습 방법들에 대하여 다루어 보겠다.

제4장

크로스 엔트로피 방법

이 장에서는 강화학습 방법 중 하나인 크로스 엔트로피 방법에 대하여 알아보는 시간을 갖자. 이 방법은 심층 Q 신경망(DQN) 또는 Actor-Critic과 같이 강화학습 실무자들이 자주 사용하는 방법들보다는 덜 유명하지만 나름의 장점이 있다. 가장 중요한 것은 다음과 같다.

- **간단함**: 크로스 엔트로피 방법은 정말 너무도 간단하여 따라하기 너무 직관적인 방법이다. 파이토치로 구현하면 100 라인도 안된다.
- **좋은 수렴성**: 일반적으로 크로스 엔트로피 방법은 복잡한 다단계 정책을 배우거나 발견할 필요가 없는 환경, 즉 짧은 에피소드에 보상이 자주 있는 간단한 환경에서 매우 잘 작동한다. 물론 많은 실용적인 문제는 이 범주에 속하지 않지만 때로는 그렇다. 그러한 경우, 크로스 엔트로피(그 자체로 또는 더 큰 시스템의 일부로서)는 완벽한 궁합이 될 수 있다.

다음 절에서는 크로스 엔트로피의 실용적인 측면부터 살펴본 다음 Gym (친숙한 CartPole 및 FrozenLake의 "그리드 월드")의 두 환경에서 작동하는 방식을 살펴 본다. 그런 다음 이 장의 끝에서 크로스 엔트로피 방법의 이론적 배경을 살펴볼 것이지만, 원한다면 이 부분은 건너뛰어도 무방하다. 그렇지만, 크로스 엔트로피 방법이 작동하는 이유를 알고 싶다면 한번 깊이 파볼 만하다.

강화학습 방법의 분류

크로스 엔트로피 방법은 모델 프리(model-free) 정책 기반(policy-based) 방법에 속한다. 이러한 개념은 새로운 개념이므로 시간을 투자하여 살펴보자. 강화학습을 분류하는 기준은 다양할 수 있는데 주로 다음과 같은 기준으로 나눌 수 있다.

- 모델 프리 혹은 모델 기반(Model-free or model-based)
- 가치 기반 혹은 정책 기반(value-based or policy-based)
- 온 정책 혹은 오프 정책(on-policy or off-policy)

강화학습을 분류하는 다른 방법들도 있지만 지금은 앞의 세 가지 방법을 사용하자. 이러한 분류가 중요한 이유는 주어진 문제의 특성이 그 문제를 푸는 특정 방법을 정함에 있어 영향을 미칠 수 있기 때문이다. 그러면 우선 앞의 용어들을 정의해 보자.

모델 프리(model-free)라는 말은 이 방법이 환경이나 보상의 모델을 구축하지 않는다는 것을 의미한다. 단지, 관찰을 행동(또는 행동과 관련된 가치)에 직접 연결하기만 하면 된다. 다시 말해 에이전트는 현재 관찰을 획득하고, 이 관찰에 대하여 계산을 하고, 그 계산의 결과가 에이전트가 취해야 하는 행동이다. 반면 모델 기반(model-based) 방법은 다음 관찰이나 보상이 무엇인지 예측할 수 있는 환경에 대한 모델을 가지고 있다는 의미다. 이 예측을 기반으로 에이전트는 취할 수 있는 최선의 행동을 선택하려고 한다. 물론 미래에 관해 더 많은 단계를 보기 위해 그러한 예측을 여러 번 수행하는 경우도 있다.

두 가지 방법 모두 강점과 약점을 가지고 있지만, 엄격한 규칙이 있는 보드 게임과 같은 결정론적(deterministic) 환경에서는 일반적으로 순수한 모델 기반 방법이 사용된다. 반면, 환경이 꽤나 복잡하여 관찰을 충분히 하여도 환경 혹은 보상에 대한 좋은 모델을 구축하기가 어려운 경우에는 일반적으로 학습시키기 쉬운 모델 프리 방법이 주로 사용된다. 이 책에서 설명하는 모든 방법은 모델 프리 범주에서 나온 것으로, 지난 몇 년 동안 가장 활발한 연구 분야이었고, 최근에 들어서야 연구자들이 두 세계의 장점을 혼합하기 시작했다(예를 들자면, 딥마인드(DeepMind)의 에이전트에서의 상상력에 관한 논문이 관련이 있다. 이 접근법은 17장 "모델 프리 방법을 넘어서 상상력으로"에서 설명될 것이다).

두 번째 분류 방법은 행동을 결정하는 데 있어서의 정책 기반(policy-based) 혹은 가치 기반(value-based) 방법이다. 정책 기반 방법은 에이전트의 정책(즉 모든 단계에서 에이전트가 어떤 행동을 해야 하는지)을 직접적으로 근사한다(approximate). 일반적으로 정책은 사용 가능한 모든 행동에 대한 확률 분포로 나타낸다. 반면, 가치 기반 방법은 모든 행동에 대한 확률 분포 대신 행동의 가치를 계산하고 최고 높은 가치를 가지는 행동을 선택한다. 두 가지 방법은 모두 인기가 있으며 책의 다음 부분에서는 가치 기반 방법에 대해 다룰 것이고, 정책 기반 방법은 3 부의 주제가 될 것이다.

세 번째로 중요한 분류 방법은 온 정책(on-policy)과 오프 정책(off-policy)이다. 이 책의 2 부와 3 부에서 이 둘의 구별에 대해 더 자세히 논의하겠지만, 지금은 오프 정책을 오래된 이력(historical) 데이터(이전 버전의 에이전트에서 얻은 정보, 혹은 사람의 시연에서 얻은 정보, 혹은 동일 에이전트가 여러 에피소드 전에 얻은 정보)를 가지고 학습하는 능력 정도의 설명이면 충분할 듯하다(역자주: 여기서 중요한 점은 데이터가 현재 정책에서 나온 것이 아니라 하더라도 학습에 사용될 수 있다는 점이 오프 정책의 가장 큰 특징이다. 이렇게 되면 데이터 효율성이 엄청나게 증대될 수 있다).

위 기준에 따르면 크로스 엔트로피 방법은 모델 프리, 정책 기반, 그리고 온 정책(다시 말하면, 온 정책

이므로 현재 정책에서 나온 데이터만 이용하여 학습한다는 의미이다)이다. 이것이 무엇을 의미하냐면,

- 환경에 대한 어떠한 모델도 구축하지 않는다
- 에이전트의 정책을 근사한다
- 환경으로부터 방금 얻은 따끈따끈한 정보가 필요하다. 이력 데이터가 아니라는 이야기다.

크로스 엔트로피 방법의 실제

크로스 엔트로피 방법은 실제와 이론 두 가지로 나누어 설명할 수 있다. 실제적으로 이용하는 데 있어서는 상당히 직관적인 반면 크로스 엔트로피 방법이 작동하는 이유와 일어나는 현상에 대한 이론적 설명은 좀 더 정교하고 복잡하다.

강화학습에서 중심적이고 가장 까다로운 것은 환경과의 상호작용을 통해 총 보상(total reward)을 가능한 많이 누적하려고 하는 에이전트라는 것을 기억할 것이다. 일반적으로는, 우리는 에이전트가 가진 복잡성을 어떤 함수로 대체하는 머신러닝 접근법을 따르는데, 무슨 말이냐면 에이전트의 입력(환경으로부터의 관찰)을 출력으로 매핑하는 일종의 학습 가능한 비선형 함수로 대체한다는 뜻이다. 이 함수가 생성하는 출력의 세부 사항은 이전 절에서 설명한대로 특정 방법(예: 가치기반 대 정책기반)에 따라 달라질 수 있다. 크로스 엔트로피 방법은 정책 기반이기 때문에, 비선형 함수(신경망)는 기본적으로 정책을 출력해야 한다[1]. 알다시피, 정책은 에이전트가 관찰에 대하여 어떤 행동을 취해야 하는지를 직접적으로 말해준다.

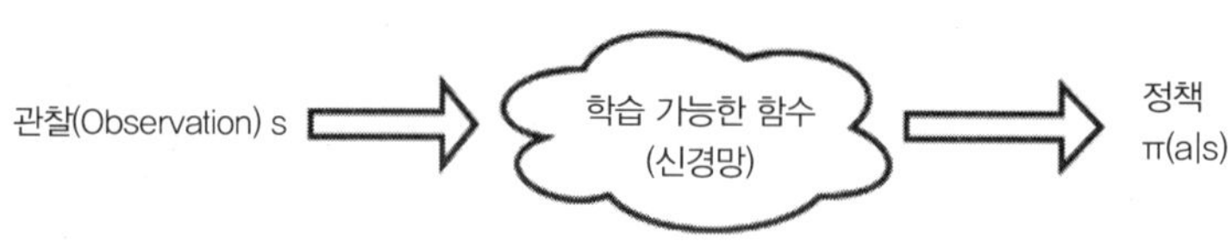

그림 1. 강화학습에 대한 접근 방법

보통 정책은 행동에 대한 확률 분포로 표현되는데, 이것은 분류 문제와 사뭇 비슷하다. 이 분류 문제에서 분류되는 클래스의 수는 에이전트가 취할 수 있는 행동의 수이다. 이런 관점은 에이전트를 매우 단순하게 만들어 주는 장점이 있는데, 환경에서 신경망으로 관찰을 전달하고, 출력으

1) 역자주: 만일 우리의 모델이 가치 기반 모델이었다면, 비선형 함수(신경망)는 기본적으로 가치를 출력해야 한다.

로서 행동에 대한 확률 분포를 얻고, 이 확률 분포를 사용하여 무작위 샘플링한 결과가 에이전트가 수행해야 할 행동이다. 에이전트가 취해야 할 행동이 결정되면 그 행동을 환경에 대하여 실행하고, 행동의 결과 변화되었을 환경에 대한 관찰을 얻고, 방금 수행한 행동에 대한 보상값을 받는다. 이후 같은 과정을 계속 반복한다.

에이전트가 살아 있는 동안의 경험을 에피소드라 한다. 모든 에피소드는 일련의 관찰, 행동, 그리고 보상을 말한다. 에이전트가 여러 에피소드를 경험했다고 상상해 보자. 각 에피소드마다 우리는 에이전트가 모은 보상의 총합인 총 보상(total reward)을 계산할 수 있다. 총 보상은 할인(discounted)될 수도 그렇지 않을 수도 있지만 간단히 하기 위해 할인 요소인 감마 = 1이라고 가정한다면, 총 보상은 그냥 하나의 에피소드에 있는 모든 보상의 합계를 의미한다(역자주: 할인이 없으므로 그냥 합하면 된다). 따라서, 총 보상은 해당 에피소드가 에이전트에게 얼마나 좋은지를 보여준다. 이 상황을 네 개의 에피소드가 포함된 다이어그램으로 설명하면 그림 2와 같다. 여기서, 관찰은 o_i, 행동은 a_i, 그리고 보상은 r_i로 표현되었고, 총보상은 R로 표현되었으며, 서로 다른 에피소드에 있는 o_i, a_i 및 r_i는 그 값이 다르다.

에피소드(Episode) 1	o_1, a_1, r_1	o_2, a_2, r_2	o_3, a_3, r_3	o_4, a_4, r_4	o_5, a_5, r_5	o_6, a_6, r_6	$R = r_1 + r_2 + \ldots + r_6$
에피소드(Episode) 2	o_1, a_1, r_1	o_2, a_2, r_2	o_3, a_3, r_3	o_4, a_4, r_4			$R = r_1 + r_2 + r_3 + r_4$
에피소드(Episode) 3	o_1, a_1, r_1	o_2, a_2, r_2	o_3, a_3, r_3	o_4, a_4, r_4	o_5, a_5, r_5		$R = r_1 + r_2 + \ldots + r_5$
에피소드(Episode) 4	o_1, a_1, r_1	o_2, a_2, r_2	o_3, a_3, r_3				$R = r_1 + r_2 + r_3$

그림 2. 관찰, 행동, 그리고 보상이 표시된 에피소드

여기서 각 셀은 에피소드에서 에이전트의 단계를 나타낸다. 환경의 무작위성 및 에이전트가 행동을 어떻게 취했는가에 따라 어떤 에피소드는 다른 것보다 좋을 것이다. 크로스 엔트로피 방법의 핵심은 나쁜 에피소드를 버리고 더 나은 에피소드를 이용하여 학습하는 것이다. 따라서 이 방법은 다음과 같은 단계를 거친다.

1. 현재 모델 및 환경을 이용하여 N 개의 에피소드를 플레이
2. 각 에피소드에 대한 총 보상을 계산하고 보상 경계를 결정한다. 보상 경계는 보통은 모든

보상에 대한 백분위를 이용하는데, 예를 들면 50번 째라던가 70번 째라던가이다

3. 보상 경계 이하의 에피소드들은 모두 버린다
4. 남아 있는 좋은 에피소드(이하, 엘리트 에피소드)들을 가지고 학습을 하는데, 여기서 학습을 위한 입력은 에피소드에 있는 관찰을 사용하고 학습을 위한 레이블로서는 그때 선택된 행동을 이용한다
5. 만족스러운 결과를 얻을 때까지 단계 1부터 다시 반복

크로스 엔트로피 방법은 사실 이것이 전부이다. 앞의 절차를 통해 신경망은 행동을 반복하는 방법을 배우고, 더 큰 보상을 이끌어 내고 보상 경계를 점점 더 높이 올릴 것이다. 이 방법이 지극히 단순함에도 불구하고 잘 작동하며 구현하기 쉽고 하이퍼 파라미터가 변경되는 경우에도 매우 견고하므로 간단한 환경에서 시도하기에 이상적인 기본 방법이다. 그럼, 크로스 엔트로피 방법을 CartPole 환경에 적용해 보도록 하자.

크로스 엔트로피 방법을 이용한 CartPole

이 예제의 전체 코드는 Chapter04/01_cartpole.py에 있으며 가장 중요한 부분은 다음과 같다. 우리 모델의 핵심은 하나의 은닉(hidden) 계층으로 구성된 신경망인데, ReLU와 128 개의 은닉 뉴런이 있다. 크로스 엔트로피 방법이 꽤 강건하고 빠르게 수렴하기 때문에 다른 하이퍼 파라미터도 거의 무작위로 설정되었다.

```
HIDDEN_SIZE = 128
BATCH_SIZE = 16
PERCENTILE = 70
```

여기서 정의된 상수들은 각각 은닉 계층의 뉴런 수(128), 각 학습 반복(iteration)에서 플레이되는 에피소드의 수(16), 엘리트 에피소드 필터링에 사용되는 에피소드의 총 보상 백분위 수(70)이다. 여기서 백분위를 70으로 정하였는데, 이는 곧 보상의 크기 순으로 정렬된 에피소드에서 상위 30%만 학습을 위해서 남기고 나머지 70%를 버리는 것을 의미한다.

```
class Net(nn.Module):
  def __init__(self, obs_size, hidden_size, n_actions):
    super(Net, self).__init__()
    self.net = nn.Sequential(
        nn.Linear(obs_size, hidden_size),
        nn.ReLU(),
```

```
            nn.Linear(hidden_size, n_actions)
        )
    def forward(self, x):
        return self.net(x)
```

코드에 나와 있듯이 신경망에는 달리 특별한 것은 없다. 입력 벡터로는 환경으로부터 얻은 하나의 관찰을 사용하고 수행할 수 있는 행동들에 상응하는 수를 출력한다. 신경망의 출력은 행동에 대한 확률 분포이므로 마지막 단계 이후에 softmax 비선형성을 포함시키는 것이 가장 직접적인 방법이다. 하지만, softmax를 계산하고(알다시피 softmax 계산을 위해서는 지수계산이 필요하다) 이후 크로스 엔트로피 손실 함수(크로스 엔트로피를 계산하기 위해서는 확률에 대한 로그함수를 사용해야 한다)를 적용하는 것 보다는, 파이토치 클래스인 nn.CrossEntropyLoss를 사용할 것이다. 이 함수는 softmax와 cross-entropy를 결합하여 수치적으로 보다 안정적인 하나의 표현식을 사용한다. nn.CrossEntropyLoss는 신경망으로부터 비정규화된 값(logits이라고도 함)을 필요로 하는데, 이 방법의 단점은 혹시 손실계산 외에 다른 이유로 신경망의 출력으로부터 확률이 필요할 경우에는 여러분 스스로 softmax를 적용해야 한다는 것이다[2].

```
Episode = namedtuple('Episode', field_names=['reward', 'steps'])
EpisodeStep = namedtuple('EpisodeStep', field_names=['observation',
'action'])
```

위 코드에서 표준 라이브러리인 collection 패키지에서 namedtuple이라는 두 개의 도우미 클래스를 정의하였다.

- EpisodeStep: 이것은 에이전트가 에피소드에서 만든 하나의 단일 단계를 나타내기 위해 사용되며 환경으로부터의 관찰과 에이전트가 완료한 행동을 저장한다. 알다시피 우리는 엘리트 에피소드의 에피소드 단계를 학습 데이터로 사용할 것이다.
- Episode: 이것은 하나의 에피소드를 나타내는 것으로서 할인되지 않은 총 보상과 에피소드 단계들의 모음을 의미한다.

그러면, 에피소드 여러 개로 구성되는 하나의 배치를 생성하는 함수를 살펴보자:

```
def iterate_batches(env, net, batch_size):
    batch = []
```

---

2) 역자주: nn.CrossEntropyLoss 함수가 확률값을 요구하는 게 아니라 보다 전 단계의 값인 원래 스코어를 원하기 때문에, 신경망의 출력이 정규화되지 않은 값(확률값을 구하려면 스코어의 총값으로 나누어야 하며, 이를 정규화라고 한다)이어야 한다. 여기까지는 괜찮은데, 혹시 여러분이 확률값을 굳이 구해야 한다면 여러분 스스로 softmax 함수를 스코어에 적용시켜야 한다는 말이다.

```
        episode_reward = 0.0
        episode_steps = []
        obs = env.reset()
        sm = nn.Softmax(dim=1)
```

앞의 함수는 환경(Gym 라이브러리의 Env 클래스 인스턴스), 신경망, 그리고 매 반복마다 생성해야 하는 에피소드의 수를 전달받는다. batch 변수는 배치(Episode 인스턴스에 대한 리스트)를 축적하는 데 사용된다. 또한 현재 에피소드에 대한 보상 누적기[episode_reward]와 그 에피소드 단계에 대한 리스트[episode_steps]가 선언되었다. 그런 다음 환경을 리셋하여 첫 번째 관찰을 얻고 신경망의 출력을 행동에 대한 확률 분포로 변환하는 데 사용되는 softmax 계층을 만들었다. 자, 그러면 환경 루프를 시작해 보자.

```
    while True:
        obs_v = torch.FloatTensor([obs])
        act_probs_v = sm(net(obs_v))
        act_probs = act_probs_v.data.numpy()[0]
```

매 반복마다 현재의 관찰을 파이토치 텐서로 변환하여 신경망에 전달하고 그 결과로 행동에 확률을 얻는데, 몇 가지 주목해야 할 점은:

- 파이토치의 모든 nn.Module 인스턴스는 데이터 여러 개가 모아진 일괄처리 형태[배치]로 입력을 요구하기 때문에 위에서 네 개의 숫자로 구성된 벡터인 관찰[obs]을 1 × 4의 텐서[obs_v]로 변환하였다[3].
- 신경망의 출력에서 비선형성을 사용하지 않았으므로 우리가 얻는 것은 원래 스코어 점수이다. 따라서, 확률값을 얻기 위해서 softmax 함수를 통과시켜야 한다.

---

3) 역자주: 일반적으로 파이토치는 학습할 때 데이터 하나 하나씩 개별적으로 신경망에 넣어주는 것이 아니라, 여러 개의 데이터가 모인 배치 형태로 데이터를 처리한다. 이렇게 하는 이유는 계산 속도를 빠르게 하기 위함이다. 예를 들면 m차원 데이터를 n개 모으면 n × m 행렬로 표현할 수 있고, 이렇게 행렬로 표현하면 GPU의 도움을 받아 계산을 훨씬 빠르게 수행할 수 있다. 그런데, 여기서 한 가지 간과하기 쉬운 점은 데이터를 여러 개 모아서 처리해도 되는 기본적인 가정은 데이터 간의 연관성이 없어야 한다는 점이며 보통의 딥러닝 학습 데이터는 이 가정을 만족하거나 크게 문제가 되지 않는다. 그러나, 우리가 지금 배우고 있는 강화학습은 사실 이 가정을 심각히 위반하는 경우인데, 왜냐하면 현재 입력을 바탕으로 나의 행동을 결정하고, 그 행동의 결과가 다음 번 입력이 되는 식이므로, 현재 입력과 다음 입력 사이에 관련성이 아주 높다. 상호 연관성이 높은 데이터를 배치로 묶어서 처리하는 것은 학습에 심각한 장애를 초래한다. 이런 관점에서 여러 개의 데이터를 배치로 묶어서 일괄 처리하는 것은 일반적으로는 강화학습하고 맞지 않는 방식이다. 또, 다른 하나는 현재 입력과 다음 입력 사이에 행동이 끼어 있는데, 이 말은 곧 현재 입력을 바탕으로 어떤 행동을 하고 난 후에야 다음 입력을 얻을 수 있다는 말이다. 즉, 본질적으로 입력데이터를 여러 개 모아서 하는 것이 불가능하다는 것이다. 하지만, 파이토치에서는 배치 형태의 입력을 원하므로, 거기에 맞추어주기 위해서 하나의 데이터만(여기서는 4차원 벡터) 가진 배치 즉 1×4 행렬(여기서 1은 데이터가 하나뿐이라는 의미이고, 4는 그 하나의 데이터가 4차원 벡터라는 의미)로 굳이 변환해서 전달해 주는 이유이다.

- 신경망과 softmax 계층은 모두 그라디언트를 추적하는 텐서를 반환하는데, 이 텐서에 포함된 데이터는 tensor.data 필드에 저장되어 있다. 위 코드에서는 이 데이터를 NumPy 배열로 변환하였다. 이 배열은 입력과 동일한 2차원 구조를 가지며 축 0은 배치 차원이기 때문에 첫 번째 배치 요소를 가져와 행동에 대한 확률 벡터(1차원)를 얻는다.

```
            action = np.random.choice(len(act_probs),
p=act_probs)
            next_obs, reward, is_done, _ = env.step(action)
```

이제 행동에 대한 확률 분포를 가지고 있으므로 NumPy의 random.choice() 함수를 사용하여 이 분포로부터 하나의 행동을 샘플링할 수 있는데, 이것이 현재 단계에서 취해야 할 행동이 된다. 이렇게 선택된 행동을 환경에 전달하며, 환경은 다시 다음 관찰, 보상, 그리고 에피소드 종료 여부를 전달해 준다.

```
            episode_reward += reward
            episode_steps.append(EpisodeStep(observation=obs,
action=action))
```

수행된 행동에 대한 보상은 현재 에피소드의 총 보상에 더해지고, 에피소드 단계 리스트 또한 (관찰, 행동) 쌍으로 확장된다. 한 가지 주의할 점은 여기에서 관찰은 행동을 선택하는 데 사용된 관찰이 저장되는 것이지 그 행동의 결과로 환경에서 반환된 관찰을 저장하는 것이 아니라는 점이다.

```
            if is_done:
                batch.append(Episode(reward=episode_reward,
steps=episode_steps))
                episode_reward = 0.0
                episode_steps = []
                next_obs = env.reset()
                if len(batch) == batch_size:
                    yield batch
                    batch = []
```

이것은 현재 에피소드가 끝난 상황을 처리하는 방법이다(CartPole의 경우 스틱이 떨어졌을 때 에피소드가 끝난다). 종료된 에피소드의 총 보상(에피소드가 완료되고 모든 보상을 축적 했으므로)과 에피소드 단계들을 에피소드에 저장한다. 그런 다음 보상 누적기를 재설정하고 단계 리스트(episode_steps)를 정리한다. 그 후에 다시 시작하기 위해 환경을 재설정하였다.

배치의 크기가 원하는 수에 도달한 경우(즉, 원하는 만큼의 에피소드를 모았으면) yield를 사용하여 호출자에게 반환한다. 파이썬의 yield 연산자는 실행될 때마다 제어가 외부 루프로 이전되고, 이후에 이 함수가 재호출되면 yield행 다음부터 실행이 계속된다(yield 함수를 호출하는 함수를 파이썬에서는 generator 함수라고 하며, 이에 익숙하지 않다면 파이썬 문서를 참조하기 바란다). 마지막으로 배치를 정리한다.

```
        obs = next_obs
```

루프의 마지막이지만 매우 중요한 단계는 환경에서 얻은 관측치를 현재 관찰 변수에 할당하는 것이다. 그 후, 모든 것이 무한히 반복된다. 관찰을 신경망에 전달하고, 수행할 행동을 샘플링하고, 환경에 행동을 처리하도록 요청하고, 이 처리의 결과를 기억한다.

중요한 사실 중 하나는 신경망의 훈련과 에피소드의 생성이 동시에 수행된다는 점이다. 이 둘은 완전히 병렬적이지는 않지만 루프가 충분한 에피소드(16)를 누적할 때마다, 함수 호출자에게 제어가 넘어가고 이 함수 호출자는 경사 하강 기법[gradient descent]을 사용하여 신경망을 학습시킨다. 따라서 yield 함수가 반환되면 yield 함수 다음부터 다시 실행이 시작되며, 이때 네트워크는 이전과는 약간 다른(우리가 희망하는) 행동을 한다(왜냐하면 신경망을 학습시켰기 때문에). 신경망 학습과 데이터 수집이 동일한 쓰레드에서 수행되기 때문에 동기화에 대해서는 크게 신경 쓰지 않아도 되지만, 신경망 학습과 네트워크 활용 사이를 계속 점프하기 때문에 이 과정은 잘 이해할 필요가 있다.

자, 이제 또 다른 기능을 하나 더 정의하자. 그러고 나면, 학습 루프로 전환할 준비가 된 것이다.

```
def filter_batch(batch, percentile):
    rewards = list(map(lambda s: s.reward, batch))
    reward_bound = np.percentile(rewards, percentile)
    reward_mean = float(np.mean(rewards))
```

이 함수는 크로스 엔트로피 방법의 핵심인데, 에피소드들로 이루어진 배치와 백분위 값을 가지고 학습에 쓰일 엘리트 에피소드들을 고르기 위한 보상 경계값을 계산한다. 이 값을 구하려면 NumPy의 percentile 함수를 사용한다. 그리고 학습 과정의 모니터링을 위해서 평균 보상값도 계산한다.

```
    train_obs = []
    train_act = []
    for example in batch:
        if example.reward < reward_bound:
            continue
        train_obs.extend(map(lambda step: step.observation,
example.steps))
        train_act.extend(map(lambda step: step.action,
example.steps))
```

다음으로 에피소드의 보상이 보상 경계보다 높은 에피소드만을 고르고 이 엘리트 에피소드들로부터 관찰과 행동을 각각 train_obs와 train_act에 채운다.

```
    train_obs_v = torch.FloatTensor(train_obs)
    train_act_v = torch.LongTensor(train_act)
    return train_obs_v, train_act_v, reward_bound, reward_mean
```

함수의 최종 단계로서 train_obs에 담긴 관찰과 train_act에 담긴 행동을 텐서로 변환하고 관찰, 행동, 보상 경계 및 평균 보상을 반환한다. 마지막 두 값은 에이전트의 성능을 확인하기 위해 텐서보드에서 사용된다.

다음은 실제 학습을 수행하기 위하여 앞서 살펴본 것들을 모두 조합한다.

```
if __name__ == "__main__":
    env = gym.make("CartPole-v0")
    # env = gym.wrappers.Monitor(env, directory="mon", force=True)
    obs_size = env.observation_space.shape[0]
    n_actions = env.action_space.n

    net = Net(obs_size, HIDDEN_SIZE, n_actions)
    objective = nn.CrossEntropyLoss()
    optimizer = optim.Adam(params=net.parameters(), lr=0.01)
    writer = SummaryWriter()
```

우선 텐서보드의 환경, 신경망, 목적 함수, 최적화 도구 및 요약 작성자 등 필요한 모든 개체를 만든다. 주석 처리된 행은 에이전트의 성과에 대한 비디오를 작성하는 모니터를 작성하는 행이다.

```
    for iter_no, batch in enumerate(iterate_batches(env, net,
BATCH_SIZE)):
        obs_v, acts_v, reward_b, reward_m = filter_batch(batch,
PERCENTILE)
        optimizer.zero_grad()
        action_scores_v = net(obs_v)
        loss_v = objective(action_scores_v, acts_v)
        loss_v.backward()
        optimizer.step()
```

\# 여기서 우리는 엘리트 에피소드에서 나오는 관찰과 행동, 그리고 보상을 받는다

학습 루프에서는 배치(에피소드들의 목록)를 반복하는데, filter_batch 함수를 사용하여 엘리트 에피소드만을 필터링하며, 엘리트 에피소드에서 나온 관찰, 취해진 행동, 필터링에 사용된 보상 경

계, 그리고 평균 보상을 반환받는다. 그 후 신경망의 그라디언트를 0으로 초기화하고 관찰을 신경망으로 전달하여 행동에 대한 점수를 얻는다. 이 점수는 신경망 출력과 에이전트가 취한 행동 간의 크로스 엔트로피를 계산하는 목적 함수에 전달된다. 그런 다음 손실에 대한 그라디언트를 계산하고 옵티마이저에 신경망 가중치를 갱신하도록 요청한다. 앞서 우리는 에피소드 필터링을 통하여 좋은 보상을 상대적으로 많이 받은 에피소드만을 선택하였고, 이 에피소드들에서 사용한 행동을 신경망이 수행하도록 가중치를 업데이트 했으므로 결국 업데이트된 신경망은 보다 좋은 행동을 수행하게 된다.

```
print("%d: loss=%.3f, reward_mean=%.1f, reward_bound=%.1f" % (
    iter_no, loss_v.item(), reward_m, reward_b))
writer.add_scalar("loss", loss_v.item(), iter_no)
writer.add_scalar("reward_bound", reward_b, iter_no)
writer.add_scalar("reward_mean", reward_m, iter_no)
```

루프의 나머지 부분은 주로 진행 상황을 모니터링하는 것인데, 콘솔에 반복 횟수, 손실, 배치의 평균 보상 및 보상 경계를 표시한다. 또한 동일한 값을 텐서보드에 사용해서 에이전트의 학습 성과 차트를 얻을 수 있다.

```
if reward_m > 199:
    print("Solved!")
    break
writer.close()
```

루프의 마지막 체크는 배치에 있는 에피소드들의 평균 보상을 비교하는 것이다. 이것이 199보다 커지면 우리는 학습을 중단한다. 왜 199일까? Gym에서 CartPole 환경은 지난 100회 에피소드 평균 보상이 195를 초과할 때 해결되는 것으로 간주되지만, 우리 방법은 너무 빨리 수렴해서 대체로 100회 정도의 에피소드만 필요하다. 에이전트가 적절하게 훈련되었다면 막대기를 무한히 잘 세울 수 있으므로 점수 또한 무한히 얻을 수 있겠지만, CartPole의 에피소드 길이는 200 단계로 제한되어 있으므로(CartPole의 환경 변수를 보면 TimeLimit 래퍼가 있는데, 이것이 에피소드를 200 단계 후에 중지한다), 이를 고려하면 배치의 평균 보상이 199보다 큰 경우에 학습을 중단해도 에이전트가 프로처럼 막대기로 균형을 잘 잡을 것이다.

자 그럼, 이제 다 되었다. 첫 번째 강화학습을 돌려보자.

```
rl_book_samples/Chapter04$ ./01_cartpole.py
[2017-10-04 12:44:39,319] Making new env: CartPole-v0
0: loss=0.701, reward_mean=18.0, reward_bound=21.0
```

```
1: loss=0.682, reward_mean=22.6, reward_bound=23.5
2: loss=0.688, reward_mean=23.6, reward_bound=25.5
3: loss=0.675, reward_mean=22.8, reward_bound=22.0
4: loss=0.658, reward_mean=31.9, reward_bound=34.0
.........
36: loss=0.527, reward_mean=135.9, reward_bound=168.5
37: loss=0.527, reward_mean=147.4, reward_bound=160.5
38: loss=0.528, reward_mean=179.8, reward_bound=200.0
39: loss=0.530, reward_mean=178.7, reward_bound=200.0
40: loss=0.532, reward_mean=192.1, reward_bound=200.0
41: loss=0.523, reward_mean=196.8, reward_bound=200.0
42: loss=0.540, reward_mean=200.0, reward_bound=200.0
Solved!
```

위에서 알 수 있듯이 이 문제는 50개 이상의 배치를 필요로 하지는 않는다. 필자가 한 실험에서는 25에서 45개 사이의 에피소드에서 학습이 완료되었는데, 이는 정말 좋은 학습 성과다(기억하는가? 우리는 각 배치에서 단 16개(배치 사이즈)의 에피소드만 플레이하였다). 아래 텐서보드를 살펴보면 에이전트가 지속적으로 향상되면서 거의 모든 배치에서 보상 경계를 위로 밀어올리는 것을 확인할 수 있다(물론, 내려가는 구간도 일부 있지만 대부분 향상됨을 알 수 있다).

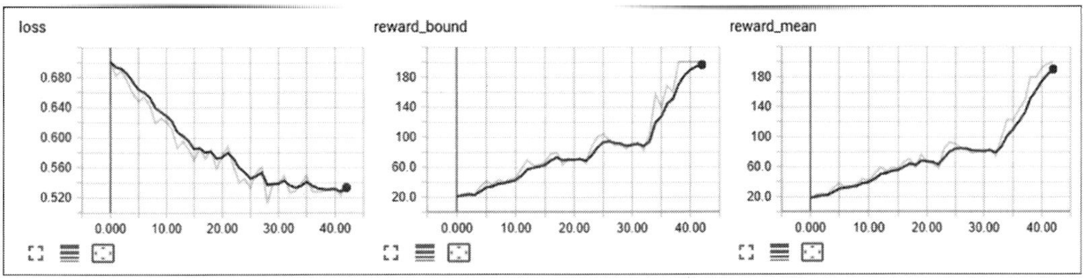

그림 3. 학습 과정에서의 손실, 보상 한계, 그리고 보상

에이전트가 어떻게 동작하는지 확인하기 위해서 앞서 살펴본 코드에서 환경 생성 후 다음 줄의 주석 처리를 제거하여 모니터를 활성화하면 된다. 가상 X11 디스플레이를 제공하기 위해 xvfb-run을 다시 시작하면, 프로그램은 mon 디렉토리를 만들 것이고 학습 과정에서 녹화된 비디오가 이 디렉토리에 저장된다.

```
rl_book_samples/Chapter04$ xvfb-run -s "-screen 0 640x480x24" ./01_
cartpole.py
[2017-10-04 13:52:23,806] Making new env: CartPole-v0
[2017-10-04 13:52:23,814] Creating monitor directory mon
[2017-10-04 13:52:23,920] Starting new video recorder writing to mon/
openaigym.video.0.4430.video000000.mp4
[2017-10-04 13:52:25,229] Starting new video recorder writing to mon/
openaigym.video.0.4430.video000001.mp4
[2017-10-04 13:52:25,771] Starting new video recorder writing to mon/
openaigym.video.0.4430.video000008.mp4
0: loss=0.682, reward_mean=18.9, reward_bound=20.5
[2017-10-04 13:52:26,297] Starting new video recorder writing to mon/
openaigym.video.0.4430.video000027.mp4
1: loss=0.687, reward_mean=16.6, reward_bound=19.0
2: loss=0.677, reward_mean=21.1, reward_bound=21.0
[2017-10-04 13:52:26,964] Starting new video recorder writing to mon/
openaigym.video.0.4430.video000064.mp4
3: loss=0.653, reward_mean=33.2, reward_bound=48.5
4: loss=0.642, reward_mean=37.4, reward_bound=42.5
.........
29: loss=0.561, reward_mean=111.6, reward_bound=122.0
30: loss=0.540, reward_mean=135.1, reward_bound=166.0
[2017-10-04 13:52:40,176] Starting new video recorder writing to mon/
openaigym.video.0.4430.video000512.mp4
31: loss=0.546, reward_mean=147.5, reward_bound=179.5
32: loss=0.559, reward_mean=140.0, reward_bound=171.5
33: loss=0.558, reward_mean=160.4, reward_bound=200.0
34: loss=0.547, reward_mean=167.6, reward_bound=195.5
35: loss=0.550, reward_mean=179.5, reward_bound=200.0
36: loss=0.563, reward_mean=173.9, reward_bound=200.0
37: loss=0.542, reward_mean=162.9, reward_bound=200.0
38: loss=0.552, reward_mean=159.1, reward_bound=200.0
39: loss=0.548, reward_mean=189.6, reward_bound=200.0
40: loss=0.546, reward_mean=191.1, reward_bound=200.0
41: loss=0.548, reward_mean=199.1, reward_bound=200.0
Solved!
```

위의 출력에서 볼 수 있듯이, 에이전트가 어떻게 활동하는지에 대한 비디오가 주기적으로 기록되고 있으며 이 비디오를 가지고 에이전트의 활동을 살펴볼 수 있다.

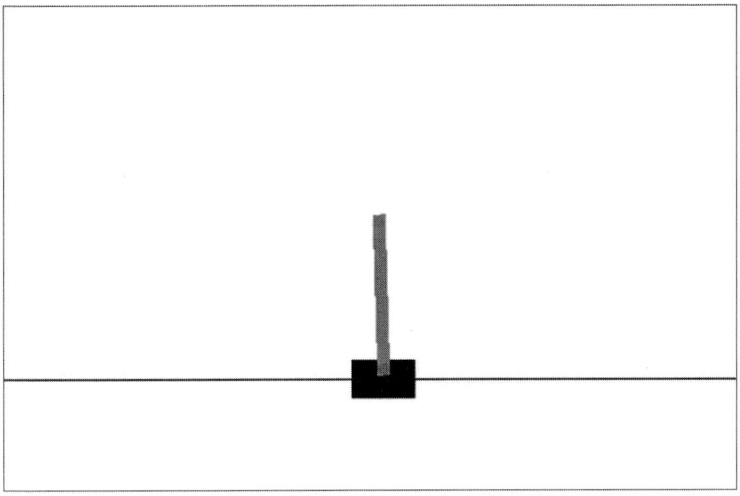

그림 4. CartPole 상태의 시각화

이 시점에서 잠시 멈춰 서서 방금 일어난 일을 한 번 곱씹어 보자. 신경망은 관측값이 의미하는 바에 대한 아무런 해석이나 고민없이 그저 관측과 보상 그 자체만을 가지고 주어진 환경을 해결하는 법을 배웠다. 물론 환경은 CartPole 환경 같은 막대기를 세우기 위한 환경이 아닐 수도 있다. 예를 들어 창고의 물류관리 모델이라면 제품의 수가 관측값이 될 것이고 보상으로서는 벌어들인 돈이 될 수도 있다. 지금까지 해왔던 구현은 환경의 세부 사항에 의존하지 않기 때문에, 막대기 환경이든 물류 환경이든 크게 개의치 않고 동작할 수 있다. 환경과 상관없이 알고리즘이 동작한다는 점은 정말로 막강한 것이며, 이것이 강화학습 모델이 아름다운 이유이다. 물론, 다음 절에서 동일한 방법이 Gym의 다른 환경에 얼마나 잘 적용되는지 확인하는 시간 역시 가져볼 것이다.

FrozenLake 환경에서의 크로스 엔트로피

크로스 엔트로피 방법을 사용하여 해결하고자 하는 다음 환경은 FrozenLake이다. FrozenLake는 "grid world" 카테고리인데, 크기가 4 × 4인 그리드이며 네 방향(위, 아래, 왼쪽, 오른쪽)으로 이동할 수 있다. 에이전트는 항상 맨 위 왼쪽 위치에서 시작하며 목표는 그리드의 오른쪽 아래 셀에 도달하는 것이다. 다만, 격자의 고정된 셀에 구멍이 있는데, 여기에 들어가면 에피소드가 끝나고 보상은 0이 된다. 에이전트가 목표 셀에 도달하면 보상 1.0을 얻고 에피소드는 종료된다.

FrozenLake 환경은 좀 미끄러운 환경이라서(그래서 FrozenLake이다) 에이전트의 행동이 항상 예상대로 이루어지지는 않는다. 즉 가고자 하는 원래 방향보다 오른쪽이나 왼쪽으로 미끄러질 확률이 각각 33%이다. 예를 들어 에이전트가 왼쪽으로 이동하기를 원한다면, 33%의 확률로 실제로 왼쪽으로 이동하고 33%의 확률로 위의 셀(역자주: 이동 방향 기준으로 보면 오른쪽)에서 끝나고 33%의 확률로 아래 셀로 끝난다. 이 절의 마지막 부분에서 보게 되겠지만 이것은 문제를 꽤 어렵게 만든다.

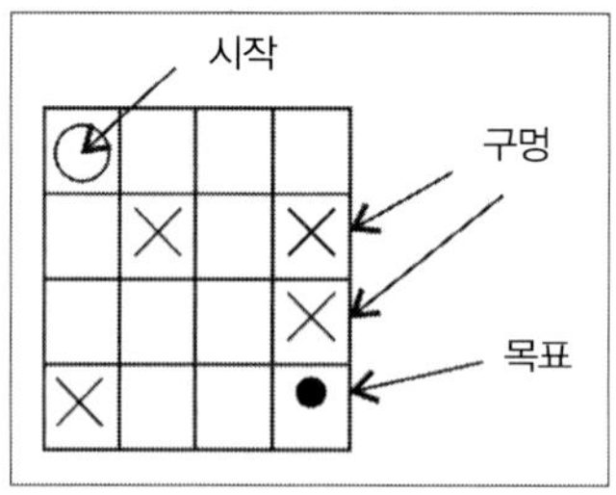

그림 5. FrozenLake 환경

자, 이 환경이 Gym에서 어떻게 표현되는지 보자:

```
>>> e = gym.make("FrozenLake-v0")
[2017-10-05 12:39:35,827] Making new env: FrozenLake-v0
>>> e.observation_space
Discrete(16)
>>> e.action_space
Discrete(4)
>>> e.reset()
0
>>> e.render()

SFFF
FHFH
FFFH
HFFG
```

관찰 공간은 이산적인 공간으로 0부터 15까지의 숫자로 표현되는 그리드 상의 현재 위치이다. 행동 공간은 0에서 3까지의 이산적인 공간이다. CartPole 예제에서 우리가 만든 신경망은 입력으로 숫자로 이루어진 벡터를 원하였다. 따라서, 이 신경망을 그대로 이용하기 위해서는 입력을 벡터로 만들어줘야 하는데 이렇게 하기 위해서 "원핫 인코딩(one-hot encoding)"을 적용해보도록 하자. 즉, 신경망에 대한 입력은 16개의 숫자로 이루어진 벡터이고(관찰을 입력으로 줄 것이므로), 원핫 인코딩을 적용하면 16개의 숫자 중 하나만 1이고 나머지는 0으로 만들어 줘야 한다(여기서 1은 에이전트가 현재 있는 그리드의 위치를 나타나게 된다). 코드의 변경을 최소화하기 위해 Gym의 ObservationWrapper 클래스를 상속한 DiscreteOneHotWrapper 클래스를 구현해 보자.

```
class DiscreteOneHotWrapper(gym.ObservationWrapper):
    def __init__(self, env):
        super(DiscreteOneHotWrapper, self).__init__(env)
        assert isinstance(env.observation_space,
gym.spaces.Discrete)
        self.observation_space = gym.spaces.Box(0.0, 1.0,
(env.observation_space.n, ), dtype=np.float32)

    def observation(self, observation):
        res = np.copy(self.observation_space.low)  # low값(0.0)으로 이루어진 벡터를 만들고
        res[observation] = 1.0                     # 그 중에 observation위치를 1.0으로 세팅
        return res
```

이 랩퍼로 인하여 관찰 공간과 행동 공간이 우리가 했던 CartPole과 100% 호환되므로(소스 코드: Chapter04/02_frozenlake_naive.py) 바로 실행 가능하다. 하지만, 실제로 해보면 다음과 같이 오랫동안 학습을 해봐도 별로 나아지지가 않는다.

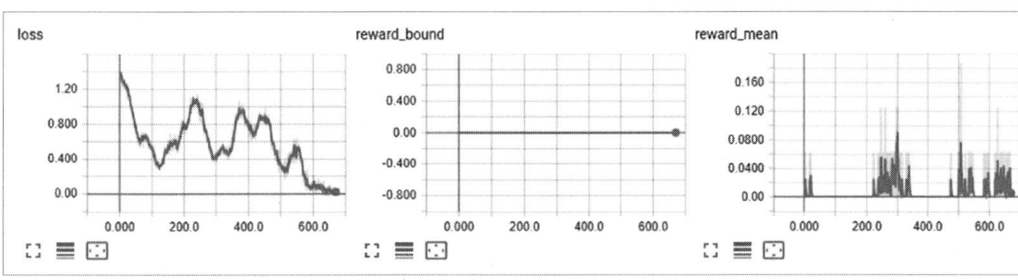

그림 6. FrozenLake 환경에서 원래 크로스-엔트로피 코드의 수렴성 부족

이게 어찌된 일인가 이해하려면 두 환경의 보상 구조를 자세히 살펴봐야 한다. CartPole에서는 막대기가 떨어질 때 거쳐 간 환경의 모든 단계에서 보상 1.0을 얻었다. 따라서 에이전트가 더 오래 막대기를 유지하고 있을수록 더 많은 보상을 얻었다. 에이전트의 행동이 랜덤하였기 때문에 서로 다른 길이의 에피소드들을 많이 얻었고 이에 따라 보상들이 이루는 분포는 일종의 정규분

포에 가까웠다. 보상 경계를 선택한 후 이를 기준으로 덜 성공적인 에피소드들을 버리고 성공적인 에피소드의 데이터를 가지고 신경망을 훈련하여 더 나은 결과를 얻고자 하는 과정을 반복하였다.

아래 그림에 이를 표시하였다.

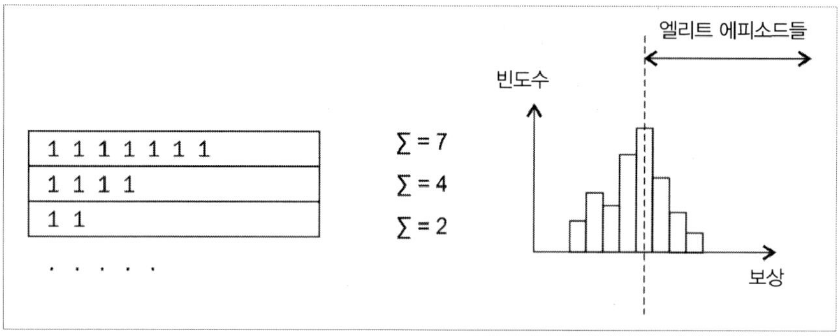

그림 7. CartPole 환경에서 보상의 분포

반면, 아래 그림의 FrozenLake 환경에서는 에피소드와 보상이 CartPole 때와는 다름을 알 수 있다. 그 이유는 FrozenLake에서는 목표에 도달했을 때만 1.0의 보상을 받으므로, 이것만 가지고는 각 에피소드가 얼마나 효율적이었는지에 대해 말할 수 있는 것이 많지 않다. 즉, 최종 목표에 도달하기까지 에이전트가 얼마나 빨리 도착했는지, 혹은 얼마나 효율적이었는지, 혹은 호수를 4번씩이나 빙빙 돌다가 우연히 목표에 도달했는지 알 수 있는 방법이 없다. 그냥 모두다 1.0의 보상을 받을 뿐이다. 에피소드의 분포 또한 문제인데, 성공한 에피소드와 실패한 에피소드 오직 이 두 종류의 에피소드만 존재하며 더군다나 학습의 초기에는 실패한 에피소드가 대다수를 차지할 것이다. 그래서, 우리의 백분위 선택 방법(즉, 기준을 정해서 이보다 보상이 낮은 에피소드는 버리고 나머지만 학습 데이터로 사용하는 방법)은 적어도 이 환경에서는 완전히 쓸모가 없는 방법이며 단지 나쁜 에피소드를 가지고 배우도록 할 뿐이었다. 이것이 우리가 실패한 이유이다.

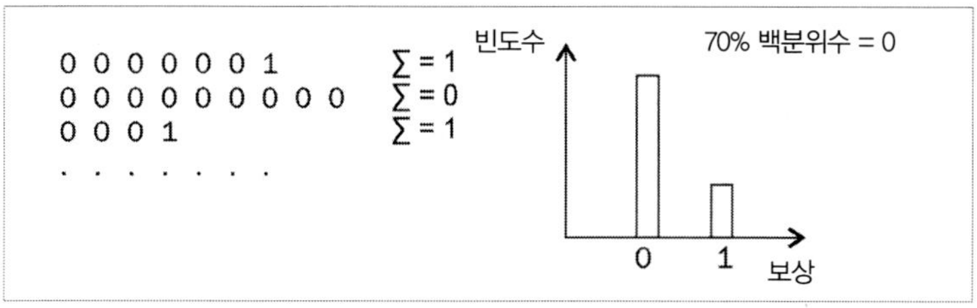

그림 8. FrozenLake 환경에서의 보상의 분포

이 예제는 크로스 엔트로피 방법의 한계를 잘 보여준다. 크로스 엔트로피 방법은 다음과 같은 조건을 충족하거나 그 한계를 극복해야 한다.

- 학습을 위해서 에피소드는 무한해서는 안되며 바람직하게는 짧아야 된다
- 에피소드를 좋은 것과 나쁜 것으로 구별하기 위해서는 에피소드가 가지는 총 보상은 충분히 다양해야 한다
- 에이전트가 성공했는지 혹은 실패했는지에 대하여 중간에 알 수 있는 방법이 없다

이 책의 뒷부분에서 이러한 한계를 다루는 다른 방법에 대해 알아볼 것이지만, 지금 당장 FrozenLake가 크로스 엔트로피 방법을 사용하여 어떻게 풀릴 수 있는지 궁금하다면, 다음과 같이 코드를 수정해야 한다(전체 예제는 `Chapter04/03_frozenlake_tweaked.py`에 있다):

- **배치 크기 늘리기**: CartPole에서는 16개의 에피소드만으로도 충분했지만, FrozenLake에서는 성공적인 에피소드를 얻기 위해서는 적어도 100개 정도는 되어야 한다
- **보상에 적용되는 할인률**: 에피소드의 보상에 다양성을 부여하기 위해서 우리는 에피소드의 총 보상이 에피소드의 길이에 의존적이게 만들 수 있다. 예를 들어서 0.9 혹은 0.95 같은 할인율을 사용하게 되면, 짧은 에피소드가 긴 에피소드보다 더 높은 보상값을 지니게 될 것이다.
- **좋은 에피소드를 오랫동안 유지하기**: CartPole 학습에서는 환경에서 에피소드를 샘플링하고 이 중에서 나쁜 에피소드는 버리고 좋은 에피소드만을 가지고 학습을 수행하였다. 반면, FrozenLake에서 성공적인 에피소드는 훨씬 더 적기 때문에 되도록 좋은 에피소드를 보존하여 그들이 학습을 여러 번 반복하는 동안 계속 사용될 수 있도록 해야 한다.
- **학습률을 낮추기**: 학습률을 낮추게 되면 신경망이 보다 많은 학습 샘플들을 평균할 수 있는 시간을 벌 수 있다

- **더 긴 학습 시간**: 성공적인 에피소드가 적고 에이전트는 무작위적으로 행동하기 때문에 어떤 특정 상황에서 어떤 행동을 해야 최적인지 신경망이 알아내기가 어렵다. 성공적인 에피소드가 50% 정도에 도달하려면 약 5,000번의 학습 반복이 필요하다.

앞서 말한 것들을 코드에 넣기 위해서 filter_batch 함수를 수정하여 할인된 보상과 엘리트 에피소드를 반환할 수 있도록 해보자.

```
def filter_batch(batch, percentile):
    disc_rewards = list(map(lambda s: s.reward * (GAMMA **
len(s.steps)), batch))
    reward_bound = np.percentile(disc_rewards, percentile)
    train_obs = []
    train_act = []
    elite_batch = []
    for example, discounted_reward in zip(batch, disc_rewards):
        if discounted_reward > reward_bound:
            train_obs.extend(map(lambda step: step.observation,
example.steps))
            train_act.extend(map(lambda step: step.action,
example.steps))
            elite_batch.append(example)
    return elite_batch, train_obs, train_act, reward_bound
```

아래 학습 루프에서 보면, 이전의 엘리트 에피소드들이 이번 루프의 배치와 합쳐져서 filter_batch에 전달됨을 알 수 있다. 이렇게 함으로써 좋은 에피소드의 수를 충분히 확보할 수 있게 된다.

```
full_batch = []
for iter_no, batch in enumerate(iterate_batches(env, net,
BATCH_SIZE)):
    reward_mean = float(np.mean(list(map(lambda s: s.reward,
batch))))
    full_batch, obs, acts, reward_bound = filter_batch(full_batch
+ batch, PERCENTILE)
    if not full_batch:
        continue
    obs_v = torch.FloatTensor(obs)
    acts_v = torch.LongTensor(acts)
    full_batch = full_batch[-500:]
```

나머지 코드는 학습 속도가 10배 감소하고 BATCH_SIZE가 100으로 설정된다는 것을 제외하고는 동일하다. 지리한 학습 시간(새 버전은 10,000번 반복에 약 1시간 30분 소요) 후에 우리가 얻은 모델은 에피소드의 약 55% 정도를 해결하는 수준에서 더 이상 개선되지 않는다. 다른 테크닉들을 적용하면 더 잘 할 수도 있겠지만(예: 엔트로피 손실 정규화entropy loss regularization) 이것들에 대해서는 다음 장들에서 살펴보기로 하자.

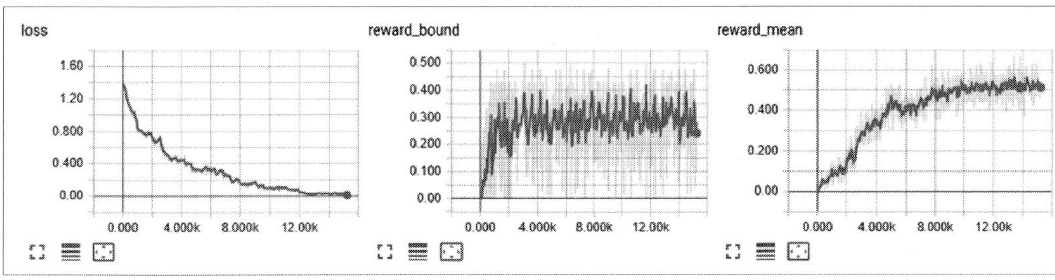

그림 9. 수정된 크로스-엔트로피 구현에서의 FrozenLake의 수렴

여기서 주목해야 할 중요한 점은 FrozenLake 환경에서 "미끄러움"의 효과이다. 이 환경에서 하나의 행동은 약 33%의 확률로 제대로 된 결과를 가져다 줄 것이고, 나머지 경우에는 90도 회전된 행동으로 내체된나(에를 들어 "위로" 행동은 0.33의 확률로 싱공할 것이고, 0.33의 확률로 "왼쪽" 행동으로 대체되고, 0.33의 확률로 "오른쪽" 행동할 것이다).

미끄러운 슬립 버전에 대응하는 논슬립 버전인 nonslippery 버전은 Chapter04/04_frozenlake_nonslippery.py에 있다. 유일한 차이점은 환경 생성에 있다.

```
    env =
gym.envs.toy_text.frozen_lake.FrozenLakeEnv(is_slippery=False)
    env = gym.wrappers.TimeLimit(env, max_episode_steps=100)
    env = DiscreteOneHotWrapper(env)
```

효과는 드라마틱하다. 논슬립 버전은 120-140번의 배치 반복만에 해결되며 슬립 버전에 비해 100 배 정도 빠른 결과이다.

```
rl_book_samples/Chapter04$ ./04_frozenlake_nonslippery.py
0: loss=1.379, reward_mean=0.010, reward_bound=0.000, batch=1
1: loss=1.375, reward_mean=0.010, reward_bound=0.000, batch=2
2: loss=1.359, reward_mean=0.010, reward_bound=0.000, batch=3
3: loss=1.361, reward_mean=0.010, reward_bound=0.000, batch=4
4: loss=1.355, reward_mean=0.000, reward_bound=0.000, batch=4
5: loss=1.342, reward_mean=0.010, reward_bound=0.000, batch=5
6: loss=1.353, reward_mean=0.020, reward_bound=0.000, batch=7
7: loss=1.351, reward_mean=0.040, reward_bound=0.000, batch=11
......
124: loss=0.484, reward_mean=0.680, reward_bound=0.000, batch=68
125: loss=0.373, reward_mean=0.710, reward_bound=0.430, batch=114
126: loss=0.305, reward_mean=0.690, reward_bound=0.478, batch=133
128: loss=0.413, reward_mean=0.790, reward_bound=0.478, batch=73
129: loss=0.297, reward_mean=0.810, reward_bound=0.478, batch=108
Solved!
```

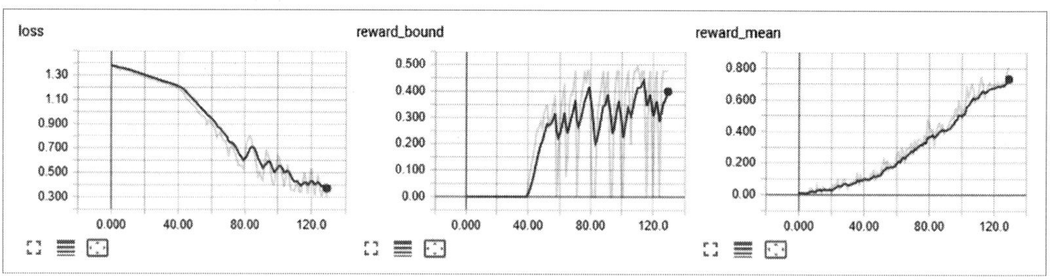

그림 10. FrozenLake 논슬립 버전에서의 수렴

크로스-엔트로피 방법의 이론적 배경

이 절은 약간은 옵션이며, 크로스-엔트로피 방법이 왜 효과가 있는지 관심이 있는 독자들을 위해서 마련되었다. 혹시 크로스-엔트로피 방법에 관한 원래 논문에 관심이 있다면 이 절의 끝에 있는 원래 논문을 참조하기 바란다.

크로스-엔트로피 방법은 중요도 샘플링 정리[importance sampling theorem]에 기초를 두고 있다.

$$\mathbb{E}_{x\sim p(x)}[H(x)] = \int_x p(x)H(x)dx = \int_x q(x)\frac{p(x)}{q(x)}H(x)dx = \mathbb{E}_{x\sim q(x)}[\frac{p(x)}{q(x)}H(x)]$$

여기서 강화학습의 경우, *H(x)*는 어떤 정책 *x*에 의해 획득된 보상값이고 *p(x)*는 정책에 대한 확률 분포이다. 모든 가능한 정책을 검색함으로써 보상을 최대화하는 대신 우리는 *p(x)H(x)*를 *q(x)*에서 뽑은 샘플들로 근사화하고 그 사이의 거리를 반복적으로 최소화하는 방법을 찾고자 한다. 보통, 두 확률 분포 사이의 거리는 다음과 같이 Kullback–Leibler(KL) 발산[divergence]에 의해 계산될 수 있다.

$$KL(p_1(x)\|p_2(x)) = \mathbb{E}_{x\sim p_1(x)} \log \frac{p_1(x)}{p_2(x)} = \mathbb{E}_{x\sim p_1(x)}[\log p_1(x)] - \mathbb{E}_{x\sim p_1(x)}[\log p_2(x)$$

KL에서의 첫 번째 항목 $\mathbb{E}_{x\sim p_1(x)}[\log p_1(x)]$은 엔트로피라고 불리는데, 이 항목은 p_2에 의존적이지 않기 때문에 최적화 과정에서 무시해도 된다[4]. 두 번째 항목은 크로스-엔트로피라고 하는데 딥러닝 최적화 목적 함수로 아주 많이 쓰인다.

두 공식을 결합하여 $q_0(x) = p(x)$로 시작하고 모든 단계에서 개선되는 반복 알고리즘을 얻을 수 있다. 이것이 *p(x)H(x)*에 대한 근사로서 다음과 같이 업데이트된다.

$$q_{i+1}(x) = \underset{q_{i+1}(x)}{\arg\min} - \mathbb{E}_{x\sim q_i(x)} \frac{p(x)}{q_i(x)} H(x) \log q_{i+1}(x)$$

이것은 일반적인 크로스 엔트로피 방법이며, 강화학습 사례에서는 보다 단순화할 수 있다. 먼저 *H(x)*를 인디케이터 함수[indicator function]로 바꾼다. 이 함수는 에피소드에 대한 보상이 임계값보다 높으면 1이고, 보상이 아래에 있으면 0이다. 정책 업데이트는 다음과 같다.

$$\pi_{i+1}(a|s) = \underset{\pi_{i+1}}{\arg\min} - \mathbb{E}_{z\sim\pi_i(a|s)}[R(z) \geq \psi_i] \log \pi_{i+1}(a|s)$$

엄밀히 말하면 앞의 수식은 정규화[normalization] 항목이 빠진 것이지만 굳이 그게 없어도 잘 동작한다.[5] 이 방법이 의미하는 바는 명확한데, 현재 정책(무작위 초기 정책으로 시작)을 사용하여 에피소드

---

4) 역자주: *KL(p1(x)||p2(x))*에서 우리는 *p2*를 가지고 *p1*을 근사하고자 하는 것이다. 강화학습 예에서 보면 *p1* 이 *p*가 되는 것이고, *p2*가 *q*가 되는 것이다. 따라서, *p1*은 이미 주어진 고정된 확률 분포 혹은 실제 분포이고, *p2*를 변경하면서 *p1*에 가깝게 가고자 하는 것이다. 따라서, KL식에서 첫 번째 항목은 우리가 *p2*를 무엇으로 하던 간에 항상 상수이므로 최적화에서는 무시해도 된다.

5) 역자주: 사실 빠진 것이 아니라 $p(x)/q_i(x)$를 1이라고 가정한 것이다. 다시 말하면 $p(x)/q_i(x)$ 모두 현재의 정책이라고 놓은 것이다. 이것이 가능한 이유는 중요도 샘플링이 희귀 이벤트 시뮬레이션(rate event simulation)이 아니라 최적화에 적용되면 희귀 이벤트 시뮬레이션에서 중요했던 원래 확률분포인 *p(x)*가 중요도 샘플링에서는 임의의 확률분포로 설정되어도 무방하기 때문에, 그냥 이전 정책으로 둘다 설정할 수 있고 그러면 정규화 항목이 1이 되기 때문이다. 사실 이 추가적인 설명으로도 독자 여러분이 모두 이해할 수 있을 것 같지는 않다. 보다 자세히 알려면 자료로 좀 더 찾아보기를 권한다. 원서에 나와있는 이 정도의 설명으로는 이론적으로 완벽히 설명드리기가 너무 부족하다.

를 샘플링하고 가장 성공적인 샘플과 정책에 대한 네거티브 로그 라이클리후드negative log likelihood를 최소화하는 방향으로 정책의 파라미터들을 갱신한다.

*Dirk P. Kroese*가 이 방법을 책으로 썼지만 좀 더 짧은 설명을 *Dirk P. Kroese* (https://people.smp.uq.edu.au/DirkKroese/ps/eormsCE.pdf)의 *Cross-Entropy Method* 논문에서 찾을 수 있다.

요약

이 장에서 우리는 강화학습 방법 중 하나인 크로스 엔트로피 방법에 익숙해지는 시간을 가졌다. 크로스 엔트로피 방법은 제한적이긴 하지만 간단하면서도 매우 강력한 방법이다. 이 장에서 우리는 이 방법을 CartPole 환경과 FrozenLake에 적용하였다. 다음 장에서 좀 더 복잡하지만 더 강력한 강화학습 도구를 살펴볼 것이다.

제 5 장

테이블 학습과 벨만 방정식

이전 장에서 우리는 첫 번째 강화학습 방법인 크로스 엔트로피 방법에 대해 알게 되었고 이의 강점과 약점을 살펴보았다. 여기서는 유연성과 힘이 보다 뛰어난 Q-러닝이라고 하는 또 다른 방법을 살펴볼 것이다.

이를 위하여 우선 필수적인 배경 지식을 확립하고 FrozenLake 환경을 다시 이용하여 우리가 배우는 새로운 개념이 환경에 어떻게 적용되는지 그리고 환경의 불확실성 문제를 해결하는데 어떻게 도움이 되는지 알아볼 것이다.

가치, 상태, 그리고 최적

여러분은 1장 "강화 학습이란 무엇인가?"에서 상태의 가치에 대하여 어떻게 정의를 하였는지 기억할 것이다. 이것은 매우 중요한 개념이며 이제 이에 대하여 더 깊이 탐구할 시간이 왔다. 이 장의 대부분은 가치와 그것을 근사하는 방법을 중심으로 만들어졌다. 다시 한번 말하지만, 일전에 우리는 가치를 상태에서 얻을 수 있는 예상 총 보상으로 정의했다. 수식을 좀 써서 이야기하자면, $V(s) = \mathbb{E}[\sum_{t=0}^{\infty} r_t \gamma^t]$이고, 여기서 r_t는 에피소드의 단계 t에서 받은 보상을 의미한다.

총 보상은 할인될 수도 그렇지 않을 수도 있으며, 순전히 우리에게 달려 있다. 가치는 항상 에이전트가 따르는 어떤 정책에 따라 계산된다. 이를 보다 자세히 설명하기 위해 다음과 같은 세 가지 상태를 가진 매우 단순한 환경을 생각해 보자.

1. 에이전트의 초기 시작 상태
2. 초기 상태에서 "오른쪽" 행동을 취한 다음에 도착하는 종료 상태. 이 상태에서 받는 보상은 1이다.
3. 초기 상태에서 "아래" 행동을 취한 다음에 도착하는 종료 상태. 이 상태로부터 받는 보상은 2이다.

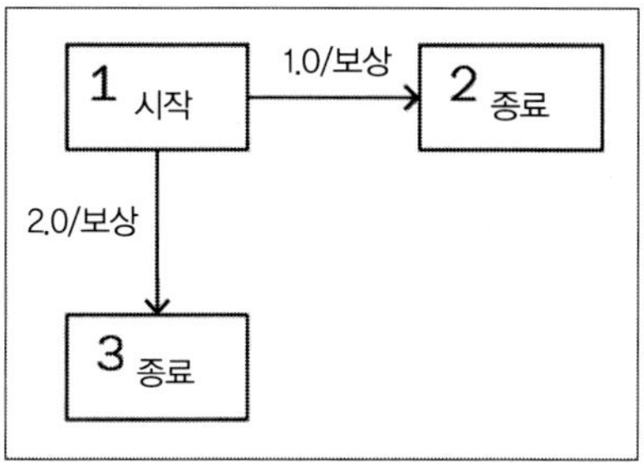

그림 1. 환경의 상태 전이와 보상

이 환경은 항상 결정적이다. 즉, 에이전트가 의도한 방향대로 움직이게 된다는 뜻이다. 에이전트가 하는 모든 행동은 반드시 성공하며 항상 상태 1(start)에서 시작한다. 상태 2(end) 또는 상태 3(end)에 도달하면 에피소드가 끝난다. 이제 우리가 대답해야 하는 질문은 과연 상태 1의 가치는 얼마일까? 하는 점이다 이 질문은 에이전트의 행동이나 그 정책에 대한 정보 없이는 의미가 없다. 이와 같은 단순한 환경에서도 에이전트는 무한한 양의 행동을 가질 수 있으며 각 행동은 상태 1에 대해 고유한 가치를 갖는다. 다음과 같은 여러 정책을 고려해 보자.

- 에이전트가 "항상 오른쪽"으로 이동하는 경우
- 에이전트가 "항상 아래"로 이동하는 경우
- 에이전트가 0.5의 확률로 오른쪽으로, 그리고 같은 확률로 아래로 이동하는 경우
- 에이전트가 0.1의 확률로 오른쪽으로, 그리고 0.9의 확률로 아래로 이동하는 경우

각 정책의 경우에 상태 가치가 어떻게 계산되는지 보기 위해서 실제로 한 번 정책을 수행해 보자.

- 에이전트가 항상 오른쪽으로 가는 정책을 실행할 때 상태 1의 가치는 1.0이다 (매번 오른쪽으로 갈 때마다 보상으로 1을 획득하고 에피소드는 종료된다)
- 항상 아래로 가는 정책일 경우 상태 1의 가치는 2.0이다
- 반반의 정책일 경우에 상태 1의 가치는 $1.0 \times 0.5 + 2.0 \times 0.5 = 1.5$이다
- 마지막의 경우에 상태 1의 가치는 $1.0 \times 0.1 + 2.0 \times 0.9 = 1.9$이다

자, 이제 이 에이전트에 대한 최적의 정책은 무엇일까? 하는 질문을 던져보자. 강화학습의 목표는 최대한 많은 총 보상을 받는 것인데, 주어진 환경의 경우 총 보상액은 상태 1의 값과 동일하

다. 따라서, 분명히 정책 2에서 최대값이다(즉, "항상 아래"로 정책일 때 최대값이다).

불행히도, 명백한 최적의 정책을 가진 그런 단순한 환경은 실제로 그렇게 흥미롭지는 않다. 흥미로운 환경에서 최적의 정책은 공식화하기가 훨씬 어려우며 최적의 정책을 증명하기는 더 어렵다. 그러나 걱정하지 마라. 우리는 이제부터 컴퓨터가 최적의 행동을 스스로 배울 수 있게 되는 그런 시점으로 이동할 것이다.

앞의 예만 본다면 우리는 항상 가장 높은 보상을 주는 행동을 선택해야 한다는 잘못된 인상을 가질 수도 있지만, 일반적으로는 그렇게 간단하지는 않다. 이를 증명하기 위해서 상태 3에서 도달할 수 있는 또 다른 상태를 앞의 환경에 추가해 보자. 그렇게 되면, 상태 3은 더 이상 종료 상태가 아니다. 전이할 수 있는 다음 상태 4가 있고, 이 상태로부터는 보상으로 −20을 받는다. 상태 1에서 "아래로" 행동을 선택한다면 상태 3에 이르고, 여기에서는 상태 4로 가는 수밖에 없으므로 좋지 않은 보상인 −20을 받을 수밖에 없다. 그래서, 에이전트가 당장의 큰 보상만 생각하는 탐욕적 전략을 사용한다면 총 보상을 최대화하는 데 큰 걸림돌이 될 수 있다.

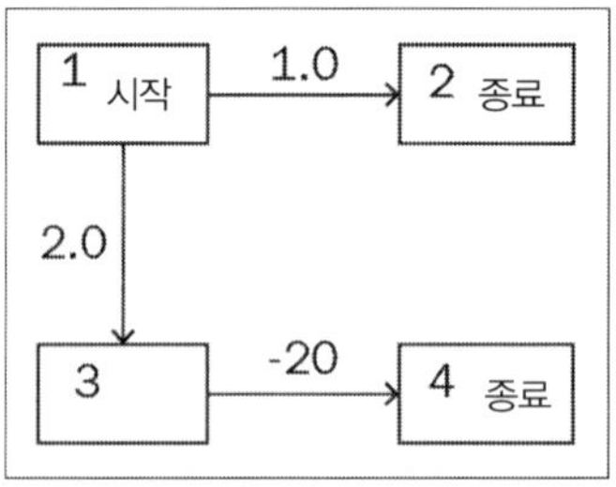

그림 2. 상태 4가 추가된 환경

상태 4가 추가된 환경에서의 상태 1의 가치는 아래와 같이 계산할 수 있다:

- "항상 오른쪽" 에이전트라면 이전과 마찬가지로 1.0
- "항상 아래" 에이전트라면 2.0 + (−20) = −18
- "반반" 에이전트: 0.5 × 1.0 + 0.5 × (20 + (−20)) = −8.5
- "10%/90%" 에이전트: 0.1 × 1.0 + 0.9 × (2.0 + (−20)) = −8

따라서, 이 새로운 환경에서 최고의 정책은 "항상 오른쪽"으로 가는 첫 번째 정책이다.

비록 단순하고 하찮아 보이는 환경이긴 하지만, 이를 통하여 우리는 최적화 문제의 복잡성을 조금이나마 인식할 수 있었고, 이를 통하여 리차드 벨만이 이룩한 결과에 대하여 감사해야 하지 않을까 생각하게 되었다. 리차드 벨만은 미국의 수학자로 그 유명한 "벨만 방정식[Bellman equation]"을 공식화하고 증명하였다. 이에 대해서는 다음 절에서 살펴보자.

벨만 최적 방정식

벨만 방정식을 잘 설명하려면 약간 추상적인 방법이 나올 수도 있다. 하지만, 두려워하지 마라. 나중에 구체적인 예를 통하여 보다 직감적인 접근을 해볼 것이다. 먼저, 모든 행동에 100% 보장된 결과가 있는 결정론적 사례부터 시작해 보자. 에이전트가 s_0 상태를 관찰한 상황이고 이때 N개의 사용 가능한 행동이 있다고 가정해 보자. 모든 행동은 다른 상태 $s_1 \cdots s_N$로 연결되면서 각각 보상 $r_1 \cdots r_N$ 을 받는다. 또한 상태 s_0에 연결된 모든 상태의 값 V_i를 알고 있다고 가정하자. 이런 상황에서 에이전트가 취할 수 있는 최선의 행동 정책은 무엇일까?

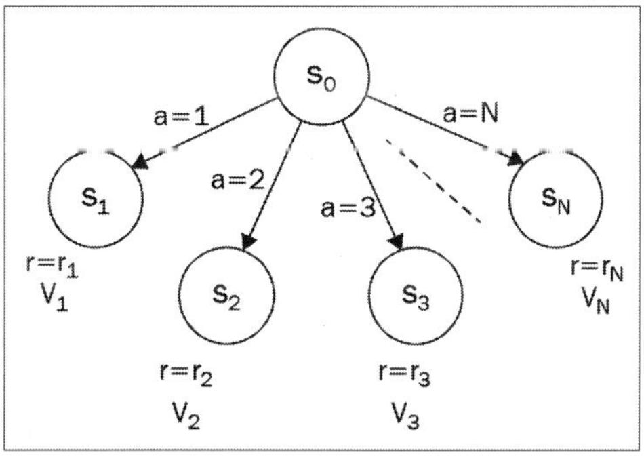

그림 3. 초기 상태로부터 도착할 수 있는 N개의 상태를 가진 다소 추상적인 환경

어떤 행동 a_i를 선택하고 이 행동에 주어진 값을 계산하면 값은 $V_0(a=a_i)=r_i+V_i$가 된다. 따라서 가능한 최상의 행동을 선택하려면 에이전트가 모든 행동에 대한 결과값을 계산하고 가능한 최대 결과를 선택해야 한다. 즉, $V_0=\max_{a\in 1\ldots n}(r_a+V_a)$이다. 만일, 할인 계수 γ를 사용한다면, 다음 상태의 값에 감마를 곱해야 한다: $V_0=\max_{a\in 1\ldots n}(r_a+\gamma V_a)$.

이는 이전 절에서 살펴본 탐욕적 사례와 매우 비슷하게 보일 수 있으며, 실제로도 그렇기는 하다. 그러나 한 가지 차이점이 있는데, 우리가 탐욕스럽게 행동할 때 행동에 대한 즉각적인 보상뿐만 아니라 상태의 장기적인 가치를 살펴본다는 점이다. 리차드 벨만(Richard Bellman)은 그러한 확장을 통해 행동이 최선의 결과를 얻을 수 있음을 증명하였다. 즉, 최적이라는 이야기다. 앞의 방정식을 벨만 방정식(결정론적인 경우)이라고 부른다.

결정론적인 환경을 벗어나 보다 확률적인 사례로 이 아이디어를 확장하는 것은 그리 복잡하지 않다. 무슨 말인가 하면, 우리가 취한 어떤 하나의 행동이 항상 같은 상태로 귀결되는 것이 아니라 비록 같은 행동이라 하더라도 할 때마다 다른 상태에서 끝날 수 있다는 말이다. 이런 상황에서 해야 할 일은 단 하나의 다음 상태의 가치를 취하는 것 대신에 기대값을 계산하면 된다. 예를 들어 다음과 같이 상태 s_0에서 사용할 수 있는 어떤 행동이 서로 다른 세 가지 결과로 귀결된다고 보자.

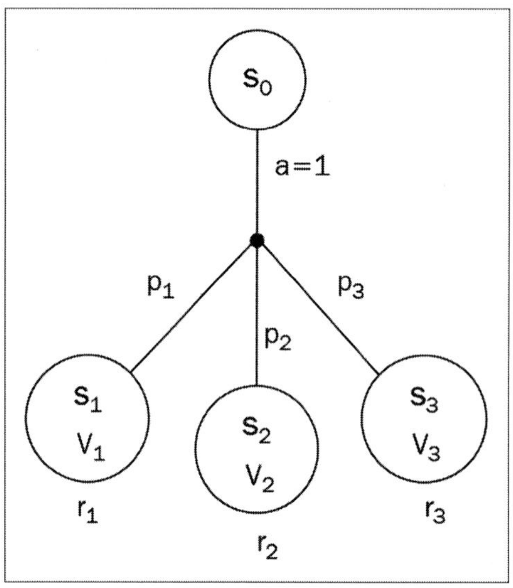

그림 4. 확률적 상황에서의 상태 전이

여기서 우리는 단 하나의 행동을 취할 수 있는데, 이 행동의 결과 p_1의 확률로 상태 s_1로 전이가 일어나고, p_2의 확률로는 s_2로, p_3의 확률로는 상태 s_3로 전이가 일어난다(물론 $p_1 + p_2 + p_3 = 1$). 모든 목표 상태에는 보상(r_1, r_2 또는 r_3)이 있다. 그러면, 행동 1을 실행한 후 갖게 되는 가치에 대한 예상값을 계산하려면 위의 세 가지 경우를 모두 고려해야 하므로 아래와 같이 하면 된다.

$$V_0(a=1) = p_1(r_1 + \gamma V_1) + p_2(r_2 + \gamma V_2) + p_3(r_3 + \gamma V_3)$$

이를 보다 일반화하면 다음과 같다:

$$V_0(a) = \mathbb{E}_{s\sim S}[r_{s,a} + \gamma V_s] = \sum_{s\in S} p_{a,0\to s}(r_{s,a} + \gamma V_s)$$

그러면, 이 식을 앞서의 결정론적인 경우의 벨만 방정식과 결합하게 되면, 다음과 같이 일반적인 경우에 대한 벨만 최적 방정식을 얻는다.

$$V_0 = \max_{a\in A} \mathbb{E}_{s\sim S}[r_{s,a} + \gamma V_s] = \max_{a\in A} \sum_{s\in S} p_{a,0\to s}(r_{s,a} + \gamma V_s)$$

$p_{a,i\to j}$는 상태 i에서 행동 a를 취했을 때 상태 j에 도착할 확률임)

하지만 여전히 해석은 동일하게 가능하다: 상태에 대한 최적의 가치는 현재 상태에서 할 수 있는 모든 행동 중에서 최대 가치를 주는 행동의 가치가 현재 상태의 가치가 된다. 그리고, 각 행동에 대한 가치는 그림 4와 같이 행동을 했을 때 도달하는 각 상태와 확률값을 고려해서 합하면 된다. 눈치챘겠지만, 이 정의는 사실 재귀적이다. 현재 상태의 가치는 현재 상태에서 어떤 행동을 함으로써 얻게 되는 즉각적 보상과 더불어 바로 도달할 수 있는 다음 상태의 가치를 이용하여 정의되기 때문이다.

이 재귀를 이용한 정의는 언뜻 보면 말이 안되는 것처럼 보일 수 있다. 왜냐하면, 상태의 가치를 정의하는 데 또 다른 상태의 가치를 이용하기 때문이다. 이처럼 재귀를 이용한 정의는 사실 컴퓨터 과학에서나 수학 전반에 쓰이는 매우 강력하고 일반적인 기술이다. 벨만 방정식은 강화학습뿐만 아니라 실제 최적화 문제를 해결하는 데 널리 사용되는 훨씬 더 일반적인 동적 프로그래밍Dynamic programming의 기초이기도 하다.

이 값들은 얻을 수 있는 최상의 보상을 주기도 하지만 보다 근본적으로는 그런 최상의 보상을 얻기 위한 최적의 정책을 제공하기도 한다. 에이전트가 모든 상태의 가치를 알고 있기만 하면 사실 이런 최적의 보상을 모으는 방법은 자동적으로 알 수 있다. 벨만의 최적성 증명 덕분에 에이전트가 도착하게 되는 모든 상태에서 에이전트는 보상에 대한 기대값을 최대로 하는 행동을 선택하기만 하면 된다. 이때, 어떤 행동의 보상에 대한 기대값은 즉각적인 보상과 한 단계 할인된 장기 보상값의 합으로 계산된다. 사실 이게 전부이다. 그래서, 상태 가치 혹은 상태값은 사실 매우 쓸모 있는 녀석이다. 그러면, 이 값을 어떻게 계산하는지 본격적으로 알아보기 전에 편의상 필요한 수학 표기법을 하나 알아보자.

행동의 가치

앞서 정의한 상태의 가치만으로도 최적의 행동을 결정할 수는 있다. 하지만, 문제는 이것을 하기 위해서는 지금 상태에서 가능한 모든 행동을 반복적으로 고려해야 하고, 또 다음 상태 가치도 필요로 한다는 약간은 귀찮은 측면이 있다. 따라서, 이를 보다 편리하게 하기 위해서 상태 가치와 비슷하지만 약간은 다른 값인 행동 가치라는 값 $Q_{s,a}$를 정의해 보자. 행동 가치값은 기본적으로 상태 s에서 행동 a를 실행하여 얻을 수 있는 총 보상과 같으며 상태 가치를 통해 정의할 수 있다. 사실 행동 가치를 이용하는 방법은 별도의 이름을 가지고 있는데, 그것은 바로 "Q-러닝" 이라는 이름이다. 이 방법들은 결국 모든 상태와 행동 쌍에 대하여 Q값을 계산하는 것이다.

$$Q_{s,a} = \mathbb{E}_{s' \sim S}[r_{s,a} + \gamma V_{s'}] = \sum_{s' \in S} p_{a,s \to s'}(r_{s,a} + \gamma V_{s'})$$

상태 s와 행동 a에 대한 Q값인 $Q_{s,a}$는 현재 상태 s에서 행동 a를 했을 때 얻게 되는 즉각적인 보상과 도착하는 상태가 가지고 있는 상태값을 합한 값이 얼마나 될 것인가에 대한 기대치 즉, 기대값이다. V_s는 또한 $Q_{s,a}$을 이용하여 간단히 정의될 수도 있다.

$$V_s = \max_{a \in A} Q_{s,a}$$

이것이 의미하는 바는 상태 가치는 이 상태에서 실행할 수 있는 모든 행동의 가치 중에서 최대값과 같음을 의미한다. 사실 행동 가치는 상태 가치와 매우 비슷해 보이지만 약간은 차이점이 있고, 그 차이를 이해하는 것은 중요하다. 마지막으로 $Q(s, a)$를 아래와 같이 그 자체로 표현할 수 있다. 이 식은 다음 장의 Q-러닝에 사용된다.

$$Q(s, a) = r_{s,a} + \gamma \max_{a' \in A} Q(s', a')$$

FrozenLake와 비슷하지만 좀 더 간단한 환경을 가지고 구체적인 예를 들어보자. 즉, 초기 상태 s_0가 있고 아래와 같이 s_1, s_2, s_3, s_4의 네 가지 상태로 둘러싸였다고 해보자.

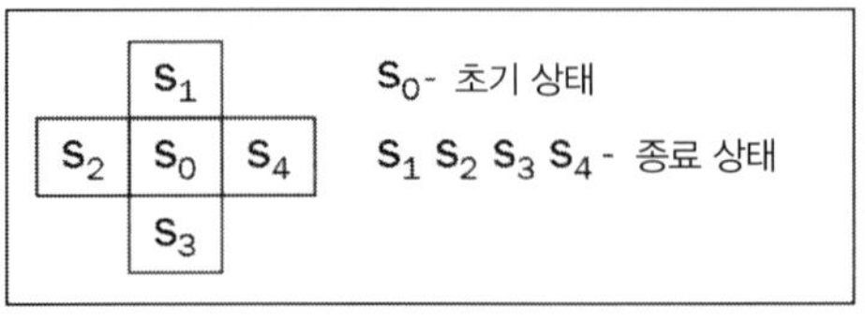

그림 5. 매우 간단한 그리드 환경

FrozenLake와 마찬가지로 모든 행동은 확률적이다. 33%의 확률로 의도한 대로 움직이지만, 33%의 확률로는 목표 셀의 왼쪽으로 미끄러지고, 나머지 33%의 확률로는 오른쪽으로 미끄러진다. 단순화를 위해 할인 계수 $\gamma = 1$을 사용하자.

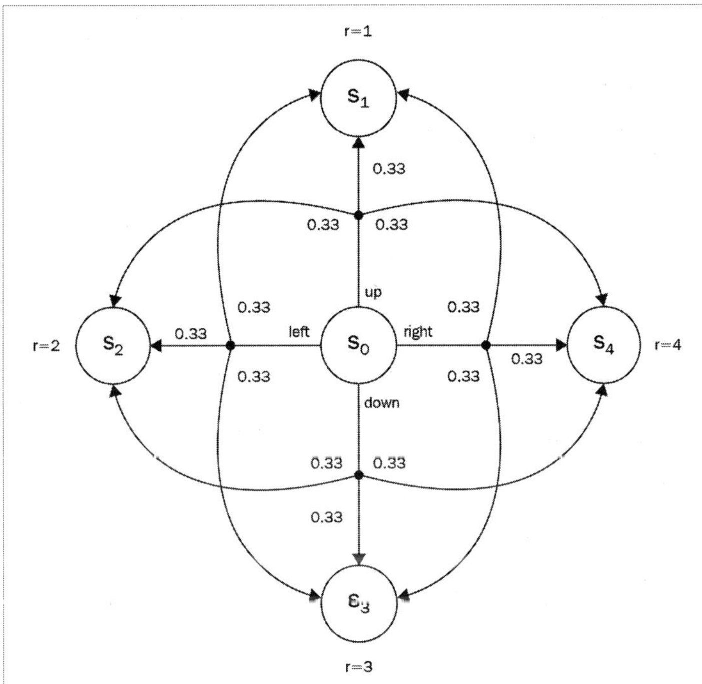

그림 6. 그리드 환경의 전이 다이어그램

먼저 행동의 가치를 계산해 보자. 종료 상태인 $s_1 \sim s_4$에는 나가는 연결이 없으므로 해당 상태에 대한 Q는 모든 행동에 대해 0이다. 이 때문에 종료 상태 값은 즉각적인 보상과 같으므로(일단 도착하면 에피소드는 후속 상태 없이 끝난다), $V_1 = 1$, $V_2 = 2$, $V_3 = 3$, $V_4 = 4$이다.

상태 0에서의 행동 가치들은 좀 더 복잡하다. 우선 "up" 행동부터 생각해 보자. 이 행동의 가치는 정의에 따르면 즉각적인 보상과 후속 단계의 장기 가치의 합계에 대한 기대값과 같다. 다만, 예제의 경우 "up" 행동으로 도착 가능한 상태들은 더 이상의 추가 단계가 없기 때문에(종료 상태이므로) Q값은 다음과 같이 계산할 수 있다.

$$Q(s_0, up) = 0.33 \cdot V_1 + 0.33 \cdot V_2 + 0.33 \cdot V_4 = 0.33 \cdot 1 + 0.33 \cdot 2 + 0.33 \cdot 4 = 2.31$$

이 과정을 S_0의 다른 행동에 똑같이 적용하면 다음과 같다.

$$Q(s_0, left) = 0.33 \cdot V_1 + 0.33 \cdot V_2 + 0.33 \cdot V_3 = 1.98$$
$$Q(s_0, right) = 0.33 \cdot V_4 + 0.33 \cdot V_1 + 0.33 \cdot V_3 = 2.64$$
$$Q(s_0, down) = 0.33 \cdot V_3 + 0.33 \cdot V_2 + 0.33 \cdot V_4 = 2.97$$

S_0 상태의 상태 가치는 위 행동 가치들 중에서 최대값이므로 2.97이 된다.

Q 값은 실제 적용 시에 훨씬 편리함을 제공하는데, 에이전트의 경우 V를 기반으로 행동을 결정하는 것보다 Q를 기반으로 훨씬 간단하게 행동을 결정할 수 있기 때문이다. Q를 사용하여 행동을 결정할 때는 그냥 단순히 현재 상태를 기준으로 가용한 모든 행동에 대한 행동 가치(Q)값을 살펴보고 그 중에서 가장 큰 값에 해당하는 행동을 선택하면 된다. 반면, 상태 가치를 사용하여 행동을 선택하려면 가치값뿐만 아니라 전이 확률도 알아야 한다. 문제는 이 전이 확률인데, 실제 문제나 환경에서는 우리가 사전에 알 수 있는 방법은 거의 없기 때문에 모든 행동과 상태 쌍에 대한 전이 확률을 추정해야 한다. 이 장의 뒷부분에서 FrozenLake 환경을 두 가지 방법으로 해결하는 것을 실제로 보게 될 것이다. 그러나 그러려면 아직도 중요한 한 가지가 남아있는데, 그것은 바로 V 및 Q를 계산하는 일반적인 방법이다.

가치 이터레이션 방법

방금 보았던 간단한 예제에서 우리는 상태와 행동의 값을 계산하기 위해서 사실 약간 환경의 구조를 악용했다. 즉, 상태 전환에서 순환 루프가 전혀 없었기 때문에 그냥 종료 상태에서 시작하여 값을 계산한 다음 중앙으로 진행하였다. 하지만 환경에 루프가 하나라도 있으면 이런 방식은 문제가 된다. 다음과 같이 두 가지 상태를 가진 환경을 살펴보자.

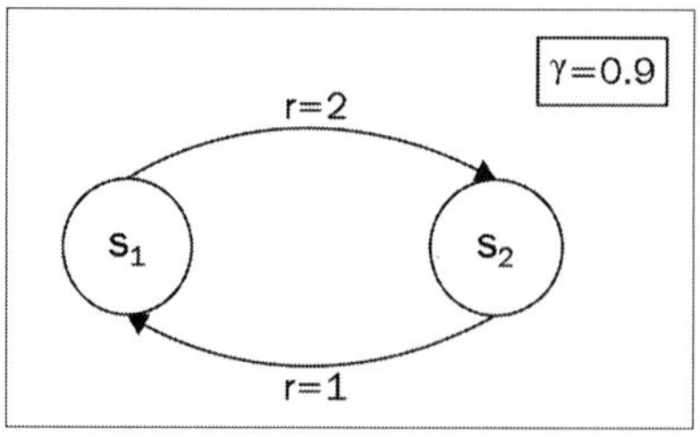

그림 7. 상태 전이에 순환이 있는 환경

이 그림에서 상태 s_1부터 시작해 보면 우리가 취할 수 있는 행동은 하나밖에 없으며 이는 s_2로 상태를 바꾼다. 이때 물론 보상 r = 1을 얻는다. 비슷하게 s_2로부터의 유일한 전이는 s_1로 되돌아가는 행동이다. 따라서 에이전트는 $[s_1, s_2, s_1, s_2, s_1, s_2, s_1, s_2, \ldots]$로 무한대로 살아갈 수 있다. 이렇게 되면 보상의 합이 무한대가 될 수 있으므로, 이러한 경우를 다루기 위해서 할인 계수 γ = 0.9를 사용하면 보상이 무한으로 커지는 것을 방지할 수는 있다. 하지만, 여기서 질문은 보상을 어떻게 하면 무한으로 가지 않게 방지하느냐가 아니라, 과연 이 상황에서 두 상태의 가치는 얼마일까? 하는 점이다.

해답은 그리 복잡하지는 않은데, s_1에서 s_2 로의 상태 전이로 보상 1을 얻고 다시 s_1으로 돌아오는 전이로 인하여 보상 2를 얻는다. 따라서 보상의 순서는 [1, 2, 1, 2, 1, 2, 1, 2, ...]가 될 것이다. 모든 상태에서 사용할 수 있는 행동은 하나이므로 공식에서 max 연산을 생략할 수 있겠다. 따라서, 모든 상태에 대한 가치값은 아래 식과 같이 무한합과 같다.

$$V(s_1) = 1 + \gamma(2 + \gamma(1 + \gamma(2 + \ldots))) = \sum_{i=0}^{\infty} 1\gamma^{2i} + 2\gamma^{2i+1}$$

$$V(s_2) = 2 + \gamma(1 + \gamma(2 + \gamma(1 + \ldots))) = \sum_{i=0}^{\infty} 2\gamma^{2i} + 1\gamma^{2i+1}$$

엄밀히 말하면 상태에 대한 정확한 값을 계산할 수는 없지만, γ = 0.9일 때 모든 상태 전이의 기여도는 시간이 지남에 따라 빠르게 감소한다. 예를 들어, 10 단계 후에 $\gamma^{10} = 0.9^{10} = 0.349$이지만 100 단계 후에는 0.0000266이 된다. 그렇기 때문에 대략 50회 반복한 후에 멈춘다 하더라도 꽤 정확한 추정치를 얻을 수 있다.

```
>>> sum([0.9**(2*i) + 2*(0.9**(2*i+1)) for i in range(50)])
14.736450674121663
>>> sum([2*(0.9**(2*i)) + 0.9**(2*i+1) for i in range(50)])
15.262752483911719
```

앞의 예는 마르코프 의사 결정 과정(MDP)의 상태 가치와 행동 가치를 수치적으로 계산하는 방법을 일반화하는 아이디어를 제공한다. 이 일반화된 방법을 "가치 이터레이션 알고리즘(value iteration algorithm)"이라고 하는데, 다음과 같은 단계를 가진다.

1. 상태 가치 V_i를 초기화(보통은 0값으로)

2. MDP에 있는 모든 상태에 대하여, 다음 수식에 따라 업데이트를 수행

   $V_s \leftarrow \max_a \sum_{s'} p_{a,s\to s'}(r_{s,a} + \gamma V_{s'})$

3. 단계 2를 상태 가치의 변화가 매우 작아질 때까지 반복

행동 가치(Q)의 경우, 약간의 변화가 필요하다.

1. 모든 $Q_{s,a}$를 0으로 초기화
2. 모든 상태 s와 상태 s에서 수행 가능한 모든 행동 a에 대하여 다음의 업데이트를 수행
   $Q_{s,a} \leftarrow \sum_{s'} p_{a,s \to s'}(r_{s,a} + \gamma \max_{a'} Q_{s',a'})$
3. 단계 2의 행동 가치에 대한 변화가 매우 작아질 때까지 반복

뭐, 아직까지는 괜찮아 보인다. 하지만, 실제로도 그럴까? 이 방법을 실제로 적용하려면 다음과 같은 몇 가지 실제적인 한계가 존재한다. 첫째, 상태 공간이 모든 상태에 걸쳐 여러 번의 반복을 수행할 수 있을 만큼 충분히 작아야 한다. 따라서, FrozenLake-4x4 혹은 FrozenLake-8x8에서와 같이 작은 상태 공간을 가진 문제에서는 문제가 되지 않지만 CartPole의 경우와 같이 연속된 상태 공간을 가진 문제에서는 이것을 어떻게 다루어야 할지 막막해질 수 있다. CartPole에서 관찰은 시스템의 물리적 특성을 나타내는 4 개의 실수값인데, 작은 차이라도 상태의 가치에 영향을 미칠 수 있다. 이에 대한 한 가지 해결책은 관찰값을 이산화(discretization) 하는 것일 수 있는데, 예를 들어 CartPole의 관찰 공간을 빈(bin)으로 분할하고 이 빈들을 상태 공간의 이산적인 상태로 간주하면 된다. 그렇지만 이것은 빈 간격을 얼마나 넓게 해야 하는지, 환경에서 얼마나 많은 데이터를 얻어야 값을 추정하는 데 적절한지 등의 실용적인 문제를 또다시 야기할 것이다. 이 문제에 대해서는 Q-러닝에서 신경망을 사용할 때 다룰 예정이므로 일단은 이 정도의 문제 의식만 간직하고 있자.

두 번째 문제는 우리가 행동과 보상 행렬에 대한 전이 확률을 거의 알지 못한다는 사실에서 기인한다. Gym이 에이전트에게 제공하는 인터페이스를 생각해 보면 쉽게 알 수 있다. Gym에서 우리는 상태를 관찰하고, 행동을 결정한 다음에 다음 관찰을 얻고 상태 전이에 대한 보상을 얻었다. 하지만, s_0 상태에서 행동 a_0를 실행했을 때 s_1 상태로 들어가는 확률이 무엇인지는 알지 못하였다. 우리가 알 수 있는 것은 에이전트가 환경과 상호작용한 히스토리일 뿐이다. 반면, 벨만 업데이트 공식에서 알 수 있듯이 우리는 모든 상태 전이에 대한 보상뿐만 아니라 전이의 확률을 필요로 한다. 보상은 에이전트의 상호작용 히스토리에서 그대로 사용 가능하지만 상태 전이 확률은 히스토리 자체에 있는 것은 아니기 때문에, 그저 히스토리로부터 이를 추정해서 사용하는 수밖에 없다. 따라서, 보상에 대해서는 행동 a를 사용하여 s_0에서 s_1로 전환할 때 얻은 보상을 기억하기만 하면 되지만, 상태 전이 확률과 관련해서는 모든 튜플(s_0, s_1, a)에 대해 몇 번 해

당 튜플에 상응하는 상태 전이가 일어났는지를 세고 있는 카운터를 유지하고 이를 나중에 전이 확률을 위한 정규화 값으로 사용하면 된다.

자 그럼 FrozenLake에서 가치 이터레이션 방법이 어떻게 구현되는지 살펴보자

가치 이터레이션 방법의 실제

이 예제는 Chapter05/01_frozenlake_v_iteration.py에 준비되어 있으니 참고하기 바란다. 이 예에서 가장 중심적인 데이터 구조는 다음과 같다.

- **보상 테이블:** "소스[source] 상태"+ "행동"+ "타겟 상태"를 접근키로 가지고 있는 사전형[dict] 데이터이다. 각 키에 대한 값은 즉각적인 보상에서 얻을 수 있다.
- **전이 테이블:** 실제 수행된 상태 전이에 대한 카운터를 유지하는 사전형 데이터이다. 이 사전을 위한 키는 "상태"+"행동"이고 값은 타겟 상태를 본 횟수에 매핑하는 또 다른 사전이다. 예를 들어 상태 0에서 행동 1을 10번 실행했는데, 3번은 상태 4로 전이했고, 7번은 상태 5로 전이가 일어났다면, 이 표에서 키 (0, 1)가 있는 항목은 dict {4 : 3, 5 : 7}이다. 이 표는 나중에 전이 확률을 계산할 때 사용된다.
- **상태 가치 테이블:** 상태를 가치값으로 매핑하는 사전이다.

코드의 전반적인 논리는 매우 간단하다. 반복문을 가지고 환경에서 100개의 무작위 단계를 수행하여 보상 및 전이 테이블을 채운다. 100 단계를 거친 후에 모든 상태에 대해 가치 이터레이션 루프를 수행하여 상태 가치 테이블을 업데이트한다. 그런 다음 업데이트된 가치 테이블을 사용하여 에피소드를 테스트하여 성능 향상이 얼마나 있었는지를 체크한다. 이때, 테스트 에피소드의 평균 보상이 0.8 이상이면 학습을 중단한다. 테스트 에피소드 중에도 보상 및 전이 테이블을 업데이트하여 환경에서 오는 모든 데이터를 다 활용한다.

자 그러면 코드를 살펴보자. 시작 부분에서는 패키지들을 임포트하고 상수값들을 정의한다.

```
import gym
import collections
from tensorboardX import SummaryWriter

ENV_NAME = “FrozenLake-v0”
GAMMA = 0.9
TEST_EPISODES = 20
```

이제 에이전트를 정의해 보자. 여기서는 앞서 보았던 테이블들을 유지 관리하며 학습 루프에서 쓰이게 될 몇몇 함수를 정의할 것이다.

```
class Agent:
    def __init__(self):
        self.env = gym.make(ENV_NAME)
        self.state = self.env.reset()
        self.rewards = collections.defaultdict(float)
        self.transits = collections.defaultdict(collections.Counter)
        self.values = collections.defaultdict(float)
```

우선, 생성자에서 환경을 생성하고 reset() 함수를 이용하여 초기화한 후 첫번째 관찰을 얻었다. 그리고 보상, 전이, 가치 테이블을 정의하였다.

```
    def play_n_random_steps(self, count):
        for _ in range(count):
            action = self.env.action_space.sample()
            new_state, reward, is_done, _ = self.env.step(action)
            self.rewards[(self.state, action, new_state)] = reward
            self.transits[(self.state, action)][new_state] += 1
            self.state = self.env.reset() if is_done else new_state
```

이 함수는 환경에서 무작위로 경험을 수집하고 보상 및 전이 테이블을 업데이트하는 데 사용된다. 이 코드를 보면, 학습을 위해서 굳이 에피소드가 끝날 때까지 기다릴 필요가 없다는 것을 알 수 있다. 그저, N 단계를 수행하고 그 결과를 기억시키면 학습할 준비가 완료된 것이다. 이것은 앞서 배웠던 크로스 엔트로피 방법과 꽤 차이가 나는 부분인데, 크로스 엔트로피 방법에서는 완전히 끝난 에피소드들을 가지고 학습을 진행하였지만, 이 방법은 에피소드 중간이라 하더라도 학습을 진행할 수 있다.

다음에 정의할 함수는 전환, 보상 및 가치 테이블을 사용하여 상태에서 행동 가치를 계산하는 함수이다. 이 함수는 두 가지 목적으로 사용되는데, 하나는 상태에서 수행할 최상의 행동을 선택하기 위함이고, 다른 하나는 가치 이터레이션 시 상태의 새 값을 계산하기 위함이다. 이 함수의 전체적인 논리 구조는 그림 8에 나와 있으며 말로 설명하면 다음과 같다.

1. 전이 테이블에서 주어진 상태(아래 그림 8에서 S)와 행동[a]에 대한 카운터(C_1, C_2)를 추출한다. 이 테이블[transit]의 카운터는 타겟 상태(S_1, S_2)를 키로 하고 실행된 전이 횟수를 값으로 사용하는 사전 형식을 취한다. 이 카운터들을 합하여 어떤 상태에서 어떤 행동을 실행한 총 횟수[total]를 구할 수 있는데, 나중에 이 값은 확률값을 구할 때 이용된다.

2. 그런 다음 행동(a)이 도착한 모든 목표 상태(S_1, S_2)에 대하여 벨만 방정식을 사용하여 행동 가치에 기여한 기여도를 계산한다. 이 기여는 즉각적인 보상과 타겟 상태의 상태값에 대한 할인된 가치와 동일하다. 마지막으로 이 합계에 전이 확률(각각 C_1/total, C_2/total)을 곱하여 결과를 최종 행동 가치로 정한다.

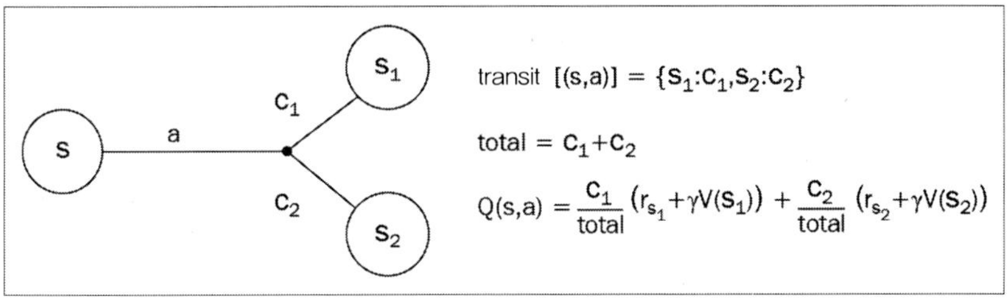

그림 8. 상태 가치의 계산

그림 8은 상태 s와 행동 a에 대한 가치 계산의 예를 보여준다. 실행하는 동안 상태 s에서 행동 a를 여러 번($c_1 + c_2$) 수행했으며 s_1 또는 s_2 중 하나로 전이가 됐다고 하자. 각 상태로 전이한 횟수는 dict {s_1 : c_1, s_2 : c_2}와 같이 전이 테이블에 저장된다. 그러면 $Q(s, a)$의 대략적인 값은 모든 상태의 확률과 상태값의 곱에 해당하는데, 벨만 방정식에서 이것은 즉각적인 보상과 할인된 장기 상태값의 합과 같다.

```
    def calc_action_value(self, state, action):
        target_counts = self.transits[(state, action)]
        total = sum(target_counts.values())
        action_value = 0.0
        for tgt_state, count in target_counts.items():
            reward = self.rewards[(state, action, tgt_state)]
            action_value += (count / total) * (reward + GAMMA *
self.values[tgt_state])
        return action_value
```

select_action 함수는 방금 설명한 함수를 사용하여 주어진 상태에서 취할 수 있는 최선의 행동을 결정한다. 주어진 상태에서 실행 가능한 모든 행동에 대하여 행동 가치를 계산한다. 그리고 나서 가장 큰 가치를 가진 행동이 수행할 행동으로 반환된다. play_n_random_steps() 함수 자체가 랜덤성을 가지고 있어서 상태 공간에 대한 충분한 탐험 능력을 제공하므로 아래 코드에서의 행동 선택은 결정적[deterministic]이어도 무방하다. 따라서 에이전트는 우리가 제공한 가치 근사치를 가지고 그냥 최고의 행동 가치를 가진 행동을 선택하는 방식인 탐욕적 선택을 수행하면 된다.

```
def select_action(self, state):
    best_action, best_value = None, None
    for action in range(self.env.action_space.n):
        action_value = self.calc_action_value(state, action)
        if best_value is None or best_value < action_value:
            best_value = action_value
            best_action = action
    return best_action
```

play_episode 함수는 select_action을 사용하여 수행해야 할 최상의 행동을 선택하는 과정을 반복함으로써 하나의 에피소드를 완성한다.

```
def play_episode(self, env):
    total_reward = 0.0
    state = env.reset()

    while True:
        action = self.select_action(state)
        new_state, reward, is_done, _ = env.step(action)
        self.rewards[(state, action, new_state)] = reward
        self.transits[(state, action)][new_state] += 1
        total_reward += reward
        if is_done:
            break
        state = new_state
    return total_reward
```

Agent 클래스의 최종 메서드는 가치 이터레이션 함수인데 앞의 함수들을 이용하면 매우 간단히 구현된다. 여기서 하는 일은 환경의 모든 상태에 대해 가치값 계산을 반복하는 것이다. 이를 위하여, 주어진 상태에서 실행 가능한 모든 행동에 대한 행동 가치값을 calc_action_value 함수를 호출하여 리스트로 모은 다음, 그 값 중에서 최대값을 해당 상태의 상태 가치로 할당한다.

```
def value_iteration(self):
    for state in range(self.env.observation_space.n):
        state_values = [self.calc_action_value(state, action)
```

```
                    for action in range(self.env.action_
space.n)]
            self.values[state] = max(state_values)
```

이 정도가 에이전트에 관한 모든 것이고, 이제는 훈련 루프를 돌리고 모니터링하는 코드를 살짝 더 추가해 보자.

```
if __name__ == "__main__":
    test_env = gym.make(ENV_NAME)
    agent = Agent()
    writer = SummaryWriter(comment="-v-learning")
```

테스트를 위한 환경을 만들었고, 에이전트 인스턴스를 만들었고, 텐서보드를 위한 Summary-Writer를 만들었다.

```
    iter_no = 0
    best_reward = 0.0
    while True:
        iter_no += 1
        agent.play_n_random_steps(100)
        agent.value_iteration()
```

앞의 코드에서 뒤에 두 줄은 학습 과정의 핵심 부분이다. 먼저, 100개의 무작위 단계를 수행하여 보상 및 전이 테이블을 최신 데이터로 채운 다음 모든 상태에 걸쳐 가치 이터레이션을 실행한다. 아래 코드는 테스트를 위한 코드로서, play_episode에서는 앞서 구한 테이블을 이용하여 최선의 행동을 선택하여 테스트 에피소드를 진행한 다음 텐서보드에 데이터를 쓰고 최상의 보상을 추적하고 학습 루프 중지 조건을 확인한다.

```
        reward = 0.0
        for _ in range(TEST_EPISODES):
            reward += agent.play_episode(test_env)
        reward /= TEST_EPISODES
        writer.add_scalar("reward", reward, iter_no)
        if reward > best_reward:
            print("Best reward updated %.3f -> %.3f" %
(best_reward, reward))
            best_reward = reward
        if reward > 0.80:
            print("Solved in %d iterations!" % iter_no)
            break
```

```
    writer.close()
```

그럼 한번 실행해 보자.

```
rl_book_samples/Chapter05$ ./01_frozenlake_v_learning.py
[2017-10-13 11:39:37,778] Making new env: FrozenLake-v0
[2017-10-13 11:39:37,988] Making new env: FrozenLake-v0
Best reward updated 0.000 -> 0.150
Best reward updated 0.150 -> 0.500
Best reward updated 0.500 -> 0.550
Best reward updated 0.550 -> 0.650
Best reward updated 0.650 -> 0.800
Best reward updated 0.800 -> 0.850
Solved in 36 iterations!
```

우리의 솔루션은 확률적이기 때문에 일반적으로 12 ~ 100회의 반복이 필요했지만 모든 경우에 실행의 80%에서 환경을 해결할 수 있는 좋은 정책을 찾는 데는 1초도 채 걸리지 않았다. 크로스 엔트로피를 사용하여 60%의 성공률을 달성하는 데 필요한 시간이 얼마나 되는지를 기억한다면[1] 이것은 큰 향상임을 알 수 있다. 그 이유는 여러 가지가 있다.

우선, 행동의 결과가 확률적이라는 점 그리고 에피소드가 길이(평균 6 ~ 10 단계)가 있는 반면 보상은 마지막에 한 번만 받는다는 점으로 인하여 크로스 엔트로피 방법은 에피소드에서 올바르게 수행된 단계가 무엇이고 어떤 단계가 실수였는지 알기 어려웠다. 반면 가치 이터레이션은 상태(또는 행동)의 개별값[2]을 기반으로 동작하며 게다가 확률을 추정하고 예상값을 계산함으로써 자연스럽게 행동의 확률적인 결과를 통합할 수 있었다. 따라서 가치 이터레이션은 더 간단하지만 훨씬 적은 데이터만으로도 좋은 성능을 낼 수 있었다(이를 강화학습의 샘플 효율성이라고 함).

두 번째 이유는 가치 이터레이션은 학습을 시작하기 위해 전체 에피소드가 필요하지는 않다라는 것이다. 극단적으로 보면 하나의 샘플 혹은 에피소드 단계만으로도 값을 업데이트할 수 있기 때문이다. 하지만, FrozenLake의 경우 보상 구조(목표 상태에 성공적으로 도달한 후에만 1을 얻는다) 때문에 가치 테이블로 학습을 시작하려면 적어도 하나 이상의 성공적인 에피소드가 필요하다. 때문에 만일 환경이 좀 더 복잡하다면 성공하기가 좀 까다로울 수도 있다. 예를 들어 더 큰 상태를 가지는 FrozenLake8x8-v0는 50~400회의 반복이 필요한데, 텐서보드에 의하면 첫 번

1) 역자주: 여러분은 다시 되돌아가서 찾아보지 않아도 된다. 약 1,200번의 반복이 필요했으므로 지금보다 10배 정도 더 걸렸다는 이야기다.

2) 역자주: 여기서 중요한 것은 각 상태 혹은 행동에 값이 있다는 점임. 크로스 엔트로피 방법에서는 각 에피소드에 값이 붙여져 있었다.

째 성공적인 에피소드를 기다리는데 대부분의 시간을 소요하고 이후에는 매우 빠르게 수렴에 도달하는 것을 알 수 있다. 이를 확인하기 위해 다음의 차트를 보자. 왼쪽은 FrozenLake-v0(4x4)의 학습 중 보상에 해당하며 오른쪽은 FrozenLake8x8-v0의 보상이다.

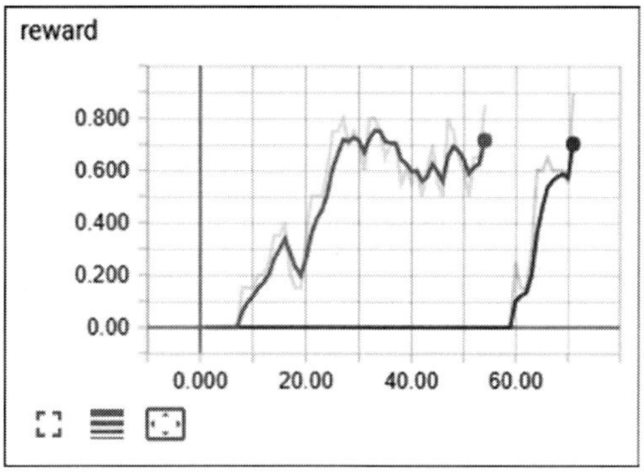

그림 9. FrozenLake 4x4, 8x8 환경의 수렴

이제 방금 배운 상태의 가치를 배우는 코드와 행동의 가치를 배우는 코드를 한 번 비교해 보자.

FrozenLake에서의 Q-러닝(Q-learning)

전체 코드는 Chapter05/02_freezenlake_q_learning.py 파일에 있으며, 그 차이는 아주 작다. 가장 분명한 변화는 가치 테이블인데, 앞의 예에서 우리는 상태의 가치를 유지했으므로 사전의 키는 단지 상태이었다. 하지만, 이제는 Q-함수의 값을 저장해야 하며, 이 함수는 state와 action이라는 두 개의 인수를 가지므로 가치 테이블의 키가 이제 두 개의 복합키로 정의된다.

두 번째 차이점은 calc_action_value 함수이다. Q-러닝에서는 가치가 행동 가치 테이블에 저장되므로 이 함수는 이제 필요 없어졌다. 마지막으로 가장 중요한 차이는 에이전트의 value_iteration 메소드에 있다. 이 함수는 전에는 calc_action_value 호출에 대한 단순한 호출자였지만, 이제 calc_action_value 함수가 사라지고 행동 가치 테이블로 대체되었으므로 value_iteration 메소드에서 벨만 근사를 수행해야 한다.

자 그러면 코드를 살펴보자. 뭐, 다른 부분은 거의 동일하므로 바로 value_iteration 함수로 가 보자.

```
def value_iteration(self):
    for state in range(self.env.observation_space.n):
        for action in range(self.env.action_space.n):
            action_value = 0.0
            target_counts = self.transits[(state, action)]
            total = sum(target_counts.values())
            for tgt_state, count in target_counts.items():
                reward = self.rewards[(state, action,
tgt_state)]
                best_action = self.select_action(tgt_state)
                action_value += (count / total) * (reward +
GAMMA * self.values[(tgt_state, best_action)])
            self.values[(state, action)] = action_value
```

이 코드는 앞의 예제에서 calc_action_value와 실질적으로 거의 동일하다. 주어진 상태와 행동에 대해 도달한 목표 상태에 대한 통계를 사용하여 이 행동의 가치를 계산해야 한다. 이 값을 계산하기 위해 벨만 방정식과 카운터를 사용하여 목표 상태의 확률을 계산한다. 그러나 앞의 벨만 방정식은 상태에 관한 것이었는데, 여기서 이를 계산하기 위해서는 좀 다르게 계산해야 한다. 즉, 이전에는 상태 가치 테이블에 상태 가치값을 저장했으므로(상태값을 근사값으로 계산했기 때문에) 상태의 값을 테이블에서 바로 가져올 수 있었다. 하지만, 지금은 상태 가치 테이블이 없으므로 select_action 메서드를 이용해서 이를 구한다. 다시 말하면, select_action 메서드는 가장 큰 Q 값을 가진 행동을 선택하므로 이 Q 값을 목표 상태의 값으로 사용한다. 물론 이 상태 값을 계산할 수 있는 또 다른 함수를 구현할 수도 있겠지만 select_action이 필요한 모든 것을 거의 수행하므로 다시 사용하면 되겠다.

자 select_action 함수를 살펴보자. 여기에는 강조하고 싶은 점이 하나 더 있다.

```
def select_action(self, state):
    best_action, best_value = None, None
    for action in range(self.env.action_space.n):
        action_value = self.values[(state, action)]
        if best_value is None or best_value < action_value:
            best_value = action_value
            best_action = action
    return best_action
```

앞서 말했듯이 더 이상 calc_action_value 메서드가 없으므로 행동을 선택하기 위해서는 주어진 상태에서 최대의 행동 가치를 갖는 행동을 반복문을 통하여 찾는다. 그저 사소한 개선점으로 보일 수도 있지만 calc_action_value에서 사용한 데이터를 생각하면 왜 V 함수의 학습보다 Q 함수의 학습이 강화학습에서 더 많은 인기가 있는지 명확해질 수 있다.

기억을 살려보면 calc_action_value 함수는 보상과 확률에 대한 정보를 모두 사용하였다. 사실, 이 자체로는 크게 문제가 없지만, 다음 장에서 보게 될 확률 근사가 필요 없는 가치 이터레이션 방법의 경우 확률에 대한 근사를 사용하는 것이 아니라 환경의 샘플 자체를 이용한다. 그러한 경우, 확률에 대한 이러한 의존성은 에이전트에 부담을 가중시킨다. 반면, Q-러닝의 경우 에이전트가 결정을 내리는 데 필요한 것은 Q값뿐이다.

그렇다고 V 함수가 완전히 쓸모 없다고 말하고 싶지는 않다. 왜냐하면 V값은 이 책의 3부에서 배우게 될 Actor-Critic 방법의 핵심 부분이기 때문이다. 그러나 가치 학습 영역에서는 Q-함수가 가장 선호되는 방법이며, 수렴 속도 또한 두 버전 모두 거의 동일하다(그러나 Q-러닝은 가치 테이블에 비해 4 배의 메모리가 필요하다[3]).

```
rl_book_samples/Chapter05$ ./02_frozenlake_q_learning.py
[2017-10-13 12:38:56,658] Making new env: FrozenLake-v0
[2017-10-13 12:38:56,863] Making new env: FrozenLake-v0
Best reward updated 0.000 -> 0.050
Best reward updated 0.050 -> 0.200
Best reward updated 0.200 -> 0.350
Best reward updated 0.350 -> 0.700
Best reward updated 0.700 -> 0.750
Best reward updated 0.750 -> 0.850
Solved in 22 iter ations!
```

요약

여러분 모두 여기까지 무사히 오신걸 축하한다. 비로서 여러분은 현대의 최첨단 강화학습 방법을 이해하는 방향으로 한 걸음 더 나아갔다. 우리는 심층강화학습(Deep RL)에서 널리 사용되는 몇 가지 매우 중요한 개념, 즉 상태의 가치(값), 행동의 가치(값) 및 다양한 형태의 벨만 방정식에 대해

3) 역자주: 여기서 4배는 FrozenLake의 경우에 한해서 맞는 말이다. 생각해 보면 V 함수는 상태를 인수로 갖는 V(s) 형태의 함수이고, Q 함수는 Q(s,a) 형태로 상태와 행동을 인수로 갖는다. 따라서, 이를 테이블로 구현해 보면 행동 a의 가능한 개수만큼 테이블이 커져야 하므로 일반적으로는 행동 a의 가지 수만큼 필요 메모리양이 곱해지게 된다.

배웠다. 그리고 Q-러닝 영역에서 매우 중요한 빌딩 블록인 가치 이터레이션(value iteration) 방법을 보았다. 마지막으로, 가치 이터레이션이 FrozenLake 솔루션을 개선할 수 있는 방법임을 알 수 있는 기회도 가졌다.

다음 장에서는 심층 Q-신경망(DQN-신경망)에 대해서 배울 것이다. 이 신경망은 2013년에 Atari 2600 게임들에서 사람들을 물리침으로써 심층 강화학습 분야의 혁명적인 진전을 이루었다.

제 6 장

DQN: 심층 Q-신경망

이전 장에서는 벨만 방정식과 이를 구현하는 실제 방법인 가치 이터레이션에 익숙해졌다. 이를 통하여 FrozenLake 환경에서 속도와 수렴을 크게 향상시킬 수 있었다. 그러면, 여기서 앞으로 더 나아갈 수 있는 방법은 무엇이 있을까?

이 장에서는 훨씬 더 복잡한 문제에 동일한 이론을 적용하려고 노력할 것이다. 이를 위하여 여기서는 강화학습 연구 커뮤니티의 사실상 벤치마크인 아타리 2600 플랫폼의 아케이드 게임을 다룰 것이다. 또한, 이 새로운 환경이 우리에게 제시하는 새롭고 도전적인 목표를 처리하기 위해 기존 가치 이터레이션 방법의 문제점에 대해 이야기하고 Q-러닝의 변형된 방법을 소개한다. 특히 Q-러닝을 "그리드 환경"에 적용한 다음(테이블 Q-러닝) 신경망과 결합한 Q-러닝에 대하여 알아보겠다. 이 조합의 이름을 DQN(Deep Q-Networks의 약자)이라고 한다. 이 장의 마지막 부분에서는 2013년에 발표되어 강화학습의 새로운 시대를 열었던 DQN 알고리즘을 다시 구현할 것이다.

실제 문제들에서의 가치 이터레이션

크로스 엔트로피 방법과 비교하여 가치 이터레이션 방법이 FrozenLake 환경에서 보여준 향상은 매우 고무적이었다. 그러면, 보다 어려운 문제에 한번 적용해 보는 것은 어떨까? 그러기 위해서 먼저 가치 이터레이션 방법이 갖는 가정과 한계를 살펴보자.

가치 이터레이션 방법은 매 단계에서 모든 상태에 대한 루프를 수행하는데 이때 매 상태에서 벨만 근사로 값을 업데이트한다. 이것을 상태값뿐만 아니라 Q값(행동 가치)을 가지고도 거의 동일하게 수행하였고, 특히 Q값은 모든 상태 및 행동에 대한 값을 저장하였다. 그러면, 무엇이 문제일까?

첫 번째 문제는 상태의 수와 이를 반복할 수 있는 능력에 관한 것이다. 가치 이터레이션에서는 환경의 모든 상태를 미리 알고, 반복할 수 있고, 상태와 관련된 가치값을 저장할 수 있다고 가정한다. 이는 FrozenLake와 같은 단순한 "그리드 환경"에 대해서는 맞는 말이지만 다른 경우에는 어떨까? 여러분의 컴퓨터가 중간급이라서 대략 메모리에 32억 개의 실수값(32GB의 RAM에 85억 개 가능)을 보관할 수 있다면 가치 테이블을 저장하는 데 별 문제가 없어 보인다. 비록 수십

억의 상태와 행동이라 하더라도 메모리 집약적일 뿐 극복할 수 없는 문제는 아닐 것이다.

요즘 컴퓨터들은 멀티 코어 시스템이라서 사실 대부분의 코어들은 놀고 있는 유휴 상태에 있다. 실제적으로 문제는 상태 전이의 동역학에 대한 좋은 근사를 얻기 위해 필요한 샘플의 수이다. 예를 들어 10억 개의 상태(대략 31600 × 31600 크기의 FrozenLake에 해당한다)가 있는 환경을 가정해 보자. 이 환경의 모든 상태에 대한 대략적인 근사값을 계산하기 위해서는 모든 상태들에 균등하게 분배되는 수천억 개의 상태 전이가 필요한데, 이렇게 되면 사실 별로 실용적이지 않게 된다.

잠재된 상태가 훨씬 더 많은 환경의 예로서 아타리 2600 게임 콘솔을 살펴보자. 아타리 콘솔은 1980년대에 매우 인기가 있었던 많은 아케이드 스타일의 게임들을 제공하였다. 비록 오늘날의 게임과 비교하면 매우 구식이긴 하지만 아타리 콘솔은 강화학습에게는 여전히 도전적인 여러 학습 문제들을 제공하며(물론, 인간은 대부분의 게임들을 상당히 신속하게 마스터할 수 있다), 강화학습 연구에서 매우 인기있는 벤치 마크이다.

자 그럼 이 아타리 플랫폼의 상태 공간을 계산해 보자. 화면의 해상도는 210 x 160 픽셀이며 모든 픽셀에는 128가지 색상 중 하나가 있다. 따라서 화면의 모든 프레임은 210 x 160 = 33600 픽셀을 가지며 가능한 서로 다른 화면의 총량은 128^{33600}이며, 이는 10^{70802}보다 약간 크다. 우리가 아타리의 모든 가능한 상태를 한 번 열거하려면 가장 빠른 수퍼 컴퓨터에서도 수십억 년이 걸릴 것이다. 또한 이 작업의 99(.9)%는 시간 낭비가 될 것이 틀림없는데, 왜냐하면 게임을 아무리 오래 플레이하더라도 대부분의 조합이 화면으로 표시되지는 않을 것이기 때문이다. 따라서, 우리는 해당 상태의 샘플을 절대 얻지 못할 것이다. 하지만, 가치 이터레이션 방법은 그런 상태일지라도 만일의 경우에 대비해서 해당 상태의 가치를 계산하기를 요구한다.

가치 이터레이션법의 또 다른 문제점은 우리를 이산적인 행동 공간으로만 제한한다는 것이다. 실제로, $Q(s, a)$와 $V(s)$ 근사값은 행동이 상호 배타적인 이산 세트라고 가정한다. 만일 여러분의 문제가 연속된 값(예를 들어, 운전대의 각도, 액추에이터의 힘, 또는 히터의 온도)을 행동으로 다루어야 하는 연속 제어 문제라면 이 가정에 위배하게 되고, 그 말은 곧 가치 이터레이션 방법을 적용할 수 없다는 뜻이기도 하다. 이 문제는 첫 번째 문제보다 훨씬 어렵고, 이 책의 마지막 부분에서 연속 행동 공간 문제에 대해 다루기도 하겠지만, 지금 당장은 행동들은 이산적이고 그 수가 그다지 크지 않다고 가정해 보자(일단은 행동 공간의 문제는 없다고 가정하는 것이다). 비록 행동 공간의 문제는 없다고 가정하였지만, 여전히 상태 공간의 크기 문제는 남아 있다. 우리는 이를 어떻게 다루어야 할까?

테이블 Q-러닝

먼저 질문을 하나 해보자. 우리는 정말로 상태 공간의 모든 상태를 반복해야 할까? 다른 말로 하자면, 상태 공간의 상태들 중에서 실제로 경험할 수 없는 상태가 있다면 왜 굳이 그들을 신경써야 하지? 환경에서 얻은 상태만을 사용하고, 그 상태들의 가치만을 업데이트한다면 많은 작업을 줄일 수 있지 않을까?

가치 이터레이션 방법을 이런 식으로 변형한 것이 바로 Q-러닝 방법이다. 상태에서 가치로의 명시적인 매핑을 하려면 다음과 같은 단계를 거치면 된다.

1. 상태를 행동 가치로 매핑하는 빈 테이블을 준비한다.
2. 환경과 상호 작용을 통해서 튜플 *s, a, r, s'*(상태, 행동, 보상, 새로운 상태)를 얻는다. 이 단계에서 수행할 행동을 결정해야 하는데 결정을 내릴 수 있는 유일하고도 적절한 방법이란 없다. 우리는 이 문제를 탐험과 활용(exploration versus exploitation)의 문제라 정의했고 이에 대해 많은 이야기를 할 것이다.
3. 벨만 방정식을 사용하여 $Q(s, a)$값을 업데이트
   $Q_{s,a} \leftarrow r + \gamma \max_{a' \in A} Q_{s',a'}$
4. 단계 2서부터 반복.

가치 이터레이션에서와 마찬가지로, 학습의 종료 조건은 업데이트와 관련한 임계값일 수도 있고 테스트 에피소드를 수행하여 정책의 예상 보상을 예측할 수도 있을 것이다. 여기서 주목해야 할 또 다른 점은 Q 값을 업데이트하는 방법이다. 환경에서 샘플을 가져오므로 그냥 단순히 기존 값 위에 새로운 값을 덮어써서는 학습이 불안정해질 수 있기 때문에[1] 일반적으로 좋지 않다. 이럴 때 쓰는 일반적인 접근 방법은 예전 값과 새로운 값을 적당히 섞어 주는 "혼합"기법을 사용하여 $Q(s, a)$를 근사치로 업데이트하는 것이다. 이 기법은 0에서 1까지의 값을 가진 학습률 α를 사용하여 Q의 이전 값과 새로운 값을 평균화하는 것이다.

$$Q_{s,a} \leftarrow (1-\alpha)Q_{s,a} + \alpha(r + \gamma \max_{a' \in A} Q_{s',a'})$$

이렇게 하면 Q값이 보다 부드럽게 수렴하는 효과를 볼 수 있으며, 환경이 잡음을 많이 포함하더라도 괜찮다. 따라서, 우리 알고리즘의 최종 버전은 다음과 같이 변경된다.

1) 역자주: 환경에서 샘플을 얻으므로, 어떤 샘플은 다른 샘플들보다 지나치게 다른 값일 수도 있다. 그러므로, 이 값을 이용하여 그냥 덮어쓰기 방식으로 하면 Q 값이 업데이트될 때마다 변동이 상당히 클 것이고, 이는 학습 시에 별로 좋은 현상은 아니다.

1. $Q(s, a)$를 담을 수 있는 빈 테이블 준비.

2. 환경으로부터 (s, a, r, s') 튜플 얻기.

3. 벨만 방정식을 이용하여 Q값 업데이트

   $Q_{s,a} \leftarrow (1-\alpha)Q_{s,a} + \alpha(r + \gamma \max_{a' \in A} Q_{s',a'})$:

4. 수렴 조건을 체크하고 만족하지 않으면 단계 2에서 다시 시작.

앞서 언급했듯이 이 방법은 Q값을 유지하기 때문에 테이블 Q-러닝이라고 불린다. 그러면, FrozenLake 환경에 한 번 적용해 보자. 전체 코드는 Chapter06/01_frozenlake_q_learning.py에 있다.

```
import gym
import collections
from tensorboardX import SummaryWriter
ENV_NAME = "FrozenLake-v0"

GAMMA = 0.9
ALPHA = 0.2
TEST_EPISODES = 20

class Agent:
    def __init__(self):
        self.env = gym.make(ENV_NAME)
        self.state = self.env.reset()
        self.values = collections.defaultdict(float)  # defaultdict이므로 값이 지정되지 않은 항목에 대해서는 기본적으로 0.0 값을 갖는다
```

먼저 패키지를 가져오고 상수를 정의하였다. 여기서 새로운 것은 가치 업데이트의 학습 속도로 사용될 α 값이다. 앞 장에서 보았던 가치 이터레이션과는 달리 우리는 더 이상 보상과 전이 카운터의 히스토리를 추적할 필요가 없으므로 에이전트 클래스의 초기화가 더 간단해졌다. 이렇게 하면 필요 메모리가 줄어드는데, 이는 FrozenLake와 같은 경우는 큰 문제는 아니지만 더 큰 환경에서는 중요할 수 있다.

```
    def sample_env(self):
        action = self.env.action_space.sample()
        old_state = self.state
        new_state, reward, is_done, _ = self.env.step(action)
        self.state = self.env.reset() if is_done else new_state
        return (old_state, action, reward, new_state)
```

위 함수는 환경에서 다음 전이를 얻는 데 사용된다. 행동 공간에서 임의의 행동을 샘플링하여

이전 상태, 수행한 행동, 획득한 보상, 새로운 상태로 구성된 튜플을 반환한다. 이 튜플은 나중에 학습 루프에서 사용된다.

```
    def best_value_and_action(self, state):
        best_value, best_action = None, None
        for action in range(self.env.action_space.n):
            action_value = self.values.get[(state, action)]
            if best_value is None or best_value < action_value:
                best_value = action_value
                best_action = action
        return best_value, best_action
```

위 메소드는 상태를 인자로 전달받아 이 상태에 상응하는 행동 가치 테이블의 값 중 가장 큰 값에 해당하는 행동을 최적의 행동으로 뽑아준다. 만일 주어진 상태와 행동에 대응하는 값이 없다면 그냥 0으로 간주한다[2]. 이 메소드는 두 번 사용되는데, 첫 번째는 현재의 가치 테이블을 사용하여 하나의 에피소드를 테스트하는 것이고(현재 정책의 성능을 평가하기 위해서), 두 번째는 가치를 업데이트하는 함수에서 다음 상태의 값을 얻기 위해서 이용된다.

```
    def value_update(self, s, a, r, next_s):
        best_v, _ = self.best_value_and_action(next_s)
        new_val = r + GAMMA * best_v
        old_val = self.values[(s, a)]
        self.values[(s, a)] = old_val * (1-ALPHA) + new_val * ALPHA
```

위 함수에서는 환경으로부터 오는 정보인 튜플(s,a,r, next_s)을 사용하여 가치 테이블을 업데이트한다. 이를 위해 주어진 상태와 행동에 대응하는 행동 가치를 업데이트해야 하는데 이때 우선 즉각적인 보상과 할인된 다음 상태값을 사용하여 계산된 벨만 근사치(new_val)를 이용한다. 그런 다음 상태와 행동 쌍의 이전 값과 새로운 값을 학습 속도 α를 사용하여 적절히 두 값을 섞는다. 결과는 상태 s와 행동 a에 대한 새로운 근사값이다.

```
    def play_episode(self, env):
        total_reward = 0.0
        state = env.reset()
        while True:
            _, action = self.best_value_and_action(state)
            new_state, reward, is_done, _ = env.step(action)
            total_reward += reward
```

2) 역자주: 이는 Agent 클래스 정의에서 self.values를 defaultdict를 사용해서 생성하였기 때문에 기본값이 0이 된다.

```
            if is_done:
                break
            state = new_state
        return total_reward
```

위의 함수는 에이전트 클래스의 마지막 함수로서 제공된 테스트 환경에서 하나의 에피소드가 종료될 때까지 테스트를 진행한다. 이때, 매 단계의 행동은 현재 가치 테이블의 Q 값을 사용하여 선택된다. 이 함수는 현재 정책을 가지고 학습 진척 정도를 확인하기 위해 사용된다. 그러므로, 단지 최선의 행동을 찾을 뿐 가치 테이블을 변경하지 않는다는 점에 유의하자.

나머지 코드는 이전 장과 매우 유사한 학습 루프이다. 테스트 환경, 에이전트 및 요약 작성자를 만든 다음 반복문 안에서 환경을 한 스텝 진척시키고 환경으로부터 얻어진 데이터를 이용하여 가치 업데이트를 수행한다. 그런 다음 몇 가지 테스트 에피소드를 실행하여 현재 정책을 테스트한다. 만일 테스트에서 좋은 보상을 받으면 학습을 중단한다.

```
if __name__ == "__main__":
    test_env = gym.make(ENV_NAME)
    agent = Agent()
    writer = SummaryWriter(comment="-q-learning")

    iter_no = 0
    best_reward = 0.0
    while True:
        iter_no += 1
        s, a, r, next_s = agent.sample_env()
        agent.value_update(s, a, r, next_s)

        reward = 0.0
        for _ in range(TEST_EPISODES):
            reward += agent.play_episode(test_env)
        reward /= TEST_EPISODES
        writer.add_scalar("reward", reward, iter_no)
        if reward > best_reward:
            print("Best reward updated %.3f -> %.3f" %
(best_reward, reward))
            best_reward = reward
        if reward > 0.80:
            print("Solved in %d iterations!" % iter_no)
            break
    writer.close()
```

실행 결과는 아래와 같다.

```
rl_book_samples/Chapter06$ ./01_frozenlake_q_learning.py
[2017-10-20 14:21:23,459] Making new env: FrozenLake-v0
[2017-10-20 14:21:23,682] Making new env: FrozenLake-v0
Best reward updated 0.000 -> 0.200
Best reward updated 0.200 -> 0.250
Best reward updated 0.250 -> 0.350
Best reward updated 0.350 -> 0.400
Best reward updated 0.400 -> 0.500
Best reward updated 0.500 -> 0.750
Best reward updated 0.750 -> 0.800
Best reward updated 0.800 -> 0.850
Solved in 1860 iterations!
```

혹시 눈치챘는지 모르겠지만, 이 버전은 이전 장의 가치 이터레이션 방법과 비교하여 더 많은 반복이 사용되었다. 그 이유는 테스트 과정에서 얻은 경험을 더 이상 사용하지 않기 때문이다. 즉, 앞 5장에서는 주기적인 테스트시에 Q-테이블을 업데이트하였다(Chapter05/02_frozenlake_q_iteration.py 참조). 하지만 여기서는 테스트시에 Q값 자체는 갱신을 하지 않았기 때문에 더 많은 반복이 필요하다. 그렇지만, 전체적으로 요구되는 샘플의 총량은 거의 동일하며, 텐서보드에서 보여주는 보상 차트 역시 가치 이터레이션 방식과 마찬가지로 우수한 학습 역학을 보여준다.

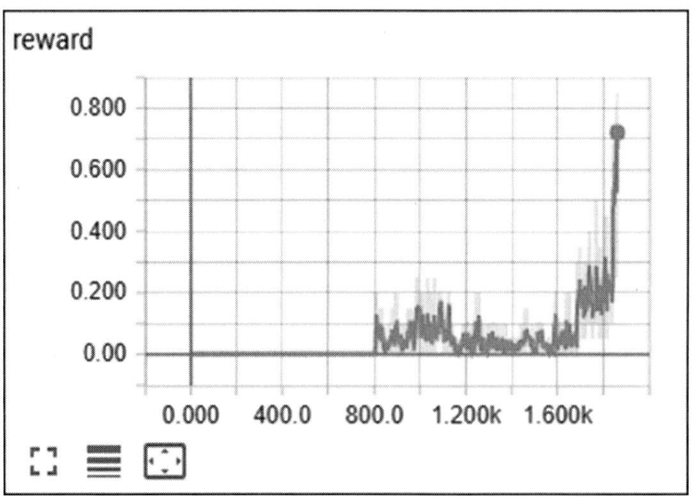

그림 1. FrozenLake 보상 역학

심층 Q-러닝

지금까지 살펴본 Q-러닝 방법은 상태 공간의 모든 상태들을 모두 방문해야만 하는 방법의 문제점을 해결했지만 관찰 가능한 상태 집합의 크기가 매우 큰 상황에서는 여전히 어려움을 겪을 수 있다. 예를 들어 아타리 게임은 다양한 화면을 가질 수 있는데, 만일 원시 픽셀을 개별 상태로 사용한다면 추적해야 할 상태와 근사해야 할 값이 너무 많아진다는 문제점이 발생한다.

또, 어떤 환경에서는 관찰 가능한 상태의 수가 거의 무한할 수도 있다. 예를 들어 CartPole에서 환경에 의해 주어진 상태는 4개의 부동 소수점 수이다. 이 4개의 값이 이룰 수 있는 조합의 개수는 유한하지만(어쨌거나 이 숫자들은 컴퓨터에서 고정된 크기의 비트로 표현되고 그 비트들이 이룰 수 있는 조합의 개수는 유한하다) 엄청나게 큰 수까지 표현 가능하다. 그래서 이 값들을 이산적으로 표현할 수 있도록 몇 개의 빈(bin)을 만들 수도 있겠지만, 이것은 종종 해결할 수 있는 것보다 더 많은 문제를 야기한다. 왜냐하면 빈 개념을 도입함으로써 우리는 어디서 어디까지를 서로 다른 빈에 넣을 것인지 혹은 같은 말이지만 어디서부터 어디까지가 같은 빈에 속할 것인지를 결정해야 한다.

아타리의 경우 전체 화면에서 픽셀 하나만 변경된다면 실질적으로 큰 차이는 없으므로 두 이미지를 단일 상태로 처리하는 것이 효과적일 것이다. 그렇지만 여전히 한 상태와 다른 상태를 구별해야 하는데, 예를 들어, 퐁(Pong) 게임에서 발생할 수 있는 다음 두 가지 상황을 생각해 보자. 우리는 조그만 막대기를 조종하여 인공 지능을 상대로 경기를 하고 있다(우리의 막대기는 오른쪽에 있으며, 상대방은 왼쪽에 있다). 이 게임의 목적은 중간의 공이 막대기를 지나쳐 가지 않게 하면서 상대방의

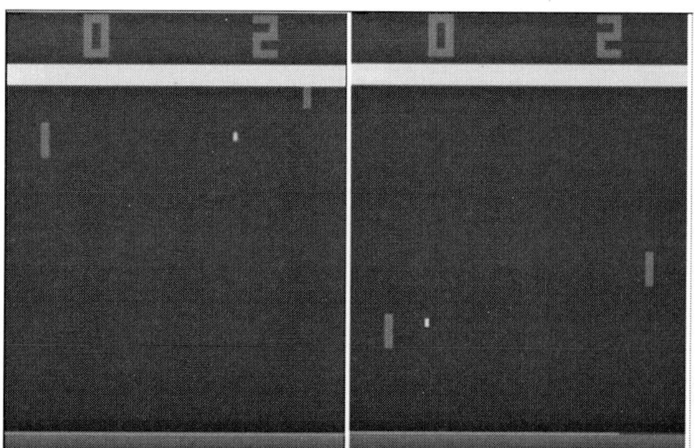

그림 2. 퐁 게임에서 관찰의 모호성

막대기를 지나쳐 버리게 만드는 것이다. 그렇다면 그림 2의 두 상황은 완전히 다른 것으로 간주해야만 할 것이다. 오른쪽 상황에서는 공이 상대방과 가까워서 긴장을 풀고 볼 수 있지만, 왼쪽의 상황은(공이 왼쪽에서 오른쪽으로 움직이고 있다고 가정하면) 공이 우리 쪽으로 움직이고 있다는 것을 의미한다. 따라서 점수를 잃지 않기 위해서는 막대기를 재빨리 움직여 공을 쳐내야 한다. 아래의 상황은 10^{70802} 개의 가능한 상황에서 단 두 가지일 뿐이지만 에이전트는 이 두 가지 상황에 대하여 다른 방식으로 움직이기를 원한다.

이 문제를 해결하기 위한 방법의 하나로서 상태와 행동을 인수로 하고 이를 하나의 값으로 매핑하는 비선형 표현을 사용할 수 있다. 기계 학습에서는 이것을 "회귀 문제"라 한다. 그러한 비선형 표현을 다루는(즉, 표현하고 학습시키는) 구체적인 방법은 다를 수 있지만, 이 절의 제목에서 이미 예상할 수 있듯이 딥러닝망을 사용하는 것이 그러한 방법 중에서 가장 유명한 방법이다. 특히 딥러닝망은 이미지로 표시된 관찰을 처리할 때 가장 많이 사용된다. 그러면, 이를 염두에 두고 Q-러닝 알고리즘을 수정해 보자.

1. 초기 근사값으로 $Q(s,a)$를 초기화(역자주: 딥러닝망으로 Q값을 근사하고자 한다. 따라서 여기서의 초기화는 딥러닝망의 초기화를 의미)한다.
2. 환경과의 상호작용을 통하여 튜플(s, a, r, s') 획득한다.
3. 손실 계산: 에피소드가 종료된 경우 $L = (Q_{s,a} - r)^2$. 그렇지 않다면 $L = (Q_{s,a} - (r + \gamma \max_{a' \in A} Q_{s',a'}))^2$.
4. 경사하강법을 이용하여 모델의 파라미터에 대한 손실을 최소화함으로써 $Q(s, a)$를 업데이트한다.
5. 수렴할 때까지 단계 2로부터 반복한다.

앞의 알고리즘은 매우 간결해 보이지만 불행히도 그리 잘 동작하지는 않는다. 그러면 무엇이 문제인지 살펴보자.

환경과의 상호작용

우선, 우리는 학습할 데이터를 받기 위해 어떻게든 환경과 상호작용할 필요가 있다. 앞의 단계 2에서도 환경과의 상호작용 과정이 포함되어 있는데, 이는 결국 에이전트가 어떤 행동을 해서 상호작용을 하는 것이므로 결국 이 행동을 어떻게 선택하는 문제와 결부되어 있다. 그러면 상호작용을 위한 행동을 어떻게 선택해야 할까? FrozenLake와 같은 단순한 환경에서는 무작위로 행동할 수도 있지만 과연 이게 좋은 전략일까? 퐁 게임을 예를 들어보자. 무작위로 막대기를 움직여 한 점을 얻을 확률이 얼마일까? 물론 0은 아니겠지만 매우 작다고 할 수 있다. 따라서, 이렇게 해서는 아주 드문 경우를 위해 매우 오래 기다려야 할 것이므로 이것은 그리 좋은 방법이 아니다. 그러면, Q 함수에 근사한(역자주: 딥러닝망을 이용하여 Q값을 근사하고 있다) 행동을 고려해서 선택할 수 있지 않을까?

만일 Q 함수가 상당히 잘 구축되어 있다면 이 Q값을 기반으로 행동을 선택하는 것은 에이전트를 학습시키는 데 좋은 데이터를 제공해 줄 수 있기 때문에 괜찮은 방법이다. 하지만 문제는 Q가 근사를 제대로 못할 경우(예를 들자면 학습의 시작 시에 그렇다) 문제가 생긴다. 이런 경우에는 에이전트가 어떤 상태에 빠져서 이로부터 벗어나지 못하고 그렇다고 그 상태로부터 벗어나기 위한 어떤 다른 행동을 시도하지도 못한다[3]. 이렇듯 이미 있는 Q값만을 활용하여 행동을 선택하는 것을 활용(exploitation)이라고 부르며, 반면 무작위의 어떤 행동을 시도해 보는 것을 탐험(exploration)이라고 부른다. 이 탐험과 활용의 딜레마는 1장 "강화 학습이란 무엇인가?"에서 간략하게 언급된 바 있다. 다시 설명하자면, 에이전트는 전이 및 행동이 어떠한 결과를 가져다 줄지에 관한 완벽한 그림을 완성하기 위해 계속 환경을 탐험해야 한다. 하지만 다른 한편으로는 환경과의 상호작용을 효율적으로 할 수 있도록 Q값을 잘 활용해야 한다(그냥 단순히 무작위의 행동을 시도하는 것은 이미 시도해 봐서 그 결과를 잘 알고 있는 행동까지도 포함하게 되므로 시간낭비를 피할 수 없다). 따라서, 학습의 초기에 Q가 근사를 잘 못하는 때에는 무작위로 행동하는 것이 환경의 다양한 상태에 대한 정보를 주기 때문에 도움이 된다. 반면, 학습이 진행될수록 무작위 행동은 비효율적이 되고 그 대신 Q 함수에 의존하여 행동을 결정하는 것이 유리해진다.

이 두 가지 극단적인 행동 선택 방법을 적절히 혼합하는 것이 바로 잘 알려진 엡실론 그리디(epsilon-greedy) 방법이다. 이 방법은 확률 하이퍼 파라미터인 ϵ을 사용하여 무작위적인 선택과 Q 정책을 전환한다. ϵ을 변화시킴으로써 임의로 행동하는 비율을 선택할 수 있다. 일반적으로 $\epsilon = 1.0$ (100% 무작위 행동)으로 시작하여 무작위로 5% 또는 2%와 같이 작은 값으로 천천히 줄이면 된다. 엡실론 그리디 방법을 사용하면 학습의 초기에는 환경을 많이 탐험하고 학습이 끝나갈수록 좋은 정책을 유지하는 데 도움이 된다. 엡실론 그리디 방법 말고도 "탐험 대 활용" 문제를 해결하는 다른 방법들이 있지만, 이에 대해서는 이 책의 3부에서 다룰 예정이다. 하지만, 이 문제는 강화학습이 가지고 있는 가장 근본적인 문제이면서 열린 문제이며, 아직까지 완전히 해결되

3) 역자주: 간단히 예를 들어서, 에이전트가 진짜 나쁜 상태에 들어왔는데, 하필 이 상태에서 가장 좋은 Q값이 그냥 아무것도 하지 않는 행동이라고 해보자. 그렇게 되면, Q값에 기반한 행동 선택은 언제나 그냥 가만히 있을 것이므로, 이 상태에서 도저히 벗어날 수가 없게 된다.

지 않고 있는 연구 활동 영역이다.

SGD 최적화

Q-러닝을 진행하는 과정은 사실 지도 학습(supervised learning)에서 차용한 것이다. 기본적으로 우리는 신경망으로 복잡한 비선형 함수인 $Q(s, a)$를 근사하려고 한다. 신경망을 학습시키기 위해서는 정답에 해당하는 값들이 있어야 하는데, 이 값을 벨만 방정식을 사용하여 구하며, 이렇게 되면 비로소 지도 학습을 위해 필요한 정답이 구비된다. 정답 셋의 준비 여부 관점에서 보면 문제는 해결된 듯 보이는데, 사실은 그것 말고도 다른 문제가 있다. 그것은 바로 확률적 경사 하강법(stochastic gradient descent, SGD) 최적화의 기본 요구 사항 혹은 가정이 바로 학습 데이터가 독립적으로 그리고 동일한 확률분포(independent and identically distributed, 종종 i.i.d로 축약됨)에서 샘플링되도록 요구한다는 것이다.

그런데, 우리가 SGD 최적화를 위하여 쓰려고 하는 데이터는 사실 이 조건을 완전히 만족시키지는 못한다.

1. 데이터 샘플들은 독립적이지 않다. 데이터를 많이 모은다 하더라도 그것들이 같은 에피소드에서 나온 것이라면 이 학습 데이터들 간의 상호 연관성이 높아서 독립적이라고 할 수 없다[4].

2. 학습 데이터의 분포가 배우려고 하는 최적의 정책에 의해 제공되는 데이터 샘플들의 분포와 동일하지 않다는 문제점도 있다. 우리가 가지고 있는 데이터는 다른 정책(우리의 현재 정책, 무작위 또는 엡실론 그리디)의 결과이지만 무작위로 게임하는 법을 배우기를 원하지 않는다. 우리는 최적의 정책을 배우기를 원한다[5].

---

4) 역자주: 좀 더 설명하자면, 예를 들어 아타리 게임을 생각해 보자. 현재 화면에서 우리가 어떤 행동을 해서 다음 화면을 얻었다. 그러면, 이때 얻은 두 개의 화면이 완전히 다른 그림인가? 그렇지 않다. 다음 화면은 이전 화면과 거의 비슷하다. 둘 사이에 아주 높은 연관성이 있다. 즉, 이전 화면은 현재 화면에 영향을 미쳤으며 따라서 독립적이지 않다.

5) 역자주: 아! 이 말은 너무 어렵게 원서에 쓰여 있다. 다시 좀 더 설명하자면, 우리는 알 수는 없지만 어떤 이상적인 최적의 정책을 배우고자 하는 것이고, 그렇다면 당연히 학습 데이터도 그 이상적인 정책으로부터 기인하여야 하는데 실제로는 다른 정책을 실행하면서 모은 데이터로 최적의 정책을 배우려고 하는 그런 차이가 생기게 된다. 즉, 우리가 배우고자 하는 이상적인 최적의 정책이 만들어내는 데이터 분포로부터 샘플링된 데이터로 학습을 해야 하지만 실제로는 현재 정책(무작위이든 입시론 그리디이든)이 만들어내는 데이터 분포로부터 샘플링된 데이터로 학습을 하게 되고, 강화학습은 동일한 분포(identically distributed)에서 나오지 않은 데이터로 학습을 하게 되므로 independent and identically distributed 가정에서 identically distributed 가정을 위배한다.

이러한 문제를 해결(역자주: 원서에는 해결이라고 나와있지만 사실은 완화라고 하는 것이 더 맞을 듯하다)하기 위해 제안된 방법은 최신 경험만을 사용하는 대신 과거의 많은 경험을 유지하고(버퍼를 이용하여) 그로부터 얻은 무작위로 샘플링된 데이터를 학습 데이터로 사용하는 것이다. 이를 리플레이 버퍼(replay buffer) 혹은 경험 리플레이(experience replay)라고 한다. 이를 구현하려면 간단히는 고정된 크기의 버퍼를 만들고 새로운 데이터가 버퍼의 끝에 추가되고 공간이 부족할 경우 가장 오래된 데이터를 빼낸다. 리플레이 버퍼를 사용하면 비록 완전히 독립적이라고 말할 수는 없지만 그래도 충분히 독립적인 데이터를 사용하여 학습을 할 수 있고, 또한 최근 정책에 의해 생성된 샘플을 학습할 만큼 충분히 업데이트된 데이터를 사용할 수 있다.

단계 간의 상호 연관성

기본 학습 절차가 가지고 있는 또 다른 실질적인 문제 역시 데이터에서 i.i.d가 부족한 것과 관련이 있지만 약간은 다른 방식으로 관련되어 있다. 벨만 방정식은 $Q(s, a)$을 계산할 때 다음 상태에 해당하는 $Q(s', a')$을 이용한다(부트 스트래핑이라고 한다). 그리고 이 두 상태 사이에는 한 단계만 있다. 따라서, 이 두 상태들은 매우 비슷하며 신경망이 그들을 구별하는 것은 정말로 어렵다. 우리는 $Q(s, a)$를 원하는 결과에 가깝게 만들기 위해 Q값을 모델링하고 있는 신경망의 가중치를 업데이트 하는데, 이렇게 되면 비록 간접적이긴 하지만 $Q(s', a')$ 및 근처의 다른 상태에 대한 값도 변경이 이루어 지게 된다[6]. 이렇게 되면 학습 과정이 상당히 불안정하게 되는데, 왜냐하면 우리가 변경했던 $Q(s,a)$ 값은 신경망이 변경되기 이전의 $Q(s', a')$에 근거해서 변경된 것인데, 이제 부작용으로 인해서 $Q(s', a')$가 변경되었으니 앞서 변경했던 $Q(s,a)$ 값이 손상된 것이나 다름없다. 어찌 보면 이것은 끝없는 도돌이표 같이 꼬리에 꼬리를 무는 것과 같은 현상이 발생하게 된다.

이런 학습 과정의 불안정성을 극복하기 위해서 우리는 타겟 신경망이라고 불리는 트릭을 사용하게 되는데, 타겟 신경망은 사실 현재 신경망의 복사본으로서 벨만 방정식에서 $Q(s', a')$ 값을 제공하는데 이용된다. 이 타겟 신경망은 주 신경망과 N 단계마다 주기적으로 동기화 시킨다(혹은 복사된다) (N은 일반적으로 1k 또는 10k 학습 반복과 같이 상당히 큰 하이퍼 파라미터임).

6) 역자주: 이것은 신경망의 일반화 능력 때문에 기인하는 것이다. 사실 우리는 Q(s,a)의 값만 바꾸길 원하고 그걸 하기 위해서 가중치를 변경하지만, 이 변경과 신경망의 일반화 능력으로 인하여 바꾸길 원하지 않았던 Q(s', a') 값도 바뀌게 된다.

마르코프 속성

강화학습 방법은 MDP 형식을 따르는데, 이는 환경이 마르코프 속성을 따른다는 것을 의미한다. 하지만 모든 환경이 항상 마르코프 속성을 준수하는 것은 아닌데, 예를 들어 앞서 보았던 퐁의 스크린 샷에서 볼 수 있듯이 아타리 게임에서는 하나의 이미지만으로는 필요한 혹은 중요한 모든 정보를 담아내기에는 충분치 않은 경우가 많다(볼과 상대의 패들과 같은 객체의 속도와 방향에 대해 알지 못하기 때문). 이렇게 되면 분명히 마르코프 속성에 위배되는 것이다. 즉, 하나의 이미지 프레임만을 사용해서는 퐁 게임에서 필요한 전체 정보를 다 얻는게 아니라서, 우리는 이런 경우를 일컬어 부분적으로만 관찰 가능한 MDP(Partially Observable MDP, 즉 POMDP)라고 한다. POMDP는 기본적으로는 마르코프 속성이 없는 MDP이며 실제 문제들은 이런 경우가 많으므로 상당히 중요하다. 예를 들어, 상대방 카드가 보이지 않는 대부분의 카드 게임의 경우, 현재 관찰치(테이블에 있는 카드와 나의 카드)를 보더라도 상대방의 카드를 알 수 있는 방법은 없으므로 게임 관찰치는 POMDP이다.

하지만, 이 책에서는 POMPD에 대해 자세히 다루지는 않을 것이다. 대신 지금은 약간의 기술을 사용하여 POMDP 환경을 다시 MDP 도메인으로 되돌려 보겠다. 이 기술은 굉장히 간단한데 과거의 여러 관찰을 유지하고 이들을 상태로 사용하는 것이다. 아타리 게임의 경우 일반적으로 k개의 연속된 프레임을 겹쳐서 상태에서의 관찰로 사용한다. 이렇게 하면 에이전트가 볼의 속도와 방향을 얻을 수 있는 기초 정보를 제공하게 된다. 아타리 게임에서 일반적으로 사용되는 k는 4이다. 물론 어떤 환경이 더 긴 의존성을 필요로 한다면 이보다 더 클 수도 있겠지만 일반적으로 4이면 대부분의 게임에서 잘 작동한다.

DQN 학습의 마지막 형식

사실 많은 연구를 통하여 DQN 학습을 보다 안정적이고 효율적으로 만들 수 있는 다수의 팁과 트릭을 얻었지만 그런 것들은 다음 장에서 살펴볼 것이고, 구글의 딥마인드사는 49개의 아타리 게임에서 DQN을 성공적으로 학습시키기 위해서 엡실론 그리디, 리플레이 버퍼, 그리고 타겟 신경망 기법을 사용하였고, 이 방법을 보다 복잡한 환경에 적용하여 그 효율성을 입증하였다.

이 방법들에 관한 원래의 논문은 2013년에 발표된 논문(*Playing Atari with Deep Reinforcement Learning* 1312.5602v1, *Mnih*외 저자들)에서 발표되었으며(하지만 아직은 타겟 신경망을 사용하지는 않았다) 7개의 게임을 사용하여 테스트하였다. 이후 2015년 전반기에 네이처에 실린 논문(*Human-Level Control Through Deep Reinforcement Learning* doi:10.1038/nature14236, *Mnih*외 저자들)에

서는 총 49개의 다른 게임을 사용하였다.

앞서의 논문들에 실렸던 DQN 알고리즘은 다음의 절차를 따른다:

1. $Q(s,a)$와 $\hat{Q}(s,a)$를 위한 파라미터를 무작위로 초기화, $\epsilon \leftarrow 1.0$, 그리고 리플레이 버퍼를 비운다.
2. ϵ의 확률로 행동 a를 랜덤하게 선택하거나 $a = \arg\max_a Q_{s,a}$로 선택한다.
3. 선택된 행동 a를 아타리 에뮬레이터에서 실행하고 보상 r과 다음 상태 s'을 얻는다.
4. (s, a, r, s') 튜플을 리플레이 버퍼에 저장한다.
5. 리플레이 버퍼로부터 튜플을 무작위로 샘플링하여 하나의 미니 배치(minibatch)를 얻는다.
6. 미니 배치에 있는 모든 튜플에 대하여 신경망의 학습을 위한 레이블 y를 설정하는데, 만일 에피소드가 현재 단계에서 끝났으면 $y=r$로 설정하고, 그렇지 않다면 $y=r + \gamma max_{a' \in A} \hat{Q}_{s',a'}$로 설정한다.
7. 손실 함수 L을 계산: $L = (Q_{s,a} - \mathrm{y})^2$
8. 손실함수를 최소화할 수 있도록 모델의 파라미터를 SGD를 이용하여 갱신하고, 그 결과 업데이트된 $Q(s,a)$를 얻는다.
9. 매 N 단계마다 Q 신경망의 가중치를 $\hat{Q}$로 복사한다.
10. 수렴할 때까지 단계 2부터 반복한다.

자, 이를 구현해서 아타리 게임을 한번 이겨보자.

퐁 게임에서의 DQN

우리가 다루려 하는 문제가 점점 더 복잡해지고 있기 때문에 본격적으로 코드를 살펴보기 전에 우선 몇 가지 소개가 필요한 것 같다. 앞으로 살펴볼 예제는 가능한 간결하게 작성되어 있지만 코드의 일부는 처음에는 이해하기 어려울 수도 있겠다.

또 다른 주목할 것은 성능적인 측면인데, 앞서 살펴보았던 FrozenLake 또는 CartPole 문제들은 관찰 공간이 작고 신경망 가중치가 작기 때문에 성능 관점에서 별로 문제가 되지 않았다. 이 문제들은 기껏해야 수 밀리 초 정도의 차이만 보여주었다. 그러나 지금부터 다룰 문제는 좀 다르다. 아타리 환경에서 하나의 관찰은 십만 개 정도의 값을 가지고 있다. 물론 이 관찰은 다시 스케일되고 실수값으로 변환되어야 하며 리플레이 버퍼에 저장되어야 한다. 이 데이터 배열을 추가로 복사한다면 학습 속도가 많이 느려질 수 있는데 느려짐의 정도가 더이상 초 단위이거나 분 단위가 아니라 가능한 가장 빠른 GPU에서도 몇 시간이 될 수도 있다. 신경망의 학습 루프 또한 속도의 병목일 수 있다. 물론 강화학습 모델은 이미지넷ImageNet 모델과 같은 괴물 같은 크기는 아니지만 DQN 모델조차도 백 오십만 개 이상의 가중치를 가지고 있어서 GPU가 메모리나 시간적 위기에 처하게 만들 수도 있다. 요컨대, 성능 문제는 중요하며, 특히 신경망의 학습과 관련해서 적절한 하이퍼 파라미터를 찾는다든지 단일 모델을 학습하는 것이 아니라 수십 개의 모델을 학습할 때는 더욱 그렇다.

파이토치와 더불어 많이 쓰이는 텐서플로우 라이브러리의 경우 최적화된 그래프를 이용하기 때문에 일반적으로 보다 효율적이긴 하지만 사용자 입장에서 보면 많은 부분이 숨겨져 있다 보니 전체적인 동작의 흐름을 잡기가 어려운 측면도 있다. 반면, 파이토치는 사용자에게 보다 많은 자유도를 부여하며 풍부한 표현력을 지니고 있기 때문에 코드만 효율적으로 작성되어 있다면 최적화된 텐서플로우 라이브러리 못지않게 효율적인 코드를 작성할 수 있게 해준다. 하지만, 그러한 자유도로 인하여 개발자가 코드를 비효율적으로 작성하거나 실수를 저지를 수 있는 여지가 많이 존재한다. 예를 들어, 배치의 모든 샘플들을 반복해서 방문해야 하는 DQN 손실 함수값을 계산할 때 단순한 버전은 병렬 버전보다 약 2배 느려지게 된다. 그러나 데이터 배치를 하나 더 추가하면 같은 코드가 약 13배 느려지게 되므로, 이러한 점은 상당히 중요한 요소가 된다.

이 예제는 코드 길이나 논리적 구조, 그리고 재사용성을 고려하여 세 가지 모듈로 구성하였다.

- `Chapter06/lib/wrappers.py`: 이 모듈은 OpenAI 베이스라인즈baselines 프로젝트에서 주로 따온 것으로 아타리 환경을 위한 래퍼들이다.
- `Chapter06/lib/dqn_model.py`: 이 모듈은 DQN 신경망으로서 딥마인드의 네이처 논문과 같은 구조로 이루어져 있다.
- `Chapter06/02_dqn_pong.py`: 이 부분은 메인 모듈로서 학습 루프, 손실 함수, 그리고 경험 리플레이 버퍼를 가지고 있다.

래퍼(Wrappers)

강화학습으로 아타리 게임을 다루는 것은 자원을 상당히 많이 요구하는 문제이다. 따라서, 일을 더 빠르게 하기 위해서 아타리 플랫폼과의 상호작용에 있어서 여러 변형이 적용되었으며, 이는 딥마인드사의 논문에 설명되어 있다. 이러한 변환 중 일부는 성능에만 영향을 미치지만 일부는 학습을 길고 불안정하게 만드는 아타리 플랫폼 기능과 관련이 있다. 이런 변환들을 프로그램할 때는 일반적으로 OpenAI Gym 래퍼로 구현된다. 개인적으로 좋아하는 OpenAI 저장소인 baselines는 텐서플로우에서 구현된 강화학습 방법 및 알고리즘 세트로 구성되어 있다. 저장소는 `https://github.com/openai/baselines`를 방문하여 확인할 수 있으며 우리가 사용할 래퍼는 `https://github.com/openai/baselines/blob/master/baselines/common/atari_wrappers.py`에 있다.

강화학습 연구자들이 아타리 게임을 위해서 만든 변형의 전체 리스트는 다음과 같다:

- 게임에서 주어지는 개별 생명을 에피소드로 전환. 일반적으로 게임에서 에피소드는 게임 시작부터 게임이 끝날 때까지의 모든 단계를 포함하며 수천 개의 게임 단계(관찰 및 행동)가 지속될 수 있다. 그렇지만, 이렇게 에피소드를 정의하면 에피소드가 너무 길어지고 학습에 지나치게 시간이 많이 걸린다. 아케이드 게임에서는 일반적으로 플레이어가 게임에서 몇 번의 시도를 할 수 있도록 하는 다수의 생명이 주어진다. 따라서, 이 생명의 단위를 우리의 에피소드 단위로 할 수 있겠다. 하지만, 모든 게임이 이 기능을 지원하지는 않는다(예: 퐁은 지원하지 않는다). 그렇지만 지원되는 환경에서는 대체적으로 에피소드가 짧아질수록 수렴 속도가 빨라진다.
- 게임 시작 시 최대 30개 이내에서 무작위의 개수만큼 아무런 행동을 취하지 않는다(no-op). 이렇게 하는 이유는 이것이 학습을 안정화한다고 알려져 있지만 사실 왜 그런지에 대한 그럴듯한 설명은 없다.
- 게임의 매 단계마다 행동에 대한 결정을 내리는 것이 아니라 매 K 단계마다 행동 결정을 내린다. K는 보통 4 또는 3이다. 그 중간 프레임들에서는 이전에 선택된 행동이 그냥 반복된다. 이것은 학습 속도를 향상시키기 위한 기법인데, 매 순간마다 신경망을 거쳐 어떤 행동에 대한 결정을 내리는 것은 신경망의 실행 속도를 고려했을 때 시간이 많이 걸리는 작업이기도 하고, 또 연속된 프레임 간에는 게임의 진행에 있어서 크게 차이가 없기 때문에 이렇게 몇 프레임 건너 뛰면서 행동을 결정해도 크게 문제가 되지 않는 반면 학습 속도는 크게 향상된다.

- 마지막 두 프레임의 픽셀에서 최대값을 취하여 관찰로 사용한다. 일부 아타리 게임은 깜박거리는 효과가 있는데, 이는 플랫폼의 한계로 인한 것이다(아타리에는 하나의 프레임에 표시할 수 있는 스프라이트[sprite]의 수가 제한되어 있기 때문에, 여러 스프라이트[7]를 추가하기 위한 기법으로 여러 프레임을 이용한다). 이런 깜빡임이 인간의 눈에는 잘 보이지 않지만 각 프레임을 별도로 신경망에 넣어주게 되면 신경망을 혼란스럽게 만들 수 있다. 따라서, 두 프레임에서 같은 위치의 픽셀값들을 비교하여 최대값을 취하는 방식을 통하여 두 프레임을 하나의 프레임으로 통합하고 이를 신경망에 입력하면 된다.

- 게임 시작 시 FIRE를 누르기. 일부 게임(퐁 및 브레이크아웃 포함)은 사용자가 게임을 시작하려면 FIRE 버튼을 누르도록 요구한다. 물론, 이론적으로는 신경망이 FIRE 자체를 누르는 것을 배울 수도 있겠지만 훨씬 더 많은 에피소드가 플레이되어야 하므로 굳이 그렇게 할 이유가 전혀 없다. 그저 래퍼에서 FIRE를 한 번 눌러주면 된다.

- 모든 프레임을 3개의 컬러를 가진 210 × 160 크기의 프레임에서 단색의 84 × 84 이미지로 축소한다. 예를 들어 딥마인드 논문에서는 YCbCr 색상 공간에서 Y 색상 채널을 가져온 다음 전체 이미지를 84 × 84 해상도로 리스케일링 한다. 하지만, 일부 다른 연구자는 이미지에서 의미 없는 부분을 잘라서 크기를 줄이고 회색 음영 변환을 수행하기도 하였다. Baselines 저장소(그리고 다음 예제 코드)에서는 후자의 방법이 사용되었다.

- 신경망이 게임 객체들의 움직임에 대한 정보를 알 수 있도록 하기 위해서 몇 개(일반적으로 4개)의 연속된 프레임을 쌓아서 신경망에 하나의 입력으로 넣는다.

- 보상을 [*−1 ... 1*] 범위로 클리핑. 게임에서 얻은 점수는 게임들 간에 매우 상이하기 때문에 이를 통일할 필요가 있다. 예를 들어, 퐁에서는 상대방이 공을 놓칠 때 1 점을 얻지만, 쿵푸와 같은 일부 게임에서는 적을 죽일 때마다 100의 보상을 얻는다. 이렇게 점수의 스케일이 다르게 되면 모든 게임에 대하여 일관된 하이퍼 파라미터 값을 찾는 것이 어렵기 때문에, 보상을 [*−1 ... 1*] 범위로 클리핑하여 사용한다.

- 관측값을 부호 없는 바이트에서 float32 값으로 변환한다. 에뮬레이터에서 가져온 화면은 0에서 255 사이의 값을 갖는 텐서 바이트인데, 이런 값들은 신경망에 적합하지 않다. 따라서, 이미지를 실수로 변환하고 범위로 [*0.0 ... 1.0*] 사이의 값으로 재조정해야 한다.

7) 역자주: 사실 역자도 아케이드식의 게임 구현 방법에 대해서는 거의 문외한에 가깝지만, 찾아본 바로는 스프라이트란 게임에서 각 캐릭터들의 움직임을 비트맵 형식으로 미리 준비한 것 정도로 이해하면 될 듯 하다.

물론, 앞서 제시한 변환들이 모든 게임에서 해야 하는 것은 아니다. 예를 들어 퐁 게임에서는 에피소드의 변환이나 보상 클리핑이 필요하지는 않다. 하지만, 다른 게임에 적용하려면 위에서 언급한 변환들이 필요할 수도 있기 때문에, 그러한 점을 항상 염두에 두고 있어야 하겠다. 그리고, 때로는 DQN이 수렴하지 않을 때가 있을 수도 있는데, 이때에도 문제는 코드가 아니라 잘못 싸여진 환경에 있을 수도 있음을 명심하자. 실제로 필자도 게임을 시작할 때 FIRE 버튼을 누르는 것을 까먹어서 수렴이 안되는 문제를 디버깅하느라 며칠을 허비하였다!

자, 그럼 Chapter06/lib/wrappers.py에 있는 래퍼들이 어떻게 구현되어 있는지 살펴보자.

```
import cv2
import gym
import gym.spaces
import numpy as np
import collections

class FireResetEnv(gym.Wrapper):
    def __init__(self, env=None):
        super(FireResetEnv, self).__init__(env)
        assert env.unwrapped.get_action_meanings()[1] == 'FIRE'
        assert len(env.unwrapped.get_action_meanings()) >= 3

    def step(self, action):
        return self.env.step(action)

    def reset(self):
        self.env.reset()
        obs, _, done, _ = self.env.step(1)
        if done:
            self.env.reset()
        obs, _, done, _ = self.env.step(2)
        if done:
            self.env.reset()
        return obs
```

위의 래퍼는 게임을 시작하기 위해서 FIRE 버튼을 누르기 위한 래퍼이다. 또한, 몇몇 게임에만 있는 몇 가지 특이한 케이스들을 체크한다.

```
class MaxAndSkipEnv(gym.Wrapper):
    def __init__(self, env=None, skip=4):
        """Return only every 'skip'-th frame"""
        super(MaxAndSkipEnv, self).__init__(env)
        # most recent raw observations (for max pooling across
time steps)
        self._obs_buffer = collections.deque(maxlen=2)
        self._skip = skip

    def step(self, action):
        total_reward = 0.0
        done = None
        for _ in range(self._skip):
            obs, reward, done, info = self.env.step(action)
            self._obs_buffer.append(obs)
            total_reward += reward
            if done:
                break
        max_frame = np.max(np.stack(self._obs_buffer), axis=0)
        return max_frame, total_reward, done, info

    def _reset(self):
        self._obs_buffer.clear()
        obs = self.env.reset()
        self._obs_buffer.append(obs)
        return obs
```

위 래퍼는 K 프레임 동안에 같은 행동을 반복하고 두 개의 연속된 프레임에 있는 픽셀들에서 최대값을 취한다.

```
class ProcessFrame84(gym.ObservationWrapper):
    def __init__(self, env=None):
        super(ProcessFrame84, self).__init__(env)
        self.observation_space = gym.spaces.Box(low=0, high=255,
shape=(84, 84, 1), dtype=np.uint8)

    def observation(self, obs):
        return ProcessFrame84.process(obs)

    @staticmethod
    def process(frame):
        if frame.size == 210 * 160 * 3:
```

```
            img = np.reshape(frame, [210, 160,
3]).astype(np.float32)
        elif frame.size == 250 * 160 * 3:
            img = np.reshape(frame, [250, 160,
3]).astype(np.float32)
        else:
            assert False, "Unknown resolution."
        img = img[:, :, 0] * 0.299 + img[:, :, 1] * 0.587 + img[:,
:, 2] * 0.114  # 사람의 색상 인식에 더 가깝게 평균이 아니라 가중치를 곱함
        resized_screen = cv2.resize(img, (84, 110),
interpolation=cv2.INTER_AREA)
        x_t = resized_screen[18:102, :]
        x_t = np.reshape(x_t, [84, 84, 1])
        return x_t.astype(np.uint8)
```

위 래퍼는 컬러 프레임을 회색조의 프레임으로 변경하고 사이즈를 84 × 84로 조정한다. 이때 단순히 색상 채널을 평균하는 방식보다는 사람의 색상 인식에 더 가깝게 하기 위한 방법으로 컬러 이미지를 그레이 색상의 이미지로 변환하고 있다. 그후, 이미지의 크기를 84 × 110으로 조정하고 다시 이미지의 위쪽과 아래쪽 부분을 잘라낸 후 84 × 84로 리스케일한다.

```
class BufferWrapper(gym.ObservationWrapper):
    def __init__(self, env, n_steps, dtype=np.float32):
        super(BufferWrapper, self).__init__(env)
        self.dtype = dtype
        old_space = env.observation_space
        self.observation_space =
gym.spaces.Box(old_space.low.repeat(n_steps, axis=0),
        old_space.high.repeat(n_steps, axis=0), dtype=dtype)

    def reset(self):
        self.buffer = np.zeros_like(self.observation_space.low,
dtype=self.dtype)
        return self.observation(self.env.reset())

    def observation(self, observation):
        self.buffer[:-1] = self.buffer[1:]
        self.buffer[-1] = observation
        return self.buffer
```

이 클래스는 첫 번째 차원을 따라 연속되는 프레임들을 쌓은 스택을 만들고 이를 관찰로 반환한다. 이렇게 하는 이유는 퐁 게임에서 공의 속도와 방향 또는 움직이는 적과 같은 객체의 역동성

에 대한 아이디어를 신경망에 제공하려는 것이다.

```
class ImageToPyTorch(gym.ObservationWrapper):
    def __init__(self, env):
        super(ImageToPyTorch, self).__init__(env)
        old_shape = self.observation_space.shape
        self.observation_space = gym.spaces.Box(low=0.0, high=1.0,
shape=(old_shape[-1], old_shape[0], old_shape[1]),
dtype=np.float32)

    def observation(self, observation):
        return np.moveaxis(observation, 2, 0)
```

위 간단한 래퍼는 관찰의 차원을 서로 맞바꿈으로써 Gym에서 얻은 관찰을 파이토치에서 요구하는 차원의 순서로 변경한다. 구체적으로 세로, 가로, 채널의 HWC 순서에서 파이토치의 컨벌루션 계층에서 요구하는 채널, 세로, 가로인 CHW 형식으로 관찰을 변경한다.

```
class ScaledFloatFrame(gym.ObservationWrapper):
    def observation(self, obs):
        return np.array(obs).astype(np.float32) / 255.0
```

위 마지막 래퍼는 바이트 형식의 관찰 데이터를 실수 형식의 데이터로 변환하고 값을 [0.0...1.0]로 매핑하기 위한 래퍼이다.

```
def make_env(env_name):
    env = gym.make(env_name)
    env = MaxAndSkipEnv(env)
    env = FireResetEnv(env)
    env = ProcessFrame84(env)
    env = ImageToPyTorch(env)
    env = BufferWrapper(env, 4)
    return ScaledFloatFrame(env)
```

파일의 마지막에 있는 함수는 환경을 생성하고, 앞서 살펴보았던 모든 래퍼를 적용하여 우리가 원하는 환경을 구축하는 역할을 수행한다. 이상으로 래퍼에 대해서 살펴보았다. 이제는 이 문제를 해결하는 데 쓰일 모델에 대하여 알아보자.

DQN 모델

네이처지에 발표된 모델은 3 개의 컨볼루션 계층과 두 개의 완전 연결 계층을 가지고 있다. 모든 계층은 ReLU 비선형 활성화 함수를 가지고 있다. 모델의 출력 부분에는 비선형성을 적용하지 않으며 환경에서 사용할 수 있는 모든 행동에 대한 Q값이 출력이다(Q값은 어떤 값이든 가질 수 있음). 상태를 입력으로 주면 신경망이 한 번의 포워딩을 통해 해당 상태에서의 모든 Q값을 계산해 내는 구조이다. Q(s, a) 값을 계산할 때 신경망을 다르게 운영할 수도 있었는데, 예를 들면 입력으로 상태와 행동을 모두 주고 신경망은 하나의 Q(s, a) 값만을 내 놓는 방식이다. 그러나 이 방식은 앞의 방식과 비교했을 때, 속도가 현저하게 느리기 때문에 앞의 방식이 더 좋은 구현 방법이라고 할 수 있다.

이 모델은 Chapter06/lib/dqn_model.py에서 확인할 수 있다.

```
import torch
import torch.nn as nn
import numpy as np

class DQN(nn.Module):
    def __init__(self, input_shape, n_actions):
        super(DQN, self).__init__()

        self.conv = nn.Sequential(
            nn.Conv2d(input_shape[0], 32, kernel_size=8,
stride=4),
            nn.RcLU(),
            nn.Conv2d(32, 64, kernel_size=4, stride=2),

            nn.ReLU(),
            nn.Conv2d(64, 64, kernel_size=3, stride=1),
            nn.ReLU()
        )

        conv_out_size = self._get_conv_out(input_shape)
        self.fc = nn.Sequential(
            nn.Linear(conv_out_size, 512),
            nn.ReLU(),
            nn.Linear(512, n_actions)   # Q값을 예측해야 하므로, 신경망의 최종 출력은 회귀 문제이
                                        고 따라서 별도의 활성화 함수는 사용하지 않음
        )
```

모델은 3개의 컨벌루션으로 이루어진 conv와 두 개의 완전 연결 계층으로 이루어진 fc로 구성된다.

여기서 한 가지 작은 문제가 발생하는데, 일련의 컨벌루션 계층과 이후에 연결되는 완전 연결계

층 사이의 연결과 관련된 문제이다. 완전 연결 계층(위의 코드에서 nn.Linear)은 입력으로 입력 데이터의 차원(위의 코드에서 conv_out_size)을 입력으로 받는다. 그런데, 일련의 컨벌루션 연산의 결과로 생성되는 텐서의 크기는 입력 데이터에 의존하는데, 만일 코드가 특정한 하나의 입력 데이터 크기에만 동작하기를 원한다면 이는 크게 문제가 안된다. 그러나, 일반적으로 우리는 모델이 다양한 입력 데이터 크기에도 동작하기를 바라므로 이럴 경우에는 조금 문제가 된다. 따라서, 코드를 조금 더 일반적으로 만들기 위해서 우리는 get_conv_out이라는 함수를 사용하였다. 이 함수는 입력 데이터의 모양을 인수로 받아서 동일한 모양의 가짜 텐서를 만들고 이 텐서에 모델의 컨벌루션 계층을 적용한다. 이렇게 되면 이 컨벌루션 계층의 결과로 생성되는 텐서를 얻을 수 있는데, 이로부터 결과 텐서의 크기를 얻을 수 있다. 반환된 이 값을 이용하여 완전 연결 계층을 정의함으로써, 모델은 입력 데이터의 크기가 변해도 아무런 수정 없이 동작함을 보장할 수 있다. 더군다나, 이 함수에 대한 호출은 모델 생성 시 한 번만 수행하면 되므로, 실제 학습 시에는 전혀 부담이 되지 않는다.

```
    def _get_conv_out(self, shape):
        o = self.conv(torch.zeros(1, *shape))
        return int(np.prod(o.size()))

    def forward(self, x):
        conv_out = self.conv(x).view(x.size()[0], -1)
        return self.fc(conv_out)
```

```
# 참고: prod는 리스트의 원소들을 모두 곱한 결과를
내줌
>>>(np.prod([[1.,2.],[3.,4.]])
24.0
```

모델의 마지막 부분은 4D 입력 텐서를 받아들이는 forward() 함수이다(여기서 첫 번째 차원은 배치 크기이고, 두 번째는 컬러 채널 부분인데 그레이 색상을 사용하므로 컬러 채널 자체는 1이지만, 대신 프레임을 몇 개 연속으로 쌓아서 하나의 입력으로 사용하므로, 결국 이 컬러 채널 부분은 숫자는 연속적인 프레임 수가 된다. 세 번째와 네 번째는 이미지의 높이와 너비가 된다. Forward() 함수는 두 가지 일을 수행하는데, 먼저 입력에 컨볼루션 계층을 적용한 다음 결과로서 4D 텐서를 얻는다. 이 텐서를 완전 연결 계층에 넘겨주기 위해서는 배치 차원을 제외한 나머지 차원을 하나의 차원으로 통합해서 평편화flatten해야 하는데 tensors의 view() 함수에 의해 수행된다. 이 함수는 여러 차원 중에서 하나의 차원이 −1[8]을 가질 수 있는데, 이때 나머지 차원들은 정확한 값을 가져야 한다. 예를 들어, 24개의 요소로 이루어진 (2,3,4) 형태의 3D 텐서인 T(2,3,4)의 경우, T.view(6, 4)를 사용하여 6행 4열의 2D 텐서로 변형할 수 있다. 이 작업은 새

8) 역자주: -1을 명시한 차원에 대해서는 파이토치가 알아서 계산해준다. 나머지 차원이 정확히 명시된다면 -1로 명시된 차원이 정확히 어떤 숫자일 지는 쉽게 판단 가능하다.

로운 메모리 객체를 만들거나 메모리에 데이터를 이동시키지 않고 단지 텐서의 상위 레벨 모양만을 변경한다. 같은 결과를 이번에는 −1을 사용하여 다음과 같이 `T.view(-1, 4)` 또는 `T.view(6, -1)`을 사용해도 된다. 이는 텐서가 첫 번째 차원에서 배치 크기를 가질 때 매우 편리한데, 일반적으로 배치의 크기는 실험에 따라 자주 변하기 때문에, 이를 명시하지 않고 나머지 차원만으로 연산을 지정할 수 있기 때문이다. 마지막으로 평편화된 2D 텐서를 완전히 연결된 계층에 전달하여 모든 배치 입력에 대해 Q값을 얻는다.

학습

세 번째 모듈에는 경험 리플레이 버퍼, 에이전트, 손실 함수 계산 및 학습 루프 자체가 포함된다. 코드를 보기 전에 학습용 하이퍼 파라미터에 관해 한마디 덧붙일 것이 있다. 딥마인드의 네이처 논문에서는 평가에 사용된 49개의 아타리 게임 모두에서 모델을 학습하는 데 사용된 하이퍼 파라미터에 대한 모든 세부 정보가 있는 표가 포함되어 있는데, 딥마인드는 모든 게임에 대해 모든 하이퍼 파라미터를 동일하게 유지하였다(물론, 모델 자체는 게임마다 별도로 훈련해야 함은 당연하다). 딥마인드 팀의 의도는 이렇게 단일 구성의 하이퍼 파라미터를 사용하더라도 복잡성, 행동 공간, 보상 구조 등이 다양한 많은 게임을 해결할 수 있을 정도로 제안하는 방법이 강건한 방법임을 보여주는 것이었다. 그러나 우리의 목표는 훨씬 더 단순하여 그저 퐁 게임만 해결하고자 한다.

퐁은 아타리 테스트 세트의 다른 게임과 비교하여 아주 간단하고 직관적이기 때문에, 딥마인드의 논문에서 나온 하이퍼 파라미터 설정은 퐁에는 너무 과도하다. 예를 들어 논문에서는 49개 게임 모두에서 최상의 결과를 얻기 위해서 백만 개의 관찰을 저장할 수 있는 리플레이 버퍼를 사용하였다. 이 버퍼를 유지하기 위해 약 20GB의 램(RAM)이 필요하고 더군다나 이를 채우기 위해서 환경으로부터 그만큼의 샘플을 얻어야 한다. 또, 사용된 ϵ 그리디 정책과 관련된 ϵ값에 대한 디케이(decay) 플랜[9]은 퐁 게임 하나를 풀기에는 그리 적합해 보이지 않는다. 논문에서는 환경에서 얻은 백만 번째 프레임 동안 1.0에서 0.1까지 선형으로 감쇠시켰지만, 저자의 실험에 따르면 퐁의 경우 십만 프레임에서 ϵ을 감쇠시킨 다음 안정적으로 유지하는 것으로 충분하였다. 리플레이 버퍼는 훨씬 더 작은 일만 정도로 충분하다. 다음 예제에서는 저자 나름의 하이퍼 파라미터를 사용하였지만, 그로 인하여 논문보다 퐁 게임을 약 10배 더 빨리 풀 수 있게 되었다. GeForce GTX 1080 Ti에서 다음 버전은 1~2 시간 안에 평균 19.5로 수렴하지만 딥마인드의 하

9) 역자주: ϵ값을 시간에 따라서 어떻게 감축할지에 대한 계획으로서, 일반적으로 학습의 초기에는 1정도로 높게 유지하다가 시간이 지남에 따라서 점차 이 값을 줄여야 하는데, 이때 시간이 지남에 따라 어떻게 감소시켜 줄 것인지에 대한 것이다.

이퍼 파라미터를 사용하면 최소 하루가 필요하다.

물론 이 속도 향상은 특정 환경에 맞게 조정된 것이므로 다른 게임에서는 수렴성을 떨어뜨릴 수 있다. 아타리 게임 세트에서 여러 가지 옵션들을 테스트해 보는 것도 괜찮을 것 같다.

```
from lib import wrappers
from lib import dqn_model

import argparse
import time
import numpy as np
import collections

import torch
import torch.nn as nn
import torch.optim as optim

from tensorboardX import SummaryWriter
```

먼저 필요한 모듈하고 하이퍼 파라미터를 정의하자.

```
DEFAULT_ENV_NAME = "PongNoFrameskip-v4"
MEAN_REWARD_BOUND = 19.5
```

위에서 학습시킬 기본 환경을 정의하고 학습을 중단할 기준으로 쓰일 지난 100번 동안의 에피소드의 평균 보상 한도를 정의하였다.

```
GAMMA = 0.99
BATCH_SIZE = 32
REPLAY_SIZE = 10000
REPLAY_START_SIZE = 10000
LEARNING_RATE = 1e-4
SYNC_TARGET_FRAMES = 1000
```

위 파라미터들은 다음을 정의한다.

- 벨만 근사에 쓰일 감마값(할인율)
- 리플레이 버퍼에서 샘플링할 배치의 크기(BATCH_SIZE)
- 버퍼의 크기(REPLAY_SIZE)
- 학습을 시작하기 전에 채워야 할 프레임의 수(REPLAY_START_SIZE)

- Adam 옵티마이저에서 쓰이는 학습률
- 학습되고 있는 모델을 타겟 모델로 얼마나 자주 동기화할 것인가에 대한 값. 아시다시피, 타겟 모델은 벨만 방정식에서 다음 상태의 값을 얻는 데 쓰인다.

```
EPSILON_DECAY_LAST_FRAME = 10**5
EPSILON_START = 1.0
EPSILON_FINAL = 0.02
```

위의 하이퍼 파라미터들은 엡실론 ϵ를 어떻게 감쇠할 것인지와 관련이 있다. 적절한 탐색을 수행하기 위해 학습 초기 단계에서 엡실론 = 1.0으로 시작하여 모든 행동을 무작위로 선택한다. 그런 다음 첫 번째 100,000 프레임 동안 ϵ은 0.02까지 선형적으로 감쇠되며 이는 2%에서 임의의 행동을 취하는 것에 해당한다. 원래의 딥마인드 논문에서도 유사한 기법이 사용되었지만 감쇠 시간은 10배 더 길다(따라서 엡실론 = 0.02는 백만 프레임 후에 도달한다).

아래의 코드는 경험 리플레이 버퍼를 정의한다. 이 버퍼는 환경(관찰, 행동, 보상, 완료 플래그 및 다음 상태의 튜플)에서 얻은 최신의 전이들을 유지한다. 환경에서 한 단계를 나갈 때마다 우리는 이 단계를 버퍼로 밀어 넣고 만일 버퍼가 일만 개 이상 초과하게 된다면 가장 오래된 것을 버린다. 학습을 위해 리플레이 버퍼에서 무작위로 전이를 샘플링하기 때문에, 환경의 연속된 단계 간의 강한 상관관계를 깨뜨릴 수 있다.

```
Experience = collections.namedtuple('Experience',
field_names=['state', 'action', 'reward', 'done', 'new_state'])

class ExperienceBuffer:
    def __init__(self, capacity):
        self.buffer = collections.deque(maxlen=capacity)

    def __len__(self):
        return len(self.buffer)

    def append(self, experience):
        self.buffer.append(experience)

    def sample(self, batch_size):
        indices = np.random.choice(len(self.buffer), batch_size,  # 배치에 들어갈 경험들에 대한 인덱스들을 무작위로 샘플링하고
replace=False)
        states, actions, rewards, dones, next_states =
zip(*[self.buffer[idx] for idx in indices])
        return np.array(states), np.array(actions),
```

```
np.array(rewards, dtype=np.float32), \
                np.array(dones, dtype=np.uint8),
np.array(next_states)
```

리플레이 버퍼 코드는 매우 간단하다. 기본적으로 deque 클래스의 기능을 활용하여 버퍼에 주어진 수의 항목을 유지한다. sample() 메서드에서 무작위 인덱스의 리스트를 만들고 이에 기반하여 샘플링된 항목을 이후의 손실 계산시 보다 용이하게 하기 위하여 NumPy 배열로 다시 포장하여 반환한다.

다음 클래스는 환경과 상호작용하고 그 결과를 방금 본 경험 리플레이 버퍼에 저장하는 에이전트이다.

```
class Agent:
    def __init__(self, env, exp_buffer):
        self.env = env
        self.exp_buffer = exp_buffer
        self._reset()

    def _reset(self):
        self.state = env.reset()
        self.total_reward = 0.0
```

초기화 과정에서 환경, 경험 리플레이 버퍼, 그리고 현재의 관찰에 대한 참조를 저장하며, 리셋 과정에서는 환경을 초기화하고 누적 보상을 초기화한다.

```
    def play_step(self, net, epsilon=0.0, device="cpu"):
        done_reward = None

        if np.random.random() < epsilon:
            action = env.action_space.sample()
        else:
            state_a = np.array([self.state], copy=False)  # 비록 지금은 상태를 하나만 넣어주
            state_v = torch.tensor(state_a).to(device)    긴 하지만, 신경망의 입력 자체가 기
            q_vals_v = net(state_v)                       본적으로 배치가 0차원에 있어야 하
                                                          므로 리스트로 만들어준다
            _, act_v = torch.max(q_vals_v, dim=1)  # 0차원은 배치, 1차원은 Q값
            action = int(act_v.item())
```

에이전트의 메인 모듈인 play_step()은 환경에서 한 단계를 수행하고 그 결과를 버퍼에 저장한다. 이렇게 하려면 먼저 행동을 선택해야 하는데, 엡실론(인수로 전달됨)으로 전달된 확률만큼은 임의의 행동을 선택하고, 그렇지 않으면 현재의 상태를 신경망의 입력으로 주고, 그 결과 나오는 모든 행동에 대한 Q값 중에서 최대의 Q값을 주는 행동을 선택한다.

```
            new_state, reward, is_done, _ = self.env.step(action)
            self.total_reward += reward
            new_state = new_state

            exp = Experience(self.state, action, reward, is_done,
new_state)

            self.exp_buffer.append(exp)
            self.state = new_state
            if is_done:
                done_reward = self.total_reward
                self._reset()
            return done_reward    # 에피소드가 종료된 경우에만 None이 아닌 값을 반환
```

행동이 선택되면 환경에 전달하여 다음 관찰 및 보상을 얻고 리플레이 버퍼에 데이터를 저장하고 에피소드가 끝났는지를 체크한다. 에피소드가 끝나면 누적 보상을 반환하고, 그렇지 않으면 None을 반환한다.

이제 샘플링된 배치로부터 손실을 계산하는 학습을 위한 마지막 함수를 보자. 이 함수는 벡터 연산으로 모든 배치 샘플을 처리하여 GPU 병렬 처리를 최대한 활용하는 형태로 작성되었다. 하지만, 배치에 걸쳐 단순히 반복문을 돌리는 것과 비교했을 때는 좀 더 이해하기는 어렵다. 하지만 그럴 만한 가치가 있는 이유는, 이 병렬화를 통하여 명시적으로 반복문을 돌릴 때보다 2 배 이상 빠르기 때문이다.

기억을 상기시키기 위해서, 다시 한번 손실함수를 살펴보자.

에피소드 중간 단계를 위한 손실함수는 $L = (Q_{s,a} - (r + \gamma \max_{a' \in A} Q_{s',a'}))^2$ 이고, 에피소드의 마지막 단계를 위한 손실함수는 $L = (Q_{s,a} - r)^2$ 이다.

```
def calc_loss(batch, net, tgt_net, device="cpu"):
    states, actions, rewards, dones, next_states = batch
```

인수로서 리플레이 버퍼의 sample() 메소드로부터 샘플링하여 얻은 배치, 학습시킬 신경망, 그리고 타겟 신경망을 전달한다. 타겟 신경망은 학습 신경망과 주기적으로 동기화된다. 따라서, 학습시킬 모델에 해당하는 net 인수는 그라디언트를 계산하는 데 사용되고, tgt_net 인수는 다음 상태의 값을 계산하는 데 사용된다. 따라서, 이 두 번째 신경망으로부터 그라디언트 계산이 이루어져서는 안 된다. 이를 위해 파이토치 텐서의 detach() 함수를 사용하여 그라디언트가 대상 신경망의 계산 그래프로 흘러가는 것을 방지할 수 있다(이 함수는 3장에서 설명한 바 있다).

```
states_v = torch.tensor(states).to(device)
next_states_v = torch.tensor(next_states).to(device)
actions_v = torch.tensor(actions).to(device)
rewards_v = torch.tensor(rewards).to(device)
done_mask = torch.ByteTensor(dones).to(device)
```

앞의 코드는 간단하다. NumPy 배열을 파이토치 텐서로 변환하고 CUDA 장치가 인수에 지정된 경우 이를 GPU에 복사한다.

```
    state_action_values = net(states_v).gather(1,     # 여기서 이것을 구한 것임
actions_v.unsqueeze(-1)).squeeze(-1)
```

$L = (Q_{s,a} - (r + \gamma \max_{a' \in A} Q_{s',a'}))^2$

위의 행에서 첫 번째 모델(학습 모델)에 관찰을 전달하고 gather() 텐서 연산을 사용하여 수행된 동작에 대한 특정 Q값을 추출한다. gather() 호출의 첫 번째 인수는 수집하고자 하는 차원이다(이 경우에는 행동에 해당하는 1이다). 두 번째 인수는 선택될 요소들에 대한 인덱스로서 텐서(tensor)이다. Gather 함수가 인수에 요구하는 규정(인덱스는 처리 중인 데이터와 동일한 차원 수를 가져야 한다)을 충족시키기 위해서 unsqueeze()를 수행하고[10], 그 결과로서 나오는 텐서에 대하여 다시 squeeze()를 호출하여 원래 차원수로 복귀시킨다[11]. 그림 3은 6개의 배치 항목과 4개의 행동이 신경망의 출력으로 나왔을 때의 예시를 보여준다.

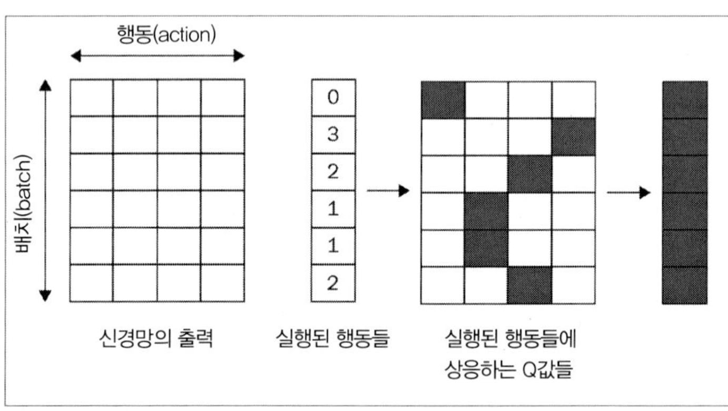

그림 3. DQN 손실 계산 과정에서의 텐서의 처리 과정

10) 역자주: 원래 actions_v 텐서는 (batch_size,)의 크기를 갖는 1차원 벡터이지만, gather 함수를 이용해서 신경망의 출력으로부터 뭔가를 모으고자 할 때는 gather 함수의 대상 텐서(그림 3에서 신경망의 출력)와 동일한 차원을 지녀야 한다. 대상 텐서가 batch ×actions의 크기를 가지고 있어서 2차원 텐서이므로, 우리도 actions_v 텐서를 2차원 텐서로 확장해야 한다. 따라서, unsqueeze 함수를 사용하여 1차원이었던 actions_v 텐서를 2차원 텐서(batch × 1)로 바꾸어 준다.

11) 역자주: 앞서 수행했던 과정을 되돌리는 것인데, gather 함수의 호출 결과 얻은 텐서가 2차원이어서 이를 다시 1차원으로 변형한다.

여기서 gather()의 결과 얻은 state_action_values 텐서는 손실값과 관련된 모든 그라디언트를 유지하고 있는 미분 가능한 연산이라는 점을 유의하자.

```
next_state_values = tgt_net(next_states_v).max(1)[0]
```

여기서 이것을 구한 것임
$L = (Q_{s,a} - (r + \gamma max_{a' \in A} Q_{s',a'}))^2$

위의 행에서 타겟 신경망에 다음 상태의 관찰을 적용하고 신경망의 출력에서 행동 차원인 차원 1을 따라 최대 Q값을 계산하였다. 함수 max()는 최대값과 해당 값의 인덱스를 모두 반환한다(max 및 argmax를 한 번에 얻기 때문에 매우 편리하다). 그러나 이 경우에 우리는 값에만 관심이 있으므로 결과의 첫 번째 항목만을 가져왔다.

```
next_state_values[done_mask] = 0.0
```

위 행은 만일 현재 상태가 종료 상태(즉, 에피소드의 마지막 단계)라면 다음 상태가 없으므로 다음 상태에서의 행동 가치는 모두 0으로 세팅한다. 사소해 보일지 몰라도 이것을 하지 않으면 학습이 수렴이 안된다.

```
next_state_values = next_state_value.detach()
```

위 행에서 나음 상태에 대한 Q값을 계산하는데 쓰인 타겟 신경망으로 그라디언트가 흘러 들어가지 않도록 하기 위해서 detach() 함수를 사용하여 next_state_value 텐서를 타겟 신경망의 계산 그래프에서 분리하였다. 만일 이것이 없다면 손실의 역전파가 현재 상태와 다음 상태에 대한 예측에 모두 영향을 미치기 시작할 것이므로[12] 중요하다. 따라서, 그라디언트가 다음 상태와 관련된 그래프 지점으로 흐르지 못하도록 차단하기 위해 텐서의 detach() 메소드를 사용하였다. 이 메소드는 계산 히스토리에 연결되지 않은 텐서를 반환한다. 참고로, 이전 버전의 파이토치에서는 Variable 클래스의 volatile 속성을 사용했었지만, 이 속성은 0.4.0 릴리스로 폐기되었다.

```
    expected_state_action_values = next_state_values * GAMMA +
rewards_v
    return nn.MSELoss()(state_action_values,
expected_state_action_values)
```

여기서 이것을 구한 것임
$L = (Q_{s,a} - (r + \gamma max_{a' \in A} Q_{s',a'}))^2$
아래 L을 반환
$L = (Q_{s,a} - (r + \gamma max_{a' \in A} Q_{s',a'}))^2$

마지막으로 벨만 근사값을 계산하고 이를 이용하여 평균 제곱 오류 손실을 계산한다. 이제 나머지 코드는 학습 루프이다.

---

12) 역자주: 왜냐하면, 손실값 계산이 현재 상태의 행동 가치와 다음 상태의 행동 가치에 기반하고 있으므로, 손실에 대한 역전파도 이 두 곳으로 흘러 들어간다(물론, 우리가 아무것도 하지 않으면). 그렇지만, 다음 상태에 대한 행동 가치를 계산 그래프에서 분리시킴으로써, 이쪽으로는 그라디언트 계산이 이루어지지 않고, 오류 또한 역전파가 되지 않는다. 즉, 타겟 신경망쪽으로는 그라디언트 및 오류 역전파가 이루어지지 않는다.

```
if __name__ == "__main__":
    parser = argparse.ArgumentParser()
    parser.add_argument("--cuda", default=False,
action="store_true", help="Enable cuda")
    parser.add_argument("--env", default=DEFAULT_ENV_NAME,
                        help="Name of the environment, default=" +
DEFAULT_ENV_NAME)
    parser.add_argument("--reward", type=float,
default=MEAN_REWARD_BOUND,
                        help="Mean reward boundary for stop of
training, default=%.2f" % MEAN_REWARD_BOUND)
    args = parser.parse_args()
    device = torch.device("cuda" if args.cuda else "cpu")
```

위에서는 먼저 커맨드 라인 인수 파서를 만들었다. 커맨드 라인 명령을 사용하면 CUDA를 활성화하거나 기본값과 다른 환경에서 학습하는 것을 지정할 수 있다.

```
    env = wrappers.make_env(args.env)
    net = dqn_model.DQN(env.observation_space.shape,
env.action_space.n).to(device)
    tgt_net = dqn_model.DQN(env.observation_space.shape,
env.action_space.n).to(device)
```

위에서는 모든 필수 래퍼, 학습시킬 신경망, 그리고 이와 동일한 구조를 가진 타겟 신경망을 만들었다. 학습 신경망과 타겟 신경망은 처음에는 서로 다른 임의의 가중치로 초기화되지만, 매 천 프레임(이는 대개 퐁의 한 에피소드에 해당)마다 동기화되므로 큰 문제가 되지 않는다.

```
    writer = SummaryWriter(comment="-" + args.env)
    print(net)

    buffer = ExperienceBuffer(REPLAY_SIZE)
    agent = Agent(env, buffer)
    epsilon = EPSILON_START
```

그런 다음 필요한 크기의 경험 리플레이 버퍼를 만들어 에이전트에 전달한다. 엡실론은 처음에는 1.0으로 초기화되지만 반복할 때마다 감소하게 된다.

```
    optimizer = optim.Adam(net.parameters(), lr=LEARNING_RATE)
    total_rewards = []
    frame_idx = 0
    ts_frame = 0
```

```
    ts = time.time()
    best_mean_reward = None
```

학습 루프를 시작하기 전에 마지막으로 해야 할 일은 옵티마이저, 전체 에피소드 보상을 위한 버퍼, 프레임 속도 카운터, 속도 및 최상의 평균 보상을 추적할 변수를 만드는 것이다. 평균 보상이 이전 기록을 넘어설 때마다 해당 모델을 파일에 저장한다.

```
    while True:
        frame_idx += 1
        epsilon = max(EPSILON_FINAL, EPSILON_START - frame_idx /
EPSILON_DECAY_LAST_FRAME)
```

학습 루프가 시작될 때 완료된 반복 횟수를 계산하고 스케줄에 따라 엡실론을 감소시킨다. 엡실론은 주어진 프레임 수(EPSILON_DECAY_LAST_FRAME=100k) 동안 선형으로 떨어지고 이후에는 EPSILON_FINAL = 0.02로 유지된다.

```
        reward = agent.play_step(net, epsilon, device=device)
        if reward is not None:  # 에피소드가 종료된 경우에만 reward가 None이 아님
            total_rewards.append(reward)
            speed = (frame_idx - ts_frame) / (time.time() - ts)
            ts_frame = frame_idx
            ts = time.time()

            mean_reward = np.mean(total_rewards[-100:])
            print("%d: done %d games, mean reward %.3f, eps %.2f,
speed %.2f f/s" % (
                frame_idx, len(total_rewards), mean_reward,
epsilon,
                speed
            ))
            writer.add_scalar("epsilon", epsilon, frame_idx)
            writer.add_scalar("speed", speed, frame_idx)
            writer.add_scalar("reward_100", mean_reward,
frame_idx)
            writer.add_scalar("reward", reward, frame_idx)
```

위 코드 블록에서는 play_step() 함수를 통하여 에이전트에게 환경에서 하나의 단계를 수행하도록 요청하였다(현재 네트워크 및 엡실론값 사용). 이 함수는 이 단계가 에피소드의 최종 단계인 경우에만 None이 아닌 결과를 반환한다. 반일 None이 아닌 값을 반환받을 경우 콘솔과 텐서보드에서 다음 값들을 계산하여 보여준다.

- 초당 처리된 프레임 수를 의미하는 속도
- 플레이된 에피소드 수
- 지난 100회 에피소드의 평균 보상
- 엡실론의 현재 값

```
            if best_mean_reward is None or best_mean_reward <
mean_reward:
                torch.save(net.state_dict(), args.env + "-
best.dat")
                if best_mean_reward is not None:
                    print("Best mean reward updated %.3f -> %.3f,
model saved" % (best_mean_reward, mean_reward))
                best_mean_reward = mean_reward
            if mean_reward > args.reward:
                print("Solved in %d frames!" % frame_idx)
                break
```

지난 100회 에피소드에 대한 평균 보상이 최대값에 도달할 때마다 이를 보고하고 모델의 가중치를 저장한다. 그리고 평균 보상이 지정된 경계값을 초과하면 학습을 중단한다. 퐁 게임에서 경계는 19.5이며, 이는 21번의 게임에서 19번 이상을 승리하는 것을 의미한다.

```
        if len(buffer) < REPLAY_START_SIZE:
            continue
        if frame_idx % SYNC_TARGET_FRAMES == 0:
            tgt_net.load_state_dict(net.state_dict())
```

위 코드에서는 버퍼가 학습을 시작하기에 충분한 데이터를 모았는지 확인한다. 처음에는 충분한 데이터가 모일 때까지 기다려야 한다. 퐁 게임에서는 10k개의 전이를 모아야 한다. 다음 라인은 타겟 신경망과 동기화를 수행하는 것인데, 기본적으로 1K로 설정된 SYNC_TARGET_FRAMES마다 학습 신경망에서 타겟 신경망으로 가중치를 동기화한다.

```
        optimizer.zero_grad()
        batch = buffer.sample(BATCH_SIZE)
        loss_t = calc_loss(batch, net, tgt_net, device=device)
        loss_t.backward()
        optimizer.step()
```

학습 루프의 마지막 부분은 매우 간단하지만 실행 시간이 가장 오래 걸린다. 즉, 그라디언트를 0

으로 만들고, 경험 리플레이 버퍼에서 배치를 위한 샘플을 샘플링하고, 손실을 계산하고, 손실을 최소화하기 위한 최적화를 수행한다.

실행 그리고 성능

이 예제는 자원에 대한 요구량이 상당하다. 퐁에서는 평균 보상 17(게임의 80 % 이상을 승리하는 것을 의미)에 도달하려면 약 400k 프레임이 필요하다. 학습이 진행될 수록 모델이 점수를 향상시키는 것이 어렵기 때문에 17에서 19.5로 가기 위해선 또 다시 비슷한 수의 프레임이 필요하다. 따라서 완전히 학습시키려면 평균적으로 약 1 백만 개의 프레임이 필요하다. GTX 1080 Ti는 초당 약 150 프레임 정도를 학습시킬 수가 있기 때문에, 여기서는 약 2 시간 정도의 학습이 필요하다. 하지만, 만일 CPU를 사용한다면 속도가 훨씬 느려서 초당 약 9 프레임 정도이고 약 1일 반 정도 소요된다. 이것은 퐁 게임의 경우이고 이 게임은 비교적 쉽게 해결될 수 있는 문제임을 유의하자. 다른 게임은 수억 개의 프레임과 100 배 이상의 경험 리플레이 버퍼를 필요로 한다.

다음 장에서 2015년 이후 연구자들이 발견한 다양한 접근법을 살펴보고 학습 속도와 데이터 효율성을 높일 수 있는 방법에 대하여 알아볼 것이다. 그럼에도 불구하고 아타리 게임들은 많은 자원과 인내심을 필요로 한다. 다음 이미지는 학습 과정을 보여주는 텐서보드 스크린 샷이다.

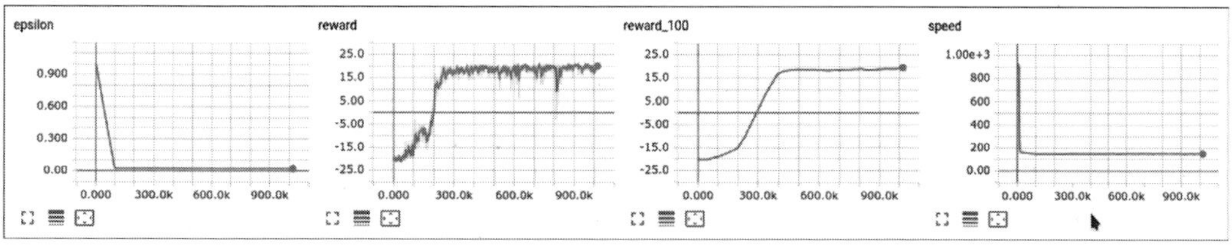

그림 4. 학습 과정을 보여주는 텐서보드(X축이 이터레이션 숫자임)

학습의 초기 과정에서 얻은 출력은 다음과 같다.

```
rl_book_samples/Chapter06$ ./02_dqn_pong.py --cuda
DQN (
    (conv): Sequential (
        (0): Conv2d(4, 32, kernel_size=(8, 8), stride=(4, 4))
        (1): ReLU ()
        (2): Conv2d(32, 64, kernel_size=(4, 4), stride=(2, 2))
        (3): ReLU ()
        (4): Conv2d(64, 64, kernel_size=(3, 3), stride=(1, 1))
        (5): ReLU ()
    )
    (fc): Sequential (
        (0): Linear (3136 -> 512)
        (1): ReLU ()
        (2): Linear (512 -> 6)
    )
)
1048: done 1 games, mean reward -19.000, eps 0.99, speed 83.45 f/s
1894: done 2 games, mean reward -20.000, eps 0.98, speed 913.37 f/s
2928: done 3 games, mean reward -20.000, eps 0.97, speed 932.16 f/s
3810: done 4 games, mean reward -20.250, eps 0.96, speed 923.60 f/s
4632: done 5 games, mean reward -20.400, eps 0.95, speed 921.52 f/s
5454: done 6 games, mean reward -20.500, eps 0.95, speed 918.04 f/s
6379: done 7 games, mean reward -20.429, eps 0.94, speed 906.64 f/s
7409: done 8 games, mean reward -20.500, eps 0.93, speed 903.51 f/s
8259: done 9 games, mean reward -20.556, eps 0.92, speed 905.94 f/s
9395: done 10 games, mean reward -20.500, eps 0.91, speed 898.05 f/s
10204: done 11 games, mean reward -20.545, eps 0.90, speed 374.76 f/s
10995: done 12 games, mean reward -20.583, eps 0.89, speed 160.55 f/s
11887: done 13 games, mean reward -20.538, eps 0.88, speed 160.44 f/s
12949: done 14 games, mean reward -20.571, eps 0.87, speed 160.67 f/s
```

이 코드로 학습을 하면 수백 번의 게임 후에는 21번의 게임 중 하나 또는 두 개의 게임을 이기는 방법을 알아낼 정도는 되어야 한다. 그리고 엡실론이 떨어짐에 따라 속도가 떨어짐을 확인할 수 있는데, 이는 엡실론이 떨어진 만큼 환경에서 단계를 진행할 때 모델을 더 많이 사용해야 하기 때문이다.

```
101032: done 83 games, mean reward -19.506, eps 0.02, speed 143.06 f/s
103349: done 84 games, mean reward -19.488, eps 0.02, speed 142.99 f/s
106444: done 85 games, mean reward -19.424, eps 0.02, speed 143.15 f/s
108359: done 86 games, mean reward -19.395, eps 0.02, speed 143.18 f/s
```

```
110499: done 87 games, mean reward -19.379, eps 0.02, speed 143.01 f/s
113011: done 88 games, mean reward -19.352, eps 0.02, speed 142.98 f/s
115404: done 89 games, mean reward -19.326, eps 0.02, speed 143.07 f/s
117821: done 90 games, mean reward -19.300, eps 0.02, speed 143.03 f/s
121060: done 91 games, mean reward -19.220, eps 0.02, speed 143.10 f/s
```

더 많은 게임을 마친 후 마침내 내장된(매우 정교하지 않은) 퐁 AI 상대를 지배하고 이길 수 있게 되었다.

```
982059: done 520 games, mean reward 19.500, eps 0.02, speed 145.14 f/s
984268: done 521 games, mean reward 19.420, eps 0.02, speed 145.39 f/s
986078: done 522 games, mean reward 19.440, eps 0.02, speed 145.24 f/s
987717: done 523 games, mean reward 19.460, eps 0.02, speed 145.06 f/s
989356: done 524 games, mean reward 19.470, eps 0.02, speed 145.07 f/s
991063: done 525 games, mean reward 19.510, eps 0.02, speed 145.31 f/s
Best mean reward updated 19.500 -> 19.510, model saved
Solved in 991063 fram es!
```

모델과 놀아 보기

학습이 진행되는 동안 기다림의 지루함을 좀 달래기 위해서 코드가 저장한 그때까지의 최상의 모델은 Chapter06/03_dqn_play.py 파일을 이용하여 로드하고 하나의 에피소드를 실행해 보자.

이 코드는 매우 간단하지만 백만 개의 가중치가 있는 여러 행렬들이 픽셀만 관측함으로써 어떻게 마술처럼 초인간적인 정확도로 퐁을 플레이할 수 있는지 확인할 수 있다.

```
import gym
import time
import argparse
import numpy as np
import torch

from lib import wrappers
from lib import dqn_model

DEFAULT_ENV_NAME = "PongNoFrameskip-v4"
FPS = 25
```

처음에는 이미 많이 익숙한 것처럼 파이토치 및 Gym 모듈을 가져온다. 앞의 FPS 매개 변수는 표시된 프레임의 대략적인 속도를 지정한다.

```
If __name__ == "__main__":
    parser = argparse.ArgumentParser()
    parser.add_argument("-m", "—model", required=True, help="Model
file to load")
    parser.add_argument("-e", "—env", default=DEFAULT_ENV_NAME,
                        help="Environment name to use, default=" +
DEFAULT_ENV_NAME)
    parser.add_argument("-r", "—record", help="Directory to store
video recording")
    args = parser.parse_args()
```

위 스크립트는 저장된 모델의 파일 이름을 인수로 받고, Gym 환경을 지정할 수 있다(물론 모델과 이 모델이 학습된 환경이 일치해야 한다). 또한 -r 옵션으로 존재하지 않는 디렉토리의 이름을 전달할 수 있는데, 이 디렉토리는 게임의 비디오를 저장하는 데 사용된다(Monitor 래퍼 사용). 기본적으로 스크립트는 프레임만 표시하지만, 여러분의 모델이 하게 될 게임 플레이를 유튜브 등에 업로드하려는 경우에는 -r을 사용하면 편리할 것이다.

```
    env = wrappers.make_env(args.env)
    if args.record:
        env = gym.wrappers.Monitor(env, args.record)
    net = dqn_model.DQN(env.observation_space.shape,
env.action_space.n)
    net.load_state_dict(torch.load(args.model))
```

위 코드에서는 환경과 모델을 생성한 다음 인수로 전달된 파일에서 신경망 가중치를 로드한다.

```
    state = env.reset()
    total_reward = 0.0
    while True:

    start_ts = time.time()
    env.render()
    state_v = torch.tensor(np.array([state], copy=False))
    q_vals = net(state_v).data.numpy()[0]
    action = np.argmax(q_vals)
```

위 코드는 학습 과정에서 보았던 에이전트의 play_step()과 거의 동일하지만, 한 가지 엡실론 그리디 행동의 선택이 없다[13]. 관찰 결과를 에이전트에게 전달하고 최대값을 갖는 행동을 선택하

13) 역자주: 학습이 끝났으므로, 엡실론 그리디 방법을 사용할 이유가 없다. 우리는 학습이 완료된 모델을 가지고 그냥 탐욕적으로(greedy) 모델이 제시하는 행동을 수행하기만 하면 된다.

기만 하면 된다. 위 코드에서 새로운 점 한가지는 환경에서 render() 메소드를 호출하는 것이다. 이 메소드는 Gym에서 현재 관찰을 표시하는 표준 방법인데, 이 경우 GUI가 있어야 한다.

```
        state, reward, done, _ = env.step(action)
        total_reward += reward
        if done:
            break
        delta = 1/FPS - (time.time() - start_ts)
        if delta > 0:
            time.sleep(delta)
        print("Total reward: %.2f" % total_reward)
```

나머지 코드도 간단하다. 우리는 행동을 환경으로 전달하고, 총 보상을 계산하고, 에피소드가 끝나면 루프를 멈춘다.

시도할 점: 여러분이 호기심이 많고 이 장의 자료를 스스로 실험하고 싶다면 다음을 한 번 해볼 것을 추천한다. 하지만 미리 경고 하자면, 아래 제안들은 시간이 많이 걸리고 도중에 좌절감을 느낄 수도 있겠다. 그러나 잘 알다시피 무언가를 실제로 마스터하려면 직접 해보는 것이 제일 효율적인 방법 아니겠는가!

- 브레이크아웃[Breakout], 아틀란티스[Atlantis] 또는 리버레이드[RiverRaid]와 같은 다른 게임을 도전해 보자. 아시겠지만, 아마도 하이퍼 파라미터의 튜닝이 필요할 것이다.
- FrozenLake와 비슷하지만 약간은 다른 Taxi 환경이 있는데, 승객을 태우고 목적지까지 데려다 줘야 한다
- 퐁 게임에서 앞서 소개한 것과는 다른 하이퍼 파라미터를 실험해 보자. 혹시 더 빨리 학습이 진행되는가?
- DQN의 학습 코드를 더 빨리 만들 수 있을까? OpenAI Baselines 프로젝트는 GTX 1080 Ti에서 텐서플로우를 사용하여 초당 350 프레임을 학습한다. 그렇다면, 파이토치 코드를 최적화하여 좀 더 빠르게 할 수 있지 않을까?
- 평균 점수 21인 궁극의 퐁 게임 지배자 모델을 얻을 수는 없을까? 물론, 가능하며 그다지 어렵지 않아야 한다. 먼저 학습 속도 감쇠부터 한 번 시도해 보길 추천 드린다.

요약

이 장에서는 새롭고 복잡한 자료를 많이 소개하였다. 관찰 공간이 큰 복잡한 환경에서 가치 이터레이션 방법의 한계를 인지하였고 Q-러닝으로 이를 극복하는 방법을 논의하였다. FrozenLake 환경에서 Q-러닝 알고리즘을 체크하였고 신경망을 이용하여 Q값을 근사하는 것, 그리고 그로부터 파생되는 다른 복잡한 문제들을 논의하였다. 학습 안정성과 수렴성을 향상시키기 위해 경험 리플레이 버퍼, 타겟 신경망 및 프레임 쌓기와 같은 DQN에 대한 몇 가지 트릭을 다루었다. 마지막으로, 이러한 확장을 이용하여 아타리 게임 제품 군에서 퐁 환경을 해결하는 DQN을 구현하였다.

다음 장에서는 2015년 이래로 연구자들 DQN 수렴과 품질을 향상시키기 위해 찾은 트릭(이를 이용하여 54개의 아타리 게임 대부분에서 최신 기술의 결과를 얻었다)을 살펴볼 것이다. 이 트릭은 2017년에 출판되었으며 앞으로 모든 트릭을 분석하고 다시 구현할 것이다.

제 7 장

DQN 확장

이전 장에서는 딥마인드사가 2015년에 발표한 DQN (Deep Q-Network) 모델을 구현해 보았다. 이 논문은 기존의 믿음과 달리 비선형 근사를 사용할 수 있다는 것을 입증함으로써 강화학습에 상당한 영향을 미쳤다. 이 증명은 강화학습 특히 심층 Q-러닝 분야로 큰 관심을 불러 일으켰다.

그 이후로 딥마인드가 개발한 기본 DQN의 수렴성, 안정성 및 샘플 효율성을 크게 향상시키는 많은 개선 사항이 제안되었다. 이 장에서는 이러한 아이디어 중 일부에 대해 자세히 살펴볼 것이다. 다행히도 2017년 10월, 딥마인드는 DQN에 대한 7 가지 중요한 개선 사항을 제시한 Rainbow: Deep Enhancement Learning ([1] Hessel 외, 2017)이라는 논문을 발표하였다. 그 중 일부는 2015년에 발표된 것도 있고 일부는 새로운 것이었다. 이 논문에서는 7가지 방법을 모두 결합하여 아타리 게임들에 대한 최고의 결과를 얻었다.

이 장에서는 이러한 방법들에 대하여 알아볼 것이다. 이런 방법들이 기반하고 있는 아이디어와 함께 이들을 구현하고 기존의 DQN과 비교를 통하여 성능을 평가해볼 것이다.

우리가 다루게 될 DQN의 확장은 다음과 같다.

- N-step DQN: 벨만 방정식을 언롤링(unrolling)한 형태로서 수렴 속도와 안정성을 높이는 방법임. 그렇지만 이 방법이 왜 궁극의 해결책이 아닌지도 함께 논의할 것이다.
- Double DQN: DQN이 행동 가치를 과대평가하는 것을 다루기 위한 방법
- **잡음이 있는 신경망**: 신경망 가중치에 잡음을 추가하여 탐색을 보다 효율적으로 만드는 방법
- **우선 순위 리플레이 버퍼**: 경험을 균등(uniform)하게 샘플링하는 것은 최선의 방법이 아님을 의미
- Dueling DQN: 신경망 구조를 해결하고 있는 문제에 더 가깝게 표현함으로써 수렴 속도를 향상시키는 방법
- **범주형**(categorical) DQN: 단일 행동의 가치에 대한 기대값을 넘어서 전체 분포를 사용하는 방법

우선 DQN 코드에 상위 수준 라이브러리를 통합하여 실험을 간소화해 보자.

파이토치 에이전트넷 라이브러리

6장 DQN: 심층 Q-신경망에서는 파이토치, OpenAI Gym 및 파이토치-텐서보드만 사용하여 DQN을 처음부터 구현하였고 DQN이 어떻게 작동하는지 잘 이해할 수 있게 되었다. 이 장에서는 이를 확장할 것이며 일부는 매우 간단하지만 일부는 주요 코드 수정이 필요한 것도 있다. 다만, 동일한 기능을 계속해서 다시 구현할 필요는 없고, 보다 중요하게는 중요한 부분에만 집중하기 위해서 가능한 작고, 간결하면서, 재사용 가능한 버전의 DQN을 사용하는 것이 도움이 될 것이다.

이러한 점을 고려하여 필자는 얼마전 심층 강화 학습 도메인을 위한 자체 툴킷을 구현하기 시작하였다. AgentNet(https://github.com/yandexdataschool/AgentNet)이라는 또 다른 오픈 소스 라이브러리에서 영감을 얻어서 PyTorch Agent Net라고 이름을 지었고 약자로 PTAN이라 한다. PTAN에서 채용한 기본 설계 원칙은 다음과 같다.

- 가능한 간결하게
- 파이토치에 자연스럽게 결합(PyTorch-nativeness)
- 작으면서도 재사용 가능한 기능들을 포함
- 확장성 및 유연성 고려

이 라이브러리는 github에서 다운받을 수 있다(https://github.com/Shmuma/ptan). 이 장의 모든 후속 예제는 PTAN 버전 0.3을 사용하여 구현되었으며, 여러분의 가상환경에서 다음을 실행하면 PTAN을 설치할 수 있다.

```
pip install ptan==0.3
```

그러면, PTAN이 제공하는 기본적인 빌딩 블록을 한번 살펴보자.

에이전트

에이전트는 환경에서의 관찰과 실행하고자 하는 행동을 연결하는 하나의 통일된 방법을 제공한다. 지금까지 보아온 에이전트는 사실 상태를 가지지 않은 무상태 DQN 에이전트이었는데, 이 DQN 에이전트는 신경망을 사용하여 현재 관찰에 대한 행동 가치를 얻고 그 중에서 최대값을 가지는 행동을 탐욕적으로 선택하였다. 여기에 엡실론값을 이용하여 탐욕적 행동 선택에 환경을 탐험하는 기능을 추가하기는 했지만, 사실 이것 자체는 전체적인 큰 그림을 바꾸지는 못한다.

강화학습은 사실 더 복잡할 수도 있다. 예를 들어, 행동값을 예측하는 대신 행동에 대한 확률 분포를 예측할 수도 있다. 이러한 에이전트를 정책 에이전트라고 하며 이 책의 3부에서 이에 대해 설명할 것이다. 또 다른 요구 사항은 에이전트가 일종의 메모리를 가지는 것이다. 예를 들어, 하나의 관찰(또는 마지막 k개의 관찰값들)만으로는 어떤 행동을 취해야 할지 충분한 정보를 제공하지 못할 수도 있다. 이럴 경우 만일 에이전트가 일종의 메모리가 있다면, 이것이 행동을 선택하는 데 보다 충분한 정보를 제공할 수 있을 것이다. 이 문제를 다루는 분야가 강화학습의 한 하위 분야인 POMDP(Partially-Observable Markov Decision Process, 즉 부분적으로만 관찰 가능한 마르코프 과정)이다. 이에 대해서는 책의 마지막 부분에서 간단히 다룰 것이다.

이러한 변형을 모두 수용 가능하도록 코드를 유연하게 만들기 위해서 PTAN의 에이전트들은 ptan.agent.BaseAgent 추상 클래스가 맨 위에 있는 확장 가능한 계층 구조 클래스로 구현되었다. 상위 수준에서 바라보면 에이전트는 (NumPy 배열 형태로) 관찰에 대한 배치 데이터를 받아서 에이전트가 취하려고 하는 행동에 대한 배치를 반환해야 한다. 배치 처리를 하는 이유는 GPU가 관찰을 한 번에 하나씩 처리하는 것보다 배치와 같이 일괄로 처리하는 것이 훨씬 빠르기 때문이다. 추상 기본 클래스를 사용함으로써 입력 및 출력 유형에 제한이 없으므로 매우 유연하고 확장하기 쉽다. 예를 들어, 에이전트의 행동이 연속된 값을 다루어야 한다면 행동들은 더 이상 이산 행동에 대한 어떤 인덱스가 아니라 실수형 값이 되어야 한다.

현재의 DQN 요구 사항에 해당하는 에이전트는 일련의 관찰을 행동값으로 변환하는 ptan.agent.DQNAgent인데, 이는 파이토치의 nn.Module을 사용하여 구현되었다. 여기서, 신경망의 출력을 실제 행동으로 변환하기 위해서 DQNAgent 클래스 생성 시에 행동 선택기(action selector)라는 객체를 두 번째 인자로 전달한다.

행동 선택기의 목적은 신경망의 출력(보통은 숫자들로 이루어진 벡터)을 어떤 행동으로 변환하는 것이다. 만일 에이전트의 행동 공간이 이산적이라면 행동 변환이라는 것은 취해질 행동에 대한 인덱스가 될 것이다. PTAN에는 두 개의 행동 선택기가 있는데 하나는 ptan.actions.ArgmaxActionSelector이고, 다른 하나는 ptan.actions.EpsilonGreedyActionSelector이다. 이름에서 알 수 있듯이, 첫 번째 ArgmaxActionSelector는 argmax를 제공된 값에 적용하므로, 결국 이는 Q값에 대한 탐욕적 행동 선택 방법에 해당한다.

두 번째 행동 선택기는 엡실론을 매개 변수로 사용하고 이 확률만큼은 탐욕적 행동 선택 대신 임의의 행동을 취함으로써 엡실론-그리디 행동 선택을 지원한다. 엡실론-그리디 행동 선택을 사용하여 CartPole 용 에이전트를 만든다면 다음과 같이 할 수 있다.

```
import gym
import ptan
import numpy as np
import torch.nn as nn

env = gym.make("CartPole-v0")
net = nn.Sequential(
    nn.Linear(env.observation_space.shape[0], 256),
    nn.ReLU(),
    nn.Linear(256, env.action_space.n)
)


action_selector =
ptan.actions.EpsilonGreedyActionSelector(epsilon=0.1)
agent = ptan.agent.DQNAgent(net, action_selector)
```

그러면 관찰을 에이전트에 넘겨주어 어떤 행동을 취할지 물어보자.

```
>>> obs = np.array([env.reset()], dtype=np.float32)
>>> agent(obs)
(array([0]), [None])
```

결과에서 첫 번째 항목은 취할 행동의 모음이고, 두 번째 값은 상태를 가지는 에이전트와 관련되어 있으므로 당분간은 무시해도 된다. 행동 선택기의 엡실론 속성을 변경하여 학습 중에도 행동 선택 확률을 변경할 수 있다.

에이전트 경험

PTAN에서 두 번째로 중요한 추상화는 경험 소스(experience source)라 불리는 것이다. 앞 장에서 살펴본 DQN 예제에서는 다음과 같은 네 가지 항목을 가지는 단일-스텝 경험을 사용하였다.

- 시간 t에서 환경으로부터 얻은 관찰된 상태: s_t
- 시간 t에서 에이전트가 취한 행동: a_t
- 시간 t에서 에이전트가 얻은 보상: r_t

• 다음 상태에 대한 관찰: s_{t+1}

앞 장에서 우리는 벨만 방정식을 사용하여 Q 근사값을 업데이트하기 위해 (s_t, a_t, r_t, s_{t+1})을 사용했다. 그러나 위와 같은 단 한 단계에 대한 정보보다 더 큰 시간을 아우르는 일종의 긴 경험 체인을 사용한다면 보다 정확한 근사를 할 수 있을 것이다.

이를 위하여, 벨만 방정식을 시간에 대하여 풀어 놓으면 다음과 같다.

$$Q(s_t, a_t) = \mathbb{E}\left[r_t + \gamma r_{t+1} + \gamma^2 r_{r+2} + \cdots + \gamma^k \max_a Q(s_{t+k}, a)\right]$$

이렇게 함으로써 앞서 언급한 DQN 안정성 및 수렴성을 향상시킬 수 있다. 즉, 벨만 방정식을 k 단계 앞으로 확장함으로써(k는 일반적으로 2 ... 5이다) 학습 수렴 속도를 크게 향상시킨다.

이를 보다 일반적으로 지원하기 위해 PTAN에서는 ptan.experience.ExperienceSourceFirstLast 클래스가 있는데, 이 클래스는 환경과 에이전트를 받아서 경험 튜플(s_t, a_t, R_t, s_{t+k})에 대한 스트림을 제공한다. 여기서 $R_t = r_t + \gamma r_{t+1} + \gamma^2 r_{t+2} + . . . + \gamma^{k-1} r_{t+k-1}$이다. $k = 1$ 이면, R_t는 r_t이다. 다시 말하면, 이 클래스는 k 스텝을 진행한 후 그 결과로서 시작 상태, 시작 행동, 그리고 k 스텝 동안에 대한 할인된 누적 보상, 마지막으로 도착 상태를 반환한다.

이 클래스는 마지막 튜플 항목을 없음(none)으로 설정하여 에피소드의 종료를 자동으로 처리하고 알려준다. 이때, 환경 재설정(reset)도 자동으로 수행된다. ExperienceSourceFirstLast 클래스는 이터레이터 인터페이스를 가지고 있는데, 이를 통하여 매 반복마다 경험 튜플을 생성시킨다. 이 클래스를 사용하는 예제는 다음과 같다.

```
>> exp_source = ptan.experience.ExperienceSourceFirstLast(env, agent,
gamma=0.99, steps_count=1)
>> it = iter(exp_source)
>> next(it)
ExperienceFirstLast(state=array([ 0.03937284, -0.01242409,
0.03980117, 0.02457287]), action=0, reward=1.0, last_state=array([
0.03912436, -0.20809355, 0.04029262, 0.32954308]))
```

경험 버퍼

DQN의 경우 우리는 얻은 경험을 버퍼에 저장하고 그로부터 무작위 샘플링을 통하여 학습을 위한 미니 배치를 확보하였다. 이 시나리오는 ptan.experience.ExperienceReplayBuffer 클래스에서 지원된다. 이 클래스는 이전 장에서 보았던 구현과 매우 유사하다. 이 클래스의 인스턴스를 생성하기 위해선, 경험 소스와 버퍼의 크기를 전달해야 한다. populate(n) 메서드를 호출하여 경험 소스에서 n 개의 경험을 가져와서 버퍼에 저장하도록 요청할 수 있다. sample(batch_size) 메소드는 현재 버퍼 내용에서 주어진 크기의 무작위 샘플을 반환한다.

Gym env 래퍼

아타리 래퍼를 반복적으로 구현(또는 복사-붙여 넣기)하는 것을 피하기 위해 ptan.common.wrappers 모듈에 해당 기능을 추가하였다. 이 모듈은 OpenAI Baselines 프로젝트(https://github.com/openai/baselines)에 있는 래퍼와 거의 같다(파이토치 관련 약간의 수정 사항이 있긴 하다). ptan.common.wrappers.wrap_dqn(env) 메소드를 호출하면 아타리 환경을 한 줄로 감쌀 수 있다. 앞서 말했듯이, PTAN은 어떤 궁극적인 강화학습 프레임워크가 아니며 단지 함께 사용될 수 있는 여러 모듈의 모음이며 각 모음은 서로 많이 의존하지는 않는다.

기본 DQN

위의 모든 것을 결합하여 DQN을 훨씬 더 짧게 그렇지만 여전히 융통성 있는 방식으로 다시 구현할 수 있다. 이러한 점은 나중에 DQN을 개선하기 위해 다양한 DQN 구성요소들을 수정하고 변경해야 할 때 유용할 것이다.

기본 DQN 구현은 다음과 같은 세 가지 모듈을 가지고 있다.

- Chapter07/lib/dqn_model.py: 이전 장에서 본 DQN 신경망
- Chapter07/lib/common.py: 이 장의 예제에서 사용되기는 하지만 PTAN으로 옮겨 가기에는 너무 특화된 공통 함수
- Chapter07/01_dqn_basic.py: 필요한 모든 모듈들을 생성하고 학습 루프를 형성

그럼 lib/common.py의 내용부터 들여다보자. 먼저, 이전 장에서 소개된 퐁 환경에 대한 하이퍼파라미터가 있다. 하이퍼 파라미터는 사전형(dict) 데이터인데, 이 사전에서 키(key)는 구성의 이름이고 값(value)은 파라미터의 값이다. 따라서 더 복잡한 아타리 게임을 위한 설정을 쉽게 추가할 수 있다.

```
HYPERPARAMS = {
    'pong': {
        'env_name':          "PongNoFrameskip-v4",
        'stop_reward':       18.0,
        'run_name':          'pong',
        'replay_size':       100000,
        'replay_initial':    10000,
        'target_net_sync':   1000,
        'epsilon_frames':    10**5,
        'epsilon_start':     1.0,
        'epsilon_final':     0.02,

        'learning_rate':     0.0001,
        'gamma':             0.99,
        'batch_size':        32
    },
}
```

또한 common.py에는 전이들로 이루어진 배치를 NumPy 배열에 대한 집합으로 채우는 unpack_batch() 함수가 있다. 여기서 전이는 ExperienceSourceFirstLast로부터 얻는데 다음 필드들을 가지고 있는 namedtuple로 정의된다.

- state: 환경으로부터 오는 관찰
- action: 에이전트가 수행하는 정수형 행동
- rewards: 보상으로서, 만일 우리가 steps_count = 1로 설정한 상태에서 ExperienceSource-FirstLast를 만들었다면 rewards는 즉각적인 보상이다. steps_count가 더 큰 수로 설정되어 있다면 이 수만큼의 보상의 합인데, 단 할인된 보상의 합이다.
- last_state: 상태 전이의 결과 환경이 종료 상태에 이르렀다면 이 필드는 None이고, 그렇지 않으면 경험 체인에서의 마지막 관찰이다

전이를 NumPy 배열로 바꾸는 unpack_batch의 코드는 다음과 같다.

```
def unpack_batch(batch):
    states, actions, rewards, dones, last_states = [], [], [], [], []
    for exp in batch:
        state = np.array(exp.state, copy=False)
        states.append(state)
        actions.append(exp.action)
```

```
            rewards.append(exp.reward)
            dones.append(exp.last_state is None)
            if exp.last_state is None:
                last_states.append(state)
        # the result will be masked anyway
            else:
                last_states.append(np.array(exp.last_state, copy=False))
        return np.array(states, copy=False), np.array(actions),
np.array(rewards, dtype=np.float32), \
                np.array(dones, dtype=np.uint8), np.array(last_states,
copy=False)
```

배치에서 최종 전이를 처리하는 방법에 유의하자. Last_state가 None이라면 해당 전이는 종료 상태로 이끄는 전이인데, 이때 last_states 배열에 None을 집어넣을 수는 없고(None은 상태가 아니므로) 또한 이 경우를 별도로 처리하는 것을 원하지 않기 때문에 이 전이의 경우에는 last_states 배열에 그냥 시작 상태를 저장하였다. 하지만, 이렇게 되면 벨만 업데이트에서 약간 문제가 될 수 있다. 왜냐하면 벨만 업데이트에서 다음 상태의 값들을 이용하게 되는데, 종료 상태 대신 시작 상태를 집어넣었기 때문에, 잘못하면 이 시작 상태의 값이 이용될 수 있다. 따라서, 벨만 업데이트를 올바르게 계산하기 위해 dones 배열을 사용하여 손실 계산 중에 해당 항목을 매스킹하여 숨긴다. 물론, 이런 매스킹 기법을 사용하는 것 외에도 예를 들어서 종료 상태로 이끌지 않는 전이에 대해서만 최종 상태의 값을 계산할 수도 있겠지만, 그렇게 되면 손실함수를 계산할 때 로직이 좀 더 복잡해진다.

손실 함수는 이전 장에서와 똑같이 사용할 수 있다. 첫 번째 상태에서 취한 행동값을 계산한 다음 벨만 방정식을 사용하여 동일한 행동에 대한 값을 계산한다. 그 결과 손실은 두 값 사이의 평균 제곱 오차이다.

```
def calc_loss_dqn(batch, net, tgt_net, gamma, device="cpu"):
    states, actions, rewards, dones, next_states = unpack_batch(batch)

    states_v = torch.tensor(states).to(device)
    next_states_v = torch.tensor(next_states).to(device)
    actions_v = torch.tensor(actions).to(device)
    rewards_v = torch.tensor(rewards).to(device)
    done_mask = torch.ByteTensor(dones).to(device)

    state_action_values = net(states_v).gather(1,
actions_v.unsqueeze(-1)).squeeze(-1)
```

```
        next_state_values = tgt_net(next_states_v).max(1)[0]
        next_state_values[done_mask] = 0.0

        expected_state_action_values = next_state_values.detach() * # 타겟 신경망쪽으로 그라디언트 계산 및 오류 역전파가 이루어지지 않도록 detach
gamma + rewards_v
        return nn.MSELoss()(state_action_values,
expected_state_action_values)
```

또한 common.py에는 학습 과정을 간소화하는 데 도움이 되는 두 가지 유틸리티 클래스가 있다.

```
class EpsilonTracker:  # 엡실론값을 시작값 epsilon_start에서 시작하여 epsilon_frames 단계 동안 epsilon_final까지 매 프레임 선형적으로 감소시킴
    def __init__(self, epsilon_greedy_selector, params):
        self.epsilon_greedy_selector = epsilon_greedy_selector
        self.epsilon_start = params['epsilon_start']
        self.epsilon_final = params['epsilon_final']
        self.epsilon_frames = params['epsilon_frames']
        self.frame(0)

    def frame(self, frame):
        self.epsilon_greedy_selector.epsilon = \
            max(self.epsilon_final, self.epsilon_start - frame /
self.epsilon_frames)
```

EpsilonTracker 클래스는 EpsilonGreedyActionSelector 및 하이퍼 파라미터 인스턴스를 받는 클래스이다. 이 클래스의 유일한 함수인 frame()은 표준 DQN 엡실론 붕괴 일정에 따라 엡실론값을 업데이트한다. 즉, 첫 번째 엡실론 프레임에서 출발해서 선형적으로 감소시킨 다음 일정하게 유지하는 것이다.

두 번째 클래스인 RewardTracker는 각 에피소드가 끝날 때 총 보상에 대한 정보를 얻고, 마지막 에피소드의 평균 보상을 추적하고, 텐서보드 및 콘솔에 현재 값을 보고하고, 최종적으로 게임이 성공적으로 수행되었는지 확인한다. 또, 초당 프레임 수를 측정하기도 한다.

```
class RewardTracker:
    def __init__(self, writer, stop_reward):
        self.writer = writer
        self.stop_reward = stop_reward

    def __enter__(self):  # 초기화로서, 시작 시간과 프레임, 그리고 총 보상을 초기화
        self.ts = time.time()
        self.ts_frame = 0
        self.total_rewards = []
```

```
        return self

    def __exit__(self, *args):
        self.writer.close()
```

이 클래스는 컨텍스트 관리자(context manager)로 사용되도록 구현되었기 때문에 종료 시 자동으로 닫힌다. 이 클래스의 주요 기능은 에피소드가 끝날 때마다 호출되는 reward() 메서드인데, 이전 장의 학습 과정과 거의 같은 코드이다.

```
    def reward(self, reward, frame, epsilon=None):
        self.total_rewards.append(reward)
        speed = (frame - self.ts_frame) / (time.time() - self.ts) # 단위 시간당 몇 프레임을 처리했는지
        self.ts_frame = frame
        self.ts = time.time()
        mean_reward = np.mean(self.total_rewards[-100:]) # 최근 100개의 보상에 대한 평균값 계산
        epsilon_str = " " if epsilon is None else ", eps %.2f" %
epsilon
        print("%d: done %d games, mean reward %.3f, speed %.2f
f/s%s" % (
            frame, len(self.total_rewards), mean_reward, speed,
epsilon_str
        ))
        sys.stdout.flush()
        if epsilon is not None:
            self.writer.add_scalar("epsilon", epsilon, frame)
            self.writer.add_scalar("speed", speed, frame)
            self.writer.add_scalar("reward_100", mean_reward, frame)
            self.writer.add_scalar("reward", reward, frame)
            if mean_reward > self.stop_reward:
                print("Solved in %d frames!" % frame)
                return True # 최근 100회의 에피소드에서 받은 보상 평균이 지정된 수준을 넘으면 True 반환(나중에 이 반환값이 학습을 종료할지 여부에 쓰임)
        return False
```

common.py에 관해서는 이것이 전부이다. 물론, 이후 다른 예제들에서 사용될 다른 함수를 가지고 있기는 하지만 아직까지는 이걸로 족하다. 그러면, 이제 01_dqn_basic.py를 살펴보자. 01_dqn_basic.py는 필요한 클래스들을 생성하고 학습 루프를 운용한다.

```
#!/usr/bin/env python3
import gym
import ptan
import argparse
```

```
import torch
import torch.optim as optim
from tensorboardX import SummaryWriter
from lib import dqn_model, common
```

우선 필요한 모듈들을 임포트하자.

```
if __name__ == "__main__":
    params = common.HYPERPARAMS['pong']
    parser = argparse.ArgumentParser()
    parser.add_argument("--cuda", default=False, action="store_true",
help="Enable cuda")
    args = parser.parse_args()
    device = torch.device("cuda" if args.cuda else "cpu")

    env = gym.make(params['env_name'])
    env = ptan.common.wrappers.wrap_dqn(env)
```

그런 다음, 퐁 게임에 대한 하이퍼 파라미터를 얻고, CUDA 옵션을 파싱하고 환경을 생성한다. 다음으로 PTAN의 DQN 래퍼를 사용하여 환경을 감싸준다.

```
    writer = SummaryWriter(comment="-" + params['run_name'] +
"-basic")
    net = dqn_model.DQN(env.observation_space.shape, env.action_
space.n).to(device)
    tgt_net = ptan.agent.TargetNet(net)    # TargetNet은 신경망 동기화 기능이 있는 클래스임. 타겟
                                           망은 주기적으로 학습망으로부터 복사본을 받아야 하므로
```

그런 다음 텐서보드를 위한 요약 작성기를 생성하고, 관찰과 행동 공간을 이용하여 DQN 신경망을 생성한다. ptan.agent.TargetNet 클래스는 매우 간단한 래퍼로서 학습 신경망의 복사본을 만들고 주기적으로 동기화할 수 있게 한다.

```
    selector = ptan.actions.EpsilonGreedyActionSelector(epsilon=params
['epsilon_start'])
    epsilon_tracker = common.EpsilonTracker(selector, params)
    agent = ptan.agent.DQNAgent(net, selector, device=device)
```

여기서 우리의 에이전트를 생성하는데, 이때 관찰값을 행동 가치로 바꾸어 주는 신경망과 어떤 행동을 선택할지를 결정하는 행동 선택기가 필요하다. 행동 선택기의 경우, 하이퍼 파라미터에 정의된 스케줄대로 엡실론을 감소시켜 가면서 행동을 선택하는 엡실론-그리디 정책을 사용한다.

```
    exp_source = ptan.experience.ExperienceSourceFirstLast(env, agent,
gamma=params['gamma'], steps_count=1)  # n-스텝을 처리할 수 있는 클래스이지만 여기서는 그냥 1-스텝용으로 사용
    buffer = ptan.experience.ExperienceReplayBuffer(exp_source,
buffer_size=params['replay_size'])
```

다음에 정의할 요소는 경험치 소스인 ExperienceSourceFirstLast와 경험 리플레이 버퍼이다.

```
    optimizer = optim.Adam(net.parameters(), lr=params
['learning_rate'])
    frame_idx = 0
```

학습 루프전에 해야 할 마지막 단계는 옵티마이저 및 프레임 카운터이다.

```
    with common.RewardTracker(writer, params['stop_reward']) as
reward_tracker:  # RewardTracker를 이용하여 별도의 문맥을 생성함. with 문을 벗어나면 reward_tracker 객체는 __exit__() 함수를 호출하면서 자동 소멸됨
        while True:
            frame_idx += 1
            buffer.populate(1)
            epsilon_tracker.frame(frame_idx)  # 엡실론 값을 감소시킴
```

학습 루프에서는 우선 보상 추적기를 생성하였다. 이 보상 추적기는 완료된 모든 에피소드에 대한 평균 보상을 보고한다. while 루프 안에서는, 프레임 카운터를 증가시키고, 경험 소스에서 하나의 전이를 가져오도록 경험 리플레이 버퍼에 요청한다. buffer.populate(1)을 호출하면 PTAN lib 내부에서 다음과 같은 일련의 작업이 수행된나.

- ExperienceReplayBuffer는 경험 소스에 다음 전이를 요청한다
- 경험 소스는 현재 관찰을 에이전트에 제공한다
- 에이전트는 관찰에 신경망을 적용하여 Q값을 계산한 다음 행동 선택기에 수행할 행동을 선택하도록 요청한다
- 행동 선택기(엡실론-그리디 선택기)는 탐욕적으로 행동을 선택할지 아니면 임의로 선택할지를 결정한다. 어떤 경우이든 어쨌거나 수행할 행동을 결정할 것이다
- 선택된 행동은 경험 소스로 되돌려 보내지고 환경에 적용되어 보상과 다음 관찰을 얻는다. 이 모든 데이터(현재 관찰, 행동, 보상 및 다음 관찰)가 하나의 전이로서 버퍼로 리턴된다.
- 버퍼는 전달받은 전이를 저장한다. 이때, 필요하다면 버퍼에 오래 저장된 전이 순으로 버퍼로부터 제거하여 버터의 크기를 유지한다.

위의 모든 것은 복잡해 보일지 모르지만, 기본적으로 이전에 완료한 과정과 동일하며, 단지 좀 다른 방식으로 보여질 뿐이다.

```
        new_rewards = exp_source.pop_total_rewards()  # 이번 에피소드에서 얻은 총 보상을 얻음. 없다면 None
        if new_rewards:
            if reward_tracker.reward(new_rewards[0], frame_idx,
selector.epsilon):            # reward_tracker.reward가 True를 반환한다는 것은 지난 100회 동안의 에피소드 평균이 지정된 기준을 넘었다는 이야기임. 그럴 경우 학습 종료
                break
```

위의 코드는 완료된 에피소드들의 보상(해당 에피소드에서 얻은 보상의 합인 총보상을 원소로 갖는 리스트. 할인안된 총 보상임)을 경험 소스에 요청하고, 보상 추적자에게 전달하여 학습 과정을 보고하고 학습이 종료됐는지 체크할 수 있게 한다. 앞서 우리는 오직 하나의 단계만 수행하였으므로, 이 경우에는 완료된 에피소드가 1개 또는 0개일 수 있다. 보상 추적기가 True를 반환하면 이는 지난 100회의 에피소드들의 총보상들의 평균이 목표 점수에 도달했다는 것과 학습을 중단할 수 있음을 나타낸다.

```
        if len(buffer) < params['replay_initial']:
            continue
```

여기서 버퍼의 길이가 학습을 시작할 만큼 충분히 큰지 확인한다. 그렇지 않으면 더 많은 데이터가 수집될 때까지 기다린다.

```
        optimizer.zero_grad()
        batch = buffer.sample(params['batch_size'])
        loss_v = common.calc_loss_dqn(batch, net, tgt_net.target_
model, gamma=params['gamma'], device=device)
        loss_v.backward()
        optimizer.step()
```

이 코드는 SGD(Stochastic Gradient Descent) 업데이트를 수행한다. 우선 신경망에 쌓인 이전의 그라디언트를 0으로 초기화하고, 경험 리플레이 버퍼에서 전이를 배치 크기만큼을 샘플링하고, 앞서 살펴본 바 있는 calc_loss_dqn 함수를 사용하여 손실을 계산한다.

```
        if frame_idx % params['target_net_sync'] == 0:  # 주기적으로 학습망을 타겟망으로 복사
            tgt_net.sync()
```

학습 루프의 마지막 부분은 주 신경망 모델(학습 중)과 타겟 신경망을 주기적으로 동기화한다.

자, 그럼 모델을 학습시키고 수렴을 점검해 보자.

```
rl_book_samples/Chapter07$ ./01_dqn_basic.py --cuda
865: done 1 games, mean reward -20.000, eps 0.99, speed 364.42 f/s
2147: done 2 games, mean reward -20.500, eps 0.98, speed 493.27 f/s
3061: done 3 games, mean reward -20.333, eps 0.97, speed 493.09 f/s
3974: done 4 games, mean reward -20.500, eps 0.96, speed 492.45 f/s
4810: done 5 games, mean reward -20.600, eps 0.95, speed 490.46 f/s
5836: done 6 games, mean reward -20.500, eps 0.94, speed 495.29 f/s
6942: done 7 games, mean reward -20.571, eps 0.93, speed 491.58 f/s
7953: done 8 games, mean reward -20.500, eps 0.92, speed 491.78 f/s
9109: done 9 games, mean reward -20.444, eps 0.91, speed 492.71 f/s
...
```

출력에서 보이는 모든 라인은 현재 프레임 카운터, 완료된 에피소드의 양, 지난 100회의 평균 보상, 엡실론 및 계산 속도를 보여준다. 첫 번째 10,000 프레임 동안은 실제 학습은 하지 않고 단지 리플레이 버퍼가 채워지기를 기다리기 때문에 실행 속도가 매우 빠르다. 기본 DQN 버전의 경우 평균 보상이 17점에 도달하는 데 보통 약 1M 프레임이 소요되므로 참을성이 좀 있어야 한다. 학습이 종료된 후 텐서보드에서 학습 과정을 확인할 수 있다. 텐서보드에서는 엡실론 차트, 원시 보상값, 평균 보상 및 속도를 보여준다.

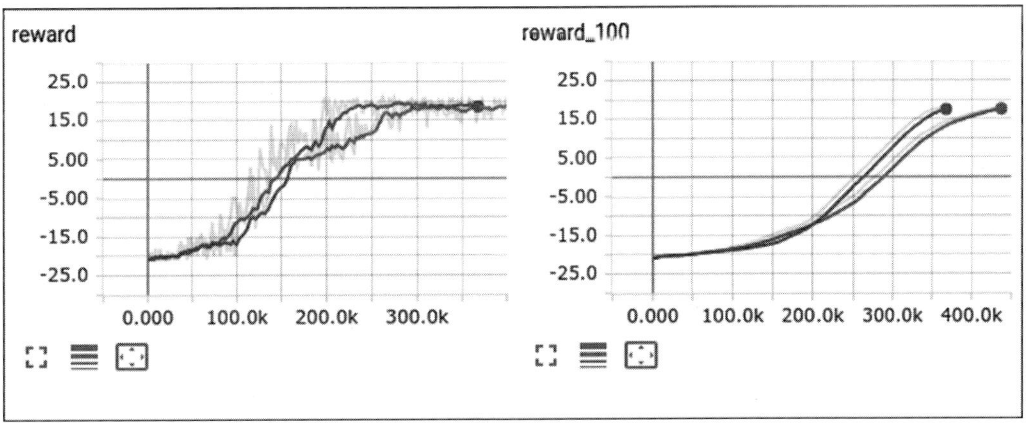

그림 1. 기본 DQN 버전의 수렴

N-스텝 DQN

우리가 구현할 첫 번째 개선점은 상당히 오래된 것인데, Richard Sutton ([2] Sutton, 1988)의 논문에서 처음 소개되었다. 이와 관련하여 아이디어를 얻으려면 우선 Q-러닝에서 사용된 벨만 업데이트를 다시 한 번 살펴보자.

$$Q(s_t, a_t) = r_t + \gamma \max_a Q(s_{t+1}, a_{t+1})$$

잘 알다시피 이 방정식은 재귀적이다. 즉, $Q(s_{t+1}, a_{t+1})$를 정의할 때 위 정의를 다시 이용한다는 의미이며, 결과는 다음과 같다.

$$Q(s_t, a_t) = r_t + \gamma \max_a [r_{a,t+1} + \gamma \max_{a'} Q(s_{t+2}, a')]$$

값 $r_{a,t+1}$은 행동 a를 수행한 후 받는 시간 t+1에서의 보상을 의미한다. 만일 단계 t+1에서 행동 a가 최적으로 선택되었거나 최적에 가깝다고 가정하면 첫 번째 max 연산이 생략 가능하고 바로 다음을 얻을 수 있다.

$$Q(s_t, a_t) = r_t + \gamma r_{t+1} + \gamma^2 \max_{a'} Q(s_{t+2}, a')$$

이 값은 여러 번 반복(언롤링)해서 전개될 수 있다. 짐작하겠지만 언롤링은 원스텝 전이 샘플링을 n 단계의 더 긴 전이 시퀀스로 바꾸는데, 손쉽게 DQN 업데이트에 적용 가능하다. 이 언롤링이 어떻게 학습 속도를 향상시키는지 이해하기 위해서 다음 예시를 살펴보자. 아래는 s_1, s_2, s_3, s_4라는 4 개의 상태를 가진 단순한 환경이며, 종료 상태인 s_4를 제외한 모든 상태에서 단 하나의 가용한 행동만을 가지고 있다.

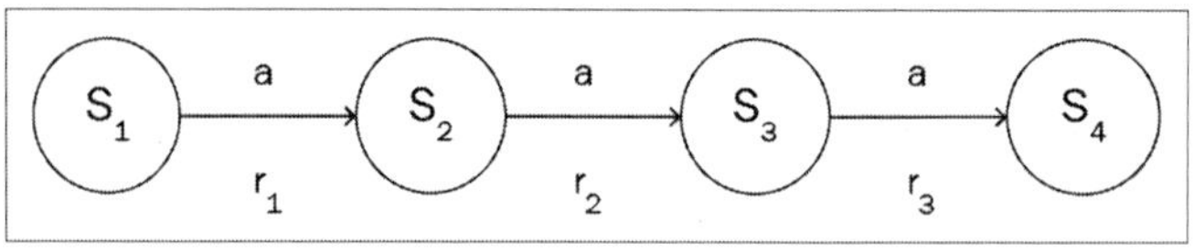

그림 2. 간단한 환경에서의 상태 전이 다이어그램

자 그러면, 우선 1-step일 경우에 어떻게 되는지 살펴보자. 위 에피소드에서 총 업데이트 수는 3회이다(사용 가능한 행동이 하나뿐이므로 max는 사용하지 않음).

1. $Q(s_1,a) \leftarrow r_1 + \gamma\, Q(s_2,a)$
2. $Q(s_2,a) \leftarrow r_2 + \gamma\, Q(s_3,a)$
3. $Q(s_3,a) \leftarrow r_3$

앞선 업데이트를 다음과 같은 순서대로 완료한다고 가정해 보자. 학습 초기의 $Q(s_2, a)$와 $Q(s_3, a)$는 부정확하고 초기 무작위 데이터이기 때문에 첫 번째 두 번의 업데이트는 거의 쓸모가 없다. 그러면 유일하게 유용한 업데이트는 종료 상태에 앞서 보상 r_3을 상태 s_3에 할당하는 업데이트 3이다. 이제 위의 업데이트를 반복해서 완료해 보자. 두 번째 반복에서 $Q(s_2, a)$에는 올바른 값이 할당되지만 $Q(s_1, a)$의 업데이트에는 여전히 노이즈가 있는 상태이다. 세 번째 반복하게 되면 비로소 모든 Q에 유의미한 값을 얻을 수 있다. 따라서 1-step의 경우 올바른 값을 모든 상태에 전파하는 데 세 단계가 걸린다.

이제 2-step 사례를 살펴보자. 이 상황에는 다시 세 가지 업데이트가 있다.

1. $Q(s_1,a) \leftarrow r_1 + \gamma r_2 + \gamma^2\, Q(s_3,a)$
2. $Q(s_2,a) \leftarrow r_2 + \gamma r_3$
3. $Q(s_3,a) \leftarrow r_3$

이 경우 첫 번째 루프에서 올바른 값이 $Q(s_2, a)$와 $Q(s_3, a)$에 할당된다[1]. 두 번째 반복하게 되면 $Q(s_1, a)$의 값도 올바르게 업데이트된다. 따라서 여러 단계를 통해 값 전파 속도가 향상되므로 수렴이 향상된다. 그렇다면 당연히 이를 좀 더 확장하여, 예를 들어 100 스텝 정도를 언롤링하면 어떨까? 그렇게 하면 수렴 속도가 100배 빠르게 될까? 불행히도 대답은 '아니오'이다.

기대와는 다르게 DQN은 전혀 수렴하지 못할 것이다. 그 이유를 이해하기 위해 다시 풀어가는 과정, 특히 max를 생략했던 곳으로 돌아가보자. 자 여기서 질문은 과연 max를 생략하는 게 맞는가이다. 사실 엄밀히 말하면 아니오이다. 경험 수집 중 행동 선택(또는 우리의 정책)이 최적이라고 가정할 때만 중간 단계에서 최대화 작업이 생략 가능하였다. 그렇지만 만일 최적의 선택이 아니라면 어떨까? 예를 들어, 학습이 시작될 때는 에이전트가 무작위로 행동하게 되는데 이때는 어떻게 될까? 이 경우 $Q(s_t, a_t)$의 값은 최적으로 행동 선택을 했을 때보다 작을 수 있다(왜냐하면 일부 단계는 무작위로 행동 선택이 이루어지고 따라서 Q값을 최대화하는 가장 유망한 경로를 따르지는 않았기 때문에). 따라서, 벨만 방정식을 전개할 단계가 많을수록 업데이트가 잘못될 수 있다고 할 수 있다.

---

1) 역자주: r_3가 환경에서 실제 받은 값이고, 이 값이 반영된 $Q(s_2, a)$와 $Q(s_3, a)$는 적어도 임의의 값은 아니다. 따라서, 올바른 값이라고 표현하였다.

경험 리플레이 버퍼가 큰 경우는 상황을 훨씬 더 악화시킬 수 있다. 왜냐하면 예전의 나쁜 정책(이전의 나쁜 근사치에 의해 결정됨)에서 얻은 전이를 얻을 기회가 증가하기 때문이다. 이렇게 하면 현재 Q 근사값이 잘못 업데이트되어 학습 진행을 쉽게 망칠 수 있다. 위의 문제는 강화학습 방법의 기본 특징이다. 앞의 4장 '크로스 엔트로피 방법' 장에서 잠깐 강화학습의 분류에 관해 이야기할 때 언급했듯이 강화학습에는 두 개의 큰 부류가 있는데, 하나는 오프 정책(off-policy) 방법이고 다른 하나는 온 정책(on-policy) 방법이다.

오프 정책 방법은 "데이터의 신선도"에 의존하지 않는다[2]. 예를 들어, 기본 DQN은 오프 정책인데, 왜냐하면 $Q(s_t, a_t)$의 값을 업데이트할 때 (즉시 보상 + 최상의 행동값)을 사용하는데, 이때 최상의 행동값이 현재의 행동 정책에 의존적이지 않기 때문에 오프 정책이라 불린다. 그렇기 때문에 오프 정책 방법은(현재의 정책에 의존하지 않으므로) 심지어 수백만 단계 전에[3] 환경에서 샘플링한 매우 오래된 데이터도 학습에 사용할 수 있고 매우 큰 경험 버퍼를 사용하여 데이터를 독립적이고 동일하게 분산되도록(i.i.d) 할 수 있다.

반면, 온 정책 방법은 현재 정책에 따라 샘플된 학습 데이터를 이용하여 현재 정책을 업데이트한다[4]. 이것은 온 정책 방법이 간접적으로(위의 n-step DQN에서와 같이) 또는 직접적으로(이 책의 3 부 전체가 이 방법을 사용) 현재의 정책을 개선하려고 시도한다는 것을 의미한다.

그렇다면 어떤 방법이 좋은가? 사실 대답은 상황에 따라 다르다. 오프 정책 방법을 사용하면 이전과 현재의 정책들에서 모은 대용량 데이터를 사용하거나 또는 사람이 먼저 데모를 보여주고 이를 배우는 등의 학습도 가능하다는 장점이 있는 반면 대체로 학습의 수렴 속도가 느리다. 온 정책 방법은 일반적으로 더 빠르지만 환경으로부터 최신의 데이터를 사용해야 하므로 데이터 수집에 비용이 많이 든다. 예를 들어, 온 정책 방식으로 학습된 자율주행차의 경우 제대로 된 방법을 배우기까지 벽이라던지 나무라던지 하는 장애물에 수없이 부딪히게 될 것이고 이는 고스란히

---

2) 역자주: 데이터 신선도에 의존하지 않는다는 말은 해당 데이터가 현재 정책에서 나온 데이터가 아니어도 상관없다는 말이다. 뭐, 그래서 off-policy라고 불리지만 말이다.

3) 역자주: 수백만 단계 전의 데이터라면 현재 정책과 다른 정책이라 할 수 있지만, off-policy 방법은 현재 정책에 의존적이지 않으므로 여전히 학습 데이터로서 유효하다.

4) 역자주: 이 방법이 on-policy라 불리는 이유는 바로 이 때문이다. 즉, 현재 정책에 따라 생성된 데이터를 기반으로 현재 정책을 업데이트하기 때문이다. 앞서 살펴본 off-policy의 경우에는 현재 정책을 업데이트할 때 $\mathcal{L} = (Q_{s,a} - (r + \gamma \max_{a' \in A} Q_{s',a'}))^2$를 손실함수로 사용하였다. 여기서 뒷부분에 있는 max 때문에 현재 정책에 의존하지 않고 그냥 최대값을 주는 행동의 Q값을 선택하게 된다. 즉, 현재 정책에 의존적이지 않게 된다. 반면 on-policy라면 max가 사라지고 현재 정책에 따라 선택된 a'에 상응하는 Qs',a'을 사용하며 on-policy 방법이 된다.

차가 부서지거나 하는 비용이 된다.

그렇다면, n-step DQN이 온 정책 방법이고 경험 버퍼를 쓸모 없게 만들 것인데 왜 우리가 이에 대하여 논하고 있는지 의문이 들 것이다. 그러나 이 문제는 실제로는 흑과 백처럼 그렇게 명확히 구분되는 것은 아니다. DQN의 속도를 높이는 데 도움이 된다면 n 단계 DQN을 사용할 수도 있지만 n을 선택하는 데에 있어서 좀 신중해야 한다. 예를 들어 2 또는 3 정도의 작은 값이라면 1-step 방법과 상태 전이의 궤적이 크게 차이가 나지 않을 것이므로 잘 동작할 것이다. 일반적으로 학습 수렴 속도는 n-step에서 n에 비례하여 향상되지만 n 값이 클 경우 학습이 잘 이루어지지 않게 되므로, n을 적절히 조절해 가면서 주어진 문제에 최적인 n을 찾을 필요가 있다. 하여튼 수렴 속도가 향상되므로 해볼 만한 가치가 있다.

구현

ExperienceSourceFirstLast 클래스는 이미 멀티 스텝 벨만 언롤링을 지원하므로 DQN의 n 단계 버전은 매우 간단히 구현 가능하다. 기본 DQN에서 *n* 단계 버전으로 바꾸려면 다음 두 가지 수정만 하면 된다.

- ExperienceSourceFirstLast에 언롤할 단계 수를 steps_count 인수에 전달한다.
- calc_loss_dqn 함수에 전달할 감마값을 선택. 이 값은 이제 보다 신중히 신딕해야 하는데, *n* 스텝이 되면 경험 체인의 마지막 상태에 대한 할인 계수는 γ가 아니라 γ^n이 되기 때문이다.

예제 코드는 Chapter07/02_dqn_n_steps.py에 있는데, 아래와 같이 수정된다.

```
    exp_source = ptan.experience.ExperienceSourceFirstLast(env, agent,
gamma=params['gamma'], steps_count=args.n)
```

이전과는 다르게 이번에는 1이 아니다. n-스텝을 사용한다는 이야기

args.n은 스텝 수인데, 커맨드 라인에서 지정되며 기본은 2이다. 즉, 기본값을 그대로 사용하면 2-스텝이 된다.

```
loss_v = common.calc_loss_dqn(batch, net, tgt_net.target_model,
                              gamma=params['gamma']**args.n, device=device)
```

그림 3은 기본 DQN(밝은 선)과 2-스텝 DQN(어두운 선)에 대한 보상 및 100회 평균 보상에 대한 차트이다.

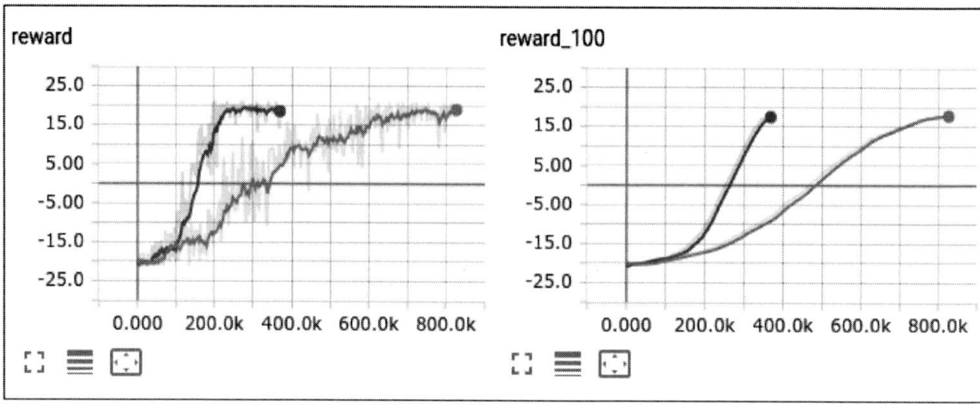

그림 3. 기본 DQN(밝은 색)과 2-스텝 DQN(어두운 색)의 비교

다이어그램에서 볼 수 있듯이 2-스텝 DQN은 기본 DQN보다 2배 이상 빠르게 수렴한다는 것을 확인할 수 있다. 그렇다면 더 큰 n은 어떻게 될까? 아래는 2-스텝(어두운 색) 대 3-스텝 DQN(밝은 색)을 보여주는 차트이다.

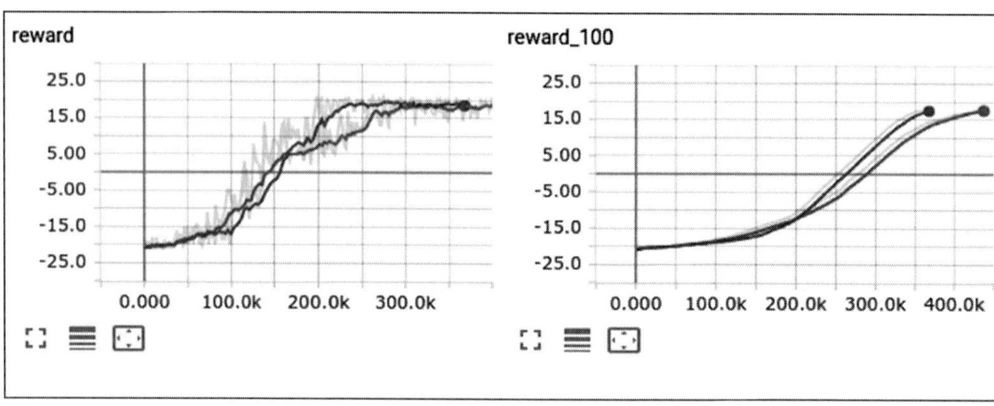

그림 4. 2-스텝 DQN(어두운 색)과 3-스텝 DQN(밝은 색)

그림에서 알 수 있듯이, 두 단계와 비교할 때 어떤 개선점도 없다. 물론 이 과정은 샘플링이 포함된 확률적 과정이므로 시행마다 결과가 약간 다를 수는 있다.

이중 DQN

기본 DQN을 개선하는 다음 방법은 딥마인드에서 발표한 Deep Reinforcement Learning with Double Q−Learning ([3] van Hasselt, Guez 및 Silver, 2015)이라는 논문에서 나왔다. 이 논문에서 저자는 기본 DQN이 Q값을 과대 평가하는 경향이 있음을 보여주었다. 이는 학습 성능에 해로울 수 있으며 경우에 따라 최적 솔루션에 도달하지 못할 수도 있다. 기본 DQN이 이런 문제점을 갖는 근본적인 원인은 벨만 방정식에 있는 최대값 연산 때문인데 이에 대한 수학적 증명은 너무 복잡하여 여기에 그것을 늘어놓지는 않을 것이다. 그보다는 이 문제를 해결하는 방법에 보다 집중해 보자. 논문에서 저자는 이 문제의 해결 방법으로 벨만 업데이트를 약간 수정하는 방법을 제안하였다.

기본 DQN에서 Q에 대한 목표값은 다음과 같다.

$$Q(s_t, a_t) = r_t + \gamma \max_a Q'(s_{t+1}, a_{t+1})$$

이 논문에서 제안된 방법은 학습 신경망(Q)을 사용하여 행동을 선택하기는 하지만(아래 식에서 argmax 부분), 이 선택된 행동에 대한 행동 가치는 타겟 신경망(Q')으로부터 계산된다. 따라서, 목표 Q값에 대한 새로운 표현식[5]은 다음과 같다.

$$Q(s_t, a_t) = r_t + \gamma Q'(s_{t+1}, \text{argmax}_a Q(s_{t+1}, a))$$

이 간단한 조정으로 Q값이 과대 평가되는 현상을 해결하였고, 저자들은 이 방법을 이중 DQN(Double DQN)이라고 명명하였다.

구현

자, 그러면 이중 DQN을 구현해 보자. 구현의 핵심은 사실 매우 간단하다. 손실 함수를 약간 수정하는 것뿐이다. 다만, 여기에 추가로 기본 DQN과 이중 DQN에 의해 생성된 행동값도 한번 비교해 보자. 이를 위해 무작위로 선택된 상태들을 저장하고 이 상태들에서의 최적 행동에 대한 평균값을 주기적으로 계산한다.

전체 코드는 Chapter07/03_dqn_double.py에 있다. 그러면 손실 함수부터 살펴보자.

5) 역자주: 원서에는 $Q(s_t, a_t) = r_t + \gamma \max_a Q'(s_{t+1}, \arg\max_a Q(s_{t+1}, a))$라고 되어 있지만, 이는 잘못된 식이다. 괄호안에서 max연산을 수행했고, 이로 인하여 이미 실행할 행동이 결정되었으므로, 밖에 있는 max 연산은 아무 의미가 없다.

```
def calc_loss(batch, net, tgt_net, gamma, device="cpu", double=True):
    states, actions, rewards, dones, next_states = common.unpack_
batch(batch)
```

인수에서 double 인수는 이중 DQN 방식을 설정하거나 해제하는 데 쓰인다.

```
    states_v = torch.tensor(states).to(device)
    next_states_v = torch.tensor(next_states).to(device)
    actions_v = torch.tensor(actions).to(device)
    rewards_v = torch.tensor(rewards).to(device)
    done_mask = torch.ByteTensor(dones).to(device)
```

위에 코드는 전과 동일하다.

$$\underbrace{L}_{(4)} = (r_t + \gamma \underbrace{Q'}_{(3)}(s_{t+1}, \underbrace{\text{argmax}_a Q(s_{t+1}, a)}_{(2)}) - \underbrace{Q(s_t, a_t)}_{(1)})^2$$

```
    state_action_values = net(states_v).gather(1, actions_v.   # (1) 계산
unsqueeze(-1)).squeeze(-1)
    if double:
        next_state_actions = net(next_states_v).max(1)[1]   # (2) 계산
        next_state_values = tgt_net(next_states_v).gather   # (3) 계산
(1, next_state_actions.unsqueeze(-1)).squeeze(-1)
    else:
        next_state_values = tgt_net(next_states_v).max(1)[0]
```

위의 코드에서 기본 DQN 손실을 계산하는 부분과 이중 DQN의 손실을 계산하는 부분이 나뉜다. 이중 DQN이 활성화된 경우 학습 신경망을 사용하여 다음 상태에서 취할 수 있는 최선의 행동을 선택하지만 이 행동에 대한 행동값은 타겟 신경망에서 가져왔다.

```
    next_state_values[done_mask] = 0.0
    expected_state_action_values = next_state_values.detach() *
gamma + rewards_v
    return nn.MSELoss()(state_action_values, expected_state_action_   # (4) 계산
values)
```

나머지 부분은 이전과 동일하다. 완료된 에피소드를 마스크하고 신경망에서 예측한 Q값과 근사된 Q값 사이의 평균 제곱 오차(MSE)를 계산한다. 마지막으로 살펴볼 함수는 두 방법을 비교하기 위해 앞서 언급한 임의로 선택된 비교 대상 상태의 행동 가치를 계산한다.

```
def calc_values_of_states(states, net, device="cpu"):
    mean_vals = []
    for batch in np.array_split(states, 64):
        states_v = torch.tensor(batch).to(device)
        action_values_v = net(states_v)
```

```
            best_action_values_v = action_values_v.max(1)[0]
            mean_vals.append(best_action_values_v.mean().item())
        return np.mean(mean_vals)
```

위 코드는 그렇게 복잡하지는 않다. 비교 대상으로 선택된 상태들을 담고 있는 배열을 배치 처리를 위하여 동일한 크기로 분할하고 이 배치를 신경망에 전달하여 상태의 행동값들을 얻는다. 이 값들 중 최대값을 선택하고 그들의 평균을 계산한다.

03_dqn_double.py의 나머지 부분은 모델을 학습시키는 학습 루프인데, 이전과 거의 동일하다.

```
if __name__ == "__main__":
    params = common.HYPERPARAMS['pong']
    parser = argparse.ArgumentParser()
    parser.add_argument("--cuda", default=False, action="store_true",
help="Enable cuda")
    parser.add_argument("--double", default=False, action=
"store_true", help="Enable double DQN")
    args = parser.parse_args()
    device = torch.device("cuda" if args.cuda else "cpu")
```

이 프로그램은 이중 DQN 확장을 켜고 끄기 위한 커맨드라인 옵션이 있고, 이중 DQN을 사용하려면 명시적으로 옵션을 제공해야 된다.

```
    env = gym.make(params['env_name'])
    env = ptan.common.wrappers.wrap_dqn(env)

    writer = SummaryWriter(comment="-" + params['run_name'] +
"-double=" + str(not args.no_double))
    net = dqn_model.DQN(env.observation_space.shape, env.action_
space.n).to(device)

    tgt_net = ptan.agent.TargetNet(net)
    selector = ptan.actions.EpsilonGreedyActionSelector(epsilon=params
['epsilon_start'])
    epsilon_tracker = common.EpsilonTracker(selector, params)
    agent = ptan.agent.DQNAgent(net, selector, device=device)

    exp_source = ptan.experience.ExperienceSourceFirstLast(env, agent,
gamma=params['gamma'], steps_count=1)
    buffer = ptan.experience.ExperienceReplayBuffer(exp_source,
buffer_size=params['replay_size'])
    optimizer = optim.Adam(net.parameters(), lr=params
```

```
['learning_rate'])

    frame_idx = 0
    eval_states = None
```

앞의 코드는 기본 DQN 버전과 차이가 없다. eval_states 변수는 비교 평가를 위해 선택된 상태들로 채워질 것이다.

```
    with common.RewardTracker(writer, params['stop_reward']) as 
reward_tracker:
        while True:
            frame_idx += 1
            buffer.populate(1)
            epsilon_tracker.frame(frame_idx)

            new_rewards = exp_source.pop_total_rewards()  # 이번 에피소드에서 얻은 총 보상을 얻음. 없다면 None
            if new_rewards:
                if reward_tracker.reward(new_rewards[0], frame_idx, 
selector.epsilon):
                    break   # reward_tracker.reward가 True를 반환한다는 것은 지난 100회 동안의 에피소드 평균이 지정된 기준을 넘었다는 이야기임. 그럴 경우 학습 종료
            if len(buffer) < params['replay_initial']:
                continue
```

윗 부분은 기본 DQN과 동일하다.

```
            if eval_states is None:  # 신경망 평가를 위해 평가 대상 전이들을 샘플링
                eval_states = buffer.sample(STATES_TO_EVALUATE)
                eval_states = [np.array(transition.state, copy=False) 
for transition in eval_states]
                eval_states = np.array(eval_states, copy=False)
```

여기서 학습 중 평가받을 상태들을 샘플링한다. STATES_TO_EVALUATE 상수는 프로그램 시작 시 1000으로 정의되었고, 이 정도면 게임 상태를 대표하기에 충분하다.

```
            optimizer.zero_grad()
            batch = buffer.sample(params['batch_size'])
            loss_v = calc_loss(batch, net, tgt_net.target_model, 
gamma=params['gamma'], device=device, double=args.double)
            loss_v.backward()
            optimizer.step()

            if frame_idx % params['target_net_sync'] == 0:
                tgt_net.sync()
```

이 부분은 손실 함수로 전달하는 플래그(double=args.double)를 제외하고는 변경되지 않았다. 이 함수는 이중 DQN을 활성화하거나 비활성화한다.

```
            if frame_idx % EVAL_EVERY_FRAME == 0:
                mean_val = calc_values_of_states(eval_states, net,    # 신경망 평가를 위해 평가 대상 상태들의 Q값에서 최대값을 뽑고 그들의 평균을 반환
device=device)
            writer.add_scalar("values_mean", mean_val, frame_idx)
```

마지막으로 EVAL_EVERY_FRAME 상수로 정의된 100 프레임마다 상태의 Q값 중에서 최대값을 뽑고 그들의 평균값을 계산하여 텐서보드에 기록한다.

결과

자, 그러면 이중 DQN을 기본 DQN과 비교하기 위해서 --double 옵션을 사용하지 말고 다시 한번 학습시켜 보자. 학습은 컴퓨터 성능에 따라 다소 시간이 걸릴 수 있지만, GTX 1080Ti에서 백만 프레임을 학습시키는 데 약 2시간이 걸릴 것이다. 아래에 보이는 보상 차트에서 보면 학습 초기에는 두 가지 방법이 엇비슷해 보이지만 이중 DQN이 보다 빨리 수렴에 도달했음을 알 수 있다.

```
rl_book_samples/Chapter07$ ./03_dqn_double.py --cuda --double
1041: done 1 games, mean reward -19.000, speed 272.36 f/s, eps 0.99
2056: done 2 games, mean reward -19.000, speed 396.04 f/s, eps 0.98
3098: done 3 games, mean reward -19.000, speed 462.68 f/s, eps 0.97
3918: done 4 games, mean reward -19.500, speed 569.58 f/s, eps 0.96
4819: done 5 games, mean reward -19.600, speed 563.84 f/s, eps 0.95
5697: done 6 games, mean reward -19.833, speed 565.74 f/s, eps 0.94
6596: done 7 games, mean reward -20.000, speed 563.71 f/s, eps 0.93
...
```

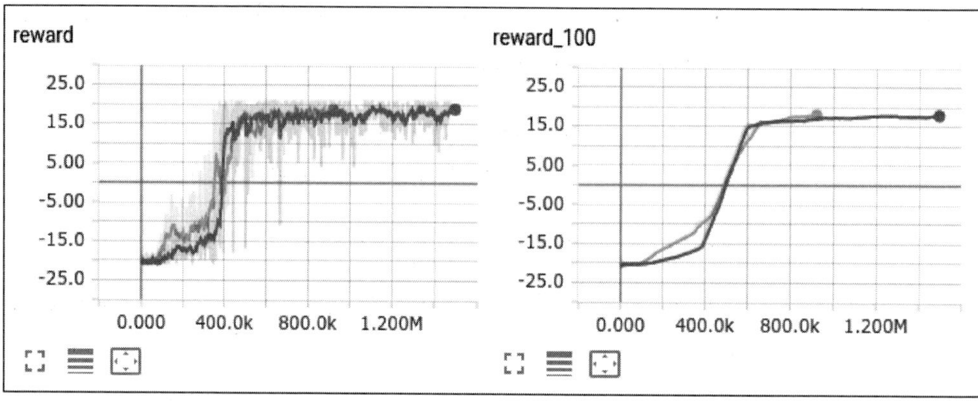

그림 5. 이중 DQN(밝은 색)과 기본 DQN(어두운 색)

아래 행동 가치값의 평균을 살펴보면 기본 DQN이 대부분의 시간에 걸쳐서 행동값을 과대 평가한다는 것을 보여준다. 심지어 기본 DQN은 수렴에 도달하기 위해 학습 후반부에 값을 줄일 수밖에 없었다.

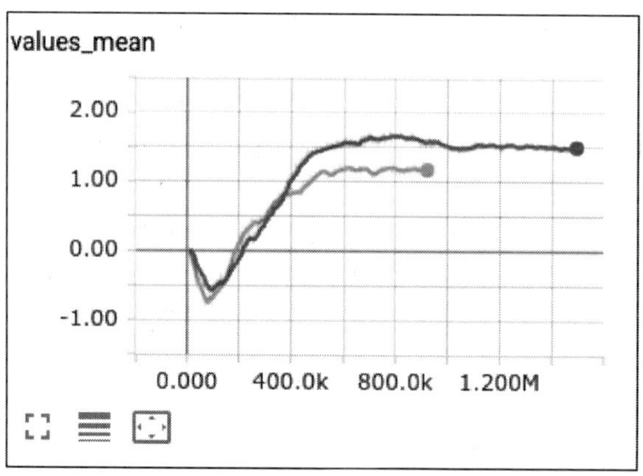

그림 6. 이중 DQN(밝은 색)과 기본 DQN(어두운 색)의 행동 가치의 평균

노이즈 신경망(Noisy networks)

강화학습의 향상을 위해서 우리가 살펴볼 다음 항목은 환경에 대한 탐험 이슈이다. 2017년도에 발표된 Noisy Networks for Exploration ([4] Fortunato외, 2017) 논문에서는 탐험과 관련하여 별도의 탐험 스케줄을 사용하는 대신 학습 중에 탐험 관련 특성을 배우는 매우 간단한 아이디어를 제시하였다.

고전적 DQN에서는 하이퍼 파라미터인 엡실론을 사용하여 무작위로 행동을 선택하는 방식으로 환경에 대한 탐험을 수행한다. 이 엡실론은 시간이 지남에 따라 1.0(완전 무작위 행동)에서 0.1 또는 0.02 같은 작은 값으로 천천히 감소한다. 이 과정은 에피소드의 길이가 길지 않은 단순한 환경에서 잘 작동하긴 하지만 학습 과정을 효율적으로 수행하기 위해서는 조정이 필요하다.

위에서 언급한 논문에서 저자는 아주 단순하지만 그럼에도 불구하고 잘 작동하는 해결책을 제시하였다. 그들은 신경망의 완전 연결 계층의 가중치에 노이즈를 추가하고 역전파할 때 노이즈의 파라미터도 조정하였다. 다만, 이 방법을 신경망이 탐험할 위치를 결정하는 다른 방법들(예: 동기 부여 및 카운트 기반 탐험 방법에 대한 논문 [5] 또는 [6])과 혼동하지는 말자.

저자들은 노이즈를 추가하기 위해서 서로 다른 계산 오버헤드를 가지는 두 가지 방법을 제안하였다.

1. **독립적 가우시안 노이즈**: 완전 연결 계층에 있는 모든 가중치에 대해 정규 분포로부터 나오는 무작위 값을 추가. 노이즈를 위한 파라미터인 평균 μ와 표준편차 σ는 계층 내부에 저장되고 학습을 통하여 조정되는데 표준적인 선형 계층의 가중치를 조정하는 것과 같은 방식으로 학습되며 선형 계층에서와 같은 방식으로 출력이 계산된다.
2. **인수분해형 가우시안 노이즈**: 앞선 방법은 노이즈 계층에 있는 각 가중치에 독립적으로 노이즈가 추가되기 때문에 노이즈 계층에 있는 가중치의 개수만큼 샘플링이 필요하다. 샘플링을 최소화하기 위해서 이 방법에서 저자는 노이즈 계층의 입력 크기와 출력 크기를 갖는 두 개의 임의의 벡터만 유지하도록 제안하였다. 그런 다음 두 벡터의 외적을 계산하여 계층의 가중치 개수만큼의 원소를 가지는 행렬을 만들고, 이를 가중치에 추가한다.

구현

두 가지 방법 모두 파이토치에서 매우 쉽게 구현할 수 있다. 우리가 해야 할 일은 forward()가 호출될 때마다 무작위 값을 샘플링하는 자체 nn.Linear 계층을 만드는 것이다. 이에 대한 구현은 Chapter07/lib/dqn_model.py에 있으며 각각 NoisyLinear(독립적인 가우시안 노이즈)와 NoisyFactorizedLinear (인수분해된 가우시안 노이즈) 클래스에 구현되었다.

$$\underbrace{\hat{W}_k = W_k}_{} + \epsilon_k * \sigma_k, \epsilon_k \sim \mathcal{N}(0,1)$$

(위 식에서 W_k는 (3), ϵ_k는 (2), σ_k는 (1))

```
class NoisyLinear(nn.Linear):   # (3)은 nn.Linear 계층이 원래 가지고 있는 self.weight 로 구현됨
    def __init__(self, in_features, out_features, sigma_init=0.017,
bias=True):
        super(NoisyLinear, self).__init__(in_features, out_features,
bias=bias)
        self.sigma_weight = nn.Parameter(torch.full((out_features,   # (1)
in_features), sigma_init))
        self.register_buffer("epsilon_weight", torch.zeros(out_
features, in_features))
        # (2) epsilon_weight는 신경망 파라미터는 아니라서 역전파 과정에서 갱신되지는 않지만 추론 과정에서 계산에 필요하므로 register_buffer를 이용해서 신경망이 장치로 복사될 때 같이 복사하기 위해서.
        if bias:
            self.sigma_bias = nn.Parameter(torch.full((out_features,),   # 바이어스에 대해서도 가중치와 동일하게.
sigma_init))
            self.register_buffer("epsilon_bias", torch.zeros(out_
features))
        self.reset_parameters()
```

생성자에서 표준편차 σ에 대한 행렬(self.sigma_weight)을 만든다(평균에 해당하는 μ값은 nn.Linear에서 상속된 self.weight, 즉 nn.Linear 계층의 기본 가중치를 평균이라고 가정한다). σ를 학습 가능하도록 하기 위해 nn.Parameter로 감싸준다. register_buffer 메서드는 텐서를 생성하지만 이 텐서는 역전파 과정에서 업데이트되지는 않고 단지 nn.Module에서 관리만 된다(예를 들어 register_buffer로 생성된 텐서는 cuda() 함수 호출 시 GPU에 복사됨). 또한 바이어스를 위한 추가 파라미터(sigma_bias)와 버퍼(epsilon_bias)가 만들어진다. σ의 초기값(0.017)은 시작 부분에 언급된 논문에서 따왔다. 마지막에는 reset_parameters() 함수를 호출하여 계층의 가중치를 초기화한다.

```
    def reset_parameters(self):
        std = math.sqrt(3 / self.in_features)
        self.weight.data.uniform_(-std, std)
        self.bias.data.uniform_(-std, std)
```

reset_parameters 함수를 이용한 가중치 초기화는 논문에서 권장된 초기화 방법에 따랐다.

```
    def forward(self, input):
        self.epsilon_weight.normal_()
        bias = self.bias
        if bias is not None:
            self.epsilon_bias.normal_()
            bias = bias + self.sigma_bias * self.epsilon_bias
        return F.linear(input, self.weight + self.sigma_weight *
self.epsilon_weight, bias)
```

$$\hat{W}_k = W_k + \epsilon_k * \sigma_k, \epsilon_k \sim \mathcal{N}(0,1)$$

순방향(forward)시에 가중치 버퍼(epsilon_weight) 및 바이어스 버퍼(epsilon_bias) 모두에서 랜덤 노이즈를 샘플링하고 nn.Linear에서와 동일한 방식으로 입력 데이터를 선형 변환하였다[6]. 인수분해형(factorized) 가우시안 노이즈도 비슷한 방식으로 작동하는데 결과에 큰 차이는 없었다. 관심 있는 독자는 아래 코드를 살펴보면 되겠다. 또한 논문에서 관련 세부 사항들과 방정식을 확인할 수 있다[4].

```
class NoisyFactorizedLinear(nn.Linear):
    def __init__(self, in_features, out_features, sigma_zero=0.4,
bias=True):
        super(NoisyFactorizedLinear, self).__init__(in_features,
out_features, bias=bias)
        sigma_init = sigma_zero / math.sqrt(in_features)
```

6) 역자주: 노이즈 신경망을 쓰는 이유는 이 정도면 이해했으리라 믿고, 그러면 임의성을 어떻게 완전 연결 계층에 집어넣을지 설명해 보자. 신경망은 간단히 말하면 입력에 가중치가 곱해지는 연산을 수행하는데, 여기에 임의성을 집어넣기 위해서는 결국 가중치에 임의성을 부여해야 한다(입력은 주어진 것이므로). 우리는 완전 연결 계층에 이것을 하려고 하는데, 보다 구체적으로 설명하기 위해서 이 계층에 있는 하나의 가중치 W_k를 생각해 보자. 우리는 이 W_k를 평균으로 보고 여기에 노이즈가 추가된 가중치를 실질 가중치 $\hat{W}_k$라고 하자. 그러면 실질 가중치는 다음과 같이 정규분포 $\hat{W}_k \sim \mathcal{N}(W_k, \sigma_k^2)$에서 샘플링한 가중치가 되고, 이렇게 되면 임의성이 부여된다.

이것을 좀 더 신경망 친화적으로 구현하면 다음 식과 같다. $\hat{W}_k = W_k + \epsilon_k * \sigma_k, \epsilon_k \sim \mathcal{N}(0,1)$

여기서 혹시 독자들이 도대체 이게 무슨 말인가 하는 식의 혼란을 느낄 수도 있겠다. 다시 한번 다른 방식으로 설명해 보고자 한다. 일단 기본 DQN에서 신경망의 입력으로 상태 s가 주어졌을 때 신경망의 출력으로 얻는 것은 행동값인 Q(s,a)이다. 신경망의 출력은 상태 s에서 선택 가능한 모든 행동에 대한 Q값을 얻는다. 그러면 수행할 행동을 선택하기 위해서 신경망의 출력을 바탕으로 최대의 Q값을 주는 어떤 행동 a를 선택하거나 아니면 엡실론값에 의해서 결정되는 임의의 행동을 선택한다. 이것이 기본 DQN에서 행동을 선택할 때 사용하는 방식이다. 여기서 문제는 고정된 엡실론값을 사용하는 것이 아니라 시간이 지남에 따라서 적절히 감소해 주어야 하는데, 이게 정확히 어떻게 감소시켜야 하는지에 대한 정답이 없으므로 문제에 따라서 이것 저것 시도해 봐야 한다는 문제가 있다. 노이즈 신경망에서 하고자 하는 것은 이것을 시스템적으로 해결하기 위해서 엡실론값이 수행하는 행동 선택의 임의성을 네트워크 내로 집어넣고자 하는 것이다. Q 신경망은 다수의 계층으로 이루어져 있지만 여기서는 완전 연결 계층에 이 임의성을 집어넣고자 한다.

즉, 원래 가중치에 정규분포로부터 샘플링한 ϵ_k와 표준편차를 곱한 값을 합하면 된다. 위의 코드에서 원래 가중치인 W_k는 nn.Linear가 기본적으로 지니고 있는 가중치이고, 노이즈 계층에서는 표준편차만 정의하여 가지고 있고, 거기에 표준 정규분포로부터 ϵ_k을 샘플링한 것이다.

```
        self.sigma_weight = nn.Parameter(torch.full((out_features,
in_features), sigma_init))
        self.register_buffer("epsilon_input", torch.zeros
(1, in_features))
        self.register_buffer("epsilon_output", torch.zeros
(out_features, 1))
        if bias:
            self.sigma_bias = nn.Parameter(torch.full((out_features,),
sigma_init))

    def forward(self, input):
        self.epsison_input.normal_()
        self.epsilon_output.normal_()

        func = lambda x: torch.sign(x) * torch.sqrt(torch.abs(x))
        eps_in = func(self.epsilon_input)
        eps_out = func(self.epsilon_output)

        bias = self.bias
        if bias is not None:
            bias = bias + self.sigma_bias * eps_out.t()
        noise_v = torch.mul(eps_in, eps_out)
        return F.linear(input, self.weight + self.sigma_weight *
noise_v, bias)
```

epsilon_input(output)은 나중에 표준정규분포에서 샘플링될 것이므로 학습되는 것은 아니다.

epsilon을 초기화하기 위해서 논문에서 쓴 방법이 표준정규분포에서 샘플링한 것에 아래 함수를 적용한 방법임

$$f(x) = sgn(x)\sqrt{|x|}$$

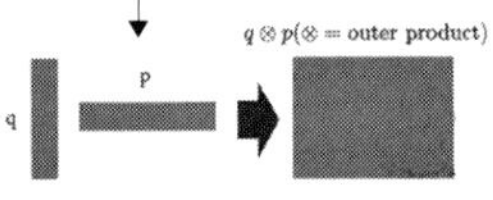

$$\hat{W}_k = W_k + \epsilon_k * \sigma_k, \epsilon_k \sim \mathcal{N}(0,1)$$

역자주: 독립적인 가우시안 노이즈와 인수분해형 가우시안 노이즈의 차이를 개념적으로 설명하면 아래 그림과 같다. 신경망의 어느 계층에서 입력이 p개의 노드 출력이 q개라면, 독립적 가우시안 노이즈의 경우에는 가중치 개수인 p*q 만큼의 노이즈가 개별적으로 만들어 져야 하지만(물론 여기에 추가로 바이어스를 위한 q개의 독립적 노이즈가 추가되어야 하지만 설명의 편의상 바이어스는 빠짐), 이렇게 할 경우 가중치 개수 p*q 만큼의 독립적인 노이즈 샘플링이 이루어져야 해서 시간이 많이 걸린다. 이 단점을 좀 보완하기 위한 것이 인수분해형 가우시안 노이즈인데, 이때는 입력 p와 출력 q의 합인 (p+q) 개만큼의 독립적인 노이즈 샘플링을 하고 이 둘의 벡터 외적을 취하면 pxq 만큼의 노이즈가 만들어 질 수 있으므로, 계산량으로 볼 때 훨씬 유리하다. 다만, 이렇게 했을 때 만들어지는 노이즈들은 서로 독립적이지는 않다.

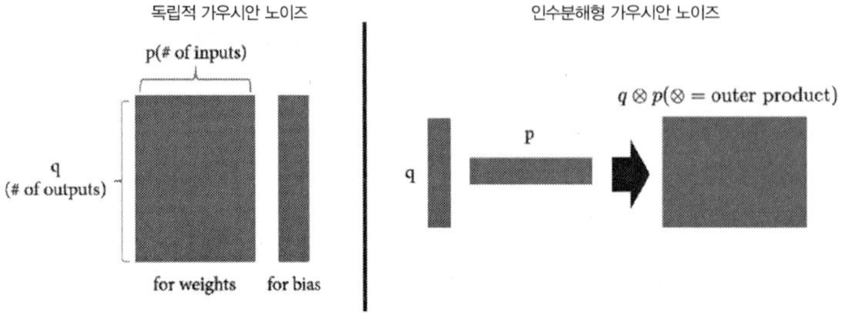

위는 인수분해형으로 노이즈 신경망을 구현한 것이다. 독립형이든 인수분해형이든 구현은 nn.Linear(DQN 신경망의 마지막 두 계층)를 NoisyLinear 계층 (또는 원할 경우 NoisyFactorizedLinear)으로 바꾼다. 물론, 엡실론-그리디 전략과 관련된 모든 코드를 제거해야 한다. 학습 중에 내부 노이즈 레벨을 확인하기 위해 잡음이 많은 계층의 신호 대 잡음비 (SNR)인 RMS(μ)/RMS(σ)를 모니터링할 수 있다. 여기서 RMS(Root Mean Square)는 제곱 평균 제곱근이다.

NoisyNet 코드는 Chapter07/04_dqn_noisy_net.py에 있다. 그러면, 기본 DQN 버전과 다른 부분이 무엇이 있는지 살펴보자.

```
class NoisyDQN(nn.Module):
    def __init__(self, input_shape, n_actions):
        super(NoisyDQN, self).__init__()

        self.conv = nn.Sequential(
            nn.Conv2d(input_shape[0], 32, kernel_size=8, stride=4),
            nn.ReLU(),
            nn.Conv2d(32, 64, kernel_size=4, stride=2),
            nn.ReLU(),
            nn.Conv2d(64, 64, kernel_size=3, stride=1),
            nn.ReLU()
        )
```

DQN의 노이즈 버전의 시작은 이전과 동일하다. 차이는 나머지 신경망에 있다.

```
        conv_out_size = self._get_conv_out(input_shape)
        self.noisy_layers = [
            model.NoisyLinear(conv_out_size, 512),
            model.NoisyLinear(512, n_actions)
        ]
        self.fc = nn.Sequential(
            self.noisy_layers[0],       # 여기서 노이즈 계층 추가
            nn.ReLU(),
            self.noisy_layers[1]
        )
```

노이즈 계층은 상응하는 선형 계층과 동일한 모양으로 만들어진다.

```
    def _get_conv_out(self, shape):
        o = self.conv(torch.zeros(1, *shape))
        return int(np.prod(o.size()))

    def forward(self, x):
```

```
        fx = x.float() / 256
        conv_out = self.conv(fx).view(fx.size()[0], -1)
        return self.fc(conv_out)
```

컨볼루션 부분과 forward() 함수는 이전과 같다. 추가 기능으로서는 SNR 계산 부분이다.

```
    def noisy_layers_sigma_snr(self):
        return [
            ((layer.weight ** 2).mean().sqrt() / (layer.sigma_weight
 ** 2).mean().sqrt()).data.cpu().numpy()[0]
            for layer in self.noisy_layers
        ]
```

학습 루프에서는 하나의 추가적인 부분을 빼고는 이전과 동일한데, 이 추가 부분에서 500 프레임마다 SNR 값을 신경망에서 쿼리하여 텐서보드에 기록한다.

```
            if frame_idx % 500 == 0:
                snr_vals = net.noisy_layers_sigma_snr()
                for layer_idx, sigma_l2 in enumerate(snr_vals):
                    writer.add_scalar("sigma_snr_layer_%d" %
                    (layer_idx+1),
                                      sigma_l2, frame_idx)
```

결과

아래 텐서보드에서 보면 노이즈 신경망을 채용한 모델은 600,000 프레임 미만에서 18점의 평균 점수에 도달할 수 있음을 확인할 수 있다.

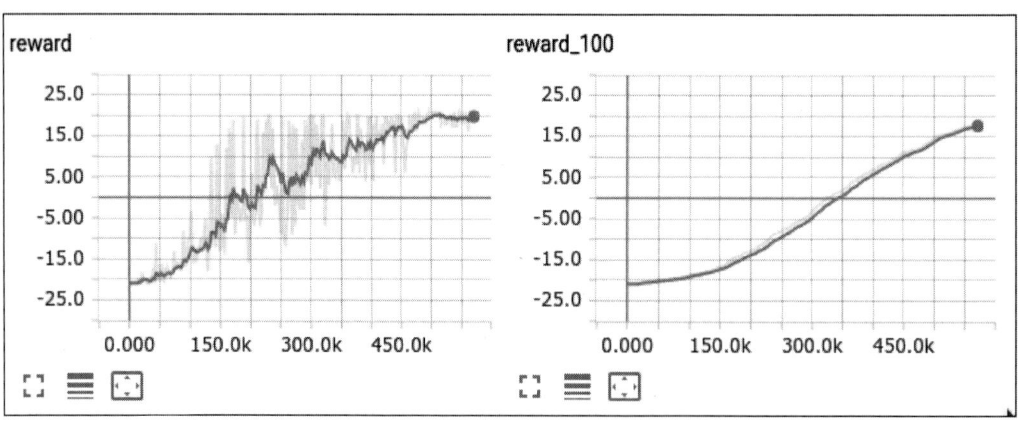

그림 7. 노이즈 신경망 수렴

아래 차트는 기본 DQN과 비교인데, 어두운 선은 노이즈 DQN이고 밝은 선은 기본 DQN이다. 노이즈 DQN이 기본보다 훨씬 향상된 학습 과정임을 확인할 수 있다.

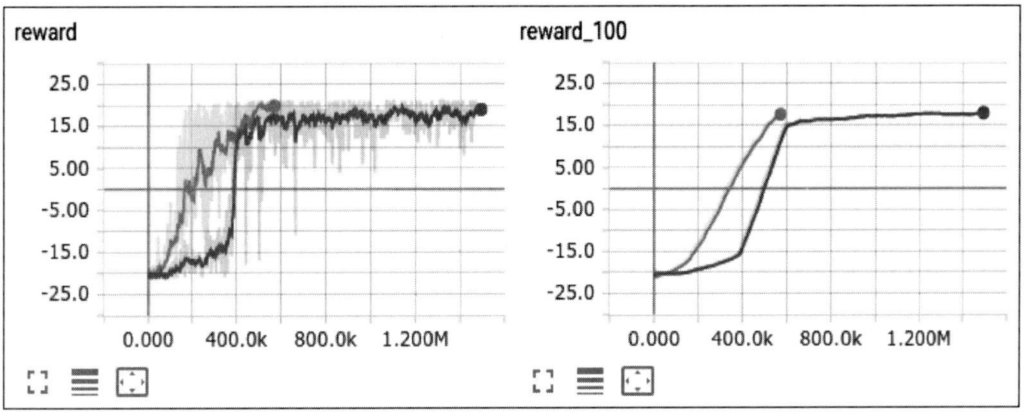

그림 8. 노이즈 신경망(밝은 색)과 기본 DQN(어두운 색)의 비교

아래 SNR 차트를 보면 두 노이즈 계층 모두 노이즈 레벨을 매우 빠르게 감소시키는 것을 알 수 있다. 첫 번째 계층은 1에서 거의 1/2.5 비율의 노이즈로 이동하였다. 두 번째 계층은 노이즈 레벨이 처음 1/3에서 1/16로 줄어들었지만 이후에는 노이즈 레벨이 다시 상승하는 경향을 보인다. 이 결과는 매우 흥미로운데, 이것이 의미하는 바는 에이전트가 높은 점수 수준에 도달하여 기본적으로 좋은 수준에서 플레이하는 방법을 알고 있지만 결과를 훨씬 더 향상시키기 위해 행동을 더욱 갈고 닦기 위해서 환경을 보다 많이 탐색하도록 학습하였다는 것이다.

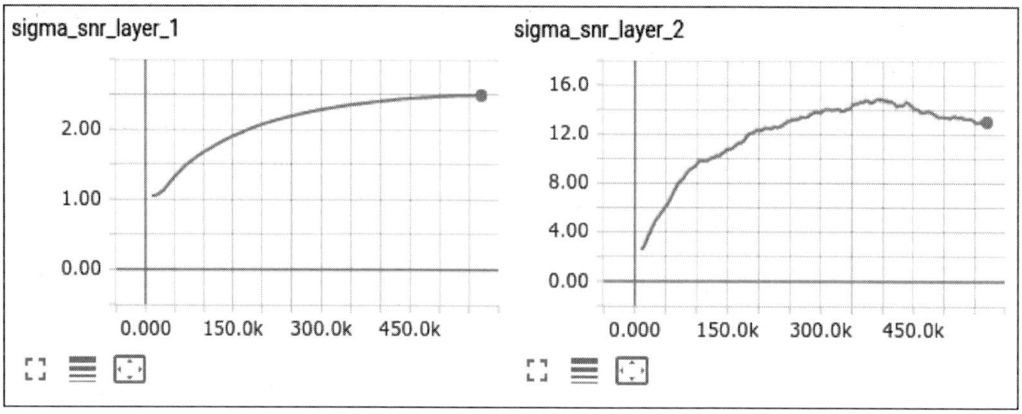

그림 9. 학습 과정에서의 노이즈 레벨의 변화(값이 높을 수록 노이즈가 감소함을 의미)

우선순위 리플레이 버퍼(Prioritized replay buffer)

DQN 개선의 다음 아이디어는 2015년에 발표된 Prioritized Experience Replay ([7] Schaul 외, 2015) 논문에서 제안되었는 데, 이 방법은 학습 손실에 따라 샘플에 우선순위를 지정하여 리플레이 버퍼에서 샘플링을 보다 효율적으로 수행하고자 하는 것이다.

기본 DQN은 리플레이 버퍼에서 샘플링을 통하여 에피소드의 인접한 전이 사이의 상관 관계를 끊었다. 이것이 필요한 이유는 대부분의 경우 환경이 급작스럽게 변하는 것이 아니므로 에피소드 동안 경험한 전이들은 서로 관련성이 높기 때문이다. DQN을 학습시키기 위한 SGD 방법은 학습 데이터가 서로 독립적이고 같은 확률분포(Independent and identically distributed, i.i.d)에서 나오기를 가정하기 때문에, 이를 충족시키기 위해서 DQN은 버퍼를 사용하여 데이터를 무작위로 샘플링하였다.

저자들은 DQN의 기본 샘플링 방법인 균등 무작위 샘플링이 과연 효율적인지에 대한 의문을 제기하였다. 그들은 균등하게 데이터를 샘플링하는 것 대신 우선 순위를 데이터에 부여하고 이 우선 순위에 비례하도록 데이터를 버퍼에서 샘플링하는 것이 DQN의 수렴과 정책 품질을 크게 향상시킬 수 있음을 입증하였다. 우선 순위는 학습 손실에 비례하여 부여하였다. 그렇기에 이 방법은 보다 놀라운 데이터(즉, 학습 손실이 큰 데이터)를 더 많이 학습하는 방법이라고 할 수 있다. 여기서 좀 까다로운 점은 학습을 할 때 비정상적인 샘플과 나머지 부분의 밸런스를 잘 유지하면서 학습시키는 것이다. 버퍼의 어느 작은 부분에 해당하는 데이터만 써서 학습하면 i.i.d 가정이 훼손될 수 있고, 이렇게 되면 그저 해당 데이터에 과적합만 일어날 뿐이다.

수학적으로 보았을 때 샘플의 우선 순위는 $P(i) = \frac{p_i^\alpha}{\sum_k p_k^\alpha}$로 계산된다. 여기서 p_i는 버퍼에 있는 i 번째 샘플의 우선 순위이고 α는 우선순위를 얼마나 중요하게 생각하느냐를 결정한다. α=0이면 기존의 DQN 방법과 같이 샘플링이 균일해진다. α값이 클수록 우선 순위가 높은 샘플이 더 강조된다. 그러므로 α는 조정되어야 할 다른 하이퍼 파라미터인데 논문에서 제안한 α의 시작값은 0.6이다.

논문에서는 우선 순위를 정의하는 방법을 몇 가지 제안하였는데, 가장 일반적인 방법은 손실에 비례하도록 만드는 것이다. 더불어, 버퍼에 추가된 새 샘플은 바로 샘플링될 수 있도록 최대 우선 순위 값을 할당한다.

하지만, 샘플의 우선 순위를 조정하면 데이터 분포에 왜곡이 발생한다(일부 데이터를 다른 데이터보다 훨씬 더 자주 샘플링하므로). 따라서, 이를 보상하기 위해서 우선 순위 조정 전의 데이터 분포와 조정 후의 데이터 분포를 고려하여 데이터 분포 왜곡을 보상한다[7]. 논문에서는 샘플 가중치라는 것을 사용하였는데, 이 샘플 가중치를 개별 샘플의 손실에 곱하고, 이 보정된 손실을 신경망 학습의 손실로 사용하는 방식으로 데이터 분포의 왜곡을 해소하였다. 각 샘플에 대한 가중치는 $w_i = (N \cdot P(i))^{-\beta}$로 정의되며[8], 여기서 β는 0과 1 사이의 값이고 또다른 하이퍼 파라미터이다. β = 1 일 때, 샘플링에 의해 유입된 편향이 완전히 사라지며 0이면 편향이 그대로 남아 있게 된다. 대체로 0과 1 사이의 β로 시작하고 학습 중 천천히 1로 증가시키는 것이 좋다.

7) 역자주: 분포 왜곡을 보상한다는 의미가 약간 와 닿지 않을 수도 있겠다. 예를 들어서, 어떤 사건 x가 q의 확률로 발생하는데, 우리가 이것을 p의 확률로 샘플링한다고 하자(우선순위 조정을 통하여 하는 것이 이렇게 확률값을 조정하는 것이므로). 구체적으로 q=0.3, p=0.6이라고 해보자. 그러면 0.6의 확률로 x를 샘플링한다면 원래보다 두배는 많이 샘플링될 것이다. 따라서, 이것을 원래의 분포에서 뽑은 것처럼 만들어 주려면 샘플 가중치를 q/p=0.3/0.6=1/2 즉 샘플링은 두배의 확률로 하지만, 샘플링된 데이터의 값을 반만 인정해 주는 것이다. 이런 식으로 분포 왜곡을 보상하는 것이다.

8) 역자주: 가중치가 $w_i = (N \cdot P(i))^{-\beta}$인 이유를 원서에서 설명해 놓지 않았는데, 이 부분이 이해가 잘 안될 것 같아서 추가적으로 좀 설명하고자 한다. 기본 DQN에서는 리플레이 버퍼에 들어 있는 데이터들을 균등하게 샘플링하였다. 즉 uniform distribution인데, 버퍼의 크기를 N이라고 한다면 각 데이터 샘플 i가 샘플될 확률은 1/N이다. 여기서 각 데이터에 우선순위를 부여하고 그 결과 각 데이터 i에 대한 확률이 p(i)라고 하고 이 분포에서 샘플링한다고 해보자. 그러면, 이 데이터에 대한 분포 왜곡을 보상하기 위해서는 앞의 6)과 같은 방식을 적용하면 $\frac{1/N}{p(i)} = \frac{1}{N \cdot p(i)} = (N \cdot p(i))^{-1}$을 사용해야 한다. 이렇게 되면 본문에서 β를 1로 설정한 것과 같고, 왜곡 보상을 완전히 수행한 것이다. 그 정도를 좀 낮추려면 1보다 좀 낮은 값을 사용하면 되겠다. 사실 이 왜곡 보상은 중요도 샘플링(importance sampling)이라는 기법에서 유래한 것이고, 관심있는 독자는 이 키워드로 인터넷에서 좀 찾아보면 더 확실히 이해할 수 있을 것이라 생각한다.

구현

이 방법을 구현하려면 코드를 몇 가지 변경해야 한다. 먼저, 리플레이 버퍼를 약간 수정해야 하는데 우선 순위를 추적하고, 우선 순위에 따라 데이터를 샘플링하고, 분포 왜곡의 완화를 위해 샘플 가중치를 계산하고, 손실에 기반하여 우선 순위를 업데이트할 수 있는 새로운 버퍼가 필요하다. 두 번째는 손실 함수 자체로서 샘플 가중치가 반영된 손실을 사용해야 한다. 또한, 손실값을 리플레이 버퍼로 다시 전달하여 샘플의 우선 순위를 조정해야 한다.

위 변경 사항이 반영된 코드는 Chapter07/05_dqn_prio_replay.py이다. 일단 일을 간단히 처리하기 위해서 새로운 우선 순위 리플레이 버퍼도 이전 리플레이 버퍼와 매우 유사한 자료 구조 체계를 갖도록 하였다. 하지만 버퍼 크기에 상관없이 일정한 샘플링 시간인 O(1)을 보여준 기본 리플레이 버퍼에 비해 우선 순위 리플레이 버퍼는 새로운 배치를 구성하기 위한 샘플링을 할 때마다 모든 우선 순위를 처리해야 하므로 O(N)의 시간 복잡도를 갖게 된다(여기서 N은 버퍼의 크기). 십만 개 정도의 데이터를 갖는 버퍼라면 큰 문제가 아니지만 수백만 단위의 크기라면 큰 문제가 된다. 이럴 경우 예를 들어 세그먼트 트리 데이터 구조(segment tree data structure)를 사용하여 O(log N) 시간에 샘플링을 지원하는 다른 저장 방법도 고려해 볼만 하다. 이에 대한 구현은 OpenAI Baselines 프로젝트(https://github.com/openai/baselines)에서 찾을 수 있다.

자 그러면 우선 순위 리플레이 버퍼의 구현을 알아보자.

```
PRIO_REPLAY_ALPHA = 0.6
BETA_START = 0.4
BETA_FRAMES = 100000
```

처음에는 샘플의 우선 순위에 대한 α값을 정의하고 β의 스케줄링을 위한 값들도 정의하였다. β는 첫 십만 프레임 동안 0.4에서 1.0으로 변경될 것이다.

```
class PrioReplayBuffer:
    def __init__(self, exp_source, buf_size, prob_alpha=0.6):
        self.exp_source_iter = iter(exp_source)
        self.prob_alpha = prob_alpha
        self.capacity = buf_size
        self.pos = 0
        self.buffer = []
        self.priorities = np.zeros((buf_size, ), dtype=np.float32)
```

우선 순위 리플레이 버퍼 클래스는 원형 버퍼에 샘플을 저장한다(이유는 원형이라서 메모리 재할당 없이 고정된 크기의 항목을 유지할 수 있음). 우선 순위는 NumPy 배열에 저장한다. 그리고 환경에서 샘플을 가져오기 위해 경험 소스 객체를 반복자로 감쌌다.

```
    def __len__(self):
        return len(self.buffer)

    def populate(self, count):
        max_prio = self.priorities.max() if self.buffer else 1.0    # 현재 버퍼에 있는 우선 순위 중 최고의 우선 순위를 계산
        for _ in range(count):
            sample = next(self.exp_source_iter)
            if len(self.buffer) < self.capacity:
        else:
            self.buffer[self.pos] = sample
        self.priorities[self.pos] = max_prio    # 새로 들어오는 샘플은 최고의 우선 순위 부여
        self.pos = (self.pos + 1) % self.capacity
```

populate() 메서드는 ExperienceSource 객체에서 주어진 양(count)의 전이를 가져 와서 버퍼(self.buffer)에 저장한다. 이때 새로운 데이터의 우선 순위는 최고값을 할당하여, 새로운 데이터의 샘플링이 상대적으로 더 많이 일어나도록 한다. 비퍼가 원형이므로 두 가지 다른 상황이 발생한다.

1. 버퍼가 최대 용량에 도달하지 않은 경우에는 그냥 새로운 전이를 추가하기만 하면 된다
2. 버퍼가 가득찬 경우 pos의 위치에 있는 가장 오래된 전이를 덮어쓰고 pos의 위치를 조정한다

```
    def sample(self, batch_size, beta=0.4):
        if len(self.buffer) == self.capacity:
            prios = self.priorities
        else:
            prios = self.priorities[:self.pos]    # 버퍼에 있는 각 샘플의 확률을 계산
        probs = prios ** self.prob_alpha
        probs /= probs.sum()
```

$$P(i) = \frac{p_i^\alpha}{\sum_k p_k^\alpha}$$

Sample() 메소드는 batch_size 크기만큼 버퍼에서 샘플링을 수행한다. 이때, α를 사용하여 우선 순위를 확률로 변환한다.

```
            indices = np.random.choice(len(self.buffer), batch_size,
    p=probs)
            samples = [self.buffer[idx] for idx in indices]
```

그리고 이 확률을 사용하여 버퍼로부터 배치 사이즈만큼의 샘플을 샘플링한다.

```
        total = len(self.buffer)
        weights = (total * probs[indices]) ** (-beta)
        weights /= weights.max()
        return samples, indices, weights
```

버퍼에 있는 각 샘플의 우선 순위 조정에 따른 편향을 조정하기 위해 가중치 조정

$$w_i = (N \cdot P(i))^{-\beta}$$

마지막으로 샘플 가중치를 계산하고 가중치 정규화를 통하여 가중치 총합이 1이 되도록 한다. 그후 배치 샘플, 인덱스, 샘플 가중치를 반환한다. 여기서 인덱스는 선택된 샘플들의 버퍼에서의 위치인데, 나중에 우선 순위를 업데이트하기 위해 필요하다.

배치에 있는 샘플들에 대한 손실 함수값

```
    def update_priorities(self, batch_indices, batch_priorities):
        for idx, prio in zip(batch_indices, batch_priorities):
            self.priorities[idx] = prio
```

각 샘플의 손실 함수값을 우선 순위로 지정

우선 순위 리플레이 버퍼의 마지막 함수는 사용된 데이터들에 대한 우선 순위를 업데이트한다. 여기서 인수인 batch_priorities가 우선순위를 담고 있는데, 이를 채워주는 것은 호출자의 책임이다. 우선순위는 배치 안의 각 데이터들에 대한 손실함수값으로부터 계산된다.

다음으로 손실 함수이다. 파이토치의 MSELoss 클래스는 가중치를 지원하지 않으므로 우리 스스로 평균 제곱 오차(MSE) 계산한 후 샘플 가중치를 명시적으로 곱해 주어야 한다.

```
    def calc_loss(batch, batch_weights, net, tgt_net, gamma,
    device="cpu"):
        states, actions, rewards, dones, next_states = common.unpack_
batch(batch)

        states_v = torch.tensor(states).to(device)
        next_states_v = torch.tensor(next_states).to(device)
        actions_v = torch.tensor(actions).to(device)
        rewards_v = torch.tensor(rewards).to(device)
        done_mask = torch.ByteTensor(dones).to(device)
        batch_weights_v = torch.tensor(batch_weights).to(device)

        state_action_values = net(states_v).gather(1, actions_v.
unsqueeze(-1)).squeeze(-1)
        next_state_values = tgt_net(next_states_v).max(1)[0]
        next_state_values[done_mask] = 0.0
```

손실 함수의 시작 부분은 샘플 가중치에 대한 추가 인수를 제외하고는 이전과 완전히 동일하다. 인수는 텐서로 변환하여 GPU에 배치하였다.

```
        expected_state_action_values = next_state_values.detach() *
gamma + rewards_v
        losses_v = batch_weights_v * (state_action_values - expected_
state_action_values) ** 2    # 버퍼에 있는 각 샘플의 우선 순위 조정에 따른 편향을 조정하기 위해 가중치로 손실을 조정
        return losses_v.mean(), losses_v + 1e-5    # 우선 순위를 위하여 개별 손실값도 반환
```

마지막 부분에서 평균 제곱 오차(MSE) 손실을 계산하는데 라이브러리를 사용하는 대신 직접 구현하였다. 이를 통해 샘플의 가중치를 고려해 줄 수 있고 모든 샘플에 대해 개별적인 손실값을 유지할 수 있기 때문이다. 이 개별 손실값들은 우선 순위를 업데이트하기 위해 우선 순위 리플레이 버퍼로 전달된다. 손실값이 0인 상황을 처리하기 위해 모든 손실에 아주 작은 값을 추가하였다.

아래는 학습을 위한 메인 루프이다.

```
if __name__ == "__main__":
    params = common.HYPERPARAMS['pong']
    parser = argparse.ArgumentParser()
    parser.add_argument("--cuda", default=False, action="store_true",
help="Enable cuda")
    args = parser.parse_args()
    device = torch.device("cuda" if args.cuda else "cpu")

    env = gym.make(params['env_name'])
    env = ptan.common.wrappers.wrap_dqn(env)

    writer = SummaryWriter(comment="-" + params['run_name'] + "-prioreplay")
    net = dqn_model.DQN(env.observation_space.shape, env.action_
space.n).to(device)
    tgt_net = ptan.agent.TargetNet(net)
    selector = ptan.actions.EpsilonGreedyActionSelector(epsilon=params
['epsilon_start'])
    epsilon_tracker = common.EpsilonTracker(selector, params)
    agent = ptan.agent.DQNAgent(net, selector, device=device)

    exp_source = ptan.experience.ExperienceSourceFirstLast(env, agent,
gamma=params['gamma'], steps_count=1)
    buffer = PrioReplayBuffer(exp_source, params['replay_size'], PRIO_
REPLAY_ALPHA)
    optimizer = optim.Adam(net.parameters(), lr=params['learning_
rate'])
```

자 이제 필요한 것은 다 준비가 되었다. 앞의 코드는 이미 익숙한 초기화 코드이며 유일한 차이점은 간단한 리플레이 버퍼 대신 우선순위 기반인 PrioReplayBuffer를 사용한다는 점뿐이다.

```
    frame_idx = 0
    beta = BETA_START

    with common.RewardTracker(writer, params['stop_reward']) as
reward_tracker:
        while True:
            frame_idx += 1
            buffer.populate(1)
            epsilon_tracker.frame(frame_idx)
            beta = min(1.0, BETA_START + frame_idx * (1.0 - BETA_
START) / BETA_FRAMES)                                         # 0.4로 시작하여 1.0까지 점진적으로 베타 값을 증가시킴
```

이전과 마찬가지로 경험 소스에서 하나의 전이를 가져온 후 스케줄에 따라 엡실론을 업데이트하였다. 비슷하게 우선 순위 리플레이 버퍼에 있는 데이터들의 샘플 가중치 조정을 위한 베타 하이퍼 파라미터를 선형적으로 증가시켰다.

```
            new_rewards = exp_source.pop_total_rewards()
            if new_rewards:
                writer.add_scalar("beta", beta, frame_idx)
                if reward_tracker.reward(new_rewards[0], frame_idx,
selector.epsilon):
                    break
            if len(buffer) < params['replay_initial']:
                continue
```

이전과 마찬가지로 완료된 에피소드들에 대한 총 보상을 추적하고 학습이 진행됨에 따른 베타값의 변화를 기록하였다.

```
            optimizer.zero_grad()
            batch, batch_indices, batch_weights = buffer.
sample(params['batch_size'], beta)
            loss_v, sample_prios_v = calc_loss(batch, batch_weights,
net, tgt_net.target_model, params['gamma'], device=device)
            loss_v.backward()
            optimizer.step()                                  # 반환된 개별 손실값을 우선순위 값으로 사용
            buffer.update_priorities(batch_indices, sample_prios_v.
data.cpu().numpy())
```

옵티마이저에 대한 호출은 기본 DQN 버전과 다른데, 우선 버퍼에서 오는 샘플은 이제 배치뿐만 아니라 샘플 색인 및 가중치의 세 가지 값을 반환한다. 이 중 배치와 샘플 가중치는 손실 함수에 전달하고 그 결과로 누적 손실값(loss_v)과 배치의 모든 샘플에 대한 개별 손실값(sample_prios_v)을 갖는 텐서를 받는다. 누적 손실값은 역전파에 사용되고 개별 손실값은 샘플들의 우선 순위를 업데이트하기 위해 우선 순위 리플레이 버퍼에 전달한다.

결과

다음은 학습 과정에서 보상에 대한 그래프이다.

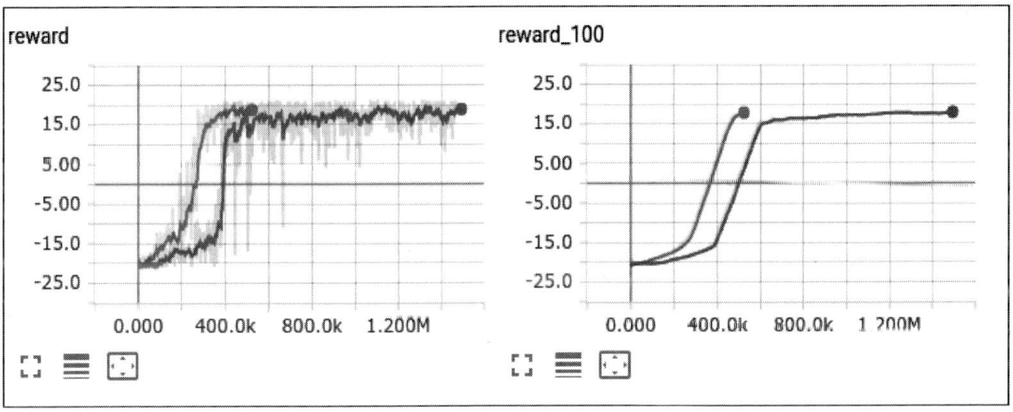

그림 10. 우선 순위 리플레이 버퍼(위)와 기본 DQN(아래)의 비교

예상대로 리플레이 버퍼에 샘플의 우선 순위를 추가한 경우가 더 나은 수렴 과정을 보여준다.

듀얼 DQN(Dueling DQN)

DQN에 대한 또 다른 개선은 2015년에 발표된 *Dueling Network Architectures for Deep Reinforcement Learning* (*[8] Wang* 외 *2015*)라는 논문에서 제안된 듀얼 신경망 개념이다. 이 논문의 핵심은 신경망이 근사하려고 하는 Q(*s, a*)가 상태값 *V*(*s*)와 이 상태에서의 행동의 이득(advantage) *A*(*s,a*)로 나누어 질 수 있다는 사실에 근거한다. 상태값 *V*(*s*)는 이 상태에서 얻을 수 있는 할인된 총 보상에 대한 기대값과 같다. Q(*s, a*)=*V*(*s*) + *A*(*s, a*)로 정의되므로 이득 *A*(*s, a*)는 *V*(*s*)에서 Q(*s,a*)의 갭을 메꾸어 준다고 볼 수 있다. 다른 말로 하자면 *A*(*s, a*)는 상태의 어떤 특정 행동이 어느 정도의 추가적인 보상을 주는지를 의미한다. 물론 이것은 긍정적일 수도 부정적일 수도 있다.

이 논문이 기여한 바는 신경망의 구조에서 상태의 가치와 행동의 이득을 명확하게 구분하여 더 나은 학습 안정성, 빠른 수렴, 그리고 아타리 벤치마크 데이터에서 더 좋은 결과를 보여주었다는 점에 있다. 고전적 DQN 신경망과 구조 측면에서 다른 점은 그림 11과 같다. 고전적인 DQN 신경망(상단)은 컨볼루션 계층과 완전 연결 계층을 사용하여 각 행동 가치에 대해 하나씩 Q값의 벡터를 반환한다. 반면에 듀얼 DQN(아래)은 컨볼루션 계층 후에 두 개의 독립적인 경로가 존재한다. 하나의 경로는 *V*(*s*) 예측을 담당하는데, 이 값은 하나의 숫자이다. 다른 경로는 개별 행동에 대한 이득을 예측한다. 그 후에, *A*(*s, a*)의 모든 값에 *V*(*s*)를 더하여 Q(*s, a*)를 얻는다.

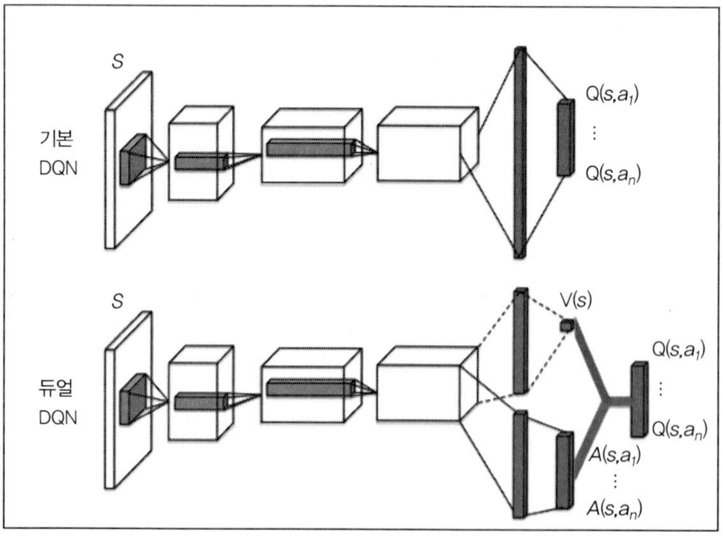

그림 11. 기본 DQN (위)과 듀얼 DQN 구조(아래)

위의 구조 변경으로 신경망이 우리가 원하는 대로의 $V(s)$와 A(s, a)를 배울 수 있을 만큼 충분해 보이지는 않는다. 예를 들어 예측된 값이 $V(s)$=0이고 $A(s)$=[1, 2, 3, 4]였다면, 이는 완전히 틀린 것이다. 왜냐하면, V는 해당 상태에서 얻을 수 있는 총 보상에 대한 기대값인데, 이득이 1, 2, 3, 4이라면 V 또한 적어도 양수이어야 하기 때문이다. 이득 역시 마찬가지로, 해당 상태에서 얻게 되는 평균보상보다 어느 정도 좋을까 하는 것을 나타내는 것이므로 어떤 행동은 평균보다 나쁠 것이고, 어떤 행동은 평균보다 좋을 것이므로 이득값들이 전부 양수이거나 음수이면 안된다. 다시 말하면 우리는 이득의 평균값이 0이 되기를 원한다. 이를 적용하여 앞의 예를 고쳐보면 올바른 예측은 $V(s)$=2.5, A(s)=[-1.5, -0.5, 0.5, 1.5]가 되야 한다.

이 제약 조건은 다양한 방법으로 강제할 수 있는데(예를 들어 손실 함수를 통해서든지) 논문에서는 네트워크의 Q 표현식에서 이득의 평균을 뺀 값, 즉 $Q(s,a) = V(s) + A(s,a) - \frac{1}{N}\sum_k A(s,k)$으로 Q값을 설정하는 방식을 사용하였다. 이렇게 되면 이득의 평균을 0으로 향하도록 이끄는 효과가 있다. 이를 구현하려면 고전적인 DQN에서 신경망 구조만 바꾸면 되며 나머지 부분은 전혀 바꿀 필요가 없다.

구현

코드는 Chapter07/06_dqn_dueling.py에 있으며, 여기서는 신경망 클래스만 살펴본다.

```
class DuelingDQN(nn.Module):
    def __init__(self, input_shape, n_actions):
        super(DuelingDQN, self).__init__()

        self.conv = nn.Sequential(
            nn.Conv2d(input_shape[0], 32, kernel_size=8, stride=4),
            nn.ReLU(),
            nn.Conv2d(32, 64, kernel_size=4, stride=2),
            nn.ReLU(),
            nn.Conv2d(64, 64, kernel_size=3, stride=1),
            nn.ReLU()
        )
```

컨볼루션 계층은 전과 동일하다.

```
        conv_out_size = self._get_conv_out(input_shape)
        self.fc_adv = nn.Sequential(
            nn.Linear(conv_out_size, 512),
            nn.ReLU(),                              # Advantage
            nn.Linear(512, n_actions)
        )
        self.fc_val = nn.Sequential(
            nn.Linear(conv_out_size, 512),
            nn.ReLU(),                              # 상태값
            nn.Linear(512, 1)
        )
```

고전 DQN은 완전 연결된 단일 계층 경로를 사용하지만, 듀얼 DQN에서는 이득을 위한 가지와 상태값을 위한 가지로 분기된다.

```
    def _get_conv_out(self, shape):
        o = self.conv(torch.zeros(1, *shape))
        return int(np.prod(o.size()))

    def forward(self, x):
        fx = x.float() / 256
        conv_out = self.conv(fx).view(fx.size()[0], -1)
        val = self.fc_val(conv_out)
        adv = self.fc_adv(conv_out)
        return val + adv - adv.mean()
```

forward() 함수는 매우 간단하다. 샘플 배치에 대한 가치와 이득을 합하고 여기서 이득의 평균을 빼서 최종 Q값을 얻는다.

결과

듀얼 DQN을 학습시킨 후 아래에 표시된 바와 같이 퐁 벤치 마크에 대하여 고전적 DQN과 수렴에 대하여 비교하였다.

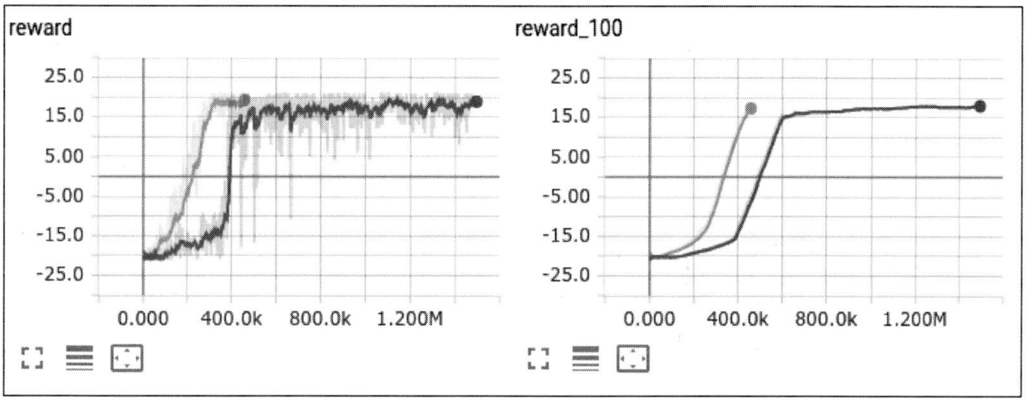

그림 12. 듀얼 DQN(밝은 색)과 기본 DQN(어두운 색)의 비교

범주형 DQN(Categorical DQN)

DQN을 개선하기 위한 여러 방법 중에서 가장 복잡한 방법은, 딥마인드가 2017년 6월에 발표한 최근 논문 *Distributional Perspective on Reinforcement Learning([9] Bellemare, Dabney* 및 *Munos 2017)*에서 제안된 범주형 DQN이다.

이 논문은 Q-러닝의 기본 요소인 Q값에 대한 의문에서 출발해서 이를 확률 분포로 대체하려고 하였다. 아이디어를 간략히 설명해 보면, Q-러닝과 가치 이터레이션 방법은 기본적으로 단순한 숫자로 표현된 행동이나 상태값을 다룬다. 그런데 과연 미래의 모든 보상을 하나의 숫자로 표현하는 것이 적절한 것일까? 특히나 환경이 복잡하고 확률적이어서 경우에 따라서 서로 다른 가치를 준다면 더더욱 하나의 숫자로 이들을 표현하는 것은 어려울 것이다. 예를 들어 집에서 일터까지 통근하는 경우를 상상해 보자. 대부분의 경우에 교통량이 그렇게 많지 않아서 목적지까지 대략 30분이 소요된다고 해보자. 물론 정확히 30분이 아닐 수도 있지만 평균적으로 30분 이라고 하자. 그렇지만 가끔은 도로를 수리할 수도 있고 때로는 교통사고가 발생해서 정체가 되면 평소보다 3배 더 걸릴 것이다. 이런 경우, 출퇴근 시간에 대하여 확률의 개념을 적용한다면, '통근 시간'이라는 랜덤 변수에 대한 확률 분포로 표현할 수 있으며 다음 차트에 표시되어 있다.

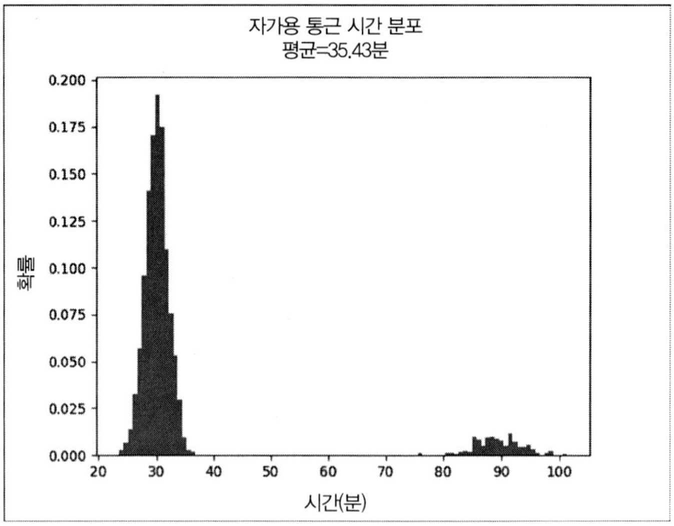

그림 13. 통근 시간에 대한 확률분포

그리고, 이제 통근할 수 있는 또 다른 방법으로서 기차를 고려해 보자. 이 경우 집에서 기차역까지 그리고 역에서 직장까지 가야 하기 때문에 조금 더 오래 걸리긴 하겠지만 걸리는 시간은 좀 더 믿을 만하게 예측 가능할 것이다. 예를 들어, 기차 통근 시간은 평균 40분이며 아주 드물게는 열차 운행에 문제가 생겨 대략 20분 정도의 시간이 추가로 걸릴 수도 있다. 이 통근 방법에 대한 분포를 그래프로 표현하면 다음과 같다.

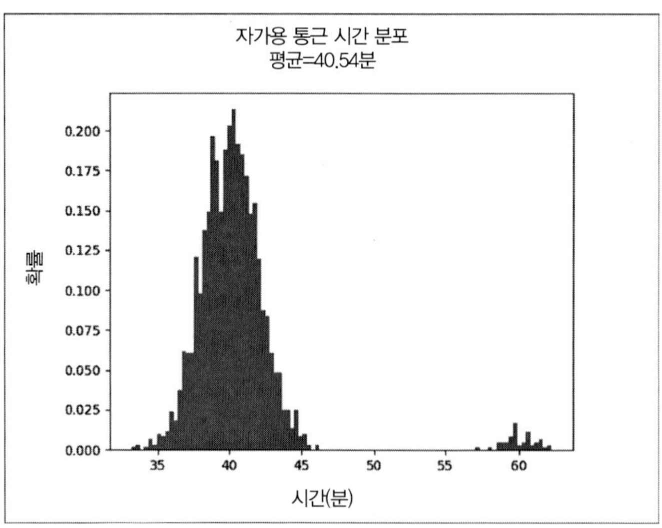

그림 14. 열차 통근 시간에 대한 확률 분포

이제 우리는 두 가지 통근 방법 중에 선택할 수 있다. 과연 어떤 결정을 해야 할까? 단순히 평균 통근 시간만 본다면 차가 평균적으로 35.43분이 걸리고 기차는 40.54분이 걸리므로 차가 나은 선택으로 보인다. 그러나 확률 분포를 살펴보면 최악의 경우 차는 1시간 30분 대, 그리고 기차는 1시간이므로 기차로 가는 것이 좋은 선택일 수도 있다. 통계적인 용어를 좀 써 보자면 차의 경우 더 높은 분산을 가지므로 여러분이 최대 60분 내에 반드시 출근해야 한다면 열차가 더 좋은 선택이다.

이렇듯, 행동의 내재된 가치가 어떤 분포를 따른다면 굳이 그것들의 평균값을 예측하기 보다는 분포 자체를 직접 다루는 것이 더 도움이 될 것이다.

논문에 제시된 결과는 실제로 이 아이디어가 도움이 됨을 보여주었지만 방법 자체는 약간 더 복잡해 졌다. 여기에서 이것을 수학적으로 엄격하게 다루지는 않겠지만 전반적인 아이디어는 위의 자동차/기차 예제의 분포와 비슷하게 모든 행동에 대한 가치의 분포를 예측하는 것이다(기본 DQN에서는 행동 가치에 대한 평균을 예측하였고). 행동 가치에 대한 평균 대신 분포를 예측하기 때문에 벨만 방정식이 분포를 고려하도록 $Z(x,a) \overset{D}{=} R(x,a) + \gamma Z(x',a')$로 수정되었다. 이미 익숙한 벨만 방정식과 매우 유사하지만 $Z(x, a)$, $R(x, a)$가 이제는 숫자가 아니라 확률 분포라는 점이 다르다.

위 수식에서 결과로서 얻게 되는 $Z(x, a)$ 항목은 Q-러닝과 마찬가지 방식으로 주어진 상태의 모든 행동 가치의 분포에 대한 더 나은 예측을 제공하기 위한 학습에 사용될 수 있다. 유일한 차이점은 손실 함수에 있는데, 기본 DQN에서는 Q값을 기반으로 손실을 계산하였지만, 이제는 값이 아니라 분포끼리의 비교가 손실로 계산이 되어야 한다. 분포를 비교할 때는 분류 문제에 주로 사용되는 Kullback-Leibler(KL) 다이버전스(또는 크로스 엔트로피 손실)나 Wasserstein 메트릭 같은 것을 사용할 수가 있다. 논문에서 저자들은 Wasserstein 메트릭을 기반으로 이론적인 전개를 수행하였으나 실제 적용할 때 한계에 직면하여 결과적으로 KL-다이버전스를 사용했다.

구현

앞서 언급했듯이 이 방법은 꽤 복잡하여 구현하는데 좀 시간이 걸렸다. 전체 코드는 `Chapter07/07_dqn_distrib.py`에 있으며 `lib/common.py`에 있는 함수를 사용하였다. 이 함수는 확률 분포에 대한 투영을 수행하기 위한 함수인데, 코드를 살펴보기 전에 우선 구현 논리에 대해 먼저 살펴보자.

이 방법의 핵심 부분은 근사하고자 하는 확률 분포이다. 분포를 표현하는 여러 방법이 있겠지만 이 논문에서는 행동 가치의 범위를 최소값과 최대값 사이의 범위로 정하고 이 범위를 균등한 간격(빈)으로 나누었다. 그렇게 되면 DQN 신경망의 출력은 각각의 빈에 대한 확률값을 출력하면 된다. 논문에서는 행동 가치의 최소값 Vmin = -10, 행동 가치의 최대값 Vmax = 10으로 정하고 이 범위를 N_ATOMS = 51 개의 아톰으로 분할하여 최상의 결과를 얻었다[9].

그러면 DQN 신경망은 모든 아톰에 대한 확률값을 예측한다. 여기서 핵심은 아래 코드 부분인데, 감마를 사용하여 다음 상태의 최상의 행동 분포를 수축시키고 즉각 보상을 분포에 추가하고 그 결과를 원래의 아톰으로 다시 투영해야 한다.

9) 역자주: 여기서 약간의 설명이 더 필요할 것으로 보인다. 고전적인 DQN에서는 신경망의 출력으로 Q값을 출력했으므로, 신경망의 출력 개수는 행동의 개수와 일치하였다. 범주형 DQN에서는 Q값 대신 분포를 출력해야 하는데, 논문에서와 같이 각 행동에 빈을 51개로 한다면 신경망의 출력 개수는 (행동의 개수)*(빈의 개수)가 출력이 된다. 여기서 알 수 있듯이, 각 행동 하나하나 마다 하나의 확률분포가 정의된다. 아래 그림은 행동 가치 하나에 대한 확률분포를 나타낸 그림이다. 여기에서 최소값은 -10, 최대값은 10으로 설정되었고, 이 사이를 11개의 빈으로 나누었고, 각 빈의 값을 아톰이라고 한다. 만일, k개의 행동이 있다면 이와 같은 확률분포가 k개 정의되어야 한다.

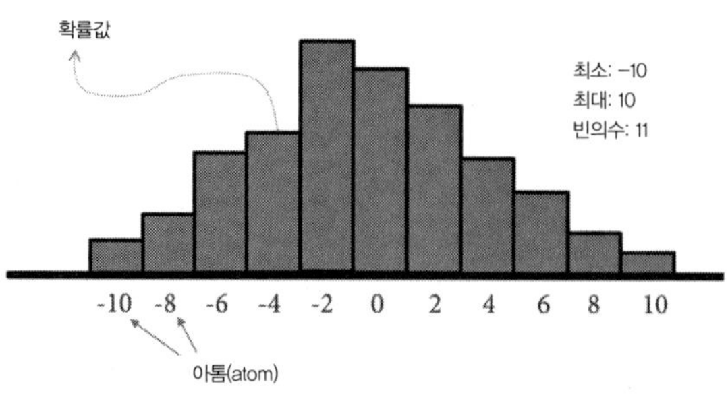

역자주) 전체적인 처리 흐름을 그림으로 보여주면 아래와 같다.

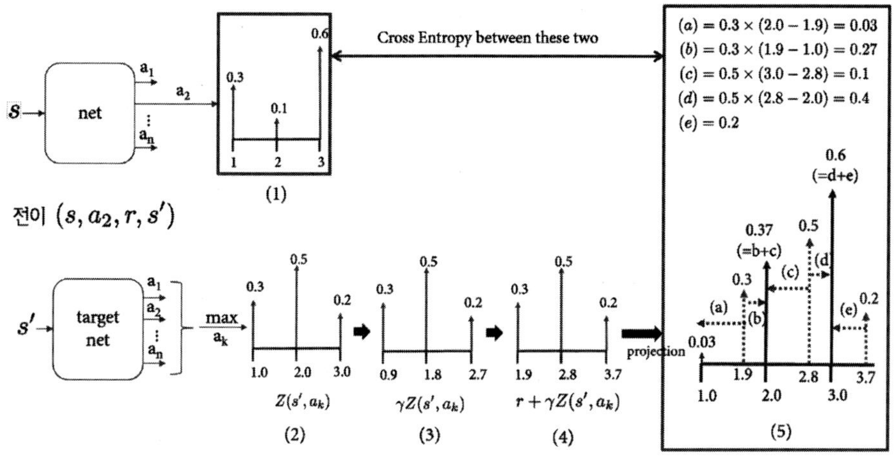

우선, 학습을 위한 하나의 전이 (s, a_2, r, s')를 갖고 있다고 하자. 우리가 궁극적으로 해야 하는 것은 현재 상태(s)와 행동(a_2)가 주어졌을 때 Q(s, a_2)에 대한 확률분포를 그림 (1)과 같이 얻을 수 있고, 이것을 목표 확률분포와 비교해야 하는데, 목표 확률 분포는 벨만 방정식에 따라서 (즉시 받게 되는 보상 r + 다음 상태에서 최대 Q값)에서 얻는다. 다음 상태는 s'임을 주어진 전이에서 얻을 수 있으므로, 이를 타겟 신경망에 넣으면 s'에서 실행 가능한 모든 행동에 대한 가치 즉 Q(s',a)에 대한 분포를 얻을 수 있나. s'에서 가능한 모든 행동 중에서 최대의 a_k값을 주는 행동을 ak라고 한다면, 우리는 Q(s',a_k)에 대한 분포를 선택한다(2). 이 Q분포가 할인값 감마에 의해서 할인되고(3) 여기에 즉각 보상을 더하면, 비로서 우리가 원하는 목표값이 나오게 된다(4). 이 과정이 그림의 아래쪽 부분이다. 여기서 보면, 다음 상태 s'에서 Q에 대한 분포가 신경망의 출력으로 나오고(2), 그 중에서 최대값이 행동 a_k에 해당하는 Q(s',a_k)라고 하자(그림에서는 Z로 표현되었지만, 본질은 Q값이므로 상호호환 가능하다).

그림에서 (2)는 Q(s',a_k)의 확률분포로서, 1.0일 확률이 0.3, 2.0일 확률은 0.5, 3.0일 확률이 0.2이다. 그러면 이 Q값을 우선 할인계수 감마를 이용하여 할인해 주어야 한다. 할인계수 감마를 0.9라고 하면 1.0값은 0.9로, 2.0은 1.8로, 그리고 3.0은 2.7로 확률분포의 아톰값이 변한다(3). 그러면 (3)에서 다시 보상값을 더해야 하는데, 보상 r=1이라고 가정했을 때, 보상을 더한 결과는 (4)와 같이 1.9, 2.8, 3.7이 된다. 여기까지 하면 거의 다 한 것인데, 한가지 문제는 (1)과 (4)를 비교하여 손실을 계산할 때 KL 다이버전스를 사용하는데, 이 방법은 (1)과 (4)처럼 확률분포의 아톰값이 다르면 비교가 불가능하다. 따라서, (4)를 (1)과 동일한 아톰값을 갖도록, 다시 말하면 아톰이 1, 2, 3이 되도록 변경해야 한다는 점이다. 이 과정이 (5)에 나타나 있다. 기본적으로는 (4)의 각 아톰에 있는 확률값들을 조정후의 아톰으로 거리를 고려해서 나누어 주는 것이다. 예를 들어, 원래 아톰이 2.8인 경우를 살펴보자. 우리의 목표 아톰은 1,2,3인데 2.8은 2와 3사이에 있다. 따라서, 2.8에 있는 확률값을 2와 3으로 거리를 고려하여 나누어 준다. 이때, 2.0으로 나누어 줄 양은 식(c)와 같이 구한다. 3.0 아톰으로 나누어 줄 값은 식 (d)와 같이 구한다. 이렇게 모든 아톰에 대해서 같은 방식으로 계산하여 투영한 결과 아톰 1.0에서는 0.03의 확률이, 아톰 2.0에서는 0.37의 확률이, 그리고 아톰 3.0에는 0.6의 확률이 배포되었다. 그러면 이제 KL 다이버전스를 구할 준비가 다 되었다. 이제는 (1)과 (5)를 가지고 KL 다이버전스 손실을 구하면 된다.

다음은 이를 수행하는 함수이다.

```
def distr_projection(next_distr, rewards, dones, Vmin, Vmax,
n_atoms, gamma):
    batch_size = len(rewards)
    proj_distr = np.zeros((batch_size, n_atoms), dtype=np.float32)
    delta_z = (Vmax - Vmin) / (n_atoms - 1)
```

시작 부분에서 투영 결과를 저장할 배열을 할당하였다. 이 함수는 (batch_size, n_atoms) 형태를 갖는 분포에 대한 배치, 보상에 대한 배열, 완성된 에피소드의 플래그, 그리고 Vmin, Vmax, n_atoms 및 gamma와 같은 하이퍼 파라미터를 인수로 받는다. delta_z 변수는 아톰의 넓이이다.

```
    for atom in range(n_atoms):
        tz_j = np.minimum(Vmax, np.maximum(Vmin, rewards +
(Vmin + atom * delta_z) * gamma))
```

앞의 코드는 원래의 분포에 있는 모든 아톰에 대하여 이 아톰이 벨만 연산에 의해 투영될 위치를 계산한다[10]. 투영의 결과 얻게 되는 값은 앞서 정의된 최소값과 최대값 범위를 존중해야 한다. 예를 들어 인덱스 0인 첫 번째 아톰은 -10(Vmin)인데 보상을 1 받은 샘플의 경우 투영된 값은 −10 * 0.99 + 1 = −8.9로 투영된다(감마= 0.99로 가정). 그 결과 오른쪽으로 이동하였지만 Vmin과 Vmax 사이에 존재하므로 괜찮다. 하지만, 투영된 값이 Vmin 및 Vmax에 의해 주어진 범위

10) 역자주: 앞서 살펴본 $Z(x,a) \overset{D}{=} R(x,a) + \gamma Z(x',a')$에서 Z(x,a)가 투영의 결과이다.

를 벗어나는 경우 경계에 맞게 잘라낸다.

```
b_j = (tz_j - Vmin) / delta_z
```

위에서는 샘플이 투영된 아톰의 수(b_j)를 계산한다. 물론 샘플은 아톰 사이에 투영될 수도 있다(앞 문단처럼 −8.9는 −8 아톰과 −9 아톰 사이에 투영되었다). 그런데 이렇게 되면 학습 신경망이 예측하는 분포(학습 분포라 하자)가 가진 아톰(이것은 기본적으로 −8 혹은 −9를 가지게 된다)과 타겟 신경망이 예측한 분포를 투영한 분포(타겟 분포라 하자)가 가진 아톰(앞서 예에서는 −8.9)이 서로 다르게 되며, 이렇게 되면 손실함수에서 KL-다이버전스를 사용할 수가 없다[11]. 따라서, 이 상황을 타개하기 위해서는 타겟 분포의 아톰(앞서 예에서는 −8.9 아톰)을 학습 분포의 아톰과 일치시켜야 하므로, 타겟 분포의 아톰에 있는 확률값을 타겟 분포의 아톰(−8.9)이 이웃하는 학습 분포의 아톰(앞 예에서는 −8과 −9. 아래 코드에서는 l=−8, u=−9임)에 얼마나 가까이 있느냐에 비례하여 확률값을 원래 분포의 아톰으로 적절히 분배해 주어야 한다.

```
l = np.floor(b_j).astype(np.int64)
u = np.ceil(b_j).astype(np.int64)
eq_mask = u == l
proj_distr[eq_mask, l[eq_mask]] += next_distr[eq_mask, atom]
```

위의 코드는 투영된 아톰이 대상 아톰에 정확히 놓일 경우를 처리한다. 그렇지 않으면 b_j는 정수 값이 아니며 변수 l 및 u는 투영된 아톰의 바로 아래 및 위에 있는 아톰에 해당한다. 투영된 점이 아톰 사이에 놓일 때, 우리는 원래 아톰(−8.9)의 확률을 주변 아톰(−8과 −9)으로 나누어 주어야 한다.

```
ne_mask = u != l
proj_distr[ne_mask, l[ne_mask]] += next_distr[ne_mask, atom] *
(u - b_j)[ne_mask]
proj_distr[ne_mask, u[ne_mask]] += next_distr[ne_mask, atom] *
(b_j - l)[ne_mask]
```

만일 전이가 에피소드를 종료시킨 최종 전이라면 투영에서 다음 행동에 대한 분포가 없으므로 이때는 그냥 획득한 보상을 사용하며 상응하는 확률은 1로 설정한다. 이 경우는 아래의 코드에 의해 처리된다. 이 코드는 완료 플래그가 설정된 샘플의 분포를 0으로 만든 다음 투영을 계산한다.

```
if dones.any():
```

11) 역자주: KL-divergence에서는 두 개의 분포가 얼마나 다른가 하는 것을 수치화하는 것인데 이 두 분포의 아톰이 정확히 일치해야만 한다.

```
            proj_distr[dones] = 0.0
            tz_j = np.minimum(Vmax, np.maximum(Vmin, rewards[dones]))
            b_j = (tz_j - Vmin) / delta_z
            l = np.floor(b_j).astype(np.int64)
            u = np.ceil(b_j).astype(np.int64)
            eq_mask = u == l
            eq_dones = dones.copy()
            eq_dones[dones] = eq_mask
            if eq_dones.any():
                proj_distr[eq_dones, l] = 1.0
            ne_mask = u != l
            ne_dones = dones.copy()
            ne_dones[dones] = ne_mask
            if ne_dones.any():
                proj_distr[ne_dones, l] = (u - b_j)[ne_mask]
                proj_distr[ne_dones, u] = (b_j - l)[ne_mask]
        return proj_distr
```

이 함수가 하는 일을 설명하기 위해 이 함수로 처리된 인위적으로 만들어진 분포를 살펴보자. 관련 코드는 Chapter07/adhoc/distr_test.py에 있다.

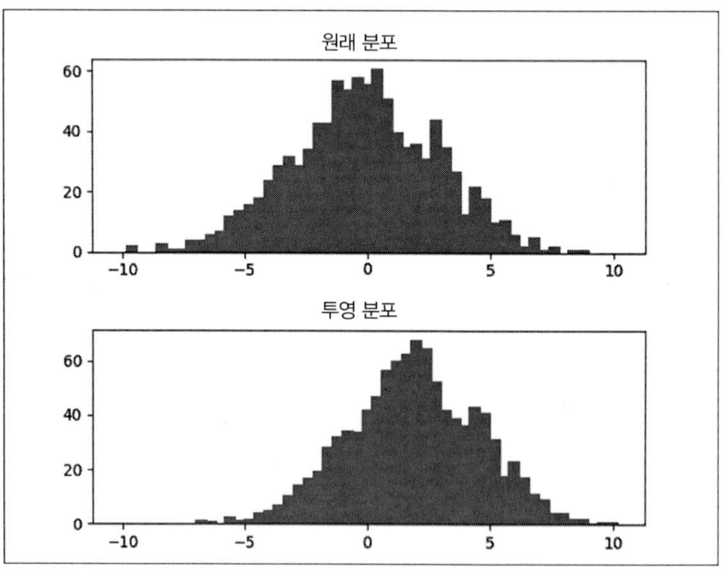

그림 15. 정규 분포와 이를 투영한 투영 분포

그림 15에서 정규분포를 감마 = 0.9와 보상을 2로 했을 때 투영한 결과를 보여준다. 감마값 0.9에 의해서 원래 분포의 아톰이 0.9만큼씩 우선 축소되었고, 이후 보상 2가 이 축소된 아톰에 더해져 오른쪽으로 2씩 이동한 결과이다. 다만, 위 그림은 데이터에서 done = True가 아닌 경우이고, True이라면(이경우가 에피소드가 종료되는 전이에 해당) 결과가 아래 그림과 같이 달라진다. 이 경우 소스 분포가 완전히 무시되고 그 결과에만 보상이 투영된다.

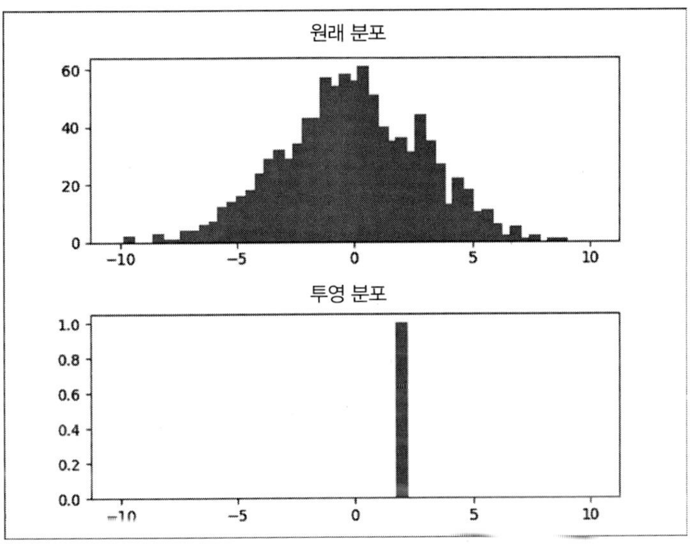

그림 16. 에피소드의 마지막 스텝을 위한 분포의 투영

자 그러면 범주형 DQN 방법의 메인 소스인 Chapter07/07_dqn_distrib.py를 살펴보자.

```
SAVE_STATES_IMG = False
SAVE_TRANSITIONS_IMG = False

if SAVE_STATES_IMG or SAVE_TRANSITIONS_IMG:
    import matplotlib as mpl
    mpl.use("Agg")
    import matplotlib.pylab as plt
```

위 코드에서는 디버깅을 위한 플래그 두 개를 정의하였다. 기본은 사용안함을 의미하는 False로 설정하였다. 이것을 활성화하면 학습 프로세스의 시각화를 위해 확률분포를 저장할 수 있다.

```
Vmax = 10
Vmin = -10
N_ATOMS = 51
DELTA_Z = (Vmax - Vmin) / (N_ATOMS - 1)
```

그런 다음 Vmax, Vmin, 아톰 수 및 아톰의 간격을 정의하였다.

```
STATES_TO_EVALUATE = 1000
EVAL_EVERY_FRAME = 100
```

위 두 상수는 평균값 계산을 위해 버퍼에 얼마나 많은 상태를 유지하는지, 그리고 이 평균값이 얼마나 자주 업데이트되는지를 정의한다. 에이전트가 게임에서 더 좋아지고 나아지면서 Q값이 커지기 때문에 학습 진행 상황을 평가하는 데 유용하다.

```
SAVE_STATES_IMG = False
SAVE_TRANSITIONS_IMG = False
```

위 두 플래그는 확률 분포를 이미지로 저장할 수 있게 하는데 이러면 디버깅에는 유용하지만 학습이 상당히 느려지게 된다. 첫 번째 플래그가 매 10,000 프레임마다 활성화되면 버퍼에서 첫 번째 200개 상태의 모든 행동에 대한 예측 분포를 이미지로 저장한다. 이 이미지는 해당 상태의 분포가 학습 시작 시의 균등 분포에서 시간이 지나면서 좀 더 사실적이고 가우시안과 같은 형태로 어떻게 수렴되는지를 보여줄 것이다. 두 번째 플래그는 배치에 대한 투영된 분포를 이미지로 저장한다. 분포를 투영하는 코드가 버그가 있는지를 손쉽게 발견할 수 있게 해준다.

```
class DistributionalDQN(nn.Module):
    def __init__(self, input_shape, n_actions):
        super(DistributionalDQN, self).__init__()

        self.conv = nn.Sequential(
            nn.Conv2d(input_shape[0], 32, kernel_size=8, stride=4),
            nn.ReLU(),
            nn.Conv2d(32, 64, kernel_size=4, stride=2),
            nn.ReLU(),
            nn.Conv2d(64, 64, kernel_size=3, stride=1),
            nn.ReLU()
        )

        conv_out_size = self._get_conv_out(input_shape)
        self.fc = nn.Sequential(
            nn.Linear(conv_out_size, 512),
            nn.ReLU(),
```

```
            nn.Linear(512, n_actions * N_ATOMS)
        )
        self.register_buffer("supports", torch.arange
(Vmin, Vmax+DELTA_Z, DELTA_Z))
        self.softmax = nn.Softmax(dim=1)
```

신경망 생성자에서의 주요 차이점은 신경망의 출력 부분이다. 알다시피 이제는 행동에 대한 Q값이 아니라 Q값에 대한 확률 분포이므로 더 이상 행동의 수만큼의 텐서가 아니다. 모든 행동에 대하여 확률 분포를 나타낼 수 있도록 하기 위해서 n_actions*n_atoms 만큼을(각 행동에 대하여 n_atoms 만큼의 출력) 출력으로 가지도록 하였다. 또한 나중에 쓰기 위해서 서포트(support, 정의역으로서 최소값에서 최대값에 이르기까지 확률이 정의되는 값들로서, 기본적으로는 아톰이라고 생각해도 된다)를 텐서로 등록하였다.

```
    def _get_conv_out(self, shape):
        o = self.conv(torch.zeros(1, *shape))
        return int(np.prod(o.size()))

    def forward(self, x):
        batch_size = x.size()[0]
        fx = x.float() / 256
        conv_out = self.conv(fx).view(batch_size, -1)
        fc_out = self.fc(conv_out)
        return fc_out.view(batch_size, -1, N_ATOMS)
```

forward() 함수는 출력의 모양이 조금 달라졌을 뿐 기본 DQN과 비교할 때 거의 동일하다. 그러나 forward()는 확률값이 아닌 원시 점수만 계산하므로 이것만으로는 아직 충분하지 않다. 우리는 이것을 확률분포로 변경해야 할 뿐만 아니라, Q값 또한 필요하다(수행할 행동을 결정하기 위해서는 결국은 Q값이 필요). 아래 both 함수는 확률값과 Q값을 한번에 계산하기 위한 함수이다.

```
    def both(self, x):
        cat_out = self(x)
        probs = self.apply_softmax(cat_out)
        weights = probs * self.supports
        res = weights.sum(dim=2)
        return cat_out, res
```

Forward() 함수를 통해서는 원시 점수만 나오기 때문에 이를 softmax를 이용하여 확률로 변경할 수 있다. 또한 Q값을 계산하기 위해서는 이 확률 분포와 서포트를 곱하여 기대값을 계산하면 이것이 바로 해당 행동에 대한 Q값이 된다.

```
    def qvals(self, x):
        return self.both(x)[1]

    def apply_softmax(self, t):
        return self.softmax(t.view(-1, N_ATOMS)).view(t.size())
```

위 두 함수는 간단한 유틸리티 함수인데, 첫 번째는 Q값만 계산하는 반면 두 번째는 출력 텐서에 softmax만 적용하여 원래 텐서의 모양을 그대로 유지한다.

```
    def calc_loss(batch, net, tgt_net, gamma, device="cpu", save_
    prefix=None):
        states, actions, rewards, dones, next_states = common.unpack_
    batch(batch)
        batch_size = len(batch)

        states_v = torch.tensor(states).to(device)
        actions_v = torch.tensor(actions).to(device)
        next_states_v = torch.tensor(next_states).to(devic e)
```

범주형 DQN의 손실 함수(사용된 아톰 수에 따라 C51이라고도 부름, 즉 51개의 아톰을 사용)는 이전과 같은 방식으로 시작되었다. 즉, 배치를 풀고 배열을 텐서로 변환하였다.

```
        # next state distribution
        next_distr_v, next_qvals_v = tgt_net.both(next_states_v)
        next_actions = next_qvals_v.max(1)[1].data.cpu().numpy()
        next_distr = tgt_net.apply_softmax(next_distr_v).data.cpu().
    numpy()
```

위 코드는 학습을 위한 타겟값을 만드는 과정인데, 우선 both() 함수를 호출하여 다음 상태의 행동들에 대한 원시 스코어와 Q값을 얻었다. 그리고 나서 최대의 Q값을 주는 행동을 얻었고, 앞서 얻은 스코어에 softmax를 적용하여 각 행동의 Q값에 대한 확률분포를 얻었다.

```
        next_best_distr = next_distr[range(batch_size), next_actions]
        dones = dones.astype(np.bool)
        proj_distr = common.distr_projection(next_best_distr, rewards,
    dones, Vmin, Vmax, N_ATOMS, gamma)
```

그런 다음 배치에서 최상의 행동에 대한 분포를 추출하고 이에 대한 투영을 수행한다. 투영 결과는 신경망 출력이 어떻게 보이길 원하는지에 대한 목표 분포가 된다(즉, 신경망 학습의 정답이 된다는 뜻이다). 여기까지 하면 신경망 학습을 위한 목표 분포가 마련되었다. 다음은 학습 신경망을 이용하여 현재 상태의 Q값에 대한 예측 분포를 만들 차례이다.

```
distr_v = net(states_v)
state_action_values = distr_v[range(batch_size), actions_v.data]
state_log_sm_v = F.log_softmax(state_action_values, dim=1)
proj_distr_v = torch.tensor(proj_distr).to(device)
loss_v = -state_log_sm_v * proj_distr_v
return loss_v.sum(dim=1).mean()
```

위 코드는 현재 상태를 학습 신경망에 넣어 출력을 구하고, 취해진 행동에 대한 분포와 투영된 분포 사이의 KL을 계산하였다. KL은 $D_{KL}(P\|Q) = -\sum_i p_i \log q_i$로 정의되며 두 분포가 얼마나 다른지를 계산한다.

KL을 계산하려면 신경망이 출력하는 원시 스코어에 softmax와 log를 연달아 적용해야 하지만, 이를 개별적으로 각각 적용하는 것보다, 수치적으로 보다 안정적인 파이토치 함수 log_softmax를 사용하였다. 학습 루프는 ptan.DQNAgent를 생성하는 부분에서 qvals() 함수를 사용한다는 것 빼고는 이전과 동일하다.

```
    agent = ptan.agent.DQNAgent(lambda x: net.qvals(x), selector,
device=devic e)
```

결과

아래 그림에서 위쪽 라인은 기본 DQN에 해당하고 아래쪽 라인은 C51에 해당한다.

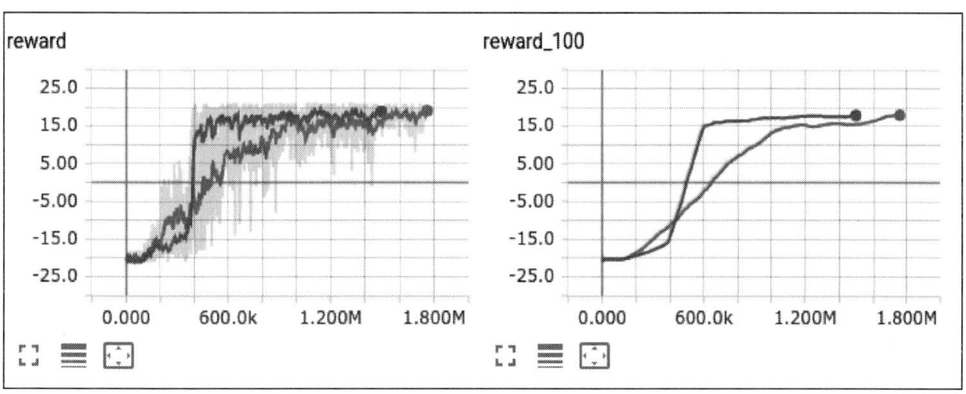

그림 17. 범주형 DQN (아래)과 기본 DQN(위) 수렴 비교

위 그림에서 볼 수 있듯이 우리의 기대와는 좀 다르게 범주형 DQN이 초기에 고전적인 DQN보

다 나쁜 수렴을 보인다. 하지만 퐁 게임만으로 어떤 결론을 이끌어 내기에는 너무 단순한 게임처럼 보인다. 실제로 논문에서는 아타리 벤치 마크(게임의 절반 이상)에서 최고 성능을 보이는 점수를 기록하였다(물론 퐁은 그 중 하나가 아니었다).

학습 과정 중의 확률 분포의 변화를 살펴보자. 위 코드에는 학습 중에 확률 분포 이미지를 저장할 수 있는 두 개의 플래그, SAVE_STATES_IMG 및 SAVE_TRANSITIONS_IMG (기본적으로 비활성화 됨)가 있다. 예를 들어, 아래 이미지에는 학습 초기의 한 상태(30k 프레임 이후)의 여섯 가지 행동에 대한 확률 분포가 표시되었다.

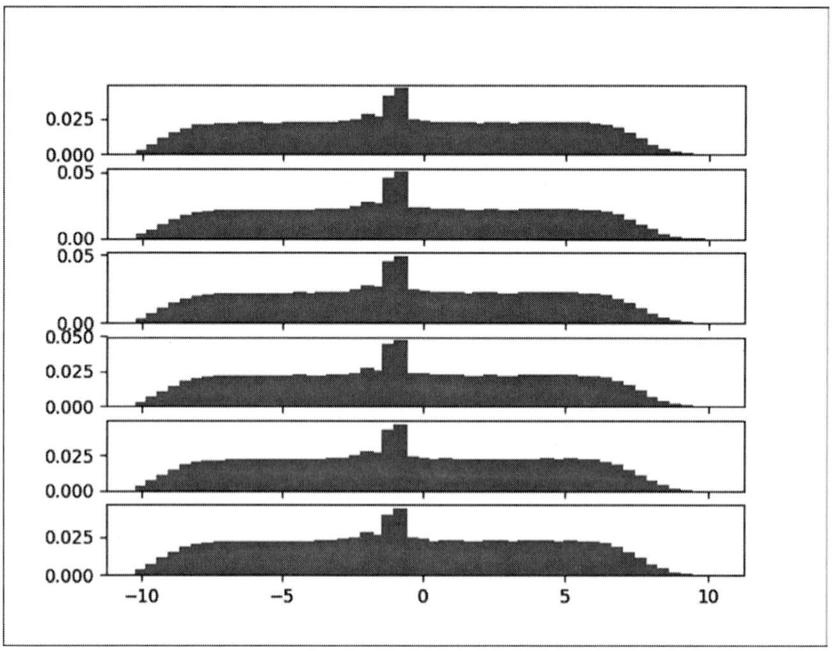

그림 18. 학습 초기의 확률분포

모든 확률 분포가 아직 매우 넓고(신경망이 아직 수렴하지 않았기 때문에) 중앙의 피크는 신경망이 해당 행동에서 기대하는 보상이 부정적임을 보여준다. 다음 그림은 500k 프레임의 학습이 끝난 후의 분포도이다.

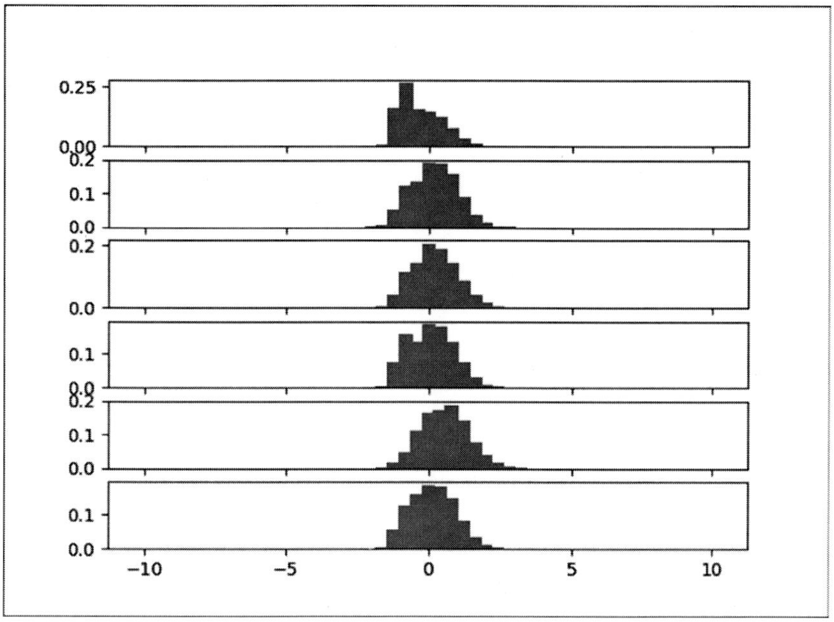

그림 19. 학습 완료 후의 확률분포

이 두 그림으로부터 우리는 서로 다른 행동이 서로 다른 분포를 가지고 있음을 알 수 있다. 맨 위에 있는 첫 번째 행동(NOOP에 해당, 아무것도 하지 않는 행동)은 왼쪽으로 분포가 바뀌었으므로 이 상태에서 아무 것도 하지 않으면 대체로 손해인 것을 알 수 있다. 나섯 번째 행동(RIGHT-FIRE)은 평균값이 오른쪽으로 이동했으므로 이 행동은 현재 상태에서 점수를 얻기에 더 나은 행동이라고 할 수 있다.

모두 결합하기

이로써 우리는 논문[1] Rainbow : Deep Reinforcement Learning에서 언급된 모든 개선점들에 대하여 살펴보았으니 이제 이 모든 것을 하나로 결합하고자 한다. 우선 신경망 구조와 신경망 구조에 기여한 세 가지 방법을 정리해 보자.

- **범주형 DQN**: 신경망은 행동의 가치에 대한 확률 분포를 예측함
- **듀얼 DQN**: 신경망은 상태값의 분포와 이득 분포라는 두 경로를 가지고 있으며, 최종 출력단에서 두 경로가 합쳐져 행동 가치에 대한 확률 분포를 제공한다. 이득 분포가 0인 평균을 갖도록 하기 위해 모든 아톰에서 아톰의 평균값을 뺀다

- **노이즈 신경망**: 가치 및 이득 경로의 선형 계층은 nn.Linear에 노이즈를 추가한 변형임

신경망 구조 변경 외에도 우선 순위 리플레이 버퍼를 사용하여 환경 전이와 샘플을 KL에 비례하도록 한다. 마지막으로 벨만 방정식을 n 단계로 늘어놓는 n-스텝과 함께 이중 DQN 행동 선택 프로세스를 사용하여 상태값을 과대 평가되지 않도록 방지할 것이다.

구현

위의 수정 목록은 복잡해 보일지 모르나 서로 잘 맞아 들어간다. 전체 예제는 Chapter07/08_dqn_rainbow.py 파일에 있다.

```
# n-step
REWARD_STEPS = 2

# priority replay
PRIO_REPLAY_ALPHA = 0.6
BETA_START = 0.4
BETA_FRAMES = 100000

# C51
Vmax = 10
Vmin = -10
N_ATOMS = 51
DELTA_Z = (Vmax - Vmin) / (N_ATOMS - 1)
```

평소처럼 사용할 모든 방법에 대해 하이퍼 파라미터를 정의하였다(공간 절약을 위해 import 생략).

```
class RainbowDQN(nn.Module):
    def __init__(self, input_shape, n_actions):
        super(RainbowDQN, self).__init__()

    self.conv = nn.Sequential(
        nn.Conv2d(input_shape[0], 32, kernel_size=8, stride=4),
        nn.ReLU(),
        nn.Conv2d(32, 64, kernel_size=4, stride=2),
        nn.ReLU(),
        nn.Conv2d(64, 64, kernel_size=3, stride=1),
        nn.ReLU()
    )
    conv_out_size = self._get_conv_out(input_shape)
```

```
        self.fc_val = nn.Sequential(
            dqn_model.NoisyLinear(conv_out_size, 512),
            nn.ReLU(),
            dqn_model.NoisyLinear(512, N_ATOMS)
        )

        self.fc_adv = nn.Sequential(
            dqn_model.NoisyLinear(conv_out_size, 512),
            nn.ReLU(),
            dqn_model.NoisyLinear(512, n_actions * N_ATOMS)
        )

        self.register_buffer("supports", torch.arange(Vmin,
    Vmax+DELTA_Z, DELTA_Z))
        self.softmax = nn.Softmax(dim=1)
```

신경망의 생성자는 이전에 본 것과 같아서 놀라울 것은 없다. DQN, 노이즈넷 및 범주형 DQN을 하나의 구조로 결합하였다. 가치 신경망 경로[self.fc_val]는 상태값의 분포를 예측하므로 모든 배치 샘플에 대해 N_ATOMS 차원의 단일 벡터를 제공해 준다. 이득 경로[self.fc_adv]는 게임에서 할 수 있는 모든 행동에 대한 분포를 생성한다.

```
    def _get_conv_out(self, shape):
        o = self.conv(torch.zeros(1, *shape))
        return int(np.prod(o.size()))

    def forward(self, x):
        batch_size = x.size()[0]
        fx = x.float() / 256
        conv_out = self.conv(fx).view(batch_size, -1)
        val_out = self.fc_val(conv_out).view(batch_size, 1, N_ATOMS)
        adv_out = self.fc_adv(conv_out).view(batch_size, -1, N_ATOMS)
        adv_mean = adv_out.mean(dim=1, keepdim=True)
        return val_out + adv_out - adv_mean
```

forward()에서는 행동 가치에 대한 분포를 생성하므로 범주형 DQN과 유사하다. 가치 경로와 이득 경로의 결과물을 재구성하고 반환값을 리턴하였다.

반환값을 계산할 때 파이썬의 브로드캐스팅 기능을 사용하여 계산 과정을 매우 간단히 표현할 수 있었다. 브로드캐스팅을 사용하기 위해서는 참여하고 있는 모든 텐서들이 동일한 차원 수를 갖도록 하는 것이 중요하다. 이를 위해 가치 경로를 원래 차원인 (배치크기, N_ATOMS)에서 브로드캐스팅을 위해 중간에 한 차원을 더 넣어서 가치 경로가 (batch_size, 1, N_ATOMS)가 되도록 재구성하고 두 번째 차원이 이득 경로의 모든 행동에 브로드캐스팅된다. 우리가 빼야 하는 베이스라인 이득은 모든 행동에 걸쳐 각 아톰별로 평균 이득을 계산함으로써 얻어진다. keepdim = True는 평균 이득을 계산할 때 쓰인 해당 차원(여기서는 행동 차원)을 유지하도록 요청하는 것이므로 그 결과로서 크기가 텐서 크기(batch_size, 1, N_ATOMS) 인 텐서를 얻는다. 따라서, 베이스라인 이득도 역시 브로드캐스팅 될 수 있다.

```
    def both(self, x):
        cat_out = self(x)
        probs = self.apply_softmax(cat_out)
        weights = probs * self.supports
        res = weights.sum(dim=2)
        return cat_out, res

    def qvals(self, x):
        return self.both(x)[1]
```

앞의 함수는 신경망을 여러 번 호출하지 않고도 확률 분포를 Q값에 결합할 수 있도록 하는 데 사용된다.

```
    def apply_softmax(self, t):
        return self.softmax(t.view(-1, N_ATOMS)).view(t.size())
```

마지막 함수는 원시 스코어를 확률 분포로 변형시키기 위한 함수이다.

```
def calc_loss(batch, batch_weights, net, tgt_net, gamma,
device="cpu"):
    states, actions, rewards, dones, next_states = common.unpack_
batch(batch)
    batch_size = len(batch)

    states_v = torch.tensor(states).to(device)
    actions_v = torch.tensor(actions).to(device)
    next_states_v = torch.tensor(next_states).to(device)
    batch_weights_v = torch.tensor(batch_weights).to(device)
```

손실 함수는 우선 순위가 지정된 리플레이 버퍼에서와 마찬가지로, 학습 데이터가 담긴 배치 배열 외에도 샘플 가중치를 전달한다.

```
    distr_v, qvals_v = net.both(torch.cat((states_v, next_states_v)))
    next_qvals_v = qvals_v[batch_size:]
    distr_v = distr_v[:batch_size]
```

위에서 계산 속도를 약간 높이기 위해 작은 트릭을 사용하였다. 이중 DQN 방법은 학습 네트워크를 사용하여 행동을 선택하고 타겟 신경망을 사용하여 해당 행동에 대한 가치(이 경우 값 분배)를 얻는데, 이때 학습 신경망에 현재 상태와 다음 상태를 전달해야 한다. 앞서 살펴본 이중 DQN에서도 두 번의 호출로 신경망 출력을 계산했는데 이것이 그다지 GPU에 효율적이지 않은 방법이다. 여기서는 현재 상태와 다음 상태를 하나의 텐서로 연결하고 한번의 신경망 통과만을 사용하여 결과를 얻고 이를 분할하도록 하였다. 이후 행동에 대한 Q값과 함께 확률 분포를 계산하였다. 여기서 가장 큰 Q값을 가진 행동이 취해야 할 행동이다.

```
    next_actions_v = next_qvals_v.max(1)[1]
    next_distr_v = tgt_net(next_states_v)
    next_best_distr_v = next_distr_v[range(batch_size), next_
actions_v.data]
    next_best_distr_v = tgt_net.apply_softmax(next_best_distr_v)
    next_best_distr = next_best_distr_v.data.cpu().numpy()
```

위에서 다음 상태에서 취할 행동을 결정하고 타겟 신경망을 사용하여 이 행동에 대한 분포를 얻는다. 위에서 net/tgt_net을 셔플링해서 쓰는 것은 이중 DQN을 구현한 것이다. 그런 다음 최상의 행동을 고르기 위해 softmax를 적용하고 데이터를 CPU에 복사하여 벨만 투영을 수행한다.

```
    dones = dones.astype(np.bool)
    proj_distr = common.distr_projection(next_best_distr, rewards,
dones, Vmin, Vmax, N_ATOMS, gamma)
```

위 코드에서는 벨만 방정식을 이용하여 분포를 투영하였다. 그 결과로 나온 것이 나중에 KL을 계산할 때 타겟으로 쓰인다.

```
    state_action_values = distr_v[range(batch_size), actions_v.data]
    state_log_sm_v = F.log_softmax(state_action_values, dim=1)
```

취해진 행동에 대한 분포를 얻고 손실을 계산하기 위해서 log_softmax 값을 계산한다.

```
    proj_distr_v = torch.tensor(proj_distr)
    loss_v = -state_log_sm_v * proj_distr_v
    loss_v = batch_weights_v * loss_v.sum(dim=1)
    return loss_v.mean(), loss_v + 1e-5
```

위 코드에서는 KL로 손실을 계산하고 여기에 가중치를 곱한 뒤 나중에 옵티마이저에서 쓸 결합 손실값과 우선 순위 버퍼를 업데이트하기 위한 개별 손실값을 반환한다. 나머지 코드는 초기화와 학습 루프를 포함하고 있으므로 이미 익숙한 부분이다.

```
if __name__ == "__main__":
    params = common.HYPERPARAMS['pong']
    parser = argparse.ArgumentParser()
    parser.add_argument("--cuda", default=False, action="store_true",
help="Enable cuda")
    args = parser.parse_args()
    device = torch.device("cuda" if args.cuda else "cpu")

    env = gym.make(params['env_name'])
    env = ptan.common.wrappers.wrap_dqn(env)

    writer = SummaryWriter(comment="-" + params['run_name'] +
"-rainbow")
    net = RainbowDQN(env.observation_space.shape, env.action_space.n).
to(device)
    tgt_net = ptan.agent.TargetNet(net)
    agent = ptan.agent.DQNAgent(lambda x: net.qvals(x), ptan.actions.
ArgmaxActionSelector(), device=device)

    exp_source = ptan.experience.ExperienceSourceFirstLast(env, agent,
gamma=params['gamma'], steps_count=REWARD_STEPS)
    buffer = ptan.experience.PrioritizedReplayBuffer(exp_source,
params['replay_size'], PRIO_REPLAY_ALPHA)
    optimizer = optim.Adam(net.parameters(), lr=params['learning_
rate'])
```

위 코드에서는 신경망, 경험 소스, 그리고 우선 순위 재생 버퍼를 포함한 필요한 모든 것을 생성하였다.

```
    frame_idx = 0
    beta = BETA_START

    with common.RewardTracker(writer, params['stop_reward']) as
reward_tracker:
        while True:
            frame_idx += 1
            buffer.populate(1)
            beta = min(1.0, BETA_START + frame_idx * (1.0 - BETA_
START) / BETA_FRAMES)
            new_rewards = exp_source.pop_total_rewards()
            if new_rewards:
                if reward_tracker.reward(new_rewards[0], frame_idx):
                    break
```

```
            if len(buffer) < params['replay_initial']:
                continue

            optimizer.zero_grad()
            batch, batch_indices, batch_weights = buffer.
sample(params['batch_size'], beta)
            loss_v, sample_prios_v = calc_loss(batch, batch_
weights, net, tgt_net.target_model, params['gamma'] ** REWARD_STEPS,
device=device)
            loss_v.backward()
            optimizer.step()
            buffer.update_priorities(batch_indices, sample_prios_v.
data.cpu().numpy())

            if frame_idx % params['target_net_sync'] == 0:
                tgt_net.sync()
```

결과

에이전트가 보인 학습 과정은 다음 그림과 같다.

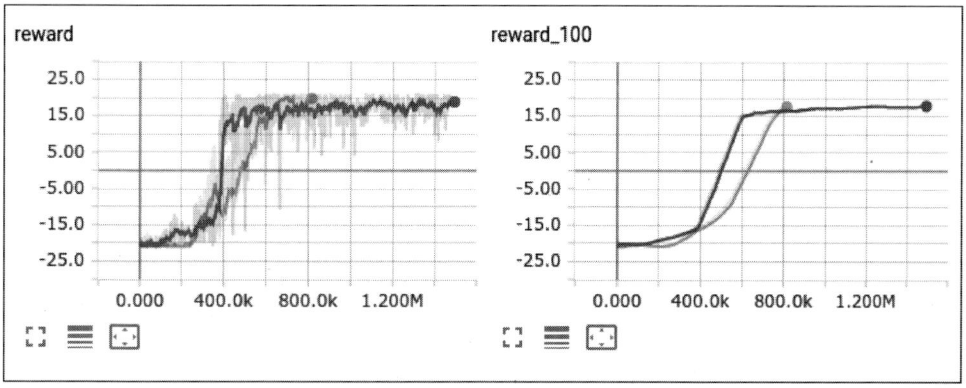

그림 20. 통합 방법(밝은 색)과 기본 DQN(어두운 색) 방법의 수렴 변화 그래프

모든 방법을 통합한 에이전트는 사실 퐁 게임에서 최고의 학습 과정을 보여주지는 못하였다. 예를 들어 듀얼 DQN 또는 노이즈넷은 좀 더 빨리 수렴된다. 그러나 퐁은 단순하고 수렴을 빨리 하는 게임이어서 이 장의 벤치 마크로 선택된 것일뿐 좀 더 복잡하고 어려운 환경에서는 통합

방법이 더 좋은 성능을 보여줄 것이다.

관심이 있다면 `lib/common.py` 모듈을 보면 논문에서 사용한 설정에 가까운 하이퍼 파라미터 설정을 찾을 수 있다. 그리고 그것을 사용하여 좀 더 도전적인 문제들을 시도해 볼 수도 있겠지만 한 가지 잊지 말아야 할 것은 복잡한 게임으로 최고의 결과에 도달하려면 50-100M 프레임이 필요할 수 있으며, 이는 1 주일 정도 더 걸릴 수도 있다.

요약

이 장에서는 DQN의 첫 번째 논문이 발표된 2015년 이후로 나온 DQN에 대한 많은 개선점들을 살펴보았다. 물론 이 장에서 살펴본 개선점들이 그간 발표되었던 것을 총망라한 것은 분명히 아니고, 단지 딥마인드에서 발표한 *[1] Rainbow : Deep Reinforcement Learning* 논문에 기반한 것이기 때문에 편향된 목록일 수도 있겠다. 강화학습은 거의 매일 새로운 논문이 나오기 때문에 DQN과 같은 한 분야만 하더라도 발전해가는 모습을 지속적으로 추적하는 것은 쉬운 일이 아니다. 이 장의 목표는 그동안 개발된 개선점들에 대한 실용적인 견해를 제공하는 것이었으므로 여러 코드를 통하여 보다 확실한 이해를 도왔기를 바랄 뿐이다.

다음 장에서는 DQN에서 획득한 다양한 지식을 주식 트레이딩에 적용하는 것을 살펴보고자 한다.

■ 참고문헌

1. *Matteo Hessel, Joseph Modayil, Hado van Hasselt, Tom Schaul, Georg Ostrovski, Will Dabney, Dan Horgan, Bilal Piot, Mohammad Azar, David Silver, 2017, Rainbow: Combining Improvements in Deep Reinforcement Learning. arXiv:1710.02298*

2. *Sutton, R.S. 1988, Learning to Predict by the Methods of Temporal Differences, Machine Learning 3(1):9-44*

3. *Hado Van Hasselt, Arthur Guez, David Silver, 2015, Deep Reinforcement Learning with Double Q-Learning. arXiv:1509.06461v3*

4. *Meire Fortunato, Mohammad Gheshlaghi Azar, Bilal Pilot, Jacob Menick, Ian Osband, Alex Graves, Vlad Mnih, Remi Munos, Demis Hassabis, Olivier Pietquin, Charles Blundell, Shane Legg, 2017, Noisy Networks for Exploration arXiv:1706.10295v1*

5. *Marc Bellemare, Sriram Srinivasan, Georg Ostrovski, Tom Schaus, David Saxton, Remi Munos 2016, Unifying Count-Based Exploration and Intrinsic Motivation arXiv:1606.01868v2*

6. *Jarryd Martin, Suraj Narayanan Sasikumar, Tom Everitt, Marcus Hutter, 2017, Count-Based Exploration in Feature Space for Reinforcement Learning arXiv:1706.08090*

7. *Tom Schaul, John Quan, Ioannis Antonoglou, David Silver, 2015, Prioritized Experience Replay arXiv:1511.05952*

8. *Ziyu Wang, Tom Schaul, Matteo Hessel, Hado van Hasselt, Marc Lanctot, Nando de Freitas, 2015, Dueling Network Architectures for Deep Reinforcement Learning arXiv:1511.06581*

9. *Marc G. Bellemare, Will Dabney, Rémi Munos, 2017, A Distributional Perspective on Reinforcement Learning arXiv:1707.06887*

제8장

강화학습을 이용한 주식거래

이 장에서는 DQN 지식을 활용하여 금융 거래와 같이 훨씬 더 실용적인 문제를 다뤄 보고자 한다. 다만, 이 장은 아타리 게임을 넘어 강화학습을 다른 실용적인 영역에 적용하는 방법을 보여주기 위한 것이지 여러분을 주식 시장을 통해 엄청난 부자로 만들거나 하는 것을 약속해 줄 수는 없다(뭐, 당연한 것이지만).

이 장에서는 주식 시장을 시뮬레이션하는 OpenAI Gym 환경을 구현하고, 6장 및 7장에서 배운 DQN 방법을 적용하여 주식을 거래하는 에이전트를 학습시킬 것이다.

거래

시장에는 매일 거래되는 다양한 금융 상품이 있는데, 대표적으로는 상품, 주식, 그리고 통화가 있다. 심지어 일기 예보 조차도 현대 세계 및 금융 시장의 복잡성에 기인한 소위 "날씨 파생 상품"이라는 것을 사고 팔 수 있다. 소득이 작물 재배와 같은 미래의 기상 조건에 달려 있다면 날씨 파생 상품을 구입하여 위험을 헤지(hedge)할 수도 있다. 이 모든 항목은 시간이 지남에 따라 변동되는 가격을 지닌다는 특성이 있다. 거래라는 것은 금융상품을 사고 파는 것을 의미하는데, 여기에는 서로 다른 몇 가지 목적이 있다. 어떤 사람은 이익을 얻기 위해서 거래를 하고(=투자), 또 어떤 사람은 미래 가격 변동으로부터 보호를 받고자 거래를 하고(=헤징), 또 다른 사람은 그저 원하는 것을 얻기 위해서 거래를 한다(제조를 위해 강철을 사거나 계약금을 지불하기 위해 USD를 JPY에 교환하는 것과 같은 거래).

최초의 금융 시장이 성립된 이후 사람들은 미래의 가격 움직임을 예측하려고 노력해 왔다. 이는 갑작스런 시장 움직임으로부터 자본을 보호하는 것과 같은 많은 이점을 약속하기 때문이다. 이 문제는 상당히 복잡하다고 알려져 있으며 금융 컨설턴트, 투자 펀드, 은행, 혹은 개별 상인이 시장을 예측하고 이익을 극대화하기 위해 최적의 매매 순간을 찾으려 노력한다.

자 그러면 이 거래를 강화학습의 관점에서 바라볼 수 있을까? 우리는 시장에 대해 약간의 관찰을 하고 있으며 구매, 판매, 혹은 기다릴지에 대한 결정을 내리고 싶어 한다. 만일 가격이 올라가기 전에 구매하면 이익이 날 것이지만, 그렇지 않으면 손해를 볼 것이다. 우리가 하려는 것은 가능한 한 많은 이익을 얻는 것이다. 그러므로, 시장 거래와 강화학습의 관계는 아주 분명하다고 할 수 있다.

데이터

이 예에서 사용할 데이터는 2015-2016 기간의 러시아 주식 시장 가격이다. 이 데이터는 Chapter08/data/ch08-small-quotes.tgz에 들어 있고, 모델 학습을 시작하기 전에 압축을 풀어 놓자.

압축파일에는 CSV 파일이 들어 있다. CSV의 모든 행은 1분에 해당하며 가격의 움직임은 개시, 최고, 최저 및 마감의 4가지로 표현되었다. 여기서 개시 가격은 1분의 시작 시점의 가격이고, 최고는 기간 동안의 최대 가격이며, 최저는 기간 동안의 최저 가격이며, 마감 가격은 1분 기간의 마지막 가격을 의미한다. 매분의 개시, 최고, 최저, 마감 가격을 모아 놓은 것을 바(bar)라고 하며 이 바를 통하여 우리는 이 간격 내에서의 가격 움직임을 알 수 있다. 예를 들어, YNDX_160101_161231.csv 파일(2016년 Yandex 주식)에는 다음과 같은 130k 라인의 데이터가 있다.

```
<DATE>,<TIME>,<OPEN>,<HIGH>,<LOW>,<CLOSE>,<VOL>
20160104,100100,1148.9000000,1148.9000000,1148.9000000,1148.9000000,0
20160104,100200,1148.9000000,1148.9000000,1148.9000000,1148.9000000,50
20160104,100300,1149.0000000,1149.0000000,1149.0000000,1149.0000000,33
20160104,100400,1149.0000000,1149.0000000,1149.0000000,1149.0000000,4
20160104,100500,1153.0000000,1153.0000000,1153.0000000,1153.0000000,0
20160104,100600,1156.9000000,1157.9000000,1153.0000000,1153.0000000,43
20160104,100700,1150.6000000,1150.6000000,1150.4000000,1150.4000000,5
20160104,100800,1150.2000000,1150.2000000,1150.2000000,1150.2000000,4
...
```

첫 번째 두 열은 날짜와 시간이고, 다음 네 열은 개시, 최고, 최저 및 마감 가격이고 마지막 값은 볼륨인데 1분 동안 이루어진 구매 및 판매 주문의 양을 나타낸다. 이 숫자의 정확한 해석은 주식 및 시장에 따라 다르지만 대개 볼륨은 시장이 얼마나 활발한지에 대한 아이디어를 제공한다.

가격을 표현하는 전형적인 방법은 모든 바가 양초 같은 모양으로 표시되는 캔들 차트를 쓰는 것이다. 2016년 2월 중 Yandex의 하루 동안의 가격 데이터 중 일부가 그림 1에 표시되어 있다. 압축 파일에는 1년간의 데이터가 들어 있다.

그림 1. 2016년 2월 중 Yandex의 하루 동안의 가격 데이터 중 일부

문제 정의와 핵심 결정 사항들

금융 도메인은 매우 크고 복잡하여 매일 새로운 것을 배우는 데 수년을 쉽게 보낼 수도 있다. 이 예에서는 가격을 관찰치로 사용하여 가능한 간단하게 금융 문제를 형식화해서 에이전트가 언제 주식을 사면 가장 좋을지에 대한 것을 학습시키는 것이 가능한지를 알아볼 것이다. 이 예제의 목적은 강화학습이 얼마나 유연한지 그리고 강화학습을 실제 사례에 적용하고자 할 때 해야할 일들이 무언인지를 알려주고자 하는 것이다.

이미 알고 있듯이 어떤 문제를 강화학습 문제로 형식화하기 위해서는 환경에 대한 관찰, 가능한 행동들, 보상 시스템 이렇게 세 가지가 필요하다. 지금까지는 세 가지 모두 이미 우리에게 주어졌으며 환경의 내부 동작 방식 등의 정보는 우리에게 숨겨졌다. 하지만, 지금은 약간 상황이 다른데 에이전트가 무엇을 볼 것이지 어떤 행동을 취할 수 있는지 등을 우리 스스로 결정해야 한다. 보상 체계 또한 어떤 엄격한 규칙 등으로 미리 주어진 것이 아니라 해당 도메인에 대한 우리의 감정 혹은 지식에 의해 우리 스스로 결정해야 한다. 또한, 이러한 결정을 하는 데 있어서 우리는 많은 선택지를 가지고 있기도 하다.

이러한 유연성은 사실 좋기도 하지만 나쁘기도 하다. 에이전트의 학습에 도움이 된다고 판단되는 정보를 우리 스스로 결정해서 줄 수 있는 자유가 있다는 점에서는 좋다. 예를 들어, 에이전트에게 가격뿐 아니라 뉴스 혹은 관련된 중요한 통계에 대한 정보를 전달할 수도 있다. 나쁜 점은 일반적으로 이 유연성으로 인하여 우리는 다양한 선택지에서 많은 조합을 시도해서 어떤 것이 좋은지 찾아내야 한다는 점이다. 하지만, 여기서는 그냥 가장 간단하게 에이전트를 구현하기 위한 관찰로서 다음 사항을 사용해보자.

- N 개의 과거 바들(개시, 최고, 최저, 그리고 마감 가격을 의미하며 간단히는 앞서 이야기한 데이터 파일(csv)에서 한 줄이라고 생각해도 된다)
- 이전에 주식을 구입했다는 표시(한 번에 하나의 주식만 가질 수 있음)
- 현재 보유하고 있는 주식을 기준으로 현재 손익

매분 마다 진행되는 모든 단계에서 에이전트는 주식을 사거나, 팔거나, 아무것도 하지 않거나 할 수 있다.

- **아무 것도 안하기**: 행동을 취하지 않고 바를 건너 뛴다.
- **주식 사기**: 주식 구매 시에 약간의 수수료를 지불하게 된다. 수수료는 보통 현재 가격의 일정 비율만큼이다. 그리고 에이전트가 이미 주식을 보유하고 있다면 또 주식을 살 수는 없다.
- **주식 팔기**: 거래에 대한 약간의 수수료를 주식을 팔 때 지불해야 한다. 물론, 현재 보유한 주식이 없다면 아무 일도 일어나지 않을 것이다.

보상은 다양한 방법으로 표현될 수 있다. 예를 들어 주식을 소유하고 있는 동안의 단계들에 보상을 나누어 분배할 수도 있고, 주식을 팔았을 때만 보상을 줄 수도 있다. 언뜻 보면 두 방법 모두 수렴 속도만 다를 뿐 동일한 결과를 가져다 줄 것처럼 보이지만 실제로는 그 차이가 매우 클 수 있다. 이 두 방법을 비교하기 위해 나중에 모두 구현해 볼 것이다.

마지막으로 결정할 사항은 가격을 관찰로 표현하는 방법이다. 이상적으로는 보면 주식은 종류마다 가격이 다르므로 실제 가격을 다루기 보다는 보다 범용성이 있게 표현하는 것이 좋은데 예를 들면 "1 % 증가" 또는 "5 % 손실"과 같은 상대적인 움직임이 바람직해 보인다. 이를 위해 모든 개시/최고/최저/마감 가격을 개시 가격 대비 백분율로 표시되는 세 개의 숫자로 표현하면 된다.

물론 이런 표현 방식은 가격 자체에 대한 정보를 잃을 가능성이 있기 때문에 단점이 없는 것은 아니다. 예를 들어, 주식 시장은 매듭이 되는 가격(예를 들면 8,000원 혹은 10,000원)에서 반등하는 경향이 있음이 알려져 있다. 그러나 이미 언급했듯이 우리는 "월스트리트 킬러"를 구현하고자 하는 것은 아니므로 이런 것까지 고려하지는 않겠다. 우리가 사용하고자 하는 상대 가격 이동 형태의 표현은 시스템이 절대 가격 위치에 상관없이 가격 수준의 반복 패턴(물론 존재한다면)을 찾는 데 도움이 될 것이다. 물론 절대 가격을 사용하더라도 신경망은 이것을 배울 수 있는 능력이 있기는 하지만(절대 가격에서 평균 가격을 빼면 상대적인 가격을 구할 수 있으므로) 상대적인 가격으로 표현하는 것이 신경망의 일을 단순화시켜 준다.

거래 환경

우리는 이미 익숙한 Gym의 Env 클래스 API를 따라 거래 기능을 구현할 것이다. 우리 환경은 Chapter08/lib/environ.py 모듈의 StocksEnv 클래스에 구현되어 있다. 이 클래스는 여러 가지 내부 클래스를 사용하여 상태를 유지하고 관찰을 인코딩한다. 그러면 공개 API 클래스를 먼저 살펴 보자.

```
class Actions(enum.Enum):
    Skip = 0
    Buy = 1
    Close = 2
```

사용 가능한 모든 행동을 enumerator로 인코딩하였다. 위 인코딩에서 3가지 옵션, 즉 아무 것도 하지 않기(Skip), 주식 사기(Buy), 포지션 정리(Close, 주식을 파는 것) 행동을 인코딩하였다.

```
class StocksEnv(gym.Env):
    metadata = {'render.modes': ['human']}
```

위 메타 데이터는 gym.Env와의 호환성을 위해 필요한데 우리는 렌더링 기능이 필요하지 않으므로 무시해도 된다.

```
    @classmethod
    def from_dir(cls, data_dir, **kwargs):
        prices = {file: data.load_relative(file) for file in
data.price_files(data_dir)}
        return StocksEnv(prices, **kwargs)
```

환경 클래스는 인스턴스를 생성하는 두 가지 방법을 제공한다. 첫 번째 방법은 데이터 디렉토리를 인수로 사용하여 클래스 메소드 from_dir을 호출하는 것이다. 이 경우 디렉토리의 CSV 파일에서 주식 가격을 로드하고 환경을 구성한다. 우리가 원하는 형태로 가격 데이터를 다루기 위해 Chapter08/lib/data.py에 보면 몇 가지 도우미 함수가 있다. 또 다른 방법은 클래스 인스턴스를 직접 생성하는 방법인데, 이 경우 주식 데이터를 data.Prices 튜플로 매핑하고 있는 prices 딕셔너리 데이터를 인수로 전달해야 한다. data.Prices 객체는 개시, 최고, 최저, 마감 및 볼륨에 대한 시계열 데이터가 포함된 다섯 개의 필드를 가지고 있다. data.py 파일에 정의된 data.load_ relative 같은 함수를 사용하여 data.Prices 객체를 생성할 수 있다.

```
def __init__(self, prices, bars_count=DEFAULT_BARS_COUNT,
commission=DEFAULT_COMMISSION_PERC,
reset_on_close=True, state_1d=False,
random_ofs_on_reset=True, reward_on_close=False,
volumes=False):
```

환경의 생성자는 많은 인수를 사용하는데, 환경의 행동과 관찰에 대한 표현을 적절히 처리하기 위해서이다.

- prices: 하나 이상의 증권에 대한 하나 이상의 주식 가격을 dict로 표현. 여기서 Key는 증권의 이름이고 value는 컨테이너 객체로서 가격 데이터 배열을 보유하는 data.Prices이다.
- bars_count: 관찰로 사용되는 바의 수이다. 기본으로 10 이다.
- commission: 주식을 매매할 때 브로커에게 지불해야 하는 주식 가격의 비율. 기본 0.1 %이다.
- reset_on_close: 이 인수가 True이면 에이전트가 보유한 주식을 청산할 때마다 에피소드가 종료된다. 그렇지 않으면 에피소드는 시계열이 끝날 때까지, 즉 1년치 데이터가 모두 이용될 때가지 지속된다.
- state_1d: 이 인수는 에이전트에게 전달되는 관찰인 가격 데이터를 표현하는 방법을 결정한다. True로 설정된 경우 관찰은 2D 모양을 가지며 가격의 요소별로 모아 놓은 것이 관찰이 된다. 예를 들어, 최고 가격은 모두 첫 번째 행에, 최저가는 두 번째, 마감 가격은 세 번째 행에 배치된다. 이 표현 방식은 시계열 데이터에 1D 컨벌루션 연산을 적용하기에 적당한데, 왜냐하면 하나의 행에 있는 모든 데이터들이 같은 의미를 갖기 때문이다. 이 옵션을 False로 설정하면 모든 데이터가 하나의 배열로 표현되는데 바의 모든 값이 같이 모여 있게 된다. 이 방법은 완전 연결 구조의 신경망 구조에 적용하기 편하다. 두 가지 표현 방법을 그림으로 나타내면 그림 2와 같다.
- random_ofs_on_reset: True로 설정되면 환경을 리셋할 때마다 시계열 데이터에서 오프셋이 무작위로 선택된다. 그렇지 않으면 시계열 데이터의 처음부터 시작된다.
- reward_on_close: 이 인수는 위에서 언급한 두 가지 보상 메커니즘을 선택하는 데 쓰인다. True이면 주식을 팔 때만 보상을 받는다. 그렇지 않으면 모든 바에 작은 보상을 주게 되

는데, 이때 보상은 각 바에서 가격의 움직임에 상응하게 부여한다.

- volumes: 이 인수는 관찰에서의 볼륨 간을 스위치한다.

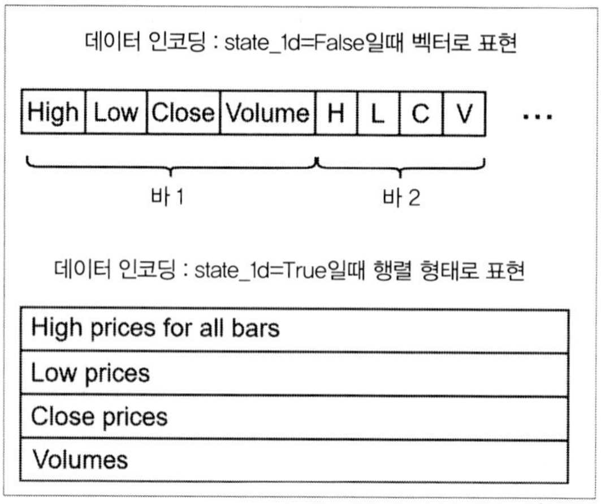

그림 2. 신경망을 위한 두 가지 데이터 표현 방법

계속해서 환경 생성자를 살펴보자.

```
        assert isinstance(prices, dict)
        self._prices = prices
        if state_1d:
            self._state = State1D(bars_count, commission,
reset_on_close, reward_on_close=reward_on_close,
                                  volumes=volumes)
        else:
            self._state = State(bars_count, commission, reset_on_
close, reward_on_close=reward_on_close,
volumes=volumes)
        self.action_space = gym.spaces.Discrete(n=len(Actions))
        self.observation_space = gym.spaces.Box(low=-np.inf,
high=np.inf, shape=self._state.shape, dtype=np.float32)

        self.random_ofs_on_reset = random_ofs_on_reset
        self._seed()
```

StocksEnv 클래스의 대부분의 기능은 State와 State1D의 두 가지 내부 클래스로 구현된다. 이 클래스들은 관찰을 준비하고 보유중인 주식의 상태, 그리고 보상에 대한 책임을 진다. 또한 데이터를 다르게 표현하는 방법들을 구현하고 있으며 이에 대해서는 나중에 코드로 살펴볼 것이다. 생성자에서는 Gym에 필요한 상태 객체, 행동 공간 및 관찰 공간 필드를 만들었다.

```
    def reset(self):
        # make selection of the instrument and it's offset. Then
reset the state
        self._instrument =
self.np_random.choice(list(self._prices.keys()))
        prices = self._prices[self._instrument]
        bars = self._state.bars_count
        if self.random_ofs_on_reset:
            offset = self.np_random.choice(prices.high.shape[0]-
bars*10) + bars
        else:
            offset = bars
        self._state.reset(prices, offset)
        return self._state.encode()
```

이 메소드는 환경에 대한 리셋 기능을 정의한다. 이 함수가 호출되면 작업할 시계열을 무작위로 선택하고(즉 여러 주식종목 중에서 임의로 하나의 주식을 선택) 이 주식의 시계열 데이터에서 시작 오프셋을 선택한다(즉, 선택된 주식에 대하여 1년 동안이 변동을 나타내는 시계열 내에서 시작 지점을 고른다). 이렇게 선택된 가격과 오프셋은 내부 상태 인스턴스(self._state)에 전달되며, 내부 상태 인스턴스는 encode() 함수를 사용하여 초기 관찰을 요청한다.

```
    def step(self, action_idx):
        action = Actions(action_idx)
        reward, done = self._state.step(action)
        obs = self._state.encode()
        info = {"instrument": self._instrument, "offset":
self._state._offset}
        return obs, reward, done, info
```

이 메소드는 에이전트가 선택한 행동을 처리하고 다음 관찰, 보상 및 완료 플래그를 반환해야 한다. 실제 기능은 State 클래스에서 구현되므로 이 메서드는 상태 메서드를 호출하는 매우 간단한 래퍼일 뿐이다.

```
    def render(self, mode='human', close=False):
        pass
```

```
    def close(self):
        pass
```

gym.Env 용 API를 사용하면 현재 상태를 사람 또는 기계가 읽을 수 있는 형식으로 렌더링하는 render() 메서드 핸들러를 정의할 수 있다. 이 메소드는 일반적으로 환경 상태를 들여다보는 데 사용되며 에이전트의 행동을 디버깅하거나 추적하는 데 유용하다. 예를 들어, 에이전트가 현재 보고 있는 가격을 시각화하여 차트로 렌더링할 수 있다. 다만, 우리 환경은 렌더링을 지원하지 않으므로 이 메소드는 그냥 아무것도 하지 않는다. 또 다른 메소드는 close()인데, 환경 개체가 소멸될 때 할당된 리소스를 해제하는 데 사용될 수 있다.

```
    def seed(self, seed=None):
        self.np_random, seed1 = seeding.np_random(seed)
        seed2 = seeding.hash_seed(seed1 + 1) % 2 ** 31
        return [seed1, seed2]
```

이 메서드는 파이썬의 난수 생성기 문제와 관련된 Gym 마법의 일부이다. 예를 들어, 여러 환경을 동시에 만들 때, 난수 생성기를 동일한 시드(기본적으로 현재 타임 스탬프)로 초기화할 필요가 있을 수 있다. 다만, 우리는 DQN과 관련하여 하나의 환경 인스턴스만 사용하기 때문에 당장은 큰 관련이 없다. 하지만, 나중에 배우게 될 비동기 어드밴티지 Actor-Critic(A3C) 방법은 동시에 여러 환경을 사용하기 때문에 이 함수가 꽤 유용하게 쓰일 것이다.

자 그러면 환경에 관한 대부분의 기능을 구현하고 있는 environ.State 클래스에 대하여 알아보자.

```
class State:
    def __init__(self, bars_count, commission_perc,
reset_on_close, reward_on_close=True, volumes=True):
        assert isinstance(bars_count, int)
        assert bars_count > 0
        assert isinstance(commission_perc, float)
        assert commission_perc >= 0.0
        assert isinstance(reset_on_close, bool)
        assert isinstance(reward_on_close, bool)
        self.bars_count = bars_count
        self.commission_perc = commission_perc
        self.reset_on_close = reset_on_close
        self.reward_on_close = reward_on_close
        self.volumes = volumes
```

생성자는 인수들을 내부의 필드로 매핑하는 일 빼곤 달리 하는 일이 없다.

```
def reset(self, prices, offset):
    assert isinstance(prices, data.Prices)
    assert offset >= self.bars_count-1
    self.have_position = False
    self.open_price = 0.0
    self._prices = prices
    self._offset = offset
```

The reset() 함수는 환경이 리셋될 때마다 호출되는 함수로서 전달받은 가격 데이터와 시작 오프셋을 저장해야 한다. 처음 시작할 때에는 보유하고 있는 주식이 없으므로 have_position=False 그리고 open_price=0.0으로 설정하였다.

```
@property
def shape(self):
    # [h, l, c] * bars + position_flag + rel_profit (since
open)
    if self.volumes:
        return (4 * self.bars_count + 1 + 1, )
    else:
        return (3 * self.bars_count + 1 + 1, )
```

이 속성은 상태 표현의 모양을 나타내는데, 상태는 단일 백터로 인코딩되며 여기에는 가격(h, l, c 각각 최고,최저, 마감 가격)과 더불어 옵션인 볼륨, 그리고 주식 보유 여부와 주식을 보유 중이라면 개시 가격 대비 마감 가격이 얼마나 수익을 주는지를 나타내는 비율을 포함한다.

```
def encode(self):
    " " "
    Convert current state into numpy array.
    " " "
    res = np.ndarray(shape=self.shape, dtype=np.float32)
    shift = 0
    for bar_idx in range(-self.bars_count+1, 1):
        res[shift] = self._prices.high[self._offset + bar_idx]
        shift += 1
        res[shift] = self._prices.low[self._offset + bar_idx]
        shift += 1
        res[shift] = self._prices.close[self._offset +
bar_idx]
        shift += 1
```

```
            if self.volumes:
                res[shift] = self._prices.volume[self._offset + 
bar_idx]
                shift += 1
        res[shift] = float(self.have_position)
        shift += 1
        if not self.have_position:
            res[shift] = 0.0
        else:
            res[shift] = (self._cur_close() - self.open_price) / 
self.open_price
        return res
```

이 메소드는 현재 오프셋을 포함하여 과거 self.bars_count 만큼의 바를 인코딩하여 NumPy 배열로 만들며, 이것이 에이전트가 보는 관찰이 된다.

```
    def _cur_close(self):
        open = self._prices.open[self._offset]
        rel_close = self._prices.close[self._offset]
        return open * (1.0 + rel_close)
```

이 도우미 메서드는 현재 바의 마감 가격을 계산한다. State 클래스에 전달된 가격은 개시 가격에 상대적인 값이다. 최고, 최저, 그리고 마감 가격이 개시 가격에 상대적인 비율이라는 의미이다. 이 표현 방식은 이미 학습 데이터에 대해 이야기할 때 논의되었으며 실제값과는 무관한 가격 패턴을 학습하는 에이전트에게 적절한 표현방식이다.

```
    def step(self, action):
        assert isinstance(action, Actions)
        reward = 0.0
        done = False
        close = self._cur_close()
```

이 메서드는 State 클래스에서 가장 복잡한 코드로서 환경을 한 스텝 진행하는 책임을 진다. 메소드의 종료 시, 백분율로 표현된 보상과 에피소드의 종료 여부를 반환한다.

```
        if action == Actions.Buy and not self.have_position:
            self.have_position = True
            self.open_price = close
            reward -= self.commission_perc
```

에이전트가 주식을 사기로 결정했다면 에이전트의 상태를 변경하고 수수료를 지불한다. 주식을 살 때는 현재 바의 마감 가격에 사는 걸로 가정한다.

```
        elif action == Actions.Close and self.have_position:
            reward -= self.commission_perc
            done |= self.reset_on_close
            if self.reward_on_close:
                reward += 100.0 * (close - self.open_price) /
self.open_price
            self.have_position = False
            self.open_price = 0.0
```

만일 주식을 보유 중이고 팔기로 결정했다면, 매매 수수료를 다시 한번 더 지불해야 한다. 만일 reset_on_close 모드(즉, 주식을 팔 때 에피소드가 종료됨. 그렇지 않다면 주어진 1년치 데이터를 모두 소비할 때까지 에피소드가 진행됨)라면 done 플래그를 세팅하며, 수익률을 살 때 가격 대비 마감 가격의 비율로 계산하여 이를 보상으로서 넘겨주고, 주식을 팔았으므로 포지션과 매입 가격을 초기화해준다.

```
        self._offset += 1
        prev_close = close
        close = self._cur_close()
        done |= self._offset >= self._prices.close.shape[0] 1

        if self.have_position and not self.reward_on_close:
            reward += 100.0 * (close - prev_close) / prev_close

        return reward, done
```

이후 바를 하나 처리하였으므로 오프셋을 하나 더 증가시킨다. 그리고 만일 현재 주식을 보유 중이며 주식을 팔 때만 보상을 주는 보상 체계를 사용 중이 아니라면 이전 바의 마감 가격과 현재 바의 마감 가격 비율만큼 보상을 추가한다. State 클래스에 대하여는 이 정도면 충분하겠다. 그러면 계속해서 State1D 클래스에 대하여 살펴보겠지만 이 클래스는 State 클래스와 거의 비슷하며 단지 상태 표현 방식에만 차이가 있을 뿐이다.

```
class State1D(State):
    @property
    def shape(self):
```

```
        if self.volumes:
            return (6, self.bars_count)
        else:
            return (5, self.bars_count)
```

이 클래스에서의 상태 표현은 좀 다른데, 여기서 가격은 1D 컨벌루션 연산에 적합한 2D 행렬로 인코딩된다. 따라서, 최고/최저/마감 가격, 주식 보유 여부, 그리고 개시 가격 대비 상대적 이익을 기본으로 하고, 여기에 볼륨을 넣을지에 따라 6행의 행렬 혹은 5행의 행렬로 정의된다.

```
    def encode(self):
        res = np.zeros(shape=self.shape, dtype=np.float32)
        ofs = self.bars_count-1
        res[0] = self._prices.high[self._offsetofs:
self._offset+1]
        res[1] = self._prices.low[self._offset-ofs:self._offset+1]
        res[2] = self._prices.close[self._offsetofs:
self._offset+1]
        if self.volumes:
            res[3] = self._prices.volume[self._offsetofs:
self._offset+1]
            dst = 4
        else:
            dst = 3
        if self.have_position:
            res[dst] = 1.0
            res[dst+1] = (self._cur_close() - self.open_price) /
self.open_price
        return res
```

위 메소드는 가격을 행렬로 인코딩하는데, 현재 오프셋을 포함하여 과거 self.bars_count 개수만큼의 가격 정보를 관찰로 인코딩한다. 이로써, 거래 환경에 대한 준비가 끝났다.

모델

이 예에서는 두 가지 DQN 구조가 사용된다. 하나는 3개의 계층이 있는 간단한 피드 포워드 신경망이고, 다른 하나는 1D 컨볼루션과 특징 추출기에 이어 Q값을 출력하기 위해 완전 연결 계층이 두 개 있는 신경망이다. 둘 다 이전 장에서 설명한 듀얼 아키텍처를 사용한다. 이중 DQN과 2-스텝 벨만 언롤링도 사용되었다. 나머지 과정은 고전적인 DQN (6장, 심층 Q-신경망의 경우)과 동일하다.

두 모델 모두 Chapter08/lib/models.py에 정의되어 있다.

```
class SimpleFFDQN(nn.Module):
    def __init__(self, obs_len, actions_n):
        super(SimpleFFDQN, self).__init__()

        self.fc_val = nn.Sequential(
            nn.Linear(obs_len, 512),
            nn.ReLU(),
            nn.Linear(512, 512),
            nn.ReLU(),
            nn.Linear(512, 1)
        )

        self.fc_adv = nn.Sequential(
            nn.Linear(obs_len, 512),
            nn.ReLU(),
            nn.Linear(512, 512),
            nn.ReLU(),
            nn.Linear(512, actions_n)
        )

    def forward(self, x):
        val = self.fc_val(x)
        adv = self.fc_adv(x)
        return val + adv - adv.mean()
```

컨벌루션 모델은 1D 컨벌루션 연산을 통해 공통의 특징을 뽑고 여기서부터 상태값과 이득을 계산하기 위한 두 개의 완전 연결 계층으로 분기된다.

```
class DQNConv1D(nn.Module):
    def __init__(self, shape, actions_n):
        super(DQNConv1D, self).__init__()

        self.conv = nn.Sequential(
            nn.Conv1d(shape[0], 128, 5),
            nn.ReLU(),
            nn.Conv1d(128, 128, 5),
            nn.ReLU(),
        )
```

```
        out_size = self._get_conv_out(shape)

        self.fc_val = nn.Sequential(
            nn.Linear(out_size, 512),
            nn.ReLU(),
            nn.Linear(512, 1)
        )

        self.fc_adv = nn.Sequential(
            nn.Linear(out_size, 512),
            nn.ReLU(),
            nn.Linear(512, actions_n)
        )

    def _get_conv_out(self, shape):
        o = self.conv( torch.zeros(1, *shape))
        return int(np.prod(o.size()))

    def forward(self, x):
        conv_out = self.conv(x).view(x.size()[0], -1)
        val = self.fc_val(conv_out)
        adv = self.fc_adv(conv_out)
        return val + adv - adv.me an()
```

학습 코드

앞서 두 개의 신경망 구조를 정의하였는데 7장(DQN 확장)에서 살펴본 바와 달라질 것이 없다.

- 환경 탐험을 위하여 엡실론-그리디 행동 선택을 사용한다. 엡실론은 첫 번째 1M 단계를 거치는 동안 1.0에서 0.1로 선형적으로 감소된다.
- 크기가 100k인 간단한 경험 리플레이 버퍼가 사용되며, 처음에는 10k 전이로 채워진다.
- 1000 단계마다 일정 상태 집합에 대하여 평균값을 계산하여 Q값이 학습 과정에서 어떻게 변하는지 알아본다
- 매 100k 단계마다 검증을 수행한다. 이를 위하여 100개의 에피소드가 학습 데이터와 학습 과정 중 보여주지 않은 데이터에 대하여 수행된다. 이를 통하여 과적합이 일어나는지 여부도 체크할 수 있다.

학습 관련 모듈은 Chapter08/train_model.py (피드 포워드 모델) 그리고 Chapter08/train_model_conv.py (1D 컨벌루션 모델)에 정의되었다.

학습을 시작하려면 --data 옵션을 사용하여 학습 데이터를 전달해야 하는데, 이 옵션은 파일이 있는 전체 디렉토리의 개별 CSV 파일일 수 있다. 기본적으로 학습 모듈에서는 2016년 Yandex 데이터(filedata/ YNDX_160101_161231.csv)를 사용한다. 유효성 검사 데이터를 위해서는 --val-data 옵션을 사용하여 지정하면 되는데, 기본적으로 Yandex 2015 데이터를 사용하게 된다. 또 다른 필수 옵션은 실행의 이름을 전달하는 데 사용되는 -r인데, 텐서보드에서 이 실행 이름이 이용되며 전달된 이름으로 모델 저장을 위한 디렉토리를 생성한다.

결과

그러면 결과를 한번 살펴보자.

피드 포워드 모델

Yandex 주식의 일 년치 데이터에 대하여 학습이 수렴하려면 약 10M의 학습 스텝이 필요한데, 꽤 시간이 걸릴 것이다(GTX 1080Ti GPU를 사용한다면 1초에 약 230−250 스텝을 학습시킬 수 있다). 학습 도중에는 텐서보드를 통하여 학습이 어떻게 진행되고 있는지 확인할 수 있다.

다음 두 차트는 최근 100 에피소드에 대한 평균 보상(백분율로 표현됨)과 평균 에피소드 길이를 보여준다.

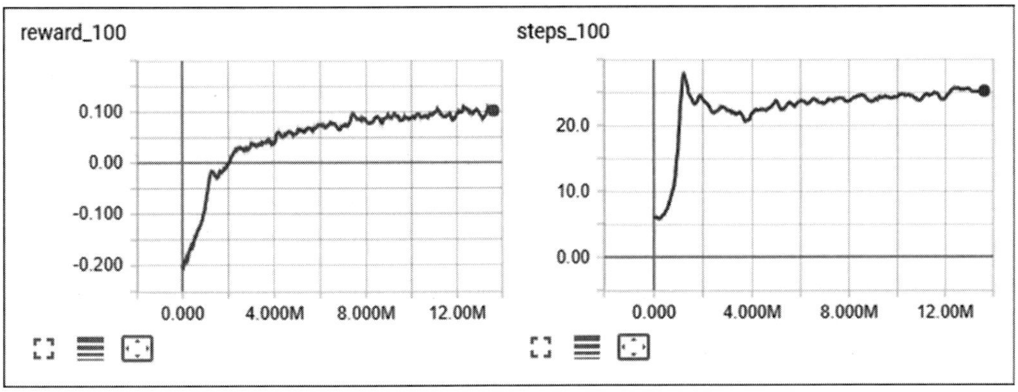

그림 3. 피드 포워드 버전의 보상 다이어그램

위 차트는 두 가지 좋은 점을 이야기해 주는데,

1. 에이전트가 주식을 매매할 시기를 알아낼 수 있었다는 것을 알 수 있다(주식을 살 때와 팔 때 각각 0.1 %의 수수료를 지불해야 하므로 무작위 행동에는 보상이 −0.2 %이어야 한다)
2. 학습이 진행되는 동안 에피소드의 길이는 7 바에서 25 바로 증가했으며 여전히 천천히 계속 증가하고 있다. 즉, 에이전트가 최종 이익을 늘리기 위해 주식을 보유하는 시간을 늘리고 있음을 의미한다.

그러나 불행히도, 앞의 차트는 미래에 에이전트가 이익을 낼 것이라는 것을 의미하지는 않는다. 우리는 학습이 진행되는 매 100k 스텝 마다 검증을 수행하였는데, 검증을 위한 데이터로는 학습에 쓰인 학습 데이터와 함께 학습에 쓰이지 않은 데이터(하지만 같은 주식 종목이다)를 사용하였다.

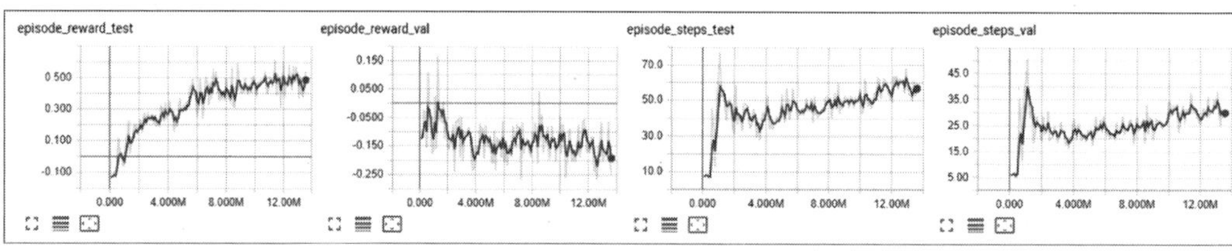

그림 4. 학습 과정에서의 테스트와 검증

테스트 차트(episode_reward_test, episode_steps_test 학습 데이터에 대하여 실험을 수행)가 보여주는 그림들은 앞서 살펴보았던 reward_100과 steps_100 차트와 비슷하다. 보상은 긍정적이며 시간이 지남에 따라 증가하고, 에피소드의 길이도 시간이 지남에 따라 증가한다. 그러나, 검증 보상 차트(episode_reward_val, episode_steps_val)의 경우(학습 과정에서 보지 않은 데이터로 실험)에는 반대의 경향을 보인다. 즉, 보상이 시간이 지남에 따라 감소한다. 이것이 의미하는 바는 에이전트가 학습 데이터에 과적합되어 학습 과정에서 보지 않은 검증용 데이터에 대해서는 잘 동작하지 않음을 의미한다. 대부분의 경우에 에이전트는 검증용 데이터 셋에 적용했을 때 돈을 잃고 있다. 앞서 말했듯이, 우리는 아주 좋은 성능의 에이전트를 개발하는 것이 목적이 아니고, 또한 현재의 에이전트도 그냥 무작위로 행동하지는 않으므로(만일 그렇다면 보상은 −0.2% 이어야 한다. 주식 매매 수수료 때문에) 이 정도로 만족하자.

우리 코드는 학습 중에 좋은 모델을 저장하는데, 평균 Q값이 최대값을 갱신할 때마다 수행된다.

이 저장된 모델을 로드하고 테스트할 수 있는 도구는 Chapter08/run_model.py에 있으며, 다음과 같이 사용할 수 있다.

```
$ ./run_model.py -d data/YNDX_160101_161231.csv -m saves/ff-
YNDX16/mean_val-0.332.data -b 10 -n test
```

사용할 수 있는 옵션은 다음과 같다.

- -d: 주식 거래 데이터에 대한 경로이다. 위 예에서는 모델을 학습시킨 데이터 셋을 지정하였다.
- -m: 모델에 대한 경로임. 기본적으로 학습용 코드는 모델을 saves 디렉토리에 저장한다.
- -b: 이 옵션은 얼마나 많은 바를 모델에 전달할지를 결정한다. 당연히 이 숫자는 학습을 할 때 사용했던 숫자와 일치해야 한다. 학습에서는 기본으로 10으로 설정된다.
- -n: 생성되는 이미지들에 붙게 되는 접두어[suffix]이다.
- --commission: 주식 매매에 있어서의 수수료로 기본은 0.1%이다.

마지막으로 이 도구는 Yandex 2016 데이터에 적용한 아래 그림과 같이 이익에 대한 다이어그램을 그릴 수 있다.

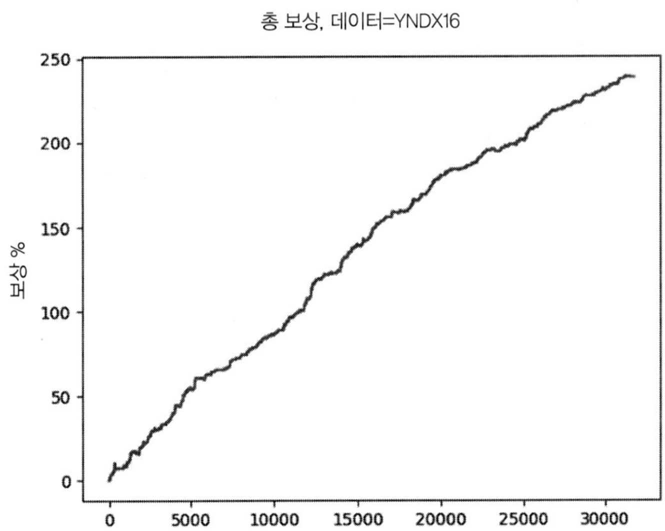

그림 5. 2016 Yandex 학습 데이터에 대한 이익

위 결과는 아주 놀랍다. 일 년에 200% 이상의 수익이라니! 그러나 2015년 데이터에 적용하게 되면 어떻게 될까?

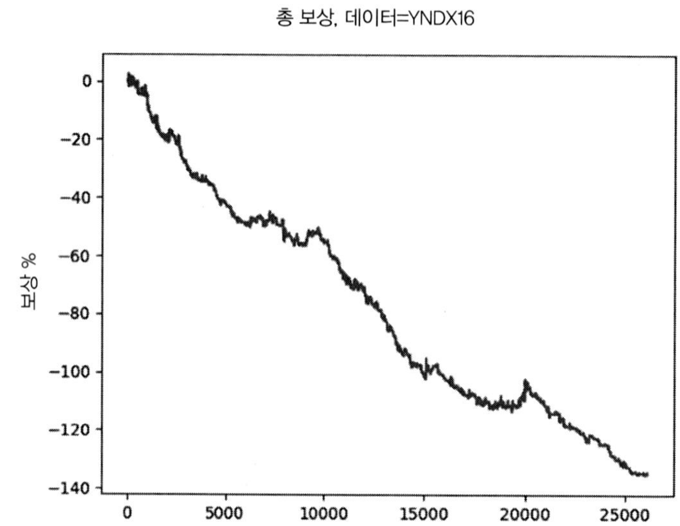

그림 6. Yandex 2015 검증용 데이터에 대한 이익.

위 그림에서 보이는 것처럼 2015년 검증 데이터에 대해서는 결과가 매우 심각하다. 혹시나 수수료가 0일 때 어떻게 될지 알아보기 위해서 `--commission 0.0`을 사용하여 설정한 후의 실험한 결과는 아래 그림과 같다.

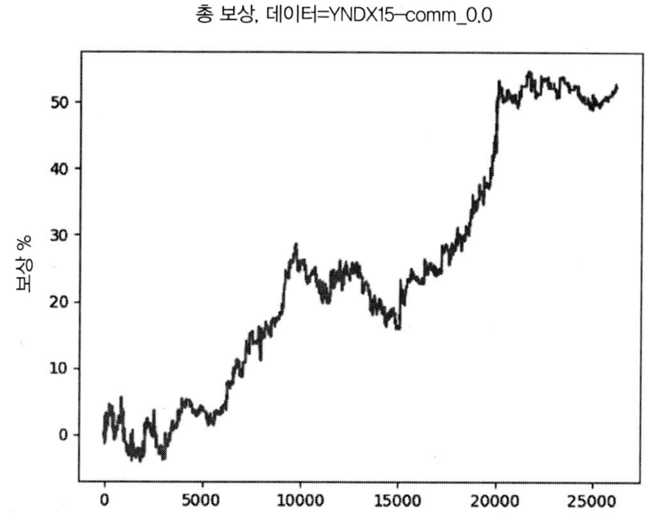

그림 7. 수수료 0인 상황에서의 검증용 데이터에 대한 거래 이익

때때로 수익이 떨어지는 경우도 있었지만, 전반적으로 결과는 좋아 보인다. 수수료가 없는 경우 에이전트는 이익을 낼 수 있다. 하지만, 이 시뮬레이션은 사실 매우 원시적이어서 현장의 주식 시장의 모습을 온전히 담아내지는 못하는 점은 양지하자.

컨볼루션 모델

이 예제에서 구현된 두 번째 모델은 1D 컨볼루션 필터를 사용하여 가격 데이터에서 특징을 추출한다. 이를 통해 에이전트가 신경망 크기를 크게 늘리지 않고도 볼 수 있는 바 수를 늘릴 수 있다. 기본적으로 컨볼루션 모델 예제에서는 50개의 바를 사용할 것이다. 학습을 위한 코드는 `Chapter08/train_model_conv.py`에 있으며, 피드 포워드 버전과 동일한 명령행 인수를 사용할 수 있다. 다음 차트에는 컨벌루션 모델(밝은 색)과 피드 포워드 모델(어두운 색)에 대한 보상과 단계 수가 나와 있다.

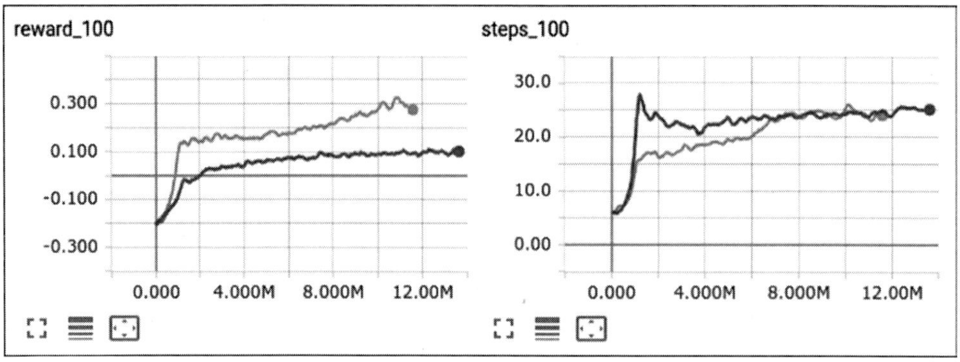

그림 8. 컨벌루션 모델(밝은 색)과 피드 포워드 모델(어두운 색)의 보상 비교

그림 8에서 알 수 있듯이, 컨벌루션 모델은 학습이 더 빨리 이루어지고 같은 수의 에피소드 단계를 사용했을 때 보다 좋은 보상을 얻을 수 있었다. 그러나, 검증용 데이터에 대한 그림 9를 보면 앞선 상황과 동일한 현상이 발생함을 알 수 있다. 즉, 에이전트가 학습용 데이터에 대해서는 이익을 낼 수 있었지만, 검증용 데이터에 대해서는 훨씬 적은 이익만을 낼 수 있었다.

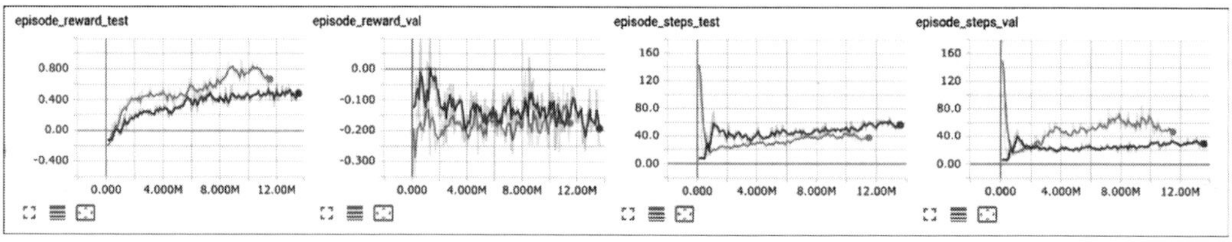

그림 9. 두 모델에 대한 검증용 데이터에 대한 학습 과정

컨벌루션 모델은 학습용 데이터에 대하여 보다 더 과적합이 일어나서 검증용 데이터에 대해서는 피드 포워드 모델보다 성능이 좋지 안음을 알 수 있다.

그림 10은 학습용 데이터에 대한 총 보상을 그린 것이다. 피드 포워드 버전(250%)보다 더 많은 이익(300%)을 얻을 수 있음을 알 수 있다.

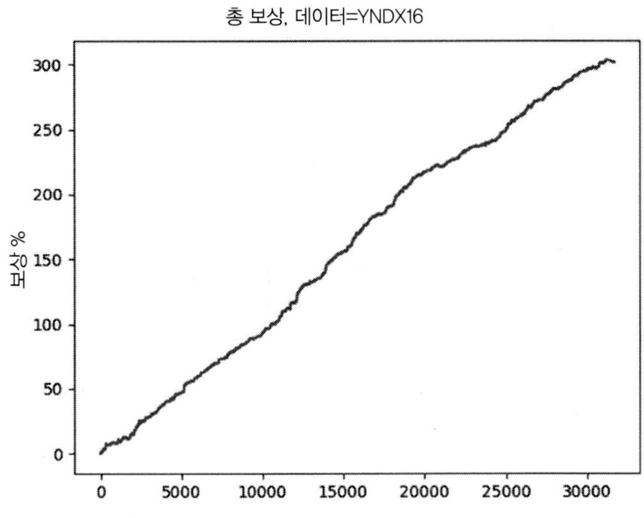

그림 10. 컨벌루션 에이전트의 학습 데이터에 대한 이익

하지만, 검증용 데이터에 대해서는 일관되게 손해를 보고 있다(수수료 10%)

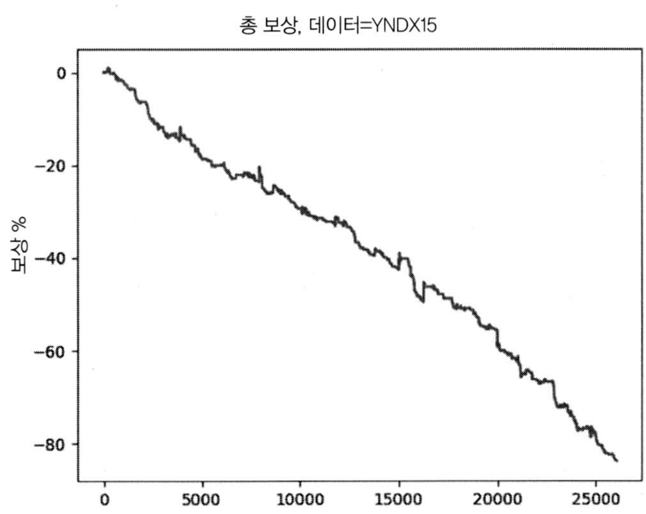

그림 11. 검증용 데이터에 대한 컨벌루션 에이전트의 이익

아래 그림에서 보이는 것처럼, 수수료를 0으로 만들면 컨벌루션 에이전트는 이익을 조금 더 낼 수는 있지만, 피드 포워드 버전만큼은 아니다.

그림 12. **수수료가 없는 상황에서 검증용 데이터에 대한 이익**

도전해볼 만한 것들

금융 시장은 크고 복잡하다. 우리가 시도한 방법은 그저 시작에 불과할 뿐이다. 강화학습을 사용하여 완전하고 안정적인 거래 전략을 수립하는 것은 대규모 프로젝트이며 수개월에 걸친 헌신적 노동이 필요할 수 있다. 아래는 여러분이 시도해볼 만한 것들의 리스트이다.

1. 우리의 데이터 표현 방식은 완벽하지는 않았다. 우리는 중요한 가격 수준(지지와 저항), 가격 및 기타 가치를 고려하지 않았다. 관찰에 그들을 포함시키면 더욱 좋은 결과를 줄 것으로 예상되지만, 그것이 결코 쉬운 일은 아니다.

2. 시장 가격은 일반적으로 다양한 시간대별로 분석된다. 1분 정도의 바와 같은 낮은 수준의 데이터는 잡음이 많으며(개별 거래로 인한 작은 가격 변동을 많이 포함하므로) 이는 현미경을 사용하여 시장을 보는 것과 마찬가지다. 1시간 바 또는 1일 바와 같은 더 큰 눈금에서 데이터 이동에 대한 크고 긴 추세를 볼 수 있으며 이는 가격 예측에 매우 중요할 수 있다.

3. 더 많은 훈련 데이터가 필요하다. 하나의 주식에 대한 1년간의 데이터는 단지 130k 바인데, 이걸로 시장의 모든 상황을 다 집어넣기에는 무리이다. 이상적으로 보면 에이전트는 지난 10년 동안 수백 개의 주식 가격과 같이 훨씬 더 큰 데이터 셋에 대하여 학습을 진행할 필요가 있다.

4. 신경망 구조 실험. 컨볼루션 모델은 피드 포워드 모델보다 훨씬 빠른 수렴을 보여주었지만 계층 수, 커널 크기, 잔차(residual) 구조, 어텐션(attention) 메커니즘 등 최적화해야 할 사항이 많이 있다.

요약

이 장에서는 강화학습을 실용적인 분야에 적용해 보았고 거래 에이전트 및 사용자 정의 Gym 환경을 구현해 보았다. 또한 서로 다른 두 개의 구조를 시도하였는데, 하나는 피드 포워드 신경망이고, 다른 하나는 1D 컨볼루션 신경망이었다. 두 구조 모두 DQN 방법을 사용하였으며 7장에서 논의된 DQN 확장의 기법도 적용하였다.

이 장은 2부의 마지막 장이었다. 3부에서는 강화학습의 또 다른 기법인 정책 그라디언트 방법에 대하여 알아보는 시간을 갖도록 하겠다.

제 9 장

정책 그라디언트: 다른 접근 방법

이 장에서는 MDP(Markov Decision Process) 문제를 처리할 수 있는 대체 방법으로서 정책 그라디언트(Policy Gradients, PG)라는 방법을 알아볼 것이다. 우선 이미 익숙한 Q-러닝과 비교하여 방법, 동기, 그리고 강점과 약점에 대한 개요에 대하여 알아본다. 그리고 나서 REINFORCE라는 간단한 PG 방법으로 시작하여 이를 CartPole 환경에 적용하고 DQN 방식과 비교해 보도록 하자.

가치와 정책

PG에 대해 이야기하기 전에, 이 책의 2 부에서 다루었던 방법들의 공통점을 한번 되돌아보자. Q-러닝의 핵심 주제는 상태 또는 행동의 가치였다. 어떤 상태 혹은 행동의 가치는 이 상태에서 모을 수 있는 할인된 총 보상 또는 어떤 특정 행동을 상태에서 취했을 때 모을 수 있는 할인된 총 보상으로 정의된다. 가치를 안다면 모든 단계에서 우리가 취해야 할 행동에 대한 결정은 굉장히 간단하고 분명해진다. 우리는 그저 가치에 기반해서 탐욕적으로 행동하기만 하면 에피소드가 끝날 때 좋은 보상을 보장받는다. 따라서 상태 가치(가치 이터레이션 방법의 경우) 또는 행동(Q-러닝의 경우) 가치는 문제를 푸는 우리와 시스템에 존재하는 최상의 보상 사이에 있다. 이 값을 얻기 위해서 벨만 방정식을 사용하였는데, 벨만 방정식은 다음 단계의 값을 통해 현재 단계의 값을 나타내었다.

1장(강화학습이란 무엇인가?)에서 우리는 모든 상태에서 무엇을 수행할지 지시하는 실체를 정책이라고 정의하였다. Q-러닝 방법에서처럼 가치가 우리에게 행동을 지시할 때 실제로는 그들은 정책을 정의하고 있는 것이다. 보다 형식화해 본다면 이것은 $\pi(s) = \text{argmax}_a Q(s, a)$로 쓰여질 수 있다. 정책 π는 상태 s에서 가장 큰 Q를 갖는 행동임을 의미한다.

이처럼 정책과 가치 사이의 연결은 분명하지만 그동안 우리는 정책에 별도의 중점을 두지 않고 대부분의 시간 동안 가치와 이 가치를 올바르게 근사하는 방법에 대하여 살펴보았다. 이제는 이 둘 사이의 연결에 초점을 맞춰야 할 때이다. 이 책의 3부에서는 가치는 잠시 내려 놓고 정책에 보다 주의를 기울일 것이다.

왜 정책인가?

정책이 흥미로운 주제가 될 수 있는 몇 가지 이유가 있다. 우선, 정책은 강화학습 문제를 해결할 때 우리가 궁극적으로 찾고자 하는 것이다. 에이전트가 관찰을 바탕으로 다음에 수행할 행동에 대한 결정을 내릴 때 궁극적으로 필요한 것은 상태 또는 특정 행동의 가치가 아니라 정책이다. 물론 어떤 상태의 총 보상이니 이런 것들도 중요하긴 하지만 어떤 상태의 정확한 가치 자체에는 크게 관심이 없을 수도 있다.

자 한번 상상해 보자. 당신은 지금 정글을 걷고 있는데 갑자기 덤불 속에 숨어 있는 배고픈 호랑이가 있다는 것을 눈치챘다. 당신은 도망치거나 숨거나 배낭을 던지는 등 여러 가지 대안이 있다. 우리가 가치를 기반으로 행동한다면 여기서 여러분은 이렇게 물어야 한다: "달리기 행동의 정확한 가치는 무엇이며 아무것도 하지 않는 행동의 가치보다 클까?". 약간 어리석게 보인다. 왜냐하면 당신은 무엇을 해야 할지 빨리 결정해야 하기 때문에 실제 그런 상황에서는 그 가치 자체에 대해선 별로 신경쓰지 않을 것이기 때문이다. Q-러닝 접근법은 가치를 근사하고 최상의 대안을 선택함으로써 현재 상태에서 무엇을 수행할지의 정책에 대한 질문에 간접적으로 대답하려고 시도했다. 하지만 만일 우리가 가치 자체에 크게 관심이 없다면 굳이 간접적인 방식을 사용하여 추가적인 작업을 수행해야 할 필요가 있을까?

정책이 가치보다 매력적일 수 있는 또 다른 이유는 많은 행동이 있는 환경 또는 극단적인 경우 연속적인 행동 공간 때문이다. $Q(s, a)$를 기반으로 최선의 행동 a를 찾으려면 행동에 관한 작은 최적화 문제를 풀어야 한다. 이 문제는 $Q(s, a)$를 최대화한다. 만일 이것이 이산 행동을 여러 개 가진 아타리 게임 같은 경우라면 문제가 되지 않는다. 그냥 가장 큰 Q를 가진 행동을 취하면 된다. 그렇지만 행동이 작은 규모의 이산적 행동을 지닌 집합이 아니라 스칼라 값(예: 스티어링 휠 각도 또는 호랑이로부터 도망치고 싶은 속도)이라면 문제는 굉장히 어려워진다. 왜냐하면 이럴 경우 대개 Q가 비선형 신경망으로 표현되기 때문에 함수를 최대화하는 행동 a를 찾기가 매우 까다로울 수 있다(행동이 연속된 값이기 때문에 최대값을 찾기가 매우 어렵다). 이러한 경우 가치 기반의 접근 방법을 피하고 정책을 직접 사용하는 것이 훨씬 더 현실적이다.

정책 기반 학습이 유리한 또 다른 이유는 확률적 환경 때문이다. 7장에서 보았듯이 DQN 확장 중 하나인 범주형 DQN에서 신경망은 우리의 Q값에 대한 기대값 대신 Q값에 대한 확률분포를 사용해서 많은 이득을 보았다. 다음 섹션에서 다룰 예정이지만 정책은 아주 자연스럽게 행동의 확률로 표현된다. 이는 범주형 DQN 방법이 했던 것과 같은 방향으로 나아가는 것이다.

정책 표현

정책 기반 접근 방식의 이로운 점이 어느정도 이해가 되었다면 이제 한번 시도해 보자. 과연 그러면 정책을 어떻게 표현해야 될까? Q값을 다루었을 때는 행동의 가치를 숫자로 반환하는 신경망 구조를 이용하였다. 신경망을 사용하여 행동을 출력할 때는 몇 가지 옵션이 있는데, 첫 번째로 가장 간단한 방법은 행동에 대한 식별자를 반환하는 것이다(이산 행동들일 경우). 그러나 이 방법보다 훨씬 일반적인 해결책은 행동의 확률 분포를 반환하는 것이다. 즉, 상호 배타적인 N 개의 행동에 대해 주어진 상태(신경망의 입력)에서 각 행동을 수행할 확률을 나타내는 N 개의 숫자를 반환하는 것이다. 그림 1을 보자.

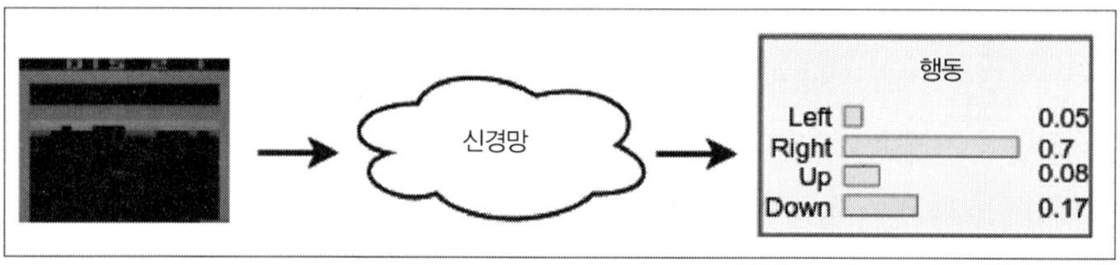

그림 1. 신경망을 이용하여 이산 행동 집합을 근사

이렇게 행동을 확률로 표현하면 좀 더 부드러운 표현이 가능하다는 장점이 있다. 예를 들어 신경망의 가중치를 변경하면 신경망 출력도 변경되는데, 이산 숫자 출력을 사용한다면 가중치가 아주 조금만 변하더라도 완전히 다른 행동으로 점프할 수가 있다. 그러나 신경망의 출력이 확률 분포라면, 가중치의 작은 변화는 일반적으로 한 행동의 확률을 약간 높이는 것과 같이 출력 분포에 아주 작은 변화로 귀결된다. 이 특성은 신경망이 오류에 기반하여 손실값에 대한 그라디언트 최적화를 수행한다는 점에서 보면 모델의 가중치를 약간 조정함으로써 결과도 아주 약간 변하는 것이므로 아주 바람직한 속성이라고 할 수 있다. 정책은 일반적으로 $\pi(s)$로 표시되므로 우리도 이 책에서 이 표기법을 사용하도록 하겠다.

정책 그라디언트(Policy Gradient, PG)

지금까지 정책을 어떻게 표현할지에 대하여 살펴보았다. 그렇지만 아직은 신경망 가중치를 어떻게 조정해야 정책을 개선할 수 있는지에 대하여는 모른다. 4장 크로스 엔트로피 방법에서도 우리는 매우 비슷한 문제를 해결한 바 있다. 즉, 신경망은 관찰을 입력으로 받아들이고 행동의 확률 분포를 반환했다. 사실, 크로스 엔트로피 방법은 여기서 논의할 방법의 동생쯤 되는 방법이다. 정책 기반 방법의 첫 출발점으로서 우리는 우선 크로스 엔트로피 방법과 약간의 차이점만 있는 REINFORCE라는 방법을 설명하게 되겠지만, 먼저 이 장과 다음 장에서 사용할 수학 표기법을 살펴볼 필요가 있다.

정책 그라디언트 PG에서의 목표 함수를 $J = Q(s, a)\log\pi(a|s)$로 정의하자. 물론 이 정의에 대한 증명도 존재하지만 이 책에서는 증명 자체보다는 이것이 가지는 의미를 이해하는 것이 더욱 중요하다. PG의 목표는 성능격에 해당하는 목표 함수 J를 최대화하는 것이 목표이다. 그런데, 신경망을 사용할 때는 손실함수를 정의하고 이를 최소화하는 것이 일반적이므로, 손실함수 $L=-J$라고 정의하자.

그러면 손실함수 L에 대한 그라디언트는 $\nabla_\theta L = -Q(s, a)\nabla\log\pi_\theta(a|s)$가 된다. 이 식은 정책을 개선하기 위해 신경망의 파라미터가 변경되어야 하는 방향을 제시한다. 신경망 파라미터 변경의 방향은 수행된 행동의 $Q(s, a)$에 비례하고(그라디언트에 대한 스케일로 해석됨) 또 수행된 행동의 로그 확률의 그라디언트(이것은 그라디언트 자체)에 비례한다. 직관적으로 말하자면, PG는 총 보상을 많이 얻은 행동의 확률을 높이고 나쁜 결과를 주는 행동을 선택할 확률을 줄이려 한다는 것을 의미한다.

실용적인 관점에서 PG 방법은 손실 함수 $L = -Q(s, a)\log \pi(a|s)$의 최적화를 수행하는 것으로 구현될 수 있다. 여기서 마이너스 기호는 매우 중요한데 확률적 경사 하강법(Stochastic Gradient Descent, SGD)을 사용하여 최적화를 수행할 때 일반적으로 손실 함수를 줄이려고 할 때는 마이너스 기호가 필요 없지만 우리는 PG를 최대화하려고 하기 때문에 마이너스가 꼭 필요하다.

REINFORCE 방법

방금 본 PG 공식은 대부분의 정책 기반 방법에서 사용되기는 하지만 세부 사항은 조금씩 다를 수 있다. 한 가지 매우 중요한 점은 $Q(s, a)$가 어떻게 계산되는가 하는 점이다. 4장 "크로스 엔트로피 방법"에서 우리는 여러 에피소드를 플레이해 보고 이들에 대한 총 보상을 얻고 평균 보상보다 나은 에피소드만을 선택해서 이 에피소드들의 전이 데이터를 가지고 학습을 진행하였다. 사실 이 학습 과정은 엘리트 에피소드(평균 이상의 에피소드)의 행동에 대해서는 $Q(s, a) = 1$로, 그리고 나쁜 에피소드의 행동에 대해서는 $Q(s, a) = 0$으로 설정한 PG 방법으로 볼 수 있다.

크로스 엔트로피 방법은 이런 간단한 가정으로도 효과가 있었다. 그렇다면 단순히 0 혹은 1을 사용하는 대신에 진짜 $Q(s, a)$를 사용한다면 도움이 될까? 대답은 물론 도움이 된다. 개념적으로 보면 크로스 엔트로피 방법이 에피소드를 두 개의 그룹(엘리트 그룹과 아닌 그룹)으로 나누었는데 $Q(s, a)$를 그대로 사용한다면 에피소드들을 보다 세분할 수 있다. 예를 들어 총 보상 = 10인 에피소드의 전이들은 보상 = 1인 에피소드의 전이들보다 그라디언트에 많이 기여할 수 있다. 이렇게 0 또는 1 상수 대신 $Q(s, a)$를 사용하는 두 번째 이유는 에피소드 시작 부분의 좋은 행동에 대한 확률을 높이고 에피소드의 종료에 가까운 행동에 대해서는 확률을 낮추게 된다는 점이다. 이것이 바로 REINFORCE 방법의 아이디어다. REINFORCE의 단계는 다음과 같다.

1. 신경망 가중치를 무작위로 초기화한다.
2. N개의 에피소드를 플레이하면서 (s, a, r, s')를 저장한다.
3. 에피소드 k의 각 단계 t에 대하여 할인된 총 보상을 $Q_{k,t} = \sum_{i=0} \gamma^i r_i$식에 따라서 계산한다.
4. 모든 전이에 대한 손실 함수를 $\mathcal{L} = -Q(s, a) \log \pi(a|s)$에 따라 계산한다.
5. 손실 함수를 최소화하는 방향으로 SGD 업데이트를 수행한다.
6. 수렴할 때까지 단계 2부터 반복한다.

위에 적은 알고리즘은 Q-러닝과 다른 여러 중요한 면이 있다.

- 명시적으로 환경을 탐험할 필요가 없다. Q-러닝에서는 엡실론 그리디 전략을 사용하여 가끔 환경을 무작위적으로 탐색함으로써 에이전트가 최적이 아닌 정책에 빠지지 않도록 하였다. REINFORCE에서는 네트워크의 출력 자체에서 행동에 대한 확률값이 나오기 때문에 Q-러닝과는 달리 인위적인 무작위 탐색이 필요없이 환경에 대한 탐험이 자동으로 수행될 수 있다. 학습 초기에는 무작위 가중치로 신경망이 초기화되고 따라서 아마도 신경망은 균일 확률 분포를 반환할 것이다. 따라서 학습 초기의 이 분포는 에이전트가 무작위 행동을 수행할 수 있도록 해 준다.
- 리플레이 버퍼가 사용되지 않는다. PG는 온 정책(on-policy) 부류에 속하므로 이전 정책에서 얻은 데이터를 학습에 활용할 수 없다. 물론 이것은 좋은 점도 있고 나쁜 점도 있다. 좋은 점은 온 정책 방법이 대개 더 빨리 수렴된다는 것이다. 나쁜 면은 대개 DQN과 같은 오프 정책(off-policy) 방법보다 환경과의 상호작용이 훨씬 많이 필요하다는 것이다.
- 타겟 신경망이 필요하지 않다. REINFORCE에서도 Q값을 사용하긴 하지만 DQN과 달리 이를 환경에서의 경험을 통해 얻는다. DQN에서는 타겟 신경망을 Q값 근사화에서의 상관 관계를 깨기 위해 사용했지만 REINFORCE에서는 더이상 근사가 필요 없다. 하지만

나중에 나오는 PG 방법들에서는 여전히 타겟 신경망 트릭이 유용할 수 있음을 알게 될 것이다.

CartPole 예제

자 그러면 REINFORCE 방법이 어떻게 동작하는지 CartPole 환경에서 한번 시도해 보자. 전체 코드는 Chapter09/02_cartpole_reinforce.py에 있다.

```
GAMMA = 0.99
LEARNING_RATE = 0.01
EPISODES_TO_TRAIN = 4
```

우선 하이퍼 파라미터를 먼저 정의하였다(임포트문은 생략됨). EPISODES_TO_TRAIN은 학습을 위해서 얼마나 많은 에피소드들을 쓸 것인지 정의한다.

```
class PGN(nn.Module):
    def __init__(self, input_size, n_actions):
        super(PGN, self).__init__()

        self.net = nn.Sequential(
            nn.Linear(input_size, 128),
            nn.ReLU(),
            nn.Linear(128, n_actions)    # 정책을 출력해야 하므로, 원래는 여기에 softmax를 해야 되지
        )                                만, 계산의 효율성과 안정성을 위해 나중에 적용함

    def forward(self, x):
        return self.net(x)
```

신경망은 이미 여러분에게 친숙할 것이다. 신경망이 확률을 반환해야 하지만 아직출력에 softmax 비선형성을 적용하지는 않았다. 그 이유는 파이토치의 log_softmax 함수를 사용하여 softmax 출력과 로그를 한 번에 계산할 수 있기 때문이다. 이 계산 방법은 훨씬 더 수치적으로 안정적이긴 하지만 신경망의 출력이 확률이 아니라 원시 스코어(일반적으로 로짓[logits]이라고 함)임을 기억하자.

```
def calc_qvals(rewards):
    res = []
    sum_r = 0.0
    for r in reversed(rewards):
        sum_r *= GAMMA
        sum_r += r
```

```
        res.append(sum_r)
    return list(reversed(res))
```

이 함수는 약간 까다로운 편이다. 이 함수는 에피소드 하나에서 받은 지역 보상에 대한 리스트를 받아서 에피소드의 각 단계에 대해 할인된 총 보상을 계산한다(이 부분이 Q값을 경험으로부터 얻은 보상으로 계산하는 과정에 해당). 이를 효율적으로 수행하기 위해 보상을 시간 역순으로 처리하는 방식으로 할인된 총 보상을 계산한다. 구체적으로 에피소드의 마지막 단계는 지역 보상에 해당하는 총 보상을 받게 된다. 마지막 단계 바로 전 단계의 총 보상은 $r_{t-1} + \gamma r_t$ (t가 마지막 단계의 색인)를 갖는다. sum_r 변수에는 이전 단계들의 총 보상이 포함되어 있으므로 이전 단계의 총 보상을 얻으려면 sum_r에 감마를 곱하고 지역 보상을 합산해야 한다.

```
if __name__ == "__main__":
    env = gym.make("CartPole-v0")
    writer = SummaryWriter(comment="-cartpole-reinforce")

    net = PGN(env.observation_space.shape[0], env.action_space.n)
    print(net)

    agent = ptan.agent.PolicyAgent(net, preprocessor=ptan.agent.
float32_preprocessor,
                                   apply_softmax=True)
    exp_source = ptan.experience.ExperienceSourceFirstLast
(env, agent, gamma=GAMMA)

    optimizer = optim.Adam(net.parameters(), lr=LEARNING_RATE)
```

정책망 정의. 정책망은 상태를 입력으로 하고 출력으로는 주어진 상태에서 취할 수 있는 행동에 대한 확률값을 내줌

학습 루프를 시작하기 위한 위 준비 단계는 이미 익숙한 부분이다. 유일하게 새로운 요소는 ptan 라이브러리의 에이전트 클래스이다. 여기서 우리는 ptan.agent.PolicyAgent를 사용하며, 이 에이전트는 관찰에 대하여 수행할 행동에 대한 결정을 내려야 한다. 이제 신경망은 행동의 확률 형태로 정책을 반환하기 때문에 수행할 행동을 선택하려면 신경망에서 확률을 구한 다음 이 확률분포에서 무작위 샘플링을 수행해야 한다.

일전에 DQN을 다루었을 때 신경망의 출력이 Q값이었으므로 어떤 행동의 값이 0.4이고, 다른 행동의 값이 0.5인 경우 두 번째 행동이 100 % 선호되었다. 그렇지만 이제 확률분포를 다루므로 첫 번째 행동이 0.4의 확률, 두 번째가 0.5의 확률을 갖는다면 에이전트는 40 %의 확률로 첫 번째 행동을, 그리고 50 %의 확률로 두 번째 행동을 취할 것이다.

이 차이 자체를 이해하는 것도 물론 중요하지만 사실 구현에 있어서의 수정 사항은 그리 크지 않다. PolicyAgent는 내부적으로는 신경망의 출력으로 나온 확률을 인수로 사용해서 NumPy의

random.choice 함수를 호출한다. apply_softmax 인수는 softmax를 호출하여 신경망 출력을 확률로 변환한다. 세 번째 인수인 preprocessor는 Gym의 CartPole 환경이 파이토치에서 필요한 float32 대신 float64로 관찰치를 반환한다는 사실을 해결하기 위한 것이다.

```
total_rewards = []
done_episodes = 0

batch_episodes = 0
cur_rewards = []
batch_states, batch_actions, batch_qvals = [], [], []
```

위 코드에서는 필요한 몇 가지 변수를 정의하였다. 에피소드들의 총 보상을 저장할 total_rewards와 완료된 에피소드의 수를 나타내는 done_episodes를 정의하였다. 또 cur_rewards는 현재 플레이되는 에피소드에 대한 로컬 보상을 담게 된다. 해당 에피소드가 끝나면 calc_qvals 함수를 사용하여 지역 보상으로부터 할인된 총 보상을 계산하고 이를 batch_qvals에 추가한다. batch_states 및 batch_actions에는 마지막 학습 루프에서 보았던 상태와 행동이 포함된다.

```
for step_idx, exp in enumerate(exp_source):  # 환경으로부터 전이 샘플을 하나씩 받아서
    batch_states.append(exp.state)
    batch_actions.append(int(exp.action))
    cur_rewards.append(exp.reward)

    if exp.last_state is None:  # 에피소드가 종료되면
        batch_qvals.extend(calc_qvals(cur_rewards))  # 에피소드 각 단계에서 취해진 행동들에
        cur_rewards.clear()                          대한 Q값 계산. 여기서의 Q값은 온전히 보
        batch_episodes += 1                          상만을 이용하여 계산됨
```

위 코드는 학습의 시작 부분이다. 경험 소스에서 얻은 모든 경험에는 상태, 행동, 지역 보상 및 다음 상태가 포함된다. 물론, 에피소드가 종료되면 다음 상태는 None으로 세팅된다. 종료 상태가 아닌 경험 항목의 경우 상태, 행동 및 지역 보상을 리스트에 저장한다. 에피소드가 끝나면 지역 보상을 기반으로 에피소드 각 단계에서 취해진 행동에 대한 Q값으로 변환하고 에피소드 카운터를 증가시킨다.

```
    new_rewards = exp_source.pop_total_rewards()
    if new_rewards:
        done_episodes += 1
        reward = new_rewards[0]
        total_rewards.append(reward)
        mean_rewards = float(np.mean(total_rewards[-100:]))
        print("%d: reward: %6.2f, mean_100: %6.2f, episodes: %d" % (
```

```
            step_idx, reward, mean_rewards, done_episodes))
        writer.add_scalar("reward", reward, step_idx)
        writer.add_scalar("reward_100", mean_rewards,
step_idx)
        writer.add_scalar("episodes", done_episodes, step_idx)
        if mean_rewards > 195:
            print("Solved in %d steps and %d episodes!" %
(step_idx, done_episodes))
            break
```

이 부분은 에피소드가 끝날 때 수행되며 현재 진행 상황을 보고하고 텐서보드에 학습 통계를 써넣는다.

```
        if batch_episodes < EPISODES_TO_TRAIN:    # 학습이 시작되기 전까지 충분한 수의 에피소드
            continue                              를 완료

        optimizer.zero_grad()
        states_v = torch.FloatTensor(batch_states)
        batch_actions_t = torch.LongTensor(batch_actions)
        batch_qvals_v = torch.FloatTensor(batch_qvals)
```

충분히 많은 에피소드가 끝나면 모아진 에피소드를 기반으로 신경망을 최적화한다. 우선 상태, 행동 및 Q값을 적절한 파이토치 형식으로 변환해야 한다.

```
        logits_v = net(states_v)    # 정책망으로부터 모든 행동에 대한 로짓을 얻고
        log_prob_v = F.log_softmax(logits_v, dim=1)
        log_prob_actions_v = batch_qvals_v *
log_prob_v[range(len(batch_states)), batch_actions_t]
        loss_v = -log_prob_actions_v.mean()
# 이 손실 계산은 취해진 행동의 확률(로그)에 비례해서 가중치를 조정하는데, 이때 Q값으로 스케일 해서 조정한다. 따라서, Q값이 음수이면 이 행동을 억하는 쪽으로 가중치가 조정되고, 양수이면 이 행동을 강려하는 쪽으로 가중치가 조정될 것임
```

이 단계에서 손실을 계산하였다. 이를 위해 신경망에 상태를 로짓(logits)으로 계산하도록 요청하고 로짓에 대하여 log와 softmax를 계산하도록 요청한다. 세 번째 행에서 취해진 행동들에 대한 로그 확률과 Q값을 곱하였다(목표 함수 J계산). 마지막 라인에서는 목표 함수값을 손실함수로 변경하기 위해 부호를 바꾸고 평균을 취하였다. 다시 한 번 말하자면, 손실을 최소화하는 것이 성능 혹은 목표 함수를 최대화하는 것이다. 파이토치의 옵티마이저가 손실 함수에 대한 최소화를 하기 때문에 PG의 부호를 바꿔줘야 한다.

```
        loss_v.backward()
        optimizer.step()
        batch_episodes = 0
        batch_states.clear()
```

```
            batch_actions.clear()
            batch_qvals.clear()

    writer.close()
```

나머지 코드는 명확히 이해 가능하다. 역전파를 이용하여 그라디언트를 수집하고 옵티마이저가 SGD 업데이트를 수행하도록 요청하였다. 학습 과정이 끝나면 에피소드 카운터를 재설정하고 새로운 데이터 수집을 위하여 리스트를 정리하였다.

결과

참고로 위의 REINFORCE 예제와 거의 동일한 하이퍼 매개 변수를 사용하여 CartPole 환경에서의 DQN 또한 구현하였다. 이 코드는 Chapter09/01_cartpole_dqn.py에 있으며, 두 예제 모두 명령행 인수가 필요하지 않으며 1분 내에 수렴해야 한다.

```
rl_bo ok_samples/chapter09$ ./02_cartpole_reinforce.py
PGN (
    (net): Sequential (
        (0): Linear (4 -> 128)
        (1): ReLU ()
        (2): Linear (128 -> 2)
    )
)
63: reward: 62.00, mean_100: 62.00, episodes: 1
83: reward: 19.00, mean_100: 40.50, episodes: 2
99: reward: 15.00, mean_100: 32.00, episodes: 3
125: reward: 25.00, mean_100: 30.25, episodes: 4
154: reward: 28.00, mean_100: 29.80, episodes: 5
...
27676: reward: 200.00, mean_100: 193.58, episodes: 224
27877: reward: 200.00, mean_100: 194.07, episodes: 225
28078: reward: 200.00, mean_100: 194.07, episodes: 226
28279: reward: 200.00, mean_100: 194.53, episodes: 227
28480: reward: 200.00, mean_100: 195.09, episodes: 228
Solved in 28480 steps and 228 episodes!
```

DQN과 REINFORCE의 수렴 과정은 다음과 같다.

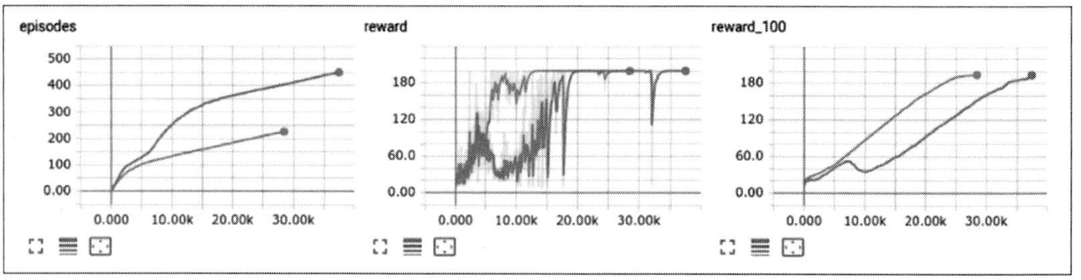

그림 2. DQN(어두운 색)과 REINFORCE(밝은 색)의 수렴

보다시피 REINFORCE는 수렴 속도가 빠르고 더 적은 학습 단계 및 에피소드로 CartPole 환경을 해결하였다. 4장에서 나온 크로스 엔트로피 방법은 CartPole 환경을 해결하기 위해 각각 약 16개의 에피소드로 구성된 40개의 배치, 즉 640개의 에피소드가 필요하였다. REINFORCE는 300개 미만의 에피소드만을 사용하여 동일한 성공을 거두었다.

정책 기반 vs 가치 기반

이제 코드는 잠시 접어 두고 두 방법의 차이점에 대해 이야기해 보자.

- 정책 방법은 우리의 관심사인 행동을 직접적으로 최적화한다. DQN과 같은 가치 방법은 가치를 먼저 배우고 이 값을 기반으로 정책을 제공함으로써 동일한 목적을 간접적으로 수행한다.
- 정책 방법은 온 정책 방법이므로 환경으로부터 최신의 샘플이 필요하다. 가치 방법은 이전 정책, 사람의 데모, 기타 출처에서 얻은 오래된 데이터를 활용할 수 있다.
- 정책 방법은 일반적으로 샘플 효율성이 떨어지므로 환경과의 상호작용이 더 많이 필요하다. 반면 가치 기반 방법은 큰 리플레이 버퍼의 이점을 이용할 수 있다. 그러나 샘플 효율성이 떨어진다는 것이 곧바로 가치 방법이 계산 효율성이 높다는 것을 의미하지 않으며 오히려 그 반대인 경우가 훨씬 더 많다. 위의 예에서 학습 중에 수행할 행동에 대한 확률 값을 얻기 위해서 신경망에 단 한 번만 접근하면 되었다. 반면, DQN에서는 벨만 업데이트를 위해 현재 상태에 대한 배치와 다음 상태에 대한 배치를 모두 처리할 필요가 있었다 (역자주: 그러므로 신경망에 두 번 접근이 필요하다).

보다시피 한 접근 방법이 다른 접근 방법보다 훨씬 더 좋다라고 할 수는 없다. 지속적인 제어 문제나 환경에 대한 접근이 저렴하고 신속한 경우에는 정책 방법이 더 자연스러운 선택이 될 수 있는 반면 DQN 변형이 아타리 게임에서 얻은 최고의 결과에서 알 수 있듯이 가치 방법이 더 빛을 발할 때도 많다. 따라서, 여러분은 두 방법 모두 똑같이 익숙해질 필요가 있으며 그들의 좋은 점과 약한 점을 잘 이해하고 있어야 한다. 다음 절에서는 REINFORCE 방법의 한계, 개선 방법 및 PG 방법을 퐁 게임에 적용하는 방법에 대해 설명한다.

REINFORCE 이슈

이전 섹션에서는 크로스 엔트로피 방법의 자연스러운 확장인 REINFORCE 방법에 대해 살펴보았다. 불행하게도 REINFORCE와 크로스 엔트로피 방법은 모두 단순한 환경에서만 동작하는 방법으로 제한하는 몇 가지 문제를 지니고 있다.

완전한 에피소드에 대한 요구(에피소드가 종료될 때까지 기다림)

첫 번째 문제는 학습을 시작하기 전에 에피소드가 끝날 때까지 기다려야 한다는 것이다. 더 나쁜 것은, REINFORCE와 크로스 엔트로피 방법 모두 학습에 사용될 에피소드가 많을수록 더 잘 작동한다는 것이다(더 많은 에피소드가 더 많은 학습 데이터를 의미하고 따라서 더 정확한 PG를 의미함). 이 상황은 CartPole 같이 에피소드의 길이가 짧은 환경에서 매우 효과적인데, 이 환경에서는 학습을 시작할 때 10 단계 이상 막대를 지탱하기가 어렵기 때문이다. 하지만, 퐁 환경이라면 이야기가 완전히 다르다. 이 환경에서 모든 에피소드는 수백 또는 수천 프레임을 지속할 수 있는데, 그러면 개별 에피소드가 매우 커지기 때문에, 이들을 몇 개 모아 놓은 배치의 크기 또한 매우 커지므로 배치가 충분히 커질 수 없게 되어 학습의 관점에서 매우 안 좋고, 또한 학습을 한 번 하기 위해서 환경과 수 많은 상호작용을 필요로 하기 때문에 샘플 효율성 측면에서도 안 좋다.

완전한 에피소드를 요구하는 이유는 가능한 정확하게 Q값을 추정하기 위한 것이다. DQN에서는 할인된 보상에 대한 정확한 값을 원스텝 벨만 방정식 $Q(s, a) = r_a + \gamma V(s')$를 사용하여 추정치로 대체하였다. 또한 $V(s)$를 추정하기 위해서도 Q 추정을 사용하였다. 하지만 PG의 경우 V(s) 또는 $Q(s, a)$를 더 이상 갖고 있지 않다.

이것을 극복하기 위해서는 두 가지 접근법이 존재한다. 한 가지는 신경망으로 $V(s)$를 추정하고 이 추정을 사용하여 Q를 얻을 수 있다. 이 접근법은 다음 장에서 논의하겠지만 PG에서 가장 많이 사용되는 방법 중 하나인 Actor-Critic 방법이라고 한다.

또 다른 방법은 벨만 방정식을 N 단계로 언롤링하는 것을 고려해 볼 수 있다. 즉, 감마가 1보다 작을 경우 가치 기여도가 감소한다는 사실을 이용하는 것인데, 예를 들어 감마 = 0.9일 경우 열 번째 단계의 가치 계수는 $0.9^{10} = 0.35$가 된다. 단계 50이라면 이 계수는 $0.9^{50} = 0.00515$가 되며, 이 정도 되면 이 항목이 총 보상에 실질적으로는 기여하지 않는다고 봐도 무방하다. 감마 = 0.99인 경우 필요한 단계 수는 더 커지겠지만 여전히 이를 수행할 수 있다.

높은 그라디언트 분산

PG 공식 $\nabla J \approx \mathbb{E}[Q(s,a)\nabla \log \pi(a|s)]$으로부터 우리는 주어진 상태의 할인 보상(즉, Q값)에 비례하는 그라디언트를 갖는 것을 알 수 있다. 그러나 이 보상의 범위는 환경에 크게 좌우되는데, 예를 들어 CartPole 환경에서 막대를 수직으로 잡고 있는 모든 스텝에 대해 1의 보상을 얻는다고 하면, 그리고 5 단계 동안 이것을 유지하였다면 5의 총 (할인되지 않은) 보상을 얻을 것이다. 반면 에이전트가 똑똑하여 100 스텝까지 유지할 수 있다면, 총 보상은 100이 될 것이다. 이 두 시나리오는 차이는 20배의 보상 차이를 가져오며 실패한 에피소드보다 성공한 단 하나의 에피소드가 20배의 영향력을 그라디언트에 행사하게 된다. 이렇게 큰 차이가 발생하면 학습 과정에 심각한 영향을 미칠 수 있는데, 하나의 운 좋은 에피소드가 최종 그라디언트에서 우세할 것이기 때문이다.

수학적으로 이야기하면 PG는 높은 분산을 가지며 학습 프로세스가 불안정해질 수 있으므로, 이를 바로잡기 위해서 뭔가를 해야만 한다. 이를 처리하는 일반적인 방법은 Q에서 베이스라인(baseline)이라는 값을 빼는 것인데, 베이스라인으로 쓸 수 있는 가능한 선택은 다음과 같다.

1. 상수값: 일반적으로 할인 보상의 평균값
2. 할인 보상의 이동 평균
3. 상태 s의 상태값 $V(s)$

탐험

정책을 확률 분포로 표현하더라도 에이전트가 지역적으로만 최적인 정책에 수렴하여 환경 탐색을 중지할 가능성이 높다[1]. DQN에서는 엡실론 그리디를 이용하여 행동을 선택함으로써 이를 해결하였다. 다시 말하면, 엡실론만큼의 확률을 사용하여 에이전트는 현재 정책에 의해 지시된 행동 대신 임의의 작업을 수행했다. 물론 PG와 관련해서도 동일한 접근법을 사용할 수 있지만 PG는 엔트로피 보너스라고 하는 더 나은 선택사항을 제공한다.

정보 이론에서 엔트로피는 어떤 시스템의 불확실성을 측정하는 척도이다. 정책에 이를 적용하면, 엔트로피는 에이전트가 수행할 행동에 대해 얼마나 불확실한지를 보여준다. 수학적으로 표기하면, 정책의 엔트로피는 $H(\pi) = -\sum\pi(a|s)\log\pi(a|s)$로 정의된다. 엔트로피의 값은 항상 0보다 크며 정책의 모든 행동이 동일한 확률값을 가질 때 유일한 최대값을 가지고 정책이 어떤 행동에 대해서는 1, 다른 모든 행동에 대해서는 0이 될 때 엔트로피는 최소가 된다. 즉, 이때는 에이전트가 무엇을 해야 할지 절대적으로 확신한다는(다시 말하면, 절대로 불확실하지 않다) 것을 의미한다. 에이전트가 로컬 최적 상태에 빠지는 것을 막기 위해[2] 우리는 손실 함수에서 엔트로피를 빼 줌으로써(이렇게 함으로써 최소화 과정에서 엔트로피가 최대화된다) 다음 취할 행동에 대하여 너무 확신에 찬 에이전트를 벌주게 된다.

샘플 간의 상호 연관 관계

6장(심층 Q-신경망)에서 논의했듯이 하나의 에피소드에서 나오는 샘플들은 일반적으로 상관관계가 너무 높으므로 SGD 학습에 좋지 않다. DQN의 경우, 100k에서 1M까지의 관찰을 가진 리플레이 버퍼를 유지하였고, 여기서 무작위로 샘플링하여 학습 데이터 간의 상관 관계 문제를 해결하였다. 하지만, 이 방법은 PG 류에는 적용될 수 없는데, 왜냐하면 PG와 같은 방법은 온 정책 클래스에 속하기 때문이다. 만일 오래된 샘플들을 활용하여 학습을 한다면 현재 정책을 위한 PG가 아니라 그 오래된 정책에 대한 PG를 얻을 수밖에 없다.

분명해 보이지만 그러나 불행히도 잘못된 해결책은 리플레이 버퍼 크기를 줄이는 것이다. 혹시 몇몇 간단한 경우에는 작동할지도 모르지만 일반적으로는 오래된 학습 데이터가 아니라 현재 정책에 따라 생성된 최신 학습 데이터가 필요하다. 이를 해결하기 위한 더 좋은 방법은 간단한 아이디어에서 출발하는데, 무엇인가 하면 하나의 환경과만 상호작용하지 않고 동시에 여러 환경

1) 역자주: 무슨 말인가 하면 PG 방법으로 학습이 진행될 수록 결국은 총보상을 많이 주는 어떤 행동의 확률이 지속적으로 높아질 텐데, 그러면 환경을 탐험할 확률은 상대적으로 낮아지게 되고, 이것이 고착화되어 전역적 최적화를 이루지 못하고, 지역적 최적화에 머무르게 된다는 뜻이다.

2) 역자주: 즉, 어느 특정 행동만 너무 선호하는 것을 좀 방지하기 위해서는 행동 분포가 엔트로피를 높게 유지하는 것이 좋으므로

과 상호작용하면서 생성되는 데이터를 학습데이터로 사용하는 것이다.

CartPole 환경에서의 PG

요즘에는 사실 기본 PG 방법을 사용하는 사람은 거의 없는데, 그 이유는 훨씬 더 안정적인 Actor-Critic 방법이 있기 때문이다. Actor-Critic 방법은 다음 두 장의 주제가 될 것이다. 그러나 아직은 PG 방법으로 계속 진행해 보자. 일단 우리는 훨씬 더 단순한 CartPole 환경에서 시작해 다음 섹션에서 우리가 가장 좋아하는 퐁 환경에서 성능을 점검할 것이다. 다음 예제의 전체 코드는 Chapter09/04_cartpole_pg.py에 있다.

```
GAMMA = 0.99
LEARNING_RATE = 0.001
ENTROPY_BETA = 0.01
BATCH_SIZE = 8
REWARD_STEPS = 10
```

이미 친숙한 하이퍼 파라미터 외에 두 가지 새로운 변수가 정의되었다. ENTROPY_BETA는 엔트로피 보너스의 스케일이고, REWARD_STEPS 값은 할인 총 보상을 추정하기 위해 벨만 방정식을 몇 단계 언롤링할지 지정한다.

```
class PGN(nn.Module):
    def __init__(self, input_size, n_actions):
        super(PGN, self).__init__()

        self.net = nn.Sequential(
            nn.Linear(input_size, 128),
            nn.ReLU(),
            nn.Linear(128, n_actions)
        )
    def forward(self, x):
        return self.net(x)
```

신경망 구조는 CartPole의 이전 예제에서와 같이 은닉 계층에 128개의 뉴런이 있는 2 계층 신경망이다. 아래 경험 소스를 준비하는 코드는 벨만 방정식을 REWARD_STEP=10 단계로 풀어야 한다는 점을 제외하고는 이전과 같다.

```
    exp_source = ptan.experience.ExperienceSourceFirstLast(env, agent,
gamma=GAMMA, steps_count=REWARD_STEPS)
```

학습 과정에서 각 전이에 대해 보상의 합과 평균을 구하고, 이 평균을 PG의 변동성을 줄이기 위한 베이스라인값으로 사용한다.

```
    for step_idx, exp in enumerate(exp_source):
        reward_sum += exp.reward
        baseline = reward_sum / (step_idx + 1)
        writer.add_scalar("baseline", baseline, step_idx)
        batch_states.append(exp.state)
        batch_actions.append(int(exp.action))
        batch_scales.append(exp.reward - baseline)
```

손실 함수의 계산은 이전과 동일하게 정책 손실을 계산한다(마이너스 부호를 추가하는 것 잊지 말기)

```
        optimizer.zero_grad()
        logits_v = net(states_v)
        log_prob_v = F.log_softmax(logits_v, dim=1)
        log_prob_actions_v = batch_scale_v *
log_prob_v[range(BATCH_SIZE), batch_actions_t]
        loss_policy_v = -log_prob_actions_v.mean()
```

그런 다음 배치의 엔트로피를 계산하고 손실에서 빼는 방식으로 손실에 엔트로피 보너스를 추가한다. 엔트로피는 균일 확률 분포에 대해 최대값을 가지므로 학습을 최대값 쪽으로 밀기 위해서는 손실에서 빼야 한다.

```
        prob_v = F.softmax(logits_v, dim=1)
        entropy_v = -(prob_v * log_prob_v).sum(dim=1).mean()
        entropy_loss_v = -ENTROPY_BETA * entropy_v
        loss_v = loss_policy_v + entropy_loss_v

        loss_v.backward()
        optimizer.step()
```

배치의 샘플들에 대하여 엔트로피를 계산하고 이를 평균

$$H(\pi) = -\sum \pi(a|s) \log \pi(a|s)$$

그런 다음 새 정책과 이전 정책 간의 KL(Kullback-Leibler) 다이버전스를 계산한다. KL은 한 확률 분포가 다른 확률 분포와 얼마나 차이가 나는지에 대한 정보 이론 측정법이다. 이 예에서는 최적화 단계 전후에 모델에서 반환된 정책을 비교하는 데 사용된다. KL이 크다는 것은 일반적으로 새로운 정책이 이전 정책에서 너무 많이 벗어났음을 보여주는 나쁜 징후이다.

```
        new_logits_v = net(states_v)
        new_prob_v = F.softmax(new_logits_v, dim=1)
        kl_div_v = -((new_prob_v / prob_v).log() *
prob_v).sum(dim=1).mean()
```

KL 계산

$$D_{KL}(P||Q) = -\sum_x P(x) \log \frac{Q(x)}{P(x)}$$

```
            writer.add_scalar("kl", kl_div_v.item(), step_idx)
```

마지막으로 이 학습 단계의 그라디언트에 대한 통계를 계산한다. 일반적으로 그라디언트의 최대값 및 L2-norm값을 그래프화 하면 학습 과정에 대한 아이디어를 얻기가 좋다.

```
            grad_max = 0.0
            grad_means = 0.0
            grad_count = 0
            for p in net.parameters():
                grad_max = max(grad_max, p.grad.abs().max().item())
                grad_means += (p.grad ** 2).mean().sqrt().item()
                grad_count += 1
```

학습 루프의 마지막에 모니터링하고 싶은 모든 변수를 텐서보드로 출력한다.

```
            writer.add_scalar("baseline", baseline, step_idx)
            writer.add_scalar("entropy", entropy_v.item(), step_idx)
            writer.add_scalar("batch_scales", np.mean(batch_scales),
    step_idx)
            writer.add_scalar("loss_entropy", entropy_loss_v.item(),
    step_idx)
            writer.add_scalar("loss_policy", loss_policy_v.item(),
    step_idx)
            writer.add_scalar("loss_total", loss_v.item(), step_idx)
            writer.add_scalar("grad_l2", grad_means / grad_count,
    step_idx)
            writer.add_scalar("grad_max", grad_max, step_idx)

            batch_states.clear()
            batch_actions.clear()
            batch_scales.clear()
```

결과

이 예에서는 텐서보드에 많은 차트를 표시하였다. 우선, 이미 친숙한 보상 그래프부터 보자. 아래에서 볼 수 있듯이 REINFORCE 방법과 크게 다르지 않다.

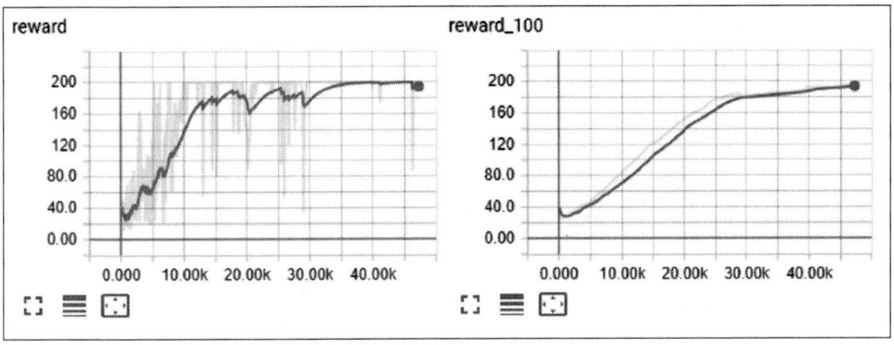

그림 3. PG 방법의 보상 그래프

다음 두 차트는 PG의 베이스라인 및 스케일과 관련이 있다. 베이스라인은 $1 + 0.99 + 0.99^2 + \ldots + 0.99^9$로 수렴할 것으로 기대하는데 (왜냐하면, 언롤링을 10번 사용하였으므로, 총 10번의 지역 보상에 대한 할인된 보상 합계가 현재 스텝의 보상으로 반환된다. 베이스 라인은 이들에 대한 평균이다) 이는 대략 9.56 정도이다. PG의 스케일은 0 부근에서 진동해야 하는데[3], 바로 다음 그래프에서 볼 수 있다.

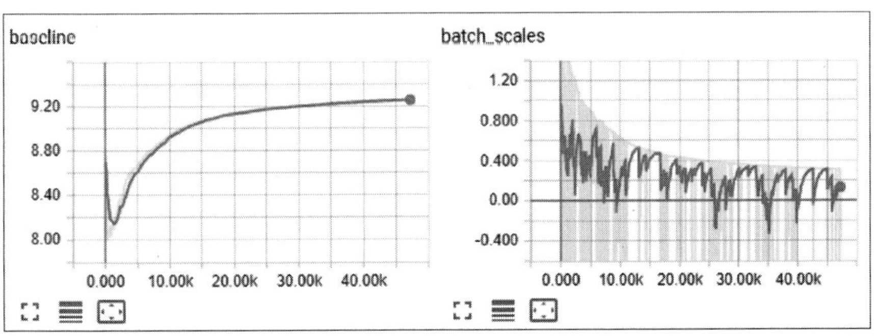

그림 4. 베이스라인 변화

엔트로피는 시간이 지남에 따라 0.69에서 0.52로 감소하였다. 시작값은 두 행동이 이를 수 있는 최대 엔트로피($-2 \cdot \frac{1}{2}\log(\frac{1}{2}) \approx 0.69$)에 해당하였다.[4] 학습 도중 엔트로피가 감소하고 있다는 사실은

3) 역자주: 이 방법에서는 베이스라인으로서 할인 보상값의 이동 평균을 이용하였고, 이를 이용하는 방법이 Q값에서 베이스라인을 빼는 방법이므로 PG의 스케일 값인 Q값에서 베이스라인을 빼면 0부근에서 움직여야 정상이다.

4) 역자주: 왜냐하면, 초기에는 신경망이 무작위로 초기화되어 있으므로 신경망의 출력인 행동에 대한 확률값 역시 각 행동에 균일한 분포를 이루는데, 이 문제에서는 행동이 2개이므로 각 1/2씩의 확률을 갖을 것으로 예상된다.

정책이 균등 분포보다 결정론적인 행동으로 이동하고 있음을 보여준다.[5)]

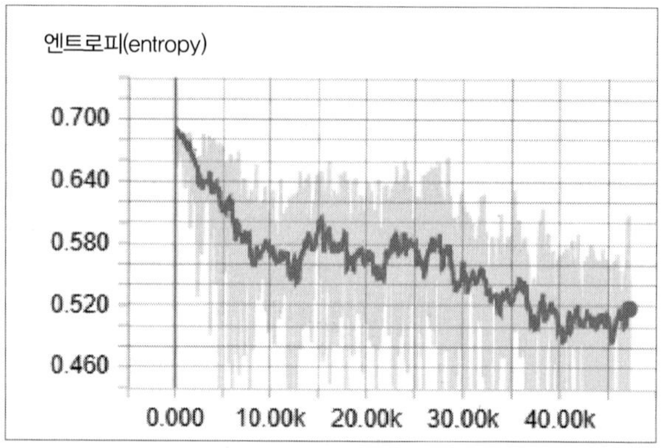

그림 5. **학습 과정에서의 엔트로피 변화**

다음 그림들은 손실과 관련이 있으며, 여기에는 정책 손실, 엔트로피 손실, 그리고 둘의 합이 포함된다. 엔트로피 손실은 엔트로피가 ENTRPY_BETA에 의해 스케일되고 부호를 바꾼 값이다. 정책 손실은 배치에서 계산된 PG의 평균 스케일과 같은 방향을 보여준다. 여기서 엔트로피 손실이 전체 손실에서 너무 많은 부분을 차지하지 못하도록[6)] 양쪽의 상대적 크기를 확인해야 한다.

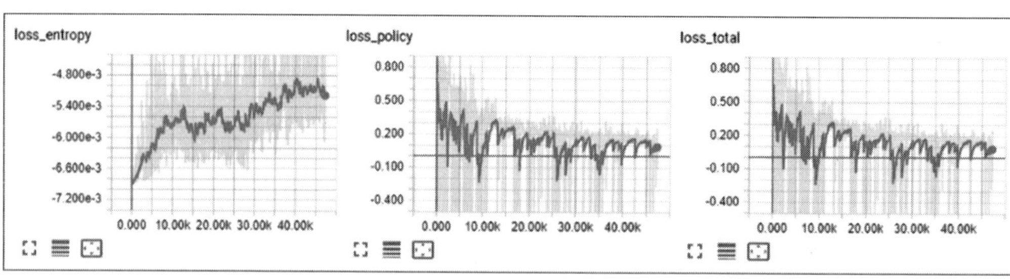

그림 6. **손실 변화**

5) 엔트로피를 손실에 포함시켰기 때문에, 모든 것이 동일하다면 행동에 대한 확률분포를 균일하게 유지하도록 하는 압력이 생긴다. 그럼에도 불구하고 어느 한 행동을 선호하도록 확률분포가 조정되었다는 것은 행동을 균등한 분포로 유지하는 것보다 어느 한 행동을 선호하는 것이 보다 큰 보상을 유지하는데 유리하다고 학습 과정에서 배웠기 때문이다.

6) 역자주: 엔트로피 손실은 그저 부가적인 손실이지 주손실은 아니기 때문이다. 주 손실은 보상을 최대화하는 것을 목적으로 하는 정책 손실이 주 손실이다.

최종 차트 세트는 그라디언트의 최대, L2값 및 KL이다. 그림 7에서 보면 그라디언트는 전체 학습 기간 동안 건강해 보인다. 너무 커지지도 않고 너무 작지도 않으며 지나치게 튀는 값 또한 없다. KL 차트는 스파이크가 좀 있기는 하지만 1e−3을 초과하지는 않으므로 괜찮아 보인다.

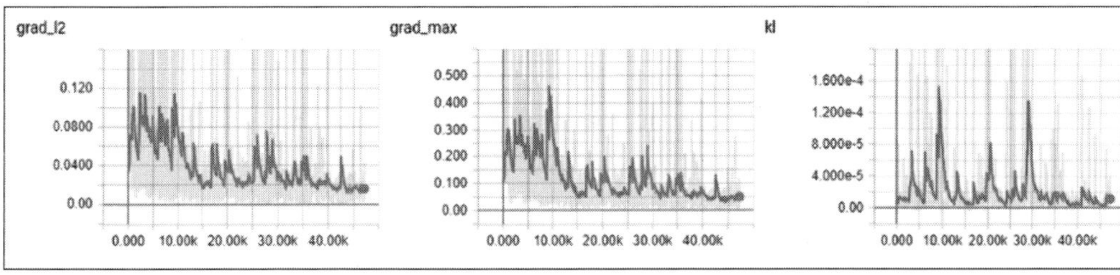

그림 7. 그라디언트와 KL

퐁에서의 PG

이전 섹션에서 보았듯이 기본 PG 방법은 간단한 CartPole 환경에서는 잘 작동하지만 놀랍게도 더 복잡한 환경에서는 매우 나쁘게 작동한다. 상대적으로 단순한 아타리 게임인 퐁에서 DQN은 1M 프레임으로 완벽하게 해결할 수 있었고 100K 프레임에서부터는 긍정적인 보상을 획득하였지만, PG는 수렴하지 못하였다. PG 학습의 불안정성으로 인해 좋은 하이퍼 파라미터를 찾기가 매우 어렵고 초기화에 매우 민감하다.

하지만, 그렇다고 PG가 좋지 않다는 것을 의미하지는 않는다. 다음 장에서 살펴보겠지만 그라디언트에서 더 나은 베이스라인을 얻기 위해서 신경망 구조를 조금만 수정하면 PG가 최상의 방법 중 하나로 전환될 수 있다. 물론 필자의 하이퍼 파라미터가 완전히 잘못되었거나 코드에 숨겨진 버그가 있거나 할 수도 있겠지만, 그럼에도 불구하고 실패한 결과는 여전히 나쁜 수렴의 예시로서의 가치가 있다. 이 예제의 전체 코드는 `Chapter09/05_pong_pg.py`에 있다.

앞의 코드와는 다른 점이 세 가지 있다.

- 모든 데이터를 다 사용하기 보다는 1M의 과거 데이터에 대한 이동 평균을 베이스라인으로 사용한다.
- 다수의 동시 실행되는 환경을 사용한다.
- 학습 안정성을 향상시키기 위하여 그라디언트 클리핑(clipping)을 사용한다.

이동 평균의 계산을 빠르게 하기 위해서 deque를 이용한 버퍼를 사용하였다.

```
class MeanBuffer:
    def __init__(self, capacity):
        self.capacity = capacity
        self.deque = collections.deque(maxlen=capacity)
        self.sum = 0.0

    def add(self, val):
        if len(self.deque) == self.capacity:
            self.sum -= self.deque[0]
        self.deque.append(val)
        self.sum += val

    def mean(self):
        if not self.deque:
            return 0.0
        return self.sum / len(self.deque)
```

이 예제의 두 번째 차이점은 여러 환경에서 작동한다는 점이며 이 기능은 ptan 라이브러리에서 지원받았다. 이를 위해서 필요한 유일한 일은 Env 객체 여러 개를 담은 배열을 ExperienceSource 클래스에 전달하는 것뿐이다. 나머지는 자동으로 이루어진다. 여러 환경을 사용하게 되면, 경험 소스가 돌아가면서 여러 환경에 전이를 요청하므로 관련성이 낮은 학습 샘플을 제공한다. CartPole 예제와 다른 마지막 사항은 torch.nn.utils 패키지의 clip_grad_norm 함수를 사용하여 그라디언트가 너무 커지지 않게 클리핑을 하는 것이다.

하이퍼 파라미터는 다음과 같이 설정되었다.

```
GAMMA = 0.99
LEARNING_RATE = 0.0001
ENTROPY_BETA = 0.01
BATCH_SIZE = 128

REWARD_STEPS = 10
BASELINE_STEPS = 1000000

GRAD_L2_CLI P = 0.1

ENV_COUNT = 32
```

결과

자, 예제에서 최상의 결과를 보여준 하나의 케이스를 살펴 보자. 다음은 보상 차트인데, 학습 중 보상이 잠시 동안 거의 일정했음을 알 수 있다. 그런 다음 약간의 진척이 있다가 −21 영역에서 중단되었다.

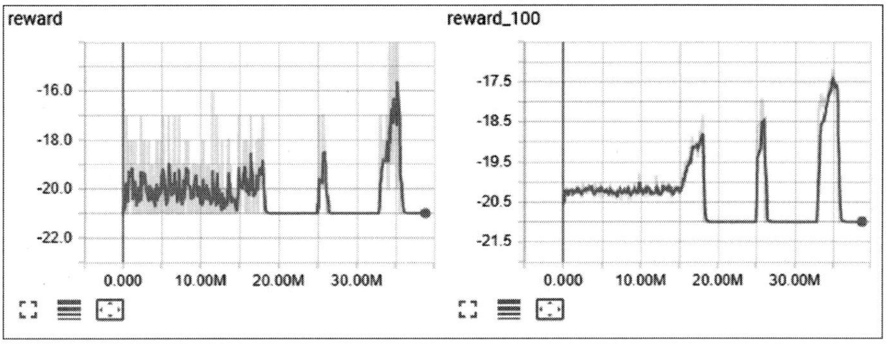

그림 8. 퐁 게임에서의 보상 변화

아래 엔트로피 그림에서 엔트로피가 0인 기간이 보상이 평편한 구간과 일치한다는 것을 알 수 있다. 엔트로피가 0이라는 것은 에이전트가 어느 한 행동을 100 % 확신하여 실행하였다는 것을 의미한다. 이 시간 동안 그라디언트도 0이었음에도 불구하고 학습 과정을 통하여 이런 평편한 구간에서 복구할 수 있었다는 점은 놀라운 일이다.

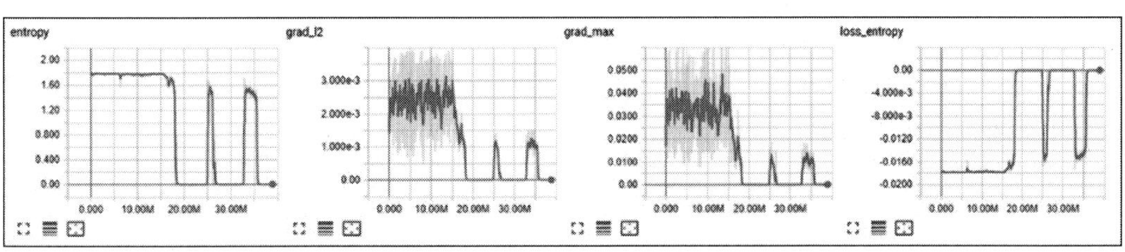

그림 9. 엔트로피 및 손실 그래프

베이스라인은 보상 그래프와 동일한 패턴을 보인다.

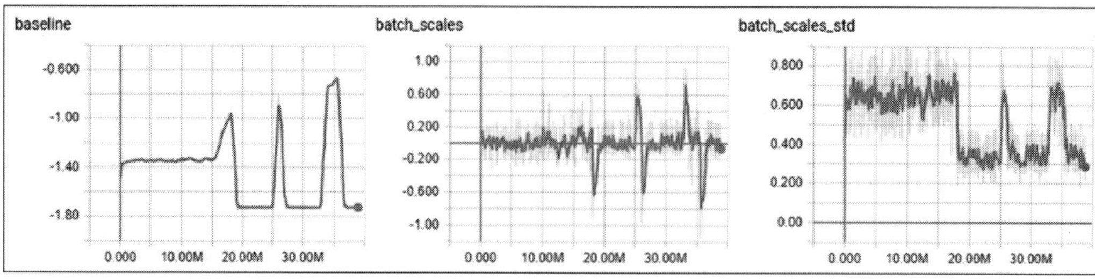

그림 10. 베이스라인, 배치 스케일, 그리고 배치 스케일의 표준 편차

KL 그래프는 엔트로피가 0으로 진입 혹은 탈출하는 순간에 큰 스파이크를 가졌으며, 이는 정책이 급격히 변화한 것으로 나타났다.

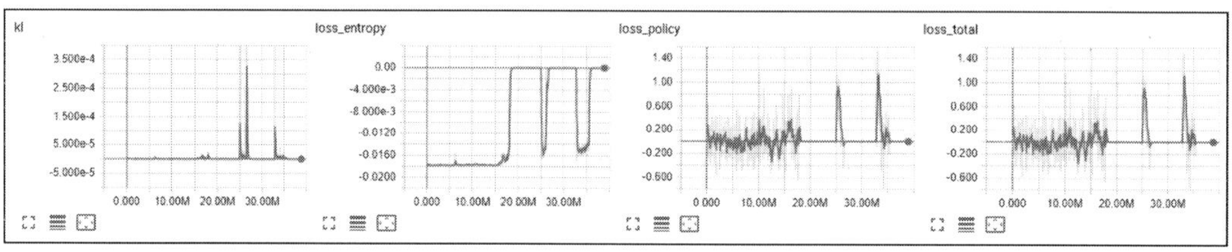

그림 11. 학습에서의 KL과 손실값 변화

요약

이 장에서는 강화학습 문제를 해결할 수 있는 또 다른 방법인 PG를 살펴보았다. PG는 친숙한 DQN 방법과는 여러 면에서 다르며, 이장에서는 크로스 엔트로피 방법의 일반화라고 볼 수 있는 REINFORCE라는 기본 방법을 탐구했다. 이 방법은 간단하지만 퐁 환경에 적용할 경우 좋은 결과를 얻을 수 없었다.

다음 장에서는 가치 기반과 정책 기반의 두 접근법을 결합하여 PG의 안정성을 향상시키는 방법을 찾아보자.

제 10 장

Actor-Critic

9장에서는 친숙한 가치 기반 방법의 대안으로서 정책 기반 방법에 대하여 배웠다. 특히 REINFORCE라는 방법과 할인 보상을 사용하여 정책의 그라디언트를 얻는 방법에 중점을 두었다(정책의 그라디언트는 정책을 개선할 방향을 제시하였다). 두 가지 방법 모두 작은 CartPole 문제에서 잘 작동했지만 좀 더 복잡한 퐁과 같은 환경에서는 수렴이 매우 느렸다.

이 장에서는 기본 PG 방법의 새로운 확장을 배울 예정인데, 이를 통하여 학습의 안정성과 수렴 속도의 향상을 꾀할 것이다. 사실 수정이 이루어지는 부분은 매우 미미하지만 이 새로운 방법은 Actor-Critic이라는 자기만의 이름이 있으며 심층 강화학습에서 가장 강력한 방법 중 하나이다.

분산 감소

이전 장에서 PG 방법의 안정성을 향상시키는 방법 중 하나가 그라디언트의 분산을 줄이는 것이라고 설명한 바 있다. 이제 이것이 왜 중요한지와 분산을 줄이는 것이 무엇인지 알아보자. 통계학에서 분산은 랜덤 변수와 이 변수의 기대값의 차이의 제곱에 대한 기대값이다.

$$Var[x] = \mathbb{E}[(x - \mathbb{E}[x])^2]$$

분산은 어떤 값이 평균값에서 얼마나 떨어져 있는지를 보여준다. 분산이 높을 때, 확률 변수는 평균으로부터 크게 벗어난 값을 취할 수 있다. 그림 1에는 평균 $\mu = 10$의 동일한 값을 가지지만 분산값은 다른 정규(가우스) 분포가 도시되어 있다.

그럼 PG로 돌아가 보자. 이전 장에서 이미 설명했듯이 이 방법의 아이디어는 좋은 행동의 가능성을 높이고 나쁜 행동의 기회를 줄이는 것이다. 수학적으로 표기하면, PG는 $\nabla J \approx E[Q(s, a)\nabla \log \pi(a|s)]$이다. 스케일 팩터(factor) $Q(s, a)$는 특정 상태에서 취해진 행동의 확률을 얼마나 높이거나 낮추고 싶은지를 지정한다. REINFORCE 방법에서는 Q값에 해당하는 값으로 할인된 총 보상을 그라디언트의 스케일로 사용하였다. 더불어, REINFORCE의 안정성을 높이려는 시도의 일환으로 그라디언트 스케일로부터 평균 보상을 뺀 것을 사용하였다.

이것이 도움이 되는 이유를 알아보기 위해 Q_1, Q_2 및 Q_3와 같이 총 할인 보상을 가지고 있는 세 가지 행동에 대한 최적화를 수행하는 매우 간단한 시나리오를 고려해 보자. 이제 Q값들의 상대적인 가치에 대한 정책 그라디언트를 생각해 보자.

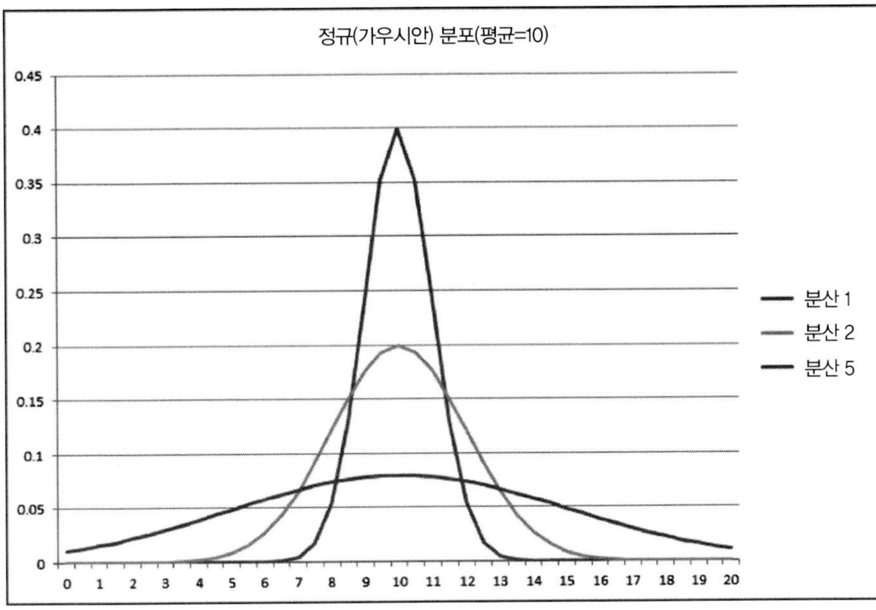

그림 1. 정규 분포에서 분산의 효과

첫 번째 예로서, Q_1과 Q_2가 모두 작은 양수이면서 같고 Q_3는 큰 음수라고 해보자. 그래서 첫 번째 단계와 두 번째 단계에서의 행동은 약간의 긍정 보상을 가져 왔지만 세 번째 단계는 그다지 성공하지 못했다. 3 단계 모두에 대해 결과로 얻은 결합된 그라디언트는 3 단계에서의 행동과는 멀리, 그리고 1 단계 및 2 단계에서 취한 행동쪽으로는 좀 더 가까이 가도록 노력할 것이다. 물론, 이는 완전히 합당한 일이다.

이제 보상이 항상 긍정적인 상황을 상상해 보자. 그냥 값만 다를 뿐이다. 즉, 이것은 어떤 상수를 Q_1, Q_2 및 Q_3에 추가하는 것과 같다. 이 경우 Q_1과 Q_2는 큰 양수가 되고 Q_3은 작은 양수가 된다. 하지만, 정책 업데이트가 이전과는 달라질 것이다! 뭐냐 하면, 이번에는 첫 번째와 두 번째 단계에서 취한 행동 쪽으로 아주 많이 이동하지만 동시에 세 번째 단계에서 취한 행동쪽으로도 조금 움직일 것이다. 엄밀히 말하자면 Q 값들 사이의 상대적인 보상이 동일함에도 불구하고 두 번째 시나리오에서는 더 이상 3 단계에서 취한 행동을 피하려고 하지 않는다.

보상에 추가된 상수에 의존하는 정책 업데이트는 그러한 이동의 효과를 제거하기 위해서 더 많은 샘플을 요구할 수밖에 없으므로 학습을 상당히 늦출 수 있다. 더욱 상황을 악화시키는 것은, 시간이 지남에 따라 에이전트가 좋은 행동을 더 많이 배우게 되므로 총 할인 보상이 향상될 것이고, 이에 따라 PG 분산도 마찬가지로 변하게 된다[1].

이를 극복하기 위해 이전 장에서는 Q값에서 평균 총 보상액을 빼고 사용하였는데, 이를 평균 베이스라인이라 칭하였다. 이 트릭은 PG를 정규화하는 효과가 있는데, 예를 들어 평균 보상이 −21인 경우에 −20의 보상을 얻었다면 이는 에이전트가 승리한 것처럼 보이며 선택된 행동 쪽으로 정책을 밀어 넣게 된다.

CartPole 분산

이 이론적인 결론을 실제로 확인하기 위해, 베이스라인 버전과 베이스라인이 없는 버전 모두에 대해 학습 과정에서 PG 분산을 그래프로 그려보자. 전체 예제는 Chapter10/01_cartpole_pg.py에 있으며 대부분의 코드는 9장(정책 그라디언트)와 동일하다. 이 버전의 차이점은 다음과 같다.

- 이제는 보상에서 평균 빼기를 가능하게 하는 명령 행 옵션 --baseline을 사용할 수 있다. 기본적으로 베이스라인은 사용되지 않는다.
- 매 학습 루프에서 정책 손실에 대한 그라디언트를 수집하고 이 데이터를 사용하여 분산을 계산한다.

정책 손실로부터만 그라디언트를 수집하기 위해서 즉, 탐험을 촉진시키기 위해 추가된 엔트로피 보너스에서는 그라디언트 수집을 제외하려면 두 단계로 그라디언트를 계산해야 한다. 다행히도 파이토치는 이것을 쉽게 할 수 있다. 아래에 관련된 코드 부분만 따왔는데 이를 보고 설명해 보자.

```
            optimizer.zero_grad()
            logits_v = net(states_v)
            log_prob_v = F.log_softmax(logits_v, dim=1)
            log_prob_actions_v = batch_scale_v *
log_prob_v[range(BATCH_SIZE), batch_actions_t]
            loss_policy_v = -log_prob_actions_v.mean()
```

1) 역자주: 약간 헷갈릴 수 있는데, 이 문단의 핵심은 우리가 상수를 베이스라인으로 사용한다면 시간이 흐름에 따라 학습을 통하여 성능을 향상해가는 에이전트에 오히려 방해가 될 것이란 것이다. 왜냐하면 에이전트가 성능을 향상해 감에 따라 Q값들이 증가할텐데, 여기서 상수를 빼게 되면 어느 순간부터는 Q값에서 상수를 빼더라도 모두 양수가 될 것이다. 이렇게 되면, 앞서 예를 들었던 보상이 모두 긍정적인 상황과 마찬가지 경우가 되므로, 베이스라인이 나쁜 행동을 피하는데 도움을 줄 수 없다. 따라서, 이 문단의 결론은 시간이 흐름에 따라 발전하는 에이전트의 정책에 맞게 베이스라인도 변해야 한다는 것이다.

정책 손실의 계산은 이전과 동일하게 계산하는데, 수행된 행동의 확률로부터 로그를 계산하고 여기에 정책 스케일(베이스라인을 사용하지 않는 경우에는 총 할인 보상이고 베이스라인을 사용할 경우에는 총 보상에서 베이스라인을 뺀 값)을 곱하여 정책 손실을 계산한다.

```
loss_policy_v.backward(retain_graph=True)
```

다음 단계에서는 파이토치에게 정책 손실을 역전파하고 그라디언트를 계산하여 모델 버퍼에 유지하도록 요청하였다. 이것을 수행하기 전에(코드에는 나와있지 않다) optimizer.zero_grad()를 호출하였으므로 버퍼에는 정책 손실로 인한 그라디언트만 포함된다. 여기서 까다로운 점은 backward()를 호출했을 때 retain_graph = True 옵션을 사용한 점이다. 이를 사용하면 파이토치에게 텐서의 계산 그래프 구조를 유지하도록 지시한다. 일반적으로 어떤 텐서에 대한 계산 그래프는 backward() 호출에 의해 파괴되지만, 이번 경우에는 이것이 파괴되길 원하지 않는다[2]. 일반적으로 그래프를 유지하는 것은 옵티마이저를 호출하기 전에 손실을 여러 차례 역전파해야 할 때 유용하다. 매우 일반적인 상황은 아니지만 때로는 매우 편리해진다.

```
grads = np.concatenate([p.grad.data.numpy().flatten()
                        for p in net.parameters()
                        if p.grad is not None])
```

그런 다음 우리 모델의 모든 매개 변수에 대하여(모델의 모든 매개 변수는 그라디언트가 있는 텐서이다) NumPy 배열에 그라디인드 필드를 추출하였다. 그 결과 모든 모델 변수의 그라디언트가 포함된 하나의 긴 배열이 생성된다. 그러나 가중치 업데이트에는 정책뿐만 아니라 엔트로피 보너스가 제공하는 그라디언트도 고려해야 한다. 이를 위해 엔트로피 손실을 계산하고 backward()를 다시 호출

2) 역자주:

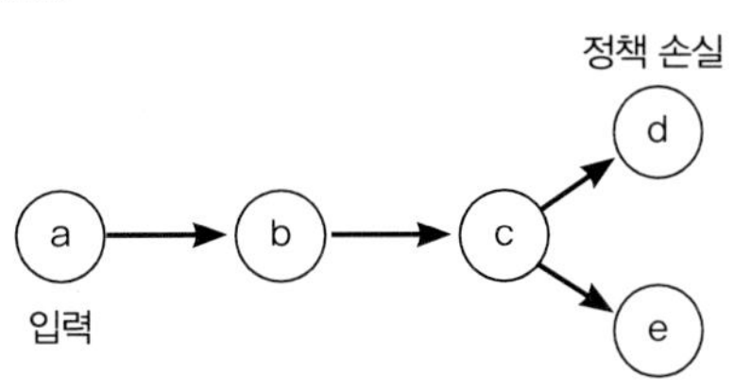

위 그림과 같이 입력 a로부터 b를 거쳐 출력 c를 내 놓고, 이로부터 손실 함수가 d, e 두 개가 있다고 하자. 우리의 경우에 이를 적용해 보면 d는 정책 손실이고 e는 엔트로피 손실이다. 우리가 d 경로를 따라 backward()를 호출할 때, retain_graph를 True로 설정하지 않으면, 계산 그래프에 할당된 메모리가 기본으로 해제되므로 이 경우 e를 위한 backward()를 호출할 때 에러를 받게 된다(당연하지 않은가! e 손실을 계산한 과정이 사라졌으니 역전파를 할 수가 없다). 그래서 손실 함수가 여러 개인 경우 먼저 역전파한 손실함수에서는 retain_graph를 사용하여 계산 그래프가 파괴되지 않고 유지될 수 있도록 해줄 필요가 있다.

하는데, 두 번째로 이 작업을 수행하려면 retain_graph = True를 전달해야 한다.

두 번째 backward() 호출에서 파이토치는 엔트로피 손실을 역전파하여 그라디언트를 내부 그라디언트 버퍼에 추가한다. 이제 옵티마이저에게 결합된 그라디언트를 사용하여 최적화 단계를 수행하도록 요청하자.

```
            prob_v = F.softmax(logits_v, dim=1)
            entropy_v = -(prob_v * log_prob_v).sum(dim=1).mean()
            entropy_loss_v = -ENTROPY_BETA * entropy_v
            entropy_loss_v.backward()
            optimizer.step()
```

이후에는 관련 통계를 텐서보드에 작성하면 된다.

```
            writer.add_scalar("grad_l2",
np.sqrt(np.mean(np.square(grads))), step_idx)
            writer.add_scalar("grad_max", np.max(np.abs(grads)),
step_idx)
            writer.add_scalar("grad_var", np.var(grads), step_idx)
```

이 예제를 한 번은 --baseline 명령행 옵션을 사용하고 한 번은 사용하지 않으면 PG 분산 그래프를 얻을 수 있다. 아래는 보상의 변화를 보여주는 차트이다.

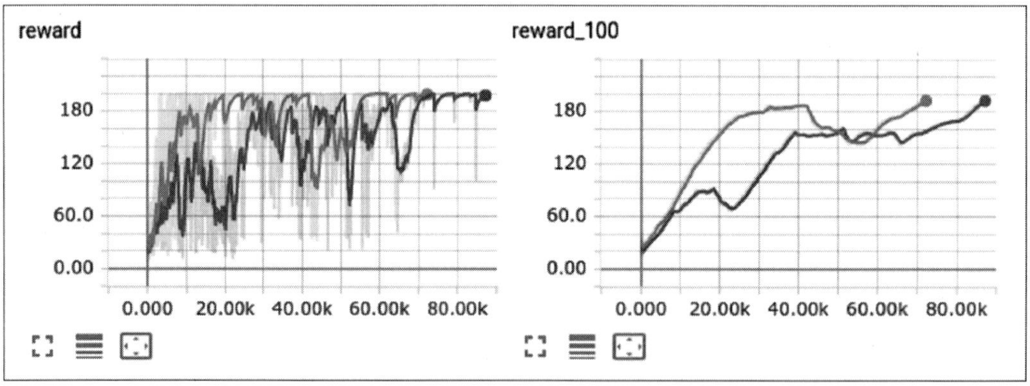

그림 2. 베이스라인(밝은 색)과 베이스라인이 없는 버전(어두운 색)의 보상 변화

다음 차트는 그라디언트의 크기(L2-norm), 최대값, 그리고 분산을 보여준다.

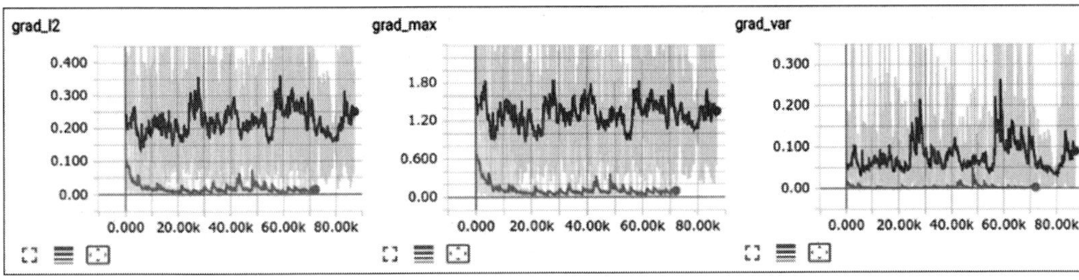

그림 3. 그라디언트의 l2-norm, 최대값, 분산: 베이스라인(밝은 색), 기본 버전(어두운 색)

보다시피, 베이스라인 버전은 베이스라인을 사용하지 않은 기본 버전 보다 분산이 수십에서 수백배 더 낮아 시스템이 더 빨리 수렴하는 데 도움이 된다.

Actor-critic

분산을 줄이기 위한 다음 단계는 베이스라인을 상태에 의존적으로 만드는 것이다(직관적으로, 상태 마다 매우 다른 기준을 가질 수 있으므로 좋은 생각이다). 실제로 어떤 상태에서 특정 행동의 적합성을 결정하기 위해 행동의 총 할인 보상을 사용하는데, 이는 다음과 같이 행동의 어드밴티지를 더한 상태의 가치로 표현될 수 있다: $Q(s, a) = V(s) + A(s, a)$. 이 수식을 어디선가 본적이 있지 않은가? 그렇다 우리는 DQN의 확장인 듀얼 DQN에 대해 다룰 때 이 수식을 보았다.

그렇다면 $V(s)$를 베이스라인으로 사용하지 못할 이유가 없다. 이 경우 이 행동에 대한 그라디언트 스케일은 $A(s, a)$에 불과하므로[3] 상태의 평균값에 비해 이 행동이 얼마나 더 나은지를 보여준다. 사실, 이는 PG 방법을 개선하는 매우 좋은 생각이다. 여기서 유일한 문제는 총 할인 보상 $Q(s, a)$에서 빼야 할 상태값 $V(s)$를 알 수 없다는 것이다. 이를 해결하기 위해, $V(s)$를 근사하는 또 하나의 신경망을 사용하면 되겠다. 이를 학습시키기 위해 우리는 DQN 방법에서 사용한 것과 동일한 과정을 활용하면 된다. 즉, 벨만 단계를 수행한 다음 평균 제곱 오류를 최소화하여 $V(s)$ 근사값을 향상시키자.

우리가 어떤 상태의 가치를 알고 있을 때(또는 적어도 근사치) PG를 계산하고 정책망을 업데이트하여

3) 역자주: 설명을 더 하자면 Q(s, a) = V(s) + A(s, a)이고, 행동 a에 대한 그라디언트 스케일은 Q(s,a)인데, 여기서V(s)는 행동 a에 전혀 의존적이 아니므로 무시할 수 있다. 따라서 행동 a에 대한 그라디언트 스케일은 그냥 A(s,a)로 사용하여도 된다. 이를 수학적으로 엄격하게 증명할 수도 있지만, 여기서는 그냥 이 정도로 직관적으로만 이해하고 넘어가도록 하자.

좋은 어드밴티지를 가진 행동의 확률을 높이고 나쁜 행동이 선택될 확률은 낮출 수 있다. 이때, 확률 분포를 반환하는 정책망은 무엇을 해야 하는지 알려주므로 액터(actor)라고 한다. 또 다른 신경망은 상태의 가치를 반환하는 가치망 혹은 혹은 크리틱(critic)이라고 불리우는데, 그 이유는 에이전트의 행동이 얼마나 좋은지를 평가하기 때문이다. 아래는 Actor-Critic 구조이다.

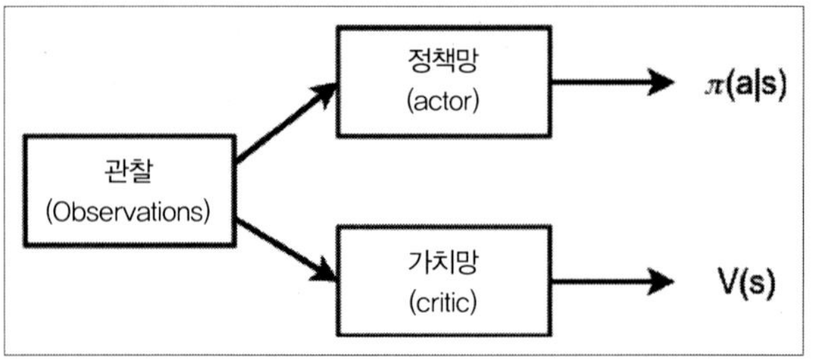

그림 4. A2C 구조

정책망과 가치망은 개념적으로는 별도의 신경망이지만 실제로는 효율성 및 수렴 속도 때문에 부분적으로 중복되는 부분을 공유하는 신경망으로 주로 구현된다. 이 경우 정책 및 가치는 하나의 신경망에서 가지를 친 두 개의 다른 헤드로 구현된다. 따라서, 공통 부분의 출력을 가져와서 확률 분포로 변환하고(정책망) 또 상태 가치를 나타내는 단일 숫자로 변환한다(가치망). 이 구조는 다음과 같다.

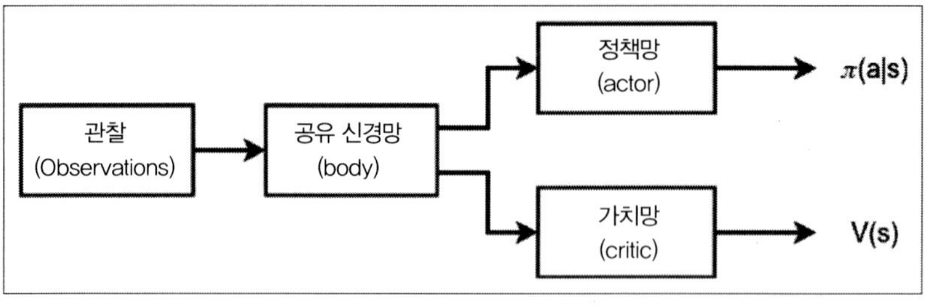

그림 5. 신경망 몸체 부분을 공유하는 A2C 구조

학습의 관점에서 보면, 우리는 다음과 같은 스텝을 완성해야 한다.

1. 신경망 파라미터 θ를 무작위로 초기화한다.

2. 현재 정책 π_θ를 사용하여 환경에서 N 단계 수행하고, 상태 s_t, 행동 a_t, 보상 r_t를 저장한다.

3. 에피소드의 끝이라면 $R = 0$, 그렇지 않으면 $R = V_\theta(st)$.

4. $i = t - 1 \ldots t_{start}$에 대하여 반복(단계들이 시간의 역순으로 처리되는 것에 주의):

   - $R \leftarrow r_i + \gamma R$
   - 정책을 위한 그라디언트인 PG를 축적: $\partial\theta_\pi \leftarrow \partial\theta_\pi + \nabla_\theta \log \pi_\theta(a_i|s_i)(R - V_\theta(s_i))$
   - 가치 그라디언트 축적: $\partial\theta_v \leftarrow \partial\theta_v + \frac{\partial(R-V_\theta(s_i))^2}{\partial\theta_v}$

5. 누적된 그라디언트를 사용하여 정책망은 $\partial\theta_\pi$의 방향(최대화)으로 이동하고 가치망은 $\partial\theta_v$의 반대 방향(최소화)으로 이동하도록 신경망 가중치를 업데이트한다.

6. 수렴할 때까지 스텝 2로부터 반복한다.

위 알고리즘은 일반적으로 논문에 나오는 알고리즘의 대략적인 개요이다. 다만, 실제 구현할 때는 몇 가지 추가적으로 고려해야 할 사항이 있나.

- 일반적으로 탐험을 향상시키기 위해 엔트로피 보너스가 추가된다. 이는 손실 함수에 엔트로피 $\mathcal{L}_H = \beta \sum_i \pi_\theta(s_i) \log \pi_\theta(s_i)$을 추가하여 작성된다. 이 함수는 확률 분포가 균일할 때 최소값을 가지므로[4] 손실 함수에 더해지면 에이전트가 자신의 행동에 대해 너무 확신하지 못하게 만드는 방향으로 학습을 유도하는 효과가 있다(역자주: 즉 되도록이면 확률이 어느 하나의 행동으로 지나치게 쏠리지 않도록 방지).

- 그라디언트 누적은 일반적으로 정책 손실, 가치 손실 및 엔트로피 손실의 세 가지 구성 요소를 모두 포함하는 손실 함수로 구현된다. 다만 각 항목의 부호에 주의해야 한다. PG는 최대화하는 쪽이므로 −, 반면 가치와 엔트로피 손실은 모두를 최소화해야 하므로 +이다.

- 안정성을 향상시키기 위해서는 여러 환경을 사용하여 동시에 관찰을 제공하는 것이 바람직하다(여러 환경이 있고 이들 환경에서 오는 관찰로부터 학습용 배치 데이터를 만들 때). 다음 장에서 이를 수행하는 몇 가지 방법을 살펴볼 예정이다.

앞의 방법은 Actor-Critic이라고 부르며, 간혹 Advantage Actor-Critic이라고도 하며 약칭으로

4) 역자주: 엄밀히 말하면 엔트로피는 이 수식에서 앞에 음수 부호가 붙어야 하고, 그럴 경우에는 확률 분포가 균일할 때 최대값을 갖지만, 여기서는 음수 부호를 떼어 냈으므로, 최소값을 갖는다.

A2C(역자주: A가 두 번 나오고 C가 한번 나오므로 A2C)라고 불린다. 또한, 여러 환경이 동시에 실행되는 버전을 비동기 어드밴티지(Asynchronous Advantage) Actor–Critic이라고하며 A3C라고 한다(다음 장의 주제).

A2C를 퐁에 적용하기

이전 장에서는 PG를 사용하여 우리가 가장 좋아하는 퐁 환경을 해결하려 시도를 해 보았다(비록 그리 성공적이지 않았지만). 이제 actor–critic 방법을 사용하여 다시 한번 도전해 보자.

```
GAMMA = 0.99
LEARNING_RATE = 0.001
ENTROPY_BETA = 0.01
BATCH_SIZE = 128
NUM_ENVS = 50

REWARD_STEPS = 4
CLIP_GRAD = 0.1
```

평소와 같이 하이퍼 파라미터 정의로부터 시작하였다(임포트는 생략됨). 참고로 이 값은 잘 튜닝된 값들은 아니다. CLIP_GRAD라는 새로운 상수가 있는데 이 값은 그라디언트 클리핑에 대한 임계값을 지정한다. 그라디언트 클리핑을 사용하면 최적화 단계에서 그라디언트가 너무 커지는 것을 방지하므로 그라디언트 적용 결과 얻게 되는 새로운 정책이 기존의 정책에서 너무 많이 달라지지 않도록 한다. 클리핑은 파이토치 기능을 사용하여 구현되지만 아이디어는 매우 간단하다. 그라디언트의 L2 Norm이 CLIP_GRAD보다 큰 경우 그라디언트 벡터가 이 값이 되도록 잘리게 된다.

REWARD_STEPS 하이퍼 파라미터는 총 할인 보상을 계산하기 위해 몇 단계 앞까지 봐야 하는지를 결정한다. PG에서는 약 10 단계를 사용했지만, A2C에서는 가치 근사값을 사용하여 이후 단계의 상태값을 얻으므로 단계 수를 줄이는 것이 좋겠다.

```
class AtariA2C(nn.Module):
    def __init__(self, input_shape, n_actions):
        super(AtariA2C, self).__init__()

        self.conv = nn.Sequential(      # 공통망
            nn.Conv2d(input_shape[0], 32, kernel_size=8,
stride=4),
            nn.ReLU(),
            nn.Conv2d(32, 64, kernel_size=4, stride=2),
            nn.ReLU(),
```

```
            nn.Conv2d(64, 64, kernel_size=3, stride=1),
            nn.ReLU()
        )

        conv_out_size = self._get_conv_out(input_shape)
        self.policy = nn.Sequential(    # 정책 헤드
            nn.Linear(conv_out_size, 512),
            nn.ReLU(),
            nn.Linear(512, n_actions)
        )

        self.value = nn.Sequential(     # 가치 헤드
            nn.Linear(conv_out_size, 512),
            nn.ReLU(),
            nn.Linear(512, 1)
        )
```

신경망 구조는 공유된 컨볼루션 파트와 두 개의 헤드를 가진다. 첫 번째 헤드[self.policy]는 정책으로서 행동들에 대한 확률 분포를 반환하고 두 번째 헤드[self.value]는 상태 가치를 근사하고 있는 하나의 숫자를 반환한다. 7장에서 배운 듀얼 DQN 구조와 비슷하게 보일지 모르지만 이를 학습시키는 과정은 좀 다르다.

```
    def _get_conv_out(self, shape):
        o = self.conv(torch.zeros(1, *shape))
        return int(np.prod(o.size()))

    def forward(self, x):
        fx = x.float() / 256
        conv_out = self.conv(fx).view(fx.size()[0], -1)
        return self.policy(conv_out), self.value(conv_out)
```

신경망을 통한 순방향 연산은 정책과 가치의 텐서로 구성된 튜플을 반환한다. 아래 함수는 환경에서 경험 데이터[역자주: 혹은 다른 말로 전이에 대한 데이터로서 현재 상태, 행동, 보상, 도착 상태로 이루어진 튜플]에 대한 배치[batch]를 받고 이를 풀어서 상태, 행동, 그리고 Q값에 대한 배치를 반환한다. 이때 Q값은 $Q(s,a)=\sum_{i=0}^{N-1}\gamma^i r_i+\gamma^N V(s_N)$을 사용하여 계산된다. 이 Q값은 DQN과 마찬가지로 가치 근사를 개선하기 위한 평균 제곱 오차[MSE] 손실을 계산하는 곳, 그리고 행동의 어드밴티지를 계산하기 위한 곳에서 사용된다.

```
def unpack_batch(batch, net, device='cpu'):
    states = []
    actions = []
    rewards = []
    not_done_idx = []
    last_states = []
    for idx, exp in enumerate(batch):   # 배치의 각 샘플(전이 데이터)에 대하여
        states.append(np.array(exp.state, copy=False))
        actions.append(int(exp.action))             # 배치안에 튜플로 묶여 있는
        rewards.append(exp.reward)                  # 것을 풀어서 학습에 필요한 각
        if exp.last_state is not None:              # 항목별로 분해
            not_done_idx.append(idx)
            last_states.append(np.array(exp.last_state,
copy=False))
```

루프에서는 전이가 들어 있는 배치를 순환하면서 각 필드를 리스트로 복사한다. ptan.ExperienceSourceFirstLast 클래스를 사용하므로 보상에는 이미 REWARD_STEPS 수만큼의 보상에 대한 할인이 적용되어 있다. 또한 에피소드 종료 상황을 처리하고 만일 종료 상태가 아니라면 이 전이에 대한 배치에서의 인덱스를 저장한다.

```
    states_v = torch.FloatTensor(states).to(device)
    actions_t = torch.LongTensor(actions).to(device)
```

앞의 코드에서 모아진 상태와 행동을 파이토치 텐서로 변환하고 필요한 경우 GPU로 복사한다. 나머지 함수는 종료 상태가 아닌 상태들에 대하여 상태 가치를 계산한다.[5)]

```
    rewards_np = np.array(rewards, dtype=np.float32)
    if not_done_idx:   # 종료 상태가 아닌 상태들에 대하여
        last_states_v = torch.FloatTensor(last_states).to(device)
        last_vals_v = net(last_states_v)[1]
        last_vals_np = last_vals_v.data.cpu().numpy()[:, 0]
        rewards_np[not_done_idx] += GAMMA ** REWARD_STEPS *
last_vals_np
```

$Q(s_t, a_t) = r_t + \gamma r_{t+1} + \gamma^2 V(s_{t+2})$

가치망의 학습을 위한 타겟 가치값 계산

이 수식은 2-스텝용이므로 스텝 수에 맞게 적당하게 적용이 되어야 함

5) 역자주: 이 Q값을 계산할 때 ptan.ExperienceSourceFirstLast는 n-스텝 방법을 지원하는 환경인 것을 주의하자. 예를 들어 2-스텝이라면 $Q(s_t, a_t) = r_t + \gamma r_{t+1} + \gamma^2 V(s_{t+2})$와 같이 Q 값이 계산되는데, 뒷부분의 V항목 전까지는 환경에서 이미 계산되어 경험 튜플의 reward 항목으로 반환받았기 때문에, 여기서는 REWARD_STEPS 수만큼의 거듭제곱을 감마에 적용한 후 이를 도착 상태의 가치에 곱하면 된다. 따라서, 코드에서 rewards_np는 수식의 오른편에서 V항목 이전까지가 들어 있고 여기다가 V항목 부분을 더하는 것이다.

```
        states_v = torch.FloatTensor(states).to(device)
        actions_t = torch.LongTensor(actions).to(device)

if __name__ == "__main__":
    parser = argparse.ArgumentParser()
    parser.add_argument("--cuda", default=False,
action="store_true", help="Enable cuda")
    parser.add_argument("-n", "--name", required=True,
help="Name of the run")
    args = parser.parse_args()
    device = torch.device("cuda" if args.cuda else "cpu")

    make_env = lambda: ptan.common.wrappers.wrap_dqn(gym.make
("PongNoFrameskip-v4"))
    envs = [make_env() for _ in range(NUM_ENVS)]
    writer = SummaryWriter(comment="-pong-a2c_" + args.name)
```

복수의 환경에서 샘플을 수집하기

학습을 위한 준비 코드는 일반적인 환경과 동일하지만 하나의 환경 대신에 여러 개의 환경을 사용한다는 점이 다르다.

```
    net = AtariA2C(envs[0].observation_space.shape,
envs[0].action_space.n).to(device)
    print(net)

    agent = ptan.agent.PolicyAgent(lambda x: net(x)[0],
apply_softmax=True, device=device)
    exp_source = ptan.experience.ExperienceSourceFirstLast(envs,
agent, gamma=GAMMA, steps_count=REWARD_STEPS)

    optimizer = optim.Adam(net.parameters(), lr=LEARNING_RATE,
eps=1e-3)
```

여기서 중요한 한 가지는 eps 인수를 옵티마이저에 전달하는 점이다. Adam 알고리즘에 익숙하다면 잘 알겠지만 Adam 알고리즘이 가중치를 위한 그라디언트를 계산하는 중에 분수가 0으로 나뉘는 상황을 방지하기 위해서 엡실론이 분모에 더해진다. 보통은 이 값이 1e−8 또는 1e−10과 같이 매우 작은 숫자로 설정되지만, 이 예제의 경우 이 값은 너무 작아 보인다. 왜냐하면 ε의 디폴트값으로 실험했을 때 수렴이 전혀 이루어지지 않았기 때문이다. 수학적으로 엄밀히 설명할 수는 없지만, 아마도 1e−8과 같이 너무 작은 값으로 나누면 그라디언트가 너무 커져서 훈련 안정성에 치명적이었던 것 같다.

```
        batch = []

        with common.RewardTracker(writer, stop_reward=18) as tracker:
            with ptan.common.utils.TBMeanTracker(writer,
batch_size=10) as tb_tracker:
                for step_idx, exp in enumerate(exp_source): # 환경에서 한 스텝(즉, 한번의 행동이 이루어짐)에 대한 데이터를 샘플링하고
                    batch.append(exp)

                    # handle new rewards
                    new_rewards = exp_source.pop_total_rewards()
                    if new_rewards:  # 에피소드가 종료된 경우
                        if tracker.reward(new_rewards[0], step_idx):
                            break

                    if len(batch) < BATCH_SIZE:  # 현재 정책을 가지고 충분한 만큼의 데이터가 모일 때까지 기다린 후 학습 시작
                        continue
```

학습 루프에서는 두 개의 래퍼를 사용한다. 첫 번째는 이미 익숙한 common.RewardTracker로서 지난 100회 에피소드의 평균 보상을 계산하고 이 값이 임계치 (위 코드에서는 18)를 초과할 때 알려준다. 또 다른 래퍼인 TBMeanTracker는 ptan 라이브러리에 있으며 마지막 10 스텝 동안의 각종 통계치를 텐서보드에 쓴다. 이것은 학습이 수백만 단계 정도로 진행될 때 더욱 유용한데 텐서보드에 수백만 개의 점수를 쓰는 대신 매 10 단계마다 스무딩(smoothing)된 값을 쓰기 때문이다. 다음 코드는 A2C 방법의 핵심인 손실을 계산하는 코드이다.

```
                    # 충분한 데이터가 모였으므로, 이제부터 학습 시작
                    states_v, actions_t, vals_ref_v =
unpack_batch(batch, net, device=device)
                    batch.clear()

                    optimizer.zero_grad()
                    logits_v, value_v = net(states_v)  # 정책 헤드에서 로짓을, 가치 헤드에서 가치를
```

처음에는 앞에서 모은 배치를 풀어 각 항목별(상태, 행동, 그리고 Q값)로 할당하고, 신경망으로부터 이 배치에 대한 정책과 가치를 구한다. 신경망의 출력으로 나온 정책은 정규화되지 않은 값이므로 확률 분포로 변환하려면 softmax를 적용해야 하는데, 나중에 log_softmax를 사용하여 확률분포와 로그값을 한꺼번에 계산할 것이다. 이렇게 하는 것이 수치적으로 더 안정적이기 때문이다.

```
                    loss_value_v = F.mse_loss(value_v.squeeze(-1),  # 가치 손실 계산
vals_ref_v)
```

가치 손실 계산 부분은 아주 쉬운데, 신경망에서 반환한 값(value_v)과 벨만 방정식을 이용하여

구한 근사값(vals_ref_v) 사이의 평균 제곱 오차(MSE)를 계산한다.

```
                    log_prob_v = F.log_softmax(logits_v, dim=1)  # 어드밴티지 계산
                    adv_v = vals_ref_v - value_v.detach()  → A(s_t, a_t) = Q(s_t, a_t) - V(s_t)
                    log_prob_actions_v = adv_v *               # 퍼포먼스 계산
    log_prob_v[range(BATCH_SIZE), actions_t]                   A(s_t, a_t)logπ(s_t, a_t)
                    loss_policy_v = -log_prob_actions_v.mean()  # 퍼포먼스를 손실값으로 변환
```

여기에서는 PG를 얻기 위한 정책 손실을 계산한다. 첫 번째 두 단계는 정책의 로그값를 얻고 $A(s, a) = Q(s, a) - V(s)$를 이용하여 행동의 어드밴티지를 계산한다. value_v.detach() 함수를 호출하는 것은 매우 중요한데, 왜냐하면 가치에 대한 그라디언트는 이미 앞서 계산했기 때문에, 여기서는 PG가 가치 헤드 쪽으로 전파되는 것을 원치 않기 때문이다. 그런 다음 취해진 행동에 대한 확률 로그를 얻고 어드밴티지($A(s,a)$)를 이용하여 스케일을 변화시킨다. PG 손실값은 여기에 마이너스 부호를 붙이면 되는데, 왜냐하면 PG값 자체는 정책을 개선하기 위해서 최대화되어야 하지만 옵티마이저가 최소화 문제를 가정하기 때문이다.

```
                    prob_v = F.softmax(logits_v, dim=1)
                    entropy_loss_v = ENTROPY_BETA * (prob_v *   # 엔트로피 보너스 계산
    log_prob_v).sum(dim=1).mean()
```

손실함수의 마지막 조각은 엔트로피 손실이데, 행동의 다양성을 유지하기를 원하므로 이 손실은 최대화해야 한다(엔트로피는 $H(\pi) = -\sum \pi \log \pi$ 로 계산됨).

```
                    loss_policy_v.backward(retain_graph=True)
# 그라디언트에 대한 통계 작성을
위해서 그라디언트를 빼옴  ←  grads = np.concatenate([p.grad.data.cpu().numpy().
    flatten()
                                   for p in net.parameters()
                                   if p.grad is not None])
```

정책 손실에 대한 그라디언트 계산. 아직 엔트로피 손실과 가치손실도 그라디언트를 계산해서 합해주어야 하므로, retain_graph=True로 함으로써 그라디언트를 계산 그래프를 그대로 유지

앞의 코드에서 정책의 그라디언트를 계산하고 최대 그라디언트, 분산 및 L2-norm을 추적하였다.

```
                    loss_v = entropy_loss_v + loss_value_v
                    loss_v.backward()
                    nn_utils.clip_grad_norm_(net.parameters(),
    CLIP_GRAD)
                    optimizer.step()
                    loss_v += loss_policy_v
```

그라디언트 L2 norm의 크기가 CLIP_GRAD 이상 되지 않도록 클리핑. 가중치의 L2 norm을 계산하고, 이것이 CLIP_GRAD보다 몇 배 큰지를 계산한 후 그 비율의 역수로 각 가중치를 스케일 해줌

학습의 최종 단계로 엔트로피 손실과 가치 손실을 역전파하고 그라디언트의 크기(L2-norm)가

너무 커지지 않도록 클리핑하고, 최종적으로 가중치를 업데이트한다.

```
                    tb_tracker.track("advantage", adv_v, step_idx)
                    tb_tracker.track("values", value_v, step_idx)
                    tb_tracker.track("batch_rewards", vals_ref_v,
step_idx)
                    tb_tracker.track("loss_entropy", entropy_loss_v,
step_idx)
                    tb_tracker.track("loss_policy", loss_policy_v,
step_idx)
                    tb_tracker.track("loss_value", loss_value_v, step_idx)
                    tb_tracker.track("loss_total", loss_v, step_idx)
                    tb_tracker.track("grad_l2", np.sqrt(np.mean
  (np.square(grads))), step_idx)
                    tb_tracker.track("grad_max", np.max(np.abs(grads)),
  step_idx)
                    tb_tracker.track("grad_var", np.var(grads),
step_idx)
```

학습 루프의 끝에서는 텐서보드에서 모니터링할 모든 값을 추적하였다. 이에 대해서는 다음 섹션에서 살펴볼 것이다.

A2C를 퐁에 적용한 결과

학습을 시작하기 위해서는 02_pong_a2c.py를 실행하면 된다. 이때 -cuda와 -n 옵션(이번 실험의 이름. 텐서보드에서 이번 실험에 대한 이름으로 쓰임)을 사용하자

```
rl_book_samples/Chapter10$ ./02_pong_a2c.py --cuda -n t2
AtariA2C (
    (conv): Sequential (
        (0): Conv2d(4, 32, kernel_size=(8, 8), stride=(4, 4))
        (1): ReLU ()
        (2): Conv2d(32, 64, kernel_size=(4, 4), stride=(2, 2))
        (3): R eLU ()
        (4): Conv2d(64, 64, kernel_size=(3, 3), stride=(1, 1))
        (5): ReLU ()
    )
    (policy): Sequential (
        (0): Linear (3136 -> 512)
```

```
        (1): ReLU ()
        (2): Linear (512 -> 6)
    )
    (value): Sequential (
        (0): Linear (3136 -> 512)
        (1): ReLU ()
        (2): Linear (512 -> 1)
    )
)
37799: done 1 games, mean reward -21.000, speed 722.89 f/s
39065: done 2 games, mean reward -21.000, speed 749.92 f/s
39076: done 3 games, mean reward -21.000, speed 755.26 f/s
...
```

이번 실험은 학습 과정이 상당히 오래 걸린다. 원래의 하이퍼 파라미터를 사용하면 8M 이상의 프레임을 처리해야 하는데, 대략적으로 GPU에서 약 3시간 걸린다. 다음 섹션에서 우리는 수렴 속도를 향상시키기 위해 파라미터를 조정할 예정이다. 또한 이를 더욱더 개선하기 위해 다음 장에서는 개별 환경을 별도의 프로세스로 수행하는 분산 버전을 살펴볼 것이다. 하지만, 지금은 먼저 텐서보드의 그래프에 집중해서 살펴보자.

보상이 변하는 모습은 이전 장보다 훨씬 좋아 보인다.

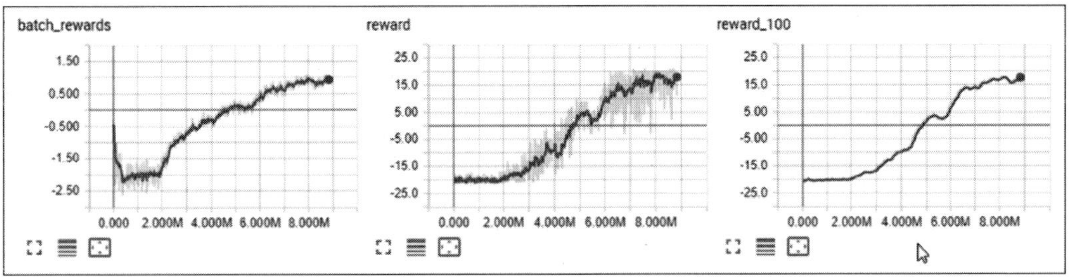

그림 6. A2C의 보상 변화

첫 번째 그래프인 batch_rewards는 벨만 방정식을 사용하여 근사된 Q값을 보여준다. 다음 두 그래프는 할인되지 않은 총 보상값과 지난 100 회 에피소드 총 보상에 대한 평균이다. 학습이 진행됨에 따라 지속적으로 개선되고 있음을 보여준다.

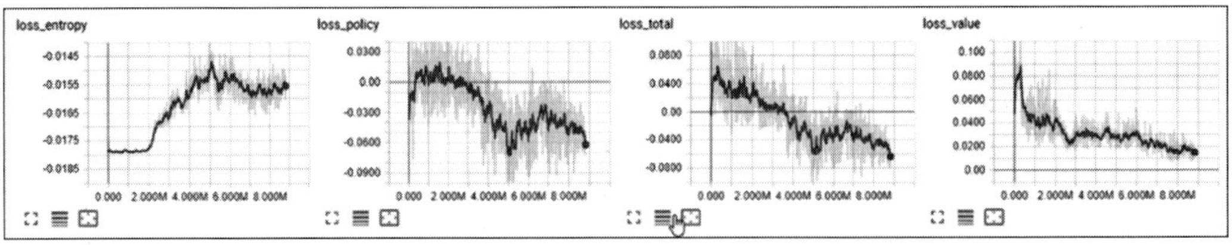

그림 7. **학습 과정에서의 손실값**

위 4개의 차트는 손실 관련 차트들인데 개별 손실값들과 총 손실을 보여준다. 우선, 가치 손실(loss_value)이 지속적으로 감소하고 있는 것을 볼 수 있는데, 결국 가치망을 통한 V(s) 근사가 학습을 거쳐 지속적으로 개선되고 있음을 보여준다. 두 번째로 살펴볼 점은 엔트로피 손실(loss_entropy)이 증가하고 있지만 (엔트로피 손실이 증가함은 엔트로피 자체는 감소함을 의미하고, 따라서 행동의 다양성이 감소함을 의미)전체 손실에서 우위를 차지하지는 않는다는 점이다. 이것은 기본적으로 정책이 무작위성을 벗어남에 따라 에이전트가 자신의 행동 선택에 보다 확신을 갖는다는 것을 의미한다. 여기서 주목해야 할 마지막 사항은 대부분의 시간에 걸쳐 정책 손실(loss_policy)이 꾸준히 줄어들고 있고 총 손실(loss_total)과 상관 관계가 있다는 것이다. 우리는 무엇보다도 PG에 관심을 두기 때문에 매우 좋은 현상이다.

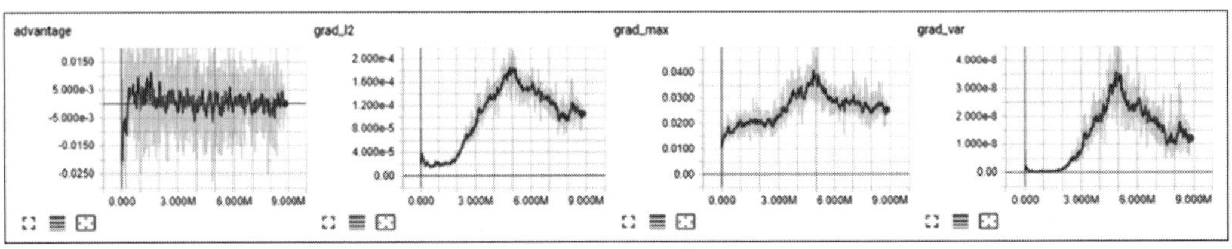

그림 8. **어드밴티지와 그라디언트**

마지막 차트는 어드밴티지와 PG 메트릭을 표시한다. 어드밴티지는 PG의 스케일이라고 할 수 있으며 Q(s, a) − V(s)로 정의되었다. 앞서 우리는 어드밴티지가 0 부근에서 진동할 것으로 예상하였는데, 차트는 우리의 기대가 빗나가지 않았음을 보여준다. 그라디언트 차트는 그라디언트가 너무 작지도 또 너무 크지도 않음을 보여준다. 그라디언트에 대한 분산 차트(grad_var)는 학습 시작시(1.5M 프레임 동안)에는 매우 작지만 나중에 커졌다. 이는 정책이 변화하고 있음을 의미한다.

하이퍼 파라미터 튜닝

이전 섹션에서는 약 3시간에 걸친 학습 시간과 더불어 9M 프레임으로 퐁을 해결하였다. 이제 우리가 좀더 해볼 수 있는 일은 하이퍼 파라미터를 좀 조정해서 수렴 속도를 높이는 것이다. 이것을 다루는 방법은 일단 전체 프로세스가 확률적이므로 한 번에 하나의 옵션만 조정하고 결론을 신중히 내리는 것이다.

이 섹션에서는 원래 하이퍼 매개 변수로 시작하여 다음 실험을 수행하자.

- 학습률을 증가시키기
- 엔트로피 베타값을 증가시키기
- 경험을 수집하기 위한 환경의 수를 조정하기
- 배치 크기를 조정하기

엄밀히 말하자면, 아래의 실험은 적절한 하이퍼 파라미터 튜닝이 아니며 A2C 수렴이 파라미터에 어떻게 의존하는지를 더 잘 이해하려는 시도이다. 최적의 매개 변수 세트를 찾기 위해 전체 그리드 서치 또는 무작위 샘플링 방법을 사용하면 더 나은 결과를 얻을 수 있겠지만 당연히 더 많은 시간과 리소스가 필요할 것이다.

학습률

학습률(LR) 관련해서 일단은 0.001에서 시작하지만, 보다 큰 학습률을 사용하면 수렴 속도가 더 빨라질 것으로 기대된다. 필자가 수행한 테스트에서는 학습률이 0.003이 될 때까지 수렴 속도가 증가했지만 이 보다 더 큰 값의 경우 전혀 수렴하지 않았다.

실험 결과는 아래와 같다.

- LR=0.002: 4.8M 프레임, 1.5 시간
- LR=0.003: 3.6M 프레임, 1 시간
- LR=0.004: 수렴하지 않음
- LR=0.005: 수렴하지 않음

관련된 보상의 변화와 가치 손실은 다음 차트에 나와 있다. 큰 학습률의 경우가 낮은 가치 손실을 가지는 것으로 보아 A2C에서 두 개의 옵티마이저(정책 및 가치)를 사용하는 것으로 인하여 보다 안정적인 학습이 가능한 것일지도 모른다는 생각이 든다.

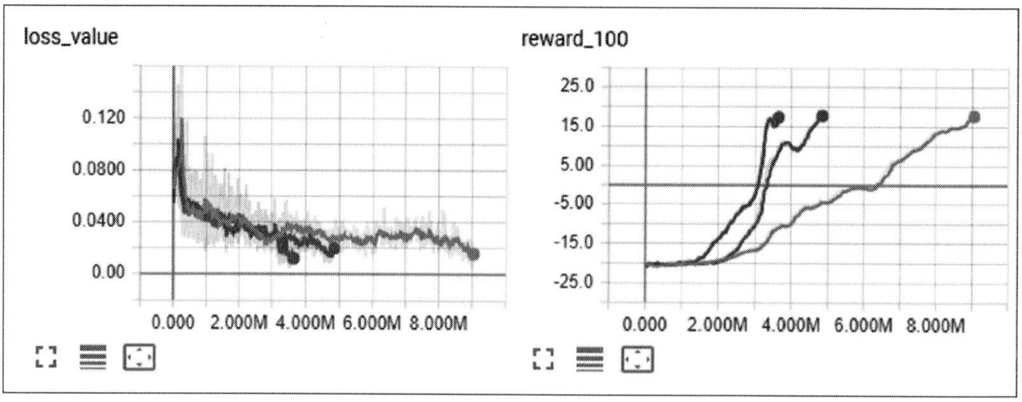

그림 9. 서로 다른 학습률을 사용한 실험(빠른 수렴이 높은 학습률에 해당)

엔트로피 베타(Entropy beta)

엔트로피 손실에 대한 스케일 역할을 하는 베타에 대해서는 두 개의 값, 0.02와 0.03을 가지고 실험을 진행하였다. 첫 번째 값은 수렴 속도를 향상시켰지만 두 번째 값은 다시 악화시켰다. 따라서 최적의 값은 두 값 사이에 있다고 할 수 있다. 결과는 다음과 같다.

- 베타=0.02: 6.8M 프레임, 2 시간
- 베타=0.03: 12M 프레임, 4 시간

환경의 수

어떤 수의 환경이 가장 잘 작동하는지는 명확하지 않기 때문에 초기값 50보다 작거나 큰 수를 여러 번 시도해 보았다. 결과를 보면 큰 경우나 작은 경우나 수렴이 이루어 지지 않는 등 약간 모순된 모습을 보여주지만 전반적으로 더 많은 환경을 사용할수록 더 빠른 수렴을 얻는 것으로 보인다.

- 환경의 수=40: 8.6M 프레임, 3 시간

- 환경의 수 =30: 6.2M 프레임, 2 시간(랜덤 시드가 운이 좋았던 것으로 보임)
- 환경의 수 =20: 9.5M 프레임, 3 시간
- 환경의 수 =10: 수렴 안함
- 환경의 수 =60: 11.6M 프레임, 4 시간(랜덤 시드가 운이 좋았던 것으로 보임)
- 환경의 수 =70: 7.7M 프레임, 2.5 시간

배치 크기

배치 크기를 사용한 실험 결과는 사실 의외인데, 배치의 크기가 작을수록 수렴 속도가 빨라지긴 했지만 너무 작은 경우 보상이 늘어나지는 않았다. 강화학습의 관점에서 볼 때 이것은 타당한 결과라고 할 수 있다. 왜냐하면 작은 배치를 사용하면 신경망의 업데이트 빈도가 높아지고 관찰 횟수가 적게 필요하다. 하지만, 딥러닝에서는 일반적으로 배치의 크기가 클수록 학습 데이터가 보다 i.i.d한 속성을 지니게 되므로 학습에 더 도움이 되지만 실험은 이에 상반되는 결과를 얻었다.

- 배치=64: 4.9M 프레임, 1.7 시간
- 베치=32: 3.8M 프레임, 1.5 시간
- 배치=16, 수렴하지 않음

요약

이 장에서는 심층 강화학습에서 가장 널리 사용되는 방법 중 하나인 A2C를 살펴보았다. 이 방법은 PG 업데이트와 상태 근사를 멋지게 결합하였다. 또한, 그라디언트의 통계 및 수렴에 대한 베이스라인 효과를 분석하여 A2C에 대한 아이디어를 소개하였다. 그런 다음 베이스라인 아이디어의 확장인 A2C를 공부하였다.

다음 장에서는 동일한 알고리즘을 분산하여 수행하는 방법을 살펴볼 것이다.

제 11 장

비동기 어드밴티지 Actor-Critic

이 장은 이전 장에서 자세히 논의한 Actor-Critic(A2C) 방법을 확장하고자 한다. 여기서 집중할 부분은 환경과의 상호작용을 비동기적으로 수행하는 부분이다. 전체 이름은 비동기 어드밴티지 Actor-Critic(Asynchronous Advantage Actor-Critic)이고, A3C라고 한다. 이 방법은 실무적으로 가장 널리 사용하는 방법 중 하나이다. 이 장에서는 기본 A2C 방법에 비동기 동작을 추가하는 두 가지 방법을 살펴볼 것이다.

상호 연관성과 샘플 효율성

정책 그라디언트(Policy Gradient, PG) 방법의 안정성을 향상시키는 방법 중 하나는 여러 환경을 동시에 사용하는 것이다. 그 이유는 6장(심층 Q-신경망)에서 논의한 확률적 그라디언트 하강 방법(SGD)의 근본적인 가정인 독립적이고 동일하게 분포되어야 한다(i.i.d)는 가정을 위배하는 샘플 간의 상관 관계 때문이다. 이러한 상관 관계가 초래하는 결과는 그라디언트의 분산을 매우 높인다는 점이다. 다시 말하면, 상관 관계가 높다는 것은 배치에 있는 학습 데이터들이 서로 매우 유사하다는 것이고, 이렇게 되면 모든 데이터들이 신경망을 같은 방향으로 밀게 된다는 것을 의미한다. 그러나 배치의 데이터들이 우연히 좋거나 혹은 나쁜 에피소드에서 나올 수도 있기 때문에 이 데이터들이 제시하는 그라디언트 방향이 안 좋은 방향일 수 있다는 문제가 있다.

DQN에서는 많은 양의 데이터를 리플레이 버퍼에 저장하고 이 버퍼에서 학습 배치를 샘플링함으로써 이 문제를 해결하였다. 버퍼가 충분히 크다면 여기에서 뽑은 무작위 샘플은 상태들의 원래 분포를 훨씬 잘 나타낼 수 있다. 하지만 안타깝게도 이 해결 방법은 PG 방법에 대해서는 적용할 수가 없는데, PG 방법이 온 정책 방법이어서 현재 정책에서 생성된 샘플만을 가지고 학습해야 하기 때문이다.

몇 년 동안 이 문제는 연구의 초점이었고 여러 가지 방법들이 제안되었지만 아직까지 완벽히 해결되었다고 하기는 어렵다. 가장 보편적으로 사용되는 솔루션은 여러 개의 환경을 동시에 사용하되 현재의 정책 하나만을 사용하여 상태 전이에 대한 데이터를 모으는 것이다. 이렇게 하면 서로 다른 환경에서 그렇지만 단 하나의 현재 정책을 통해 얻은 여러 에피소드를 활용할 수 있기 때문에 하나의 단일 에피소드 내에서 전이들이 가진 상관 관계를 깨뜨릴 수 있게 된다. 이 방법의 제일 큰 단점은 획득한 데이터를 한 번의 학습 후에 모두 버린다는 점이다. DQN과 PG 접근법을 비교하는 것은 매우 간단하다. 예를 들어, DQN의 경우 새로운 샘플 프레임 마다 1M 샘플 크기의 리플레이 버퍼와 32개의 샘플을 가진 배치를 학습에 사용하면 이 때마다 새로운 프레임 하나가 경험 리플레이 버퍼에 추가되므로 하나의 전이 데이터가 경험 리플레이 버퍼에서 제거되기 전에 대략 32회 사용될 것이다. 7장에서 논의된 우선 순위 리플레이 버퍼의 경우 샘플 확률이 균일하지 않기 때문에 이 수가 훨씬 더 커질 수도 있다. PG의 경우 항상 최신의 데이터를 필요로 하기 때문에 환경에서 얻은 모든 경험은 단 한 번만(즉, 신경망이 한 번 업데이트되고 나서는 버린다) 사용되며, 따라서 PG 방법의 데이터 효율은 가치 기반 오프 정책 방법보다 훨씬 낮아진다.

퐁에서 A2C 에이전트는 8M 프레임을 사용하여 수렴하였는데, 기본 DQN의 1M 프레임보다 8배 정도만 데이터를 더 사용하였다. 이런 점을 고려해보면 PG 방법이 완전히 쓸모 없는 것은 아님을 보여준다. 두 가지 방법 모두 그저 다른 방법일 뿐 자신만의 특성이 있어서 문제에 따라 적절히 선택해서 써야 한다. 예를 들어 환경이 비용이 적게 든다면(환경이 빠르며, 메모리를 적게 사용하며, 병렬 처리가 가능) PG 방법이 더 나은 선택일 수 있다. 반면에 환경이 비용이 많이 들고 많은 양의 경험이 학습을 많이 느려지게 한다면 오프 정책 방법인 가치 기반 방법이 보다 나은 선택일 수 있다.

A2C에 A하나를 더 추가하기

실용적인 관점에서 여러 병렬 환경과의 통신은 간단하며 명시적으로 언급하지는 않았지만 이미

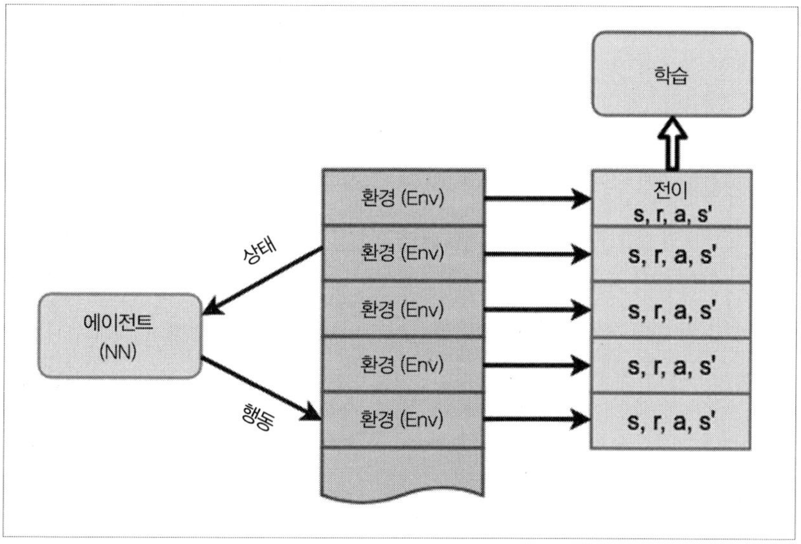

그림 1. 복수의 환경에서 병렬적으로 학습하는 에이전트

이전 장에서 수행한 바 있다. 이전 장에서는 A2C 에이전트에서 일련의 Gym 환경들을 ExperienceSource 클래스에 전달하였고, 경험 소스에서 데이터를 요청할 때마다 다음 환경을 사용하여 경험 데이터를 생성하였다. 이 간단한 접근법은 환경과의 병렬 통신이라는 점에서는 동일하지만, 사실 엄격한 의미에서의 병렬은 아니며 그냥 순차적인 통신으로 수행되었다. 그렇지만 이렇게 얻은 학습 샘플들은 여러 환경에서 얻었기 때문에 잘 섞여 있게 된다. 이 아이디어를 그림으로 표현하면 그림 1과 같다.

이 방법은 매우 효과적이었고 A2C 방법이 수렴하는 데 도움이 되었지만 여전히 컴퓨팅 리소스 활용 측면에서 완벽하지는 않다. 일반적인 워크 스테이션조차도 학습 및 환경 상호작용과 같은 계산에 사용될 수 있는 여러 개의 CPU 코어를 가지고 있다. 반면에 병렬 프로그래밍은 기존 패러다임보다 어렵지만, 운 좋게도 파이썬은 많은 써드 파티 라이브러리가 있는 표현력이 뛰어나고 유연한 언어이므로 별 어려움 없이 병렬 프로그래밍을 할 수 있다. 또 다른 좋은 뉴스는 파이토치가 기본적으로 `torch.multiprocessing` 모듈에서 병렬 프로그래밍을 지원한다는 점이다. 병렬 및 분산 프로그래밍은 매우 광범위한 주제이며 이에 대한 본격적인 논의는 이 책의 범위를 훨씬 벗어난다. 다만 여기에서는 병렬화라는 큰 영역에 약간의 스크래치를 낼 정도만 살펴볼 것이다.

Actor-Critic 병렬화와 관련해서는 두 가지 접근법이 있다.

1. **데이터 병렬화**: 이 방법은 하나 이상의 환경과 통신하고 전이(s, a, r, s')를 제공하는 여러 프로세스를 가질 수 있다. 각 환경에서 모인 샘플은 손실을 계산하고 SGD 업데이트를 수행하는 하나의 학습용 프로세스로 수집된다. 그런 다음, 업데이트된 신경망의 파라미터는 다시 환경과의 상호작용을 위해 모든 다른 프로세스로 전달된다. 다시 말하면, 병렬화에서 교환되는 대상은 데이터인 것이다.

2. **그라디언트 병렬화**: 이 방법에서는 자체 학습 샘플로 그라디언트를 계산하는 여러 프로세스가 있고, 여기에서 계산된 각각의 그라디언트들이 하나의 프로세스로 모아진다. 이 그라디언트를 함께 합산하여 한 프로세스에서 SGD 업데이트를 수행한다. 물론 업데이트된 신경망 가중치는 현재의 정책에 기반한 최신의 데이터를 얻기 위해서 다시 다른 프로세스들에게 전파된다. 다시 말하면, 병렬화에서 교환되는 대상은 데이터가 아니라 그라디언트인 것이다.

그림 2는 이 두 가지 접근 방법을 보여준다.

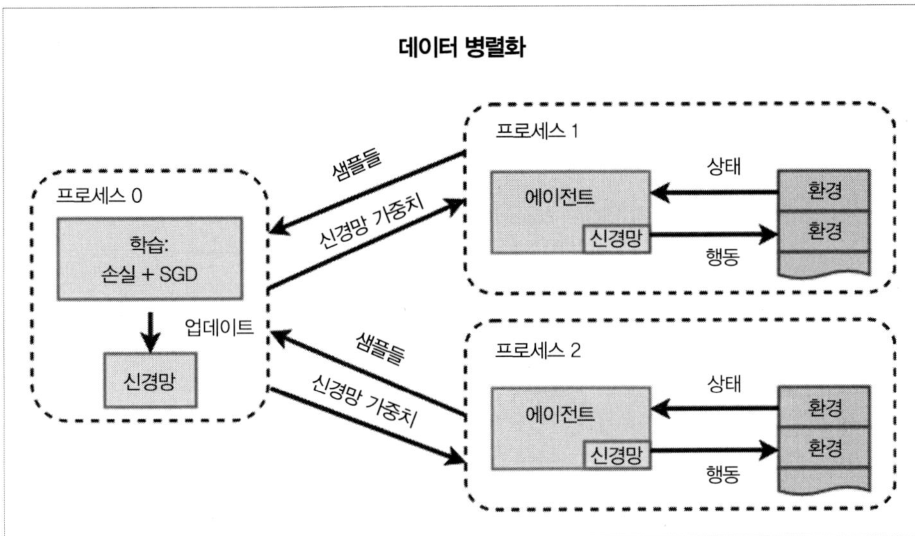

그림 2. 데이터 병렬화: 학습 데이터들이 병렬적으로 모아지고 한 곳으로 모인다

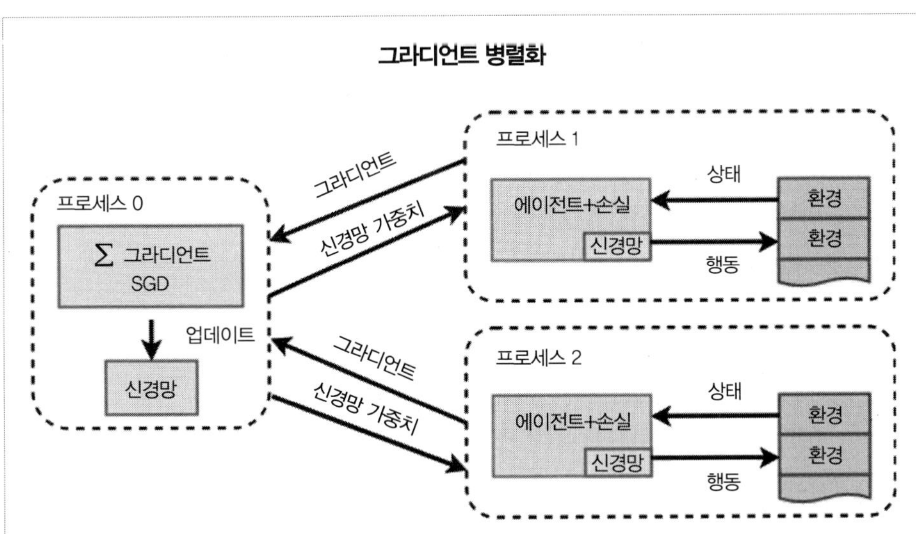

그림 3. 그라디언트 병렬화: 다수의 프로세스에서 실행되는 모델에서 각각 그라디언트를 계산하고 이를 한 곳에 모은다

다이어그램에서는 두 방법이 크게 달라 보이지 않을 수도 있지만 계산 비용을 고려하면 이야기

가 완전히 달라진다. A3C 최적화에서 가장 계산이 많이 필요한 작업은 데이터 샘플로부터 손실을 계산하는 것과(순방향) 이 손실과 관련된 그라디언트를 계산하는 것으로 구성된 학습 과정이다. SGD 최적화 단계 자체는 기본적으로 신경망 가중치에 조정된 그라디언트를 추가하는 것이기 때문에 매우 가볍다. 손실 및 그라디언트 계산을 중앙 프로세스에서 다른 곳들로 이동시킴으로써 잠재적인 병목 현상을 제거하고 전체 프로세스를 훨씬 더 확장 가능하게 만들 수 있다.

두 가지 방법 중 어느 것을 선택할지는 주어진 자원과 목표에 따라 다르다. 단일한 최적화 문제가 있고 여러 대의 컴퓨터에 분산되어 있는 복수의 GPU를 가진 상황과 같이 분산 컴퓨팅 리소스가 많은 경우 그라디언트 병렬 처리가 학습 속도를 높이는 가장 좋은 방법이다. 단일 GPU를 가지고 있는 경우라면 두 가지 방법 모두 비슷한 성능을 보이겠지만 첫 번째 방법이 낮은 수준의 그라디언트값을 사용하지 않아도 되기 때문에 일반적으로 구현하기가 더 간단하다. 이 장에서는 퐁 게임에서 두 가지 방법을 모두 구현하여 접근 방식의 차이점을 확인하고 파이토치 다중 처리 기능을 살펴볼 것이다.

파이썬 멀티 프로세싱

파이썬은 프로세스 수준의 병렬 처리와 이에 필요한 통신 기능을 지원하는 multiprocessing(mp) 모듈을 가지고 있다. 이 예에서는 이 모듈의 두 가지 주요 클래스를 사용한다.

- `mp.Queue`: 객체에 대한 투명한 직렬화 및 역직렬화를 지원하는 다중 생산자/소비자 FIFO 큐이다.
- `mp.Process`: 자식 프로세스에서 실행되는 코드와 부모 프로세스에서 자식을 제어하기 위한 방법을 제공한다.

파이토치는 CUDA 장치 및 공유 메모리에서 텐서 및 변수를 적절히 처리하기 위하여 mp 모듈을 둘러싼 자신만의 래퍼를 제공한다. 표준 라이브러리의 `multiprocessing` 모듈과 동일한 기능을 제공하므로 `import multiprocessing` 대신 `import torch.multiprocessing`을 사용하면 된다.

A3C - 데이터 병렬화

우리가 점검할 A3C 병렬화의 첫 번째 버전은 학습을 수행하는 메인 프로세스와 환경과 상호작용하고 학습을 위한 경험을 수집하는 여러 자식 프로세스로 구성된다. 구현을 간결하게 하기 위해서 메인 프로세스에서 자식 프로세스들로 신경망 가중치를 브로드캐스팅하는 기능은 구현하지 않는다. 명시적으로 자식 프로세스들에게 가중치를 수집하고 전송하지는 않지만 대신 신경망은 파이토치 내장 기능을 사용하는 모든 프로세스 간에 공유되므로 NN에서 share_memory()를 호출함으로써 다른 프로세스에서 동일한 nn.Module 인스턴스를 사용할 수 있다. 이 방법은 CUDA(모든 호스트의 프로세스 간에 GPU 메모리가 공유되므로) 또는 CPU 계산의 경우 공유 메모리 IPC에 대한 오버 헤드가 없다. 두 경우 모두 이 방법은 성능을 향상시키지만 학습 및 데이터 수집을 위해 단일 GPU 하나를 이용하므로 단일 시스템의 경우로 한정된다. 퐁 예제의 경우에는 이것이 그다지 제약 사항이 되지는 않겠지만 만일 더 큰 확장성이 필요하다면 신경망 가중치를 명시적으로 공유하는 방법으로 예제를 확장해야 한다.

전체 코드는 Chapter11/01_a3c_data.py 파일에 있으며, Chapter11/lib/common.py 모듈에 있는 다음의 기능들을 사용한다.

- AtariA2C(nn.Module) 클래스: Actor-Critic NN 모듈을 구현한다.
- RewardTracker 클래스: 에피소드의 할인되지 않은 총 보상을 다룬다. 이를 텐서보드에 쓰고 게임의 해결 조건을 체크한다.
- unpack_batch(batch, net, last_val_gamma): 이 함수는 n개의 에피소드 스텝들이 들어 있는 전이(상태, 보상, 행동, 도착 상태)에 대한 배치를 학습에 적합한 데이터 형식으로 변화하다

위의 함수들은 이미 이전 장에서 보았으므로 여기에서 반복해서 설명하지는 않겠다. 이제 하위 프로세스 및 주요 학습 루프 기능을 포함하는 메인 모듈의 코드를 확인해 보자.

```
#!/usr/bin/env python3
import gym
import ptan
import numpy as np
import argparse
import collections
from tensorboardX import SummaryWriter

import torch.nn.utils as nn_utils
import torch.nn.functional as F
import torch.optim as optim
import torch.multiprocessing as mp

from lib import common
```

필요한 모듈을 가져왔다. 여기서 torch.multiprocessing 라이브러리를 가져오는 것 외에는 새로운 것은 없다.

```
GAMMA = 0.99
LEARNING_RATE = 0.001
ENTROPY_BETA = 0.01
BATCH_SIZE = 128

REWARD_STEPS = 4
CLIP_GRAD = 0.1

PROCESSES_COUNT = 4
NUM_ENVS = 15

ENV_NAME = "PongNoFrameskip-v4"
NAME = 'pong'
REWARD_BOUND = 18
```

하이퍼 파라미터에는 두 개의 새로운 값들이 정의되었다.

- PROCESSES_COUNT는 학습 데이터를 수집할 하위 프로세스 수를 지정한다. 이 작업에서 가장 연산량을 많이 차지하는 부분은 프레임 전처리이므로 컴퓨터의 CPU 코어 양과 같게 설정하는 것을 추천한다.
- NUM_ENVS는 자식 프로세스가 데이터를 수집하는 데 사용할 환경 수이다. 이 숫자에 프로세스 수를 곱한 값이 학습 데이터를 얻을 수 있는 병렬 환경의 총량이 된다.

```
def make_env():
    return ptan.common.wrappers.wrap_dqn(gym.make(ENV_NAME))

TotalReward = collections.namedtuple('TotalReward', field_
names='reward')
```

자식 프로세스 함수를 설명하기 전에 먼저 환경을 생성하는 함수와 메인 학습 프로세스에 총 보상을 보내기 위해 사용할 작은 래퍼를 먼저 정의하자.

```
def data_func(net, device, train_queue):    # 이 함수는 각 자식 프로세스에서 실행됨
    envs = [make_env() for _ in range(NUM_ENVS)]  # 동일한 환경을 여러개 만들고
    agent = ptan.agent.PolicyAgent(lambda x: net(x)[0],
        device=device, apply_softmax=True)
    exp_source = ptan.experience.ExperienceSourceFirstLast(envs,   # 이번에는 경험 소스에 환경 리스트를 전달(하나의 환경이 아니라)
        agent, gamma=GAMMA, steps_count=REWARD_STEPS)
```

```
for exp in exp_source:
    new_rewards = exp_source.pop_total_rewards()
    if new_rewards:  # 하나의 에피소드가 종료되면 할인 안된 총보상을 큐에 넣음
        train_queue.put(TotalReward
            (reward=np.mean(new_rewards)))
    train_queue.put(exp)  # 에피소드의 전이 샘플을 큐에 넣음
```

앞의 함수는 매우 간단하며 나중에 자식 프로세스에서 실행될 것이다(mp.Process 클래스를 사용하여 메인 코드에서 해당 프로세스를 시작할 것이다). 이 함수에는 세 개의 인수를 전달하는데, 이것은 각각 신경망, 계산을 수행하는 데 사용되는 장치(cpu 또는 cuda 문자열), 그리고 하위 프로세스에서 학습을 실제 수행할 메인 프로세스로 데이터를 전송하는 데 사용할 큐이다. 큐는 다수의 생산자와 단일 소비자 모드에서 사용되며 두 가지 유형의 객체를 포함할 수 있다.

- TotalReward: 완료된 에피소드의 할인이 되지 않은 총 보상을 나타내는 float형 필드의 reward를 갖고 있는 객체.
- ptan.experience.ExperienceFirstLast: n-스텝을 구현하고 있는 환경으로서 REWARD_STEPS 만큼의 상태 전이를 수행하고 이 시퀀스에서 시작 상태, 행동, 이 시퀀스의 할인된 보상, 마지막 상태를 래핑하는 객체이다. 이것이 학습에 사용할 우리의 경험이다.

하위 프로세스에 대해서는 이것이 전부이다. 그리면 메인 프로세스를 위한 시작 코드와 학습 루프를 살펴보자.

```
if __name__ == "__main__":
    mp.set_start_method('spawn')
    parser = argparse.ArgumentParser()
    parser.add_argument("--cuda", default=False,
        action="store_true", help="Enable cuda")
    parser.add_argument("-n", "--name", required=True,
        help="Name of the run")
    args = parser.parse_args()
    device = "cuda" if args.cuda else "cpu"
    writer = SummaryWriter(comment="-a3c-data_" + NAME + "_" +
args.name)
```

시작은 mp.set_start_method에 대한 호출을 제외하고는 이미 친숙하다. mp.set_start_method 호출은 멀티 프로세싱 모듈에 사용하려는 병렬 처리의 종류를 알려 준다. 파이썬의 네이티브 멀티프로세싱 라이브러리는 서브 프로세스를 시작하는 여러 가지 방법을 지원하지만, 파이토치의

멀티 프로세싱 한계로 인해 spawn이 최상의 옵션이다.

```
    env = make_env()
    net = common.AtariA2C(env.observation_space.shape,
        env.action_space.n).to(device)
    net.share_memory()
    optimizer = optim.Adam(net.parameters(),

        lr=LEARNING_RATE, eps=1e-3)
```

그 다음, 신경망을 생성하고 CUDA 디바이스로 옮기고 가중치를 공유하도록 요청하였다. CUDA 텐서는 기본적으로 공유되지만 CPU 모드일 경우에는 share_memory를 호출해야 한다.

```
    train_queue = mp.Queue(maxsize=PROCESSES_COUNT)
    data_proc_list = []
    for _ in range(PROCESSES_COUNT):    # 병렬 실행 프로세스의 개수만큼
        data_proc = mp.Process(target=data_func,
            args=(net, device, train_queue))
        data_proc.start()
        data_proc_list.append(data_proc)
```

그런 다음 자식 프로세스를 시작하기 전에 자식 프로세스들이 메인 프로세스로 데이터를 전달하기 위한 큐를 생성하였다. 큐 생성자에 대한 인수는 큐의 최대 용량을 지정한다. 꽉 찬 큐에 새 항목을 넣으려고 하면 큐에서 자동으로 차단되므로 데이터 샘플을 최신으로 유지하는 것이 용이하다(왜냐하면, 이전 데이터를 소비해야만 새로운 데이터가 들어갈 수 있기 때문이다). 큐를 만든 후 mp.Process 클래스를 사용하여 필요한 프로세스들을 시작하고 나중에 프로세스의 올바른 종료를 위해 리스트로 담는다. mp.Process.start() 호출 직후에 data_func 함수가 자식 프로세스에 의해 실행된다.

```
    # 여기는 메인 프로세스의 영역임
    batch = []
    step_idx = 0

    try:
        with common.RewardTracker(writer,
  stop_reward=REWARD_BOUND) as tracker:
            with ptan.common.utils.TBMeanTracker(writer,    # 100 배치 동안의 통계치를 텐서보드에 기록
  batch_size=100) as tb_tracker:
                while True:
                    train_entry = train_queue.get()
                    if isinstance(train_entry, TotalReward):    # 에피소드의 종료 시 TotalReward 받음
                        if tracker.reward(train_entry.reward,    # 여태까지와 마찬가지로, 최근 100회의 에피소드들의 평균 보상이 정해진 기준을 넘으면 True 반환. 그렇다면, 학습 종료
  step_idx):
```

```
                break
            continue
```

학습 루프의 시작 부분에서는 큐에서 다음 항목을 가져 와서 TotalReward 개체를 처리하고 보상 추적자로 전달하였다.

```
        step_idx += 1
        batch.append(train_entry)
        if len(batch) < BATCH_SIZE:    # 원하는 만큼의 전이 샘플이 모일 때가지 반복
            continue
```

큐에 두 가지 유형의 객체(TotalReward 혹은 경험 전이)만 있을 수 있으므로 큐에서 얻은 항목을 한 번만 확인하면 된다. TotalReward 항목을 처리한 후에는 배치의 크기가 찰 때까지 자식 프로세스로부터 전달받은 경험 객체를 넣는다.

```
        # 원하는 만큼의 전이 샘플이 배치로 모였으므로 학습 시작
        states_v, actions_t, vals_ref_v = \
            common.unpack_batch(batch, net,
last_val_gamma=GAMMA**REWARD_STEPS, device=device)
        batch.clear()
```

필요한 양의 경험 샘플을 얻으면 unpack_bach 함수를 사용하여 학습에 용이하도록 데이터를 분리해 내고 배치를 비운다. 한 가지 유의할 점은 경험 샘플이 4 단계 시퀀스(REWARD_STEPS가 4인 경우)를 나타내므로 마지막 $V(s)$ 항목에는 감마값을 γ^4를 사용해야 맞다. Actor-Critic 손실 계산은 이전 장에서 수행했던 것과 동일하다. 즉, 현재 신경망을 사용하여 정책 및 가치 추정치를 계산하고 정책, 가치 그리고 엔트로피 손실을 계산한다.

```
        optimizer.zero_grad()
        logits_v, value_v = net(states_v)

        loss_value_v = F.mse_loss(value_v.squeeze(-1),    # 가치망을 위한 손실 계산
            vals_ref_v)

        log_prob_v = F.log_softmax(logits_v, dim=1)
        adv_v = vals_ref_v - value_v.detach()    # 정책망을 위한 어드밴티지 계산
        log_prob_actions_v = adv_v *    # 정책망을 위한 퍼포먼스 계산
            log_prob_v[range(BATCH_SIZE), actions_t]    # 배치의 전이 샘플로부터 유래됨
        loss_policy_v = -log_prob_actions_v.mean()    # 정책망을 위한 손실 계산

        prob_v = F.softmax(logits_v, dim=1)
        entropy_loss_v = ENTROPY_BETA * (prob_v *    # 엔트로피 보너스 손실 계산
            log_prob_v).sum(dim=1).mean()
```

```
            loss_v = entropy_loss_v + loss_value_v +
                loss_policy_v
            loss_v.backward()  # 그라디언트 계산
            nn_utils.clip_grad_norm_(net.parameters(),   # 그라디언트의 L2 norm이
                CLIP_GRAD)                               정해진 기준보다 커지지
                                                         않도록 클리핑
            optimizer.step()
```

마지막 단계로 계산된 텐서를 텐서보드 트래커(tb_tracker)에 전달한다. 이 클래스는 모니터링하려는 데이터를 평균화하고 저장한다.

```
            tb_tracker.track("advantage", adv_v, step_idx)
            tb_tracker.track("values", value_v, step_idx)
            tb_tracker.track("batch_rewards", vals_ref_v,
                step_idx)
            tb_tracker.track("loss_entropy",
                entropy_loss_v, step_idx)
            tb_tracker.track("loss_policy", loss_policy_v,
                step_idx)
            tb_tracker.track("loss_value", loss_value_v,
                step_idx)
            tb_tracker.track("loss_total", loss_v,
                step_idx)
finally:
    for p in data_proc_list:
        p.terminate()
        p.join()
```

예외(*Ctrl* + *C* 등)가 발생하거나 게임이 해결되었을 때 실행되는 마지막 finally 블록에서 하위 프로세스를 종료하고 남은 프로세스가 없는지 확인하기 위해서 기다린다.

결과

예제를 시작하고 좀 기다리면 성능 및 평균 보상 데이터를 보여주기 시작할 것이다. GTX 1080Ti 및 4 코어 시스템에서는 초당 약 1800 프레임의 속도를 보여주며, 이는 이전 장에서 얻은 600 프레임보다 개선된 점이다.

```
rl_book_samples/Chapter11$ ./01_a3c_data.py --cuda -n final
44830: done 1 games, mean reward -21.000, speed 1618.10 f/s
44856: done 2 games, mean reward -21.000, speed 2053.09 f/s
45037: done 3 games, mean reward -21.000, speed 2036.78 f/s
```

```
45351: done 4 games, mean reward -21.000, speed 1894.14 f/s
45562: done 5 games, mean reward -21.000, speed 2204.78 f/s
45573: done 6 games, mean reward -21.000, speed 629.41 f/s
...
```

수렴 역학의 측면에서 보면 새로운 버전은 병렬 환경을 갖춘 A2C와 유사하며 7M-8M 관찰이 이루어진 시점에서 퐁을 해결하였다. 하지만 이번에는 8M 프레임을 처리하는데 3 시간이 아니라 1시간 조금 정도밖에 걸리지 않았다.

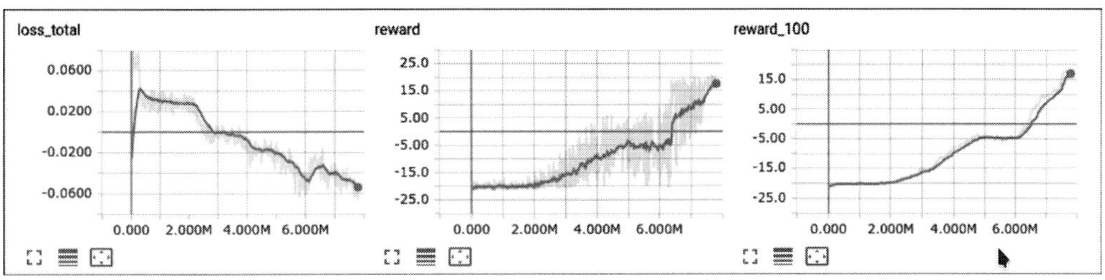

그림 4. A3C 데이터 병렬화 버전의 퐁 게임에서의 수렴

A3C - 그라디언트 병렬화

A2C의 병렬화 구현에서 다음으로 시도할 것은 메인 프로세스에 학습을 위한 데이터를 제공하는 대신 로컬 학습 데이터를 사용하여 그라디언트를 계산하고 해당 그라디언트를 메인 프로세스에 전송하는 것이다. 메인 프로세스는 해당 그라디언트를 결합(기본적으로는 단순히 합치기만 함)하고 공유 신경망에서 SGD 업데이트를 수행한다.

언뜻 보기에는 앞서 구현한 데이터 병렬화와 별로 차이가 없어 보일 수도 있지만 이 접근법은 훨씬 더 확장성이 뛰어난 방법이다. 특히 네트워크상에 여러 컴퓨팅 노드가 있고, 각 컴퓨팅 노드가 여러 GPU를 가지고 있는 경우 더욱 그렇다. 이런 상황에서는(손실 계산 및 역전파가 계산량을 많이 요구하는 작업이기 때문이다.) 데이터 병렬화 모델의 중앙 프로세스는 병목 현상의 원인이 되는데, 왜냐하면 그라디언트 병렬화는 여러 GPU에 이 계산에 대한 부하를 분산시키고 중앙에서는 단순히 그라디언트 조합만을 수행하므로 비교적 간단하고 중앙의 병목 현상도 제거된다.

전체 예제는 Chapter11/02_a3c_grad.py 파일에 있으며 앞의 예제와 같은 Chapter11/lib/common.py 파일을 사용한다.

```
GAMMA = 0.99
LEARNING_RATE = 0.001
ENTROPY_BETA = 0.01

REWARD_STEPS = 4
CLIP_GRAD = 0.1

PROCESSES_COUNT = 4
NUM_ENVS = 15

GRAD_BATCH = 64
TRAIN_BATCH = 2
ENV_NAME = "PongNoFrameskip-v4"
NAME = 'pong'
REWARD_BOUND = 18
```

위에서 BATCH_SIZE가 GRAD_BATCH 및 TRAIN_BATCH의 두 매개 변수로 대체 된다는 점만 제외하면 이전 예제와 거의 같다. GRAD_BATCH의 값은 손실을 계산하고 그라디언트 값을 얻기 위해 모든 하위 프로세스에서 사용되는 배치의 크기를 정의한다. 두 번째 매개 변수인 TRAIN_BATCH는 SGD 업데이트를 수행할 때 자식 프로세스의 그라디언트 몇 개를 합할 것인지 지정한다. 따라서 매 최적화 단계, 즉 가중치를 업데이트할 때마다, TRAIN_BATCH * GRAD_BATCH 학습 샘플을 사용한다. 손실 계산과 역전파는 계산량을 매우 많이 요구하는 작업이므로 큰 GRAD_BATCH를 사용하여 효율성을 향상시키고자 한다. GRAD_BATCH를 크게 한 대신 TRAIN_BATCH를 상대적으로 낮게 설정하여 신경망 업데이트가 온 정책성을 유지할 수 있도록 한다.

```
def make_env():
    return ptan.common.wrappers.wrap_dqn(gym.make(ENV_NAME))

def grads_func(proc_name, net, device, train_queue):    # 이번에는 자식 프로세스에서 그라디언트까지 계산 후 이 그라디언트를 메인 프로세스에게 전달함. 앞서 데이터 병렬화에서는 전이 샘플을 자식 프로세스에서 모았지만, 이번에는 그라디언트를 모은다는 점이 다르다
    envs = [make_env() for _ in range(NUM_ENVS)]

    agent = ptan.agent.PolicyAgent(lambda x: net(x)[0],
        device=device, apply_softmax=True)
    exp_source = ptan.experience.ExperienceSourceFirstLast(envs,
        agent, gamma=GAMMA, steps_count=REWARD_STEPS)

    batch = []
    frame_idx = 0
    writer = SummaryWriter(comment=proc_name)
```

위 코드는 자식 프로세스에 의해 실행되는 함수인데, 앞서의 데이터 병렬화 예제보다 훨씬 복잡하다. 그 반대급부로 대신 메인 프로세스의 학습 루프는 매우 간결해진다. 자식 프로세스를 생성할 때 함수에 몇 가지 인수를 전달한다.

- 텐서보드 작성자를 만드는 데 사용되는 프로세스의 이름이다. 이 예에서 모든 하위 프로세스는 자체 텐서보드 데이터 세트를 작성한다.
- 공유 신경망
- 계산을 수행할 장치(cpu 혹은 cuda).
- 계산된 그라디언트를 중앙 프로세스에 전달할 때 쓰일 큐

자식 프로세스의 기능은 데이터 병렬화 버전의 메인 학습 루프와 매우 유사하게 보이지만 이는 자식 프로세스가 담당하는 책임이 커져서 그런 것이므로 놀라울 것은 없다. 그러나 최적화 프로그램에 신경망 업데이트를 요청했던 기존과 달리 이번에는 그라디언트를 수집하여 큐로 보낸다. 나머지 코드는 거의 같다.

```
    # 자식 프로세스에서 그라디언트 계산
    with common.RewardTracker(writer, stop_reward=REWARD_BOUND) as
tracker:
        with ptan.common.utils.TBMeanTracker(writer,
batch_size=100) as tb_tracker:
            for exp in exp_source:  # 경험 소스로부터 오는 매 전이 샘플에 대하여
                frame_idx += 1
                new_rewards = exp_source.pop_total_rewards()  # 에피소드가 종료되면 보상이, 아니면 None 반환됨
                if new_rewards and tracker.reward(new_rewards[0],
frame_idx):  # 에피소드가 종료되었고 최근 100회의 보상 평균이 일정 기준 이상을 넘으면 학습 중단
                    break

                batch.append(exp)  # 전이 샘플을 배치에 넣음
                if len(batch) < GRAD_BATCH:  # 그라디언트 계산을 위하여 정해진 기준 이상의 전이 샘플이 모이지 않았으면
                    continue
```

위에서 학습을 위하여 경험 데이터를 수집하여 배치를 채우고 에피소드 보상의 끝을 처리하였다.

```
                states_v, actions_t, vals_ref_v = \  # 모아진 전이 튜플에 대한 배치를 학습에 용이하도록 각자 항목별로 풀고
                    common.unpack_batch(batch, net,
last_val_gamma=GAMMA**REWARD_STEPS, device=device)
                batch.clear()

                net.zero_grad()
                logits_v, value_v = net(states_v)  # A2C의 정책 헤드로부터는 행동에 대한 로짓을, 가치 헤드로부터는 가치값을 반환 받음
```

```
                    loss_value_v = F.mse_loss(value_v.squeeze(-1),   # 가치망(헤드)에 대한 손실 계산
vals_ref_v)

                    log_prob_v = F.log_softmax(logits_v, dim=1)   # 정책에 대한 로짓으로부터 정책 확률에 대한 로그값 계산
                    adv_v = vals_ref_v - value_v.detach()   # 어드밴티지 계산. value_v를 detach해서 그라디언트 계산이 가치망쪽으로 흐르지 않도록 방지
                    log_prob_actions_v = adv_v *
log_prob_v[range(GRAD_BATCH), actions_t]   # 정책에 대한 퍼포먼스 계산
                    loss_policy_v = -log_prob_actions_v.mean()   # 정책에 대한 손실 계산

                    prob_v = F.softmax(logits_v, dim=1)
                    entropy_loss_v = ENTROPY_BETA * (prob_v *   # 엔트로피 정규화(regularization) 손실 계산
log_prob_v).sum(dim=1).mean()

                    loss_v = entropy_loss_v + loss_value_v +
loss_policy_v
                    loss_v.backward()   # 총 손실에 대한 그라디언트 계산
```

이전 섹션에서는 자식 프로세스에서 오는 학습 데이터를 메인 프로세스에서 결합하여 그라디언트를 계산하였지만, 그라디언트 병렬화인 이번 버전에서는 그라디언트가 자식 프로세스 내부에서 로컬하게 계산된다.

```
                tb_tracker.track("advantage", adv_v, frame_idx)
                tb_tracker.track("values", value_v, frame_idx)
                tb_tracker.track("batch_rewards", vals_ref_v,
                    frame_idx)
                tb_tracker.track("loss_entropy", entropy_loss_v,
                    frame_idx)
                tb_tracker.track("loss_policy", loss_policy_v,
                    frame_idx)
                tb_tracker.track("loss_value", loss_value_v,
                    frame_idx)
                tb_tracker.track("loss_total", loss_v, frame_idx)
```

앞의 코드는 학습 도중 모니터링할 값들을 텐서보드로 보낸다.

```
                nn_utils.clip_grad_norm(net.parameters(),   # 그라디언트의 길이가 정해진 것보다 커지지 않도록 클리핑
                    CLIP_GRAD)
                grads = [param.grad.data.cpu().numpy() if   # 그라디언트를 망에서 복사해서 리스트에 넣음
                    param.grad is not None else None
                        for param in net.parameters()]
                train_queue.put(grads)   # 그라디언트를 메인 프로세스에 전달하기 위하여 큐에 넣음
```

루프의 끝에서 그라디언트를 클리핑하고 메인 프로세스로 가중치를 보내기 위해 train_queue에 그라디언트를 저장한다.

```
        train_queue.put(None)
```

grads_func의 마지막 줄은 None을 큐에 넣고 이 하위 프로세스가 게임의 해결 상태에 도달했음과 학습을 중지해야 함을 메인 프로세스에 알린다

```
if __name__ == "__main__":
    mp.set_start_method('spawn')
    parser = argparse.ArgumentParser()
    parser.add_argument("--cuda", default=False,
        action="store_true", help="Enable cuda")
    parser.add_argument("-n", "--name", required=True,
        help="Name of the run")
    args = parser.parse_args()
    device = "cuda" if args.cuda else "cpu"

    env = make_env()
    net = common.AtariA2C(env.observation_space.shape,
        env.action_space.n).to(device)
    net.share_memory()
```

메인 프로세스는 신경망을 생성하고 이의 가중치를 공유한다

```
    optimizer = optim.Adam(net.parameters(), lr=LEARNING_RATE,
        eps=1e-3)

    train_queue = mp.Queue(maxsize=PROCESSES_COUNT)
    data_proc_list = []
    for proc_idx in range(PROCESSES_COUNT):
        proc_name = "-a3c-grad_" + NAME + "_" + args.name + "#%d"
            % proc_idx
        data_proc = mp.Process(target=grads_func, args=(proc_name,
            net, device, train_queue))
        data_proc.start()
        data_proc_list.append(data_proc)
```

그런 다음 이전과 마찬가지로 하위 프로세서와 통신을 위한 큐를 만들고 필요한 하위 프로세스 수를 생성하였다.

```
    batch = []
    step_idx = 0
    grad_buffer = None

    try:
        while True:
            train_entry = train_queue.get()
            if train_entry is None:
                break
```

A3C의 데이터 병렬화 버전과의 주요 차이점은 학습 과정에 있으며, 여기서는 하위 프로세스에서 관련된 많은 계산을 수행함에 따라 메인에서의 학습 루프는 훨씬 간단하다. 루프의 시작 부분은 하위 프로세스 중 하나가 학습을 중단하기 위해 필요한 평균 보상에 도달한 상황을 처리한다. 이 경우에는 물론 루프를 종료한다.

```
            step_idx += 1

            if grad_buffer is None:
                grad_buffer = train_entry     # 자식 프로세스에서 처음 받은 그라디언트라면 그냥 할당
            else:
                for tgt_grad, grad in zip(grad_buffer,train_entry):
                    tgt_grad += grad          # 자식 프로세스에서 받은 그라디언트를 기존에 받은 것에 더함
                                              (즉, 그라디언트가 합해짐)
```

위 코드의 마지막 부분에서는 하위 프로세스에서 온 그라디언트를 모두 합산해 준다.

```
            if step_idx % TRAIN_BATCH == 0:
                for param, grad in zip(net.parameters(),grad_buffer):
                    grad_v = torch.FloatTensor(grad).to(device)
                    param.grad = grad_v

                nn_utils.clip_grad_norm_(net.parameters(),CLIP_GRAD)
                optimizer.step()
                grad_buffer = None
```

그라디언트를 충분히 축적했으면(TRAIN_BATCH에서 지정된 횟수만큼) 그라디언트의 합을 파이토치 FloatTensor로 변환하고 신경망 가중치의 그라디언트 필드에 할당한다. 그 후에 누적된 그라디언트를 사용하여 신경망의 가중치를 업데이트하기 위해 옵티마이저의 step()을 호출하면 된다.

```
    finally:
        for p in data_proc_list:
            p.terminate()
```

```
        p.join()
```

학습 루프를 나갈 때 *Ctrl* + *C* 키를 눌러 최적화를 중지하더라도 모든 하위 프로세스가 종료되었음을 확인한다. 그렇지 않으면 좀비 프로세스가 GPU 리소스를 점유하고 있을 것이기 때문이다.

결과

이 예제는 이전과 같은 방식으로 시작될 수 있으며 잠시 기다리면 속도와 평균 보상을 표시한다. 그러나 표시된 정보는 하위 프로세스 각각에 대한 정보이므로, 전체적인 것을 보려면 속도, 완료된 게임 수 및 프레임 수에 프로세스 수를 곱해야 한다. 벤치마크 결과는 모든 하위 프로세스가 초당 약 550-600 프레임을 처리할 수 있음을 보여주며, 이는 결국 전체적으로는 총 2200-2400 프레임을 초당 처리함을 의미한다.

```
rl_book_samples/Chapter11$ ./02_a3c_grad.py --cuda -n final
11278: done 1 games, mean reward -21.000, speed 520.23 f/s
11640: done 2 games, mean reward -21.000, speed 610.54 f/s
11773: done 3 games, mean reward -21.000, speed 485.09 f/s
11803: done 4 games, mean reward -21.000, speed 359.42 f/s
11765: done 1 games, mean reward -21.000, speed 519.08 f/s
11771: done 2 games, mean reward -21.000, speed 531.22 f/s
...
```

수렴 역학은 이전 버전과 매우 유사하다. 전체 관찰 수는 약 8M-10M이며, 완료하는 데 1시간 30분이 소요되었다.

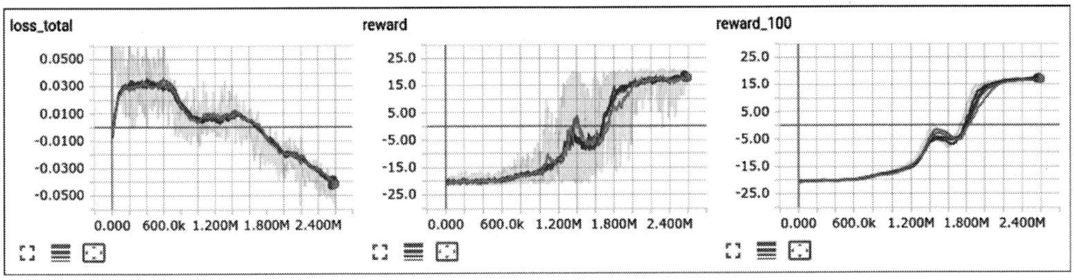

그림 5. 퐁에서의 그라디언트 병렬화 A3C 버전의 수렴 역학

요약

이 장에서는 PG 방법이 온 정책 방법의 특성으로 인해 여러 환경에서 학습 데이터를 수집하는 것이 중요한 이유에 대해 논의하였다. 또한 학습 과정을 병렬화하고 안정화하기 위해 A3C에 대한 두 가지 접근 방식을 구현하였다. 우리는 이 책의 뒷부분에서 블랙 박스 방법(제 16 장)에 관해 논의할 때, 병렬화에 대해서 다시 한 번 논의할 것이다. 다음 장에서는 PG를 사용하여 해결할 수 있는 보다 실용적인 문제를 살펴보고 책의 PG 부분을 마무리하고자 한다.

제 12 장

강화학습으로 챗봇 학습하기

이 장에서는 지난 2년 동안 인기를 끌었던 심층 강화학습의 또 다른 실용적인 응용인 자연어 모델 학습에 대해 살펴보겠다. 강화학습은 2014년에 발표된 Recurrent Models of Visual Attention 이라는 모델로 시작하여 자연어 처리(NLP) 영역의 다양한 문제에 성공적으로 적용되었다.

이 방법을 이해하기 위해 RNN(referential Neural Networks), 단어 임베딩 및 시퀀스투시퀀스(seq2seq) 모델을 포함하여 NLP 기본에 대해 간략하게 소개할 것이다. 그런 다음 NLP와 강화학습 문제 간의 유사점을 논의하고 강화학습 방법을 사용하여 NLP 시퀀스투시퀀스 학습을 개선하는 방법에 대한 독창적인 아이디어를 살펴보겠다. 이 장의 핵심은 영화 대화 데이터 셋에 대해 학습된 대화 시스템이다.

챗봇 개요

2017년의 많은 트렌디한 주제 중 하나는 인공 지능으로 동작하는 챗봇이었다. 완전히 쓸모없는 것에서부터 아주 훌륭한 아이디어에 이르기까지 다양한 견해가 있겠지만, 한 가지 확실한 것은 채팅 로봇은 사람들이 인간과 같이 자연스럽게 컴퓨터와 통신할 수 있는 새로운 방법을 열어준다는 것이다.

챗봇은 자연어를 사용하여 다른 사람(또는 다른 컴퓨터 프로그램)과 대화의 형태로 상호작용하는 컴퓨터 프로그램이다. 여기에는 다양한 시나리오가 있을 수 있는데, 사용자와 이야기하는 챗봇, 챗봇끼리 이야기하는 챗봇 등이다. 이렇게 되면 예를 들어 사용자가 입력한 텍스트 질문에 응답하는 기술 지원 챗봇이 가능할 것이다. 일반적으로 챗봇은 대화를 통한 상호작용(사용자의 질문에서 누락된 정보를 얻기 위해 질문을 명확히 해 줄 것을 요청한다던지)과 자연어 형식으로 자유롭게 대화를 한다는 공통적인 속성을 공유하고 있다.

자연 언어 이해는 오랫동안 공상 과학 영화에서 즐겨 나오는 개념이었다. 영화에서는 아무 버튼도 누르지 않고도 우주선의 컴퓨터와 채팅하여 최근의 외계인 침공에 대한 유용한 정보를 얻을 수 있었다. 이런 시나리오는 수십 년 동안 영화 창작자들이 애용하였지만 실생활에서는 최근에야 현실화되기 시작하였다. 아직까지는 영화처럼 우주선과 자연스럽게 이야기 할 수는 없지만, 적어도 버튼을 누르지 않고 토스터기를 켜거나 끌 수는 있다. 물론 이것은 의심할 여지 없이 중요한 진보이다!

언어를 이해하는 데 컴퓨터가 이렇게 오래 걸린 이유는 언어 자체가 가진 복잡성 때문이다. 토스터기에게 전원을 켜라고 말하는 간단한 시나리오에서 조차도 이를 말하는 여러 가지 방법을 상상할 수 있으며 일반적으로 컴퓨터 프로그래밍 기술을 사용하여 이런 다양한 표현 방식을 미리 모두 포착하는 것은 매우 어렵다. 유감스럽게도 전통적인 컴퓨터 프로그래밍을 사용하면 컴퓨터에 정확하고 명쾌한 지시를 전달해야 하는데, 어떤 예외적인 케이스 또는 입력이 조금 애매한 경우 아주 정교한 코드도 실패할 수 있다.

최근의 기계학습(ML)과 딥러닝(DL)의 발전으로 인하여 그동안 컴퓨터 프로그래밍이 요구하였던 이런 엄격함을 깨뜨리는 첫 번째 발걸음이 가능하게 되었다. 즉, 우리가 컴퓨터에 그 모든 엄격한 조건과 규칙을 넣는 대신 컴퓨터가 스스로 주어진 데이터로부터 패턴을 찾게 하자는 것이다. 이 접근법은 다양한 분야에서 매우 큰 성공을 거두었으며 이제는 모든 사람들이 이 새로운 방법과 잠재적 가능성에 대해 흥분하고 있다. 컴퓨터 비전에서 시작된 딥러닝의 부활은 NLP 도메인으로 계속 이어져 앞으로 점점 더 새롭고 성공적이며 유용한 응용 프로그램을 기대할 수 있게 되었다.

다시 챗봇으로 돌아가보면 실제 응용 프로그램의 주요 방해물은 자연 언어의 복잡성이었다. 오랫동안 챗봇은 엔지니어가 지루함을 느낄 때 만드는 그저 엔터테인먼트를 위한 장난감 수준이었다. 그러한 시스템 중 가장 오래되고 유명한 예는 1960년대에 만들어진 ELIZA(https://en.wikipedia.org/wiki/ELIZA)이다. ELIZA가 심리 치료사를 모방하는 데에 성공했음에도 불구하고 사용자가 구사하는 언어에 대한 이해는 사실 거의 없었으며 그저 수동으로 생성된 패턴과 사용자 입력에 대한 몇 가지 전형적인 응답을 포함할 뿐이었다. 이런 접근 방식은 사실 우리가 이러 저러한 케이스들을 많이 집어넣으면 얼마 안가 컴퓨터가 인간의 언어를 이해할 것이라는 믿음에 기반하고 있었고, 딥러닝 이전 시대에 이러한 시스템을 구현하는 주요 방법이었다. 불행하게도 이 아이디어는 인간이 처리해야 하는 규칙, 그리고 모순된 예제가 너무 많아 이 모든 것들을 수동으로 만들 수가 없었기 때문에 실용적이지 못하였다.

ML 접근 방식을 사용하면 다른 방향에서 문제의 복잡성에 접근할 수 있다. 사용자의 입력을 처리하기 위해 많은 수의 규칙을 수동으로 생성하는 대신 많은 학습 데이터를 수집하고 ML 알고리즘이 문제를 해결하는 가장 좋은 방법을 스스로 찾도록 하는 것이다. 이 접근법은 NLP 도메인과 관련된 추가적으로 처리해야 할 세부 사항들이 있으며 다음 절에서 간략히 살펴볼 것이다. 지금 당장은 소프트웨어 개발자가 문서 형식, 네트워크 프로토콜 또는 컴퓨터 언어 문법과 같이 훨씬 컴퓨터 친화적인 형식의 다른 것들과 마찬가지로 자연 언어로 작업하는 능력을 발견했다는 점이 훨씬 더 중요하다. 물론 이것은 여전히 간단하지는 않기 때문에 많은 노력이 필요하며 때로는 미지의 영역으로 들어서기도 하겠지만, 적어도 이 방법은 10년간 한 방에 수백 명의 언어학자를 몰아 넣고 가능한 모든 NLP 규칙을 수집하도록 고문하고 감금할 필요는 없다!

챗봇의 관점에서 볼 때 ML식 접근 방법은 여전히 새롭고 실험적이긴 하지만 전반적인 아이디어는 컴퓨터가 규칙에 기반하여 대화하는 대신 자유롭게 텍스트 대화 형식으로 사용자와 소통할 수 있도록 하는 것이다. 예를 들어, 인터넷 쇼핑을 사례로 들어보자. 여러분이 어떤 물건을 사고 싶다면 아마존이나 이베이 같은 인터넷 상점으로 가서 카테고리를 살펴보거나 검색을 사용하여 원하는 제품을 찾을 것이다. 그러나 이 시나리오에는 몇 가지 문제점이 있다. 무엇보다도 대규모 웹 스토어는 수천 가지 범주에 속하는 수백만 개의 항목을 매우 다양한 방식으로 보유할 수 있다. 예를 들어 간단한 어린이 장난감은 퍼즐, 교육용 게임, 그리고 5-10세용 같은 여러 범주에 속할 수 있다. 다른 한편으로, 당신이 원하는 것을 정확히 알지 못하거나 또는 그것이 속한 범주가 있다고 하더라도 당신이 찾고 있는 어떤 것을 발견할 수 있기를 희망하면서 끝없는 유사 아이템들의 목록을 브라우징하는 데 몇 시간을 쉽게 보낼 수도 있다. 웹 사이트 검색 엔진 또한 검색 단어를 적절히 잘 조합해야 하거나 올바른 브랜드 이름을 알고 있는 경우에만 의미 있는 결과를 얻을 수 있기 때문에 이 문제를 부분적으로만 해결할 수 있다.

이 문제에 대한 다른 접근 방식은 사용자의 의도, 가격 범위 등 검색 영역을 제한할 수 있는 질문을 할 수 있는 챗봇일 수 있다. 물론 이러한 접근 방식은 보편적인 것은 아니라서 검색, 목록 및 기타 UI 솔루션을 사용하는 최근의 웹 사이트를 100 % 대체한다고 할 수는 없겠지만 일부 사용 예에서는 멋진 대안이 될 수 있고 일부의 사용자들에게는 기존의 방법보다 훨씬 더 나은 옵션일 수 있다.

심층 자연어 처리 기본

다행히 여러분은 채팅 로봇과 그 잠재적인 응용에 흥미가 생겼으니 NLP 빌딩 블록과 표준 접근법에 대한 좀 지루할 것 같은 세부 사항을 한번 살펴보자. ML의 다른 분야와 마찬가지로, 심층 NLP 역시 열광적인 관심을 받고 있으며 빠른 속도로 진화하고 있다. 따라서 이 섹션을 통하여 우리가 심층 NLP에 대하여 모든 것을 살펴볼 수는 없겠지만 그래도 가장 보편적이며 표준적인 빌딩 블록들에 대해서는 다루어 보고자 한다. 더 많은 정보와 설명을 원한다면 Richard Socher의 온라인 과정인 CS224d(http://cs224d.stanford.edu)가 정말 좋은 출발점이라 생각한다.

순환 신경망(Recurrent Neural Networks, RNN)

NLP는 컴퓨터 비전이나 다른 영역과 다른 고유한 특수성을 가지고 있다. 이러한 특성 중 하나는 가변 길이 객체 처리이다. 다양한 수준에서 NLP는 길이가 다른 개체를 처리한다. 예를 들어 단어에 포함된 문자의 수는 단어마다 매우 다양하다. 문장은 가변 길이 단어 시퀀스로 구성된다. 단락이나 문서는 다양한 양의 문장으로 구성된다. 이러한 가변성은 NLP뿐만 아니라 신호 처리 또는 비디오 처리와 같이 다른 영역에서도 발생한다. 심지어 컴퓨터 비전 문제조차도 신경망이 이미지에 대한 캡션을 생성하기 위해 이미지의 다양한 부분에 순차적으로 집중할 수 있는데, 이 또한 시퀀스로 볼 수 있다.

NLP의 표준 빌딩 블록 중 하나는 RNN이다. RNN의 개념은 고정된 입력과 출력을 갖는 네트워크로서, 객체들의 시퀀스에 적용되고 이 시퀀스를 따라 정보를 전달한다. 이 전달되는 정보를 은닉 상태라고 하며 일반적으로 그냥 숫자들로 이루어진 벡터이다.

그림 1은 하나의 입력이 있는 RNN을 보여주며 그 출력은 벡터이다. 표준적인 피드 포워드 또는 컨볼루션 신경망과 다른 점은 두 개의 추가 입출력(입력 1개 및 출력 1개)으로서 추가 입력은 이전 타임 스텝의 은닉 상태를 이번 타임 스텝의 RNN에 공급하고 추가 출력은 은닉 상태의 변환을 다음 시간 스텝의 RNN에 제공한다.

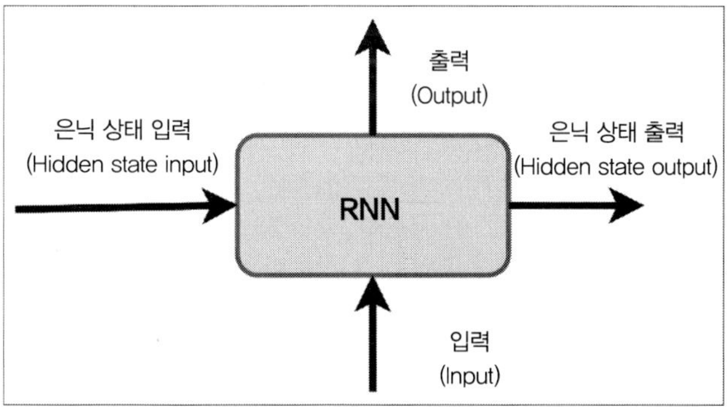

그림 1. RNN 빌딩 블록

이것은 주어진 가변 길이 문제를 해결할 수 있는 구조이다. RNN에는 두 개의 입력이 있으므로 이전 입력에서 생성된 은닉 상태를 다음 입력으로 전달하기만 하면 모든 길이의 입력 시퀀스에 적용될 수 있다. 그림 2에서 RNN이 "this is a cat"에 적용되어 시퀀스의 모든 단어에 대한 출력을 생성한다. 실행하는 동안 모든 입력 항목에 동일한 RNN이 적용되지만 숨겨진 상태를 유지하면 시퀀스를 따라 정보를 전달할 수 있다. 이것은 이미지의 여러 위치에 동일한 필터 집합을 적용한 CNN 신경망과 유사하지만 CNN이 숨겨진 상태를 시간에 걸쳐 전달하지 않는다는 점에서 차이가 있다.

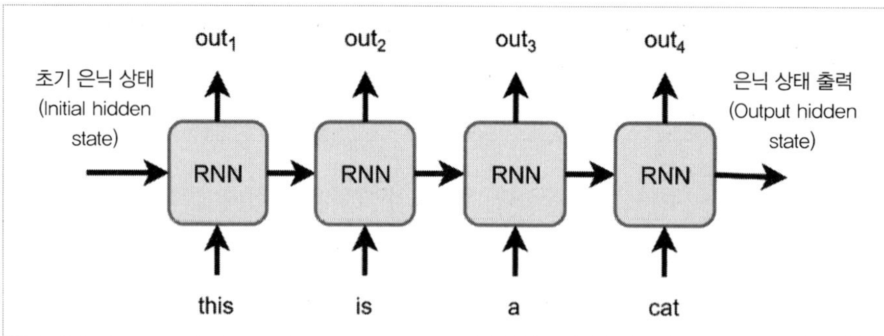

그림 2. RNN이 문장에 적용되는 예시

비록 단순한 모델이지만 그럼에도 불구하고 표준 피드 포워드 신경망 모델에 추가적인 자유도가 추가되었다. 피드 포워드 신경망은 입력에만 의존하며 고정 입력에 대해 항상 동일한 출력을 생성한다. 반면, RNN의 출력은 입력뿐만 아니라 신경망 자체에 의해 변경될 수 있는 은닉 상태에 따라 달라진다. 따라서 신경망은 시퀀스의 시작 부분에서 끝까지 일부 정보를 전달하고 비록 입력이 동일하다 하더라도 숨겨진 은닉 상태(문맥)에 따라 다른 출력을 생성할 수 있다. 이 문맥 의존성은 자연 언어와 마찬가지로 NLP에서 매우 중요한데, 하나의 단어가 다른 문맥에서 완전히 다른 의미를 가질 수 있으며 전체 문장의 의미가 하나의 단어로 변경될 수도 있기 때문이다.

물론 이러한 유연성은 공짜로 얻을 수는 없다. RNN은 일반적으로 학습에 더 많은 시간이 필요하며 학습 중 손실 진동이나 갑작스럽게 배운 것을 다 잊어 버리는 것과 같은 이상한 행동이 일어날 수도 있다. 이에 대해서는 연구자들이 RNN을 보다 실용적이고 안정적으로 만들기 위해 열심히 노력하고 있다.

임베딩

현대의 딥러닝 기반 NLP의 또 다른 표준 빌딩 블록은 word2vec이라고도 하는 단어 임베딩이다. 이 아이디어는 신경망에서 언어 시퀀스를 표현하는 문제에서 비롯되는데, 일반적으로 신경망은 고정 크기의 숫자 벡터를 입력으로 받는 반면, NLP에서는 일반적으로 단어나 문자를 모델의 입력으로 사용하기 때문에 신경망을 적용하려면 단어나 문자를 벡터로 표현하기 위한 방법이 필요하다.

단어나 문자를 벡터로 표현하기 위한 방법 중 하나는 모든 단어가 입력 벡터에서 고유한 위치를 가지며 입력 시퀀스에서 이 단어를 만날 때 이 위치를 1로 설정하는 원핫(one-hot) 인코딩이다. 이는 신경망의 표준 접근법으로 그리 크지 않은 이산 집합을 다루어야 할 때 신경망 친화적인 방식으로 표현하는 방법이다. 하지만 이 방법은 불행히도 여러 가지 이유로 잘 작동하지는 않는다.

우선, 입력 집합이 일반적으로 작지 않다는 점이다. 가장 일반적으로 사용되는 영어 단어만 인코딩하려 해도 최소한 수천 단어가 포함된다. 옥스포드 영어 사전은 일반적으로 사용되는 단어가 17만 개, 오래되거나 희귀한 단어가 50,000개 있다. 물론 속어, 새 단어, 과학 용어, 약어, 농담, 트위터 밈 등을 세지 않고 단지 확정된 어휘만 이야기해서이다. 게다가 영어만 따져서 그렇다!

원핫 벡터 표현과 관련된 두 번째 문제는 어휘들의 빈도가 고르지 않다는 것이다. 고양이 등과 같이 매우 자주 사용되는 단어는 비교적 적지만 covfefe나 bibliopole과 같이 매우 드물게 사용되는 단어는 매우 많다. 희귀한 단어는 매우 드물게 한 번 또는 두 번만 나타날 수 있다. 그래서, 원핫 표현 방식은 공간 효율성면에서 매우 비효율적이다.

원핫 표현의 또 다른 문제점은 단어들 간의 관계를 포착하지 못한다는 점이다. 예를 들어 동의어는 같은 의미이지만 다른 벡터로 표시된다. 어떤 단어들은 서로 같이 자주 쓰이는데 예를 들어 "united states" 혹은 "fair trade"와 같이 서로 자주 같이 나타나는 단어들이지만 이 사실 또한 원핫 표현으로는 포착되지 않는다.

이 모든 것을 극복하기 위해 어휘의 모든 단어를 고밀도의 고정 길이 벡터로 매핑하는 단어 임베딩(word embedding)을 사용한다. 물론 이 수는 무작위가 아니며 단어의 맥락을 집어넣기 위해 매우 큰 텍스트 코퍼스를 가지고 학습된다. 단어 임베딩에 대한 자세한 설명은 이 책의 범위를 벗어나지만, 어떤 시퀀스의 단어, 문자 및 기타 객체를 표현하기 위해 아주 많이 사용되는 매우 강력한 NLP 기술이다. 일단 지금은 단어를 숫자 벡터로 매핑하는 것으로 생각하면 되며 이 매핑은 신경망이 단어를 구별하는 데 매우 편리하다.

이 매핑을 얻는 방법은 두 가지가 있다. 우선, 필요한 언어로 사전 훈련된 벡터를 다운로드하는 것인데, Google에서 GloVE 혹은 word2vec로 검색해서 찾을 수 있다(GloVE 및 word2vec는 좀 다른 방법으로 이러한 벡터를 학습시켜 놓은 것이지만 비슷한 결과를 얻을 수 있다).

임베딩을 얻는 또 다른 방법은 자신의 데이터 셋을 이용해서 학습시켜 얻는 것이다. 이렇게 하려면 페이스 북에서 오픈 소스로 공개한 fasttext 같은 도구를 사용하거나 임베딩을 무작위로 초기화하고 학습 중에 여러분 모델이 이를 조정하도록 할 수 있다.

인코더-디코더

NLP에서 널리 사용되는 또 다른 모델은 인코더-디코더인데 seq2seq라고도 한다. 이 이름은 원래는 기계 번역에서 유래하였는데, 소스 언어에서 일련의 단어를 대상 언어에서의 다른 시퀀스로 변경하여 생성해야 하는 것이 기계 번역이다. seq2seq의 아이디어는 RNN이 입력 시퀀스를 처리하여 고정 길이의 표현으로 인코딩하고(이 부분을 RNN을 인코더라고 한다), 인코딩된 벡터를 대상 언어의 결과 시퀀스로 생성하는 것이다(이 부분을 디코더라고 한다). 이 아이디어를 영어 문장을 러시아어로 번역할 때를 가정해서 표시하면 그림 3과 같다.

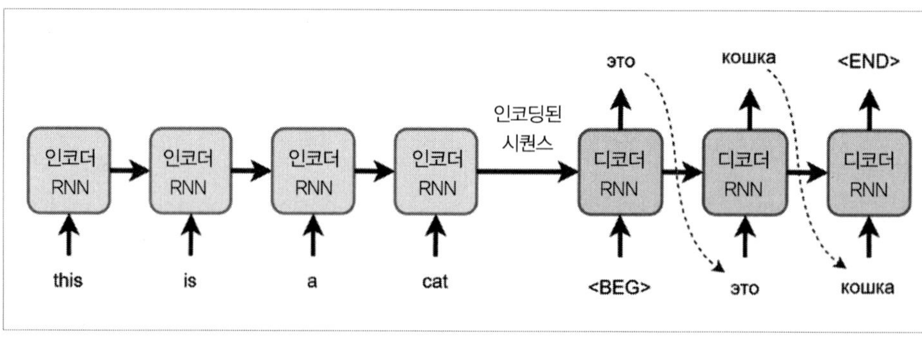

그림 3. 기계 번역에서의 인코더-디코더 구조

이 모델(최신 튜닝과 확장이 많이 존재한다)은 많은 기계 번역의 주요한 도구이면서 또한 오디오 프로세싱, 이미지 주석, 비디오 캡션 등과 같은 훨씬 더 광범위한 문제에 적용될 수 있다. 챗봇 예제에서는 질의에 대한 단어의 입력 순서가 주어졌을 때 이에 대응하는 대답 구문을 생성할 때 이용할 것이다.

seq2seq 학습

자 그러면 앞서 설명한 것들이 흥미롭고 그런 건 알겠는데, 과연 이런 것들과 강화학습이 어떤 관련이 있는 것일까? 이에 대한 대답은 seq2seq 모델을 학습시키는 과정에 있다. 하지만 이 문제에 대한 현대적 강화학습 접근법에 도달하기 전에 우선 학습을 진행하는 표준 방법에 대해 몇 마디 언급해 두어야 한다.

로그 가능도 학습(Log-likelihood training)

seq2seq 모델을 사용하여 한 언어(예: 프랑스어)에서 다른 언어(영어)로 기계 번역 시스템을 만들어야 한다고 가정해 보자. 그리고 모델을 학습시킬 큰 규모의 학습 데이터 셋(즉, 프랑스어와 영어 사이의 번역 문장들이 대규모로 있다)이 있다고 해보자. 그럼 이제 어떻게 해야 할까?

인코딩 부분은 분명하다. 인코더 RNN을 학습 쌍(프랑스어 한 문장과 이에 대응하는 영어 한 문장)의 첫 번째 문장(프랑스어)에 적용하여 이 문장의 인코딩된 표현을 생성한다. 이때 이 표현이 될 수 있는 유력한 후보는 마지막 단어에 RNN을 적용했을 때 얻을 수 있는 은닉 상태이다. 인코딩 단계에서는 마지막 RNN의 마지막 은닉 상태만 필요하므로 인코딩 RNN의 출력은 무시한다. 또한 인코더에 문장의 끝을 알리는 특수 토큰 〈END〉을 사용하여 가변형 길이의 문장을 처리할 수 있도록 한다. 이 프로세스는 다음 다이어그램에 표시되었다.

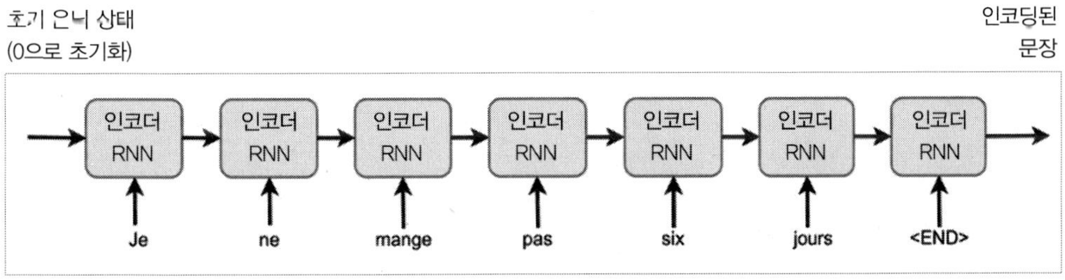

그림 4. 인코딩 스텝

디코딩을 시작하기 위해서 디코더의 은닉 상태의 입력으로 인코더로부터 얻은 인코딩 결과를 전달하고 〈BEG〉 토큰을 입력 신호로 전달하여 디코딩을 시작한다. 이 단계에서 디코더 RNN은 번역된 문장의 첫 번째 토큰을 출력해야 한다. 그러나 학습의 초기에는 인코더와 디코더 RNN 모두 가중치가 랜덤하게 초기화되었기 때문에 첫 번째로 얻게 되는 디코더의 출력은 거의 무작위적이다. 따라서, 우리의 목표는 학습 과정에서 확률적 경사 하강법(SGD)을 사용하여 출력을 올바른 방향으로 푸시하는 것이다.

이를 위한 전통적인 접근법은 디코더가 현재 디코딩된 문장의 현 위치에 있는 토큰에 대해 확률 분포를 반환하는 분류(classification) 문제로 바라보는 것이다. 이렇게 하려면 일반적으로 디코더의 출력에 얕은 피드 포워드 신경망을 붙여서 이의 출력으로 타겟 언어의 사전의 크기와 동일한 크기의 벡터[1)]를 생성함으로써 수행된다. 그런 다음 이 벡터를 확률 분포로 해석하고(역자주: 즉 모든 단어에 대한 확률값으로 해석한다), 이제 이 확률분포에 대한 손실을 계산해야 하는데, 이때 확률로 표현되는 분류 문제에 대한 표준적인 손실 함수는 크로스 엔트로피(cross entropy) 손실이다.

디코드된 시퀀스의 첫 번째 토큰인 경우 입력에 제공된 〈BEG〉 토큰에 의해 생성되기 때문에 그 과정이 명확하다. 하지만 그 다음 단어는 어떻게 생성될까? 그 다음 단어를 생성하기 위한 입력은 무엇이어야 할까? 여기에는 두 가지 옵션이 있다. 첫 번째 대안은 학습쌍에서 토큰을 공급하는 것이다. 예를 들어, "Je ne mange pas six jours –〉 I haven't eaten for six days"라는 학습쌍이 있다면, 디코더에 토큰(I, haven't, eaten...)을 먹인 다음 RNN의 출력과 다음 토큰 사이의 크로스 엔트로피 손실을 계산한다. 이렇게 학습시키는 방법을 교사 강제(teacher forcing)라고 한다. 즉 학습시의 디코딩의 모든 단계에서 입력은 학습쌍의 타겟 언어의 문장에서 한 단어씩 입력으로 넣어주며 이때 디코더는 문장의 다음 단어를 올바르게 생성해야 한다[2)]. 이 프로세스는 그림 5에 표시되어 있다.

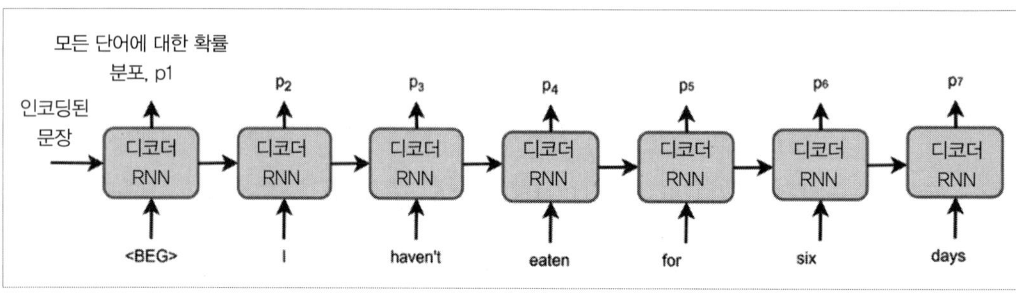

그림 5. 교사 강제 모드에서 인코딩된 벡터가 디코딩되는 모습

1) 역자주: 무슨 말인가 하면 프랑스어를 영어로 번역하는 문제에서 우리가 영어의 단어로 사용하고자 하는 단어의 수를 미리 정해야 한다. 이 정해진 영어 단어 수만큼의 차원을 가지는 벡터를 피드 포워드 신경망에서 출력으로 내보내줘야 한다.

2) 역자주: 예를 들어 디코더로 "eaten"을 넣어주면 디코더의 출력으로는 다음 단어인 "for"가 나와야 한다는 것이다.

앞의 예제에서의 손실 계산은 다음과 같다.

```
L = xentropy(p1,"I") + xentropy(p2,"haven't") + xentropy(p3,"eaten")
+ xentropy(p4,"for") + xentropy(p5,"six") + xentropy(p6,"days") +
xentropy(p7,"<END>")
```

디코더와 인코더 모두 미분 가능한 신경망이므로 손실을 역전파하여 미래에 이 학습쌍을 더 잘 분류할 수 있는 방향으로 업데이트할 수 있다. 이는 이미지를 분류하는 신경망을 학습하는 것과 동일한 방식이다.

불행히도, 앞의 절차는 seq2seq 학습 문제를 완전히 해결하지는 못하는데 이 문제는 모델 사용 방식과 관련이 있다. 학습 중에는 입력과 원하는 출력 시퀀스를 모두 알고 있으므로 올바른 출력 시퀀스를 디코더에 공급할 수 있다. 디코더는 그저 시퀀스의 다음 토큰만 생성하면 된다.

하지만 테스트할 때는 대상 시퀀스가 없기 때문에(왜냐하면 이 시퀀스는 디코더가 생성해야 하는 번역문이기 때문이다) 모델을 사용하는 가장 간단한 방법은 인코더를 사용하여 입력 시퀀스를 인코딩한 다음 생성된 토큰을 디코더의 입력으로 공급하면서 한 번에 하나의 출력 항목을 생성하도록 디코더에 요청하는 것이다.

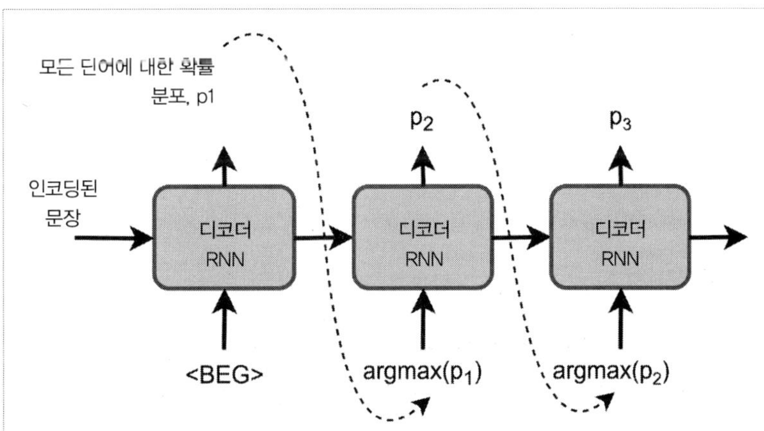

그림 6. 커리큘럼 학습 모드에서 디코딩이 이루어지는 과정

이렇게 디코더의 이전 결과를 다음 스텝의 디코더 입력으로 전달하는 것이 자연스러워 보일 수도 있지만 여기에는 위험이 도사리고 있다. 학습을 할 때는 디코더 RNN의 출력을 자신의 입력으로 사용하도록 하지 않았으므로 만일 생성되는 출력 중 하나라도 실수가 있게 되면 디코더가 혼동할 수 있고 그 결과 전체 출력이 쓸모 없는 쓰레기 출력이 될 수 있다.

이를 극복하기 위해 seq2seq 학습에 대한 두 번째 접근 방식으로서 커리큘럼 학습이라는 것이 있다. 이 방법은 동일한 크로스 엔트로피 손실을 사용하지만, 전체 대상 시퀀스를 디코더의 입력으로 전달하는 대신, 그림 6에 설명되어 있는 것처럼, 학습 후 사용하는 것과 동일한 방식으로 디코딩하도록 디코더에 요청한다. 이는 디코더가 좀 더 견고하게 만들어 질 수 있도록 도움을 주기 때문에 모델의 실제 적용에서 더 나은 결과를 얻을 수 있다. 이 방법의 단점은 디코더가 토큰 별로 원하는 출력을 생성하는 방법을 배우기 때문에 매우 오랜 시간 동안 학습을 시켜야 한다는 점이다. 이를 보완하기 위해 실제로는 교사와 커리큘럼 학습 방법 모두를 사용하여 모델을 학습시킨다. 구체적으로는, 학습할 때 각 배치에 대하여 두 학습 방법 중 하나를 임의로 선택하고 학습을 진행시키면 된다.

이중 언어 평가 점수(Bilingual evaluation understudy (BLEU) score)

이 장의 주요 주제를 다루기 전에 NLP 문제에서 기계 번역의 품질을 비교하는 데 일반적으로 사용되는 메트릭을 소개하고자 한다. 블레우(BLEU)라고 하는 메트릭은 기계에서 생성된 출력 순서를 일부 참조 출력(정답 문장) 세트와 비교하는 표준 방법 중 하나이다. 블레우는 하나의 문장이 다양한 방법으로 번역될 수 있기 때문에 다중 참조 출력을 허용하는데, 방법의 핵심은 생성된 출력과 참조 문장 사이에서 공유되는(즉, 일치하는) 유니그램(unigrams), 바이그램(bigrams)[3] 등의 비율을 계산하는 것이 있다.

번역의 품질을 평가하는 CIDEr나 ROGUE와 같은 다른 방법도 있으나, 이 예제에서는 nltk 파이썬 라이브러리(nltk.translate.bleu_score 패키지)에 구현된 블레우를 사용하겠다.

seq2seq에서의 강화 학습

강화학습과 텍스트 생성은 매우 다르게 보일 수 있지만 학습된 seq2seq 모델의 품질을 향상시

3) 역자주: 이거 말이 어려운데, 유니그램은 출력 문장과 참조 문장에서 일치하는 단어 개수를 세는 것이고, 바이그램은 연속된 두 단어가 일치하는 개수를 세는 방법이다. 그러므로, 바이그램이 더 맞추기 어려울 것이다.

키는 데 사용될 수 있다는 점에 둘 사이의 연관성이 있다. 주목해야 할 첫 번째 사항은 디코더가 출력으로서 확률 분포를 토해내게 되는데, 이것이 정책 그라디언트(PG) 모델과 매우 유사하다는 점이다. 이러한 관점에서 보면 디코더는 각 단계에서 어떤 토큰을 생성할지 결정하려고 하는 에이전트라고 볼 수 있다. 디코딩 프로세스를 이런 식으로 해석하면 몇 가지 장점이 있다.

우선, 디코딩 과정을 확률적으로 취급함으로써 자동적으로 여러 타겟 시퀀스를 고려할 수 있다. 예를 들어, "hello! How are you?"라는 문장에 대한 답변은 여러 가지가 있을 수 있다. 일반적으로 로그 가능도(log-likelihood) 목표를 최적화하게 되는데, 이렇게 학습시키면 우리 모델은 가능한 응답들에 대한 평균을 배우려고 할 것이다. 하지만, "I'm fine, thanks!"와 "not very good"이라는 응답의 평균을 구한다면 그것이 과연 의미 있는 응답일 수 있을까? 이렇게 평균값을 예측한 확률값을 그대로 번역문에 적용하기보다는 디코더가 반환한 확률 분포로부터 다음 토큰을 샘플링한다면 에이전트는 평균 응답을 배우는 대신 응답에 대한 가능한 모든 변형을 생성하는 법을 배울 것이다.

두 번째 장점은 우리가 실제로 관심 있는 목표를 최적화한다는 것이다. 로그 가능도(log-likelihood)는 생성된 토큰과 잠조 토큰(정답 토큰) 간의 크로스 엔트로피를 최소화하는 것이지만, 기계 번역이나 기타 다른 NLP 문제에서 정말로 관심 있는 것이 로그 가능도를 줄이는 것일까? 사실은 그렇지 않다. 실제로는 로그 가능도보다 생성된 시퀀스의 블레우 점수를 최대화하고 싶은 것이다. 하지만 불행히도 블레우 점수는 미분이 가능하지 않아서 이를 이용해서 역선파를 할 수가 없다. 하지만, REINFORCE와 같은 강화학습의 PG 방법은 보상이 미분 가능하지 않더라도 잘 동작한다. 강화학습에서는 그저 성공적인 에피소드의 확률을 높이고 나쁜 에피소드의 확률을 줄이면 된다.

우리가 활용할 수 있는 세 번째 이점은 시퀀스 생성 과정을 우리 스스로 정의하기 때문에 그 내부를 잘 안다는 사실이다. 디코딩 결과를 확률로서 해석하면 하나의 학습 데이터에 대하여 여러 번 디코딩을 수행하여 복수의 서로 다른 디코딩 결과를 얻을 수 있다. 이러한 점은 데이터 셋의 크기가 제한되어 있는 경우 꽤 유용한데, 사실 Google 또는 Facebook 직원이 아닌 경우 거의 데이터 셋의 크기가 매우 제한적이다.

그러면, 기존에 신경망으로 수행하는 분류 문제에서 많이 쓰였던 로그 가능도(log-likelihood)를 사용한 목표 설정 방법에서 강화학습 시나리오로 학습을 전환하는 방법을 이해하기 위해서 문제를 약간 수학적 관점에서 바라보도록 하자. 로그 가능도 추정은 모델의 매개 변수를 조정하여 $\sum_{i=1}^{N} \log p_{model}(y_i|x_i)$를 최대화하는 모델을 찾는 것을 의미한다. 이는 모델이 예측하는 데이

터 확률 분포와 정답 데이터 확률 분포 간의 Kullback-Leibler(KL) 최소화와 완전히 동일한 문제인데, 이 KL의 최소화는 다시 $\mathbb{E}_{x\sim p_{data}} \log p_{model}(x)$을 최대화하는 문제로 다시 쓰여질 수 있다.[4)]

반면 REINFORCE 방법은 $\mathbb{E}_{s\sim data, a\sim\pi(a|s)} Q(s,a) \log\pi(a|s)$를 최대화하는 것을 목표로 한다. 로그 가능도를 최대화하는 문제($\mathbb{E}_{x\sim p_{data}} \log p_{model}(x)$)와 REINFORCE 문제를 비교해보면 둘 사이의 상관성이 어느정도 명백해진다. REINFORCE에서의 π(a|s)가 pmodel(x)에 정확히 대응되는 항목이다(두 항목은 우리의 모델을 통해서 나오는 출력을 의미). 따라서, 두 방법의 차이점은 모델의 출력을 스케일링하는 점에서 하나는 Q(s,a)로 스케일링하고 나머지 하나는 1(원하는 정답)로 스케일링한다는 점이 다르다.

실전에서 seq2seq를 위한 REINFORCE는 다음과 같은 알고리즘으로 구현된다.

---

4) 역자주: 설명을 좀 더 추가하기 위해 P를 우리가 맞추고자 하는 분포, Q를 우리의 모델, 즉 P에 대한 추정이라고 해보자. 신경망으로 이를 대입해서 설명해보면 P는 정답의 분포이고, Q는 신경망의 출력으로서 나오는 정답 분포에 대한 추정이다. 그러면, KL의 정의로부터 시작해 보자.

$$\begin{aligned} KL(P||Q) &= cross\_entropy - entropy \\ &= H(P,Q) - H(P) \\ &= \mathbb{E}_p\left[\frac{1}{\log q}\right] - \mathbb{E}_p\left[\frac{1}{\log p}\right] \\ &= \mathbb{E}_p\left[\log p - \log q\right] \cdots (1) \end{aligned}$$

위 식의 (1) 부분에서 생각해 보면, p는 이미 주어진, 고정된 확률분포이고, q는 우리가 알고 싶은, 그리고 조정 가능한 확률분포(즉, 신경망의 출력)라고 한다면, log p 부분은 우리가 어떻게 q를 조정해도 항상 상수이다(그렇지 않은가? 신경망을 학습할 때 정답셋은 이미 주어져 있다. 우리가 신경망을 어떻게 바꾸더라도 정답셋은 바뀌지 않는다). 따라서, 이 항목은 최적화 과정에 전혀 영향을 미치지 못하므로 제거 가능하다. 따라서 식은 다음과 같이 전개 가능하다. 일단 우리는 정답셋의 분포 P와 이에 대한 추정 분포 Q 사이의 차이를 최소화하고 싶은 것이므로 KL에 대한 최소화를 진행한다.

$$\begin{aligned} \text{argmin } KL(P||Q) &= \text{argmin } \mathbb{E}_p[-\log q] \\ &= \text{argmax } \mathbb{E}_p[\log q] \\ &\approx \text{argmax } \frac{1}{N}\sum_{y_i\sim p}^{N} \log q(y_i) \cdots (2) \end{aligned}$$

위 식에서 (2)는 기대값을 계산하기 위해서 샘플링을 수행한다는 의미인데, 샘플링이므로 아무래도 근사치가 된다. 또한 (2)가 의미하는 바는 결국 신경망의 출력에서 정답 레이블 y의 로그 가능도를 최대화하면 된다는 것이다. 결국 (2)로부터 알 수 있듯이 로그 가능도를 최대화하는 것은 KL을 최소화하는 것과 동일하다.

1. 데이터 셋에 있는 각 샘플(입력 문장)에 대하여 인코더 RNN을 사용하여 인코딩 E를 얻는다.

2. 현재 토큰을 시작을 의미하는 T = '<BEG>'으로 초기화한다.

3. 출력 시퀀스를 빈 시퀀스로 초기화한다: Out = []

4. 토큰 T != '<END>' 일 동안 아래를 반복한다.

   - 현재 토큰 T와 인코딩 E를 디코더로 넣어주고, 출력으로서 토큰에 대한 확률분포 p와 은닉 상태 H를 얻는다: p, H = Decoder(T, E)
   - 디코더의 출력 p로부터 토큰 T_{out}을 샘플링한다.
   - 확률분포 p를 기억한다(아래 6에서 쓰인다).
   - T_{out}을 출력 시퀀스에 추가한다 : Out += T_{out}
   - 현재 토큰과 인코딩을 새로운 것으로 업데이트한다 : T ←T_{out}, E ← H

5. 출력 Out과 참조 시퀀스(정답 시퀀스) OUT_{ref} 사이의 블레우를 계산한다 : Q = BLEU(Out, Out_{ref}))

6. 그라디언트 추정: $\nabla J = \sum_T Q \nabla \log p(T)$

7. SGD를 사용하여 모델을 업데이트한다.

8. 수렴할 때까지 반복한다.

자기 비판 시퀀스 학습 방법(Self-Critical Sequence Training)

앞서 설명한 접근법은 긍정적 측면도 있지만 여러 가지 문제점을 야기한다. 우선, 처음부터 학습을 진행하는 것은 거의 쓸모가 없다. 무슨 말인가 하면, 간단한 대화일지라도, 이에 대한 출력은 대부분 적어도 5개 이상의 단어가 있는데, 각 단어는 수천 개의 단어 중 하나이다. 만일 단어 사전에 1000 단어가 있다면 5^{1000}개의 다른 구문 수가 가능한데, 이는 10^{700}보다 약간 적을 뿐이다. 따라서 학습 시작 시 정확한 응답을 얻을 확률(인코더와 디코더의 가중치가 모두 랜덤으로 초기화되었음을 명심하자)은 무시할 수 있을 정도로 작다. 이러면, 초반에 학습이 거의 이루지지 않을 것이다. 이를 극복하기 위해 로그 가능도 접근법과 강화학습 접근법의 결합을 고려해 볼 수 있다. 이 방법에서는 로그 가능도를 이용하여(교사 강제 모드와 커리큘럼 모드 사이를 전환하면서 적용) 모델을 사전 학습(pre-training)시키고, 이것으로 모델이 일정 수준의 품질에 도달한 후 REINFORCE 방법으로 파인튜닝

[fine-tuning]하는 것이다. 이러한 접근법은 사실 복잡한 강화학습 문제에 대한 대표적인 접근 방식으로 볼 수 있는데, 대용량 행동 공간으로 인해 무작위로 작동하는 에이전트가 어떤 목표에 도달할 가능성이 거의 없을 때 유용하다.

기본 REINFORCE 방법의 또 다른 문제점은 10장(Actor–Critic 방법)에서 논의한 바와 같이 그라디언트의 높은 변동성이다. 기억하듯이 이 문제를 해결하기 위해 우리는 A2C 방법을 사용하였다. 이 방법에서는 상태 가치의 추정을 베이스라인으로 사용하였다. 물론, A2C 방법을 그대로 차용하여 여기에서도 디코더에 헤드를 하나 추가하고 이 헤드로 블레우 스코어 추정을 하는 식으로 적용할 수도 있다. 하지만, 더 나은 방법이 2016년에 논문 Self–Critical Sequence Training for Image Captionings [1]에서 제안되었다.

이 논문에서는 베이스라인을 얻기 위한 방법으로 신경망의 출력으로 나오는 확률분포에 argmax를 적용하여 시퀀스를 생성한 다음 블레우 또는 이와 유사한 유사도를 계산하고 이를 베이스라인으로 사용할 것을 제안하였다. 샘플링 대신 argmax 모드를 사용하면 디코더 프로세스가 완전히 결정적이[deterministic] 되며, 다음 수식과 같이 REINFORCE의 정책 그라디언트의 베이스라인으로(아래에서 b(s)) 제공된다.5)

$$\nabla J = \mathbb{E}[(Q(s) - b(s))\nabla \log p(a|s)]$$

다음 섹션에서는 영화 데이터 셋을 가지고 챗봇을 구현하고 학습시켜 볼 것이다.

챗봇 예제

이 장의 시작 부분에서 챗봇과 NLP에 대해 논의한 것처럼 이제 seq2seq와 강화학습을 사용하여 챗봇을 간단히 구현해 보자. 챗봇은 그 쓰임에 따라 대개 2가지 그룹으로 나뉘는데, 하나는 사람을 모방하는 엔터테인먼트용과 목표 지향적 챗봇 이렇게 두 가지가 있다. 첫 번째 그룹은 문장에 대한 완전한 이해가 없어도 되는데, 그 목적 자체가 그냥 사용자를 즐겁게 위한 것이기 때문이다. 후자는 구현하기가 훨씬 어려운데, 사용자가 제기한 문제를 해결하기 위해 관련 정보를 제공하거나 예약을 변경하거나 가정용 토스터를 켜고 끄는 등의 작업을 해야 하기 때문이다.

5) 역자주: 즉, 강화학습을 적용할 때 베이스라인을 써야 분산이 축소되는데, 이때 기존 A2C와 같이 베이스라인을 위한 별도의 헤드를 신경망에 추가하는 대신, 이 번에는 신경망의 출력에 argmax를 적용하여 얻은 시퀀스에 대한 BLEU 스코어 등을 베이스라인으로 사용한다는 뜻이다.

최근의 연구들은 대부분 두 번째인 목표 지향적 그룹에 초점을 맞추고 있지만 아직 완전히 해결되지는 않았다. 이 장에서는 설명된 방법에 대한 간단한 예제를 제공하는 것이 목적이기 때문에 엔터테인먼트 챗봇을 만들 것이며, 이를 위하여 영화에서 추출한 문구가 포함된 온라인 데이터 세트를 사용하여 챗봇을 학습시키는 데 초점을 맞출 것이다.

문제를 단순화했음에도 불구하고 이 예제는 새로운 개념들이 많이 적용되기 때문에 이 책의 본문에서 모두 제시하기에는 코드가 많다. 따라서, 주로 모델 학습 및 사용을 담당하는 모듈에만 초점을 맞출 예정이다. 하지만, 각 기능에 대한 개요 정도는 설명이 될 것이다.

예제 구조

전체 예제는 rl_book_samples/Chapter12 폴더에 있으며 다음과 같은 부분으로 구성되어 있다.

- data: 예제에서 사용할 데이터 세트를 다운로드하고 압축을 푸는 get_data.sh 스크립트가 있는 디렉토리이다. 데이터 세트는 10MB이며 다양한 소스에서 추출한 구조화된 대화를 포함하며, 코넬 영화-대화 코퍼스 (Cornell Movie-Dialogs Corpus)로 알려져 있다(https://www.cs.cornell.edu/~cristian/Cornell_Movie-Dialogs_Corpus.html).
- libbots: 다양한 구성 요소들 간에 공유되는 파이썬 모듈이 있는 디렉토리이다. 이 모듈에 대해서는 다음 장에서 설명한다.
- tests: 라이브러리 모듈에 대한 단위 테스트가 있는 디렉토리이다.
- 루트 폴더에는 모델을 학습하는데 사용할 수 있는 두 개의 프로그램이 있다. 모델을 처음 학습하는 데 사용되는 train_crossent.py가 있고, REINFORCE 알고리즘을 사용하여 사전 학습된 모델을 파인튜닝하는데 사용되는 train_scst.py가 있다.
- 데이터 집합의 다양한 통계 및 데이터를 표시하는 스크립트: cor_reader.py.
- 학습된 모델을 데이터 세트에 적용하고 성능 메트릭들을 표시하는 스크립트: data_test.py.
- 사용자가 제공하는 문구를 처리하기 위한 스크립트: use_model.py.
- 텔레그램 메신저용 봇으로서 사전 학습된 모델을 사용: telegram_bot.py.

우선 데이터 관련 부분부터 시작하여, 학습 스크립트, 그리고 모델을 사용하는 법 등의 순서로 이야기를 전개해 보고자 한다.

cornell.py와 data.py 모듈

이 두 모듈은 학습을 위한 데이터 세트를 처리하는 데 쓰이는 모듈로서, 데이터 세트를 학습에 적합한 포맷으로 변환한다.

cornell.py 파일에는 코넬 영화-대화 코퍼스 형식의 데이터를 이후의 처리 과정을 위해 적당한 형식으로 변환한다. 이 모듈은 영화 데이터에서 대화를 리스트로 로딩한다. 데이터 세트에는 영화에 대한 메타 데이터가 포함되어 있으므로 다양한 기준에 따라 로드할 대화를 필터링할 수 있지만 여기서는 장르에 대한 필터만 사용할 것이다. 로딩된 대화는 구문(phrase)의 리스트로 표현되며, 각 구문은 다시 소문자로 표현되는 단어(토큰이라고 함)의 리스트로 표현된다. 예를 들어, 구문은 ["hi", "!", "how", "are", "you", "?"]일 수 있다.

문장을 토큰 리스트로 변환하는 것을 NLP에서는 토큰화라고 하며 사실 이 단계조차도 구두점, 약어, 따옴표, 쌍따옴표 등 언어의 다양한 사양을 처리해야 하므로 매우 까다로운 과정이 될 수 있다. 하지만 다행스럽게도 nltk 라이브러리에는 여러 토큰화기(tokenizer)가 포함되어 있으므로 문장을 토큰으로 변환하는 것은 그저 적절한 함수를 호출하면 된다. cornell.py에서 외부에서 사용되는 주요 기능은 load_dialogues() 함수인데, 이는 선택적 장르 필터로 대화 데이터를 로드하는 함수이다.

data.py 모듈은 보다 상위 레벨에서 작동하며 특정 데이터 집합에 대하여 의존적이지 않다. 이 파일은 이후 예제의 거의 모든 곳에서 사용되는 다음 기능을 제공한다.

- 토큰과 이들의 정수 아이디 매핑 작업: 파일(save_emb_dict() 및 load_emb_dict()함수) 저장 및 로드, 토큰 목록을 아이디 목록(encode_words())으로 인코딩, 정수 아이디 목록을 토큰으로 디코딩(decode_words()), 학습 데이터로부터 사전으로 매핑(phrase_pairs_dict())
- 학습 데이터 작업: 주어진 크기의 배치를 반복하고(iterate_batches()), 데이터를 학습/테스트 부분으로 (split_train_test()) 분할
- 대화를 로딩하고 학습에 적합한 질의-응답 쌍으로 변환: load_data() 함수

데이터 로딩 및 사전 생성시 다음과 같이 미리 정의된 아이디가 있는 특수 토큰을 추가한다.

- 알 수 없는 단어를 뜻하는 것으로 사전에 없는 모든 토큰에 사용: #UNK
- 모든 시퀀스 앞에 추가되는 시퀀스 시작을 알리는 토큰: #BEG
- 시퀀스 끝을 알리는 토큰: #END

선택적 장르 필터 외에 실험 중에 데이터 크기를 제한하는 데 사용할 수 있는 몇 가지 다른 필터가 데이터에 적용된다. 첫 번째 필터는 학습 쌍의 최대 토큰 수를 제한한다. RNN 학습은 운영 및 메모리 사용량 측면에서 비용이 많이 들 수 있으므로 학습 쌍의 첫 번째 및 두 번째 학습 항목에 대해 20개의 토큰이 있는 쌍만 남겼다. 짧은 문장의 대화는 가변성이 훨씬 적기 때문에 이렇게 하면 수렴 속도가 빨라지므로 RNN이 데이터를 더 쉽게 학습할 수 있다. 그렇지만 이렇게 하면 모델이 짧은 응답 만을 생성하기 쉽다는 단점이 있다.

두 번째 필터는 사전과 관련이 있다. 임베딩 행렬(사전에 나온 모든 토큰에 대하여 임베딩 벡터를 가지고 있음)과 디코더 출력 투영 행렬(디코더 RNN의 출력을 확률 분포로 변환할 때 쓰이는 가중치) 모두 그 중의 한 차원은 사전의 단어 수만큼의 크기를 가져야 하기 때문이다. 그러므로 사전에 있는 단어의 수를 줄임으로써 메모리 요구량과 속도를 향상시킬 수 있다. 이를 위하여 데이터 로딩 중에 사전에 있는 모든 단어의 출현 횟수를 계산하고 10회 미만의 단어를 알 수 없는 토큰을 의미하는 #UNK로 매핑한다. 이후 #UNK 토큰이 있는 모든 데이터가 학습 세트에서 제거된다.

블레우(BLEU) 점수와 utils.py

블레우 점수를 계산할 때 기본적으로는 nltk 라이브러리가 사용되지만 블레우 계산을 좀더 편리하게 하기 위해 두 개의 래퍼 함수가 있다. calc_bleu(candidate_seq, reference_seq) 함수는 하나의 후보 및 하나의 참조 시퀀스가 있을 때 점수를 계산하고 calc_bleu_many(candidate_seq, reference_sequences) 함수는 후보와 비교할 여러 참조 시퀀스가 있을 때 점수를 얻는 데 사용된다. 이 경우 최고 블레우 점수가 반환된다.

또한 짧은 문구만을 담고 있는 데이터 세트의 특성을 반영하기 위해 블레우는 유니 그램과 바이그램에 대해서만 계산된다. 다음은 utils.py 모듈의 코드로서, 이 모듈은 블레우 계산을 담당하고, 문장을 토큰화하고, 토큰 목록을 문자열로 변환하는 두 개의 추가적인 함수가 있다.

```
import string
from nltk.translate import bleu_score
from nltk.tokenize import TweetTokenizer

def calc_bleu_many(cand_seq, ref_sequences):
    sf = bleu_score.SmoothingFunction()
    return bleu_score.sentence_bleu(ref_sequences, cand_seq,
                                    smoothing_function=sf.method1,
                                    weights=(0.5, 0.5))
```

```
def calc_bleu(cand_seq, ref_seq):
    return calc_bleu_many(cand_seq, [ref_seq])

def tokenize(s):
    return TweetTokenizer(preserve_case=False).tokenize(s)

def untokenize(words):
    return " ".join([" " + i if not i.startswith("'") and i not in
string.punctua tion else i for i in words]).strip()
```

모델

학습 과정과 모델 자체에 대한 기능은 libbots/model.py 파일에 정의되어 있다. 학습 프로세스를 이해하는 것이 중요하므로 아래 코드를 잘 살펴보자.

```
HIDDEN_STATE_SIZE = 512
EMBEDDING_DIM = 50
```

위 두 하이퍼 파라미터는 인코더와 디코더 RNN 모두에 의해 사용되는 은닉 상태의 크기를 정의한다. RNN의 파이토치 구현에서 이 값은 동시에 세 개의 파라미터를 정의한다.

- 입력으로 받게 되는 은닉 상태의 차원이면서 RNN 유닛의 출력 차원이기도 하다.
- RNN에서 반환된 출력의 차원. 동일한 차원이긴 하지만, RNN의 출력은 은닉 상태와는 다르다.
- RNN 변형에 사용되는 내부 뉴런의 개수이다.

두 번째 하이퍼 파라미터인 EMBEDDING_DIM은 임베딩의 차원을 정의한다[6]. 이 예에서는 GLoVe 또는 word2vec와 같은 미리 학습된 라이브러리를 사용하지 않는다. 대신 이 임베딩은 모델과 함께 학습될 것이다. 인코더와 디코더가 모두 입력으로서 토큰을 받아들이기 때문에 이 임베딩의 차원은 RNN 입력의 크기 또한 규정한다.

6) 역자주: 뭐, 말이 어렵지만 쉽게 표현하면 하나의 단어를 표현할 때 EMBEDDING_DIM 크기의 벡터로 표현한다는 것이다.

```
class PhraseModel(nn.Module):
    def __init__(self, emb_size, dict_size, hid_size):
        super(PhraseModel, self).__init__()

        self.emb = nn.Embedding(num_embeddings=dict_size,
embedding_dim=emb_size)
        self.encoder = nn.LSTM(input_size=emb_size,
hidden_size=hid_size,
                               num_layers=1, batch_first=True)
        self.decoder = nn.LSTM(input_size=emb_size,
hidden_size=hid_size,
                               num_layers=1, batch_first=True)
        self.output = nn.Sequential(
            nn.Linear(hid_size, dict_size)
        )
```

위 코드는 모델을 정의하고 있는데, 우선 생성자에서는 임베딩, 인코더, 디코더 및 출력 투영을 생성하였다. RNN 구현으로서는 LSTM이 사용된다. LSTM을 생성할 때 batch_first 인수는 배치(batch) 차원이 RNN에의 입력 텐서의 첫 번째 차원임을 지정한다. 투영 계층(self.output)은 디코더의 출력을 사전 확률 분포로 변환하는 선형 변환이다.

모델의 나머지 부분은 seq2seq 모델을 사용하여 데이터를 다양하게 변환하기 위한 메소드이다. 엄밀히 말하자면 이 클래스는 신경망에 데이터를 적용하기 위한 forward()를 재정의 해야 하는 파이토치 규칙을 위반하고 있다. 이것은 고의적으로 그렇게 한 것인데, 왜냐하면 seq2seq 모델이 입력 데이터를 한 번만 변환해서 올바른 결과를 내거나 또는 해석할 수 없기 때문이다. 다시 말하면 이 예에서는 교사 강제 모드를 사용하거나, 커리큘럼 학습 모드를 사용하거나, 혹은 토큰 하나만 디코딩하는 단일 디코딩 단계만을 수행하는 등 다양한 방식으로 모델을 사용할 것이다.

```
    def encode(self, x):
        _, hid = self.encoder(x)
        return hid
```

이 메소드는 입력 시퀀스를 인코딩하고 인코더 RNN의 마지막 단계에서의 은닉 상태를 반환한다. 파이토치에서 모든 RNN 클래스는 두 객체로 구성된 튜플을 반환한다. 튜플의 첫 번째 구성 요소는 RNN의 출력이며, 두 번째 구성 요소는 은닉 상태이다. 우리는 인코더의 출력에는 관심이 없으므로 은닉 상태만 반환한다.

```
def get_encoded_item(self, encoded, index):  # 배치에서 하나의 시퀀스에 대한 인코딩 결과를 가져옴
    # For RNN
    # return encoded[:, index:index+1]
    # For LSTM
    return encoded[0][:, index:index+1].contiguous(), \  # LSTM은 내부적으로 유지하는 셀 상태와 은닉계층 상태 두 개의 결과를 가지고 있음
        encoded[1][:, index:index+1].contiguous()
```

이 메소드는 다수의 입력 문장으로 구성된 배치에서 어느 한 입력(즉, 배치에 들어 있는 여러 문장 중에서 특정 하나의 문장)에 대한 인코딩 결과를 액세스하는 유틸리티 메서드이다. RNN에서는 한 번의 encode() 메소드 호출을 사용하여 배치 전체를 인코딩하지만[7] 디코딩할 때는 배치에 있는 시퀀스들을 하나씩 디코딩하므로, 이 메소드를 사용하여 배치의 index 번째 시퀀스의 인코딩을 추출할 수 있다. 이 추출과 관련된 세부 사항은 RNN 구현에 따라 다른데, 예를 들어 LSTM은 두 개의 텐서(셀 상태와 은닉 상태)로 구성된 튜플을 숨겨진 상태로 가진다. 그러나 기본 torch.nn.RNN 클래스나 torch.nn.GRU와 같은 RNN 구현은 모두 은닉 상태로서 단일 텐서를 가진다. 따라서 이 지식이 이 메소드에 캡슐화되어 있고[8] RNN 유형을 변경하고자 할 때는 이를 조정해야 한다.

나머지 메소드는 디코딩 프로세스와 전적으로 관련되어 있다.

```
def decode_teacher(self, hid, input_seq):  # hid: 질의에 대한 인코딩 결과 / input_seq: 참조(정답) 시퀀스(교사 강제 모드 시 정답이 입력으로 사용됨)
    # Method assumes batch of size=1  # 정답 문장 하나씩 디코딩 하므로
    out, _ = self.decoder(input_seq, hid)
    out = self.output(out.data)  # out은 아직 확률값이 아니라, 원시 스코어인 로짓임
    return out
```

디코딩을 수행하는 가장 단순하고 효율적인 방법은 교사 강제 모드를 사용하는 것이다. 이 모드에서는 디코더 RNN에 참조 시퀀스(학습 샘플의 응답 구문)를 적용하기만 하면 된다. 교사 강제 모드에서는 입력으로 응답 구문을 넣어주므로 디코딩의 모든 단계에 대한 입력이 미리 알려진다. 따라서, RNN 단계 간의 유일한 종속 관계는 은닉 상태뿐이므로 CPU에서 GPU로의 추가적인 데이터 전송이 필요없이 RNN 변환을 매우 효율적으로 수행할 수 있으며, 기본 CuDNN 라이브러리에 잘 구현되어 있다.

반면 디코더 출력이 다음 단계의 입력을 정의하는 커리큘럼 모드 디코딩 방식은 그렇지 않다. 출력과 입력 사이의 연결이 파이썬 코드로 이루어지므로 디코딩이 단계적으로 수행된다. 물론

7) 역자주: 즉, 입력(혹은 문장) 여러 개를 하나의 배치로 하고, 이 배치가 한꺼번에 인코딩 된다는 말

8) 역자주: 우리는 LSTM을 사용할 것이므로, 숨겨진 상태로서 셀 상태와 은닉 상태 두 가지를 가진다. 따라서, 코드에서 encoded[0], encoded[1]이 각각 셀 상태와 은닉 상태를 의미한다.

모든 텐서가 이미 GPU 메모리에 있으므로 반드시 데이터를 전송해야 하는 것은 아니지만, 고도로 최적화된 CuDNN 라이브러리에서 제어가 이루어지는 것이 아니라 파이썬 코드에서 이루어진다.

```
은닉 상태  토큰 하나
def decode_one(self, hid, input_x):
    out, new_hid = self.decoder(input_x.unsqueeze(0), hid)
    out = self.output(out)          → 다음 토큰의 디코딩을 위한 은닉 상태
    return out.squeeze(dim=0), new_hid
```

위 함수는 하나의 토큰(단어)에 대해 단일 디코딩 단계를 수행한다. 디코더에게 은닉 상태(만일 현재가 디코딩의 첫 번째 단계라면 인코딩된 시퀀스로 설정됨)와 입력 토큰에 대한 임베딩 벡터로 입력 텐서(input_x)를 설정한다. 그런 다음 디코더의 결과가 출력 투영(self.output(out))을 통과하면 사전(dictionary)에 정의된 모든 토큰에 대한 원시 점수(out)를 얻는다. 이 점수는 아직 softmax 함수를 통해 확률 분포로 변환되기 이전이기 때문에 원시 스코어(로짓이라고도 함)로 불린다. 함수의 결과는 원시 스코어와 디코더에 의해 반환된 새로운 은닉 상태이다.

```
시작 토큰: #BEG 최대 디코딩 길이 디코딩 중지 요청 토큰
    def decode_chain_argmax(self, hid, begin_emb, seq_len, stop_at_
token=None):
        res_logits = []
        res_tokens = []
        cur_emb = begin_emb
```

decode_chain_argmax() 메서드는 확률 분포에서 argmax를 사용하여 토큰의 인덱스를 얻는 방식으로 시퀀스의 디코딩을 수행한다. 함수 인수는 다음과 같다.

- hid: 입력 시퀀스를 인코더가 인코딩한 결과 반환된 은닉 상태
- begin_emb: 디코딩을 시작하는 데 사용될 #BEG 토큰의 임베딩 벡터
- seq_len: 디코딩된 시퀀스의 최대 길이. 디코더가 #END 토큰을 반환하면 디코딩된 시퀀스가 이보다 짧아질 수 있지만 더 길어질 수는 없다. 학습의 초기에는 디코더가 무한대로 반복되기 쉬운데, seq_len을 이용하여 무한 디코딩을 방지할 수 있다.
- stop_at_token: 디코딩 프로세스를 중지하는 토큰 아이디 (일반적으로 #END 토큰)로서 옵션임

이 함수는 두 개의 값을 반환한다. 하나는 각 디코딩 단계에서 디코더에 의해 반환된 결과 로짓을 담은 텐서이고, 나머지 하나는 생성된 토큰 아이디의 리스트이다. 첫 번째 값은 손실을 계산하기 위해 사용될 텐서이며, 두 번째 값은 블레우 점수를 계산하기 위한 함수로 전달된다.

```
        for _ in range(seq_len):  # 최대 seq_len 길이만큼 디코딩 토큰을 생성
            out_logits, hid = self.decode_one(hid, cur_emb)  # 하나의 토큰을 디코딩
            out_token_v = torch.max(out_logits, dim=1)[1]  # 최대값을 가지는 토큰을 선택. max는 (최대값, 인덱스)의 튜플을 반환하므로 인덱스만 꺼냄
            out_token = out_token_v.data.cpu().numpy()[0]  # 꺼내진 인덱스가 리스트인데, 우리는 토큰하나만 썼으므로, 원소가 하나인 리스트임

            cur_emb = net.emb(out_token_v)  # 출력된 토큰을 다음 번 반복의 입력으로 쓰기 위해서 임베딩을 얻음

            res_logits.append(out_logits)
            res_tokens.append(out_token)
            if stop_at_token is not None and out_token ==
    stop_at_token:
                break
        return torch.cat(res_logits), res_tokens
```

매 디코딩 루프마다 디코더 RNN을 하나의 토큰에 적용하는데, 디코더의 현재의 은닉 상태(처음에는 인코딩된 벡터와 동일함)와 현재 토큰에 대한 벡터 임베딩을 전달한다. 디코더 RNN의 출력은 로짓(사전의 모든 단어에 대한 원시 스코어) 및 새로운 은닉 상태가 있는 튜플이다. 로짓(logit)에서 토큰 아이디를 얻기 위해 argmax 함수를 사용하였다. 그런 다음 디코딩된 토큰에 대한 임베딩을 얻고 로짓 및 토큰 아이디를 저장하고 디코딩된 토큰이 중지 토큰인지 확인하였다.

```
                                         시작 토큰: #BEG  최대 디코딩 길이
    def decode_chain_sampling(self, hid, begin_emb, seq_len,
디코딩 중지 요청 토큰
    stop_at_token=None):  # 샘플링을 통한 디코딩
        res_logits = []
        res_actions = []
        cur_emb = begin_emb

        for _ in range(seq_len):  # 최대 seq_len 길이만큼 디코딩 토큰을 생성
            out_logits, hid = self.decode_one(hid, cur_emb)  # 하나의 토큰을 디코딩
            out_probs_v = F.softmax(out_logits, dim=1)  # 디코더의 로짓 출력을 확률로 변환
            out_probs = out_probs_v.data.cpu().numpy()[0]  # numpy 적용을 위해 cpu로 빼냄
            action = int(np.random.choice(out_probs.shape[0],
    p=out_probs))  # 샘플링을 통한 디코딩
            action_v = torch.LongTensor([action]).to(action_v.device)
            cur_emb = net.emb(action_v)  # 출력된 토큰을 다음 번 반복의 입력으로 쓰기 위해서 임베딩을 얻음

            res_logits.append(out_logits)
            res_actions.append(action)
            if stop_at_token is not None and action == stop_at_token:
                break
    return torch.cat(res_logits), res_actions
```

위 함수는 decode_chain_argmax()와 거의 동일하며, 단지 argmax 대신 확률 분포에서 무작위 샘플링을 수행하였다. 나머지 부분은 동일하다.

PhraseModel 클래스 외에도 model.py 파일에는 모델 입력을 준비하는데 사용되는 몇 가지 함수가 포함되어 있다. 파이토치 RNN이 제대로 작동하기 위해서는 입력이 텐서 형식이어야 하기 때문이다.

```
    # (질의, 응답) 튜플로 구성된 배치 데이터에서 질의 부분만 패킹한다
def pack_batch_no_out(batch, embeddings, device="cpu"):
    assert isinstance(batch, list)
    # Sort descending (CuDNN requirements)
    batch.sort(key=lambda s: len(s[0]), reverse=True)  # 구문의 길이에 따라 내림차순으로 정렬
    input_idx, output_idx = zip(*batch)   # 배치에서 질의와 응답을 분리함
```

이 함수는 인코딩과 decode_chain_* 함수에 적합한 형식으로 입력 배치((질의, 응답) 튜플의 리스트)를 묶는다. 우선 질의 구문의 길이에 따라 배치를 정렬한다. 이것은 필수적인데, 왜냐하면 파이토치가 CUDA 백엔드로서 사용하는 CuDNN 라이브러리의 요구 사항이기 때문이다.

```
    # create padded matrix of inputs
    lens = list(map(len, input_idx))   # 배치의 질의 구문들의 길이를 구함
    input_mat = np.zeros((len(batch), lens[0]), dtype=np.int64) → # 질의를 행렬로 표현하고자 함. 가장 길이가 긴 질의 기준으로 준비하면 됨. 기본적으로 0으로 모든 값이 채워졌으므로 짧은 구문들은 뒤쪽이 자동적으로 0으로 패딩됨
    for idx, x in enumerate(input_idx):  # 각 질의 구문을 행렬에 집어 넣음
        input_mat[idx, :len(x)] = x   질의 구문에 대한 배치
```

그런 다음 [batch_size, max_input_phrase] 차원을 가진 행렬을 만들고 거기에 입력 구문을 복사한다. 이런 형식을 패딩 시퀀스라고 하는데, 입력 시퀀스는 가변적이라서 가장 길이가 큰 것을 빼고 나머지 시퀀스의 빈 부분은 패딩(0으로) 채워진다.

```
# PackedSequence 클래스 ←
    input_v = torch.tensor(input_mat).to(device)
    input_seq = rnn_utils.pack_padded_sequence(input_v, lens,
batch_first=True)   # 패딩된 질의 구문을 파이토치 라이브러리가 효율적으로 처리할 수 있는 패킹된 형태의 시퀀스로 변환. 결과로 나온 것은 아직은 임베딩 표현이 아니고, 토큰 형태의 표현임.
```

다음으로 이 행렬을 파이토치 텐서에 넣고 파이토치 RNN 모듈의 특수 함수를 사용하여 이 행렬을 패딩된 형식(padded sequence)에서 소위 패킹된 형식(packed sequence)으로 변환한다. 패킹된 형식에서 시퀀스는 열 단위로 저장된다. 이렇게 되면, 예를 들어 첫 번째 행에는 모든 시퀀스의 첫 번째 토큰들이 들어 있게 된다. 두 번째 행에는 1보다 긴 시퀀스들의 두 번째 위치의 토큰들이 있다. 이러한 표현이 필요한 이유는 CuDNN이 RNN 처리를 매우 효율적으로 수행할 수 있게

하기 위함이다.[9]

```
        # lookup embeddings                      # 토큰으로 표현된 패킹된 시퀀스를 임베딩 표현으로 바꾸고 다시
        r = embeddings(input_seq.data)           PackedSequence 클래스화 함. 이렇게 함으로써 패킹된 임베딩 시퀀스를 얻으
                                                 며 이게 우리가 인코딩 시 필요한 최종 버전임
        emb_input_seq = rnn_utils.PackedSequence(r, input_seq.batch_sizes)
        return emb_input_seq, input_idx, output_idx
```

이제 정수형인 토큰 아이디로 구성된 시퀀스를 임베딩 표현으로 변환한다. 그런 다음 임베딩된 데이터를 다시 패킹 클래스로 변환하고 이 시퀀스와 입력 및 출력 시퀀스에 대한 정수 토큰 아이디를 담고 있는 두 개의 리스트를 포함하는 세 개 원소의 튜플을 반환한다.

```
    # 하나의 시퀀스(토큰)를 패킹
    def pack_input(input_data, embeddings, device="cpu"):
        input_v = torch.LongTensor([input_data]).to(device)
        r = embeddings(input_v)
        return rnn_utils.pack_padded_sequence(r, [len(input_data)],
    batch_first=True)
```

앞의 함수는 하나의 구문 시퀀스(토큰)을 RNN에 전달하기에 적합한 패킹된 시퀀스로 변환한다.

---

9) 역자주: 좀더 padded sequence와 packed sequence에 대해서 설명하자면, 아래 그림과 같다. 입력 문장은 기본적으로 길이가 제 각각이므로 제일 길이가 긴 문장을 기준으로 그보다 짧은 문장들은 아래 그림에서 〈패딩된 시퀀스〉와 같이 끝에 패딩이 첨가된다. 그런데 이것을 그대로 RNN의 입력으로 주면 스텝 1, 2 번은 문제가 없지만 스텝 3번부터는 패딩도 계산 과정에 포함되어 굉장히 비효율적이 된다. 따라서, 이를 보다 효율적으로 만들기 위해서(결국 패킹된 시퀀스로 만들어 주기 위해서), 일단 이들을 정렬하여 큰 순으로 만들고, 이후 데이터가 들어 있는 부분만 압축된 시퀀스로 옮기게 된다. 1차원 데이터가 되는 것이다. 여기서, 각 스텝마다 들어갈 수 있는 배치의 크기도 [3,3,2,2,1,1]과 같이 만들어 주면 어디까지가 한번에 들어가야 하는 배치인지 명확히 알 수 있다.

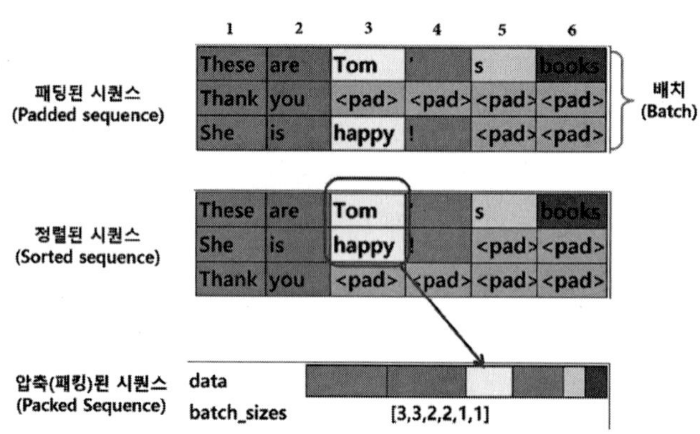

정리하자면, 패딩된 시퀀스 --〉 정렬 --〉 임베딩 --〉 패킹(유틸리티 함수 이용) --〉 패킹 클래스로 감싸기 순서로 진행함

```
# 배치에 들어 있는 입력 시퀀스, 출력 시퀀스를 패킹한다
def pack_batch(batch, embeddings, device="cpu"):
    emb_input_seq, input_idx, output_idx = pack_batch_no_out
(batch, embeddings, device)
    output_seq_list = []
    for out in output_idx:
        output_seq_list.append(pack_input(out[:-1],
embeddings, device))
                              개별 시퀀스가 패킹된 리스트   입력 시퀀스들(토큰형)  출력 시퀀스들(토큰형)
    return emb_input_seq, output_seq_list, input_idx, output_idx
                 배치 형태로 패킹된 입력 시퀀스
```

위 함수는 pack_batch_no_out() 메소드를 사용하여 입력 시퀀스를 패킹된 시퀀스로 변환하고, 이와 함께 출력 인덱스 또한 교사 강제 모드에서 사용하기 위해 패킹된 시퀀스(packed sequence)의 리스트로 변환한다. 이 시퀀스에는 #END 토큰이 제거되어 있는 것에 주의하자[10].

```
def seq_bleu(model_out, ref_seq):
    model_seq = torch.max(model_out.data, dim=1)[1]
    model_seq = model_seq.cpu().numpy()
    return utils.calc_bleu(model_seq, ref_seq)
```

마지막으로, model.py의 마지막 함수인 seq_bleu 함수는 블레우 점수를 계산한다. 이때, torch.max를 호출하여 시퀀스 색인을 얻은 다음 utils.py 모듈의 블레우 계산 함수를 사용하였다.

학습: 크로스-엔트로피

모델을 처음으로 학습시키기 위한 크로스-엔트로피 손실 함수 방법이 train_crossent.py에 구현되었다. 훈련 과정에는 교사 강제 모드(디코더의 입력에 타깃 시퀀스를 제공)와 커리큘럼 학습 모드(시퀀스를 한 번에 한 단계씩 디코딩하고, 출력분포에서 최대 확률을 가지는 토큰을 선택해서 다음 단계의 디코딩에서 입력으로 제공)을 무작위로 전환할 것이다. 이를 통해 교사의 강요에 의한 빠른 수렴과 커리큘럼 학습에서의 안정적인 해독이라는 두 가지 방법의 장점을 결합할 수 있다.

```
SAVES_DIR = "saves"

BATCH_SIZE = 32
LEARNING_RATE = 1e-3
MAX_EPOCHES = 100

log = logging.getLogger("train")

TEACHER_PROB = 0.5
```

10) 역자주: 교사 강요 모드에서는 이전 RNN 단계의 정답을 현재 단계의 입력으로 넣어 주게 되는데, 이때 정답의 마지막 토큰이 #END 토큰인데, 이는 디코딩할 필요가 전혀 없기 때문에 떼어 내야 한다.

TEACHER_PROB는 교사 강제 학습의 확률을 정의한다.

```
# 테스트 배치에 대하여 블레우 점수 계산
def run_test(test_data, net, end_token, device="cpu"):
    bleu_sum = 0.0
    bleu_count = 0
    for p1, p2 in test_data:
        input_seq = model.pack_input(p1, net.emb, device) # 입력 구문에 대하여 패킹
        enc = net.encode(input_seq)
        _, tokens = net.decode_chain_argmax(enc, input_seq.data[0:1],
                                            seq_len=data.MAX_TOKENS,
                                            stop_at_token=end_token)
        bleu_sum += utils.calc_bleu(tokens, p2[1:])
        bleu_count += 1
return bleu_sum / bleu_count
```

run_test 함수는 매 에포크 마다 호출되는데, 학습 중간에 성능을 평가하기 위해 별도의 데이터 세트(기본적으로 학습 데이터의 5% 정도)를 이용하여 평균 블레우 점수를 계산한다.

```
if __name__ == "__main__":
    logging.basicConfig(format="%(asctime)-15s %(levelname)s
%(message)s", level=logging.INFO)
    parser = argparse.ArgumentParser()
    parser.add_argument("--data", required=True, help="Category to use
for training. "
                                                        "Empty string to
train on full dataset")
    parser.add_argument("--cuda", action='store_true', default=False,
                        help="Enable cuda")
    parser.add_argument("-n", "--name", required=True, help="Name of
the run")
    args = parser.parse_args()
    device = torch.device("cuda" if args.cuda else "cpu")

    saves_path = os.path.join(SAVES_DIR, args.name)
    os.makedirs(saves_path, exist_ok=True)
```

이 프로그램을 통해 학습하고자 하는 장르와 텐서보드에 사용되는 현재 학습의 이름을 지정하고 정기적으로 모델을 저장하고자 하는 디렉토리 이름을 지정한다.

```
phrase_pairs, emb_dict = data.load_data(genre_filter=args.data)
log.info("Obtained %d phrase pairs with %d uniq words",
         len(phrase_pairs), len(emb_dict))
data.save_emb_dict(saves_path, emb_dict)
end_token = emb_dict[data.END_TOKEN]
train_data = data.encode_phrase_pairs(phrase_pairs, emb_dict)
```

명령행 인수가 파싱되고 지정된 장르에 대한 데이터 집합을 로드하고 임베딩 사전(토큰의 문자열에서 토큰의 정수 아이디로의 매핑)을 저장하고 구문 쌍을 인코딩하였다. 이 지점에서 데이터는 두 개(질의, 응답)의 엔트리가 있는 튜플에 대한 리스트인데, 각 엔트리는 정수로 표현된 아이디 리스트(하나의 구문을 정수형 단어 아이디로 담고 있는 리스트)이다.

```
rand = np.random.RandomState(data.SHUFFLE_SEED)
rand.shuffle(train_data)
log.info("Training data converted, got %d samples", len
(train_data))
train_data, test_data = data.split_train_test(train_data)
log.info("Train set has %d phrases, test %d", len(train_data),
len(test_data))
```

데이터가 로드된 후 이를 훈련/테스트 파트로 분할한 다음 고정된 시드(강화학습 훈련 단계에서 동일한 셔플(shuffle)을 반복할 수 있도록)를 사용하여 데이터를 셔플한다.

```
net = model.PhraseModel(emb_size=model.EMBEDDING_DIM,
dict_size=len(emb_dict),
                        hid_size=model.HIDDEN_STATE_SIZE).
to(device)
log.info("Model: %s", net)
writer = SummaryWriter(comment="-" + args.name)
optimiser = optim.Adam(net.parameters(), lr=LEARNING_RATE)
best_bleu = None
```

그런 다음 모델을 생성한다. 이때, 임베딩의 차원, 사전의 크기, 인코더 및 디코더의 은닉 크기를 전달한다.

```
for epoch in range(MAX_EPOCHES):
    losses = []
    bleu_sum = 0.0
    bleu_count = 0
    for batch in data.iterate_batches(train_data, BATCH_SIZE): # 인코더는 배치단위로 처리
        optimiser.zero_grad()
```

```
                                        개별 시퀀스가 패킹된 리스트
배치 형태로 패킹된 입력 시퀀스 ← input_seq, out_seq_list, _, out_idx = model.pack_
        batch(batch, net.emb, device)                  출력 시퀀스들(토큰형)
                enc = net.encode(input_seq)
```

학습은 고정된 에포크만큼 반복 수행되며, 각 루프에서는 구문의 쌍으로 이루어진 배치를 반복한다. 각 배치는 model.pack_batch()를 사용하여 묶는데, 이 함수는 패킹된 입력 시퀀스, 패킹된 출력 시퀀스, 입력 토큰 인덱스 리스트, 출력 토큰 인덱스 리스트를 반환한다. 배치 인코더를 통해 입력 시퀀스를 전달하고 마지막 RNN 적용시의 은닉 상태를 반환하는 net.encode()를 호출하였다. 이 은닉 상태는 [batch_size, model.HIDDEN_STATE_SIZE]의 모양을 가지며 기본적으로 [16, 512]이다.

```
            # 디코더는 배치가 아니라 시퀀스 단위로 처리
            net_results = []
            net_targets = []                 출력에 대한 패킹된 개별 시퀀스를 담은 리스트
            for idx, out_seq in enumerate(out_seq_list):
                ref_indices = out_idx[idx][1:] # 정답으로 쓰일 토큰들, BEG 토큰 제외
                enc_item = net.get_encoded_item(enc, idx) # 현재 응답 시퀀스에 상응하는 질의 시퀀스의
                                                          인코더 결과 가져오기
```

그런 다음 배치의 모든 시퀀스를 개별적으로 디코딩한다. 아마도 이 루프를 어떻게든 병렬적으로 만들어 배치의 개별 시퀀스를 하나씩 처리하지 말고 일괄적으로 처리할 수도 있겠지만 예제를 읽기 어렵게 만들기 쉽다. 따라서, 배치의 개별 시퀀스 별로 처리하도록 하였고 그러기 위해서 토큰 아이디로 구성된 참조(응답) 시퀀스(#BEG 토큰 제외)와 인코더를 통해 입력 시퀀스에 대한 인코딩 표현을 얻었다.

```
                if random.random() < TEACHER_PROB: # 교사 강제 모드 디코딩
                    r = net.decode_teacher(enc_item, out_seq)
                    bleu_sum += model.seq_bleu(r, ref_indices)
                else: # 커리 큘럼 모드 디코딩
        로짓, 토큰리스트 ← r, seq = net.decode_chain_argmax(enc_item,
        out_seq.data[0:1],      # 시작 토큰=BEG 토큰
                                 모델이 예측한 시퀀스의 토큰들 len(ref_indices))
                    bleu_sum += utils.calc_bleu(seq, ref_indices)
                                                    정답 시퀀스의 토큰들
```

앞의 코드에서 교사 강제 또는 커리큘럼 학습 중 어떤 디코딩 방법을 사용할지 무작위로 결정하였다. 교사 강제 모드인 decode_teacher() 메소드는 [out_seq_len, dict_size] 크기의 로짓(logits) 텐서를 반환하므로 블레우 점수를 계산하려면 model.py 모듈의 함수를 사용해야 한다. decode_chain_argmax() 메소드로 구현된 커리큘럼 학습의 경우, 로짓 시퀀스 텐서와 함께 블레우 계산에 필요한 출력 시퀀스의 토큰 아이디 리스트도 반환하므로, 이렇게 하면 블레우 점수를 직접

계산할 수 있다.

```
                    net_results.append(r)
                    net_targets.extend(ref_indices)
                    bleu_count += 1
```

시퀀스 처리가 끝나면 결과 로짓(logits)과 참조 인덱스를 추가하여 나중에 손실 계산에 사용한다.

```
                # 배치 하나에 대한 디코딩이 다 끝났으므로, 손실 계산
                results_v = torch.cat(net_results)    # (N, C) 형태로 만듬. N은 시퀀스 개수, C: 클래스 개수
                targets_v = torch.LongTensor(net_targets).to(device)    # (N) 형태로 만듬
                loss_v = F.cross_entropy(results_v, targets_v)
                loss_v.backward()
                optimiser.step()
                losses.append(loss_v.item())
```

크로스 엔트로피 손실을 계산하기 위해 로짓 텐서 리스트(로짓 텐서 하나는 하나의 시퀀스에 대한 로짓 즉, 원시 스코어를 담고 있음)를 하나의 텐서(results_v)로 변환하고 참조 토큰 아이디를 가진 리스트(net_targets)를 파이토치 텐서로 변환하여 GPU 메모리에 저장하였다. 그러면 이제 해야 할 일은 크로스 엔트로피 손실을 계산하고, 역전파를 수행하고, 옵티마이저가 모델을 조정하도록 요청하는 것이다. 여기까지가 배치 하나를 처리하는 과정이다.

```
            bleu = bleu_sum / bleu_count
            bleu_test = run_test(test_data, net, end_token, device)
            log.info("Epoch %d: mean loss %.3f, mean BLEU %.3f,    # 학습의 진척상황을 보기위해서 BLEU
    test BLEU %.3f",                                              점수를 계산하는 것이지, 아직까지는
                     epoch, np.mean(losses), bleu, bleu_test)     강화학습과는 상관없음
            writer.add_scalar("loss", np.mean(losses), epoch)
            writer.add_scalar("bleu", bleu, epoch)
            writer.add_scalar("bleu_test", bleu_test, epoch)
```

모든 배치가 처리되면 훈련 과정에서 얻은 평균 블레우 점수를 계산하고 보유한 데이터 세트에 대한 테스트를 실행하며 통계를 보고한다.

```
            if best_bleu is None or best_bleu < bleu_test:
                if best_bleu is not None:
                    out_name = os.path.join(saves_path, "pre_
    bleu_%.3f_%02d.dat" %
                                            (bleu_test, epoch))
                    torch.save(net.state_dict(), out_name)
                    log.info("Best BLEU updated %.3f", bleu_test)
                best_bleu = bleu_test
```

```
            if epoch % 10 == 0:
                out_name = os.path.join(saves_path, "epoch_%03d_%.3f_%.3f.
dat" %
                                        (epoch, bleu, bleu_test))
                torch.save(net.state_dict(), out_name)
```

모델을 파인 튜닝[fine-tune]할 수 있도록 최고 테스트 블레우 점수를 낸 모델의 가중치를 저장한다. 또한 10번 반복마다 체크 포인트 파일을 저장한다.

학습 실행

이것이 학습 코드의 전부이다. 학습을 실행하려면 명령행에 실행의 이름을 전달하고 장르 필터를 제공해야 한다. 전체 데이터 세트는 꽤 크고(총 617 개의 영화) 심지어 GPU에서도 훈련에 많은 시간이 필요할 수 있다. 예를 들어, GTX 1080Ti에서는 매 에포크가 약 16분이 걸리며, 이는 100 에포크 당 18시간이 걸리는 정도이다.

장르 필터를 적용하면 영화의 하위 집합에 대해 학습할 수 있다. 예를 들어, 코미디 장르에는 159개의 영화가 포함되어 있는데, 이는 전체 데이터 집합이 가진 150,000개 이상의 구문 쌍보다 적은 22,000개의 학습 구문 쌍을 가져온다. 물론 사전 크기도 훨씬 더 작다(4,905 단어 대 전체 데이터의 11,131 단어). 이것으로 하나의 에포크 시간을 16분에서 3분으로 줄일 수 있다.

학습 데이터를 더 작게 만들려면 3,000개의 구문 쌍과 772개의 단어, 그리고 총 16개의 영화만 있는 가족 장르를 사용할 수도 있다. 이 경우 100 에포크에 30분밖에 걸리지 않는다. 코미디 장르에 대한 학습을 시작하려면 다음과 같이 하면 되는데, 체크 포인트를 saves/crossent-comedy 디렉터리 저장하고 텐서보드 메트릭은 runs 디렉터리에 기록한다.

```
rl_book_samples/Chapter12$ ./train_crossent.py --cuda --data comedy -n
crossent-comedy
2018-01-15 12:35:35,072 INFO Loaded 159 movies with genre comedy
2018-01-15 12:35:35,073 INFO Read and tokenise phrases...
2018-01-15 12:35:39,785 INFO Loaded 93039 phrases
2018-01-15 12:35:40,057 INFO Loaded 24716 dialogues with 93039
phrases, generating training pairs
2018-01-15 12:35:40,118 INFO Counting freq of words...
2018-01-15 12:35:40,469 INFO Data has 31774 uniq words, 4913 of them
occur more than 10
2018-01-15 12:35:40,660 INFO Obtained 47644 phrase pairs with 4905
```

```
uniq words
2018-01-15 12:35:40,992 INFO Training data converted, got 26491
samples
2018-01-15 12:35:40,992 INFO Train set has 25166 phrases, test 1325
2018-01-15 12:35:43,320 INFO Model: PhraseModel (
  (emb): Embedding(4905, 50)
  (encoder): LSTM(50, 512, batch_first=True)
  (decoder): LSTM(50, 512, batch_first=True)
  (output): Sequential (
    (0): Linear (512 -> 4905)
  )
)
2018-01-15 12:39:17,656 INFO Epoch 0: mean loss 5.000, mean BLEU
0.164, test BLEU 0.122
2018-01-15 12:42:49,997 INFO Epoch 1: mean loss 4.671, mean BLEU
0.178, test BLEU 0.078
2018-01-15 12:46:23,016 INFO Epoch 2: mean loss 4.537, mean BLEU
0.179, test BLEU 0.088
```

크로스 엔트로피 손실을 이용한 학습의 경우 텐서보드에는 손실, 학습 블레우 점수 및 테스트 블레우 점수가 기록된다. 다음은 훈련에 6시간이 걸린 코미디 장르의 그래프이다.

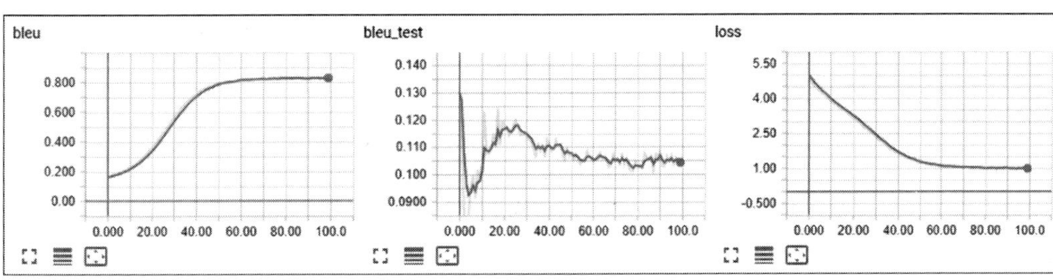

그림 7. 코미디 장르에 대한 크로스 엔트로피 손실 함수를 이용한 학습

보다시피, 학습 데이터에 대한 블레우 점수는 지속적으로 증가하여 약 0.83에서 포화되지만, 테스트 데이터의 블레우 점수는 25 에포크 이후에 개선되지 않으므로, 학습 데이터에 대한 블레우 점수보다 덜 인상적이다. 그 이유는 두 가지가 있다. 우선, 데이터 세트가 충분히 크지 않기 때문에 이를 가지고 학습한 모델은 테스트 데이터 세트에서 좋은 점수를 얻기 힘들다. 코미디 장

르에는 25,166개의 학습 쌍이 있고 1,325개의 테스트 쌍이 있으므로 이 테스트 쌍 중에 학습 데이터와 관련이 없는 완전히 새로운 문구를 포함하는 쌍을 테스트할 기회가 많다. 이것은 대화라는 것이 가변성이 높은 속성을 가지고 있기 때문에 발생하며 다음 섹션에서 데이터를 보다 자세히 살펴볼 것이다.

낮은 테스트 BLEU의 두 번째 가능한 이유는 크로스 엔트로피 손실 함수 기반 학습이 복수의 가능한 응답 문구들을 고려하지는 않는다는 점이다. 다음 섹션에서 보겠지만, 우리 데이터에는 몇 가지 대안이 포함된 구문이 답장으로 포함되어 있다. 크로스 엔트로피는 원하는 출력과 일치하는 출력 시퀀스를 생성할 수는 있지만 원하는 출력이 무작위인 경우 모델이 그에 대해 할 수 있는 일은 별로 없다.

낮은 테스트 점수에 대한 또 다른 이유는 모델에 적절한 정규화(regularization)가 적용되지 않아 과적합을 방지하지 못 했을 수도 있다. 다만, 정규화 부분과 이것의 효과는 여러분에게 연습으로 남겨 두겠다.

데이터 체크하기

다양한 관점에서 우리 데이터를 예를 들면, 통계 계산, 다양한 데이터 특성 또는 단순히 살펴보는 것만으로도 문제와 잠재적 이슈들을 보다 잘 이해할 수 있게 해준다. 이를 위하여 cor_reader.py 파일에는 데이터 분석을 위한 최소한의 기능들이 들어 있다. --show-genres 옵션과 함께 실행하면 데이터 세트의 모든 장르를 각각의 영화 수와 함께 크기가 작은 순서로 정렬하여 얻을 수 있다. 이를 실행하여 얻은 상위 10개 항목은 다음과 같다.

```
rl_book_samples/Chapter12$ ./cor_reader.py --show-genres
Genres:
drama: 320
thriller: 269
action: 168
comedy: 162
crime: 147
romance: 132
sci-fi: 120
adventure: 116
mystery: 102
horror: 99
```

--show-dials 옵션은 전처리 없이 영화의 대화를 데이터베이스에 표시된 순서대로 표시한다. 대화의 수가 많기 때문에 -g 옵션을 장르별로 필터링하는 것이 좋다. 예를 들어 코미디 영화의 두 가지 대화를 살펴보자.

```
rl_book_samples/Chapter12$ ./cor_reader.py -g comedy --show-dials |
head -n 10
Dialog 0 with 4 phrases:
can we make this quick? roxanne korrine and andrew barrett are having
an incredibly horrendous public break - up on the quad . again .
well , i thought we'd start with pronunciation , if that's okay with
you .
not the hacking and gagging and spitting part . please .
okay ... then how ' bout we try out some french cuisine . saturday ?
night ?

Dialog 1 with two phrases:
you're asking me out . that's so cute . what's your name again ?
forget it .
```

--show-train 옵션을 전달하면 첫 번째 구문으로 그룹화되고 응답 수의 내림차순으로 정렬된 학습 쌍을 확인할 수 있다. 이 데이터에는 이미 단어의 빈도(최소 10 회) 및 구문 길이(최대 20 개)에 대한 필터가 적용되었다. 다음은 가족 장르에 대한 출력의 일부이다.

```
rl_book_samples/Chapter12$ ./cor_reader.py -g family --show-train |
head -n 20
Training pairs (558 total)
0: #BEG yes . #END
: #BEG but you will not ... be safe ... #END
: #BEG oh ... oh well then , one more won't matter . #END
: #BEG vada you've gotta stop this , there's absolutely nothing wrong
with you ! #END
: #BEG good . #END
: #BEG he's getting big . vada , come here and sit down for a minute
. #END
: #BEG who's that with your dad ? #END
: #BEG for this . #END
: #BEG didn't i tell you ? i'm always right , you know , my dear ...
aren't i ? #END
: #BEG oh , i hope we got them in time . #END
: #BEG oh - - now look at him ! this is terrible ! #END
1: #BEG no . #END
: #BEG were they pretty ? #END
```

```
: #BEG it's there . #END
: #BEG why do you think she says that ? #END
: #BEG come here , sit down . #END
: #BEG what's wrong with your eyes ? #END
: #BEG maybe we should , just to see what's the big deal . #END
: #BEG why not ? #END
```

보다시피, 이 작은 데이터의 집합에도 여러 개의 응답 후보가 있는 구문이 있다. cor_reader.py가 지원하는 마지막 옵션은 --show-dict-freq이다. 이 옵션은 단어의 빈도를 세고 출현 횟수로 정렬하여 보여준다.

```
rl_book_samples/Chapter12$ ./cor_reader.py -g family --show-dict-freq
| head -n 10
Frequency stats for 772 tokens in the dict
.: 1907
,: 1175
? : 1148
you: 840
!: 758
i: 653
-: 578
the: 506
a: 414
```

학습 모델 테스트하기

자, 그럼 데이터는 이 정도로 살펴보고 이제 모델을 가지고 놀아 보자. 학습 과정에서 두 가지 훈련 도구 (train_crossent.py 및 train_scst.py)는 주기적으로 모델을 저장한다. 저장하는 시기는 테스트 데이터 세트의 블레우 점수가 기존 최대치를 넘거나 매 10 에포크 마다이다. 두 가지 모델 모두 동일한 형식(torch.save() 메소드로 생성)을 가지며 모델의 가중치를 포함하여 저장한다. 가중치 외에도 토큰과 정수 아이디의 매핑도 저장하는데, 이 매핑은 구문을 전처리하는 도구에서 사용될 것이다.

모델을 실험하기 위해서는 두 개의 유틸리티가 존재한다. 첫 번째는 data_test.py인데, 모델을 로드하고 이를 주어진 장르의 모든 구문에 적용하고 평균 블레우 점수를 보고한다. 테스트하기 전에 구문 쌍이 첫 번째 구문으로 그룹화된다. 예를 들어, 다음은 코미디 장르에 대해 학습된 두 모델의 결과이다. 첫 번째 것은 크로스 엔트로피에 의해 훈련되었고, 두 번째 것은 강화학습 방법에 의해 파인 튜닝되었다.

```
rl_book_samples/Chapter12$ ./data_test.py --data comedy -m saves/
xe-comedy/epoch_030_0.567_0.114.dat
2018-01-15 15:25:43,097 INFO Loaded 159 movies with genre comedy
2018-01-15 15:25:43,097 INFO Read and tokenise phrases...
2018-01-15 15:25:47,814 INFO Loaded 93039 phrases
2018-01-15 15:25:48,084 INFO Loaded 24716 dialogues with 93039
phrases, generating training pairs
2018-01-15 15:25:48,144 INFO Counting freq of words...
2018-01-15 15:25:48,497 INFO Data has 31774 uniq words, 4913 of them
occur more than 10
2018-01-15 15:25:48,688 INFO Obtained 47644 phrase pairs with 4905
uniq words
2018-01-15 15:29:54,990 INFO Processed 22767 phrases, mean BLEU =
0.5283

rl_book_samples/Chapter12$ ./data_test.py --data comedy -m saves/
sc-comedy-e40-no-skip/epoch_080_0.841_0.124.dat
2018-01-15 15:31:47,931 INFO Loaded 159 movies with genre comedy
2018-01-15 15:31:47,931 INFO Read and tokenise phrases...
2018-01-15 15:31:52,617 INFO Loaded 93039 phrases
2018-01-15 15:31:52,887 INFO Loaded 24716 dialogues with 93039
phrases, generating training pairs
2018-01-15 15:31:52,947 INFO Counting freq of words...
2018-01-15 15:31:53,299 INFO Data has 31774 uniq words, 4913 of them
occur more than 10
2018-01-15 15:31:53,492 INFO Obtained 47644 phrase pairs with 4905
uniq words
2018-01-15 15:36:11,085 INFO Processed 22767 phrases, mean BLEU =
0.8066
```

모델을 실험하는 두 번째 방법은 use_model.py 스크립트를 이용하는 것이다. 이 스크립트를 사용하면 모델에 문자열을 전달하고 응답을 생성하도록 요청할 수 있다.

```
rl_book_samples/Chapter12$ ./use_model.py -m saves/sc-comedy-e40-
no-skip/epoch_080_0.841_0.124.dat -s 'how are you?'
very well. thank you.
```

--self 옵션에 숫자를 전달함으로써 모델이 자신의 응답을 입력으로 처리하도록 요청할 수 있다. 즉, 대화를 생성할 수 있다.

```
rl_book_samples/Chapter12$ ./use_model.py -m saves/sc-comedy-e40-noskip/
epoch_080_0.841_0.124.dat -s 'how are you?' --self 10
very well. thank you.
okay ... it's fine.
```

```
hey ...
shut up.
fair enough.
so?
so, i saw my draw.
what are you talking about?
just one.
i have a car.
```

기본적으로 생성은 argmax를 사용하여 수행되므로 모델의 출력은 항상 입력 토큰에 의해 정의(결정)된다. 물론 이런 게 우리가 항상 원하는 것은 아니기 때문에 --sample 옵션을 사용하면 출력에 임의성을 추가할 수 있다. 이 경우 모든 디코더 단계에서 반환된 확률 분포에서 다음 토큰이 샘플링된다.

```
rl_book_samples/Chapter12$ ./use_model.py -m saves/sc-comedy-e40-noskip/
epoch_080_0.841_0.124.dat -s 'how are you?' --self 2 --sample
very well.
very well.
rl_book_samples/Chapter12$ ./use_model.py -m saves/sc-comedy-e40-noskip/
epoch_080_0.841_0.124.dat -s 'h ow are you?' --self 2 --sample
very well. thank you.
ok.
```

강화학습을 적용하여 학습시키기

이미 논의한 것처럼, 시퀀스투시퀀스 문제에 강화학습 학습 방법을 적용하면 잠재적으로 최종 모델을 향상시킬 수 있을 것으로 기대할 수 있는데, 그 이유는 다음과 같다.

- 하나의 입력 구문에 여러 개의 응답 구문이 있는 경우를 잘 처리할 수 있다. 예를 들어, 기존에는 하나의 질의에 대하여 "hi!"만 응답으로 내보냈다면, 이제는 "hi!", "hello", "not interested" 등과 같이 응답이 다양하게 나올 수 있다. 문제를 강화학습의 관점에서 바라본다는 것은 디코더를 행동 선택 과정으로서 바라본다는 것이다. 이때 각 행동은 생성될 토큰이 될 것이며, 이런 식으로 하는 것이 주어진 문제에 보다 잘 들어 맞는다.
- 크로스 엔트로피 손실 대신 블레우 점수를 직접적으로 최적화할 수 있다. 이전에는 블레우 점수를 그저 테스트 데이터의 성능을 측정하는 용도로 사용하였지만, 강화학습을 사용하면 블레우 스코어를 그라디언트의 스케일로 사용하면 모델을 보다 성공적인 시퀀스쪽으로 밀고 갈 수 있게 되며, 자연스럽게 실패한 시퀀스의 확률을 낮출 수 있다.

- 디코딩 과정을 반복함으로써, 우리는 더 많은 에피소드를 생성하여 훈련시킬 수 있으며, 그렇게 되면 더 좋은 그라디언트 추정을 얻을 수 있다.
- 또한 자기 비판 시퀀스 학습(self-critical sequence training) 방법을 사용하면 모델의 복잡성을 증가시키지 않고 거의 무료로 베이스라인을 얻을 수 있으므로 수렴성을 더욱 향상시킬 수 있다.

강화학습 방법은 train_scst.py 파일에 구현되었다. 여기서 강화학습은 크로스 엔트로피를 사용하여 사전 학습된 모델을 파인 튜닝하는 개념으로 적용할 것이므로 학습을 위해서는 train_crossentropy.py가 저장한 모델 파일을 명령행에서 전달해야 한다.

```
SAVES_DIR = "saves"

BATCH_SIZE = 16
LEARNING_RATE = 1e-4
MAX_EPOCHES = 10000
```

시작은 언제나 하이퍼 매개 변수 정의로 시작하였다. 한 가지 눈 여겨 볼 점은 배치 사이즈가 기존 보다 작은데, 이는 GPU 메모리 요구 사항이 높고 학습률은 낮기 때문이다.

```
log = logging.getLogger("train")

def run_test(test_data, net, end_token, device="cpu"):
    bleu_sum = 0.0
    bleu_count = 0
    for p1, p2 in test_data:
        input_seq = model.pack_input(p1, net.emb, device)
        enc = net.encode(input_seq)
        _, tokens = net.decode_chain_argmax(enc, input_seq.data[0:1],
seq_len=data.MAX_TOKENS,
                                            stop_at_token=end_token)
        ref_indices = [
            indices[1:]
            for indices in p2
        ]
        bleu_sum += utils.calc_bleu_many(tokens, ref_indices)
        bleu_count += 1
    return bleu_sum / bleu_count
```

앞의 함수는 테스트 데이터 세트에서 블레우 점수를 계산하기 위해 매 에포크마다 실행된다. 전체적으로는 train_crossent.py와 거의 같고 유일한 차이점은 테스트 데이터인데, 이제는 테스트 데이터가 첫 번째 구문을 기준으로 그룹화되었다. 이에 따라 데이터의 모양이 이제는 [(first_phrase, [second_phrases])]가 되었다. 이전과 마찬가지로 모든 두 번째 구문에서 #BEG 토큰을 제거하지만(위 코드에서 indices[1:]) 블레우 점수를 계산할 때는 여러 참조 시퀀스 중에서 가장 좋은 점수를 반환한다.

```
if __name__ == "__main__":
    logging.basicConfig(format="%(asctime)-15s %(levelname)s
%(message)s", level=logging.INFO)
    parser = argparse.ArgumentParser()
    parser.add_argument("--data", required=True, help="Category to use
for training. Empty string to train on full dataset")
    parser.add_argument("--cuda", action='store_true', default=False,
help="Enable cuda")
    parser.add_argument("-n", "--name", required=True, help="Name of
the run")
    parser.add_argument("-l", "--load", required=True, help="Load
model and continue in RL mode")
    parser.add_argument("--samples", type=int, default=4, help="Count
of samples in prob mode")
    parser.add_argument("--disable-skip", default=False,
action='store_true', help="Disable skipping of samples with high
argmax BLEU")
    args = parser.parse_args()
    device = torch.device("cuda" if args.cuda else "cpu")
```

이 도구는 이제 세 가지 새로운 명령행 인수를 받는다. 옵션 -l은 전달할 모델과 파일 이름을 제공하고 --samples는 모든 학습 샘플에 대해 수행될 디코딩 반복 횟수를 지정한다. 물론, 더 많은 샘플을 사용하면 보다 정확한 PG 추정이 가능하지만 GPU 메모리 요구 사항이 증가한다. 마지막으로 --disable-skip 옵션을 사용하여 블레우 점수가 높은 훈련 샘플을 건너 뛰지 않도록 설정할 수 있다(기본적으로 임계값은 0.99이다). 이 건너뛰기 기능은 argmax 모드에서 생성된 나쁜 시퀀스(즉, 블레우 점수가 임계값보다 낮은)가 있는 학습 샘플에 대해서만 학습을 수행하므로 학습 속도가 상당히 빨라지겠지만 실험을 통해 확인해 본 결과 이 옵션을 끄는 편이 더 나은 모델 성능을 보였다.

```
    saves_path = os.path.join(SAVES_DIR, args.name)
    os.makedirs(saves_path, exist_ok=True)

    phrase_pairs, emb_dict = data.load_data(genre_filter=args.data)
    log.info("Obtained %d phrase pairs with %d uniq words",
len(phrase_pairs), len(emb_dict))
```

```
    data.save_emb_dict(saves_path, emb_dict)
    end_token = emb_dict[data.END_TOKEN]
    train_data = data.encode_phrase_pairs(phrase_pairs, emb_dict)
    rand = np.random.RandomState(data.SHUFFLE_SEED)
    rand.shuffle(train_data)
    train_data, test_data = data.split_train_test(train_data)
    log.info("Training data converted, got %d samples", len
(train_data))
```

그런 다음 크로스 엔트로피 학습에서와 같은 방식으로 학습 데이터를 로드한다. 아래 코드의 첫 번째 두 줄은 두 개의 구문으로 이루어진 학습 쌍에서 첫 번째 구문(질의 구문)으로 학습 데이터를 그룹화한다.

```
    train_data = data.group_train_data(train_data)
    test_data = data.group_train_data(test_data)
    log.info("Train set has %d phrases, test %d", len(train_data),
len(test_data))

    rev_emb_dict = {idx: word for word, idx in emb_dict.items()}

    net = model.PhraseModel(emb_size=model.EMBEDDING_DIM, dict_
size=len(emb_dict), hid_size=model.HIDDEN_STATE_SIZE).to(device)
    log.info("Model: %s", net)

    writer = SummaryWriter(comment="-" + args.name)
    net.load_state_dict(torch.load(args.load))
    log.info("Model loaded from %s, continue training in RL mode...",
args.load)
```

데이터가 로드되면 모델을 만들고 주어진 파일에서 가중치를 로드한다.

```
    beg_token = torch.LongTensor([emb_dict[data.BEGIN_TOKEN]]).
to(device)
```

학습을 시작하기 전에 #BEG 토큰을 가진 특별한 텐서가 필요한데, 이를 이용하여 상응하는 임베딩을 찾아 그 결과를 디코더로 전달하는 데 사용된다.

```
    with ptan.common.utils.TBMeanTracker(writer, batch_size=100)
as tb_tracker:
        optimiser = optim.Adam(net.parameters(), lr=LEARNING_RATE,
eps=1e-3)
        batch_idx = 0
```

```
best_bleu = None
for epoch in range(MAX_EPOCHES):
    random.shuffle(train_data)
    dial_shown = False
    total_samples = 0
    skipped_samples = 0
    bleus_argmax = []
    bleus_sample = []
```

매 에포크마다 학습에 사용된 샘플의 총 수와 건너뛴 샘플(높은 블레우 점수로 인해) 수를 계산한다. 학습 중에 블레우 변화를 추적하기 위해 argmax로 생성된 시퀀스와 샘플링을 통해 생성된 시퀀스의 블레우 스코어를 리스트로 유지한다.

```
        for batch in data.iterate_batches(train_data, BATCH_SIZE):
            batch_idx += 1
            optimiser.zero_grad()
            input_seq, input_batch, output_batch = model.pack_
batch_no_out(batch, net.emb, device)
            enc = net.encode(input_seq)

            net_policies = []
            net_actions = []
            net_advantages = []
            beg_embedding = net.emb(beg_token)
```

모든 배치의 시작 부분에서 배치를 패킹하고 net.encode()를 호출하여 배치의 모든 첫 번째 시퀀스(즉, 배치에 들어 있는 모든 질의 구문들)를 인코딩한다. 그런 다음 디코딩은 배치에 있는 개별 항목별로 진행하는데 우선 배치의 개별 항목을 디코딩하는 동안 채워지는 여러 리스트를 선언한다.

```
            for idx, inp_idx in enumerate(input_batch):
                total_samples += 1
                ref_indices = [
                    indices[1:]
                    for indices in output_batch[idx]
                ]
                item_enc = net.get_encoded_item(enc, idx)
```

앞의 루프에서는 배치의 개별 시퀀스를 처리하기 시작한다. 즉, 참조 시퀀스(혹은 응답 시퀀스)에서 #BEG 토큰을 제거하고 인코딩된 배치에서 현재의 질의(idx)에 해당하는 인코딩 표현을 가져온다.

```
                    r_argmax, actions = net.decode_chain_argmax
(item_enc, beg_embedding, data.MAX_TOKENS, stop_at_token=end_token)
                    argmax_bleu = utils.calc_bleu_many       # 강화학습의 REINFORCE PG에서 나중에
(actions, ref_indices)                                        베이스라인으로 사용될 블레우값 계산
                    bleus_argmax.append(argmax_bleu)
```

다음 단계로서 argmax 모드에서 개별 시퀀스를 디코딩하고 블레우 점수를 계산한다. 이 점수는 나중에 REINFORCE PG 평가에서 베이스라인으로 사용된다.

```
                    if not args.disable_skip and argmax_bleu > 0.99:
                        skipped_samples += 1
                        continue
```

만일 샘플 건너뛰기가 활성화되어 있고 블레우가 임계값보다 높으면(임계값 0.99는 시퀀스가 완벽에 가까운 일치를 보임을 의미함) 이 시퀀스를 중단하고 다음 시퀀스로 이동한다.

```
                    if not dial_shown:
                        log.info("Input: %s", utils.untokenize
(data.decode_words(inp_idx, rev_emb_dict)))
                        ref_words = [utils.untokenize
(data.decode_words(ref, rev_emb_dict)) for ref in ref_indices]
                        log.info("Refer: %s", " ~~|~~ ".join
(ref_words))
                        log.info("Argmax: %s, bleu=%.4f",
utils.untokenize(data.decode_words(actions, rev_emb_dict)),
                                 argmax_bleu)
```

앞의 코드는 매 에포크마다 한 번씩 실행되며 입력 시퀀스, 참조 시퀀스 및 디코더 결과(시퀀스 및 블레우 점수)와 같은 정보를 제공한다.

그런 다음 무작위 샘플링을 사용하여 하나의 질의 시퀀스에 대한 디코딩을 여러 차례 반복해서 수행한다. 기본적으로 4회 반복하여 응답 시퀀스를 생성하지만 명령행 옵션을 사용하여 조정할 수 있다.

```
                    for _ in range(args.samples):          # 하나의 입력 시퀀스에 대하여 복수의 샘플링을
                                                             통한 디코딩
로짓, 샘플링을 통해 선택된 행동(토큰) ← r_sample, actions = net.decode_chain_
  sampling(item_enc, beg_embedding,                          # 샘플링을 통한 디코딩

  data.MAX_TOKENS, stop_at_token=end_token)
                        sample_bleu = utils.calc_bleu_many
  (actions, ref_indices)
```

샘플링을 통한 디코딩은 argmax 디코딩과 동일한 인수 집합을 가지고 있으며, 블레우 점수를 얻기 위해 calc_bleu_many() 함수 호출이 이어진다.

```
                    if not dial_shown:
                        log.info("Sample: %s, bleu=%.4f",
utils.untokenize(data.decode_words(actions, rev_emb_dict)),
                            sample_bleu)
                    net_policies.append(r_sample)   # 로짓 추가(사전의 크기만큼의 로짓을 리스트로 받게 되는데, 이 리스트가 하나의 원소로 net_policies에 추가됨
                    net_actions.extend(actions)   # 샘플링을 통해 선택된 행동(토큰)이 리스트 끝에 추가됨
                    net_advantages.extend([sample_bleu - argmax_
bleu] * len(actions))   # 샘플링된 출력의 블레우 점수에서 argmax를 통해 얻은 출력의 블레우 점수 빼기 -> 어드밴티지 계산
                    bleus_sample.append(sample_bleu)
```

나머지 디코딩 루프에서는 필요한 경우 디코딩된 시퀀스를 표시하고 리스트에 넣는다. 디코딩 라운드의 이득(advantage)을 계산하기 위해 샘플링 디코딩의 결과에서 argmax 방법으로 얻은 블레우 점수를 뺀다.

```
                dial_shown = True

            if not net_policies:
                continue
```

배치에 대한 처리가 끝나면 디코딩의 각 단계에서 발생한 로짓 리스트, 해당 단계에서 실행한 행동 리스트(실제로 선택한 토큰임) 및 이득 리스트를 가지게 된다.

```
            policies_v = torch.cat(net_policies)
            actions_t = torch.LongTensor(net_actions).to(device)
            adv_v = torch.FloatTensor(net_advantages).to(device)
```

반환된 로짓은 이미 GPU 메모리에 있으므로 그냥 torch.cat() 함수를 사용하여 단일 텐서로 결합할 수 있다. 다른 두 리스트는 GPU로 변환 및 복사해야 한다.

```
            log_prob_v = F.log_softmax(policies_v, dim=1)   # 로짓(policies_v)에 바로 log와 softmax 적용하여 확률값으로 변환
            log_prob_actions_v = adv_v * log_prob_v[range   # PG에서의 성능(퍼포먼스) 점수 계산
(len(net_actions)), actions_t]
            loss_policy_v = -log_prob_actions_v.mean()   # PG에서의 성능을 손실로 변환

            loss_v = loss_policy_v
            loss_v.backward()
            optimiser.step()
```

모든 것이 준비되면 log(softmax())를 적용하여 PG를 계산하고 선택한 행동의 확률에 대한 로그

값을 선택한 후, 이를 이득(adv_v)으로 스케일링한다. 이렇게 스케일된 값의 평균을 증가시키는 방향으로 신경망의 가중치를 조정하면 된다. 하지만, 옵티마이저가 최소화 방식으로 동작하기 때문에 여기에다 음의 부호를 붙여준다.

```
                tb_tracker.track("advantage", adv_v, batch_idx)
                tb_tracker.track("loss_policy", loss_policy_v,
batch_idx)
```

배치 처리 루프의 마지막 단계로서 텐서보드에 이득과 손실값을 보낸다.

```
            bleu_test = run_test(test_data, net, end_token, device)
            bleu = np.mean(bleus_argmax)
            writer.add_scalar("bleu_test", bleu_test, batch_idx)
            writer.add_scalar("bleu_argmax", bleu, batch_idx)
            writer.add_scalar("bleu_sample", np.mean(bleus_sample),
batch_idx)
            writer.add_scalar("skipped_samples", skipped_samples /
total_samples, batch_idx)
            writer.add_scalar("epoch", batch_idx, epoch)
            log.info("Epoch %d, test BLEU: %.3f", epoch, bleu_test)
```

앞의 코드는 모든 에포크의 마지막에 실행되는데, 테스트 데이터 세트에 대한 블레우 점수를 계산하여 학습 중에 얻은 블레우 점수와 함께 텐서보드에 보고한다.

```
            if best_bleu is None or best_bleu < bleu_test:
                best_bleu = bleu_test
                log.info("Best bleu updated: %.4f", bleu_test)
                torch.save(net.state_dict(), os.path.join(saves_path,
"bleu_%.3f_%02d.dat" % (bleu_test, epoch)))
            if epoch % 10 == 0:
                torch.save(net.state_dict(), os.path.join(saves_path,
"epoch_%03d_%.3f_%.3f.dat" % (epoch, bleu, bleu_test)))
```

이전과 마찬가지로 테스트 블레우 점수가 최대 또는 매 10 에포크마다 모델의 체크 포인트를 작성한다.

학습 실행

학습을 실행하려면 -l 인수를 사용하여 크로스 엔트로피 학습에 의해 저장된 모델을 지정한다. 또한 모델이 학습된 장르는 학습에 사용될 플래그와 일치해야 한다.

```
rl_book_samples/Chapter12$ ./train_scst.py --cuda --data comedy -l
saves/xe-comedy/epoch_040_0.720_0.111.dat -n sc-comedy-test
2018-01-16 11:09:40,942 INFO Loaded 159 movies with genre comedy
2018-01-16 11:09:40,942 INFO Read and tokenise phrases...
2018-01-16 11:09:45,640 INFO Loaded 93039 phrases
2018-01-16 11:09:45,913 INFO Loaded 24716 dialogues with 93039
phrases, generating training pairs
2018-01-16 11:09:45,975 INFO Counting freq of words...
2018-01-16 11:09:46,327 INFO Data has 31774 uniq words, 4913 of them
occur more than 10
2018-01-16 11:09:46,519 INFO Obtained 47644 phrase pairs with 4905
uniq words
2018-01-16 11:09:46,855 INFO Training data converted, got 25166
samples
2018-01-16 11:09:46,957 INFO Train set has 21672 phrases, test 1253
2018-01-16 11:09:49,272 INFO Model: PhraseModel (
  (emb): Embedding(4905, 50)
  (encoder): LSTM(50, 512, batch_first=True)
  (decoder): LSTM(50, 512, batch_first=True)
  (output): Sequential (
    (0): Linear (512 -> 4905)
  )
)
2018-01-16 11:09:49,458 INFO Model loaded from saves/xe-comedy/
epoch_040_0.720_0.111.dat, continue training in RL mode...
2018-01-16 11:09:49,989 INFO Input: #BEG like i said, it's a business
deal ... #END
2018-01-16 11:09:49,989 INFO Refer: damn, you are the real thing ...
#END
2018-01-16 11:09:49,989 INFO Argmax: yeah ... #END, bleu=0.0781
2018-01-16 11:09:49,996 INFO Sample: yeah. #END, bleu=0.0175
2018-01-16 11:09:50,006 INFO Sample: yeah said ... #END, bleu=0.1170
2018-01-16 11:09:50,038 INFO Sample: yeah,! what about show show ...?
... where? #END, bleu=0.0439
2018- 01-16 11:09:50,048 INFO Sample: yeah white ... #END, bleu=0.1170
```

결과

실험 결과로부터 알 수 있듯이, 강화학습을 통한 파인튜닝은 테스트 블레우 점수와 학습 블레우 점수 모두를 향상시켰다. 예를 들어, 다음은 코미디 장르에 대한 크로스 엔트로피 학습 결과이다.

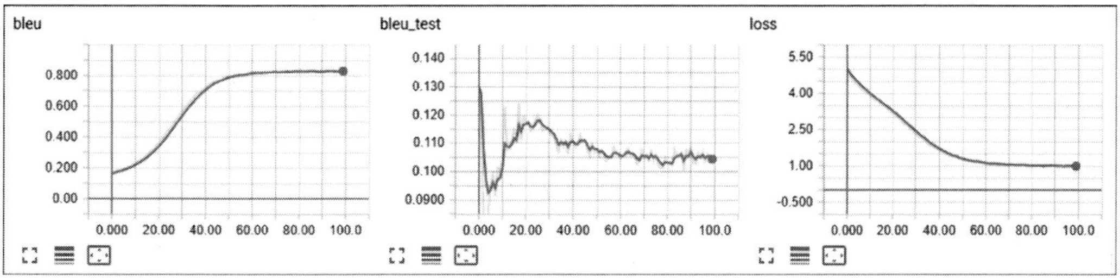

그림 8. 크로스 엔트로피 학습

이 차트에서 테스트 블레우 점수가 가장 좋은 때의 점수는 0.124였고 학습 블레우 점수는 0.83에서 올라가지 않았다. 강화학습을 적용하기 위해서 우리는 크로스 엔트로피 방법을 적용하여 학습된 모델 중 에포크 40(학습 블레우 0.72 및 테스트 블레우 0.111)에서 저장된 모델을 파인튜닝하였고, 그 결과 학습 블레우는 0.88에 도달할 수 있었다. 학습 블레우의 변화 추이를 볼 때 더 개선할 수 있는 여지가 있어 보이지만 더 많은 시간이 필요할 것이다. 사실 이 시점까지 도달하는데 200이 넘는 에포크가 필요했고 하루 이상이 걸렸다. 강화학습을 사용하여 파인튜닝한 결과의 차트는 다음과 같다.

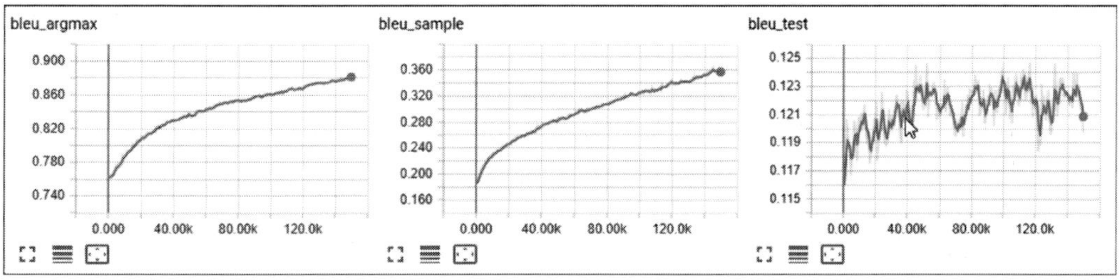

그림 9. 강화학습으로 파인튜닝

위와 동일한 모델에서 argmax 디코딩(--disable-skip 옵션 사용)에서 블레우 점수가 높은 학습 샘플을 건너뛰지 않고 학습된 모델은 테스트 세트에서 0.127 BLEU까지 도달할 수 있었다. 물론 그다지 인상적이지는 않지만 이미 설명했듯이 적은 대화 샘플로 좋은 일반화를 얻는 것은 어렵다.

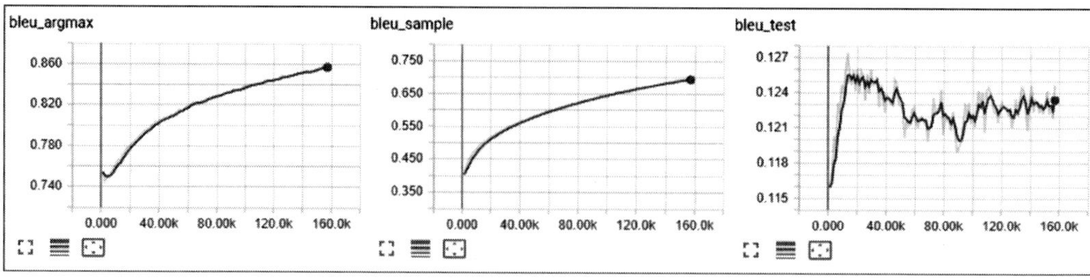

그림 10. 샘플 건너뛰기를 사용하지 않은 경우

텔레그램봇

챗봇의 최종 단계로서, 학습된 모델을 사용하는 텔레그램 챗봇을 구현하였다. 이것을 실행하기 위해서는 pip install을 사용하여 가상 환경에 python-telegram-bot 추가 패키지를 설치해야 한다. 챗봇을 시작하려면 봇을 등록하여 API 토큰을 얻어야 한다. 전체 프로세스는 https://core.telegram.org/bots#6-botfather 문서에 설명되어 있다. 이를 통해 얻은 토큰은 110201543:AAHd-qTcvCH1vGWJxfSeofSAs0K5PALDsaw 문자열이다. 이 문자열을 ~/.config/rl_Chapter12_bot.ini에 있는 설정 파일에 넣어야 하며, 이 파일의 구조는 다음과 같이 텔레그램봇 소스 코드에 표시되어 있다.

이 로봇의 전체적인 논리 구조는 전과 크게 다르지 않다. 기본적으로 사용자로부터 구문을 받아서 디코더에서 생성한 시퀀스로 응답한다.

```
#!/usr/bin/env python3
# This module requires python-telegram-bot
import os
import sys
import logging
import configparser
import argparse

try:
    import telegram.ext
except ImportError:
    print("You need python-telegram-bot package installed to start the
bot")
    sys.exit()
```

```
from libbots import data, model, utils

import torch

# Configuration file with the following contents
# [telegram]
# api=API_KEY
CONFIG_DEFAULT = "~/.config/rl_Chapter12_bot.ini"

log = logging.getLogger("telegram")



if __name__ == "__main__":
    logging.basicConfig(format="%(asctime)-15s %(levelname)
s %(message)s", level=logging.INFO)
    parser = argparse.ArgumentParser()
    parser.add_argument("--config", default=CONFIG_DEFAULT,
                        help="Configuration file for the bot,
default=" + CONFIG_DEFAULT)
    parser.add_argument("-m", "--model", required=True, help=
"Model to load")
    parser.add_argument("--sample", default=False, action='store_
true', help="Enable sampling mode")
    prog_args = parser.parse_args()
```

챗봇은 기본적으로 사용되는 argmax 디코딩과 샘플 모드의 두 가지 작동 모드를 지원한다. Argmax 모드에서는 같은 구문에 대하여 챗봇은 항상 동일하게 응답한다. 그렇지만 샘플 모드가 활성화되면 디코딩할 때 확률 분포에서 샘플링하므로 봇의 응답의 훨씬 다양하게 된다.

```
    conf = configparser.ConfigParser()
    if not conf.read(os.path.expanduser(prog_args.config)):
        log.error("Configuration file %s not found", prog_args.config)
        sys.exit()

    emb_dict = data.load_emb_dict(os.path.dirname(prog_args.model))
    log.info("Loaded embedded dict with %d entries", len(emb_dict))
    rev_emb_dict = {idx: word for word, idx in emb_dict.items()}
    end_token = emb_dict[data.END_TOKEN]

    net = model.PhraseModel(emb_size=model.EMBEDDING_DIM, dict_
size=len(emb_dict), hid_size=model.HIDDEN_STATE_SIZE)
    net.load_state_dict(torch.load(prog_args.model))
```

앞의 코드에서는 구성 파일을 구문 분석하여 텔레그램 API 토큰을 가져오고 임베딩을 로드하고 모델을 가중치로 초기화한다. 학습이 필요하지 않으므로 데이터 세트를 로드할 필요는 없다.

```
    def bot_func(bot, update, args):
        text = " ".join(args)
        words = utils.tokenize(text)
        seq_1 = data.encode_words(words, emb_dict)
        input_seq = model.pack_input(seq_1, net.emb)    # rnn에 입력으로 넣기 위해서 입력 구문을 패킹
        enc = net.encode(input_seq)                     # rnn에 넣기(인코딩)
```

이 함수는 python-telegram-bot 라이브러리에 의해 호출되며 사용자가 봇에 문구를 보내는 것을 알려준다. 구문을 얻어 토큰화하고 모델에 적합한 형식으로 변환하였다. 그 다음, 인코더를 이용하여 디코더를 위한 초기 은닉 상태를 얻었다.

```
        if prog_args.sample:
            _, tokens = net.decode_chain_sampling(enc, input_seq.
data[0:1], seq_len=data.MAX_TOKENS, stop_at_token=end_token)
        else:
            _, tokens = net.decode_chain_argmax(enc, input_seq.
data[0:1], seq_len=data.MAX_TOKENS, stop_at_token=end_token)
```

다음으로 프로그램 명령행 인수에 따라 디코딩 방법 중 하나를 호출한다. 두 가지 모두의 경우 결과는 디코딩된 시퀀스의 정수 토큰 아이디 시퀀스이다.

```
        if tokens[-1] == end_token:
            tokens = tokens[:-1]
        reply = data.decode_words(tokens, rev_emb_dict)
        if reply:
            reply_text = utils.untokenize(reply)
            bot.send_message(chat_id=update.message.chat_id,
text=reply_text)
```

디코딩된 시퀀스를 얻었다면 이제 시퀀스를 사전을 사용하여 텍스트 형태로 변환한 다음 사용자에게 응답을 보내면 된다.

```
    updater = telegram.ext.Updater(conf['telegram']['api'])
    updater.dispatcher.add_handler(telegram.ext.CommandHandler
('bot', bot_func, pass_args=True))

    log.info("Bot initialized, started serving")
    updater.start_polling()
    updater.idle()
```

위 코드는 챗봇을 등록하기 위한 코드이다. 이를 실행하려면 텔레그램 대화에서 "/bot"을 사용해야 한다. 다음은 학습된 모델에 의해 생성된 대화의 예이다.

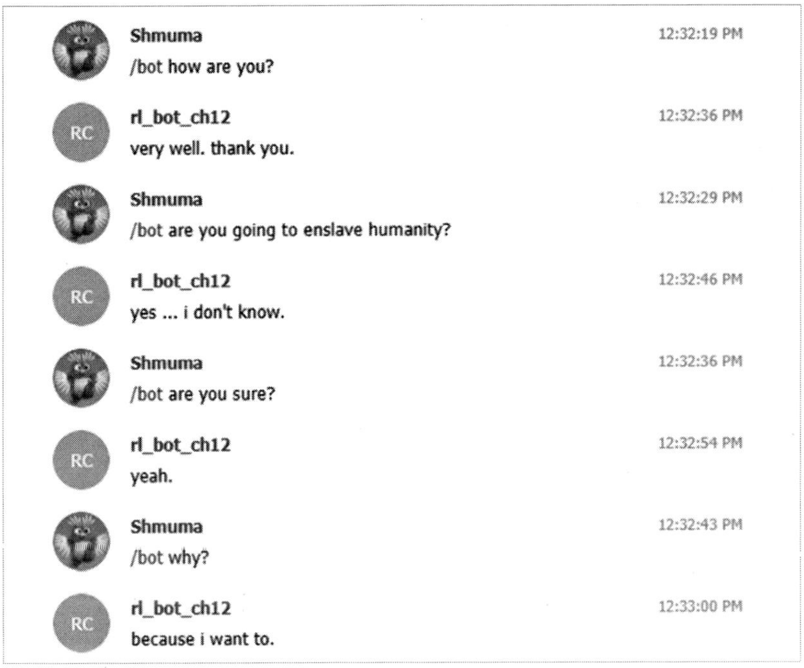

그림 11. 텔레그램 챗봇의 대화 예

요약

이 장에서는 장난감과 같이 단순한 예제를 다루어 보았다. 그럼에도 불구하고 시퀀스투시퀀스는 NLP 및 다른 도메인에서 매우 널리 사용되는 모델이므로 강화학습이 제시한 대안은 잠재적으로는 매우 광범위한 문제에 적용될 수 있다. 또, 우리는 RNN과 시퀀스투시퀀스 모델과 같은 NLP 모델의 기초와 학습에 관한 다양한 방법을 다루었다. 하지만, 우리는 그저 NLP 모델과 관련된 아이디어를 살짝 맛보기만 했을 뿐이며, 보다 깊은 논의는 불행히도 이 책의 범위를 벗어난다

다음 장에서는 강화학습을 적용하는 또 다른 예제인 웹 탐색 자동화에 대해 살펴볼 것이다.

제 13 장

웹 탐색

이 장에서는 강화학습의 또 다른 실용적인 응용인 웹 탐색 및 브라우저 자동화에 대해 살펴보자. 우리는 왜 웹 탐색이 중요한지와 어떻게 강화학습 접근법으로 해결할 수 있는지에 대해 논의할 것이다. 다음으로 매우 흥미롭지만 자주 무시당하는, 그리고 조금은 소외된 듯한 강화학습의 벤치마크인 미니 비트 월드(Mini World of Bits)에 대하여 자세히 알아볼 것이다.

웹 탐색

웹이 처음 발명되었을 때는 하이퍼 링크로 상호 연결된 텍스트 전용 웹 페이지로 시작되었다. 첫 번째 웹 페이지 홈인 http://info.cern.ch/를 한 번 방문해 보자. 이 웹 페이지는 텍스트와 링크로만 이루어져 있으며, 여러분이 할 수 있는 유일한 일은 링크를 읽고 클릭하여 페이지 사이를 이동하는 것뿐이다. 몇 년 후인 1995년 IETF는 HTML 2.0 사양을 발표했으며 팀 버나스 리(Tim Berners-Lee)가 발명한 원래 버전을 많이 확장하였다. 이러한 확장 기능 중에는 웹 페이지 작성자가 웹 사이트에 활동을 추가할 수 있는 양식 및 양식 요소가 포함되었다. 사용자는 이제 텍스트를 입력하고, 변경하고, 체크 박스를 선택하고, 드롭 다운 리스트를 선택하고, 버튼을 누를 수 있게 되었다. 이런 컨트롤 세트는 GUI 응용 프로그램에서의 최소한의 세트와 유사하다. 단 하나의 차이점이라면 모든 일이 브라우저 창 내부에서 발생했으며 사용자가 상호 작용하는 데이터 및 UI 컨트롤은 설치된 로컬 애플리케이션이 아니라 서버의 페이지에 의해 정의되었다는 점이다.

그로부터 22년이 흐른 지금은 브라우저 내부에서 JavaScript, HTML5 캔버스 및 오피스 응용 프로그램이 작동한다. 바탕 화면과 웹 사이의 경계가 거의 무너져 여러분이 사용중인 앱이 HTML 페이지인지 기본 앱인지 알지 못할 수도 있다. 그러나 HTML을 이해하고 HTTP를 이용하여 외부 세계와 대화하는 것은 여전히 브라우저이다.

어쨌거나 핵심은 웹 탐색이 웹 사이트 또는 웹 사이트와 상호 작용하는 사용자의 프로세스로 정의된다는 점이다. 사용자는 링크를 클릭하거나 텍스트를 입력하거나, 전자 메일을 보내거나, 프랑스 혁명의 정확한 연도를 확인하거나, 최근의 페이스북 공지 사항을 확인하는 것과 같은 어떤 목표에 도달하기 위해 행동을 취한다. 그리고 이 모든 작업은 웹 탐색을 통하여 수행된다. 따라서 여기서 제기하는 질문은 이렇다. 우리 강화학습 에이전트가 동일한 것을 배울 수 있을까?

브라우저 자동화와 강화학습

다른 각도에서 보면, 웹 사이트에서의 상호 작용을 자동화하는 문제는 웹 사이트 테스트나 웹 스크래핑(web scraping) 등의 매우 실용적인 일을 해결하기 위해 오랫동안 시도되어 왔다. 웹 사이트 테스트는 여러분들이(또는 다른 사람들) 개발한 어떤 새롭고 복잡한 웹 사이트가 있고 여러분은 그 웹 사이트가 여러분이 원하는 대로 동작하는지를 확인하기를 원할 때 필요하다. 예를 들어, 라이브 웹 사이트에 배포할 준비가 된 로그인 페이지가 있는데, 여기서 잘못된 비밀번호가 입력된 경우 이 새로운 디자인이 정상적으로 작동하는지 확인하고 싶을 수도 있다. 혹은 사용자가 “암호를 잊어 버렸어요”라는 버튼을 누를 수도 있다. 이렇듯 웹 사이트에는 새로운 릴리스가 발생할 때마다 테스트해야 하는 수백 또는 수천 개의 유즈케이스가 포함될 수 있으므로 이러한 모든 기능을 자동화할 수 있다면 아주 편리할 것이다.

웹 스크래핑은 규모에 관계 없이 웹 사이트에서 일부 데이터를 추출하는 문제를 해결한다. 예를 들어, 마을 피자 가게의 모든 가격을 합산하는 시스템을 구축하려는 경우 아마도 수백 개의 서로 다른 웹 사이트를 처리해야 할 것이다. 웹 스크래핑 도구는 이런 경우에 웹 사이트와의 상호 작용 문제를 해결하려는 것이다. 이 도구들은 간단하게는 HTTP 요청을 보내고 HTML 구분을 파싱하는 것부터 시작해서, 마우스를 움직이거나 단추를 클릭하거나 생각하는 등의 에뮬레이션에 이르기까지 다양하다.

브라우저 자동화에 대한 표준적인 접근 방식은 일반적으로 크롬, 파이어폭스 같은 실제 웹 브라우저를 프로그램을 사용하여 제어할 수 있게 해준다. 이런 프로그램들은 돔(DOM) 트리와 스크린 상의 객체의 위치 같은 웹 페이지의 데이터를 관찰하고 이를 바탕으로 마우스를 움직이거나, 키를 누르거나, "뒤로 가기" 버튼을 누르거나, 자바 스크립트 코드를 실행한다. 그러면 강화학습이 이런 브라우저 자동화와 어떻게 연결될까? 강화학습 에이전트는 행동을 실행하고 상태를 관찰하여 웹 페이지 및 브라우저와 상호 작용한다. 이와 관련된 보상은 불분명해 보이긴 하지만, 어쨌거나 보상은 어떤 양식을 성공적으로 채우거나 원하는 정보를 가진 페이지에 도달하는 것과 같이 하고자 하는 일에 특화되어야 한다.

브라우저 태스크를 배울 수 있는 시스템이 어떻게 활용될 수 있는지는 위에서 언급한 사용 사례와 관련이 있다. 예를 들어, 매우 큰 웹 사이트를 테스트할 때에는 "마우스를 왼쪽으로 다섯 픽셀 이동한 다음 왼쪽 버튼을 누르시오"와 같은 저수준 브라우저 동작을 사용하여 테스트 프로세스를 정의하는 것은 매우 지루한 작업일 것이다. 우리가 원하는 것은 시스템에 몇 가지 시연만을 제공하고 모든 유사한 상황에서 시스템이 제공된 동작을 일반화 혹은 반복하도록 하거나 최소한 UI 재설계나 버튼의 텍스트 변경 등에도 충분히 동작하도록 견고하게 만드는 것이다. 게다가 사전에 문제를 알지 못하는 경우도 많이 있다. 예를 들어 시스템의 보안 취약성과 같은 웹 사이트의 약점을 찾아내려고 할 때가 그렇다. 이런 경우에 강화학습 에이전트는 괴상한 동작들을 인간이 할 수 있는 것보다 훨씬 빠르게 다양하게 시도할 수 있다. 물론 보안 테스트를 위한 행동 공간은 엄청나서 아무데나 무작위로 클릭하는 것과 같은 행동은 숙련된 사람과 경쟁이 되지 않는다. 이 경우 강화학습 시스템은 인간의 사전 지식과 경험을 결합할 수 있으면 좋겠고, 이에 더해서 여전히 탐색 능력을 유지하면서 이 탐색으로부터 무언가를 배울 수 있다면 좋을 것이다.

강화학습을 통한 브라우저 자동화로부터 이익을 얻을 수 있는 또 다른 잠재적인 영역은 웹 스크래핑과 웹 데이터 추출이다. 예를 들어 호텔 웹 사이트, 자동차 렌트 대행사, 혹은 전 세계적인 어떤 비즈니스와 같이 수십만 개의 서로 다른 웹 사이트에서 어떤 데이터를 추출해야 할 수 있다. 아마도 거의 모든 경우에 여러분이 원하는 데이터에 도달하기 전에 어떤 양식을 채워야 할 필요가 있을 것이다. 그런데, 이는 서로 다른 웹 사이트 디자인, 레이아웃, 그리고 자연어의 유연성까지 고려해 본다면 전혀 쉽지 않은 작업임을 쉽게 알아차릴 수 있다. 이런 경우 강화학습 에이전트를 사용하면 데이터를 안정적으로 추출하고 게다가 많은 시간과 노력을 절약할 수 있다.

미니 비트 월드 벤치 마크(Mini World of Bits benchmark)

강화학습을 사용한 브라우저 자동화가 가진 잠재력은 꽤 매력적이지만 사실 한 가지 매우 심각한 단점을 지니고 있다. 이 단점이란 바로 시스템이 너무 커서 연구나 방법 비교 등에 사용할 수 없다는 점이다. 실제로 웹 스크래핑 시스템을 완전히 구현하려면 팀 수준의 개발 인력으로 수개월의 노력을 기울여야 하며, 이 과정에서의 대부분의 이슈는 데이터 수집, 브라우저 엔진 통신, 입력 및 출력 표현, 그리고 실제 제품화와 관련된 것들이 대부분이며, 이들은 강화학습과 직접적으로 관련이 없다.

따라서, 이런 문제들을 모두 해결하고자 한다면 아마도 나무는 보면서 숲을 쉽게 놓치는 실수를 할 수도 있다. 이것이 바로 연구자들이 MNIST, 이미지넷(ImageNet), 아타리 제품군 및 기타 많은 벤치 마크 데이터 세트를 좋아하는 이유다. 그러나 모든 벤치 마크 데이터가 좋은 것은 아니다. 한편으로는 빠른 실험과 비교가 가능할 정도로 간단해야 하지만, 다른 한편으로는 충분히 도전적이고 개선의 여지가 있어야 한다. 예를 들어 아타리 벤치 마크에는 퐁과 같이 단 30분 만에 풀 수 있는 매우 단순한 게임에서부터 아직 제대로 풀리지 않은 복잡한 게임(예를 들면 Montezuma

Revenge와 같은 게임)도 있다.

필자가 아는 한, 브라우저 자동화와 관련되어서는 단 하나의 벤치 마크만 존재하며, 그렇기 때문에 이 벤치 마크가 강화학습 커뮤니티에 의해 잊힐 정도이다. 이 벤치 마크를 살펴보기 전에 역사에 대해 먼저 이야기해 보자.

2016년 12월, OpenAI는 80개의 브라우저 기반 태스크를 포함하는 미니 비트 월드(Mini World of Bits, 줄여서 Mini-WoB)라는 데이터 세트를 발표하였다. 태스크들은 VNC(https : //en.wikipedia.org/wiki/Virtual_Network_Computing) 클라이언트를 사용하여 마우스 및 키보드와 픽셀 단위로(엄밀히 말하면 픽셀 외에도 태스크에 대한 텍스트 설명이 에이전트에 제공됨) 통신한다. VNC는 VNC 클라이언트가 네트워크를 통해 마우스 및 키보드를 사용하여 VNC 서버의 GUI 응용 프로그램과 연결하고 작업할 수 있게 하는 표준 원격 데스크톱 프로토콜이다. 80개의 태스크들은 복잡성이나 에이전트에게 요구되는 행동 측면에서 많이 다르다. 일부 태스크는 "대화 상자의 닫기 버튼 클릭" 또는 "단일 버튼 누

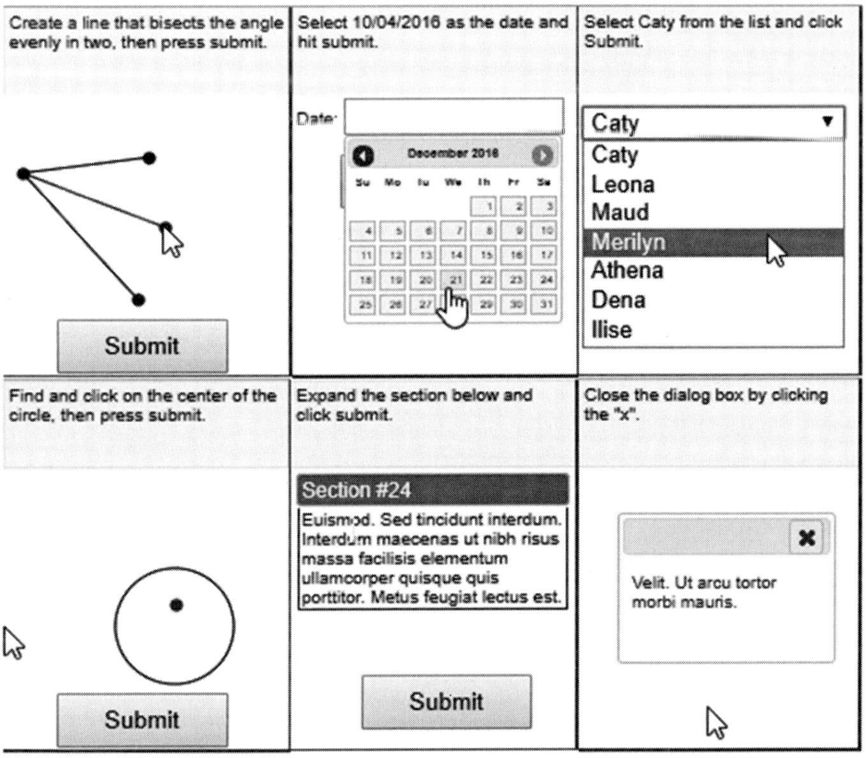

그림 1. 미니 비트 월드

름"과 같이 강화학습에게도 매우 간단한 태스크들도 있지만 또 다른 태스크들은 여러 단계가 필요한 경우도 있는데, 예를 들어 "축소된 그룹 열기 및 특정 텍스트가 있는 링크 클릭" 또는 "날짜 선택 도구를 사용하여 특정 날짜 선택"(이 날짜는 모든 에피소드마다 임의로 생성됨) 등이다. 또 일부 태스크는 사람에게는 간단하지만 "이 텍스트를 가지고 있는 체크 박스를 표시하십시오"와 같이 문자 인식이 필요한 경우도 있다(텍스트는 무작위로 생성된다). 일부 미니 비트 월드 문제의 스크린 샷은 그림 1과 같다.

불행히도, 번뜩이는 아이디어와 도전적인 성격이었음에도 불구하고 미니 비트 월드는 출시 직후 OpenAI에 의해 거의 버려졌다. 그럼에도 불구하고 우리는 이 벤치 마크를 기반으로 몇 가지 작업을 해결하는 에이전트 작성 방법을 배우게 될 것이다. 또한 학습 과정에서 인간의 시연에 대한 추출, 전처리 및 통합하는 것에 대하여 논의하고 이러한 시연이 에이전트의 최종 성능에 미치는 영향을 확인하는 방법에 대해서도 살펴볼 것이다. 본격적으로 강화학습 부분으로 이동하기 전에 미니 비트 월드의 작동 방식을 먼저 이해할 필요가 있다. 이를 위해서 OpenAI Universe라고 불리는 OpenAI Gym의 확장 기능을 자세히 살펴보자.

OpenAI Universe

OpenAI Universe는 OpenAI의 깃허브 저장소 https://github.com/openai/universe에서 이용가능하며 핵심 아이디어는 Gym에서 제공하는 것과 동일한 핵심 클래스를 사용하여 일반 GUI 응용 프로그램을 강화학습 환경으로 래핑하는 것이다. 이를 위해 VNC 프로토콜을 사용하여 도커(Docker) 컨테이너 내에서 실행중인 VNC 서버에 연결하여 마우스 및 키보드 작업을 강화학습 에이전트에 전달하고 GUI 응용 프로그램에 대한 이미지를 관찰 결과로 제공한다. 보상은 동일한 컨테이너 내부에서 실행되는 외부의 작은 데몬에 의해 제공되고 이 보상자의 판단에 따라 에이전트는 스칼라 보상을 제공받는다. 한편 11장(비동기 어드밴티지 Actor-Critic에서 Actor-Critic (A2C) 방법의 수렴성을 높이기 위해 여러 아타리 에뮬레이터를 병렬적으로 실행한 것과 같은 방법으로 여러 컨테이너를 로컬 또는 네트워크를 통해 실행하여 에피소드 데이터를 병렬로 수집할 수 있다. 이에 대한 구조는 그림 2에 나와 있다.

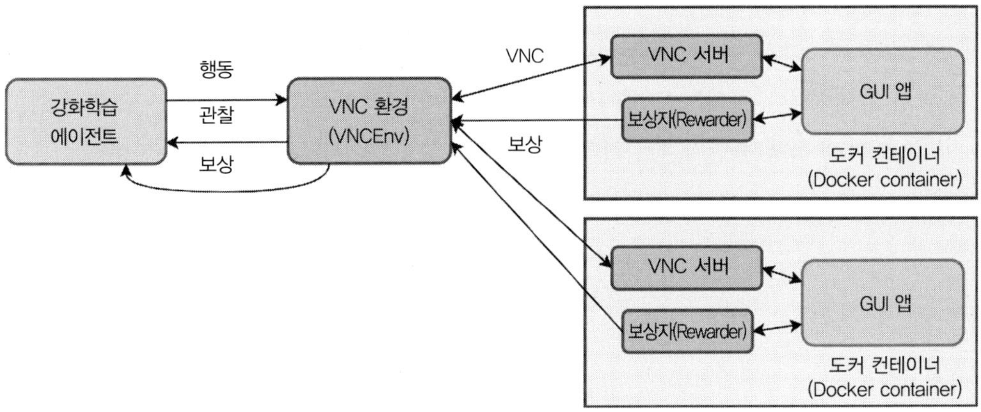

그림 2. OpenAI Universe 구조

이 구조를 사용하면 써드 파티 응용 프로그램을 강화학습 프레임워크에 신속하게 통합할 수 있다. 응용 프로그램 자체는 변경하지 않으면서 그저 도커 컨테이너로 패키지화하고 조그마한 보상 데몬(텍스트 기반 프로토콜을 사용함)만 작성하면 된다. 반면에 이 방법은 에뮬레이터가 상대적으로 가볍고 완전히 강화학습 에이전트 프로세스 내부에서 작동하는 아타리 게임과 비교하여 훨씬 많은 리소스를 필요로 한다. VNC 접근 방식은 VNC 서버가 애플리케이션과 쌍으로 시작되어야 하며 애플리케이션과 강화학습 에이전트 통신 속도는 VNC 서버 속도 및 네트워크 처리량(원격 도커 컨테이너의 경우)으로 제한된다.

설치

OpenAI 유니버스를 사용하려면 환경에 파이썬 패키지를 설치해야 한다. 설치 중인 버전에 좀 주의해야 하는데, 이 책을 쓸 당시만 해도 pip install universe라고 명령을 주면 Gym 0.7.2가 필요한 구 버전 0.21.3을 설치하였다. 다운 그레이드를 방지하기 위해서 pip install git+https://github.com/openai/universe 명령을 사용하여 깃허브에서 최신 버전 0.21.5를 설치해야 한다. 편의를 위해 Anaconda를 위한 environment.yml 환경 정의 파일을 만들어 두었으므로, 모든 요구 사항이 충족된 rl_book_ch13 환경을 빠르게 만들려면 conda env create -f Chapter13/environment.yml 명령을 실행하면 된다. 이 명령 다음에 앞에 말했던 pip install 명령을 실행하여 깃허브에서 OpenAI Universe를 설치하자.

Universe에 필요한 또 다른 구성 요소는 도커(Docker)이다. 도커는 최신 운영 체제에서 사용할 수 있는 경량 컨테이너를 실행하는 표준 방법이다. 이를 설치하려면 도커 웹 사이트 https://www.docker.com을 참조하기 바란다. OpenAI Universe는 컨테이너를 어디서 어떻게 시작할 수 있는지에 대한 유연성을 제공하므로 에이전트는 도커가 설치된 하나 이상의 원격 시스템에 연결할 수 있다. 도커가 실행 중인지 확인하려면 docker ps 명령을 사용하여 실행 중인 콘테이너들을 확인할 수 있다.

행동 그리고 관찰

아타리 게임이나 지금까지 보아온 다른 Gym 환경과 달리 OpenAI Universe는 보다 일반적인 행동 공간을 제공한다. 아타리 게임은 컨트롤러의 버튼과 조이스틱 방향에 해당하는 6-7개의 이산 행동을 사용하였다. CartPole의 행동 공간은 더 작아서 두 가지 행동만 가능하였다. VNC는 에이전트가 할 수 있는 일에 관해서 더 많은 유연성을 제공한다. 우선, 컨트롤 키와 모든 키의 위/아래(눌림/놓임) 상태가 있는 전체 키보드가 노출된다. 따라서 에이전트는 심지어 10개의 버튼을 동시에 누를 수도 있으며 이는 VNC 관점에서 완전히 올바른 명령이다. 행동 공간의 두 번째 부분은 마우스이다. 마우스를 어떤 좌표로든 이동시키고 버튼의 상태를 제어할 수 있다. 결론적으로, 행동 공간의 차원이 상당히 증가되었다.

행동 공간이 커진 점 외에도 OpenAI Universe 환경은 Gym 환경과는 약간 다른 의미를 가지고 있다. 첫 번째는 관찰, 행동 및 보상에 대한 소위 벡터화된 표현이다. 그림 2에서 볼 수 있듯이 하나의 환경이 동일한 응용 프로그램을 실행하는 여러 도커 컨테이너에 연결되어 환경에 대한 정보를 병렬적으로 수집할 수 있다. 이와 같은 병렬 통신을 통해 정책 그라디언트(PG) 방법은 보다 다양한 훈련 샘플을 얻을 수 있지만 이제는 env.step() 호출로 전송할 행동이 정확히 어떤 애플리케이션으로 보내져야 하는지 지정해야 한다. 이를 위해 OpenAI Universe 환경의 step() 메소드는 단일 행동이 아니라 연결된 모든 컨테이너에 대한 행동 리스트를 필요로 한다. 이 함수의 반환값 또한 벡터화되어 이제는 (관찰, 보상, 에피소드 종료 플래그, 추가정보) 각각이 리스트로 구성되고 이들에 대한 튜플을 반환값으로 한다.

두 번째 차이점은 VNC 프로토콜이 비동기식으로 동작한다는 점이다. 아타리 환경에서는 step()을 호출할 때마다 에뮬레이터가 1 클록 틱(1/25 초) 이동하도록 요청하므로 에이전트가 잠시 동안 에뮬레이터를 차단할 수 있었다. VNC를 사용하면 그렇지 않은데, GUI 응용 프로그램이 클라이언트와 동시에 실행되므로 GUI 응용을 더 이상 실행 차단할 수가 없다. 그래서 만일 에이전트가 잠시 동안 생각 중이라면, 그 시간에 일어난 관찰을 놓칠 수도 있다.

관찰에 대한 이러한 비동기적 특성으로 인하여 컨테이너가 아직 준비되지 않았거나 리셋 중에 있는 상황이라면 이때의 특정 관찰은 None일 수 있으며 이러한 상황은 에이전트가 처리해야 한다.

환경 생성

OpenAI Universe 환경을 만들려면 이전처럼 환경 아이디로 gym.make()를 호출하면 된다. 다만, 환경을 사용하려면 먼저 필요한 도커 인스턴스의 수와 위치를 지정해야 한다. 환경의 메소드 중 configure() 메소드는 환경의 다른 메소드보다 먼저 호출되어야 하며 여러 인수를 받는데, 가장 중요한 인수들은 다음과 같다.

- remotes: 숫자 또는 문자열일 수 있다. 숫자로 지정되면 환경을 위해 시작해야 하는 로컬 컨테이너의 개수를 제공한다. 문자열로 지정되면, 이 인수는 환경이 연결할 이미 실행중인 컨테이너의 URL을 의미한다. URL은 vnc://host1:port1+port2,host2:port1+port2의 형식이며, 첫 번째 포트는 VNC 프로토콜 포트이다(기본적으로 5900). 두 번째 포트는 보상자 데몬의 포트이며 기본값은 15900이다. 두 포트는 도커 컨테이너 시작 시 재정의 될 수 있다.
- fps: 에이전트의 관찰을 위해 초당 예상되는 프레임 수를 제공.
- vnc_kwargs: 에이전트에 전송할 이미지의 압축 수준과 품질을 정의하는 사전[dict]형 인수. 이 인수는 성능 관점에서 매우 중요하며, 특히 클라우드에서 실행되는 컨테이너의 경우 그렇다.

보다 자세히 알아보기 위해, ClickDialog 환경을 가지고 한 번 놀아보자. 우선 컨테이너를 하나 시작하고 이미지로 첫 번째 관찰을 얻는 매우 간단한 프로그램을 생각해 보자. 이 예제는 Chapter13/adhoc/wob_create.py에 있다.

```
#!/usr/bin/env python3
import gym
import universe
import time

from PIL import Image
```

이 예제는 매우 간단하므로 패키지 몇 개만 필요하다. Universe 패키지를 임포트해야 하는데, 비록 여기서 쓰이지는 않지만 이 환경을 Gym에 등록하기 위해서 필요하다.

```
if __name__ == "__main__":
    env = gym.make("wob.mini.ClickDialog-v0")

    env.configure(remotes=1, fps=5, vnc_kwargs={
        'encoding': 'tight', 'compress_level': 0,
        'fine_quality_level': 100, 'subsample_level': 0
    })
    obs = env.reset()
```

위에서 환경을 생성하였고, 이후 configure를 이용하여 환경을 구성하였다. remotes=1이므로 1개의 로컬 컨테이너, fps=5이므로 1초 당 5회의 프레임 관찰, 그리고 vnc_kwargs 인수를 통하여 이미지 압축을 사용하지 않는 VNC 접속을 지정하였다. 이는 이미지 압축으로 인한 인위적인 손상이 이미지에 나타나지 않도록 하기 위한 것이지만 VNC 서버와 VNC 클라이언트 간에 보다 많은 트래픽을 야기할 것이다. 하지만, 작은 폰트 크기의 텍스트를 보여주는 미니 비트 월드 문제의 경우에는 이 옵션이 필요할 것으로 보인다.

```
    while obs[0] is None:
        a = env.action_space.sample()
        obs, reward, is_done, info = env.step([a])
        print("Env is still resetting...")
        time.sleep(1)
```

관찰이 None일 동안(여기서 반환된 리스트에는 하나의 관찰만 담길 것인데, 왜냐하면 우리가 하나의 컨테이너만 요구하였기 때문이다), 우리는 환경의 이미지가 나타날 때까지 임의의 행동을 전달한다.

```
    print(obs[0].keys())
    im = Image.fromarray(obs[0]['vision'])
    im.save("image.png")
    env.close()
```

서버로부터 마침내 이미지를 얻었으므로 이를 PNG 파일로 저장한다. 미니 비트 월드 문제에서는 이미지가 우리가 얻는 유일한 관찰은 아니다. 환경으로부터의 관찰은 사전형(dict) 데이터로서 두 개의 엔트리를 가지고 있는데, 하나는 비전(vision)으로서 화면 픽셀을 담고 있는 NumPy 배열이고, 다른 하나는 텍스트로서 문제에 대한 설명을 담고 있다. 어떤 문제의 경우에는 이미지만 필요한 경우도 있지만 미니 비트 월드 제품군의 어떤 태스크의 경우 텍스트가 클릭할 색상 영역이나 선택할 날짜와 같은 문제 해결에 대한 필수 정보를 포함하기도 한다.

아래 이미지는 관찰의 원래 해상도인 1024 × 768에서 일부분만 보인 것이다.

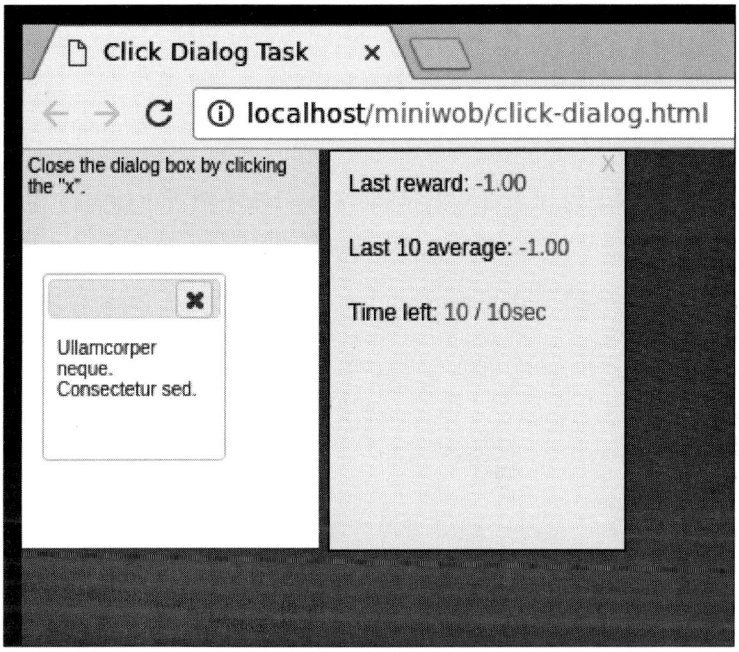

그림 3. 미니 비트 월드 관찰 이미지의 일부

미니 비트 월드 안정성

OpenAI가 만든 원래의 미니 비트 월드 도커 이미지를 사용한 실험 결과 한 가지 심각한 문제점을 발견하였다. 때때로 컨테이너 내부의 브라우저를 제어하는 서버 측 파이썬 스크립트가 죽는 것이었다. 이렇게 되면 환경과 컨테이너에 연결이 끊어지고 따라서 학습도 멈추기 때문에 큰 문제가 아닐 수 없다. 이 문제를 해결하려면 단 한 줄만 변경하면 되지만 OpenAI가 미니 비트 월드를 더 이상 유지관리하지 않기 때문에 문제가 복잡해졌다. 어쩔 수 없이 자체적으로 컨테이너 내부에 패치를 적용해야 했다. 게다가 사람의 시연과 관련하여 녹화된 파일을 에피소드 간에 서로 덮어쓰는 문제가 있어서 이것 또한 패치를 적용해야 했다. 이 두 가지 패치를 적용한 이미지를 필자의 도커 허브 저장소에 넣어 놨는데 shmuma/miniwob:v2 레이블로 사용할 수 있으므로 원래의 이미지인 OpenAI quay.io/openai/universe.world-of-bits:0.20 대신 사용할 수 있다. 더 궁금하다면 Chapter13/wob_fixes에 패치와 지침을 마련하였으니 직접 해볼 수도 있다.

단순 클릭하기 방법

첫 번째 데모에서는 이미지가 관찰로서 주어졌을 때 이를 기반으로 클릭해야 할 곳을 결정하는 간단한 비동기 어드밴티지 Actor-Critic(A3C) 에이전트를 구현해 보겠다. 비록 이런 접근 방식은 전체 미니 비트 월드 제품군에서 일부만 해결할 수 있고 나중에 이 접근 방식의 제약에 대해 논의하겠지만, 현재로서는 문제를 더 잘 이해하기 위해서 좋은 예제가 될 것으로 생각된다.

이전 장과 마찬가지로 코드의 크기 때문에 전체 소스 코드를 여기에 넣지는 않겠다. 가장 중요한 기능에 초점을 두고 나머지는 개요 정도를 제공할 것이다. 전체 소스 코드는 깃허브 저장소(https://github.com/PacktPublishing/Deep-Reinforcement-Learning-Hands-On)에서 사용할 수 있다.

격자형 행동 공간

OpenAI Universe의 구조와 조직에 대해 설명할 때 행동 공간이 풍부하고 유연해서 강화학습 에이전트에 많은 어려움이 생긴다고 이야기하였다. 브라우저 내부의 미니 비트 월드의 활성 영역은 160 × 210(아타리 에뮬레이터와 정확히 같음)이지만 작은 영역에서도 마우스를 이동하고 클릭하고 객체를 드래그하는 등의 작업을 수행할 수 있다. 마우스만 보더라도 마우스 버튼을 눌러 마우스를 다른 위치로 드래그하는 등 에이전트가 수행할 수 있는 행동이 거의 무한대일 수가 있다. 이 예에서는 웹 페이지 활성 영역 내의 고정된 격자에서의 클릭만을 고려하여 문제를 훨씬 단순화하고자 한다. 이에 따른 행동 공간은 다음과 같이 주어진다.

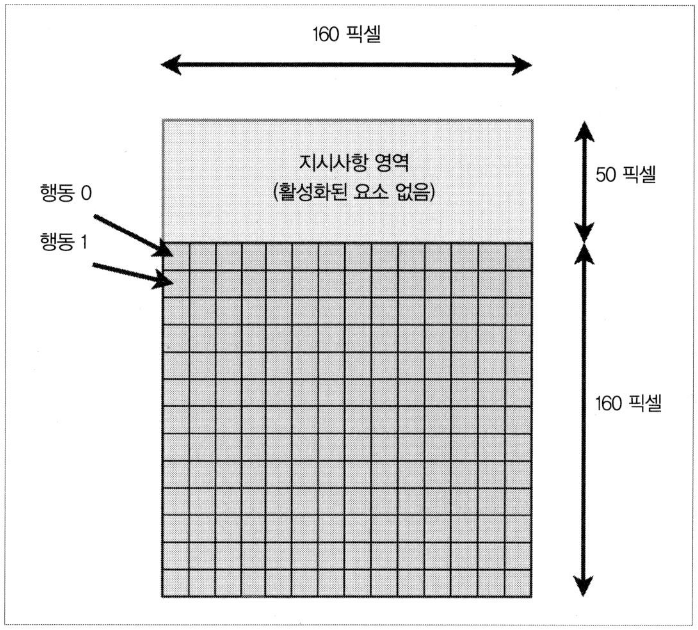

그림 4. 격자형 행동 공간

이것은 이미 OpenAI Universe에서 행동 래퍼인 wrappers.experimental.action_space.SoftmaxClickMouse로 구현되어 있다. 이 래퍼는 미니 비트 월드 환경에 대해 미리 설정된 기본값을 모두 가지고 있는데, 브라우저의 프레임 영역을 제거하기 위해서 오른쪽으로 10 픽셀, 아래로 75 픽셀 이동한 부분에 우리의 행동공간인 160 × 210 영역이 설정된다. 행동공간에 설정된 그리드의 크기는 10×10이며, 256(=16*16) 가지 최종 행동을 선택할 수 있다. 행동에 관한 전처리 외에도 관찰에 대한 전처리도 필요한데, 그 이유는 VNC 환경의 입력 이미지는 1024×768×3 텐서이지만 미니 비트 월드의 활성 영역은 210×160이기 때문이다. 이를 구현한 코드가 Chapter13/lib/wob_vnc.py 라이브러리 모듈에 있는 lib.wob_vnc.MiniWoBCropper 클래스이며 다음과 같다.

```
WIDTH = 160
HEIGHT = 210
X_OFS = 10
Y_OFS = 75
class MiniWoBCropper(vectorized.ObservationWrapper):
    def __init__(self, env, keep_text=False):
        super(MiniWoBCropper, self).__init__(env)
        self.keep_text = keep_text
```

```
def _observation(self, observation_n):
    res = []
    for obs in observation_n:
        if obs is None:
            res.append(obs)
            continue
        img = obs['vision'][Y_OFS:Y_OFS+HEIGHT, X_OFS:X_OFS+WIDTH, :]
        img = np.transpose(img, (2, 0, 1))
        if self.keep_text:
            text = " ".join(map(lambda d: d.get('instruction',
''), obs.get('text', [{}])))
            res.append((img, text))
        else:
            res.append(img)
    return res
```

생성자에 있는 keep_text 인수는 문제에 대한 텍스트 설명을 보존하는 모드를 활성화한다. 하지만, 지금 당장은 필요하지 않기 때문에 여기서는 비활성화 상태로 유지한다. 이 모드에서 MiniWoBCropper는 (3, 210, 160) 모양의 NumPy 배열을 반환한다.

예제 개요

행동과 관찰에 대한 결정을 내렸으므로, 이제 다음 단계로 진행하자. 에이전트는 160×210 크기의 관찰에서 어떤 그리드 셀을 클릭할지 결정해야 한다. 우리는 A3C 방법을 사용하여 에이전트를 학습시킬 것이므로, 에이전트는 256개의 그리드 셀에 대한 확률 분포인 정책 이외에도 PG 추정에서 베이스라인으로 사용될 상태값을 추정해야 한다.

이 예제에는 다음과 같은 모듈이 있다.

- Chapter13/lib/common.py: 이미 익숙한 RewardTracker 및 unpack_batch 함수를 포함하여 이 장의 예제들이 많이 사용하는 메소드들이 정의됨
- Chapter13/lib/model_vnc.py: 모델의 정의를 포함하고 있으며 다음 섹션에서 설명됨
- Chapter13/lib/wob_vnc.py: 관찰에 대한 크롭, 환경 설정 방법 및 기타 유틸리티 기능과 같은 미니 비트 월드 전용 코드가 포함되어 있다
- Chapter13/wob_click_train.py: 모델을 학습시키는 스크립트이다

- Chapter13/wob_click_play.py: 이 스크립트는 모델 가중치를 로드하고, 이를 단일 환경에 대해 사용하고, 관찰을 기록하고, 보상에 대한 통계를 낸다

모델

모델은 매우 간단하며 다른 A3C 예제에서 본 패턴과 동일한 패턴을 사용한다. 필자는 구조와 하이퍼 파라미터를 최적화하고 파인 튜닝하는 데 많은 시간을 할애하지 않았기 때문에 최종 결과는 크게 향상될 여지가 있다. 다음은 두 개의 컨볼루션 계층과 단일 계층으로 구현된 정책 및 가치 헤드를 사용하는 모델 정의이다.

```
class Model(nn.Module):
    def __init__(self, input_shape, n_actions):
        super(Model, self).__init__()

        self.conv = nn.Sequential(
            nn.Conv2d(input_shape[0], 64, 5, stride=5),
            nn.ReLU(),
            nn.Conv2d(64, 64, 3, stride=2),                # 공통망
            nn.ReLU(),
        )

        conv_out_size = self._get_conv_out(input_shape)

        self.policy = nn.Sequential(
            nn.Linear(conv_out_size, n_actions),           # 정책망
        )

        self.value = nn.Sequential(
            nn.Linear(conv_out_size, 1),                   # 가치망
        )

    def _get_conv_out(self, shape):
        o = self.conv(torch.zeros(1, *shape))
        return int(np.prod(o.size()))
    def forward(self, x):
        fx = x.float() / 256
        conv_out = self.conv(fx).view(fx.size()[0], -1)
        return self.policy(conv_out), self.value(conv_out)
```

학습 코드

학습용 스크립트는 Chapter13/wob_click_train.py에 있으며 이미 매우 친숙할 것이다. 그렇지만 OpenAI Universe 및 미니 비트 월드에 관련한 특이 사항들이 있으므로 잠깐 설명해 보자. 이 스크립트는 사람의 시연을 사용하느냐 안 하느냐의 두 가지 모드로 작동될 수 있는데, 일단 우리는 처음부터 학습시킬 예정이므로 시연 관련 부분은 무시해도 된다. 시연과 관련된 사항은 나중에 적절한 부분에서 살펴볼 것이다.

```
#!/usr/bin/env python3
import os
import gym
import random
import universe
import argparse
import numpy as np
from tensorboardX import SummaryWriter

from lib import wob_vnc, model_vnc, common, vnc_demo

import ptan

import torch
import torch.nn.utils as nn_utils
import torch.nn.functional as F
import torch.optim as optim
```

위에서 볼 수 있듯이 universe 모듈을 제외하면 특별히 언급할 필요가 없는 모듈들이다. Universe 모듈을 마치 사용하지 않는 것처럼 보일지 모르지만 임포트할 때 새로운 환경을 Gym 저장소에 등록하므로 반드시 임포트해야 한다. Gym 저장소에 환경이 등록이 되어야만 gym.make() 호출에서 사용할 수 있게 된다.

```
REMOTES_COUNT = 8
ENV_NAME = "wob.mini.ClickDialog-v0"

GAMMA = 0.99
REWARD_STEPS = 2
BATCH_SIZE = 16
LEARNING_RATE = 0.0001
ENTROPY_BETA = 0.001
CLIP_GRAD = 0.05
```

```
DEMO_PROB = 0.5
SAVES_DIR = "saves"
```

하이퍼 파라미터 정의 부분도 몇 개를 제외하면 대부분 동일하다. REMOTES_COUNT는 연결을 시도할 도커 컨테이너의 수를 지정한다. 기본적으로 이 학습 스크립트는 컨테이너들이 이미 하나의 단일 머신에서 시작되었다고 가정하고 있으므로 미리 정의된 포트(VNC 연결의 경우 5900에서 5907까지, 보상 프로그램 데몬의 경우 15900에서 15907까지)를 사용하여 연결할 수 있다. 다음 섹션에서 컨테이너 시작에 대하여 자세히 살펴볼 것이다.

ENV_NAME는 우리가 풀려고 하는 문제를 지정하며 명령행 인수로 다시 정의할 수 있다. ClickDialog 문제는 매우 간단하며 대화 상자의 닫기 버튼을 클릭하면 에이전트에게 보상을 제공한다.

```
if __name__ == "__main__":
    parser = argparse.ArgumentParser()
    parser.add_argument("-n", "--name", required=True, help="Name of
the run")
    parser.add_argument("--cuda", default=False, action='store_true',
help="CUDA mode")
    parser.add_argument("--port-ofs", type=int, default=0,
help="Offset for container's ports, default=0")
    parser.add_argument("--env", default=ENV_NAME, help="Environment
name to solve, default=" + ENV_NAME)
    parser.add_argument("--demo", help="Demo dir to load. Default=No
demo")
    parser.add_argument("--host", default='localhost', help="Host with
docker containers")
    args = parser.parse_args()
    device = torch.device("cuda" if args.cuda else "cpu")
```

우리는 학습을 조정할 수 있는 꽤 많은 양의 명령행 옵션을 가지고 있다. 반드시 지정해야 할 옵션이 -n인데, 이를 사용하여 실행 이름을 전달하며 이는 텐서보드 및 디렉토리에서 모델의 가중치를 저장하는 데 사용된다. 인간의 시연과 관련된 --demo 옵션은 지금은 무시하자.

```
    env_name = args.env
    if not env_name.startswith('wob.mini.'):
        env_name = "wob.mini." + env_name
    name = env_name.split('.')[-1] + "_" + args.name
    writer = SummaryWriter(comment="-wob_click_" + name)
    saves_path = os.path.join(SAVES_DIR, name)
    os.makedirs(saves_path, exist_ok=True)
```

인수를 파싱한 후 환경 이름을 정규화하였다(모든 미니 비트 월드 환경은 wob.mini 접두어로 시작하므로 명령행에서는 따로 지정하지 않아도 된다). 텐서보드 작성기(writer)를 시작하고 모델 디렉토리를 만들었다.

```
    demo_samples = None
    if args.demo:
        demo_samples = vnc_demo.load_demo(args.demo, env_name)
        if not demo_samples:
            demo_samples = None
        else:
            print("Loaded %d demo samples, will use them during
training" % len(demo_samples))
```

앞의 코드는 사람의 시연과 관련되어 있으므로 지금은 무시하자.

```
    env = gym.make(env_name)
    env = universe.wrappers.experimental.SoftmaxClickMouse(env)
    env = wob_vnc.MiniWoBCropper(env)
    wob_vnc.configure(env, wob_vnc.remotes_url(port_ofs=args.port_ofs,
hostname=args.host, count=REMOTES_COUNT))
```

그리고 나서 Gym에 환경 생성을 요청하고, 앞서 설명한 SoftmaxClickMouse 래퍼로 포장한 다음 크롭 기능을 적용하였다. 초기화를 완료하려면 wob_vnc 모듈의 유틸리티 함수를 사용하여 환경을 구성해야 한다. 이 유틸리티 함수들은 이미지 품질, 압축 수준 및 연결하려는 도커 컨테이너의 주소와 같은 VNC 연결을 위한 파라미터를 인수로 해서 env.configure() 메서드를 호출한다. VNC 연결 종점은 wob_vnc.remotes_url() 함수에 의해 생성된 특수 형식의 URL로 지정된다. 이 URL은 vnc://host:port1+port2,host:port1+port2의 형식을 가지는데, 하나의 환경에서 여러 호스트에서 실행되는 도커 컨테이너들과 통신할 수 있다.

```
    net = model_vnc.Model(input_shape=wob_vnc.WOB_SHAPE,
n_actions=env.action_space.n).to(device)
    print(net)
    optimizer = optim.Adam(net.parameters(), lr=LEARNING_RATE,
eps=1e-3)
    agent = ptan.agent.PolicyAgent(lambda x: net(x)[0], device=device,
apply_softmax=True)
    exp_source = ptan.experience.ExperienceSourceFirstLast(
        [env], agent, gamma=GAMMA, steps_count=REWARD_STEPS,
vectorized=True)
```

학습을 시작하기 전에 PTAN 라이브러리에서 모델, 에이전트 및 경험 소스를 만든다. 여기서 유일하게 새로운 점은 경험 소스를 만들 때 인수 vectorized=True로 설정한 것이다. 이는 경험 소스에게 환경이 벡터화되었고 한 번의 호출로 여러 결과를 반환한다는 것을 알려주는 것이다.

```
    best_reward = None
    with common.RewardTracker(writer) as tracker:
        with ptan.common.utils.TBMeanTracker(writer, batch_size=10)
as tb_tracker:
            batch = []
            for step_idx, exp in enumerate(exp_source):
                rewards_steps = exp_source.pop_rewards_steps()
                if rewards_steps:
                    rewards, steps = zip(*rewards_steps)
                    tb_tracker.track("episode_steps", np.mean(steps),
step_idx)
                    mean_reward = tracker.reward(np.mean(rewards),
step_idx)
                    if mean_reward is not None:
                        if best_reward is None or mean_reward > best_
reward:
                                if best_reward is not None:
                                        name = "best_%.3f_%d.dat" % (mean_
reward, step_idx)
                                        fname = os.path.join(saves_path, name)
                                        torch.save(net.state_dict(), fname)
                                        print("Best reward updated: %.3f ->
%.3f" % (best_reward, mean_reward))
                                best_reward = mean_reward
                batch.append(exp)
                if len(batch) < BATCH_SIZE:
                    continue
```

학습 루프 시작부분에서 경험 소스에게 새로운 경험 객체를 내줄 것을 요청하고, 배치로 묶는다. 또한 할인되지 않은 평균 보상을 추적하고 새로운 최대값이라면 이때의 모델 가중치를 저장한다.

```
                if demo_samples and random.random() < DEMO_PROB:
                    random.shuffle(demo_samples)
                    demo_batch = demo_samples[:BATCH_SIZE]
                    model_vnc.train_demo(net, optimizer, demo_batch,
```

```
writer, step_idx,
                                        preprocessor=ptan.agent.
default_states_preprocessor,
                                        device=device)
```

앞의 코드는 사람의 시연과 관련이 있으므로 일단 무시해도 좋다.

```
                states_v, actions_t, vals_ref_v = \
                  common.unpack_batch(batch, net, last_val_
gamma=GAMMA ** REWARD_STEPS,
                                        device=device)
                batch.clear()
```

배치의 크기가 원하는 만큼 커지면 배치를 풀어서 개별 텐서에 집어넣고 A2C 학습 절차를 수행한다. 이를 위해서 가치 손실을 계산하고 상태의 가치값을 이용하여 이득(advantage)을 계산하고 이득을 바탕으로 PG를 계산한다(이미 이것들은 A2C할 때 다 배운 내용이다).

```
                optimizer.zero_grad()
                logits_v, value_v = net(states_v)

                loss_value_v = F.mse_loss(value_v, vals_ref_v)

                log_prob_v = F.log_softmax(logits_v, dim=1)
                adv_v = vals_ref_v - value_v.detach()
                log_prob_actions_v = adv_v * log_prob_v[range
(BATCH_SIZE), actions_t]
                loss_policy_v = -log_prob_actions_v.mean()

                prob_v = F.softmax(logits_v, dim=1)
                entropy_loss_v = ENTROPY_BETA * (prob_v * log_prob_v).
sum(dim=1).mean()
```

탐험을 촉진하기 위해 정책의 엔트로피를 계산하고, 부호로 바꾸고 스케일링(ENTROPY_BETA) 해준다.

```
                loss_v = loss_policy_v + entropy_loss_v + loss_value_v
                loss_v.backward()
                nn_utils.clip_grad_norm(net.parameters(), CLIP_GRAD)
                optimizer.step()

                tb_tracker.track("advantage", adv_v, step_idx)
                tb_tracker.track("values", value_v, step_idx)
                tb_tracker.track("batch_rewards", vals_ref_v, step_
```

```
idx)
                    tb_tracker.track("loss_entropy", entropy_loss_v, step_
idx)
                    tb_tracker.track("loss_policy", loss_policy_v, step_
idx)
                    tb_tracker.track("loss_value", loss_value_v, step_idx)
                    tb_tracker.track("loss_total", loss_v, step_idx)
```

그런 다음 텐서보드를 통해 주요 관심 사항들을 추적하고 모니터링한다.

콘테이너 시작하기

학습을 시작하기에 앞서 미니 비트 월드가 시작된 도커 컨테이너가 있어야 한다. OpenAI Universe는 이를 자동으로 시작할 수 있는 옵션을 제공하는데, env.configure()를 호출할 때 정수값을 전달하면 된다. 예를 들어 env.configure(remotes=4)는 미니 비트 월드가 있는 4개의 도커 컨테이너를 로컬에서 시작할 것이다.

다만, 이런 방식의 시작 모드는 단순해서 좋지만 몇 가지 단점이 있다.

- 컨테이너의 위치를 제어할 수 없으므로 모든 컨테이너가 로컬에서 시작된다. 따라서 컨테이너를 원격 시스템 또는 여러 시스템에서 시작하려는 경우에는 적합하지 않다.
- 기본적으로 OpenAI Universe는 quay.io에 게시된 컨테이너를 시작한다(이 책을 쓴 시점 기준 quay.io/openai/universe.world-of-bits인데, 0.20.0 버전이다). 하지만 이 이미지는 심각한 버그가 있으며, 이로 인하여 학습 과정이 때때로 중단될 수 있으므로, 며칠씩 걸리는 학습이라면 별로 바람직하지 않다. 이를 극복하는 방법은 env.configure() 호출 시에 docker_image라는 옵션을 사용하는 것인데, 이를 사용하면 시작하고자 하는 콘테이너 이미지를 지정할 수가 있다. 그렇지만, 이렇게 되면 시작하고자 하는 이미지를 코드 내 하드코딩해서 넣어야 한다.
- 컨테이너 시작 시에 오버 헤드가 있으므로 모든 컨테이너가 시작될 때까지 학습을 기다려야 한다.

도커 컨테이너를 미리 시작하는 훨씬 더 융통성 있는 방법은 env.configure()에 환경을 가리키는 URL과 연결할 호스트 및 포트를 전달하는 것이다. 컨테이너를 시작하려면 docker run -d -p 5900:5900 -p 15900:15900 --privileged --ipc host --cap-add SYS_ADMIN <CONTAINER_ID> <ARGS> 명령을 실행하면 된다.

각 인수의 의미는 다음과 같다.

1. -d: 분리 모드에서 컨테이너를 시작한다. 컨테이너로부터의 로그를 보려면 이 옵션을 -t로 바꾸면 된다. 그러면 컨테이너는 대화식으로 시작되며 *Ctrl* + *C*를 사용하여 중지할 수 있다.

2. -p SRC_PORT:TGT_PORT : 컨테이너 호스트의 소스 포트(SRC_PORT)를 컨테이너 내부의 대상 포트(TGT_PORT)로 포워딩한다. 이 옵션을 사용하면 한 대의 컴퓨터에서 여러 개의 미니 비트 월드 컨테이너를 시작할 수 있다. 모든 컨테이너는 포트 5900에서 수신하는 VNC 서버와 포트 15900에서 보상자 데몬을 시작한다. 인수 -p 5900:5900 VNC 서버를 호스트 시스템(컨테이너를 실행하는 시스템)의 포트 5900에서 사용할 수 있게 한다. 두 번째 컨테이너라면 이미 점유된 5900 대신 5901 포트를 사용할 수 있도록 -p 5901:5900을 전달해야 한다. 보상자데몬의 경우도 마찬가지로, 컨테이너 내부에서는 포트 15900에서 수신 대기한다. -p 옵션을 사용하여 호스트 시스템에서 컨테이너의 포트로 연결을 포워딩할 수 있다.

3. --privileged: 이 옵션은 컨테이너가 호스트 장치에 액세스할 수 있게 한다. 미니 비트 월드가 왜 이 옵션으로 시작되는지 사실 불분명한 점도 있는데, 아마도 VNC 서버의 요구사항이 있지 않을까 추측해 본다.

4. --ipc host: 컨테이너가 IPC(프로세스 간 통신) 네임 스페이스를 호스트와 공유할 수 있게 한다.

5. --cap-add SYS_ADMIN: 컨테이너의 기능을 확장하여 호스트 설정에서의 구성을 확장된 버전으로 수행한다.

6. <CONTAINER_ID>: 컨테이너의 식별자이다. shmuma/miniwob:v2이어야 한다. 이는 원래 quay.io/openai/universe.world-of-bits:0.20.0의 패치 버전이다. 자세한 내용은 이전 섹션인 미니 비트 월드 안정성에서 설명하였다.

7. <ARGS>: 컨테이너의 작동 모드 변경을 위해 추가 인수를 전달한다. 이 인수는 나중에 사람의 시연을 기록하기 위해 필요하지만, 지금은 비어 두자.

이게 끝이다. 우리 학습 스크립트는 포트 5900-5907과 15900-15907를 통하여 8개의 컨테이너가 실행되고 있을 것으로 기대하며, 이를 위해서는 아래와 같이 명령을 사용하면 된다(Chapter13/adhoc/start_docker.sh로도 사용 가능).

```
docker run -d -p 5900:5900 -p 15900:15900 --privileged --ipc host --capadd
```

```
SYS_ADMIN shmuma/miniwob:v2
docker run -d -p 5901:5900 -p 15901:15900 --privileged --ipc host --capadd
SYS_ADMIN shmuma/miniwob:v2
docker run -d -p 5902:5900 -p 15902:15900 --privileged --ipc host --capadd
SYS_ADMIN shmuma/miniwob:v2
docker run -d -p 5903:5900 -p 15903:15900 --privileged --ipc host --capadd
SYS_ADMIN shmuma/miniwob:v2
docker run -d -p 5904:5900 -p 15904:15900 --privileged --ipc host --capadd
SYS_ADMIN shmuma/miniwob:v2
docker run -d -p 5905:5900 -p 15905:15900 --privileged --ipc host --capadd
SYS_ADMIN shmuma/miniwob:v2
docker run -d -p 5906:5900 -p 15906:15900 --privileged --ipc host --capadd
SYS_ADMIN shmuma/miniwob:v2
docker run -d -p 5907:5900 -p 15907:15900 --privileged --ipc host --capadd
SYS_ADMIN shmuma/miniwob:v2
```

이 모두는 백그라운드에서 시작되며 docker ps 명령으로 볼 수 있다.

```
CONTAINER ID         IMAGE          COMMAND
CREATED              STATUS         PORTS
NAMES
ecf5d17c5419         92756d1f08ac         "/app/universe-envs/w"  23 hours
ago     Up 23 hours          0.0.0.0:5907->5900/tcp,    0.0.0.0:15907-
>15900/tcp     elegant_bohr
8aaaeeb28e11 92756d1f08ac  "/app/universe-envs/w"  23 hours
ago     Up 23 hours          0.0.0.0:5906->5900/tcp,    0.0.0.0:15906-
>15900/tcp     tiny_shirley
e8028af83bb2 92756d1f08ac  "/app/universe-envs/w"  23 hours
ago     Up 23 hours          0.0.0.0:5905->5900/tcp,    0.0.0.0:15905-
>15900/tcp     gloomy_chandrasekhar
9164b9dd4449         92756d1f08ac         "/app/universe-envs/w"  23 hours
ago     Up 23 hours          0.0.0.0:5904->5900/tcp,    0.0.0.0:15904-
>15900/tcp     sad_minsky
bb6817065e82         92756d1f08ac         "/app/universe-envs/w"  23 hours
ago     Up 23 hours          0.0.0.0:5903->5900/tcp,    0.0.0.0:15903-
>15900/tcp sleepy_pasteur
5dfb6a4e784c         92756d1f08ac         "/app/universe-envs/w"  23 hours
ago     Up 23 hours          0.0.0.0:5902->5900/tcp,          0.0.0.0:15902-
>15900/tcp     gloomy_thompson .
bacb19a24647         92756d1f08ac         "/app/universe-envs/w"  23 hours
ago     Up 23 hours          0.0.0.0:5901->5900/tcp,          0.0.0.0:15901-
```

```
>15900/tcp     goofy_dubinsky
34861292023d              92756d1f08ac              "/app/universe-envs/w" 23 hours
ago       Up 23 hours              0.0.0.0:5900->5900/tcp,             0.0.0.0:15900-
>15900/tcp     backstabbing_lamport
```

학습 과정

컨테이너가 준비되면 이제 학습을 시작할 수 있다. 처음에는 연결 상태에 대한 메시지를 표시하고 좀 지나면 에피소드의 통계에 대한 보고를 시작할 것이다.

```
rl_book_samples/Chapter13$ ./wob_click_train.py -n t2 --cuda
[2018-01-29 14:27:48,545] Making new env: wob.mini.ClickDialog-v0
[2018-01-29 14:27:48,547] Using SoftmaxClickMouse with action_region=
(10, 125, 170, 285), noclick_regions=[]
[2018-01-29 14:27:48,547] SoftmaxClickMouse noclick regions removed
0 of 256 actions
[2018-01-29 14:27:48,548] Writing logs to file: /tmp/universe-9018.log
[2018-01-29 14:27:48,548] Using the golang VNC implementation
[2018-01-29 14:27:48,548] Using VNCSession arguments: {'compress_level':
0, 'subsample_level': 0, 'encoding': 'tight', 'start_timeout': 21,
'fine_quality_level': 100}. (Customize by running "env.configure
(vnc_kwargs={...})"
[2018-01-29 14:27:48,579] [0] Connecting to environment: vnc://
localhost:5900 password=openai.
```

원한다면 TurboVNC와 같은 VNC 클라이언트를 사용하여 컨테이너의 VNC 서버에 수동으로 연결할 수 있다. 또한 웹 브라우저가 VNC 클라이언트 기능을 지원할 경우 다음과 같이 접속하면 된다: http://localhost:15900/viewer/?password=openai.

기본적으로 학습은 ClickDialog-v0 환경으로 시작한다. 환경으로부터의 보상 평균이 0.8–0.99에 도달하려면 100k~200k가 걸린다. 학습의 수렴에 관련된 변화는 그림 5와 같다.

```
...
[2018-01-29 14:27:52,218] Throttle fell behind by 1.06s; lost 5.32 frames
[2018-01-29 14:27:52,955] [1:localhost:5901] Initial reset complete:
episode_id=17803
37: done 1 games, mean reward 0.686, speed 11.77 f/s
52: done 2 games, mean reward 0.447, speed 28.29 f/s
72: done 3 games, mean reward -0.035, speed 33.24 f/s
98: done 4 games, mean reward -0.130, speed 25.92 f/s
```

```
125: done 5 games, mean reward -0.015, speed 33.64 f/s
146: done 6 games, mean reward 0.137, speed 26.18 f/s
```

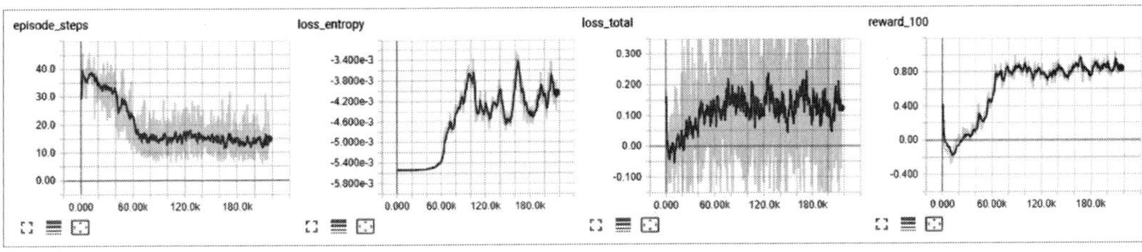

그림 5. ClickDialog 환경에서의 수렴

episode_steps 차트는 에피소드가 끝나기까지 에이전트가 수행해야 하는 행동의 평균을 보여준다. 에이전트가 수행해야 하는 유일한 작업은 대화 상자의 닫기 버튼을 클릭하는 것이므로 이상적으로 보면 이 문제의 경우 필요한 행동은 1이겠지만, 실제로는 에피소드가 끝날 때까지 에이전트가 약 7–9 프레임을 보았다. 이것은 두 가지 이유에서 발생 한다고 생각되는데, 우선 대화 상자 닫기 버튼의 십자가가 약간 지연되면서 나타날 수 있고, 또 에이전트가 클릭하기 전에 컨테이너 내부의 브라우저가 시간 간격을 추가하기 때문으로 보인다. 어쨌든, 약 100k 프레임(8개의 컨테이너로 약 30분이 소요됨) 동안 학습한 결과 대부분의 경우에 대화 상자를 닫을 수 있는 좋은 정책으로 수렴하였다.

학습된 정책을 파헤쳐 보기

에이전트의 활동을 들여다 볼 수 있는 도구가 있는데, 이 도구를 사용해서 파일에서 모델 가중치를 로드하고 몇 개의 에피소드를 실행하고 에이전트가 보는 관찰 및 행동 선택을 스크린 샷으로 기록할 수 있다. 이 도구는 Chapter13/wob_click_play.py에 있으며 로컬 컴퓨터에서 실행되는 첫 번째 컨테이너(포트 5900 및 15900)에 연결하며, 다음과 같은 인수를 받는다.

- -m: 로딩될 모델에 대한 파일 이름
- --save <IMG_PREFIX>: 이 옵션을 사용하면 각 관찰이 별도의 파일로 저장된다. 매개 변수는 경로에 대한 접두사이다.
- --count: 실행할 에피소드의 수

- --env: 사용할 환경의 이름을 지정. 기본은 ClickDialog-v0이다.
- --verbose: 매 스텝 마다 보상, 에피소드 완료 여부, 그리고 내부 정보를 보인다

이 도구는 학습 중 다른 상태에 대한 에이전트의 행동을 검사(또는 디버깅)하는 데 유용하다. 예를 들어 ClickDialog에서 학습된 최고의 모델을 확인하면 다음과 같이 표시된다.

```
rl_book_samples/Chapter13$ ./wob_click_play.py -m saves/ClickDialog-v0_
t1/best_1.047_209563.dat --count 5
[2018-01-29 15:43:57,188] [0:localhost:5900] Sending reset for env_
id=wob.mini.ClickDialog-v0 fps=60 episode_id=0
[2018-01-29 15:44:01,223] [0:localhost:5900] Initial reset complete:
episode_id=288
Round 0 done
Round 1 done
Round 2 done
Round 3 done
Round 4 done
Done 5 rounds, mean steps 6.40, mean reward 0.734
```

에이전트의 행동을 확인하기 위해 접두어(prefix)와 함께 --save 옵션을 사용할 수 있다. 에이전트가 수행하는 행동은 클릭할 때 파란색 원으로 표시된다. 그림 6의 오른쪽 영역에는 마지막 보상 및 타임아웃까지 남은 시간에 대한 정보를 보여준다. 예를 들어, 저장된 이미지 중 하나를 보면 다음과 같다.

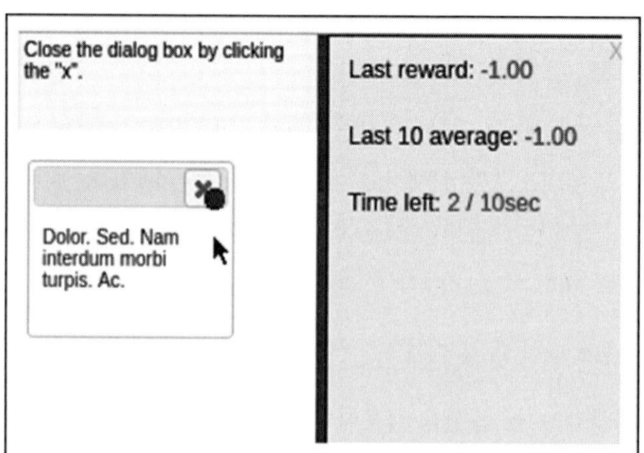

그림 6. 에이전트가 수행한 하나의 행동에 대한 스크린 샷

단순 클릭 방법의 이슈들

불행히도 앞서 본 접근법은 ClickDialog와 같은 비교적 간단한 문제를 해결하는 데에만 사용될 수 있다. 좀 더 복잡한 문제에 이 방법을 사용하면 수렴이 매우 어려울 수 있다. 왜 그런지에 대해서는 여러 가지 이유가 있을 수 있다. 우선, 에이전트는 내부적인 상태라는 것을 전혀 갖고 있지 않기 때문에 기본적으로 이전에 수행한 행동에 대한 기억을 유지하지 않고, 따라서 다음 번의 행동 선택은 오로지 관찰에 기반해서만 결정을 내린다. 1장(강화 학습이란 무엇인가?)에서 우리는 마르코프 의사결정 과정(Markov Decision Process, MDP)의 마르코프 속성에 대해 논의했는데 마르코프 속성이란 이전의 모든 히스토리를 버리고 현재의 관찰만을 고려하는 것이라고 하였다. 하지만, 미니 비트 월드와 같은 비교적 간단한 문제 조차도 마르코프 속성을 위반할 수 있다. 예를 들어 ClickButtonSequence-v0(스크린 샷은 다음 그림에 표시됨)이라는 문제가 있는데, 여기서 에이전트가 먼저 ONE 버튼을 클릭한 다음 TWO 버튼을 클릭해야 한다. 이런 경우 그림만 봐서는 현재 ONE을 클릭해야 하는 순서인지 TWO를 클릭해야 하는 순서인지 전혀 알 수가 없다.

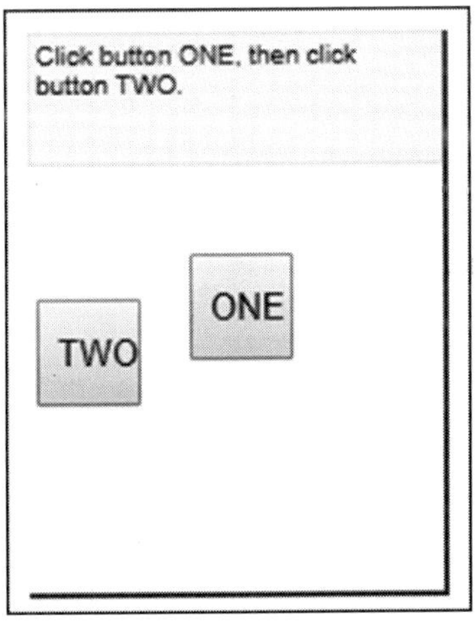

그림 7. 내부적으로 상태를 유지하지 않는 무상태 에이전트가 풀기 어려운 문제의 예

문제가 이렇게 단순함에도 불구하고 MDP가 요구하는 형식 혹은 조건을 충족시키지 못하기 때문에 강화학습을 사용하여 이를 해결할 수는 없다. 이러한 문제를 부분적으로 관찰 가능한 MDPs(Partially-Observable MDPs) 또는 POMDP라고 하며, 이런 문제를 해결하는 일반적인 접근방식은 에이전트가 일종의 상태를 유지하도록 하는 것이다. 여기에서의 도전적인 면이라고 한다면 에

이전트가 최소한의 관련 정보만 유지하도록 하는 것과 모든 것을 관찰에 추가함으로써 관련되지 않은 정보로 괴롭히는 것 사이의 균형을 찾는 것이다.

이 예제에서 마주하는 또 다른 문제는 문제를 해결하는 데 필요한 데이터가 이미지에서 사용 가능하지 않거나 혹은 매우 불편한 형태일 수 있다는 것이다. ClickTab과 ClickCheckboxes라는 두 가지 문제를 예로 살펴보자. ClickTab에서는 세 개의 탭 중 하나를 클릭해야 하지만, 클릭해야 할 탭이 매번 무작위로 선택된다. 어떤 탭을 클릭해야 하는지에 대한 설명이 화면의 윗부분에 표시되어 있지만(환경의 페이지 상단에 표시된 텍스트 필드에서 제공) 에이전트는 이를 글자나 숫자로 인식하는 게 아니라 그저 픽셀로 보게 되므로 이 작은 숫자를 무작위 클릭하여 얻는 결과와 연결을 짓는 것 자체가 매우 어려운 일이다. ClickCheckboxes의 경우에는 상황이 더욱 악화된다고 볼 수 있는데, 여기서는 무작위로 생성된 텍스트가 있는 여러 개의 체크박스 중 제시된 설명과 일치하는 체크박스를 클릭해야 한다. 문제에 과적합하는 것을 방지하기 위한 옵션 중 하나는 관찰된 이미지를 텍스트로 변환하기 위해 일종의 OCR(광학 문자 인식) 신경망을 사용하는 것이다.

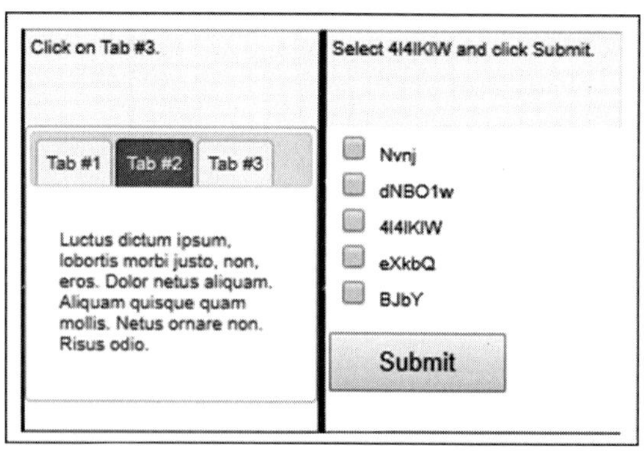

그림 8. 텍스트로 주어진 설명이 행동하는데 중요한 정보를 제공하는 환경의 예

또 다른 문제는 에이전트가 탐색해야 하는 행동 공간의 차원과 관련이 있다. 한 번만 클릭하면 되는 문제라 하더라도 수행 가능한 행동의 크기 혹은 수는 매우 클 수 있으므로 에이전트가 행동하는 방법을 발견하는 데 오랜 시간이 걸릴 것이다. 이에 대한 가능한 솔루션 중 하나는 시연을 학습에 통합하는 것이다. 예를 들어 다음 그림에서 보이는 CountSides-v0이라는 문제는 표시된 도형의 면의 수에 해당하는 버튼을 클릭하면 되는 문제이다.

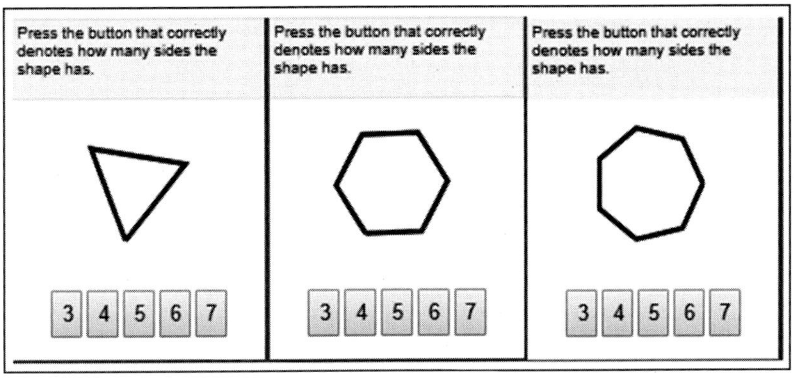

그림 9. CountSides 환경 예시

필자는 에이전트를 처음부터 학습해 보려고 하였지만 하루가 지나도록 거의 진척을 보이지 않았다. 그러나 올바른 클릭에 대한 몇 가지 사례를 추가하자 약 15분 후 문제를 성공적으로 해결하기 시작하였다. 물론, 이번의 실험에서 하이퍼 파라미터가 좋지 않았을 수도 있겠지만, 그럼에도 불구하고 여전히 시연의 효과는 아주 인상적이라고 할 수 있다. 이 장의 다음 예제에서는 수렴 속도를 향상시키기 위해 사람의 시연을 기록하고 학습 과정에 끼워 넣는 방법을 살펴볼 것이다.

인간의 시연

인간의 시연에 대한 아이디어는 간단하다. 에이전트가 문제를 해결하는 최선의 방법을 발견하는 것을 돕기 위해 문제에 필요한 것으로 생각되는 행동 몇 가지 예를 보여주는 것이다. 이 예들은 물론 최상의 해결책이거나 100% 정확하지는 않아도 되지만 에이전트에게 바람직한 방향을 제시할 수 있을 만큼 유용해야 한다. 사실, 이것은 매우 자연스러운 일이다. 인간의 모든 학습은 수업 시간에 교사, 부모님 또는 다른 사람들이 가르치는 몇 가지 예를 기반으로 한다. 이러한 예는 책(요리 책)이거나 시연을 통해 여러 번 반복해야만(댄스 수업) 제대로 할 수 있는 것일 수도 있다. 하지만 이런 형태의 학습이 그냥 무작위로 탐색하는 것보다 훨씬 효과적일 수 있음은 분명하다. 시행착오만으로 치아를 닦는 방법을 배우는 것이 얼마나 복잡하고 오랜 시간이 걸릴지 상상해 보면 알 것이다. 물론, 시연을 따르는 학습 방법이 때로는 위험한 방법일 수도 있다. 왜냐하면, 시연 자체가 잘못된 것일 수도 문제를 해결하는 데 가장 효율적인 방법이 아닐 수도 있기 때문이다. 하지만 크게 보면 무작위 검색보다는 훨씬 효과적인 방법이다.

여태까지 보았던 모든 예제는 사전 지식을 전혀 사용하지 않고 무작위 가중치 초기화로 시작되었으므로 학습 시작 시 임의의 행동이 수행되었다. 하지만, 일정 정도 학습 후에 에이전트는 특정 상태에서 일부 행동이 더 유망한 결과를 제공할 수 있다는 것을 발견하고 다른 행동들보다 이러한 행동을 선호하기 시작한다는 사실을 알았다. 이러한 과정을 통하여 최종적으로는 이 프로세스가 최적에 가까운 정책으로 이어져 결국 에이전트가 높은 보상을 받을 수 있었다. 이러한 접근 방식은 행동 공간의 차원이 낮고 환경의 행동이 그다지 복잡하지 않은 경우에는 잘 동작했지만 행동의 수가 두 배로 늘어나자 최소한 두 배 이상의 관찰을 필요로 하였다. 다시 클릭 에이전트를 살펴보면 활동 영역에서 10×10 격자에 상응하는 256개의 다른 행동을 가지고 있으며, 이는 CartPole 환경보다 128배 더 많은 행동의 수이다. 그러므로, 학습 과정이 길어지고 때로는 전혀 수렴하지 못하는 것도 그리 놀라운 일은 아니다.

이렇듯 차원의 문제는 더 똑똑한 탐사 방법을 쓰거나, 더 나은 샘플링 효율을 가지고 학습을 하거나(원 샷 러닝), 사전 지식(전이 학습)을 이용하거나 하는 다양한 방법으로 해결할 수 있다. 물론, 강화학습 내에서도 강화학습을 더 좋고 더 빠르게 만드는 데 중점을 둔 많은 연구들이 진행되고 있으며, 앞으로 많은 발전이 이루어질 것이라는 것을 확신할 수 있다. 이 섹션에서는 인간이 수행한 시연을 학습 과정에 통합하는 보다 전통적인 접근 방식을 시도해볼 것이다.

여러분은 일전에 배운 온 정책 및 오프 정책 방법을 아직 기억하고 있을 것이라 믿는다. 이러한 구분은 사람의 시연과 매우 관련이 높은데, 왜냐하면 엄밀히 말해서 온 정책 방법(우리의 경우에는 A3C)과 함께 오프 정책 데이터(사람에 의한 관찰 – 행동 쌍)를 사용할 수는 없기 때문이다. 이는 온 정책 방법의 본질적인 특성 때문에 발생하는데, 온 정책은 기본적으로 현재 정책에서 수집한 샘플만을 사용하여 PG를 추정하기 때문이다. 사람이 기록한 샘플을 학습 과정에 적용하는 경우 예상되는 그라디언트는 인간 정책과 관련된 것이지 신경망(NN)에서 제공하는 현재 정책과는 부합되지 않는다. 이 문제를 해결하기 위해 우리는 약간의 속임수를 써야 하는데 무슨 말인가 하면 지도 학습의 관점에서 문제를 관찰할 필요가 있다는 것이다. 구체적으로 말하면 시연으로부터 행동을 취하기 위해 신경망을 그쪽 방향으로 몰아야 하는데 이때 로그 가능도(log-likelihood)를 목표 함수로 사용하자는 것이다.[1]

구현의 세부 사항을 살펴보기 전에 매우 중요한 질문 한 가지를 해보자. 즉, 가장 편리한 형태로 시연을 얻으려면 어떻게 해야 할까?

1) 역자주: 즉, 사람의 시연을 정답으로 보고 지도학습 방법을 이용하여 신경망을 학습시킨다는 말임

시연을 기록하기

시연은 사실 관찰 및 행동 공간의 세부 사항에 따라 달라지므로 시연을 기록하는 보편적인 방법은 없다. 그러나 크게 보면 우리는 인간이나 에이전트에 필요한 정보뿐만 아니라 이들이 취한 행동을 저장해야 한다는 것이다. 예를 들어 누군가가 플레이한 아타리 게임 세션을 얻으려는 경우 화면 이미지와 더불어 이 화면에서 누른 버튼을 저장해야 한다.

OpenAI Universe 환경의 경우에는 VNC 프로토콜을 기반으로 하는 이에 대한 우아한 솔루션이 있다. 여기서 시연을 저장하려면 서버에서 VNC 클라이언트로 보낸 화면과 클라이언트가 서버로 보낸 마우스 및 키보드 동작을 캡처해야 한다. 미니 비트 월드는 VNC 프로토콜 프록시를 기반으로 하는 내장된 기능을 제공하는데, 그림 10에 나와 있다.

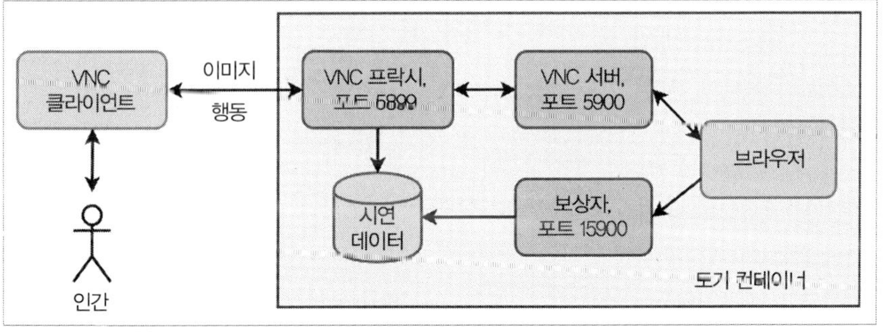

그림 10. 시연 기록 구조

VNC 프록시는 기본적으로 컨테이너가 시작될 때 함께 시작되지 않는다. 컨테이너가 시작될 때 프록시를 같이 활성화하려면 demonstration -e ENV_NAME 인수를 컨테이너에 전달해야 한다. 포트 포워딩 옵션을 같이 사용해서 외부에서 사용할 수 있는 포트 5899(VNC 프록시가 사용)도 만들어야 한다. ClickTest2 환경에서 기록 모드로 컨테이너를 시작하는 데 사용되는 전체 명령은 아래와 같다(Chapter13/adhoc/start_docker_demo.sh로도 사용 가능).

```
docker run -e TURK_DB='' -p 5899:5899 --privileged --ipc host --cap-add
SYS_ADMIN shmuma/miniwob:v2 demonstration -e wob.mini.ClickTest2-v0
```

TURK_DB는 필수 인수이긴 하지만 아마도 내부 실험을 위한 인간 시연을 모으기 위해 OpenAI가 사용하는 아마존(Amazon)의 미케니컬 터크(Mechanical Turk)와 관련이 있는 것 같다. 하지만 불행하게도 OpenAI는 약속에도 불구하고 이 시연을 릴리즈하지는 않았다. 따라서, 시연을 얻는 유일한 방법은 직접 기록하는 것뿐이다.

컨테이너가 시작되면 VNC 클라이언트를 사용하여 컨테이너에 연결할 수 있다. 컨테이너의 호스트에 포트 5899를 사용하여 연결해야 하며, 연결 암호는 openai이다. 연결이 완료되면 컨테이너 시작 시에 지정한 환경의 브라우저 창이 나타날 것이다.

이제 문제를 해결할 준비가 되었지만 명심할 것은 여러분이 하는 모든 행동이 기록되고 나중에 학습에 사용된다는 것을 잊지 말자. 따라서 여러분은 효율적으로 행동해야 하며 잘못된 장소를 클릭하는 것과 같은 행동을 해서는 안 된다. 또, 문제 해결을 위해 주어진 시간도 제한되어 있는데, 대부분의 환경에서 이것은 10초이다. 시간이 만료되면 그 문제가 다시 시작되고 여러분은 −1의 보상을 받게 된다. 혹시 마우스 포인터가 보이지 않으면 VNC 클라이언트에서 로컬 마우스 렌더링 모드를 활성화해야 한다.

일단 시연을 녹화했으면 서버와의 연결을 끊고 기록된 데이터를 복사할 수 있다. 녹화된 내용은 컨테이너가 살아있는 동안에만 보존된다는 것을 명심하자. 녹화된 데이터는 컨테이너 파일 시스템의 /tmp/demo 폴더에 저장되며, docker exec 명령(아래에서 80daf4b8f257은 데모 모드에서 시작된 컨테이너의 아이디)을 사용하여 파일을 볼 수 있다.

```
$ docker exec -t 80daf4b8f257 ls -laR /tmp/demo
/tmp/demo:
total 20
drwxr-xr-x 3 root root 4096 Jan 30 17:06 .
drwxrwxrwt 19 root root 4096 Jan 30 17:07 ..
drwxr-xr-x 2 root root 4096 Jan 30 17:07
1517332006-fprnte8qiy3af3-0
-rw-r--r-- 1 nobody nogroup 20 Jan 30 17:09 env_id.txt
-rw-r--r-- 1 root root 531 Jan 30 17:09 rewards.demo

/tmp/demo/1517332006-fprnte8qiy3af3-0:
total 35132
drwxr-xr-x 2 root root 4096 Jan 30 17:07 .
drwxr-xr-x 3 root root 4096 Jan 30 17:06 ..
-rw-r--r-- 1 root root 51187 Jan 30 17:07 client.fbs
-rw-r--r-- 1 root root 20 Jan 30 17:07 env_id.txt
-rw-r--r-- 1 root root 5888 Jan 30 17:07 rewards.demo
-rw-r--r-- 1 root root 35900918 Jan 30 17:07 server.fbs
```

개별 VNC 세션은 /tmp/demo 폴더의 하위 디렉토리에 별도로 저장되므로 여러 레코딩 세션에 동일한 컨테이너를 사용할 수 있다. 데이터를 복사하려면 docker cp 명령을 사용하면 된다.

```
docker cp 80daf4b8f257:/tmp/demo .
```

녹화에 대한 원시 데이터 파일을 얻은 후에는 학습용으로 사용할 수 있지만 그전에 데이터 형식에 대해 알아보자.

녹화 포맷

각 클라이언트 연결에 대하여 VNC 프락시는 다음의 네 가지 파일을 녹화한다.

- env_id.txt: 시연을 기록하는 데 사용된 환경의 아이디가 있는 텍스트 파일로서, 여러 시연 데이터 디렉토리가 있을 때 필터링에 매우 편리하게 이용될 수 있다.
- rewards.demo: 보상자 데몬이 기록한 이벤트가 있는 JSON 파일인데, 여기에는 텍스트 설명의 변경, 획득한 보상 등과 같은 환경의 이벤트가 타임 스탬프와 함께 제공된다.
- client.fbs: 클라이언트가 VNC 서버로 보낸 이벤트가 포함된 바이너리 형식의 파일이다. 내부에는 원시 VNC 프로토콜 메시지(원격 프레임 버퍼 프로토콜 또는 RFP라고 함)에 대한 타임 스탬프가 들어 있다.
- server.fbs: VNC 서버에서 클라이언트로 보낸 데이터가 포함된 바이너리 형식의 파일이다. client.fbs와 같은 형식이지만 메시지 집합이 다르다.

여기서 가장 까다로운 파일은 client.fbs와 server.fbs이다. 바이너리 형식인데 적당한 리더가 없기 때문이다(최소한 필자는 그러한 라이브러리를 발견할 수 없었다). VNC의 프로토콜은 IETF 웹 사이트 https://tools.ietf.org/html/rfc6143에 있는 RFC6143(Remote Framebuffer Protocol)에서 표준화되었다. 이 프로토콜은 VNC 클라이언트와 서버가 사용자에게 원격 데스크톱을 제공하기 위해 교환할 수 있는 메시지 세트를 정의한다. 클라이언트는 키보드 또는 마우스 이벤트를 보낼 수 있고, 서버는 클라이언트의 응용 프로그램에 대한 최신 뷰(view)를 볼 수 있도록 데스크톱 이미지를 전송한다. 네트워크를 사용하여 전송하기 때문에 사용자 경험을 개선하기 위해 서버는 옵션으로서 이미지를 압축하고 GUI 데스크톱의 관련(수정된) 부분만 전송함으로써 전송을 최적화한다.

녹화된 시연을 강화학습 에이전트 학습에 사용할 수 있게 하려면 이 VNC 형식을 이미지의 시간을 기준으로 이미지 및 사용자 이벤트 세트로 변환해야 한다. 이를 위해 필자는 작은 VNC 프로토콜 파서를 구현했는데, 이 구현에서는 복잡한 바이너리 파일 형식을 구문 분석하는 KaiTai

바이너리 파서 언어(프로젝트 웹 사이트 http://kaitai.io/)를 사용하였다. 혹시 더 궁금한 점이 있다면 클라이언트 및 서버 메시지 파싱에 대한 소스 파일을 Chapter13/ksy 디렉토리에서 확인해 보길 바란다.

시연 형식과 관련된 파이썬 코드는 Chapter13/lib/vnc_demo.py에 정의되어 있는데, 시연 디렉토리에 대한 상위 수준의 함수 로더와 내부 바이너리 형식을 해석하는 데 사용되는 하위 수준 메소드 집합을 정의하고 있다. 로더 함수인 vnc_demo.load_demo()가 리턴한 결과는 튜플에 대한 리스트인데, 각 튜플에는 미니 비트 월드 모델에서 사용된 관찰과 수행된 마우스 동작의 인덱스가 있는 NumPy 배열이 포함되어 있다.

시연 데이터를 확인하려면 시연 디렉토리의 client.fbs 및 server.fbs를 로드하고 시연 샘플을 이미지 파일로 덤프하는 작은 유틸리티 Chapter13/ahdoc/demo_dump.py를 사용하면 된다. 녹화된 시연을 이미지로 변환하는 데 사용되는 명령행의 예를 보자.

```
rl_book_samples/Chapter13$ ./adhoc/demo_dump.py -d data/demo-CountSides/
-e wob.mini.CountSides-v0 -o count
[2018-01-30 12:44:11,794] Making new env: wob.mini.CountSides-v0
[2018-01-30 12:44:11,796] Using SoftmaxClickMouse with action_region=
(10, 125, 170, 285), noclick_regions=[]
[2018-01-30 12:44:11,797] SoftmaxClickMouse noclick regions removed
0 of 256 actions
Loaded 64 demo samples
[2018-01-30 12:44:12,191] Making new env: wob.mini.CountSides-v0
[2018-01-30 12:44:12,192] Using SoftmaxClickMouse with action_region=
(10, 125, 170, 285), noclick_regions=[]
[2018-01-30 12:44:12,192] SoftmaxClickMouse noclick regions removed
0 of 256 actions
```

위 명령은 64개의 이미지 파일을 생성하였다.

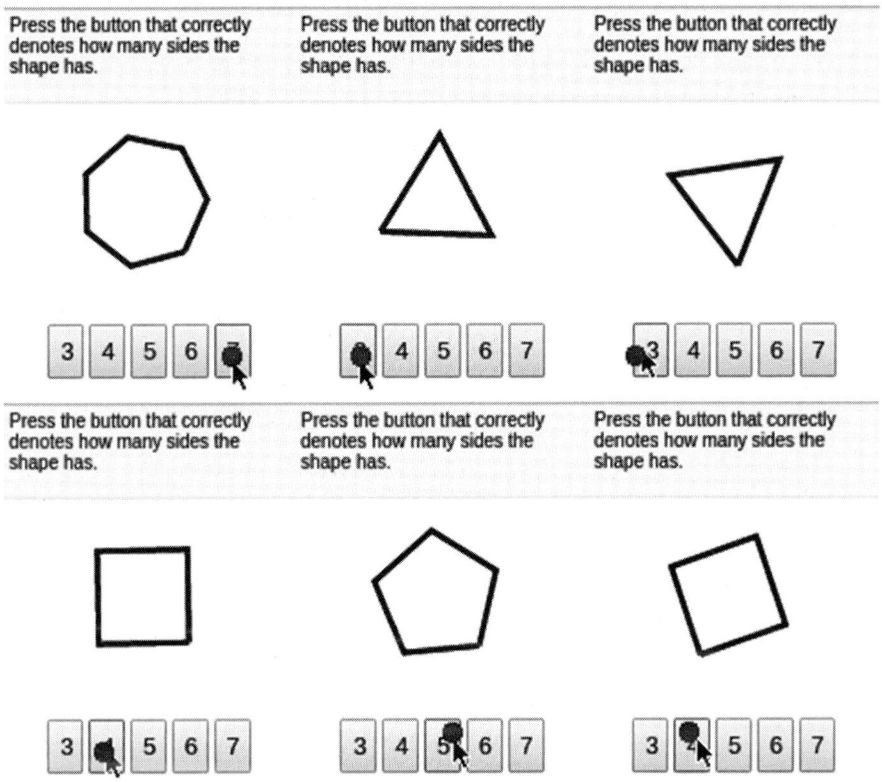

그림 11. 각 이미지 마다 클릭 지점이 파란색 원으로 표시됨

이 녹화의 바이너리 데이터는 Chapter13/demos/demo-CountSides.tar.gz이며 사용하기 전에 압축을 풀어야 한다. 또한 VNC 프로토콜 읽기의 구현은 실험적이라서 미니 비트 월드 이미지 0.20.0에서 사용되는 VNC 프록시에 의해 생성된 파일에만 작동하며, VNC 프로토콜 RFC를 완전히 준수하지는 않는다. 또한 읽기 프로세스는 행동 공간 변환을 위해 하드 코딩되어 있으며 마우스 이동, 키 눌림 등의 다른 이벤트는 생성하지 않는다. 따라서, 좀 더 일반적인 경우를 위해서는 확장이 필요하며 혹시 여러분이 기여해 줄 수 있다면 언제든 환영이다.

시연을 이용한 학습

이제 시연 데이터를 기록하고 로드하는 방법을 알았다. 하지만 아직 한 가지 질문이 남아 있는데, 시연 데이터를 활용하기 위해서 학습 프로세스를 어떻게 수정해야 하는가 하는 문제이다.

가장 간단한 방법은 12장(채팅 봇)에서 강화학습을 이용한 챗봇을 훈련하는 데 사용한 로그 가능도를 학습 목표를 사용하는 것이다. 그러기 위해서는 A2C 모델을 관찰에 대한 분류 문제로 보아야 한다. 가장 간단하게는 A2C 모델에서 가치 헤드는 학습시키지 않고 그냥 둘 수도 있겠지만 실제로 그것을 학습시키는 것도 어렵지 않다. 왜냐하면 우리는 시연 중에 얻은 보상을 알고 있기 때문이다. 따라서 가치 헤드를 학습시키기 위해서 필요한 것은 모든 관찰에 대하여 할인된 보상을 계산하는 것뿐이다.

구현 방법을 확인하기 위해서 Chapter13/wob_click_train.py 설명에서 건너뛴 코드 부분으로 돌아가 보자. 우선, 명령 행에서 --demo <DIR> 옵션을 사용하여 시연 데이터가 있는 디렉토리를 전달한다. 이렇게 하면 아래 코드에서 지정된 디렉토리에서 시연을 로드하는 브랜치가 활성화될 것이다. vnc_demo.load_demo() 함수는 모든 수준의 하위 디렉토리에서 자동으로 시연을 로드할 수 있기 때문에 시연이 있는 디렉토리를 전달하기만 하면 된다.

```
    demo_samples = None
    if args.demo:
        demo_samples = vnc_demo.load_demo(args.demo, env_name)
        if not demo_samples:
            demo_samples = None
        else:
            print("Loaded %d demo samples, will use them during
training" % len(demo_samples))
```

시연 학습과 관련된 두 번째 코드는 학습 루프 내부에 있으며 정상적인 배치 이전에 실행된다. 시연으로부터의 학습은 확률로 수행되며(기본값은 0.5 임) DEMO_PROB 하이퍼 매개 변수로 지정된다.

```
            if demo_samples and random.random() < DEMO_PROB:
                random.shuffle(demo_samples)
                demo_batch = demo_samples[:BATCH_SIZE]
                model_vnc.train_demo(net, optimizer, demo_batch,
writer, step_idx,
                                     preprocessor=ptan.agent.
default_states_preprocessor, device=device)
```

논리는 간단하다. DEMO_PROB 확률을 사용하여 시연 데이터에서 BATCH_SIZE 만큼의 샘플을 샘플링하고 학습을 수행한다. 학습은 model_vnc.train_demo() 함수에 의해 수행된다.

```
def train_demo(net, optimizer, batch, writer, step_idx, preprocessor,
device="cpu"):
    batch_obs, batch_act = zip(*batch)
    batch_v = preprocessor(batch_obs).to(device)
    optimizer.zero_grad()
    ref_actions_v = torch.LongTensor(batch_act).to(device)
    policy_v = net(batch_v)[0]
    loss_v = F.cross_entropy(policy_v, ref_actions_v)
    loss_v.backward()
    optimizer.step()
    writer.add_scalar("demo_loss", loss_v.data.cpu().numpy()[0],
step_idx)
```

학습 코드도 매우 간단하다. 우선 배치를 관찰과 행동 리스트로 분할하고 관찰을 전처리한 다음 파이토치 텐서로 변환하고 GPU에 탑재한다. 그런 다음 A2C 신경망에 적용하여 얻은 정책과 원하는 행동 간의 크로스 엔트로피 손실을 계산한다. 최적화의 관점에서 보면 우리는 지도학습을 사용하여 신경망을 시연에서 보인 행동 쪽으로 밀고 있는 것이다.

결과

시연의 효과를 확인하기 위해 CountSides 문제에 대해 동일한 하이퍼 파라미터를 사용하여 두 세트의 학습을 수행하였다. 하나는 시연 없이 완료되었고 다른 하나는 64번의 시연 클릭을 사용하였다. 실험 결과 그 차이는 매우 극적이었다. 시연이 없이 처음부터 학습시킨 실험에서는 12시간의 학습 후에 −0.64가 가장 좋은 평균 보상이었으며 학습에 별다른 진전이 없었다. 그림 12에 학습 과정의 변화가 표시되었다.

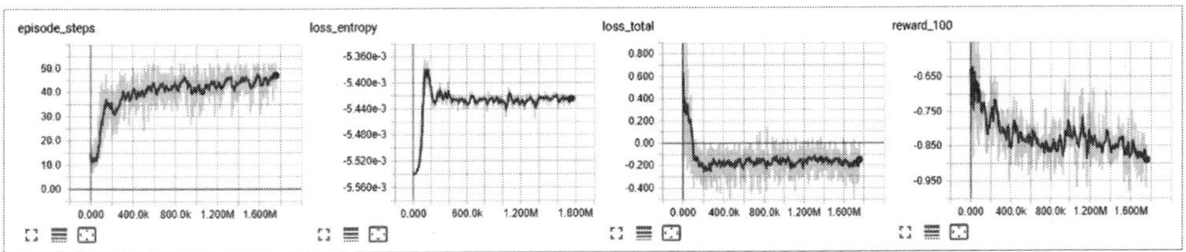

그림 12. CountSides 환경에서 시연없이 처음부터 학습한 버전

시연을 추가한 버전은 단 64개의 시연 샘플로 45k 프레임에서 1.75의 평균 보상에 도달할 수 있었다. 그림 13에서 알 수 있듯이 높은 엔트로피 손실이 의미하는 바는 에이전트가 행동 선택에

대해 매우 확신하고 있음을 보여준다.

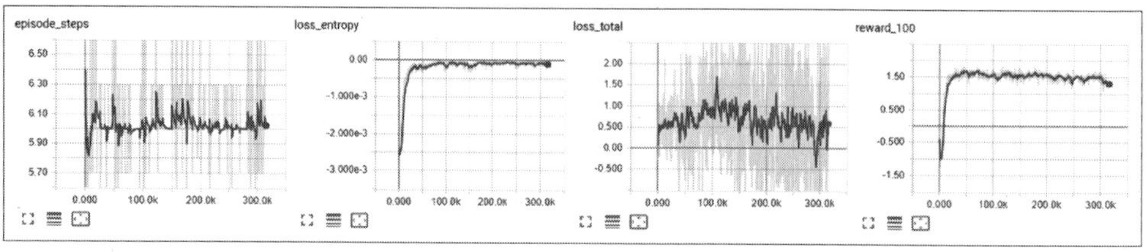

그림 13. 사람의 시연을 추가한 강화학습

다음 그림은 이를 보다 명확히 보여주기 위해서 두 실험의 결과를 한 번에 표시하였다.

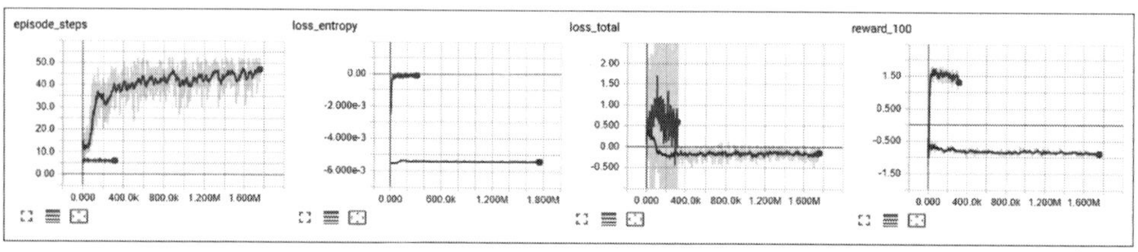

그림 14. 사람의 시연이 없는 버전과 있는 버전의 비교

TicTacToe 문제

시연의 효과를 확인하기 위해서 이번에는 미니 비트 월드에서 좀더 복잡한 게임인 TicTacToe를 도전해 보자. 총 200건(Chapter13/demos/demo-TicTacToe.tgz)의 시연을 녹화하였고 그 중 일부는 다음과 같다.

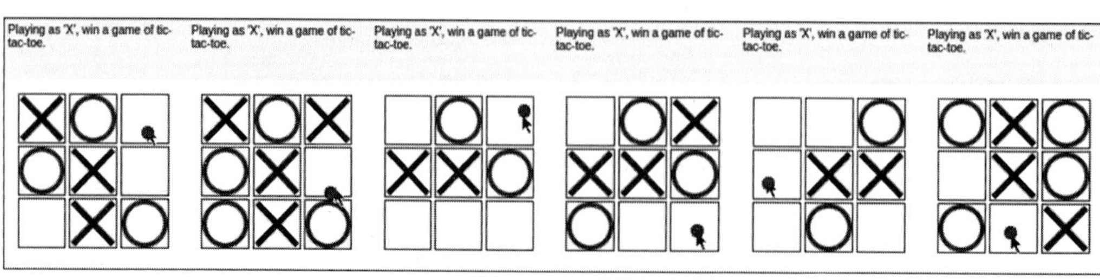

그림 15. TicTacToe 환경에서의 사람의 시연

1시간 정도 학습 후에 에이전트는 평균 보상 −0.05에 도달할 수 있었다. 이 정도 수준이라면 에이전트는 수시로 이길 수 있고 가끔 비기는 정도를 의미한다. 학습 과정은 그림 16과 같다. 탐색을 향상시키기 위해 시연 학습 확률은 25k 프레임이 지나고 난 후에 0.5에서 0.01로 감소시켰다.

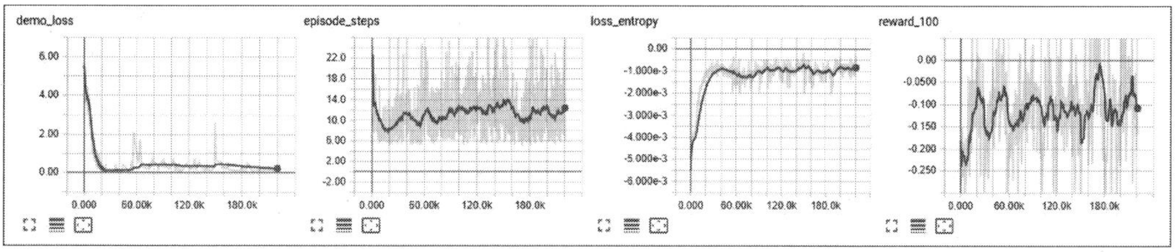

그림 16. TicTacToe 에이전트의 학습 과정

wob_click_play.py를 사용하여 에이전트의 행동을 단계별로 확인할 수 있다. 예를 들어, 다음은 0.187의 평균 보상을 보인 가장 좋은 모델이 수행한 게임이다.

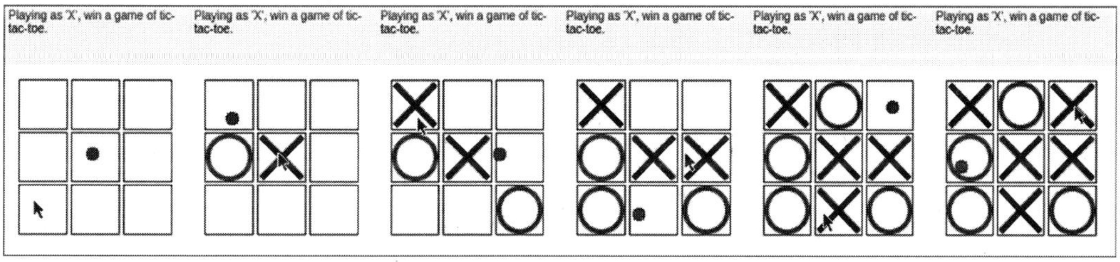

그림 17. 에이전트에 의해 플레이된 게임

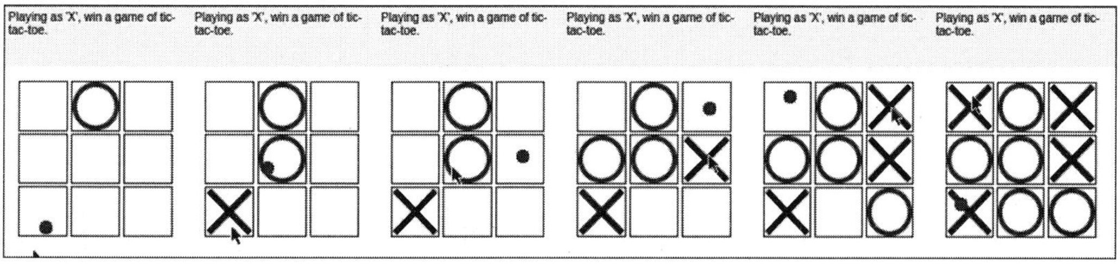

그림 18. 에이전트에 의해 플레이된 두 번째 게임

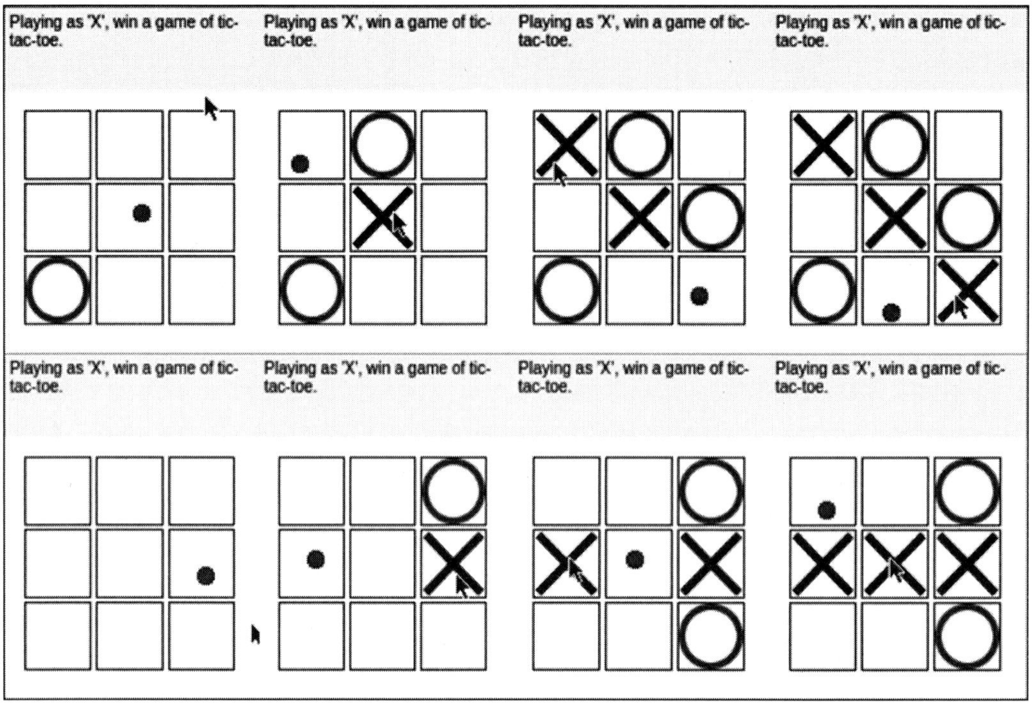

그림 19. 에이전트에 의해 플레이된 다른 게임들

텍스트 설명 추가하기

마지막 예로서 모델의 관찰에 텍스트 설명을 추가해 볼까 한다. 앞서 설명하였듯이 일부 문제들에는 클릭해야 하는 탭 색인이나 에이전트가 체크해야 하는 리스트에서의 항목에 대하여 텍스트 설명이 제공되며 이는 게임에 있어서 아주 중요한 정보이다. 동일한 정보가 관찰 이미지의 상단에 표시되지만 픽셀이 항상 간단한 텍스트를 가장 잘 나타내는 것은 아니다. 이 텍스트를 고려하기 위해 모델의 입력을 이미지에서 이미지 및 텍스트 데이터로 확장할 필요가 있다. 이전 장에서 텍스트를 가지고 작업을 해봐서 이미 눈치 챘겠지만 RNN(Recurrent Neural Network)이 이에 대한 확실한 선택일 것이다. 이 예제를 여기서는 아주 자세히 다루지는 않겠지만 중요하다고 생각되는 부분에 대한 구현은 살펴볼 것이다(전체 코드는 Chapter13/wob_click_mm_train.py에 있다). 텍스트로 확장했다고 해서 앞서 보았던 모델에 비해 아주 많은 부분이 추가되는 것은 아니다.

우선, 우리는 MiniWoBCropper 래퍼에게 관찰 결과에서 얻은 텍스트를 유지하도록 요청할 것이다. 이 클래스에 대한 완전한 코드는 이 장의 앞부분에 이미 나와 있었다. 텍스트를 유지하려면 keep_text=True를 래퍼 생성자에 전달해야 한다. 이 클래스는 이미지가 포함된 NumPy 배열 대신 NumPy 배열과 텍스트 문자열이 포함된 튜플을 반환한다.

그런 다음 NumPy 배열 대신 튜플을 처리할 수 있도록 모델을 준비시켜야 한다. 이 작업은 두 곳에서 해야 하는데, 한 번은 에이전트(모델을 사용하여 행동을 선택하는 경우)에서 그리고 나머지는 학습 코드에서 수행해야 한다. 관찰을 모델 친화적인 방식으로 적용하기 위해 전처리기라 불리는 PTAN 라이브러리의 특수 기능을 사용할 것이다. 전처리기는 관찰 리스트를 모델로 전달될 형식으로 변환하는 호출 가능 함수(Callable)이다. 기본적으로 전처리기는 NumPy 배열을 가지고 있는 리스트를 파이토치 텐서로 변환하고 필요하다면 GPU 메모리에 복사한다. 그러나 때로는 우리의 경우처럼 이미지를 텐서로 묶어야 할 때와 같이 더 정교한 변환이 필요할 수도 있으며 게다가 텍스트 문자열은 특별한 처리가 필요하다. 이 경우 기본 전처리기를 재정의하고 ptan.Agent 클래스에 전달할 수도 있다. 이론상으로는 파이토치의 유연성 덕분에 전처리기 기능이 모델 자체로 옮겨질 수도 있겠지만 관찰치가 NumPy 배열일 때는 기본 전처리기가 단순성 측면에서 더 나은 선택이다. 다음은 Chapter13/lib/model_vnc.py 모듈에서 가져온 preprocessor 클래스 소스 코드이다.

```
class MultimodalPreprocessor:
    log = logging.getLogger("MulitmodalPreprocessor")

    def __init__(self, max_dict_size=MM_MAX_DICT_SIZE, device="cpu"):
        self.max_dict_size = max_dict_size
        self.token_to_id = {TOKEN_UNK: 0}
        self.next_id = 1
        self.tokenizer = TweetTokenizer(preserve_case=False)
        self.device = device
```

생성자는 토큰으로부터 아이디(동적으로 확장될 수 있음)로의 매핑을 만들고 nltk 패키지에서 토큰화 프로그램을 만든다.

```
    def __len__(self):
        return len(self.token_to_id)

    def __call__(self, batch):
        tokens_batch = []
        for img_obs, txt_obs in batch:
            tokens = self.tokenizer.tokenize(txt_obs)
            idx_obs = self.tokens_to_idx(tokens)
```

```
        tokens_batch.append((img_obs, idx_obs))
    # sort batch decreasing to seq len
    tokens_batch.sort(key=lambda p: len(p[1]), reverse=True)
    img_batch, seq_batch = zip(*tokens_batch)
    lens = list(map(len, seq_batch))
```

전처리기의 목표는 (이미지, 텍스트) 튜플로 이루어진 배치를 두 개의 객체로 변환하는 것인데, 첫 번째는 (batch_size, 3, 210, 160)의 모양을 가진 이미지 데이터를 가진 텐서이며, 두 번째는 패킹된 시퀀스로 이루어진 배치인데, 이 시퀀스의 토큰은 텍스트 설명에서 가져온다. 패킹된 시퀀스는 RNN이 효율적으로 데이터를 처리하기 위한 파이썬 데이터 구조이며 12장(강화학습을 사용한 챗봇) 학습에서 설명하였다.

변환의 첫 단계로 텍스트 문자열을 토큰화하고 모든 토큰을 정수 아이디 리스트로 변환한다. 그런 다음 토큰 개수에 따라 내림차순으로 배치를 정렬한다. 이는 효율적인 RNN 처리를 위한 CuDNN 라이브러리의 기본 요구 사항이다.

```
    img_v = torch.FloatTensor(img_batch).to(self.device)
```

위의 코드에서 관찰 이미지들을 하나의 텐서로 변환하였다.

```
    seq_arr = np.zeros(shape=(len(seq_batch),
max(len(seq_batch[0]), 1)), dtype=np.int64)
    for idx, seq in enumerate(seq_batch):
        seq_arr[idx, :len(seq)] = seq
        # Map empty sequences into single #UNK token
        if len(seq) == 0:
            lens[idx] = 1
```

패킹된 시퀀스를 생성하기 위해 먼저 (batch_size, len_of_longest_seq) 크기의 행렬인 패딩된 시퀀스 텐서(seq_arr)를 생성해야 한다.

```
    seq_v = torch.LongTensor(seq_arr).to(self.device)
    seq_p = rnn_utils.pack_padded_sequence(seq_v, lens, batch_
first=True)
    return img_v, seq_p
```

마지막으로, NumPy 행렬(seq_arr)로부터 텐서를 만들고 파이토치 유틸리티 함수를 사용하여 패킹된 표현으로 변환한다. 변환의 결과는 이미지가 있는 텐서와 패킹된 시퀀스(토큰화 된 텍스트)의 두 객체이다.

```
    def tokens_to_idx(self, tokens):
        res = []
        for token in tokens:
            idx = self.token_to_id.get(token)
            if idx is None:
                if self.next_id == self.max_dict_size:
                    self.log.warning("Maximum size of dict reached,
token '%s' converted to #UNK token", token)
                    idx = 0
                else:
                    idx = self.next_id
                    self.next_id += 1
                    self.token_to_id[token] = idx
            res.append(idx)
        return res
```

위의 유틸리티 함수는 토큰 리스트를 아이디 리스트로 변환한다. 여기서 까다로운 점은 사전의 크기를 미리 알 수 없다는 것이다. 한 가지 방법은 글자 수준에서 작업하고 개별 글자를 RNN에 공급하는 것이지만 너무 긴 시퀀스가 처리되어야 한다. 또 다른 대안은 나름 합리적이라 생각되는 사전의 크기를 미리 정하고(예: 100 개의 토큰) 이전에 보지 못했던 토큰에 토큰 아이디를 동적으로 할당하는 것이다. 이 구현에서는 후자의 방법이 사용되지만 만일 텍스트 설명이 임의로 생성된 문자열을 포함하는 미니 비트 월드 문제라면 이를 적용할 수 없다.

```
    def save(self, file_name):
        with open(file_name, 'wb') as fd:
            pickle.dump(self.token_to_id, fd)
            pickle.dump(self.max_dict_size, fd)
            pickle.dump(self.next_id, fd)

    @classmethod
    def load(cls, file_name):
            with open(file_name, "rb") as fd:
            token_to_id = pickle.load(fd)
            max_dict_size = pickle.load(fd)
            next_id = pickle.load(fd)

            res = MultimodalPreprocessor(max_dict_size)
            res.token_to_id = token_to_id
            res.next_id = next_id
            return res
```

토큰-아이디 매핑이 동적으로 생성되기 때문에, 전처리기는 이를 파일에 저장하고 로드하는 방법을 제공해야 한다. 앞의 두 함수는 정확히 이를 수행한다.

```
class ModelMultimodal(nn.Module):
    def __init__(self, input_shape, n_actions, max_dict_size=MM_MAX_
DICT_SIZE):
        super(ModelMultimodal, self).__init__()

        self.conv = nn.Sequential(
            nn.Conv2d(input_shape[0], 64, 5, stride=5),
            nn.ReLU(),
            nn.Conv2d(64, 64, 3, stride=2),
            nn.ReLU(),
        )

        conv_out_size = self._get_conv_out(input_shape)

        self.emb = nn.Embedding(max_dict_size, MM_EMBEDDINGS_DIM)
        self.rnn = nn.LSTM(MM_EMBEDDINGS_DIM, MM_HIDDEN_SIZE, batch_
first=True)

        self.policy = nn.Sequential(
            nn.Linear(conv_out_size + MM_HIDDEN_SIZE*2, n_actions),
        )

        self.value = nn.Sequential(
            nn.Linear(conv_out_size + MM_HIDDEN_SIZE*2, 1),
        )
```

위 코드는 모델에 대한 것이다. 이전과 비교하여 차이점은 정수 토큰 아이디를 토큰 벡터로 변환하는 임베딩 계층과 LSTM RNN을 사용한다는 것이다. 컨볼루션 및 RNN 계층의 출력은 서로 합쳐져서(concatenated) 정책 및 가치 헤드에 공급되므로 이들 헤드로의 입력 차원은 이미지와 텍스트 특징이 결합된 차원이 된다.

```
    def _get_conv_out(self, shape):
        o = self.conv(torch.zeros(1, *shape))
        return int(np.prod(o.size()))
    def _concat_features(self, img_out, rnn_hidden):
        batch_size = img_out.size()[0]
        if isinstance(rnn_hidden, tuple):
            flat_h = list(map(lambda t: t.view(batch_size, -1),
rnn_hidden))
```

```
            rnn_h = torch.cat(flat_h, dim=1)
        else:
            rnn_h = rnn_hidden.view(batch_size, -1)
        return torch.cat((img_out, rnn_h), dim=1)
```

앞의 함수는 이미지와 RNN 특징을 하나의 텐서로 연결한다.

```
    def forward(self, x):
        x_img, x_text = x
        assert isinstance(x_text, rnn_utils.PackedSequence)

        # deal with text data
        emb_out = self.emb(x_text.data)
        emb_out_seq = rnn_utils.PackedSequence(emb_out, x_text.batch_
sizes)
        rnn_out, rnn_h = self.rnn(emb_out_seq)

        # extract image features
        fx = x_img.float() / 256
        conv_out = self.conv(fx).view(fx.size()[0], -1)

        feats = self._concat_features(conv_out, rnn_h)
        return self.policy(feats), self.value(feats)
```

forward 함수는 전처리기가 준비한 두 개의 객체, 즉 입력 이미지가 있는 텐서와 배치에 대한 패킹된 시퀀스를 전달 받는다. 이미지는 CNN으로 처리되고 텍스트 데이터는 RNN을 통해 처리된 다음 두 결과가 합쳐지고(concatenate) 정책 및 가치가 계산된다.

새로운 코드 부분은 이것으로 끝이다. 학습용 파이썬 스크립트인 wob_click_mm_train.py는 대부분 wob_click_train.py의 사본이며, 단지 전처리기 생성에서 약간의 차이가 있는데 keep_text=True가 MiniWoBCropper() 생성자에 전달되었고 기타 작은 수정뿐이다.

결과

실험은 ClickButton-v0 환경에서 진행되었다. 이 환경은 여러 개의 무작위 버튼 중에서 화면의 텍스트 영역에 나타나는 설명에 상응하는 버튼을 선택하는 것을 목표로 한다. 녹화된 시연 중 일부는 다음과 같다.

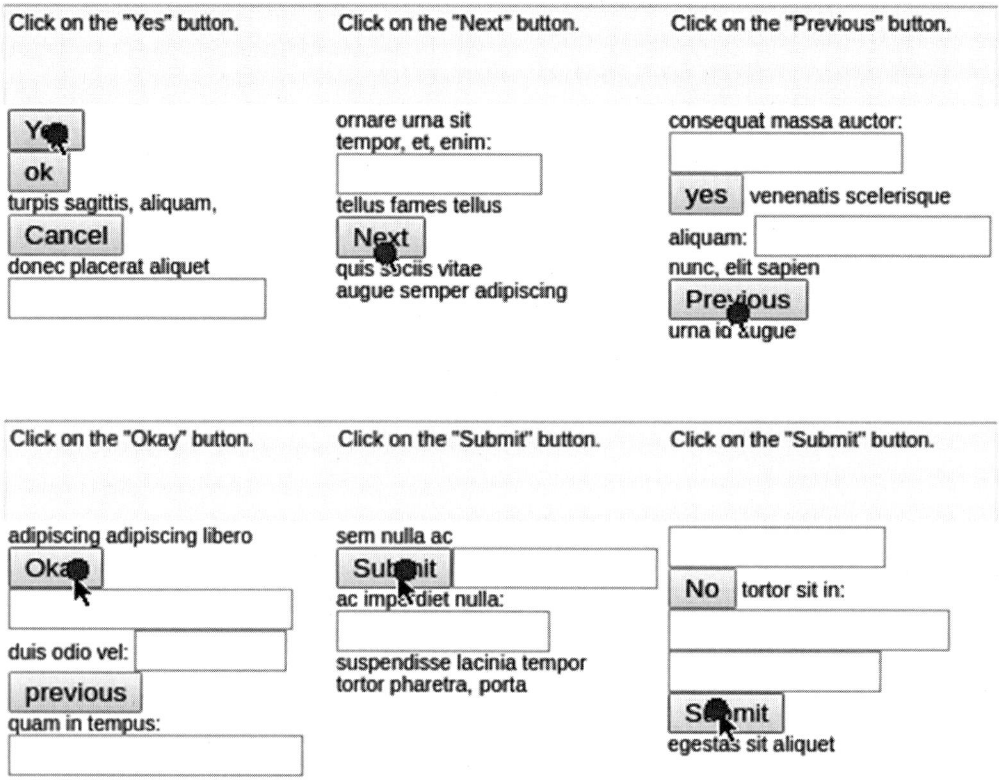

그림 20. ClickButton 환경에서의 시연 스크린 샷

시연을 추가한다 하더라도 텍스트 설명을 사용하지 않는 모델은 평균 보상이 0.4정도 였는데 이는 아무 대화 상자나 임의로 클릭하는 것보다 그리 좋은 점수는 아니다.

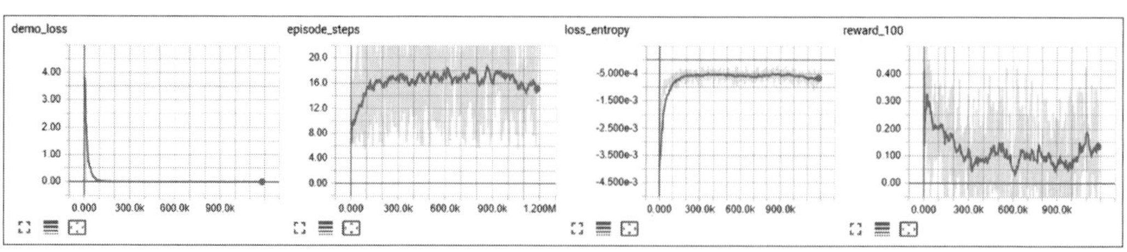

그림 21. 텍스트 설명을 사용하지 않는 ClickButton 에이전트의 수렴

텍스트 설명을 사용하는 모델은 훨씬 잘 수행할 수 있었고 100회의 에피소드에 대한 평균 보상의 최대값은 0.7이었다.

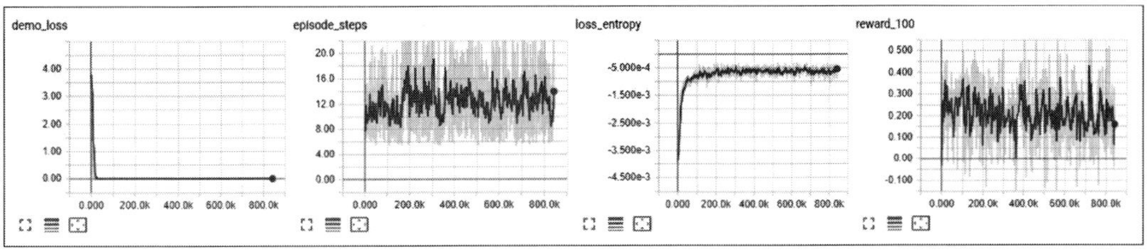

그림 22. 텍스트 설명을 사용하는 ClickButton 에이전트

두 모델의 보상의 변화는 매우 잡음이 많은데 아마도 하이퍼 파라미터나 병렬 환경의 수를 늘리는 것이 도움이 될 수 있을 것으로 보인다.

시도해볼 만한 것들

이 장에서는 미니 비트 월드의 80개의 문제 중에서 가장 쉬운 6개의 환경만을 다루었으므로 아직 미지의 영역이 많이 남아 있다. 원한다면 다음 몇 가지 항목을 시도해 보면 좋을 것 같다.

- 잡음이 섞인 클릭(정확히 클릭하는 것이 아니라 약간은 비효율적으로 클릭하는 것)에 대하여 시연이 가지는 강건성을 테스트하기
- 시연 데이터에 근거해서 A2C 모델의 가치 헤드를 학습시키기
- 보다 복잡한 마우스 제어를 구현해 보기. 예를 들면 마우스를 왼쪽/오른쪽/위/아래로 N 픽셀 움직이기 등
- 관찰로부터 선학습된 OCR 신경망을 사용하여 텍스트 정보를 추출하기
- 기타 다른 문제들을 해결해 보기. 드래그 앤 드롭을 사용하여 항목을 정렬하거나 체크 박스를 사용하여 패턴을 반복하는 것과 같이 매우 까다롭고 재미있는 문제들이 남아 있다

요약

이 장에서는 브라우저 자동화를 위하여 강화학습 방법을 실제 적용해 보고 OpenAI의 미니 비트 월드 벤치 마크를 사용해 보았다. 이 장을 끝으로 책의 파트 3을 마친다. 다음 파트에서는 연속 행동 공간, 비 그라디언트 방법 및 기타 강화학습의 고급 방법과 관련된 보다 복잡하고 최근의 방법에 대해 살펴볼 것이다.

제 14 장

연속 행동 공간

이 장에서는 고급 강화학습에 관해 논의해 보고자 한다. 여기서 고급이란 행동 공간이 분리되어 있지 않은 환경을 말하며 그러한 경우에 발생하는 문제점을 파악하고 해결 방법을 학습할 예정이다.

왜 연속된 행동 공간인가?

지금까지 이 책에서 보았던 모든 예는 이산적 행동 공간을 가지고 있었기 때문에 행여 이산 행동이 강화학습이란 동네를 지배하는가 하는 잘못된 인상을 갖을 수도 있었겠다. 물론 이것은 매우 편향된 견해이며, 실제로는 아타리 게임과 같이 단순하고 고전적인 강화학습 문제 외에도 작고 이산적인 집합에서 행동을 선택하는 것 이상을 요구하는 많은 태스크들이 있다.

예를 들어, 제어할 수 있는 관절이 하나뿐인 간단한 로봇을 상상해 보자. 이 관절은 어느 정도 범위 내에서 회전할 수 있다. 일반적으로 물리적 관절을 제어하려면 원하는 위치 또는 적용되는 힘을 지정해야 하는데, 두 경우 모두 지속적인 값에 대한 결정을 내려야 한다. 이 값은 결정할 수 있는 값의 집합이 잠재적으로 무한하기 때문에 이산 행동 공간과는 근본적으로 다르다. 예를 들어 관절에 13.5° 또는 13.512° 각도로 이동하도록 요청할 수 있으며 각각 다른 결과를 얻을 수 있다. 물론 시스템의 물리적 한계는 항상 존재하며, 무한의 정밀도를 가진 동작을 지정할 수는 없지만 어쨌든 잠재적인 영역은 매우 커질 수 있다.

사실, 물리적 세계와 상호 작용해야 할 때는(예를 들어, 가열/냉각 컨트롤러와 같은 여러 종류의 로봇 제어 시스템) 이산적인 행동을 취하는 것보다 연속적인 행동을 취해야 할 가능성이 훨씬 높다. 강화학습 방법들은 이 도메인에 적용될 수는 있지만 비동기 어드밴티지 Actor-Critic (A3C) 또는 DQN 방법을 사용하기 전에 고려해야 할 몇 가지 세부 사항이 있다.

이 장에서 우리는 이 문제를 다루는 방법을 이해하려고 노력할 것이며, 강화학습의 매우 흥미롭고 중요한 영역으로의 좋은 출발점이 될 것으로 기대한다.

행동 공간

지속적인 행동 공간이 가진 근본적이고 명백한 차이점은 연속성이다. 행동이 선택할 수 있는 상호 배타적인 이산 집합으로 정의되는 이산 행동 공간과는 달리 연속 행동은 일정 범위의 값을 가진다. 시간의 매 스텝마다 에이전트는 행동에 대한 구체적인 값을 선택하여 환경에 전달해야 한다.

Gym에서 연속 행동 공간은 gym.spaces.Box 클래스로 표현된다. 이 클래스는 2장에서 관찰 공간에 대해 논의할 때 설명하였다. 기억하는지 모르겠지만 Box에는 모양과 경계가 있는 일련의 값이 포함되어 있다. 예를 들어, 아타리 에뮬레이터의 모든 관찰은 Box(low=0, high=255, shape=(210, 160, 3))로 표시된다. 이는 100,800개의 값을 3D 텐서로 구성하며 각 값은 0에서 255 사이의 값을 가질 수 있다.

앞의 아타리 게임의 경우는 관찰 공간에 대한 것이었고, 행동 공간의 경우 그처럼 많은 행동을 수행할 것 같지는 않다. 예를 들어, 앞으로 우리가 테스트 환경으로 사용할 로봇에는 8개의 연속 행동이 있으며, 이는 각각 8개의 모터에 해당한다. 이 환경에서 행동 공간은 Box(low = -1, high = 1, shape = (8,))로 정의된다. 이는 −1.0~+1.0 범위를 갖는 8개의 값을 로봇 제어를 수행하는 내 순간 선택해야 한다는 것을 의미한다. 이 경우 env.step()에 전달되는 행동은 더이상 정수가 아니라 개별 행동값이 있는 NumPy 벡터가 된다. 물론, 더 복잡할 수도 있는데 예를 들어 이산 행동과 연속 행동의 조합인 경우가 그러하며, 이럴 때는 행동 공간을 gym.spaces.Tuple 클래스로 표현할 수 있다.

환경

연속 행동 공간이 필요한 대부분의 환경은 물리적 세계와 관련이 있으므로 물리 시뮬레이션이 일반적으로 사용된다. 이런 시뮬레이션 도구들은 매우 단순한 오픈 소스부터 유체, 연소, 혹은 강도(strength) 시뮬레이션과 같은 다중 물리 프로세스를 시뮬레이션할 수 있는 복잡한 상용 패키지에 이르기까지 다양하다. 로보틱스 분야에서 경우 가장 인기 있는 패키지 중 하나가 MuJoCo(Multi-Joint Dynamics with Contact)이다. MuJoCo는 시스템의 구성 요소, 그들 간의 상호 작용 및 특성을 정의할 수 있는 물리 엔진이다. 시뮬레이터는 사용자의 개입을 고려하고 구성 요소의 매개 변수(일반적으로 위치, 속도 및 가속도)를 파악하여 시뮬레이션한다. 따라서 이런 시뮬레이터는 우리가 어떤 복잡한 시스템(예: 다중 로봇 또는 로봇 팔 또는 휴머노이드)을 정의할 수 있게 하고 관찰을 제공하고 행동을 수행할 수 있으므로 강화학습의 놀이터로 이상적이다.

하지만 유감스럽게도 MuJoCo는 무료가 아니라서 라이선스가 필요하다. 물론 웹 사이트에는 1개월 간 사용 가능한 무료 라이선스가 있지만 1개월 후에는 라이선스를 구매해야 한다. 학생들에게는 MuJoCo 무료 라이선스가 제공된다. 다행히 MuJoCo와 유사한 기능을 제공하는 PyBullet이라는 오픈 소스 대안이 있다(아마도 속도가 느리거나 정확하지 않을 수는 있음).

PyBullet은 https://github.com/bulletphysics/bullet3에서 다운로드할 수 있으며 가상 환경에서 pip install pybullet을 실행하여 설치할 수 있다. 다음 코드(Chapter14/01_check_env.py)는 PyBullet이 작동하는지 확인하고 이 장에서 사용할 환경 이미지를 렌더링한다.

```
#!/usr/bin/env python3
import gym
import pybullet_envs

ENV_ID = "MinitaurBulletEnv-v0"
RENDER = True

if __name__ == "__main__":
    spec = gym.envs.registry.spec(ENV_ID)
    spec._kwargs['render'] = RENDER
    env = gym.make(ENV_ID)

    print(env.observation_space)
    print(env.action_space, env.action_space.sample())
    print(env)
    print(env.reset())
    input("Press any key to exit\n")
    env.close()
```

위 유틸리티를 시작하면 4족 로봇을 가진 GUI 창이 열려야 하며, 이 로봇이 우리가 움직이는 것을 학습시킬 로봇이다.

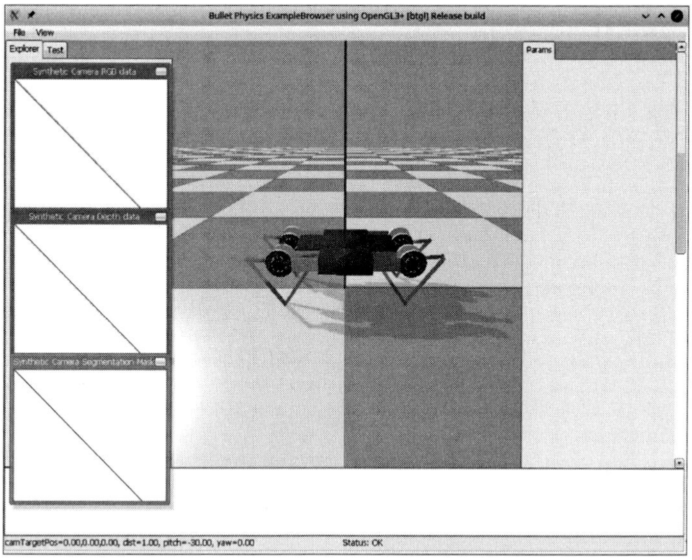

그림 1. PyBullet GUI에서의 Minitaur 환경

이 환경은 관찰로서 28개의 숫자를 제공하는데, 속도, 위치 및 가속도와 같은 다양한 물리적 매개 변수에 해당한다(자세한 내용은 MinitaurBulletEnv-v0의 소스 코드에서 확인할 수 있음). 행동 공간은 모터의 파라미터를 정의하는 8개의 숫자이다. 각 다리에 2개씩의 모터가 있고, 총 4개의 다리가 있다. 이 환경에서 얻는 보상은 로봇이 이동한 거리에서 소비된 에너지를 뺀 거리이다.

```
rl_book_samples/Chapter14$ ./01_check_env.py
[2018-02-05 15:02:14,305] Making new env: MinitaurBulletEnv-v0
pybullet build time: Feb 2 2018 08:30:15
...
Observation space: Box(28,)
Action space: Box(8,)
<TimeLimit<MinitaurBulletEnv<MinitaurBulletEnv-v0>>>
[ 1.47892781e+00 1.47092442e+00 1.47486159e+00 1.46795948e+00
  1.48735227e+00 1.49067837e+00 1.48767487e+00 1.48856073e+00
  1.22760518e+00 1.23364264e+00 1.23980635e+00 1.23808274e+00
  1.23863620e+00 1.20957165e+00 1.22914063e+00 1.21966631e+00
  5.27463590e-01 5.87924378e-01 5.56949063e-01 6.10125678e-01
  4.58817873e-01 4.37388898e-01 4.57652322e-01 4.52128593e-01
 -3.00935339e-03 1.04264007e-03 -2.26649036e-04 9.99994903e-01]
Press any k ey to exit
```

Actor-Critic 방법

위 로봇 문제에 적용할 첫 번째 방법은 A2C인데, 이 방법을 첫 번째로 선택한 이유는 A2C가 연속적 행동 영역에 적용하기가 매우 쉽기 때문이다. 기억을 되살리기 위해서 A2C의 아이디어에 대해서 잠깐 다시 설명해 보자면, A2C는 기본적으로 정책에 대한 그라디언트를 구해야 하는데 이 그라디언트를 $\nabla J=\nabla_\theta \log \pi_\theta(a|s)(R-V_\theta(s))$로 추정한다. 정책 π_θ는 관찰된 상태에서 주어진 행동의 확률 분포를 제공한다. $V_\theta(s)$는 크리틱(critic)이라고 불리며 상태의 가치를 나타낸다. $V_\theta(s)$에 대한 학습은 크리틱값과 벨만 방정식에 의해 추정된 값 사이의 평균 제곱 오차(MSE)를 사용한다. 탐색을 향상시키기 위해 보통 엔트로피 보너스 $L_H=\pi_\theta(s) \log \pi_\theta(s)$가 손실에 추가된다.

Actor-critic 신경망에서 크리틱에 해당하는 헤드 부분은 상태 가치를 추정하는 것이기 때문에 연속 행동 도메인에 적용하더라도 가치 헤드에는 변경을 가할 필요가 없다. 영향을 받는 것은 정책의 표현이다. 지금까지 살펴본 이산 행동 문제는 상호 배타적인 이산 행동 중에서 하나를 선택하면 충분하였다. 그러한 경우, 정책을 표현하는 가장 명백한 방법은 모든 행동에 대한 확률 분포였다. 그렇지만 연속적인 행동 공간의 경우 일반적으로 몇 가지 행동이 있으며 각 행동은 일정 범위의 값을 가질 수 있다. 따라서, 가장 단순히 정책을 표현한다면 모든 행동에 대해 어떤 값을 반환하는 것이다. 한 가지 주의할 점은 이 행동의 값을 상태 $V(s)$의 가치와 혼동해서는 안된다는 점이다. $V(s)$는 상태에서 얻을 수 있는 보상에 대한 기대값을 의미한다. 예를 들어 자동차 핸들을 조정하는 경우를 생각해 보자. 매 순간의 행동은 핸들에 대한 조정 각도가 될 것이지만 상태의 가치는 그 상태에서 받게 될 할인된 보상일 것이다. 따라서, 이 둘은 완전히 다르다.

다시 행동 표현 방법으로 돌아가서, 9장(정책 그라디언트)에서 언급된 대로 우리가 어떤 특정한 값으로 행동을 표현하게 되면 환경 탐색과 관련된 여러 가지 단점이 수반된다.[1] 이보다 훨씬 더 나은 방법은 행동값들을 확률적으로 표현하는 것이다. 이를 위한 가장 간단한 방법은 신경망이 가우시안(정규) 분포의 매개 변수를 반환하도록 하는 것이다. 만일 N개의 행동이 필요한 경우 크기가 N인 두 개의 벡터를 신경망이 내놓으면 된다. 첫 번째 벡터는 가우시안 분포에서의 평균을 담고 있는 μ이고, 두 번째 벡터는 분산 σ^2를 담고 있으면 된다. 이 경우, 정책은 가우시안 분포를

1) 역자주: 자동차 핸들의 경우를 보면, -1~+1 사이로 핸들에 대한 제어 행동을 표현한다고 해보자. 만일 우리가 이 행동을 특정한 값을 사용하여 출력한다고 하면, 예를 들어 0.6과 같은 값을 출력할 텐데, 이렇게 되면 -1과 +1 사이에 있는 무한한 개수의 모든 실수 값 중에서 단 하나의 값만을 우리의 정책이 선택한 것이다. 나머지 무한의 경우의 행동 선택이 이루어지지 않으므로 적절한 탐색이 이루어지지 않는다. 따라서, 행동을 어떤 특정한 하나의 값으로 표현하는 것은 연속 행동 공간 문제에는 적합하지 않다.

가진 랜덤 변수의 N 차원 벡터로 표현되며[2] 신경망은 이 가우시안 분포에 대한 평균과 분산을 출력으로서 내놓게 된다.

가우시안 분포의 확률 밀도 함수는 $f(x|\mu,\sigma^2) = \frac{1}{\sqrt{2\pi\sigma^2}}e^{-\frac{(x-\mu)^2}{2\sigma^2}}$이다. 물론 이 공식을 직접 사용하여 확률을 얻을 수도 있지만 수치적 안정성을 향상시키기 위해[3] $\log \pi_\theta(a|s)$를 먼저 적용하여 수식을 단순화할 가치가 있다.

따라서 최종적으로는 $\log \pi_\theta(a|s) = -\frac{(x-\mu)^2}{2\sigma^2} - \log\sqrt{2\pi\sigma^2}$ [4]가 된다.

---

2) 역자주: 표현이 어려운 것 같은데, N개의 행동을 가지고 있고, 이에 대한 확률분포를 표현하므로 가우시안 분포에 대한 평균과 분산을 N개 표현하면 된다. 즉, 평균은 $(\mu_1, \mu_2, \cdots, \mu_n)$ 그리고 분산은 $(\sigma_1^2, \sigma_2^2, \cdots, \sigma_n^2)$ 이렇게 표현하면 되므로 신경망의 출력은 2*N개의 출력 노드를 가지면 된다.

3) 역자주: 여기서 수치적으로 불안정해질 수 있는 부분은 가우시안 확률 분포의 정의에서 지수 함수 부분 때문이다. 지수 함수는 기본적으로 지나치게 커지기 쉽고 이렇게 되면 컴퓨터가 표현할 수 있는 값의 범위를 쉽게 넘을 수 있다. 이를 방지하기 위해서 여기서는 로그를 붙여 줌으로써 지수 함수 부분을 제거하였다. 이렇게 하면 $\pi_\theta(a|s)$를 먼저 계산한 후 로그를 적용하는 것보다 수치적으로 훨씬 안정적이다. 추가적으로 이 값은 나중에 손실계산에 쓰이기 때문에, 이 부분에서 언급되었다.

4) 역자주: 로그 확률값 계산 과정

$$\begin{aligned}\log\pi_\theta(a|s) &= \log\frac{1}{\sqrt{2\pi\sigma^2}}e^{-\frac{(x-\mu)^2}{2\sigma^2}} \\ &= \log\frac{1}{\sqrt{2\pi\sigma^2}} + \log e^{-\frac{(x-\mu)^2}{2\sigma^2}} \\ &= -\log\sqrt{2\pi\sigma^2} - \frac{(x-\mu)^2}{2\sigma^2}\end{aligned}$$

가우시안 분포의 엔트로피는 차분 엔트로피(differential entropy) 정의를 사용하여 얻을 수 있으며 $\ln\sqrt{2\pi e\sigma^2}$ 5) (역자주: 이 식은 좀 잘못된 식이다. 미주를 참조하기 바란다)가 된다. 이제 우리는 A2C 방법을 구현하는 데 필요한 것을 다 갖추었다.

구현

전체 코드는 Chapter14/02_train_a2c.py, Chapter14/lib/model.py, Chapter14/lib/common.py에 있다. 대부분의 코드는 이미 익숙하므로 아래는 다른 부분만 포함한다. Chapter14/lib/model.py에 정의된 모델 클래스부터 시작하자.

```
HID_SIZE = 128

class ModelA2C(nn.Module):
    def __init__(self, obs_size, act_size):
        super(ModelA2C, self).__init__()

        self.base = nn.Sequential(
            nn.Linear(obs_size, HID_SIZE),       # 공통망
            nn.ReLU(),
```

5) 역자주: 정규분포에 대한 엔트로피 유도 과정

$$
\begin{aligned}
\mathbb{E}_p\left[\log p(x)\right] &= \mathbb{E}_p\left[\log\frac{1}{\sqrt{2\pi\sigma_1^2}}e^{-\frac{1}{2}\frac{(x-\mu_1)^2}{\sigma_1^2}}\right] \\
&= \mathbb{E}_p\left[-\frac{1}{2}\log(2\pi\sigma_1^2)-\frac{1}{2}\frac{(x-\mu_1)^2}{\sigma_1^2}\right] \\
&= -\frac{1}{2}\log(2\pi\sigma_1^2)-\frac{1}{2\sigma_1^2}\mathbb{E}_p\left[(x-\mu_1)^2\right] \\
&= -\frac{1}{2}\log(2\pi\sigma_1^2)-\frac{1}{2\sigma_1^2}\mathbb{E}_p\left[x^2-2x\mu_1+\mu_1^2\right] \\
&= -\frac{1}{2}\log(2\pi\sigma_1^2)-\frac{1}{2\sigma_1^2}\left(\mathbb{E}_p[x^2]-2\mathbb{E}_p[x]\mu_1+\mu_1^2\right) \\
&= -\frac{1}{2}\log(2\pi\sigma_1^2)-\frac{1}{2\sigma_1^2}\left(\mathbb{E}_p[x^2]-2\mu_1^2+\mu_1^2\right) \\
&= -\frac{1}{2}\log(2\pi\sigma_1^2)-\frac{1}{2\sigma_1^2}\left(\mathbb{E}_p[x^2]-\mu_1^2\right) \\
&= -\frac{1}{2}\log(2\pi\sigma_1^2)-\frac{1}{2\sigma_1^2}\left(\sigma_1^2\right) \\
&= -\frac{1}{2}\left[\log(2\pi\sigma_1^2)+1\right]
\end{aligned}
$$

```
        )
        self.mu = nn.Sequential(
            nn.Linear(HID_SIZE, act_size),        # 정책망
            nn.Tanh(),   # 행동의 확률분포에 대한 평균값 헤드. 행동의 개수만큼 평균을 내주어야 한다
        )
        self.var = nn.Sequential(
            nn.Linear(HID_SIZE, act_size),
            nn.Softplus(),   # 행동의 확률분포에 대한 분산값 헤드
        )
        self.value = nn.Linear(HID_SIZE, 1)     # 가치망. 주어진 상태에 대하여 하나의 스칼라 값(가치값)을 내줌
```

A2C 이산 행동의 경우에는 두 개의 헤드만 있었던 반면 이번에는 세 개의 헤드가 있다. 첫 번째 두 개의 헤드는 행동의 확률 분포에 대한 평균값과 분산을 반환하고, 마지막 헤드는 상태값을 반환하는 크리틱 헤드이다. 반환되는 행동의 평균은 하이퍼 볼릭 탄젠트hyperbolic tangent를 활성화 함수로 가지므로 −1~1의 범위를 가진다. 분산은 소프트플러스softplus 활성화 함수 ($log(1+e^x)$)인데 ReLU 함수와 모양이 비슷하지만 좀더 부드러운 모양을 가진다. 이 활성화 함수는 분산을 양수로 유지하는 데 도움이 된다. 가치 헤드는 회귀 문제이므로 활성화 함수를 적용할 필요가 없다.

```
    def forward(self, x):   # 상태 x가 주어졌을 때, 상태 가치와 더불어 행동들 각각에 대한 분포(평균, 분산)를 내줌
        base_out = self.base(x)
        return self.mu(base_out), self.var(base_out),
self.value(base_out)
```

바디로부터 헤드로의 변환은 공통 베이스 신경망을 먼저 적용한 다음 개별 헤드를 계산하였다.

```
class AgentA2C(ptan.agent.BaseAgent):
    def __init__(self, net, device="cpu"):
        self.net = net
        self.device = device

    def __call__(self, states, agent_states):
        states_v = ptan.agent.float32_preprocessor(states).to(device)
        mu_v, var_v, _ = self.net(states_v)   # 신경망을 통해 행동에 대한 평균, 분산을 얻고
        mu = mu_v.data.cpu().numpy()
        sigma = torch.sqrt(var_v).data.cpu().numpy()
        actions = np.random.normal(mu, sigma)   # 정규분포를 구성해서 행동을 샘플링
        actions = np.clip(actions, -1, 1)       # 환경에서 규정된 행동 범위로 클리핑
        return actions, agent_states
```

AgentA2C는 관측을 행동으로 변환하는 데 사용되는 ptan 에이전트 클래스를 구현하는 것이다. 이산적인 경우에는 ptan.agent.DQNAgent와 ptan.agent.PolicyAgent 클래스를 사용했지만, 연속 행동 공간 문제를 해결하기 위해서는 자체적으로 클래스를 정의해야 한다. 이는 그리 복잡하지는 않은데, ptan.agent.BaseAgent를 베이스 클래스로 사용하고 관찰을 행동으로 변환하는 __call__ 메소드를 재정의 하면 된다.

AgentA2C 클래스에서는 신경망에서 평균 및 분산을 얻고 NumPy의 np.random.normal함수를 사용하여 정규 분포에서 행동을 샘플링하였다. 행동값이 환경에서 규정된 −1.0 ~+ 1.0 범위를 벗어나는 것을 방지하기 위해 −1 보다 작은 모든 값을 −1로 바꾸고 1 보다 큰 값을 1로 바꾸기 위하여 np.clip을 사용하였다. __call__ 함수의 agent_states 인수는 여기서는 사용되지 않지만 BaseAgent가 에이전트의 상태를 유지할 수 있도록 지원하므로 선택된 행동과 함께 반환되어야 한다(이 인수는 Ornstein-Uhlenbeck(OU) 프로세스를 사용하여 무작위 탐색을 구현해야 하는 다음 섹션에서 유용할 것이다).

모델과 에이전트가 준비되었으므로 Chapter14/02_train_a2c.py에 정의된 학습 과정으로 가보자. 이 파일은 학습 루프와 두 가지 함수로 구성되었다. 첫 번째 함수인 test_net은 별도의 테스트 환경에서 모델을 정기적으로 테스트하는 데 사용된다. 테스트 중에는 탐색할 필요가 없으므로 행동을 샘플링하는 것이 아니라 모델에서 반환한 평균값을 그대로 사용한다. def test_net(net, env, count=10, device="cpu"):

```
    rewards = 0.0
    steps = 0
    for _ in range(count):    # count 만큼의 에피소드를 테스트
        obs = env.reset()
        while True:    # 하나의 에피소드가 종료될 때가지 테스트
            obs_v = ptan.agent.float32_preprocessor([obs]).to(device)
            mu_v = net(obs_v)[0]    # 테스트시에는 샘플링이 아니라 평균을 행동으로 그냥 사용
            action = mu_v.squeeze(dim=0).data.cpu().numpy()
            obs, reward, done, _ = env.step(action)
            rewards += reward
            steps += 1
            if done:
                break
    return rewards / count, steps / count    # 에피소드 평균 보상, 에피소드 평균 스텝 수 반환
```

학습 모듈에서 정의된 두 번째 함수인 calc_logprob은 취해진 행동에 대한 로그값을 계산한다. 이 공식은 앞서 살펴본 그대로이며 이 함수는 그저 이를 구현한 것이다. 단, 유일한 차이점은 반환된

분산이 너무 작을 경우 0으로 나누는 것을 방지하기 위해 torch.clamp() 함수를 사용한 것이다.

```
def calc_logprob(mu_v, var_v, actions_v):    log π_θ(a|s) = -(x-μ)^2/(2σ^2) - log √(2πσ^2)
    p1 = - ((mu_v - actions_v) ** 2) / (2*var_v.clamp(min=1e-3))
    p2 = - torch.log(torch.sqrt(2 * math.pi * var_v))
    return p1 + p2
```

평소와 마찬가지로 학습 루프는 신경망과 에이전트를 생성한 다음 2-스텝 경험 소스 및 옵티마이저를 인스턴스화한다. 사용된 하이퍼 파라미터는 다음과 같은데, 튜닝되지 않은 값들이므로 더 최적화될 여지가 많이 있다.

```
ENV_ID = "MinitaurBulletEnv-v0"
GAMMA = 0.99
REWARD_STEPS = 2
BATCH_SIZE = 32
LEARNING_RATE = 5e-5
ENTROPY_BETA = 1e-4

TEST_ITERS = 1000
```

수집된 배치에서 최적화를 수행하는 데 사용되는 코드는 10장, 11장에서 구현한 A2C 학습과 매우 유사하다. 차이점은 calc_logprob 함수와 엔트로피 보너스를 좀 다르게 표현한 것뿐이다.

```
                # 가치망을 위한 타겟값 (vals_ref_v)
                states_v, actions_v, vals_ref_v = \    # 수집된 배치를 학습에 용이하도록 항목별로 쪼개기
                    common.unpack_batch_a2c(batch, net,
last_val_gamma=GAMMA ** REWARD_STEPS, device=device)
                batch.clear()

                optimizer.zero_grad()
                mu_v, var_v, value_v = net(states_v)    # 신경망을 통하여 행동에 대한 평균, 분산, 가치값 얻기

                loss_value_v = F.mse_loss(value_v, vals_ref_v)    # 가치망의 손실은 쉽다. 신경망의 예측과 타겟값에 대한 MSE 계산

                adv_v = vals_ref_v.unsqueeze(dim=-1) -
value_v.detach()    # 정책망 학습을 위한 어드밴티지 계산. 가치망 쪽에서 온 value_v는 detach하여 그라디언트 계산이 그쪽 헤드로는 이루어지지 않도록 방지
                log_prob_v = adv_v * calc_logprob(mu_v,    # 정책망을 위한 성능 지표 계산
var_v, actions_v)
                loss_policy_v = -log_prob_v.mean()    # 성능지표를 손실로 변환    # 정규분포에 대한 엔트로피
                entropy_loss_v = ENTROPY_BETA * (-(torch.log(2*math.    -1/2 [log(2πσ_1^2) + 1]
pi*var_v) + 1)/2).mean()
                # 스케일 상수 (ENTROPY_BETA)

                loss_v = loss_policy_v + entropy_loss_v + loss_value_v
                loss_v.backward()
                optimizer.step()
```

매 TEST_ITERS(1000) 프레임마다 모델 테스트가 수행되고 최상의 보상을 얻은 경우 모델 가중치가 저장된다.

결과

이 장에서 살펴볼 다른 방법과 비교해 보면 A2C는 최고 보상 및 수렴 속도 면에서 최악의 결과를 보여준다. PG 방법의 약점인 경험을 수집하는 데 사용되는 단일 환경 때문일 가능성이 높다.

학습을 시작하려면 텐서보드에서 사용할 실행 이름과 모델을 저장하기 위한 새 디렉토리를 -n 인수를 사용해 전달한다. --cuda 옵션은 GPU 사용을 가능하게 하지만 입력의 차원이 작고 네트워크 크기도 작아서 속도의 향상이 미미할 것이다. 학습에 대한 샘플 출력은 다음과 같다.

```
Chapter14$ ./02_train_a2c.py -n test
pybullet build time: Feb 2 2018 08:26:19
ModelA2C (
  (base): Sequential (
    (0): Linear (28 -> 128)
    (1): ReLU ()
  )
  (mu): Sequential (
    (0): Linear (128 -> 8)
    (1): Tanh ()
  )
  (var): Sequential (
    (0): Linear (128 -> 8)
    (1): Softplus (beta=1, threshold=20)
  )
  (value): Linear (128 -> 1)
)
Test done is 20.32 sec, reward -0.786, steps 443
122: done 1 episodes, mean reward -0.473, speed 5.69 f/s
1123: done 2 episodes, mean reward -2.560, speed 27.54 f/s
1209: done 3 episodes, mean reward -1.838, speed 176.22 f/s
1388: done 4 episodes, mean reward -1.549, speed 137.63 f/s
```

13M의 프레임(거의 2 일) 후에, 학습 과정은 1.188의 최고 점수에 도달했지만 그다지 인상적이지는 않은 결과이다. 아래는 추적된 매개 변수 중 일부를 보인 그림이다.

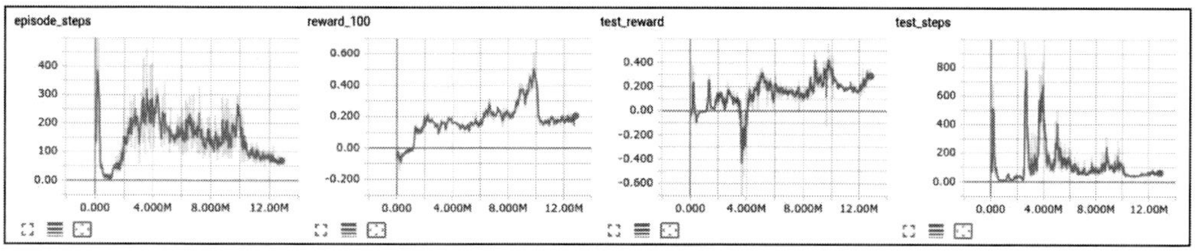

그림 2. Minitaur 환경에서의 A2C 에이전트 학습

episode_steps 차트는 에피소드에서 수행된 평균 스텝 수를 보여준다. 환경에서 설정된 제한 시간은 1000 단계이므로, 이보다 낮은 에피소드 스텝 수는 환경의 자체 검사로 인해 에피소드가 중단되었음을 의미한다(대부분의 환경에서는 자체 손상이 있을 경우 시뮬레이션을 중단시킴). test_reward 및 test_steps 차트는 테스트 중에 얻은 평균 보상 및 스텝 수를 표시한다.

모델 사용하기와 비디오 녹화

앞에서 살펴본 것처럼 물리 시뮬레이터는 환경 상태를 렌더링할 수 있으므로 학습된 모델의 작동 방식을 확인할 수 있다. A2C 모델을 렌더링하기 위해서는 Chapter14/03_play_a2c.py 유틸리티를 사용하면 된다. 이 파일의 전체적인 프로그램 논리는 test_net 함수와 동일하므로 코드를 별도로 표시하지는 않았다. 실행하려면 -m 옵션을 사용하여 모델 파일을 전달하고 -r 옵션을 사용하여 비디오를 저장하기 위해 생성되는 디렉토리 이름을 전달하면 된다. 이미지를 렌더링하기 위해 PyBullet이 OpenGL을 필요로 하므로, 모니터가 연결되어 있지 않은 서버(헤드 리스 서버)에 비디오를 녹화하려면 Xvfb를 사용해야 한다. xvfb-run -s "-screen 0 640x480x24 +extension GLX" ./03_play_a2c.py -m model.dat -r dest-dir처럼 입력하면 된다. 하지만, 이미 여러분을 위해서 Chapter14/adhoc/record_a2c.sh에 쉘 스크립트로 이것을 수행하는 파일을 만들어 두었다. 예를 들어, A2C 학습에서 얻은 최고의 모델을 사용하여 비디오를 녹화하려면 다음과 같이 하면 된다.

```
Chapter14$ ./adhoc/record_a2c.sh res/a2c-t1-long/a2c-t1/
best_+1.188_203000.dat a2c-res/
pybullet build time: Feb 2 2018 08:26:19
In 738 steps we got 1.261 reward
```

지정된 디렉토리에 에이전트의 활동이 기록된 영상이 있을 것이다.

결정적 정책 그라디언트

이번에 살펴볼 방법은 A2C 방법의 변형이라고 볼 수 있는 결정적 정책 그라디언트(deterministic policy gradients, DPG)인데, 오프 정책이라는 매우 훌륭한 특성을 가지고 있다. 이 방법의 핵심을 깊이 이해하고 싶다면 데이비드 실버(David Siler) 등이 2014년에 발표한 *Deterministic Policy Gradient Algorithms* 논문과 티모시 릴리크랩(Timothy P. Lillicrap) 등이 2015년에 발표한 *Continuous Control with Deep Reinforcement Learning* 논문을 참조하기 바란다. 이 방법을 설명하기 위하여 이미 친숙한 A2C와 비교하면서 진행해 보겠다. A2C에서는 이산 행동에 대한 확률 분포 또는 이전 섹션에서 보았듯이 정규 분포에 대한 매개 변수를 반환하는 방법으로 확률적 정책을 추정한다. 어쨌든 두 경우 모두 정책은 확률적이었다. 다시 말하면, 행동은 확률 분포에서 샘플링되었다. DPG도 A2C 계열에 속하지만 정책은 반대로 결정적이다. 즉 정책이 상태에서 취할 행동을 직접 제공한다는 의미이며 샘플링이 필요없다는 뜻이다. 이렇게 하면 체인 규칙을 Q값에 적용할 수 있고 Q를 최대화하면 정책이 향상될 것이다. 이를 이해하기 위해 액터와 크리티이 연속 행동 도메인에서 어떻게 연결되어 있는지 살펴보자.

우선, 액터부터 살펴보자. 우리가 원하는 것은 주어진 상태에서 취해야 할 행동이다. 연속 행동 도메인에서 모든 행동은 숫자이므로 액터 신경망은 상태를 입력으로 사용하고 모든 행동에 대해 하나씩 행동값을 반환한다. 이 매핑은 결정적이다. 다시 말하면, 입력이 동일하면 동일한 네트워크가 항상 동일한 출력을 반환한다는 이야기다(DropOut 또는 비슷한 것을 사용하지 않고 일반 피드 포워드 신경망만 사용한다).

이제 크리틱을 살펴 보자. 크리틱의 역할은 상태에서 취해진 행동에 대한 할인된 보상인 *Q*값을 추정하는 것이다. 크리틱 신경망은 상태와 행동의 두 가지 입력을 받으며, 크리틱의 결과는 *Q*값에 해당하는 단일 숫자가 된다. 이 구조는 DQN과는 다른데, DQN은 공간이 이산적이었고 효율성을 위해 모든 행동에 대한 가치를 한꺼번에 계산하였지만, 여기서는 상태와 행동을 입력으로 하여 한번에 하나의 행동 가치만 계산한다.

정리하자면 우리는 두 가지 기능을 가지고 있는데, 하나는 액터로서 상태를 행동으로 변환하며 $\mu(s)$로 표시한다. 다른 하나는 상태와 행동을 입력으로 받아서 $Q(s,a)$를 반환하는 크리틱이다. 여기서 액터 함수 $\mu(s)$를 크리틱 함수에 집어넣으면[6] $Q(s,\mu(s))$된다.

6) 역자주: 크리틱 함수 $Q(s,a)$에 액터 함수 $\mu(s)$를 집어넣을 수 있는 이유는 액터가 이제 결정적이어서 상태가 주어지면 바로 행동이 결정되기 때문에, $Q(s,a)$의 a대신 바로 $\mu(s)$를 집어넣을 수 있게 된다.

이제 크리틱은 우리가 애초에 최대화를 통해 관심 있어 하던 할인된 총 보상에 대한 근사치를 제공한다. 이 값은 입력 상태뿐 아니라 액터와 크리틱 신경망의 가중치에 따라 달라지며, 우리는 최적화를 통해 더 높은 총 보상을 얻을 수 있는 방향으로 액터의 가중치를 변경한다.

결정적 정책 기울기 정리(deterministic policy gradient theorem)에서 데이비드 실버(David Silver)는 확률적 정책 그라디언트가 결정적 정책 그라디언트와 같다는 것을 증명했다. 즉, 정책을 개선하기 위해서는 $Q(s,\mu(s))$ 함수의 그라디언트를 계산하면 된다는 것이다. 우리는 액터에 대한 그라디언트를 얻어야 하므로 체인 규칙을 적용하면 다음과 같은 그라디언트를 얻을 수 있다: $\nabla_a Q(s, a)\nabla_{\theta_\mu}\mu(s)$.[7]

A2C와 DDPG(Deep Deterministic Policy Gradients)가 모두 A2C 부류에 속하기는 하지만 크리틱이 사용되는 방식은 다르다. A2C에서는 보상에 대한 베이스라인으로 크리틱을 사용했기 때문에 크리틱은 선택 사항이며(선택하지 않으면 REINFORCE 방법이 됨) 그저 안정성을 향상시키는 것이 주요 목적이었다. 이것은 A2C의 정책이 확률적(stochastic)이라서 반드시 샘플링을 수행해야 하고, 이 샘플링이 일어나는 부분을 역전파가 통과할 수 없기 때문에[8] 어쩔 수 없이 그저 안정성을 도모하는 수준에서 사용할 수밖에 없었다. DDPG에서 크리틱이 다른 방식으로 사용된다. DDPG에서는 정책이 결정적이기 때문에 이제는 크리틱이 내놓는 Q값으로부터 액터를 위한 그라디언트를 계산할 수가 있다. 따라서, 이제는 전체 시스템이 미분 가능해 져서 확률적 경사 하강법(Stochastic Gradient Descent, SGD)을 사용하여 엔드투엔드(end-to-end, 즉, 크리틱의 출력으로부터 유래되는 손실을 정책망까지 전파할 수 있다는 말)로 최적화할 수 있다. 반면, 크리틱 신경망은 이전과 마찬가지로 벨만 방정식을 사용하여 목표 $Q(s,a)$의 근사를 얻고 이를 크리틱의 출력 예측($Q(s,a)$)과의 평균 제곱 오차(MSE)를 계산하고 이를 최소화하는 식으로 역전파하면 된다.

---

7) 역자주: 이 과정을 수식으로 전개해 보면 다음과 같다.

$$
\begin{aligned}
&\frac{\partial}{\partial\theta_\mu}Q(s,\mu_{\theta_\mu}(s))|_{a=\mu_{\theta_\mu}(s)}\\
=&\frac{\partial}{\partial a}Q(s,a)\frac{\partial a}{\partial\theta_\mu}|_{a=\mu_{\theta_\mu}(s)}\\
=&\frac{\partial}{\partial a}Q(s,a)\frac{\partial \mu_{\theta_\mu}(s)}{\partial\theta_\mu}|_{a=\mu_{\theta_\mu}(s)}\\
=&\nabla_a Q(s,a)\nabla_{\theta_\mu}\mu_{\theta_\mu}(s)|_{a=\mu_{\theta_\mu}(s)}
\end{aligned}
$$

8) 역자주: 무작위로 샘플링이 일어나는 곳은 역전파가 통과할 수 없다. 역전파가 제대로 전파되기 위해서는 손실을 계산하는 과정까지의 모든 과정이 결정적(deterministic)이어야 한다. 이 말은 다시 말하면 동일한 입력에 대하여 동일한 출력이 나와야 한다는 말이다. 샘플링이 중간에 들어가면 동일한 입력에 대해서도 다른 출력이 나올 수 있으므로, 이런 때는 역전파가 제대로 통과할 수 없다.

이 모든 것들이 지금은 조금 수수께끼같이 보일지 모르지만 그 뒤에 있는 아이디어는 아주 간단하다. 결국 크리틱은 A2C에서했던 것과 동일하게 업데이트되고 액터는 크리틱의 출력을 극대화할 수 있는 방법으로 업데이트된다는 것이다. 마지막으로 강조하고 싶은 점은 이 방법이 오프 정책이라는 점이다. 그렇기 때문에, DQN 학습에 사용했던 리플레이 버퍼나 다른 트릭을 사용할 수 있고, 그렇기 때문에 이 방법이 아름다운 이유이며, 매우 좋은 소식이다.

탐험

이 모든 좋은 점을 얻기 위해 우리가 지불해야 하는 대가는 정책이 이제는 결정적이어야 한다는 점인데, 이에 따라 이제 우리는 어떻게든 환경을 탐험하는 것을 시스템에 집어넣어야 한다[9]. 이를 위해서 액터가 내놓은 행동에 노이즈를 추가하는 방법을 생각해 볼 수 있다. 몇 가지 옵션이 있을 수 있는데, 가장 간단한 방법은 행동에 무작위 노이즈를 추가하는 것이다. 이는 수식적으로는 $\mu(s) + \epsilon\mathcal{N}$로 표시되는데, 즉 액터가 내놓은 행동 $\mu(s)$에 표준 정규 분포($\mathcal{N}$)에서 무작위 값을 샘플링하고 여기에다가 스케일링 상수 ϵ을 곱하는 것이다. 또 다른 그러나 보다 멋진 방법은 금융(예를 들면 주가의 움직임 예측)이나 기타 다른 도메인에서 확률적 과정을 다룰 때 쓰는 OU(Ornstein-Uhlenbeck) 프로세스라는 것을 이용하는 것이다.

이 프로세스는 마찰에 영향을 받는 브라운 입자의 속도를 모델링하며 확률 미분 방정식 $\partial x_t=\theta(\mu-x_t)\partial t+\sigma\partial W_t$ 에 의해 정의된다. 여기서 θ, μ, σ는 프로세스의 매개 변수이고, W_t는 위너(Wiener) 프로세스이다. 이산 시간의 경우 OU 프로세스는 $x_{t+1}=x_t+\theta(\mu-x_t)+\sigma N$으로 표현된다. 강화학습을 위한 탐험에서는 액터가 반환한 행동에 OU 프로세스에서 나온 값을 추가할 것이다.

구현

이 예제는 3개의 소스 파일로 구성되는데, `Chapter14/lib/model.py`는 모델과 ptan 에이전트를 정의하고, `Chapter14/lib/common.py`는 배치를 풀기 위해 사용되는 함수를 가지고 있고, `Chapter14/04_train_ddpg.py`는 시작 코드와 학습 루프를 가지고 있다. 여기서는 코드의 중요한 부분만 살펴보겠다.

---

9) 역자주: 정책이 확률적이었다면, 환경에 대한 탐험이 자연스럽게 이루어지기 때문에 환경 탐험에 대한 고민을 하지 않아도 되었으나, 정책이 결정적이라면 환경에 대한 탐험을 고민해야 한다.

이 모델은 액터와 크리틱을 두 개의 개별 신경망으로 구성하는데 기본적인 구조는 *Continuous Control with Deep Reinforcement Learning* 논문을 따른다. 액터는 단순한데, 두 개의 은닉 계층을 가진 피드 포워드 신경망이다. 이 신경망의 입력은 관찰 벡터이고, 출력은 각 행동에 하나씩 N개의 값으로 이루어진 벡터이다. 출력은 하이퍼 볼릭 탄젠트(tanh) 비선형 함수를 사용하여 값을 −1~1 범위를 갖게 한다.

크리틱은 관찰과 행동이 각각 두 개의 분리된 경로를 타고 흐르다 나중에 함께 합쳐져서(concatenate) 하나의 숫자를 출력한다(이것이 바로 크리틱 신경망의 출력인 Q값이다). 그림 3은 두 신경망의 구조를 보여준다.

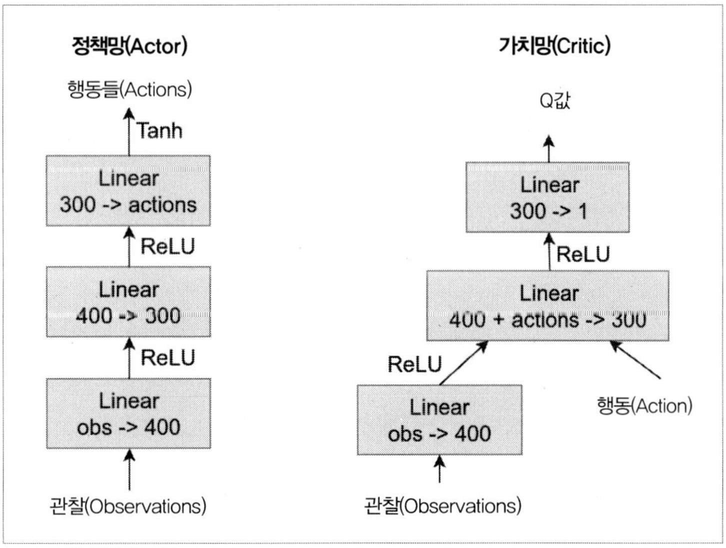

그림 3. DDPG 정책망과 가치망

아래 코드는 두 개의 클래스인데 별도로 설명이 필요없을 정도로 명확하다.

```
class DDPGActor(nn.Module):
    def __init__(self, obs_size, act_size):
        super(DDPGActor, self).__init__()

        self.net = nn.Sequential(
            nn.Linear(obs_size, 400), nn.ReLU(),
            nn.Linear(400, 300), nn.ReLU(),
            nn.Linear(300, act_size), nn.Tanh()
```

```
        )

    def forward(self, x):
        return self.net(x)


class DDPGCritic(nn.Module):
    def __init__(self, obs_size, act_size):
        super(DDPGCritic, self).__init__()
        self.obs_net = nn.Sequential(
            nn.Linear(obs_size, 400),
            nn.ReLU(),
        )

        self.out_net = nn.Sequential(
            nn.Linear(400 + act_size, 300), nn.ReLU(),
            nn.Linear(300, 1)
        )

    def forward(self, x, a):
        obs = self.obs_net(x)
        return self.out_net(torch.cat([obs, a], dim=1))
```

크리틱 신경망의 forward() 함수는 관찰을 일단 작은 신경망에 통과시킨 다음 행동과 병합하여 Q값을 출력한다. 액터 신경망을 ptan의 경험 소스와 함께 사용하려면 관찰을 행동으로 변환하는 에이전트 클래스를 정의해야 한다. 이 클래스는 OU 탐색 프로세스를 구현하는 적당한 장소이지만 이를 위해서는 지금까지 사용하지 않은 ptan 에이전트의 기능(상태 보존 기능)을 사용해야 한다. 이것이 필요한 이유는 간단한데, 에이전트가 관찰을 행동으로 변환할 때 지금까지는 별다른 것을 기억할 필요가 없었지만, 만일 관찰과 관찰 사이에 무언가를 기억해야 한다면 어떨까? OU 프로세서를 이용할 때 바로 그러한 필요성이 제기되는데, 관찰과 관찰 사이의 OU값을 추적해야 하기 때문이다. 이런 상태 보존형 에이전트의 또 다른 예는 POMDP (Partially-Observable Markov Decision Process, 즉 부분적으로 관찰 가능한 MDP)이다. 13 장(웹 탐색)에서 간단히 언급했듯이, 에이전트가 관찰한 상태가 마르코프 속성을 따르지 않고 상태 정보가 다른 상태와 구별하기 위해 필요한 전체 정보를 포함하지 않는 경우 POMDP라고 한다. 이 경우 에이전트가 필요한 행동을 선택하기 위해서는 거쳐온 상태를 추적할 필요가 있다.

탐색을 위해 OU 프로세서를 구현한 에이전트의 코드는 다음과 같다.

```
class AgentDDPG(ptan.agent.BaseAgent):
    def __init__(self, net, device="cpu", ou_enabled=True, ou_mu=0.0, ou_teta=0.15, ou_sigma=0.2, ou_epsilon=1.0):
        self.net = net
        self.device = device
        self.ou_enabled = ou_enabled
        self.ou_mu = ou_mu
        self.ou_teta = ou_teta
        self.ou_sigma = ou_sigma
        self.ou_epsilon = ou_epsilon
```

생성자는 많은 인수를 받는데, 대부분은 티모시 릴리크랩(Timothy P. Lillicrap) 등이 발표한 2015년 논문에서 가져온 OU를 위한 기본값들이다.

```
    def initial_state(self):
        return None
```

이 메서드는 BaseAgent 클래스에서 파생된 것으로 새 에피소드가 시작될 때 에이전트의 초기 상태를 반환해야 한다. 초기 상태는 행동과 동일한 차원을 가져야 하므로(환경의 모든 행동에 대해 개별 탐색 궤적을 갖기를 원함) 다음과 같이 __call__ 메소드까지 상태 초기화를 연기한다.

```
    def __call__(self, states, agent_states):
        states_v = ptan.agent.float32_preprocessor(states).to(self.device)
        mu_v = self.net(states_v)
        actions = mu_v.data.cpu().numpy()
```

__call__() 함수는 에이전트의 핵심인데, 관찰된 상태와 에이전트의 내부 상태를 행동으로 변환한다. 우선 관찰을 적절한 형식으로 변환하고 액터 신경망에 행동(deterministic action)으로 변환하도록 요청한다. 메소드의 나머지 부분은 OU 프로세스를 적용하여 탐색 노이즈를 추가하는 것이다.

```
        if self.ou_enabled and self.ou_epsilon > 0:
            new_a_states = []
            for a_state, action in zip(agent_states, actions):
                if a_state is None:
                    a_state = np.zeros(shape=action.shape, dtype=np.float32)
                a_state += self.ou_teta * (self.ou_mu - a_state)   ①
                a_state += self.ou_sigma * np.random.normal(size=action.shape)   ②
```

$$x_{t+1} = x_t + \theta(\mu - x_t) + \sigma N$$

OU 프로세스를 구현

이 루프에서 이전 호출의 에이전트 내부 상태와 액터 신경망으로부터 받은 모든 행동에 대하여 반복적으로 OU 프로세스값을 업데이트한다.

```
                action += self.ou_epsilon * a_state
                new_a_states.append(a_state)
```

그리고 나서 OU 프로세스의 노이즈를 행동에 추가하고(아시겠지만 탐색을 위해서 노이즈를 추가한 것이다) 다음 단계의 노이즈 값을 저장한다.

```
        else:
            new_a_states = agent_states

        actions = np.clip(actions, -1, 1)    # 환경에서 받을 수 있는 행동 범위로 클리핑
        return actions, new_a_states
               선택된 행동     OU 프로세스를 위한 에이전트 내부 상태
```

마지막으로 행동을 −1~1 범위로 강제로 자른다. 그렇지 않으면 PyBullet이 예외를 발생시킬 것이다. DDPG 구현의 마지막 부분은 Chapter14/04_train_ddpg.py 파일에서 정의된 학습 루프이다. 안정성을 향상시키기 위해 6장(심층 Q-신경망)에서 했던 것과 마찬가지로, 액터와 크리틱 모두에게 100k 크기의 전이를 담을 수 있는 리플레이 버퍼와 함께 타겟 신경망도 사용한다.

```
    act_net = model.DDPGActor(env.observation_space.shape[0],
env.action_space.shape[0]).to(device)                # 학습을 위한 정책망과 가치망
    crt_net = model.DDPGCritic(env.observation_space.shape[0],
env.action_space.shape[0]).to(device)
    tgt_act_net = ptan.agent.TargetNet(act_net)      # 정책망과 가치망의 타겟망
    tgt_crt_net = ptan.agent.TargetNet(crt_net)
    agent = model.AgentDDPG(act_net, device=device)
    exp_source = ptan.experience.ExperienceSourceFirstLast
(env, agent, gamma=GAMMA, steps_count=1)
    buffer = ptan.experience.ExperienceReplayBuffer  # 리플레이 버퍼
(exp_source, buffer_size=REPLAY_SIZE)
    act_opt = optim.Adam(act_net.parameters(), lr=LEARNING_RATE)
    crt_opt = optim.Adam(crt_net.parameters(), lr=LEARNING_RATE)
```

액터와 크리틱을 학습시킬 때 그라디언트 처리를 단순화하기 위해 옵티마이저를 액터와 크리틱에 각각 사용한다. 그리고 학습의 매 반복 마다 경험을 리플레이 버퍼에 저장하고 이로부터 학습을 위한 배치를 샘플링한다.

```
            batch = buffer.sample(BATCH_SIZE)        # 리플레이 버퍼에서 학습을 위한 배치를 샘플링
            states_v, actions_v, rewards_v, dones_mask,   # 학습에 필요한 각 항목별로 배치를 풀어냄
    last_states_v = \
```

```
            common.unpack_batch_ddpg(batch, device=device)
```

그런 다음 학습이 별도로 수행된다. 크리틱을 학습시키기 위해서는 타켓 신경망을 사용하여 목표 Q값을 계산한다(이때 1-스텝 벨만 방정식을 사용).

```
        # train critic
        crt_opt.zero_grad()
        q_v = crt_net(states_v, actions_v)    # 가치망 학습을 위한 Q(s,a) 값 예측
        last_act_v = tgt_act_net.target_model(last_states_v)  # 타켓 가치망으로부터 마지막 상태에 대한 Q 값 얻기
        q_last_v = tgt_crt_net.target_model(last_states_v,
last_act_v)
        q_last_v[dones_mask] = 0.0
        q_ref_v = rewards_v.unsqueeze(dim=-1)  # 가치망의 학습을 위한 타켓 Q값 계산
+ q_last_v * GAMMA
```

목표 Q값(q_ref_v)을 얻었으면 평균 제곱 오차(MSE) 손실을 계산하고 크리틱을 위한 옵티마이저에 크리틱의 가중치를 조정해 달라고 요청한다. 전체 프로세스는 DQN과 유사하므로 이 부분은 전혀 새로운 것이 없다.

```
        critic_loss_v = F.mse_loss(q_v, q_ref_v.detach())
        critic_loss_v.backward()
        crt_opt.step()
        tb_tracker.track("loss_critic", critic_loss_v,
frame_idx)
        tb_tracker.track("critic_ref", q_ref_v.mean(),
frame_idx)
```

액터 학습 단계에서 크리틱의 결과 즉, Q(s,a)를 높이는 방향으로 액터의 가중치를 업데이트해야 한다. 액터와 크리틱이 모두 미분 가능하므로 액터의 출력을 크리틱에게 전달한 다음 크리틱이 반환한 값에 마이너스 부호를 추가하고 이를 최소화한다.[10]

```
        # train actor
        act_opt.zero_grad()
        cur_actions_v = act_net(states_v)
        actor_loss_v = -crt_net(states_v, cur_actions_v)  # 버퍼에 있던 행동을 쓰는 것이 아니고, 정책망이 내놓은 행동을 쓰는 것에 주의
        actor_loss_v = actor_loss_v.mean()
```

10) 역자주: 크리틱이 반환한 값은 결국 Q(s,a)인데, 우리의 목적은 이 값을 최대화하는 것이다. 그런데, 파이토치 같은 신경망은 최소화를 기본 최적화 메커니즘으로 하고 있으므로, 이에 맞추려다 보니 Q값에 마이너스 부호를 붙인 것이다.

크리틱의 출력에 마이너스 사인을 추가한 값은 액터 신경망을 통해서 역전파하기 위한 손실로 사용된다. 한가지 주의할 점은 액터를 학습시킬 때 우리는 크리틱의 가중치가 손상되는 것을 원하지 않기 때문에 액터의 옵티마이저만 최적화 단계를 수행하도록 하는 것이 중요하다. 물론 크리틱의 가중치 또한 여전히 이 호출로 인한 그라디언트를 계산해야 하고 저장되긴 하겠지만 이는 다음 최적화 단계에서 버려질 것이다.

```
                actor_loss_v.backward()
                act_opt.step()
                tb_tracker.track("loss_actor", actor_loss_v,
    frame_idx)
```

학습 루프의 마지막 단계에서는 타겟 신경망을 업데이트한다. 이때, 이전(DQN에서)에는 최적화된 신경망의 가중치를 n 단계마다 타겟 신경망으로 동기화하였지만, 연속 행동 문제에서 이렇게 동기화하는 것보다는 소위 소프트 싱크(soft sync)를 하는 것이 더 나은 선택이다. 소프트 싱크는 최적화된 신경망의 가중치를 가지고 타겟 신경망을 완전히 덮어쓰는 것이 아니라, 최적화된 신경망의 가중치와 원래 타겟 신경망의 가중치를 적절히 혼합하는 방식이다. 이렇게 하면, 타겟 신경망이 급작스럽게 변하는 것이 아니라 오래된 가중치에서 새로운 가중치로 부드럽게 이동하는 효과가 나므로, 타겟 행동이 자연스럽게 변하는 것을 기대할 수 있다.

```
                tgt_act_net.alpha_sync(alpha=1 - 1e-3)
                tgt_crt_net.alpha_sync (alpha=1 - 1e-3)
```

결과

이 코드는 A2C 예제와 같은 방법으로 시작할 수 있는데, 실행 이름과 --cuda 플래그(선택)를 전달해야 한다. CUDA를 사용하게 되면 약 30 %의 속도 향상을 얻을 수 있으므로 CUDA를 사용하는 것이 좋겠지만 아타리 게임의 경우에서 얻은 것만큼의 큰 속도 향상은 아니다.

약 1일 정도의 학습 후(대략 5M 정도의 관찰) DDPG 알고리즘은 10회 테스트 에피소드에서 평균 3.943의 보상을 얻을 수 있었으며 이는 A2C 결과보다 개선된 것이다. 이 학습 과정은 다음과 같다.

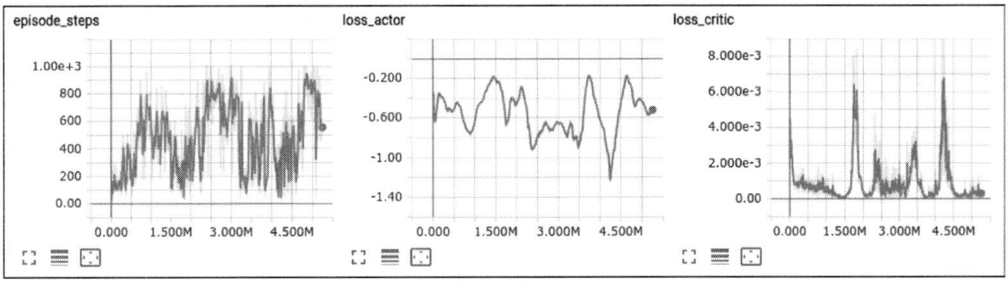

그림 4. DDPG 학습 과정

episode_steps는 학습에 사용한 에피소드의 평균 길이를 보여준다. Loss_critic은 평균 제곱 오차(MSE) 손실이므로 낮아야 하며, 기억하겠지만 loss_actor는 크리틱의 출력에 마이너스 부호를 붙인 것이므로 이 역시 낮을수록 액터가 (잠재적으로) 더 나은 보상을 얻을 수 있다. 앞의 그림에서 알 수 있듯이, 전체적으로 학습이 별로 안정적이지 못하고 노이즈가 많음을 알 수 있다.

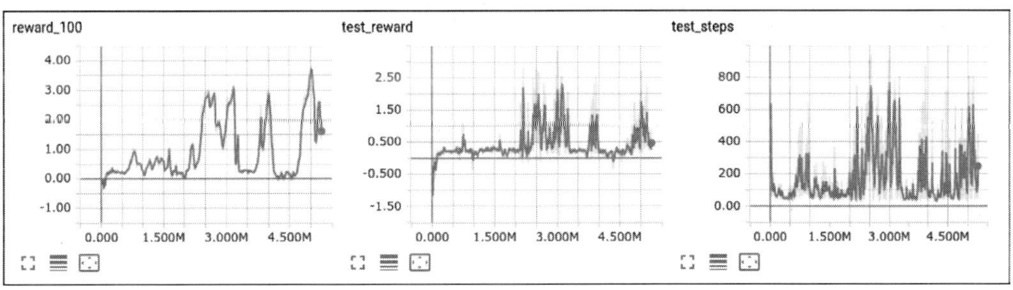

그림 5. DDPG 학습 중에 얻은 보상과 테스트 결과

위 세 개의 차트는 학습 에피소드의 평균 보상과 테스트값을 보여주는데, 이 또한 노이즈를 상당히 많이 포함하고 있음을 알 수 있다.

비디오 녹화

학습된 에이전트의 작동을 확인하기 위해서 일전에 A2C 에이전트를 녹화한 것과 같은 방식으로 비디오를 녹화할 수 있다. DDPG의 경우 Chapter14/05_play_ddpg.py에 별도의 도구가 있으며 이 도구는 A2C 메서드와 거의 같고 단지 액터에 대해 다른 클래스를 사용한다. 결과는 다음과 같다.

```
rl_book_samples/Chapter14$ adhoc/record_ddpg.sh saves/ddpg-t5-simplercritic/
best_+3.933_2484000.dat res/play-ddpg
pybullet build time: Feb 2 2018 08:26:19
In 1000 steps we got 5.346 reward
```

분포형 정책 그라디언트(Distributional policy gradients)

마지막으로 2018년에 가브리엘 바스 마론(Gabriel Barth-Maron) 등이 발표한 *Distributed Distributional Deterministic Policy Gradients*라는 최신 논문을 살펴볼 것이다(https://arxiv.org/abs/1804.08617).

D4PG[11)]라 불리는 이 논문에서 저자는 안정성, 수렴성 및 샘플 효율성을 향상시키기 위해 방금 살펴본 DDPG에 대한 몇 가지 개선 사항을 제안하였다. 우선, 마크 지 벨메어(Mark G.Bellemare)가 2017년에 발표한 *A Distributional Perspective on Reinforcement Learning* 라는 논문에서 제안한 Q값에 대한 분산된 표현을 적용하였다. 이 방법은 DQN 확장에 대해 논의할 때 이미 설명한 바 있다. 핵심 아이디어는 크리틱이 내놓는 결과인 Q값(단일한 어떤 숫자, 단일값)을 확률 분포로 대체하는 것이다. 이렇게 하면 벨만 방정식 또한 변해야 하는데(왜냐하면 벨만 방정식 자체는 단일값을 가정하고 있기 때문이다) 이에 따라 벨만 연산자(Bellman operator)로 대체되었다. 이것이 수행하는 것은 기본적으로는 벨만 방정식과 동일하지만, 단지 단일값을 다루는 게 아니라 확률 분포를 다룬다는 점이 다르다.

두 번째 개선점은 n-스텝 벨만 방정식을 사용하여 수렴 속도를 높이는 것이다. 이에 대해서는 이미 7장(DQN 확장)에서 자세히 설명하였다. 원래의 DDPG 방법에 비해 또 다른 개선 사항은 리플레이 버퍼에서 균일하게 샘플링하는 대신 우선 순위 리플레이 버퍼를 사용하는 것이다. 따라서 엄밀히 말하자면, 저자는 마토 하셀(Matteo Hassel) 등이 2017년에 발표한 *Rainbow: Combining Improvements in Deep Reinforcement Learning*에서 제안된 개선점을 가져다 DDPG 방법에 적용한 것이라고 할 수 있다. 어쨌든 결과는 꽤 인상적이어서, 일련의 연속 제어 문제에 대하여 이 조합은 최고의 결과(state-of-the-art)를 보여주었다. 그러면 이 방법을 구현하고 직접 확인해

11) 역자주: 참고로, 논문 제목에는 D로 시작하는 단어가 3개밖에 나오지 않아서 왜 D4PG라고 하는지 의아해할 독자들이 있을 것 같은데, 논문 내에서 보면 저자들은 자신들이 제안한 방법을 Distributed Distributional Deep Deterministic Policy Gradient 알고리즘이라고 명명하였고, 여기서 D4PG라는 이름이 유래하였다.

보는 시간을 가져 보자.

구조

이 구조에서 가장 주목할 만한 변화는 크리틱이 내놓는 결과일 것이다. 상태와 행동이 주어졌을 때 단일 Q값을 반환하는 대신 미리 정의된 범위에 대한 확률에 해당하는 N_ATOMS 값을 반환한다. 아래 코드에서는 N_ATOMS = 51과 *Vmin = -10* 및 *Vmax = 10*의 분포 범위를 사용하였기 때문에, 크리틱은 51개의 숫자를 내놓는데, 이 숫자들은 할인된 보상으로서 총 51개의 [−10, −9.6, −9.2, … 9.6, 10] 아톰에 대한 확률분포를 의미한다.

D4PG와 DDPG의 또 다른 차이점은 탐험 부분이다. DDPG는 OU 프로세스를 사용하여 탐험을 수행하였지만 D4PG는 OU와 더불어 간단히 임의의 노이즈를 행동에 추가하여 실험한 결과 두 방법 모두 결과는 동일하였다. 그래서, 탐험을 위해서 그냥 더 간단한 접근법인 행동에 임의의 노이즈를 추가하는 방법을 사용하였다.

D4PG가 크로스 엔트로피 손실을 사용하여 두 가지 확률 분포(크리틱이 내 놓은 Q값에 대한 예측 확률 분포와 벨만 연산자를 통하여 얻은 목표 확률 분포)의 차이를 계산하기 때문에 코드에서 좀 차이가 날 수 있다. 이때, 두 분포를 비교할 때 아톰(atom)이 동일해야 하므로 동일한 아톰에 정렬시키기 위해, *A Distributional Perspective on Reinforcement Learning* 논문에서 제안된 것과 같은 방식으로 분포를 투영하였다.

구현

전체 소스는 Chapter14/06_train_d4pg.py, Chapter14/lib/model.py 및 Chapter14/lib/common.py에 있다. 그럼 모델 클래스부터 시작해 보자. 액터 클래스는 구조가 동일하므로 DDPGActor를 그대로 사용하였다. 크리틱은 은닉 계층의 크기와 개수는 동일하지만 출력이 이제는 단일 숫자가 아니라 N_ATOMS 만큼의 숫자이면서, 각 숫자는 확률을 의미한다.

```
class D4PGCritic(nn.Module):
    def __init__(self, obs_size, act_size, n_atoms, v_min, v_max):
        super(D4PGCritic, self).__init__()

        self.obs_net = nn.Sequential(
            nn.Linear(obs_size, 400),
            nn.ReLU(),
```

```
    )
                                # 행동을 추가적으로 입력으로 넣기 위해.
    self.out_net = nn.Sequential(
        nn.Linear(400 + act_size, 300),
        nn.ReLU(),
        nn.Linear(300, n_atoms)
    )

    delta = (v_max - v_min) / (n_atoms - 1)
    self.register_buffer("supports", torch.arange
(v_min, v_max+delta, delta))          # supports는 학습이 되는 파라미터는 아니지만, 출력의 계산과정에
                                      서 쓰이므로 가치망이 장치로 이동할 때 같이 들어갈 수 있도록 등록
```

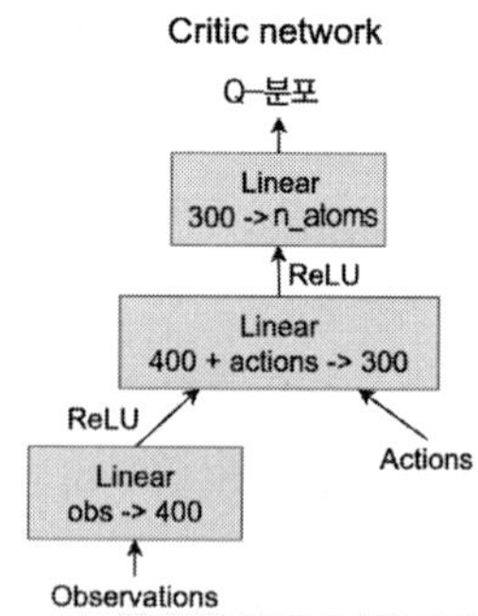

확률 분포에서 평균 Q값을 얻기 위해 사용되는 도우미인 파이토치 버퍼("supports")를 만들었다.

```
    def forward(self, x, a):
        obs = self.obs_net(x)   # 일단 상태를 입력으로 넣어 중간 특징을 뽑은 후
        return self.out_net(torch.cat([obs, a], dim=1))   # 행동과 병합하고 다음 계층으로 전달

    def distr_to_q(self, distr):
        weights = F.softmax(distr, dim=1) * self.supports
        res = weights.sum(dim=1)
        return res.unsqueeze(dim=-1)
```

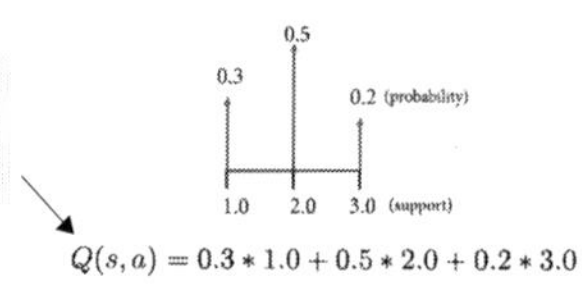

우리는 나중에 log_softmax() 함수를 사용하여 보다 수치적인 안정성을 도모할 것이기 때문에, 실제 확률을 얻고자 할 때는 위 코드와 같이 softmax()를 별도로 적용해야 한다. 에이전트 클래스는 추적할 상태가 없기 때문에 D4PG에 대해 훨씬 간단하다.

```
class AgentD4PG(ptan.agent.BaseAgent):
    def __init__(self, net, device="cpu", epsilon=0.3):
        self.net = net
        self.device = device
        self.epsilon = epsilon

    def __call__(self, states, agent_states):
        states_v = ptan.agent.float32_preprocessor(states).to(device)
        mu_v = self.net(states_v)   # 행동을 결정
        actions = mu_v.data.cpu().numpy()
        actions += self.epsilon * np.random.normal(size=actions.shape)   # 결정된 행동에
                                                                           노이즈 추가
        actions = np.clip(actions, -1, 1)   # 환경에서 받을 수 있는 행동값 영역으로 클리핑
        return actions, agent_states
```

각 상태로부터 행동을 얻기 위해 에이전트는 상태에 액터 신경망을 적용하고 나온 행동에 가우시안 노이즈를 엡실론값으로 스케일링한 것을 합하였다. 학습 코드에서 사용한 하이퍼 파라미

터는 아래와 같다. 100k의 작은 리플레이 버퍼를 사용했고(D4PG 논문에서는 1M 전이를 저장할 수 있는 크기를 사용) 버퍼는 환경으로부터 10k 샘플로 미리 채워졌고, 그 이후 학습이 시작되었다.

```
ENV_ID = "MinitaurBulletEnv-v0"
GAMMA = 0.99
BATCH_SIZE = 64
LEARNING_RATE = 1e-4
REPLAY_SIZE = 100000
REPLAY_INITIAL = 10000
REWARD_STEPS = 5

TEST_ITERS = 1000

Vmax = 10
Vmin = -10
N_ATOMS = 51
DELTA_Z = (Vmax - Vmin) / (N_ATOMS - 1)
```

각 학습 루프에서는 이전과 동일하게 크리틱과 액터를 학습시킨다. 차이점이라고 하면 크리틱의 손실이 이제는 좀 다르게 계산된다는 것이다.

```
            batch = buffer.sample(BATCH_SIZE)
            states_v, actions_v, rewards_v, dones_mask,
last_states_v = \
                common.unpack_batch_ddpg(batch, device=device)

            # train critic
            crt_opt.zero_grad()
            crt_distr_v = crt_net(states_v, actions_v)
            last_act_v = tgt_act_net.target_model(last_states_v)
            last_distr_v = F.softmax(tgt_crt_net.target_
model(last_states_v, last_act_v), dim=1)
```

우선 크리틱은 주어진 상태와 행동에 대하여 확률 분포를 반환한다. 이 확률 분포는 크로스 엔트로피 손실 계산에 사용된다. 목표 확률 분포를 얻으려면 상태 전이에서의 도착 상태에 대한 분포를 계산한 다음 이 분포를 투영시킨다.

```
            proj_distr_v = distr_projection(last_distr_v,
rewards_v, dones_mask, gamma=GAMMA**REWARD_STEPS, device=device
```

가치망 학습을 위한 목표 확률 분포를 얻기 위하여 투영. 이미 7장에서 투영에 대해서는 다루었으므로, 자세한 사항은 7장을 참조

이 투영 함수는 약간 복잡해서 학습 코드 이후에 다시 설명할 것이다. 현재로서는, 도착 상태의 확률 분포를 즉각적인 보상과 할인 계수를 고려하여 변환한다는 정도로 이해하자. 그 결과로 우리가 얻는 것은 크리틱 신경망에 대한 목표 확률 분포이다. 파이토치에는 일반적인 크로스 엔트로피 손실 함수가 없으므로 수동으로 계산하였다.

```
        prob_dist_v = -F.log_softmax(crt_distr_v, dim=1) *
proj_distr_v
        critic_loss_v = prob_dist_v.sum(dim=1).mean()
        critic_loss_v.backward()
        crt_opt.step()
```

액터 학습은 훨씬 간단한데, DDPG 방법과 유일한 차이점은 Q에 대한 확률 분포로부터 평균 Q 값을 얻기 위하여 distr_to_q() 함수를 사용하는 것이다.

```
        # train actor
        act_opt.zero_grad()
        cur_actions_v = act_net(states_v)  # 정책망으로부터 행동을 결정
        crt_distr_v = crt_net(states_v, cur_actions_v)  # 결정된 행동을 가치망에 넣어 Q값에 대한 분포 얻음
        actor_loss_v = -crt_net.distr_to_q(crt_distr_v)  # 분포로부터 Q값을 결정. 부호를 바꾸어 손실로 변환
        actor_loss_v = actor_loss_v.mean()
        actor_loss_v.backward()
        act_opt.step()
        tb_tracker.track("loss_actor", actor_loss_v,
frame_idx)
```

그러면, D4PG 구현에서 가장 복잡하다고 할 수 있는 코드인 벨만 연산자를 사용한 확률 분포의 투영에 대하여 살펴보자. 7장(DQN 확장)에서 이미 설명했지만 기능이 까다롭다. 이 함수의 전반적인 목표는 벨만 연산자의 결과로 얻는 분포를 원래 분포와 비교할 수 있도록 동일한 서포트(아톰)을 갖도록 투영하는 것이다. 벨만 연산자는 $Z(x,a) \overset{D}{=} R(x,a) + \gamma Z(x',a')$의 형태를 가지며 확률 분포를 변환한다.

```
def distr_projection(next_distr_v, rewards_v, dones_mask_t,  # 이 부분과 이하 아래부분은 7장에서 자세히 다루었다.
gamma, device="cpu"):
    next_distr = next_distr_v.data.cpu().numpy()
    rewards = rewards_v.data.cpu().numpy()
    dones_mask = dones_mask_t.cpu().numpy().astype(np.bool)
    batch_size = len(rewards)
    proj_distr = np.zeros((batch_size, N_ATOMS), dtype=np.float32)
```

우선, 제공된 텐서를 NumPy 배열로 변환하고 투영된 결과를 저장하기 위한 빈 배열을 만들었다.

```
        for atom in range(N_ATOMS):
            tz_j = np.minimum(Vmax, np.maximum(Vmin, rewards +
    (Vmin + atom * DELTA_Z) * gamma))
```

루프에서 각 아톰에 대하여 이 아톰이 벨만 연산자에 의하여 투영될 위치를 계산하는데, V_{min}과 V_{max} 사이에 떨어지도록 계산한다(DELTA_Z는 각 빈의 크기이다).

```
            b_j = (tz_j - Vmin) / DELTA_Z
```

위 라인은 투영된 아톰값이 속한 빈(bin)에 대한 색인을 계산한다. 물론 이 값은 아톰과 아톰 사이에 있을 수 있으므로 이 경우 두 아톰 모두에 비례하여 값을 투영한다.

```
            l = np.floor(b_j).astype(np.int64)
            u = np.ceil(b_j).astype(np.int64)
            eq_mask = u == l
            proj_distr[eq_mask, l[eq_mask]] += next_distr[eq_mask, atom]
```

앞의 코드는 투영된 값이 정확히 아톰에 도착하는 경우를 처리한다(드문 경우에 해당). 이 경우 아톰에 값을 그대로 추가하기만 하면 된다. 물론 우리는 지금 전이들에 대한 배치를 대상으로 하고 일부 샘플(전이)만 이 경우에 해당하기 때문에 마스크를 사용하여 필터링하였다.

```
            ne_mask = u != l
            proj_distr[ne_mask, l[ne_mask]] += next_distr[ne_mask, atom] *
    (u - b_j)[ne_mask]
            proj_distr[ne_mask, u[ne_mask]] += next_distr[ne_mask, atom] *
    (b_j - l)[ne_mask]
```

이번에는 투영된 값이 두 개의 아톰 사이에 놓이는 보다 일반적인 경우의 처리인데, 이 경우 투영된 값이(아래쪽/위쪽) 아톰과 이루는 거리의 비율에 따라 두 아톰에 적절히 값을 분배한다(물론 가까운 쪽에 더 많이 배분한다).

```
        if dones_mask.any():
            proj_distr[dones_mask] = 0.0
            tz_j = np.minimum(Vmax, np.maximum(Vmin, rewards[dones_mask]))
            b_j = (tz_j - Vmin) / DELTA_Z
```

만일 현재 전이가 에피소드를 종료로 이끄는 최종 전이라면 다음 Q값에 대한 분포는 없으므로 이때는 그냥 획득한 보상을 사용하면 된다. 또 이에 상응하는 확률은 1로 설정한다. 이 역시 투영된 보상값이 아톰과 아톰 사이에 있을 경우 투영된 보상을 적절히 분배해야 한다.

```
            l = np.floor(b_j).astype(np.int64)
```

```
        u = np.ceil(b_j).astype(np.int64)
        eq_mask = u == l
        eq_dones = dones_mask.copy()
        eq_dones[dones_mask] = eq_mask
        if eq_dones.any():
            proj_distr[eq_dones, l] = 1.0
        ne_mask = u != l
        ne_dones = dones_mask.copy()
        ne_dones[dones_mask] = ne_mask
        if ne_dones.any():
            proj_distr[ne_dones, l] = (u - b_j)[ne_mask]
            proj_distr[ne_dones, u] = (b_j - l)[ne_mask]
```

마지막으로 투영된 확률 분포를 파이토치 텐서로 바꾸고 반환한다.

```
    return torch.FloatTensor (proj_distr).to(device)
```

결과

D4PG 방법은 수렴 속도나 보상 측면에서 최상의 결과를 보여주었다. 1M 미만의 관찰을 사용하여 5시간 정도만 학습해도 평균 테스트 보상이 12.799에 도달할 수 있었으며, 이는 추측하건데 환경에서 얻을 수 있는 최대치에 가깝다. 아래의 차트는 2M를 관찰하는 동안의 변화이다.

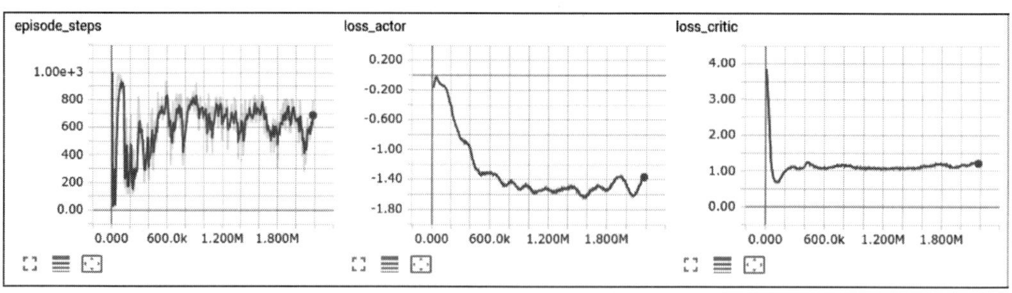

그림 6. 학습 과정에서의 D4PG 스텝과 손실

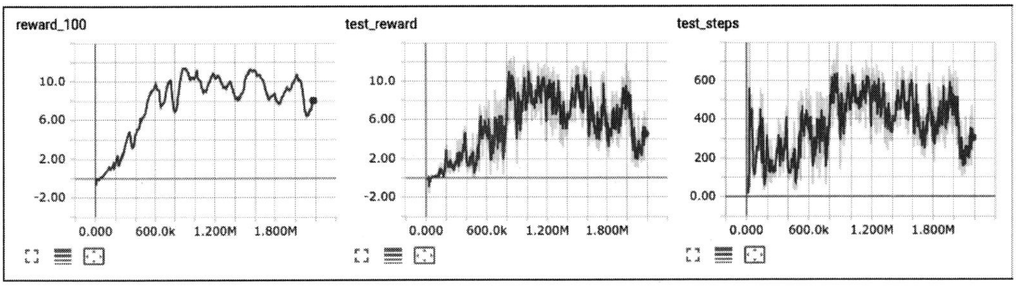

그림 7. 학습과 테스트 과정에서의 D4PG 보상

위 차트에서 알 수 있듯이, 에이전트는 1M 프레임 정도에서 최적의 정책을 찾아내고 수렴하였다. 모델의 동작을 비디오를 레코딩하려면 Chapter14/05_play_ddpg.py 유틸리티를 사용할 수 있다(액터의 구조가 동일하므로 사용할 수 있다). 저자의 실험에서 얻은 최상의 학습 모델에 대한 비디오는 https://youtu.be/BMt40odLfyk에서 찾을 수 있다.

몇 가지 시도해 볼만 한 것들

이 토픽에 대한 이해를 높이기 위해서 다음과 같은 것을 시도해 볼 것을 추천한다.

1. 위 D4PG 코드에서는 매우 간단한 리플레이 버퍼를 사용하였다. 여러분은 7장(DQN 확장)에서 했던 것과 동일한 방법으로 우선 순위 리플레이 버퍼를 사용하여 더 좋은 결과를 얻을 수도 있다.
2. 다른 흥미롭고 도전적인 환경을 시도해 보자. 물론 다른 PyBullet 환경을 시도해 볼 수도 있겠지만 그보다는 DeepMind Control Suite(A318, DDPG 및 D4PG 방법을 비교한 2018년 초에 발표된 논문)에 보면 MuJoCo 기반과 기타 다른 많은 환경들이 있으므로 한 번 도전해 보자.
3. MuJoCo의 평가판 라이센스를 요청하고 PyBullet으로 안정성, 성능, 정책을 비교할 수 있다.
4. NIPS–2017의 대회인 *"Learning how to run"*을 시도해 보자. 여기서는 인체 시뮬레이터가 제공되며 에이전트는 이 인체를 이동시켜야 한다.

요약

이 장에서는 강화학습을 사용하여 연속된 행동 공간에서의 제어를 살펴보았다. 또한 4족 로봇에 3가지 다른 연속 제어 알고리즘을 적용하여 보았다. 우리는 비록 학습에 에뮬레이터를 사용했지만 Ghost Robotics에서 만든 이 로봇의 실제 모델도 있다(YouTube, https://youtu.be/bnKOeMoi-bLg에서 확인할 수 있다).

우리는 이 환경에 세 가지 학습 방법, 즉 A2C, DDPG, 그리고 D4PG(가장 좋은 결과를 나타냄)를 적용하였고 꽤 괜찮은 결과를 얻었다. 다음 장에서는 지속적인 행동 도메인을 계속 탐구할 것인데, 신뢰 구간(trust region) 기법에 대하여 알아볼 예정이다.

제 15 장

신뢰 영역 방법들 – TRPO, PPO, and ACKTR

이 장에서는 정책 그라디언트 방법의 안정성을 높일 수 있는 방법들인 PPO(Proximal Policy Optimization), TRPO(Trust Region Policy Optimization), 그리고 ACKTR(Kronecker-Factored Trust Region)에 대하여 살펴보려고 한다.

소개

우리가 살펴볼 방법들이 공통적으로 가지고 있는 동기는 학습 중 정책 업데이트를 안정적으로 수행하고자 하는 것이다. 사실 정책 업데이트는 직관적으로 보면 두 개의 목적이 상충하는 상황이 연출된다. 무슨 말인가 하면, 우리는 한편으로 확률적 경사 하강법(SGD)를 이용하여 업데이트할 때 스텝을 되도록이면 크게 밟아 가능한 빨리 학습을 시키고 싶어 한다. 하지만, 지나치게 큰 스텝 사이즈는 정책을 너무 많이 변화시킬 수 있는데, 정책은 기본적으로 매우 비선형적인 특성을 지니고 있으므로 정책을 지나치게 많이 업데이트하면 방금 배운 정책을 망칠 수도 있다. 특히, 강화학습 환경에서는 이것이 훨씬 나쁜 상황이 될 수도 있는데, 한 번 정책을 잘못 업데이트하게 되면 이후의 업데이트로 정상적인 정책으로 복구되지 못할 수도 있기 때문이다. 그 이유는 나쁜 정책은 나쁜 경험 샘플을 가져올 것이고, 이에 따라 나쁜 샘플로부터 업데이트하는 정책은 그 전의 정책으로 복귀하지 못할 가능성이 매우 크기 때문이다. 따라서 강화학습에서는 되도록이면 대규모 업데이트를 하지 않는 것이 좋다. 물론, 정책을 조금씩 업데이트하기 위한 가장 단순한 접근방법은 SGD에서 작은 학습 속도를 사용하는 것이지만 이는 수렴 속도를 현저하게 늦출 수 있기 때문에, 별로 바람직한 방법은 아니다.

이 악순환을 없애기 위해 연구자들이 정책 업데이트가 미래의 결과에 대하여 미치게 될 영향을 파악하는 몇 가지 시도를 해왔다. 물론 이렇게만 설명하는 것이 매우 추상적이고 아직까지는 무슨 말인지 잘 이해가 안될 수도 있지만, 이것이 기본적인 아이디어임을 명심하자.

로보스쿨(Roboschool)

이 장에서 우리는 PyBullet을 물리 엔진으로 사용하고, 다양한 복잡성을 가지고 있는 13가지의 환경을 가진 로보스쿨을 사용할 것이다. 이 장에서는 2개의 다리가 있는 생물을 모델링하는

그림 1. 로보스쿨 HalfCheetah와 Ant 환경의 스크린 샷

RoboschoolHalfCheetah−v1과 다리가 4개인 RoboschoolAnt−v1을 사용할 것이다. 여기에서의 상태와 행동 공간은 이전 장에서 보았던 Minitaur 환경과 매우 유사한데, 상태는 관절의 특성을 포함하고 행동은 관절에 대한 활성값이다. 두 가지 환경 모두에서 우리의 목표는 에너지 소비를 최소화하면서 가능한 멀리 이동하는 것이다.

로보스쿨을 설치하려면 https://github.com/openai/roboschool에 있는 지침을 참고하기 바란다. 설치하다 보면 설치에 필요한 추가적인 구성 요소를 설치해야 할 것이고 수정된 PyBullet을 만들어 사용해야 할 것이다. 로보스쿨을 설치한 후 코드에서 import roboschool를 사용하여 새 환경에 액세스할 수 있다.

설치가 손쉽게 되지 않을 수도 있는데, 필자의 경우 PKG_CONFIG_PATH 변수를 export해야 했다. 아래 명령과 같이 수행하여 export를 수행하였다.

```
export PKG_CONFIG_PATH=/home/shmuma/anaconda3/envs/rl_book_samples-0.4.0/
lib/pkgconfig/
```

이것만 제외하면 나머지 설치 과정은 순조로울 것이다.

A2C 베이스라인

비교를 위한 기본 베이스라인을 설정하기 위해 이전 장의 코드와 매우 유사한 방식으로 A2C 방법을 사용할 것이다. 전체 소스는 Chapter15/01_train_a2c.py와 Chapter15/lib/model.py에 있다. 단, 이 베이스라인과 이전 장에서 사용한 버전에는 몇 가지 차이점이 있는데, 우선, 학습 중 경험을 수집하는데 16개의 병렬 환경을 사용한다는 점이고, 두 번째 차이점은 모델의 구조와 탐험을 수행하는 방식인데, 이를 설명하기 위해서 아래의 모델과 에이전트 클래스를 먼저 살펴보자.

우선 액터와 크리틱이 이번에는 가중치를 공유하지 않고 별도의 신경망에 배치되었다. 또한 행동에 대한 평균과 분산이 신경망의 별도의 헤드로 구성되었던 이전과는 달리 분산의 경우에는 신경망의 별도 파라미터로 구성하였다. 그 결과 분산을 위한 이 파라미터는 학습 중에 조정되기는 하지만 관찰에 의존하지는 않는다.

```
HID_SIZE = 64

class ModelActor(nn.Module):            # 정책망
    def __init__(self, obs_size, act_size):
        super(ModelActor, self).__init__()

        self.mu = nn.Sequential(
            nn.Linear(obs_size, HID_SIZE),
            nn.Tanh(),
            nn.Linear(HID_SIZE, HID_SIZE),          # 평균
            nn.Tanh(),
            nn.Linear(HID_SIZE, act_size),
            nn.Tanh(),
        )
        self.logstd = nn.Parameter(torch.zeros(act_size))   # 표준 편차에 대한 로그값

    def forward(self, x):
        return self.mu(x)
```

액터 신경망에는 각각 64개의 뉴런으로 이루어진 은닉 계층이 있으며, 각 노드는 tanh 비선형성을 가지고 있다. 분산은 별도의 신경망 파라미터로 모델링되며 표준 편차에 대한 로그값으로 해석된다.[1]

```
class ModelCritic(nn.Module):
    def __init__(self, obs_size):       # 가치망
        super(ModelCritic, self).__init__()

        self.value = nn.Sequential(
            nn.Linear(obs_size, HID_SIZE),
```

1) 역자주: 여기서, 분산 관련 신경망의 파라미터를 왜 분산으로 해석하지 않고 로그값으로 해석하는지 의문이 드는 독자가 있을 것 같다. 신경망 파라미터(가중치)로 정의된 분산 관련 파라미터는 양수/음수 어느 쪽이든 가질 수가 있는데, 이것을 분산으로 직접 해석할 수는 없지 않은가? 왜냐하면 분산은 항상 음수가 아니기 때문이다. 따라서, 이것을 그냥 분산에 대한 로그값으로 생각하면 양수/음수 다 가능해 지기 때문에 훨씬 자연스럽다.

```
                nn.ReLU(),
                nn.Linear(HID_SIZE, HID_SIZE),
                nn.ReLU(),
                nn.Linear(HID_SIZE, 1),
            )

    def forward(self, x):
        return self.value(x)
```

크리틱 신경망도 동일한 크기의 두 개의 은닉 계층을 가지며 하나의 출력을 생성하는데, 이는 할인된 상태값인 V(s)이다.

```
class AgentA2C(ptan.agent.BaseAgent):
    def __init__(self, net, device="cpu"):
        self.net = net
        self.device = device

    def __call__(self, states, agent_states):
        states_v = ptan.agent.float32_preprocessor(states).to
(self.device)

        mu_v = self.net(states_v)
        mu = mu_v.data.cpu().numpy()    # 행동의 평균값
        logstd = self.net.logstd.data.cpu().numpy()
        actions = mu + np.exp(logstd) * np.random.normal    # 행동의 평균값 + 표준편차+노이즈
(size=logstd.shape)
        actions = np.clip(actions, -1, 1)    # 환경에서 허용되는 행동값 범위로 맞춤
        return actions, agent_states
```

상태를 행동으로 변환하는 에이전트는 상태를 액터 신경망에 통과시켜 행동에 대한 평균을 얻고 logstd로 표현되는 분산에 대한 로그값을 사용하여 행동에 노이즈를 적용하였다.

결과

기본적으로 RoboschoolHalfCheetah-v1 환경이 사용되지만 -e 인수에 원하는 환경 아이디를 전달하여 다른 환경을 사용할 수도 있다. 다음은 HalfCheetah 환경에서 학습 중 얻은 총 보상(reward_100), 평균 테스트 점수(10번의 테스트, test_reward) 및 에피소드 길이(test_steps)를 보여주는 차트이다.

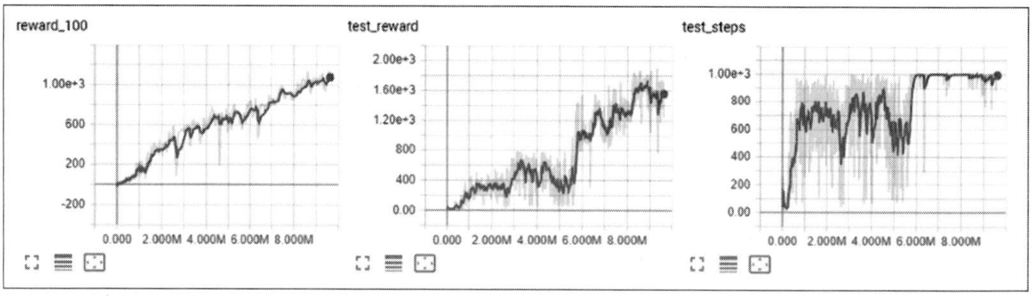

그림 2. HalfCheetah 환경에서 A2C의 수렴

이 문제에서 모델은 700 정도의 스코어를 얻은 상태에서 지역적 최소화 상태에 빠졌다(test_reward 차트 참고). 여기서 더 큰 보상을 얻기 위해서는 앞으로 나이가는 것이 큰 보상을 얻기에는 유리하다는 것을 알아야 하는데, 이를 발견하기 까지 6M개의 관찰을 사용하였다. 총 학습 시간은 15시간 정도 걸렸다.

RoboschoolAnt-v1은 시뮬레이션 프로세스가 오래 걸리기 때문에 속도가 느리다. 하루 정도 더 학습하면 더 좋은 정책을 얻을 수도 있겠지만, 위에서 얻은 차트로부터도 수렴 안정성 및 성능에 대한 아이디어를 얻기에는 충분하다.

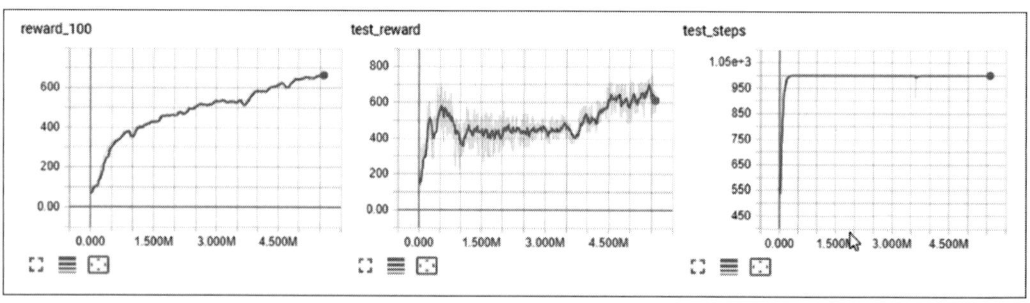

그림 3. Ant 환경에서의 A2C 수렴

비디오 녹화

예전과 마찬가지로 실제 에이전트가 있는 비디오를 녹화할 수 있는 유틸리티가 있다. 이 파일은 Chapter15/02_play.py로서 이장에서 나오는 방법들에 대한 모델을 받아서 벤치마킹하거나 비디오를 녹화할 수 있다. 또한, -e 명령 옵션을 사용하여 환경 이름을 변경할 수도 있다.

PPO: Proximal Policy Optimization(근위 정책 최적화)

이 방법은 TRPO(2015년)가 제안된 후 시간이 꽤 흐른 뒤인 2017년에 존 슈만[John Schulman] 등이 제안하였지만(*Proximal Policy Optimization Algorithms*, arXiv: 1707.06347), TRPO보다 훨씬 간단하므로 이것을 먼저 다루어 보고자 한다.

고전적인 비동기 어드밴티지 Actor-Critic (A3C) 방법과 비교하여 핵심적인 개선 사항은 PG를 추정하는 데 사용되는 표현식이 다르다는 점이다. A3C에서는 선택된 행동에 대한 로그값에 대한 그라디언트를 취하는 반면, PPO에서는 이전 정책과 새로운 정책 간의 비율을 사용한다.

수학적으로 살펴보면 A3C의 목적 함수 J_θ는 $J_\theta = \mathbb{E}_t[\log\pi_\theta(a_t|s_t)A_t]$로 쓰여질 수 있다. PPO가 제안한 새로운 목적 함수는 $J_\theta = \mathbb{E}_t[\frac{\pi_\theta(a_t|s_t)}{\pi_{\theta_{old}}(a_t|s_t)}A_t]$이다. 그러나 이 값을 맹목적으로 최대화하기 시작하면 정책 가중치가 매우 커질 수 있기 때문에[2], 업데이트를 제한하기 위해 추가적으로 클리핑을 도입해보자. 우선, 새로운 정책과 이전 정책 사이의 비율을 $r_t(\theta) = \frac{\pi_\theta(a_t|s_t)}{\pi_{\theta_{old}}(a_t|s_t)}$ 로 쓰면 클리핑된 목표는 $J_\theta^{clip} = \mathbb{E}_t[\min(r_t(\theta)A_t, clip(r_t(\theta), 1-\epsilon, 1+\epsilon)A_t)]$로 나타낼 수 있다. 이 목표는 이전 정책과 새 정책 간의 비율을 $[1-\epsilon, 1+\epsilon]$ 사이로 제한하므로 업데이트의 크기를 제한할 수 있다.

A3C 방법과 또 다른 점은 이득[advantage]을 추정하는 방법이다. A3C 논문에서 T 단계의 유한 구간[finite horizon]에서 얻은 이득은 $A_t = -V(s_t) + r_t + \gamma r_{t+1} + \ldots + \gamma^{T-t+1}r_{T-1} + \gamma^{T-t}V(s_T)$로 표현된다. PPO 논문에서 저자들은 $A_t = \delta_t + (\gamma\lambda)\delta_{t+1} + \cdots + \cdots + (\gamma\lambda)^{T-t+1}\delta_{T-1}$의 형태로 보다 일반적인 추정을 사용했다[3]. 여기서 $\delta_t = r_t + \gamma V(s_{t+1}) - V(s_t)$이며 $\lambda = 1$일 경우에는 A3C 추정이 되므로, A3C의 추정은 이 방법의 특별한 경우라고 할 수 있다.

구현

코드는 Chapter15/04_train_ppo.py, Chapter15/lib/model.py의 두 파일에 있다. 액터, 크리틱 및 에이전트 클래스는 A2C 베이스라인과 정확히 동일하다. 차이가 나는 부분은 학습 과정과 이득을 계산하는 방법이다. 우선, 하이퍼 파라미터로 시작하자.

```
ENV_ID = "RoboschoolHalfCheetah-v1"
```

2) 역자주: 새로운 정책과 이전 정책 간의 비율이므로, 이 비율로 상대적으로 지나치게 커지거나 작아질 수 있다.

3) 역자주: 이것을 general advantage estimator라고 하며, 약자로 gae라고 한다.

```
GAMMA = 0.99
GAE_LAMBDA = 0.95
```

GAMMA는 이미 친숙하고 GAE_LAMBDA는 이득 추정에 사용되는 람다(λ) 계수를 지정한다. PPO 논문에서는 0.95를 사용하였다.

```
TRAJECTORY_SIZE = 2049
LEARNING_RATE_ACTOR = 1e-4
LEARNING_RATE_CRITIC = 1e-3
```

환경에서 TRAJECTORY_SIZE 만큼의 전이 데이터를 모으면, 학습이 시작된다. 이때, A3C와는 다르게 이 모아진 데이터를 이용하여 아래 PPO_EPOCHES에서 정해진 에포크 동안 학습을 진행하고, 이후 다시 TRAJECTORY_SIZE 만큼의 데이터를 환경으로부터 모으고 다시 같은 과정이 반복된다. 학습 도중에는 TRAJECTORY_SIZE 만큼의 데이터를 PPO_BATCH_SIZE 만큼의 크기 단위로 미니배치를 만들어서 학습을 진행한다. 또한, 액터와 크리틱이 이제는 완전히 별도의 네트워크로 구현되기 때문에, 이 둘을 위하여 옵티마이저를 각각 사용해야 한다.

```
PPO_EPS = 0.2
PPO_EPOCHES = 10
PPO_BATCH_SIZE = 64
```

PPO_EPS는 새 정책과 이전 정책의 비율을 지정할 때 사용될 클리핑 상수이다.

```
TEST_ITERS = 1000
```

환경에서 TEST_ITERS=1000개만큼의 관찰이 이루어질 때 마다 10가지 에피소드를 대상으로 테스트를 수행하여 현재 정책에 대한 총 보상 및 실행된 스텝 수를 얻는다. 아래의 함수는 경로(trajectory)[4]를 취하고 액터 학습을 위한 이득과, 크리틱 학습을 위한 참조값을 계산한다. 여기서 경로는 함께 연결된 여러 에피소드일 수 있다.

```
# 경로로부터 가치망을 학습할 때 쓸 타겟값을 계산
def calc_adv_ref(trajectory, net_crt, states_v, device="cpu"):
    values_v = net_crt(states_v)
    values = values_v.squeeze().data.cpu().numpy()
```

우선, 크리틱 신경망을 사용하여 상태로부터 상태값을 얻는다.

4) 역자주: 여기서 경로는 에이전트가 주어진 상태에서 수행한 행동과 그 결과에 대한 리스트로서 보다 정확히는 (상태, 행동, 보상, 종료 플래그)의 튜플에 대한 리스트이다. 참고로, 경로는 다수의 에피소드가 하나의 경로로 묶여질 수 있다.

```
        last_gae = 0.0
        result_adv = []
        result_ref = []
        for val, next_val, (exp,) in zip(reversed(values[:-1]),
    reversed(values[1:]), reversed(trajectory[:-1])):  # 뒤에서부터 계산해야 쉽다
```

이 루프는 경로의 각 단계에서 현재의 가치(현재 상태에서 얻음)와 다음 단계의 가치(벨만 방정식을 사용하여 추정)가 필요하다. 이 과정에서 경로를 뒤에서부터 역순으로 방문하여 계산의 효율성을 추구하였다.[5)]

```
            if exp.done:    # 현재 단계가 에피소드의 마지막 단계라면
                delta = exp.reward - val
                last_gae = delta
            else:
                delta = exp.reward + GAMMA * next_val - val
                last_gae = delta + GAMMA * GAE_LAMBDA * last_gae
```

만일 현재 단계가 에피소드의 마지막 단계라면, 고려할 다음 단계의 상태 가치($V(s_{t+1})$)가 없으므로(역순으로 경로를 처리한다는 것을 기억하자) 이 단계에서 델타(δ)의 가치는 즉각적인 보상에서 단계에 대해 예측된 ($V(s_{t+1})$)를 뺀 값이 된다. 즉, $\delta_t = r_t + \gamma \underbrace{V(s_{t+1})}_{=0} - V(s_t)$반면, 현재 단계가 종료 단계가 아닌 경우, 델타는 즉각적인 보상에 후속 단계의 상태 가치를 더하고, 여기로부터 현재 단계에 대하여 크리틱이 예측한 상태 가치를 뺀 것과 같다. 기존 **A3C** 방법에서는 델타가 추정 이득(estimated advantage)으로 사용되었지만 여기에서의 이득 추정(last_gae 변수에서 추적됨)은 할인 계수 $\gamma\lambda$가 있는 델타의 합계로 계산된다.

```
            result_adv.append(last_gae)          # 어드밴티지 저장
            result_ref.append(last_gae + val)    # 가치망 학습을 위한 타겟값
```

여기서는 이득을 계산하고 크리틱을 위한 참조값을 계산하여 리스트에 저장하였다.

5) 역자주: 앞서 이득을 계산할 식 $A_t = \delta_t + (\gamma\lambda)\delta_{t+1} + \cdots + \cdots + (\gamma\lambda)^{T-t+1}\delta_{T-1}$, $\delta_t = r_t + \gamma V(s_{t+1}) - V(s_t)$을 살펴보면, 감마와 람다가 지수적으로 곱해지는 것을 알 수 있다. 이를 보다 편리하게 계산하기 위해서는 뒤에서부터 계산해서 한 단계씩 앞으로 올때마다 계속 곱해가면 된다. 이를 수식으로 표현해 보면 다음과 같다.

$$\begin{aligned} GAE_t(\gamma,\lambda) &= \sum_{l=0}^{\infty}(\gamma\lambda)^l \delta_{t+2}^V \\ &= \delta_t + (\gamma\lambda)\delta_{t+1} + (\gamma\lambda)^2\delta_{t+2} + \cdots \\ &= \delta_t + (\gamma\lambda)(\delta_{t+1} + (\gamma\lambda)\delta_{t+2} + \cdots) \\ &= \delta_t + (\gamma\lambda)(GAE_{t+1}(\gamma,\lambda)) \end{aligned}$$

이 된다.

```
    adv_v = torch.FloatTensor(list(reversed(result_adv))).to(device)
    ref_v = torch.FloatTensor(list(reversed(result_ref))).to(device)
    return adv_v, ref_v
```

학습 루프에서는 PTAN 라이브러리의 ExperienceSource(steps_count=1) 클래스를 사용하여 원하는 크기의 경로를 수집한다. 이를 통해 환경으로부터(상태, 행동, 보상, 완료) 구성되는 튜플을 제공받는다.

```
            trajectory.append(exp)    # 전이를 저장
            if len(trajectory) < TRAJECTORY_SIZE:    # 충분히 모일 때까지 반복해서 전이 샘플 수집
                continue

            traj_states = [t[0].state for t in trajectory]    # 경로로부터 상태와 행동을 빼냄
            traj_actions = [t[0].action for t in trajectory]
            traj_states_v = torch.FloatTensor(traj_states).to(device)
            traj_actions_v = torch.FloatTensor(traj_actions).
to(device)    어드밴티지    가치망 학습을 위한 타겟값
            traj_adv_v, traj_ref_v = calc_adv_ref(trajectory,
net_crt, traj_states_v, device=device)
```

학습을 위해서 충분히 큰 크기의 경로를 얻게 되면(TRAJECTORY_SIZE 크기만큼) 상태와 행동을 텐서로 변환하고 앞서 설명한 cal_adv_ref 함수를 사용하여 이득[advantage]과 크리틱 학습의 타겟값으로 쓰이는 참조값을 얻는다.

다음 단계에서는 경로에서 취해진 행동에 대한 확률 로그를 계산한다. 이 값은 PPO의 목적 함수 $J_\theta = \mathbb{E}_t[\frac{\pi_\theta(a_t|s_t)}{\pi_{\theta_{old}}(a_t|s_t)} A_t]$에서 $\pi_{\theta_{old}}$로 사용된다. 또한, 학습의 안정성을 향상시키기 위해 이득을 경로의 평균과 분산을 이용하여 정규화하였다.

```
            mu_v = net_act(traj_states_v)
            old_logprob_v = calc_logprob(mu_v, net_act.logstd,    # 행동 확률에 대한 로그값을 구함. 이 함수는 이미 14장에서 살펴보았다
traj_actions_v)
            traj_adv_v = (traj_adv_v - torch.mean(traj_adv_v)) /
torch.std(traj_adv_v)    # 이득을 정규화
```

아래 두 라인은 경로로부터 마지막 엔트리를 떨구는데, 앞서 살펴본 바와 같이 이득과 참조 값이 경로 길이보다 한 단계 짧기 때문이다(calc_adv_ref 함수 참조).

```
            trajectory = trajectory[:-1]
            old_logprob_v = old_logprob_v[:-1].detach()
```

모든 준비가 끝나면 준비된 경로에 대해 여러 에포크에 걸쳐서 학습을 진행한다. 경로를 미니배

치 크기로 자르기 위해서 상응하는 부분을 추출하고 크리틱과 액터의 학습을 별도로 진행한다.

```
            for epoch in range(PPO_EPOCHES):    # 정해진 에포크 동안 학습 진행
                for batch_ofs in range(0, len(trajectory), PPO_BATCH_    # 하나의 에포크에서 다수의 미니배치를 구성
SIZE):
                    states_v = traj_states_v[batch_ofs:batch_ofs +
PPO_BATCH_SIZE]
                    actions_v = traj_actions_v[batch_ofs:batch_ofs +
PPO_BATCH_SIZE]
                    batch_adv_v = traj_adv_v[batch_ofs:batch_ofs +
PPO_BATCH_SIZE].unsqueeze(-1)
                    batch_ref_v = traj_ref_v[batch_ofs:batch_ofs +
PPO_BATCH_SIZE]
                    batch_old_logprob_v = old_logprob_v[batch_
ofs:batch_ofs + PPO_BATCH_SIZE]
```

크리틱을 학습시키기 위해서 미리 계산된 참조값과 크리틱의 예측값 사이의 평균 제곱 오차(MSE) 손실을 계산한다.

```
                    # 가치망 학습 부분
                    opt_crt.zero_grad()
                    value_v = net_crt(states_v)
                    loss_value_v = F.mse_loss(value_v.squeeze(-1),
batch_ref_v)
                    loss_value_v.backward()
                    opt_crt.step()
```

액터를 학습시키기 위해서는 클리핑 목적 함수의 부호를 마이너스로 바꾸어 최소화 문제로 변환한 후 학습을 진행한다.

클리핑 목적 함수는 $\mathbb{E}_t[\min(r_t(\theta)A_t, clip(r_t(\theta), 1-\epsilon, 1+\epsilon)A_t)]$ $r_t(\theta) = \frac{\pi_\theta(a_t|s_t)}{\pi_{\theta_{old}}(a_t|s_t)}$ 로 정의되었으며, 아래 코드는 이를 구현한 것이다.

```
                    # 정책망 학습 부분
                    opt_act.zero_grad()
                    mu_v = net_act(states_v)    # 행동 평균값 산출
                    logprob_pi_v = calc_logprob(mu_v, net_act.logstd,
actions_v)
                                                                  # 비율 계산
                    ratio_v = torch.exp(logprob_pi_v - batch_old_
logprob_v)
                    surr_obj_v = batch_adv_v * ratio_v
                    clipped_surr_v = batch_adv_v * torch.
clamp(ratio_v, 1.0 - PPO_EPS, 1.0 + PPO_EPS)
                    loss_policy_v = -torch.min(surr_obj_v, clipped_    # 손실 계산
surr_v).mean()
                    loss_policy_v.backward()    # 업데이트를 통하여 새로운 정책이 만들어짐
                    opt_act.step()
```

$r_t(\theta) = \frac{\pi_\theta(a_t|s_t)}{\pi_{\theta_{old}}(a_t|s_t)}$

surr_obj_v → $\frac{\pi_\theta(a_t|s_t)}{\pi_{\theta_{old}}(a_t|s_t)}A_t$

결과

테스트한 두 가지 환경 모두에서 PPO 방법은 A2C 방법보다 크게 개선되었다. 아래 차트는 RoboschoolHalfCheetah-v1 환경의 학습 진행 상황을 보여준다. 단 2시간의 학습 및 1.3M 관찰로 1k 점수에 도달할 수 있었으며 10M 관찰로 15시간을 학습한 A2C보다 훨씬 좋은 결과를 보여준다. 10시간의 학습을 거쳐 에이전트가 얻을 수 있었던 최고 보상은 2600 이상이었으며, 학습 속도(LR) 감소와 같은 약간의 튜닝을 더 한다면 더 잘 할 수 있을 것으로 보인다.

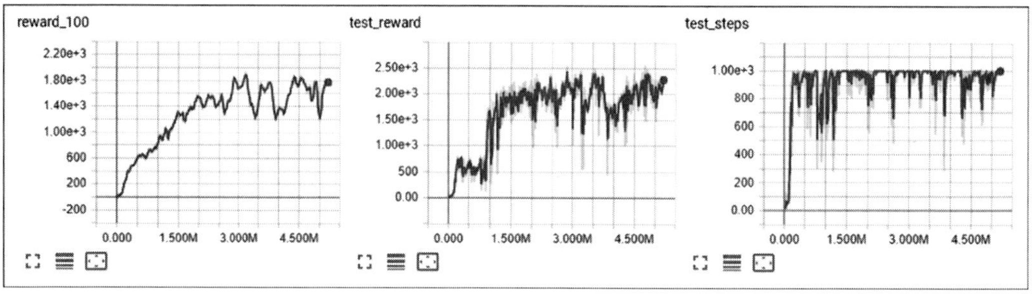

그림 4. HalfCheetah에서의 PPO 수렴

RobochoolAnt-v1에서도 보상은 거의 선형적으로 증가하였고 20시간의 학습 동안 최대 테스트 보상은 1848이었으며 A2C 방법보다 개선되었다.

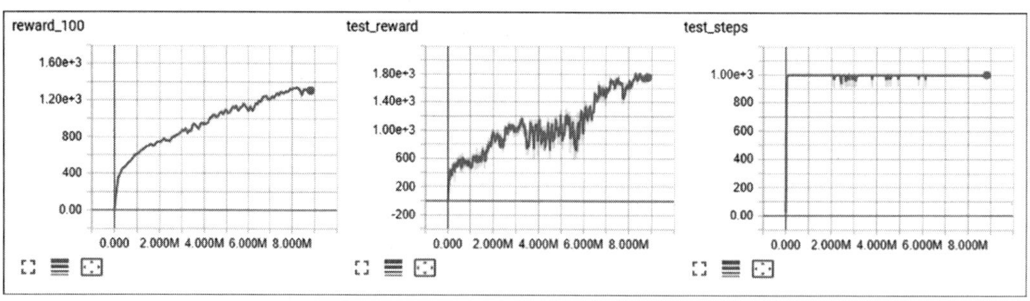

그림 5. Ant 환경에서의 PPO

신뢰 영역 정책 최적화 방법(Trust Region Policy Optimization, TRPO)

TRPO는 2015년 버클리(Berkeley) 연구원인 존 슈만 John Schulman 등이 *Trust Region Policy Optimization*(https://arxiv.org/abs/1502.05477)이라는 논문으로 제안하였다. 이 논문은 확률적 정책 그라디언트 최적화 방법의 안정성과 일관성을 위해 제안되었으며 다양한 제어 작업에 대해 좋은 결과를 보여주었다.

하지만, 불행히도 제안된 방법은 상당한 수준의 수학적인 이해가 필요하기 때문에 세부 사항을 이해하기 좀 어려울 수 있다. 구현에 있어서도 마찬가지인데, 일반적으로 사용하는 SGD 대신 제약 조건 최적화(constrained optimization) 문제를 효율적으로 해결하기 위한 켤레 기울기(conjugate gradient) 방법을 사용하기 때문에, 좀 난해하기는 하다.

TRPO의 목적 함수는 PPO와 동일하게 $J_\theta = \mathbb{E}_t \left[\frac{\pi_\theta(a_t|s_t)}{\pi_{\theta_{old}}(a_t|s_t)} A_t \right]$이다. 여기서 한 가지 제약 조건이 추가되는데, PPO와 마찬가지 이유로 새로운 정책이 기존 정책과 너무 큰 차이가 나면 학습에 좋지 않기 때문에, 되도록이면 새로운 정책이 기존의 정책과 큰 차이가 나지 않도록 하면서 목적 함수를 최대화하는 새로운 정책을 찾고 싶은 것이다. PPO는 기존 정책과 새로운 정책 간의 비율을 클리핑하는 것으로 이 문제를 접근하였지만 TRPO는 이전 정책과 새 정책 사이의 쿨백-라이블러 발산(Kullback-Leibler divergence, KL)이 어느 정도 이상은 되지 않도록 정책 업데이트에 대한 추가 제약 조건을 정의한다. 이 제약 조건은 $\bar{D}_{KL}^{\rho_{\theta_{old}}}(\theta_{old}, \theta) \le \delta$ 로 표현될 수 있다.

구현

깃허브 등에서 찾을 수 있는 대부분의 TRPO 구현은 서로 매우 유사하다. 아마도 이 모두가 원래 존 슈만(John Schulman)의 TRPO 구현(https://github.com/joschu/modular_rl)에서 유래되었기 때문일 거라 생각된다. TRPO를 구현한 필자의 버전 또한 크게 다르지 않다. TRPO 구현을 위한 켤레 기울기법은 https://github.com/ikostrikov/pytorch-trpo의 코드를 사용하였다.

전체 예제는 Chapter15/03_train_trpo.py와 Chapter15/lib/trpo.py에 있으며 학습 루프는 PPO 예제와 매우 유사하다. 즉, 미리 정해진 길이의 전이 경로를 샘플링하고 PPO에서와 마찬가지로 이득 추정을 계산한다(시간적으로 굳이 따지자면 이 추정 방법은 TRPO에서 첫 번째로 제안되었다). 다음으로 계산된 참조값과 크리틱의 출력을 이용하여 평균 제곱 오차(MSE) 손실을 계산한다. 한편, 액터 학습을 위해서는 켤레 기울기법[6]을 사용하여 이동할 방향을 찾은 다음 이 방향으로 라인 써치(linesearch)를 수행하여 얼마나 이동할지를 결정한다. 이때, 제약 조건으로 세운 쿨백-라이블러 발산(Kullback-Leibler divergence, KL)을 이용해서 기존 정책과 새로운 정책 사이의 이격을 계산하고 이 이격이 지나치게 커지지 않은 한도내에서 얼마나 이동할지를 결정한다. 이 결정으로 새로운 정책이 확정된다.

아래는 이를 수행하는 학습 루프의 일부이다.

```
# critic step
opt_crt.zero_grad()
value_v = net_crt(traj_states_v)
loss_value_v = F.mse_loss(value_v.squeeze(-1), traj_ref_v)
loss_value_v.backward()
opt_crt.step()
```

TRPO를 수행하려면 두 가지 기능을 제공해야 하는데, 첫 번째는 PPO와 마찬가지로 새 정책과 이전 정책의 비율과 이득 추정을 곱하여 현재 액터의 정책 손실을 계산하는 것이다. 두 번째 함수는 이전 정책과 현재 정책 사이의 쿨백-라이블러 발산(Kullback-Leibler divergence, KL)을 계산해야 한다.

```
# actor step
def get_loss():
    mu_v = net_act(traj_states_v)
    logprob_v = calc_logprob(mu_v, net_act.logstd, traj_
actions_v)
    action_loss_v = -traj_adv_v.unsqueeze(dim=-1) * torch.
exp(logprob_v - old_logprob_v)
    return action_loss_v.mean()
```

$J_\theta = \mathbb{E}_t\left[\frac{\pi_\theta(a_t|s_t)}{\pi_{\theta_{old}}(a_t|s_t)}A_t\right]$

PPO와 마찬가지로 새로운 정책과 이전 정책 간의 비율에 이득을 곱함

6) 역자주: 켤레 기울기법(conjugate gradient)을 영어 원서에서도 설명하지 않았기 때문에, 이를 번역자가 모두 설명하기는 지면 관계상 힘들다. 하지만, 그 개념과 목적을 간단히 설명해야 할 필요는 있는 것 같다. 켤레 기울기법은 선형 시스템 Ax=B를 만족하는 x를 구하는 문제를 풀기 위해서 이를 2차원 방정식 $\frac{1}{2}x^TAx - b^Tx$으로 변형한 후, 이를 최적화하는 x를 찾는 문제이다. 일반적으로 SGD를 사용하면 되나, 시간이 상대적으로 오래 걸린다는 단점이 있다. 켤레 기울기법은 SGD 방법에서 찾는 기울기 방향이 2차 방정식 문제에서 최적의 방향이 아님을 지적하고, 최적의 방향을 찾는 방법으로 최적화를 매우 빨리 해결하는 방법이다. 이 방법은 x가 n차원 벡터라면 최대 n번의 탐색만으로 최적화를 수행할 수 있다. 이렇게 하면 SGD보다 엄청나게 좋은 방법 아니냐 하는 생각이 들지도 모르겠는데, 주의할 것은 이 방법은 2차 방정식(quadratic)에만 적용할 수 있는 방법이므로, SGD를 대체할 수는 없다. 독자들에게 좀 미안하기는 한데, 이것을 제대로 설명하려면 몇 페이지를 할애해야 하므로 이정도만이라도 독자들의 이해를 위해서 적어 둠을 양해해 주길 바란다.

```
            def get_kl():
                mu_v = net_act(traj_states_v)      # 평균을 얻고
                logstd_v = net_act.logstd
                mu0_v = mu_v.detach()
                logstd0_v = logstd_v.detach()
                std_v = torch.exp(logstd_v)
                std0_v = std_v.detach()
                kl = logstd_v - logstd0_v + (std0_v ** 2 +      다음 페이지 유도 공식 참조
((mu0_v - mu_v) ** 2) / (2.0 * std_v ** 2)) - 0.5
                return kl.sum(1, keepdim=True)

            trpo.trpo_step(net_act, get_loss, get_kl, TRPO_MAX_KL,
TRPO_DAMPING, device=device)
```

간략히 줄여서 설명하자면, TRPO가 정책 업데이트에 제한을 가하기 위하여 켤레 기울기법과 라인 써치 기법을 사용하여 정책을 업데이트하는 반면, PPO는 두 정책의 비율을 클리핑함으로써 두 정책 사이의 차이에 대한 제약을 가한다.

결과

필자의 실험에서 TRPO는 A2C 베이스라인보다 더 나은 결과를 보여 주었지만 PPO보다는 좋지 않았다. HalfCheetah 테스트에서, TRPO는 5M 관찰과 8시간의 학습 후에 1K의 보상을 받을 수 있었다. 1300만 건의 관찰을 사용하면 보상은 두 배로 늘었다.

역자주. 두개의 가우시안 확률분포 p, q에 대한 KL은 아래 수식에 의하여 간단히 계산할 수 있다.

$$p(x) = \mathcal{N}(\mu_1, \sigma_1^2) = \frac{1}{\sqrt{2\pi\sigma_1^2}} e^{-\frac{1}{2}\frac{(x-\mu_1)^2}{\sigma_1^2}}$$

$$q(x) = \mathcal{N}(\mu_2, \sigma_2^2)$$ p, q 가우시안 분포

KL의 정의 $KL(p, q) = \mathbb{E}_p\left[\log p(x) - \log q(x)\right] = \mathbb{E}_p\left[\log p(x)\right] - \mathbb{E}_p\left[\log q(x)\right]$

$$\begin{aligned}
\mathbb{E}_p\left[\log p(x)\right] &= \mathbb{E}_p\left[\log \frac{1}{\sqrt{2\pi\sigma_1^2}} e^{-\frac{1}{2}\frac{(x-\mu_1)^2}{\sigma_1^2}}\right] \\
&= \mathbb{E}_p\left[-\frac{1}{2}\log(2\pi\sigma_1^2) - \frac{1}{2}\frac{(x-\mu_1)^2}{\sigma_1^2}\right] \\
&= -\frac{1}{2}\log(2\pi\sigma_1^2) - \frac{1}{2\sigma_1^2}\mathbb{E}_p\left[(x-\mu_1)^2\right] \\
&= -\frac{1}{2}\log(2\pi\sigma_1^2) - \frac{1}{2\sigma_1^2}\mathbb{E}_p\left[x^2 - 2x\mu_1 + \mu_1^2\right] \\
&= -\frac{1}{2}\log(2\pi\sigma_1^2) - \frac{1}{2\sigma_1^2}\left(\mathbb{E}_p[x^2] - 2\mathbb{E}_p[x]\mu_1 + \mu_1^2\right) \\
&= -\frac{1}{2}\log(2\pi\sigma_1^2) - \frac{1}{2\sigma_1^2}\left(\mathbb{E}_p[x^2] - 2\mu_1^2 + \mu_1^2\right) \\
&= -\frac{1}{2}\log(2\pi\sigma_1^2) - \frac{1}{2\sigma_1^2}\left(\mathbb{E}_p[x^2] - \mu_1^2\right) \\
&= -\frac{1}{2}\log(2\pi\sigma_1^2) - \frac{1}{2\sigma_1^2}\left(\sigma_1^2\right) \\
&= -\frac{1}{2}\left[\log(2\pi\sigma_1^2) + 1\right]
\end{aligned}$$

$$\begin{aligned}
-\mathbb{E}_p\left[\log q(x)\right] &= -\mathbb{E}_p\left[\log \frac{1}{\sqrt{2\pi\sigma_2^2}} e^{-\frac{1}{2}\frac{(x-\mu_2)^2}{\sigma_2^2}}\right] \\
&= -\mathbb{E}_p\left[-\frac{1}{2}\log(2\pi\sigma_2^2) - \frac{1}{2}\frac{(x-\mu_2)^2}{\sigma_2^2}\right] \\
&= \frac{1}{2}\log(2\pi\sigma_2^2) + \frac{1}{2\sigma_2^2}\mathbb{E}_p\left[(x-\mu_2)^2\right] \\
&= \frac{1}{2}\log(2\pi\sigma_2^2) + \frac{1}{2\sigma_2^2}\mathbb{E}_p\left[x^2 - 2x\mu_1 + \mu_1^2\right] \\
&= \frac{1}{2}\log(2\pi\sigma_2^2) + \frac{1}{2\sigma_2^2}\left(\mathbb{E}_p[x^2] - 2\mathbb{E}_p[x]\mu_2 + \mu_2^2\right) \\
&= \frac{1}{2}\log(2\pi\sigma_2^2) + \frac{1}{2\sigma_2^2}\left(\mathbb{E}_p[x^2] - 2\mu_1\mu_2 + \mu_2^2\right) \\
&= \frac{1}{2}\log(2\pi\sigma_2^2) + \frac{1}{2\sigma_2^2}\left(\sigma_1^2 + \mu_1^2 - 2\mu_1\mu_2 + \mu_2^2\right) \\
&= \frac{1}{2}\log(2\pi\sigma_2^2) + \frac{\sigma_1^2 + (\mu_1 - \mu_2)^2}{2\sigma_2^2}
\end{aligned}$$

$$\begin{aligned}
KL(p, q) &= \frac{1}{2}\log(2\pi\sigma_2^2) + \frac{\sigma_1^2 + (\mu_1 - \mu_2)^2}{2\sigma_2^2} - \frac{1}{2}(1 + \log 2\pi\sigma_1^2) \\
&= \log\frac{\sigma_2}{\sigma_1} + \frac{\sigma_1^2 + (\mu_1 - \mu_2)^2}{2\sigma_2^2} - \frac{1}{2}
\end{aligned}$$

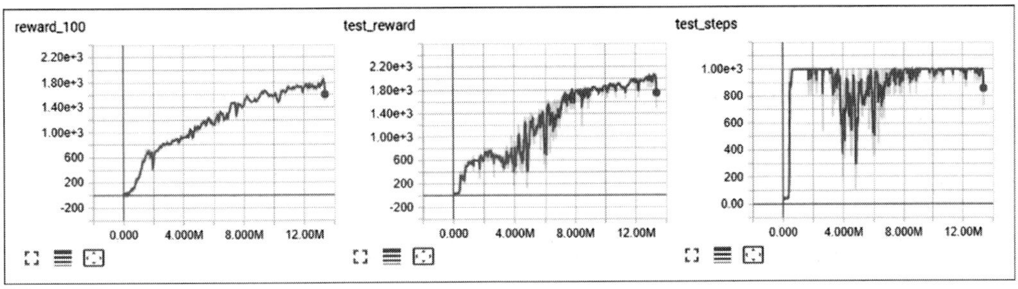

그림 6. HalfCheetah 환경에서의 TRPO

RoboschoolAnt-v1에 대한 학습은 훨씬 덜 성공적이었는데, 3시간의 학습을 거친 후 약 1.5M 단계에서 에이전트에 700의 보상이 주어졌지만 이후에는 학습이 잘 이루어지지 않고 발산하였다.

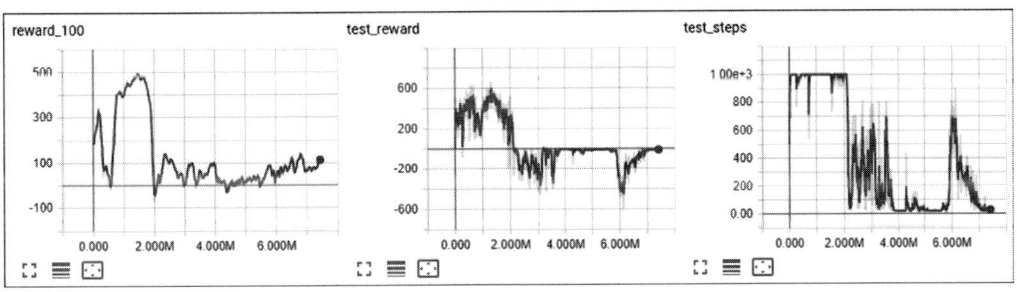

그림 7. Ant 환경에서의 TRPO

ACKTR

우리가 비교할 세 번째 방법은 SGD 안정성을 접근하는데 다른 방법을 사용한다. 유후아이 우(Yuhuai Wu)등이 2017년에 출판한 크로네커 팩터 근사(Kronecker-Factored Approximation)를 이용한 Scalable Trust-Region Method(https://arxiv.org/abs/1708.05144)라는 논문에서 저자는 2차 최적화 방법과 신뢰 영역 접근법을 결합하였다.

2차 방법의 아이디어는 최적화 프로세스의 수렴을 개선하기 위해 최적화할 함수의 2차 미분(즉, 곡률)을 이용하여 전통적인 SGD를 향상시키는 것이다. 이때 보통은 2차 미분과 관련된 헤시안(Hessian)과 그것의 역행렬을 만들어야 한다. 그렇지만, 이것은 그다지 즐거운 작업이 아니다. 왜냐하면 헤시안 행렬을 저장하기 위해서는 시스템의 파라미터 개수의 제곱만큼의 메모리가 필요하며, 그것의 역행렬을 구할 때는 삼제곱만큼의 시간이 소요되기 때문이다. 만일 우리가 시스템을 딥러닝망으로 구축한다면, 딥러닝망에 있는 모든 파라미터 개수의 제곱만큼의 메모리가 필요하다는 것이며, 역행렬을 구할 때 역시 시간이 지나치게 오래 걸릴 것이다. 따라서 이를 직접적으로 구해서 사용하는 방법은 현실적이지 못하며, 이 방법을 실제적으로 이용할 때는 어떻게든 근사하는 방법을 사용한다. 사실 이 연구 영역은 견고하고 확장 가능한 최적화 방법을 개발하는 것과 다름 없으므로 머신 러닝 분야에서 매우 적극적으로 연구되고 있는 분야이다.

2차 방법 중 하나는 2015년에 발표된 크로네커 팩터 근사(일반적으로 KFAC로 약칭 함)인데, 제임스 마르텐스James Martens과 로저 그로스Roger Grosse가 2015년에 발표한 *Optimizing Neural Networks with Kronecker-Factored Approximate Curvature*에 발표되었다. 하지만, 안타깝게도 이 방법에 대한 자세한 설명은 이 책의 범위를 좀 벗어나는 것으로 보여, 자세한 설명은 생략한다.

구현

KFAC 방법은 새로운 방법이어서 파이토치에는 이 방법을 지원하는 옵티마이저가 준비되어 있지 않다. 유일한 파이토치용 프로토타입은 아일야 코스트리코프Ilya Kostrikov가 제공하고 있는데 https://github.com/ikostrikov/pytorch-a2c-ppo-acktr에서 확인할 수 있다. OpenAI Baselines와 함께 제공되는 텐서플로우용 KFAC이 있기는 하지만 파이토치로 이식하는 것은 또 다른 어려운 작업임이 틀림없다.

실험을 위해 필자는 위의 링크에서 KFAC를 가져 와서 기존 코드에 결합하여 기존의 옵티마이저를 대체하고 backward() 함수를 추가로 호출하여 피셔 정보 행렬Fisher information matrix를 수집해야 했다. 크리틱은 A2C에서와 같은 방식으로 학습되었다.

전체 예제는 Chapter15/05_train_acktr.py에 있으나 여기에는 표시하지 않았다. 코드는 기본적으로 A2C와 동일한데, 유일한 차이점은 다른 옵티마이저가 사용되었다는 점이다.

결과

RoboschoolAnt-v1 환경에서 ACKTR 방법은 A2C보다는 나은 결과를 보여 주었지만 PPO보다는 좋지 않았다. 하지만, 이 결과에 대하여 독자들이 그렇게 많은 신뢰를 부여하지는 않았으면 한다. 왜냐하면, 하이퍼 파라미터 튜닝도 하지 않았고 환경마다 결과가 다를 수도 있기 때문이다. 따라서, 독자 여러분이 자기만의 문제를 가지고 있다면 앞서 언급한 방법들을 두루 적용하여 가장 최적의 방법을 스스로 찾아 내기를 추천 드린다.

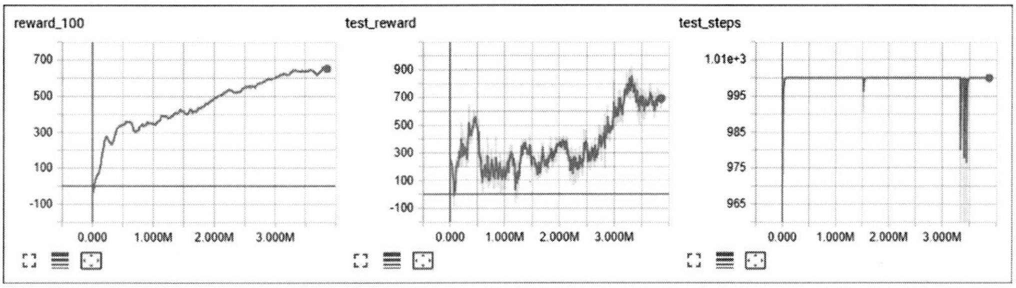

그림 8. HalfCheetah 환경에서의 ACKTR

HalfCheetah 환경에서 ACKTR은 훨씬 덜 안정적으로 동작하였고, 겨우 1k의 보상만 받을 수 있었다.

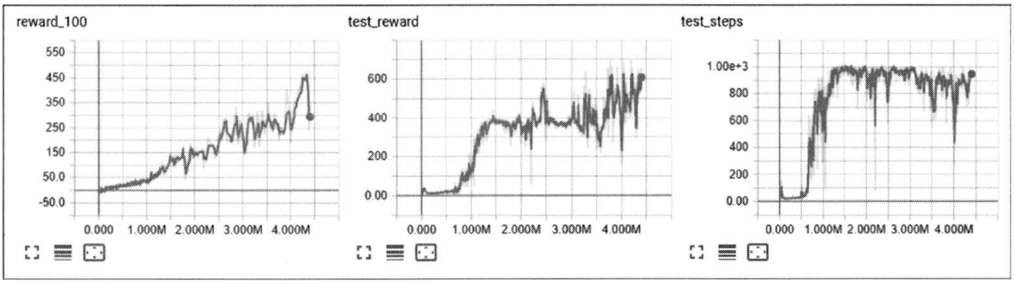

그림 9. Ant 환경에서의 ACKTR

요약

이 장에서는 확률적 정책 그라디언트 방법의 안정성을 향상시키기 위한 세 가지 방법을 살펴보고, 두 가지 연속 제어 문제에 적용하여 A2C 베이스라인과 비교하여 보았다. 이전 장에서 살펴보았던 DDPG 및 D4PG 방법과 더불어 이 장에서 소개한 세 개의 방법은 연속 제어 영역의 문제들을 해결하는 기본적인 도구들이라 할 수 있다.

다음 장에서는 최근 인기를 얻고 있는 다른 강화학습 방법들인 블랙 박스 방법 또는 그라디언트 프리(gradient-free) 방식에 대하여 살펴볼 것이다.

제 16 장

강화학습에서의 블랙 박스 최적화

이 장에서는 강화학습에 대한 관점을 좀 바꾸어서 소위 블랙박스 최적화 방법에 대하여 알아볼 것이다. 그 중에서도 특히 진화 전략(Evolution Strategy, ES) 및 유전자 알고리즘(Genetic Algorithm, GA)에 대하여 살펴볼 것이다. 이 방법들은 적어도 10년 이상 연구된 방법들이지만 최근 대규모 강화학습 문제에 대한 적용 가능성이 높아지고 가치 반복 및 PG(Policy Gradient) 방법과 비교하여 경쟁력이 있음이 입증되었다.

블랙박스 방법들

우선 블랙박스 방법이 지금까지 본 것과 어떻게 다른지 논의해 보자. 블랙박스 최적화 방법은 최적화 대상을 마치 블랙박스로 취급하며, 이에 따라 미분 가능성, 가치 함수, 목적 함수의 부드러움(smoothness) 등에 대한 가정이 없기 때문에 최적화 문제에 대한 보다 일반적인 접근 방식이라고 할 수 있다. 이러한 방법이 요구하는 유일한 항목은 적합도 함수를 계산할 수 있는 능력뿐이다.

이 부류에서 가장 간단한 방법 중 하나는 무작위 검색 방법이다. 여기서는 원하는 것을 임의로 샘플링하고(강화학습의 경우 정책 $\pi(a|s)$) 이에 대한 적합도를 체크한다. 이 샘플에 대한 보상을 보고 결과가 충분하다면 그것으로 완료된 것이다. 그렇지 않으면 같은 프로세스를 반복해서 수행한다. 물론, 이런 방법이 지금까지 본 보다 정교한 방법들과 비교하여 매우 단순하고 어떻게 보면 순진하게 보임에도 불구하고 이는 블랙박스 방법의 아이디어를 잘 설명해주는 좋은 예이다. 곧 살펴보겠지만, 이 간단한 접근 방식은 효율성과 정책의 품질 측면에서 DQN(Deep Q-Network) 및 PG 방법과 견줄 만한 수준에 있다.

블랙박스 방법은 다음과 같은 매력적인 특성을 지니고 있다.

1. 그라디언트를 얻기 위해 역전파를 수행할 필요가 없으므로 그라디언트 기반 방법보다 2배 이상 빠르다.
2. 최적화 목표와 정책에 대한 가정이 거의 없으며 이들을 블랙박스처럼 취급할 수 있다. 반면, 기존의 방법은 보상 함수가 부드러워야 한다거나(smoothness) 정책에 무작위 선택(샘플링) 단계가 포함된 상황에서 어려움을 겪는다. 하지만, 이 모든 것이 블랙박스 방식에는 문제

가 되지 않는다.

3. 일반적으로 매우 잘 병렬화될 수 있다. 예를 들어, 위 임의 검색 방법은 서로 의존하지 않고 병렬로 작동하는 수천 개의 CPU 또는 GPU까지 쉽게 확장할 수 있다. 하지만, 기존에 그라디언트를 누적하고 현재 정책을 모든 병렬 작업자에게 전파해야 하는 DQN 또는 PG의 경우에는 상대적으로 병렬성이 떨어진다.

물론 장점이 있으면 단점도 있다. 블랙박스 방법은 일반적으로 샘플의 효율성이 낮은 편이다. 예를 들어, 50만 개의 가중치를 가진 신경망으로 인코딩된 정책에 대하여 무작위 검색을 하면 성공 확률이 매우 낮을 수밖에 없다. 이 장에서는 복잡한 강화학습 문제 영역에서 블랙 박스 방법의 적용성을 크게 향상시킬 수 있는 두 가지 접근 방식에 대해 설명하고자 한다.

진화 전략(Evolution strategies)

블랙 박스 최적화 방법 중 하나는 진화 전략(ES)이라는 것인데 진화 과정에서 영감을 따온 것으로 가장 성공적인 개체가 전체 검색 방향에 가장 큰 영향을 미치게 된다. 진화 전략에도 여러 가지 방법이 있는데 이 장에서는 OpenAI에서 2017년에 발표한 Evolution Strategies as a Scalable Alternative to Reinforcement Learning [1]라는 논문을 중점적으로 알아보고자 한다.

ES 방법의 기본 개념은 간단하다. 매번 반복할 때마다 현재 정책의 가중치에 대한 임의의 섭동(perturbation)을 수행하고 이에 따른 정책 적합도를 평가한 후 이 적합도에 비례하여 정책 가중치를 조정하는 것이다.

위의 논문에서 사용된 구체적인 방법은 공분산 행렬 적응 진화 전략(CMA-ES)이라고 하며, 여기서 섭동은 표준 정규 분포에서 샘플링된 랜덤 노이즈이다. 그런 다음 원래 정책의 가중치와 노이즈를 스케일한 값을 합한 가중치로 정책의 적합도를 계산한다. 다음으로, 노이즈와 적합도를 곱한 값을 원래 정책 가중치에 합하는 식으로 가중치를 조정한다. 이렇게 하면 정책을 높은 적합도를 가지는 쪽으로 이동시키는 효과를 가져온다.

앞서 언급한 과정을 좀 더 형식화해보면 다음과 같다.

1. 학습률 α, 노이즈 표준 편차 σ 및 초기 정책 가중치 θ_0를 초기화한다.
2. t = 0, 1, 2, ... 동안 다음을 수행한다.
    1. 노이즈를 $\epsilon_1, \ldots, \epsilon_n \sim \mathcal{N}(0, I)$ 샘플링. 여기서 엡실론 각각은 신경망의 가중치 전체

에 대한 노이즈를 의미한다. 따라서, n은 n개의 신경망을 위한 노이즈를 샘플링한 것이다.

2. 적합도 계산: $F_i = F(\theta_t + \sigma\epsilon_i)$, $i = 1, . . . , n$. n개의 신경망에 대한 적합도를 계산한 것임

3. $\theta_{t+1} \leftarrow \theta_t + \alpha\frac{1}{n\sigma}\sum_{i=1}^{n} F_i\epsilon_i$에 따라 가중치를 업데이트한다. i는 개별 신경망에 대한 인덱스.

비록 위의 알고리즘이 논문에 제시된 방법의 핵심이긴 하지만 일반적으로 강화학습 도메인에서 위의 핵심 방법만으로는 좋은 결과를 얻기에 충분하지 않기 때문에 논문은 이를 개선하기 위한 몇 가지 변화를 가하였다. 하지만, 핵심은 똑같다. 자, 그럼 이를 CartPole 환경에서 한번 구현해 보자.

CartPole에 ES 적용하기

코드는 Chapter16/01_cartpole_es.py에 있다. 이 예에서는 단일 환경을 사용하여 교란된 네트워크 가중치의 적합도를 확인할 것이다. 여기서 우리는 에피소드에 대한 할인되지 않은 총 보상을 적합도로 사용할 것이다.

```
#!/usr/bin/env python3
import gym
import time
import numpy as np

import torch
import torch.nn as nn

from tensorboardX import SummaryWriter
```

우리는 역전파를 전혀 수행하지 않으므로 파이토치 최적화 프로그램을 사용하지 않아도 된다. 심지어 파이토치를 전혀 사용하지 않고 NumPy 만으로도 구현이 가능하다. 다만, 신경망의 순방향 처리를 위해서는 아무래도 파이토치를 사용하는 편이 편리하긴 하다.

```
MAX_BATCH_EPISODES = 100
MAX_BATCH_STEPS = 10000
NOISE_STD = 0.01
LEARNING_RATE = 0.001
```

사용되는 하이퍼 파라미터는 다음과 같다.

- MAX_BATCH_EPISODES, MAX_BATCH_STEPS: 학습의 반복을 규정하는 최대 에피소드 수와 최대 단계 수
- NOISE_STD: 가중치 교란에 쓰일 노이즈에 대한 표준 편차
- LEARNING_RATE: 학습 단계에서 쓰일 학습률

```
class Net(nn.Module):
    def __init__(self, obs_size, action_size):
        super(Net, self).__init__()
        self.net = nn.Sequential(
            nn.Linear(obs_size, 32),
            nn.ReLU(),
            nn.Linear(32, action_size),
            nn.Softmax(dim=1)
        )

    def forward(self, x):
        return self.net(x)
```

우리가 사용하는 모델은 하나의 은닉 계층을 가진 신경망으로, 관찰이 주어졌을 때 취해야 할 행동에 대한 확률값을 출력으로 준다. 앞서 말한 대로 신경망의 순방향 처리를 위해서 편의상 파이토치를 사용하지만 차선책으로 행렬 곱셈과 비선형 함수로 대체될 수도 있다.

```
def evaluate(env, net):
    obs = env.reset()
    reward = 0.0
    steps = 0
    while True:
        obs_v = torch.FloatTensor([obs])
        act_prob = net(obs_v)
        acts = act_prob.max(dim=1)[1]
        obs, r, done, _ = env.step(acts.data.numpy()[0])
        reward += r
        steps += 1
        if done:
            break
    return reward, steps
```

위의 함수는 주어진 정책을 사용하여 하나의 에피소드가 종료될 때까지 플레이를 지속하며, 그

기간 동안의 총 보상과 단계 수를 반환한다. 보상은 나중에 적합도로 사용되고, 단계 수는 나중에 소요되는 시간을 제한하기 위해 사용된다. 행동 선택은 신경망 출력에서 argmax를 계산하여 결정적(deterministically)으로 수행된다. 원칙적으로 보자면 이 확률 분포에서 랜덤 샘플링을 수행할 수도 있겠지만 이미 신경망 가중치에 노이즈를 추가하여 탐색을 수행하므로 환경에 대한 충분한 탐색을 수행할 수 있다고 보고 여기서는 그냥 결정적으로 행동을 선택한다.

```
def sample_noise(net):
    pos = []
    neg = []
    for p in net.parameters():
        noise_t = torch.tensor(np.random.normal(size=p.data.size()).
astype(np.float32))
        pos.append(noise_t)
        neg.append(-noise_t)
    return pos, neg
```

sample_noise 함수는 신경망 가중치의 개수와 동일한 수의 노이즈를 표준 정규 분포(평균=0, 분산=1)로부터 생성한다. 주목할 것은 여기서 우리는 하나가 아니라 두 개의 노이즈 텐서를 반환한다는 점이다. 하나는 포지티브 노이즈이고, 다른 하나는 네거티브 부호를 붙인 노이즈이다. 이 두 샘플은 나중에 독립 샘플로 배치에서 취급 받는다. 이렇게 두 개를 반환하는 방법을 미러 샘플링이라고 하는데 학습 수렴의 안정성을 향상시키는 데 도움이 된다. 실제로 네거티브 노이즈가 없으면 수렴이 매우 불안정해진다.

```
def eval_with_noise(env, net, noise):
    old_params = net.state_dict()
    for p, p_n in zip(net.parameters(), noise):
        p.data += NOISE_STD * p_n
    r, s = evaluate(env, net)
    net.load_state_dict(old_params)
    return r, s
```

eval_with_noise 함수는 sample_noise 함수로 생성된 노이즈 배열을 가져와 노이즈가 추가된 신경망을 만들고 이를 평가한다. 이를 위해 신경망 가중치에 노이즈를 추가하고 evaluate() 함수를 호출하여 하나의 에피소드가 종료될 때까지 평가를 수행하고 결과로서 총 보상과 수행된 단계 수를 얻는다. 그런 다음 신경망의 가중치를 원래 상태로 복원한다.

아래 train_step() 함수는 노이즈와 보상을 가진 배치를 받고 $\theta_{t+1} \leftarrow \theta_t + \alpha \frac{1}{n\sigma} \sum_{i=1}^{n} F_i \epsilon_i$ 식을 이용하여 가중치에 대한 업데이트를 계산한다.

```
def train_step(net, batch_noise, batch_reward, writer, step_idx):
    norm_reward = np.array(batch_reward)
    norm_reward -= np.mean(norm_reward)
    s = np.std(norm_reward)
    if abs(s) > 1e-6:
        norm_reward /= s
```

학습의 안정성을 위하여 보상을 정규화하여 평균을 0 분산을 1을 갖도록 한다.

여기서 노이즈는 신경망 전체의 가중치에 대한 노이즈임

해당 노이즈를 가지고 하나의 에피소드에 테스트한 결과 얻은 총 보상인데, 정규화됨. 즉 0이라면 평균 보상을 의미하고 양수이면 평균보다 좋은 보상을 의미함

```
weighted_noise = None
for noise, reward in zip(batch_noise, norm_reward):
    if weighted_noise is None:
        weighted_noise = [reward * p_n for p_n in noise]
    else:
        for w_n, p_n in zip(weighted_noise, noise):
            w_n += reward * p_n
```

루프의 처음만 들어옴. 처음에는 weighted_noise가 아직 준비가 안된 상태이기 때문에, 이를 여기서 준비하고.

보상이 정규화되어 있기 때문에, reward가 양수이면 해당 노이즈는 더해지고, 음수이면 해당 노이즈가 빼짐.

그런 다음 배치의 모든 쌍(노이즈, 보상)에 대하여 반복을 수행하는데, 각 반복에서 노이즈에 정규화된 보상을 곱한 것을 모두 합한다[1].

```
m_updates = []
for p, p_update in zip(net.parameters(), weighted_noise):
    update = p_update / (len(batch_reward) * NOISE_STD)
    p.data += LEARNING_RATE * update
    m_updates.append(torch.norm(update))
writer.add_scalar("update_l2", np.mean(m_updates), step_idx)
```

$\theta_{t+1} \leftarrow \theta_t + \alpha \frac{1}{n\sigma} \sum_{i=1}^{n} F_i \epsilon_i$

마지막 단계로, 축적된 스케일 노이즈를 사용하여 신경망 가중치를 조정한다. 여기서 우리가 하는 것은 기술적으로는 그라디언트 상승[gradient ascent]이지만, 이를 위한 그라디언트는 역전파로부터 계산된 것이 아니라 샘플링을 통하여 얻은 것이다. 이 사실은 위에서 언급한 논문 [1]에서도 입증되었는데, 저자들은 CMA-ES가 PG 방법과 매우 유사하며 단지 기울기 추정치를 얻는 방식이 다를 뿐이라 하였다.

```
if __name__ == "__main__":
    writer = SummaryWriter(comment="-cartpole-es")
    env = gym.make("CartPole-v0")
```

1) 역자주: 이걸 왜 이렇게 하는지 약간 이해하지 못 할 수도 있는데, 잠시만 생각해 보면 당연하다. 보상이 정규화되었기 때문에, 평균 보상보다 높은 보상을 얻을 수 있는 쪽으로 가중치를 조정해 주어야 할 것이다. 따라서, 평균 이상의 보상을 가져다 준 정책에 상응하는 노이즈는 더하고, 평균 이하의 보상을 가져다 준 정책을 만들어낸 노이즈는 빼는 식으로 하여 전반적으로 좋은 정책 쪽으로 가중치를 이끌어 간다.

```
net = Net(env.observation_space.shape[0], env.action_space.n)
print(net)
```

우선 환경과 신경망을 생성하였다.

```
step_idx = 0
while True:
    t_start = time.time()
    batch_noise = []
    batch_reward = []
    batch_steps = 0
    for _ in range(MAX_BATCH_EPISODES):
        noise, neg_noise = sample_noise(net)
        batch_noise.append(noise)
        batch_noise.append(neg_noise)
        reward, steps = eval_with_noise(env, net, noise)
        batch_reward.append(reward)
        batch_steps += steps
        reward, steps = eval_with_noise(env, net, neg_noise)
        batch_reward.append(reward)
        batch_steps += steps
        if batch_steps > MAX_BATCH_STEPS:
            break
```

하나의 배치를 완성하기 위한 샘플을 모으는데 에피소드가 최대 MAX_BATCH_EPISODES 혹은 최대 단계 수가 MAX_BATCH_STEPS이 이를때까지 수행한다

학습 루프에서 우선 노이즈를 샘플링하고 포지티브 및 네거티브 노이즈에 대한 보상을 얻는다. 에피소드 제한 또는 총 단계 제한에 도달하면 데이터 수집이 중단되고 학습 업데이트가 수행된다.

```
step_idx += 1
m_reward = np.mean(batch_reward)
if m_reward > 199:
    print("Solved in %d steps" % step_idx)
    break

train_step(net, batch_noise, batch_reward, writer, step_idx)
```

신경망 업데이트를 수행하기 위해 이미 본 train_step() 함수를 호출한다. 이 함수는 총 보상에 따라 노이즈를 스케일링한 노이즈들의 평균 방향으로 정책 가중치를 조정한다.

```
writer.add_scalar("reward_mean", m_reward, step_idx)
writer.add_scalar("reward_std", np.std(batch_reward), step_idx)
writer.add_scalar("reward_max", np.max(batch_reward), step_idx)
```

```
        writer.add_scalar("batch_episodes", len(batch_reward), step_idx)
        writer.add_scalar("batch_steps", batch_steps, step_idx)
        speed = batch_steps / (time.time() - t_start)
        writer.add_scalar("speed", speed, step_idx)
        print("%d: reward=%.2f, speed=%.2f f/s" % (step_idx,
m_reward, speed))
```

학습 루프의 마지막은 텐서 보드에 관련 수치를 게시하고 콘솔에 뿌린다.

결과

학습은 인수 없이 프로그램을 시작하면 된다.

```
rl_book_samples/Chapter16$ ./01_cartpole_es.py
Net (
  (net): Sequential (
    (0): Linear (4 -> 32)
    (1): ReLU ()
    (2): Linear (32 -> 2)
    (3): Softmax ()
  )
)
1: reward=9.54, speed=6471.63 f/s
2: reward=9.93, speed=7308.94 f/s
3: reward=11.12, speed=7362.68 f/s
4: reward=18.34, speed=7116.69 f/s
...
20: reward=141.51, speed=8285.36 f/s
21: reward=136.32, speed=8397.67 f/s
22: reward=197.98, speed=8570.06 f/s
23: reward=198.13, speed=8402.74 f/s
Solved in 24 steps
```

필자의 실험에서 CartPole을 해결하는 데 대략 약 40-60 배치가 필요하였다. 위의 실행에 대한 수렴 역학은 다음 차트에 나와 있으며 상당히 안정적이라고 볼 수 있다.

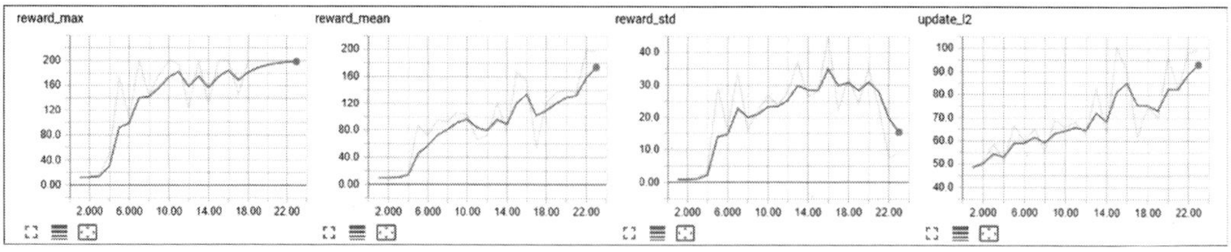

그림 1. CartPole 환경에서 ES 방법의 수렴

HalfCheetah에 ES 적용하기

이번에는 앞서 간단히 구현한 ES를 좀 확장하여 논문 [1]에서 제안한 바와 같이 무작위 샘플링을 위한 시드를 공유하는 전략을 사용하여 ES를 효율적으로 병렬화하는 방법에 대하여 살펴보겠다. 이를 위해 여기서는 15장(신뢰 영역)에서 사용한 바 있는 로보스쿨 라이브러리를 사용하여 HalfCheetah 환경에 적용해 보겠다. 이 환경은 두 다리를 가진 생물이 스스로를 다치게 하지 않으면서 최대한 멀리 앞으로 나아가는 문제를 제시하는데, 여기서 우리가 다룰 행동은 이산적인 행동이 아니라 연속 행동이다.

먼저 시드를 공유하는 아이디어에 대해 논의해 보자. ES 알고리즘의 성능은 노이즈를 샘플링하고 교란된 노이즈의 총 보상을 확인하기 위한 배치 데이터를 수집하는 속도에 의해 결정된다. 이때 각 배치 항목이 독립적이므로 이 단계를 원격 컴퓨터에 뿌려서 많은 수의 작업자(worker)를 이용하여 쉽게 병렬화할 수 있겠다 (A3C에서 작업자로부터 그라디언트를 수집할 때 했던 방식과 비슷). 병렬화를 그저 단순히 구현한다고 가정해보면 작업자 머신에서 중앙 마스터로 노이즈 데이터를 보내야 하는데, 이 노이즈 데이터가 신경망 가중치 하나 하나에 대하여 노이즈 하나씩 대응되기 때문에, 전체 신경망 가중치만큼의 데이터를 각 원격 머신에서 마스터로 전송해야 한다. 이후 마스터는 전송받은 노이즈를 결합하고 정책 업데이트를 수행해야 한다. 따라서 교환되는 데이터의 대부분은 노이즈 벡터이며, 그 크기는 정책 가중치의 개수와 같으므로 노이즈 교환에 따른 오버헤드가 지나치게 크다.

이 오버헤드를 피하기 위해 이 논문은 매우 우아한 해결책을 제안하였는데, 아이디어는 대략 이렇다. 작업자에서 샘플링된 노이즈는 의사 난수(pseudo-random) 생성기에 의해 생성되는데, 그렇기 때문에 난수를 위한 시드만 같다면 같은 노이즈를 그대로 재연해 낼 수가 있다. 따라서, 이 시드로부터 무작위로 생성된 노이즈 자체를 보내기 보다는 이것에 쓰인 난수만 보내도 노이즈를 마스터에서 그대로 재연해 낼 수가 있다. 즉, 마스터는 시드를 사용하여 동일한 노이즈 벡터를 다시 생성할 수 있다. 물론 모든 작업자의 시드는 무작위로 생성되어야만 작업자 별로 서로 다른 가중치를 최적화할 수 있다. 시드 교환을 통해 작업자에서 마스터로 전송하는데 필요한 데이터 양을 획기적으로 줄이고 확장성을 향상시킬 수 있다.

이 예제에서는 동일한 접근 방식을 사용하긴 하지만 원격 머신 대신에 로컬에서 병렬화를 시도해 보겠다. 관련 코드는 Chapter16/02_cheetah_es.py에 있으며, 코드가 CartPole 버전과 많이 겹치므로 여기서는 차이점에 중점을 두어 설명할 것이다.

우선, 작업자부터 살펴보자. 작업자는 파이토치 멀티 프로세싱 래퍼를 사용하여 개별 프로세스로 시작된다. 작업자는 마스터 프로세스에서 신경망 가중치를 얻은 다음 시드를 사용하여 노이즈를 샘플링하고 보상을 평가한다. 이 보상과 더불어 노이즈를 생성하는 데 쓰인 시드를 큐를 이용하여 마스터에 전달한다.

```
RewardsItem = collections.namedtuple('RewardsItem',
field_names=['seed', 'pos_reward', 'neg_reward', 'steps'])
```

위의 namedtuple은 작업자가 교란된(즉, 노이즈가 추가된) 정책 평가 결과를 전송하는 데 사용되며 여기에는 랜덤 시드, 포지티브 노이즈로 얻은 보상, 네거티브 노이즈로 얻은 보상, 그리고 두 테스트(포지티브와 네거티브 노이즈)에서 수행한 총 단계 수가 포함된다.

```
def worker_func(worker id, params_queue, rewards_queue, device,
noise_std):
    env = make_env()
    net = Net(env.observation_space.shape[0], env.action_space.
shape[0]).to(device)
    net.eval()

    while True:
        params = params_queue.get()
        if params is None:
            break
        net.load_state_dict(params)
```

마스터로부터 신경망 가중치를 전달받으면, 이 가중치를 ITERS_PER_UPDATE(기본 10) 횟수만큼 다음을 수행

1. 시드를 하나 생성하고,

2. 이를 이용하여 포지티브와 네거티브 노이즈를 추가하여 환경에 적용하고,

3. 보상을 마스터에 반환한다.

각 루프에서 작업자는 신경망 가중치가 마스터로부터 전송되기를 기다린다. None 값은 마스터가 작업자를 중지하고자 할 때 보내진다.

```
        for _ in range(ITERS_PER_UPDATE):
            seed = np.random.randint(low=0, high=65535)
            np.random.seed(seed)
            noise, neg_noise = sample_noise(net, device=device)
```

```
            pos_reward, pos_steps = eval_with_noise(env, net, noise,
noise_std, device=device)
            neg_reward, neg_steps = eval_with_noise(env, net,
neg_noise, noise_std, device=device)
            rewards_queue.put(RewardsItem(seed=seed,
pos_reward=pos_reward,
                                          neg_reward=neg_reward,
steps=pos_steps+neg_steps))
```

나머지는 이전 예제와 거의 동일하지만 노이즈 생성을 위한 시드가 무작위로 생성되는 점만 다르다. 마스터는 여기서 사용된 시드만 전달받으면 동일한 노이즈를 재생성할 수 있게 된다. 한 가지 더 다른 차이점은 마스터가 학습 단계를 수행하는 데 사용되는 아래 함수이다.

```
def train_step(optimizer, net, batch_noise, batch_reward, writer,
step_idx, noise_std):
    weighted_noise = None
    norm_reward = compute_centered_ranks(np.array(batch_reward))
```

이전 예에서는 평균을 빼고 표준 편차로 나누는 방식으로 보상을 정규화하였다. ES 논문에 따르면 실제 보상값 대신 순위를 사용하면 더 나은 결과를 얻을 수 있다 한다. ES는 적합도 함수(우리의 경우 보상)에 대한 가정(즉, 적합도 함수가 미분 가능해야 한다든지 부드러워야 한다든지 하는 가정)을 가지고 있지 않기 때문에, 우리는 원하는 식으로 보상을 재배치 할 수 있다. 이러한 유연성은 DQN의 경우에는 불가능했는데, DQN의 경우에는 목적 함수가 기본적으로 미분 가능해야 하기 때문이다. 보상값 대신 순위를 사용한다는 것은 예를 들어, [0.1, 10, 0.5]라는 보상을 배열로 갖고 있다면 이들의 순위는 [0, 2, 1]이다. compute_centered_ranks 함수는 총 보상에 대한 배치를 배열로 받아서, 배열의 모든 항목에 대한 순위를 계산한 다음 해당 순위를 정규화한다. 예를 들어 [21.0, 5.8, 7.0]의 순위는 [2, 0, 1]이 되며, 이것을 최고 순위(2)로 나누고(이렇게 하면 모든 순위가 0~1 사이의 값을 갖는다) 각 값에서 0.5씩을 뺀 최종 중심 순위는 [0.5, −0.5, 0.0]이다.

```
    for noise, reward in zip(batch_noise, norm_reward):
        if weighted_noise is None:
            weighted_noise = [reward * p_n for p_n in noise]
        else:
            for w_n, p_n in zip(weighted_noise, noise):
                w_n += reward * p_n
    m_updates = []
    optimizer.zero_grad()
    for p, p_update in zip(net.parameters(), weighted_noise):
```

```
            update = p_update / (len(batch_reward) * noise_std)
            p.grad = -update
            m_updates.append(torch.norm(update))
    writer.add_scalar("update_l2", np.mean(m_updates), step_idx)
    optimizer.step()
```

위 함수의 또 다른 주요 차이점은 파이토치 옵티마이저의 사용법과 관련이 있다. 기존에 사용했던 SGD(Stochastic Gradient Descent) 방법은 일반적으로 손실에 대한 신경망 가중치의 미분을 계산하여 그라디언트를 얻는다. 따라서, SGD를 사용하기 위해서는 손실 함수가 미분 가능해야 한다는 제약점이 존재한다. 하지만, 항상 그런 제약 사항을 만족하지는 않는다. 예를 들어 ES 방법에 의해 수행된 순위 방식은 미분 가능하지 않다. 따라서, ES에서 수행하는 최적화는 좀 다르게 작동해야 한다. 노이즈를 추가함으로써 현재 가중치 주변을 무작위로 샘플링하고, 그 결과 얻은 가중치가 나타내는 정책에 대한 적합도를 계산한다. 이 적합도에 비례하게 가중치를 조정함으로써 더 높은 적합도를 가지는 방향으로 가중치를 몰아가게 된다. 이렇게 하면 결과는 그라디언트 기반 방법과 매우 유사하지만 적합도 함수에 부과되는 제약은 훨씬 적다. 그저 적합도를 계산할 수만 있으면 된다.

그리고, 이렇게 그라디언트 기반 가중치 업데이트를 사용하지 않고 샘플링을 통하여 가중치 업데이트를 계산한다 하더라도 우리는 여전히 파이토치의 옵티마이저를 사용할 수 있다. 일반적으로 옵티마이저는 가중치의 grad 필드에 축적된 그라디언트를 사용하여 신경망의 가중치를 조정한다. 그리고 이 그라디언트를 계산하기 위해서 SGD에서는 역전파를 수행하여 그라디언트를 계산하지만 꼭 그래야만 하는 것은 아니다. 파이토치는 충분히 유연하여 옵티마이저는 그라디언트가 어떻게 계산되었는지 전혀 상관하지 않는다. 따라서 우리가 해야 할 것은 SGD가 아니라 순위 방식으로 추정된 가중치의 업데이트를 grad 필드에 복사하고, 이후에는 그저 옵티마이저에게 업데이트를 요청하기만 하면 된다. 옵티마이저는 일반적으로 그라디언트 하강을 수행하는데(즉 손실 함수를 최소화 함) 우리의 경우는 그라디언트를 상승(적합도를 최대화하려 하므로)하는 쪽으로 이동시켜야 하므로 마이너스 부호를 붙여서 그라디언트를 복사해야 한다.

이전 예와 다른 마지막 부분은 마스터 프로세스의 학습 루프 부분이다. 이 부분은 작업자 프로세스의 데이터를 기다리고, 가중치를 업데이트하고, 그 결과를 작업자에게 전송한다. 마스터와 작업자 간의 통신은 두 개의 큐에 의해 수행되는데, 첫 번째 큐는 각 작업자마다 하나씩 존재하며 마스터가 각 작업자에게 현재 정책의 가중치를 보낼 때 사용된다. 두 번째 큐는 모든 작업자가 공유하여 앞서 살펴본 RewardItem 구조에 시드와 보상을 담아 마스터에게 보낼 때 사용된다.

마스터가 각 작업자에게 신경망 가중치를 보낼 큐로서, 각 작업자마다 하나씩 생성

```
    params_queues = [mp.Queue(maxsize=1) for _ in range
(PROCESSES_COUNT)]
    rewards_queue = mp.Queue(maxsize=ITERS_PER_UPDATE)
    workers = []
    for idx, params_queue in enumerate(params_queues):
        proc = mp.Process(target=worker_func, args=(idx, params_queue,
rewards_queue, device, args.noise_std))
        proc.start()
        workers.append(proc)

    print("All started!")
    optimizer = optim.Adam(net.parameters(), lr=args.lr)
```

모든 작업자가 공유하는 큐로서 시드와 보상을 마스터에게 전달할 때 사용

마스터의 시작 부분에서는 관련 큐를 생성하고 작업자 프로세스와 옵티마이저를 시작한다.

```
    for step_idx in range(args.iters):
        # broadcasting network params
        params = net.state_dict()
        for q in params_queues:
            q.put(params)
```

이 반복 횟수만큼 신경망 가중치의 갱신이 이루어짐

매 학습 이터레이션은 정책 신경망의 가중치를 작업자에게 전달함으로써 시작된다.

```
        t_start = time.time()
        batch_noise = []
        batch_reward = []
        results = 0
        batch_steps = 0
        batch_steps_data = []
        while True:
            while not rewards_queue.empty():
                reward = rewards_queue.get_nowait()
                np.random.seed(reward.seed)
                noise, neg_noise = sample_noise(net)
                batch_noise.append(noise)
                batch_reward.append(reward.pos_reward)
                batch_noise.append(neg_noise)
                batch_reward.append(reward.neg_reward)
                results += 1
                batch_steps += reward.steps
                batch_steps_data.append(reward.steps)

            if results == PROCESSES_COUNT * ITERS_PER_UPDATE:
```

```
                break
            time.sleep(0.01)
```

그런 다음 루프에서 마스터는 작업자로부터 새로운 결과가 도착할 때마다 전달받은 시드를 사용하여 노이즈를 재연한다.

```
        train_step(optimizer, net, batch_noise, batch_reward, writer,
step_idx, args.noise_std)
```

학습 루프의 마지막 단계에서는 앞서 살펴본 train_step 함수를 호출하여 노이즈 및 보상에서 업데이트를 계산하고 최적화를 호출하여 가중치를 조정한다.

결과

이 코드는 --cuda 플래그를 지원하긴 하지만, 신경망이 너무 얕고 각 정책 신경망을 평가할 때 배치 크기가 1[2)]이기 때문에 GPU가 속도를 향상할 수 있는 여지가 거의 없다. 필자의 실험에서도 역시 속도 향상은 거의 없었다. 만일 각 작업자가 다수의 환경을 사용한다면 배치 크기를 늘려 속도 향상을 얻을 수 있을 것이다. 아래 결과에서 보이는 것은 마스터에서 신경망 가중치가 업데이트되는 각 반복에 대해 획득한 평균 보상, 학습 속도(초당 관찰), 데이터 수집에 걸린 시간(초), 학습에 걸린 시간(초), 그리고 에피소드 길이와 관련하여 단계의 평균, 최소 및 최대를 보여준다.

```
rl_book_samples/Chapter16$ ./02_cheetah_es.py
Net (
  (mu): Sequential (
    (0): Linear (26 -> 64)
    (1): Tanh ()
    (2): Linear (64 -> 64)
    (3): Tanh ()
    (4): Linear (64 -> 6)
    (5): Tanh ()
  )
)
All started!
0: reward=10.86, speed=1486.01 f/s, data_gather=0.903, train=0.008,
```

2) 역자주: 작업자의 메인 루프를 살펴보면 쉽게 알 수 있는데, 작업자에서 사용하는 환경이 하나이고, 이 환경에 대하여 정책 네트워크를 이용하여 에피소드가 종료할 때까지 실행하므로 배치 사이즈가 1개뿐이다. 만일, 우리가 여러 개의 환경을 사용한다면 배치 사이즈가 그만큼 증가할 것이다.

```
steps_mean=45.10, min=32.00, max=133.00, steps_std=17.62
1: reward=11.39, speed=4648.11 f/s, data_gather=0.269, train=0.005,
steps_mean=42.53, min=33.00, max=65.00, steps_std=8.15
2: reward=14.25, speed=4662.10 f/s, data_gather=0.270, train=0.006,
steps_mean=42.90, min=36.00, max=59.00, steps_std=5.65
3: reward=14.33, speed=4901.02 f/s, data_gather=0.257, train=0.006,
steps_mean=43.00, min=35.00, max=56.00, steps_std=5.01
4: reward=14.95, speed=4566.68 f/s, data_gather=0.281, train=0.005,
steps_mean=43.60, min=37.00, max=54.00, steps_std=4.41
...
```

학습 과정을 보면 처음에는 매우 빠르게 정책이 개선되는 것을 알 수 있다(단 7 분의 학습을 거쳐 약 100번의 가중치 업데이트가 이루어졌을 때 700-800점에 도달). 하지만, 이후 정체되어 있는 것을 볼 수 있는데, 이는 치타가(우리는 지금 치타를 멀리 가도록 훈련중이다) 밸런스를 유지할 수 있는 수준(이 경우 치타가 얻은 총 보상이 대략 900-1000 정도)에서 더 많은 보상을 얻을 수 있는 달리기 모드(총 보상이 약 2.5k 정도)로 진화하지 못하였음을 의미한다.

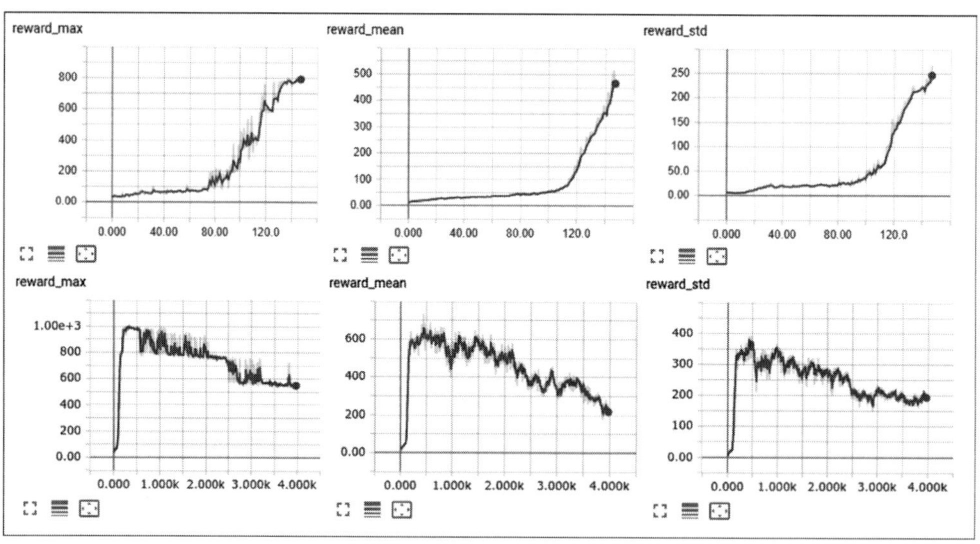

그림 2. HalfCheetah에서 ES 방법의 수렴

유전자 알고리즘

강화학습에 대한 또 다른 블랙 박스 방법은 유전자 알고리즘(Genetic Algorithm, GA)이다. GA는 20년이 넘는 역사를 가진 대규모 최적화 방법으로, N개의 개체로 이루어진 세대 혹은 개체군(population)을 생성하고 이들에 대한 적합도를 평가하는 간단한 아이디어이다. 여기서 개체는 모델의 파라미터의 일부 조합을 의미한다. 개체에 대한 적합도를 평가한 다음 최고 성능을 내는 개체들로부터 다음 세대의 개체군을 생성한다. 이 과정은 세대가 일정한 성과를 낼 때가지 반복된다.

ES 방법과 마찬가지로 GA에도 다음 세대를 위해 개체에 돌연변이를 수행하는 방법 또는 개체들의 순위를 매기는 다양한 방법이 있다. 여기서는 *Deep Neuroevolution: Genetic Algorithms are a Competitive Alternative for Training Deep Neural Networks for Reinforcement Learning [2]* 논문에서 제안된 방법에 대하여 알아보겠다.

이 논문에서는 간단한 GA에 돌연변이를 수행하기 위해 부모 가중치에 가우시안 노이즈를 써서 교란을 수행하였다. 또, 매 세대에서 최고의 성능을 보이는 개체(엘리트라고 함)는 수정하지 않고 다음 세대로 그대로 복사하다. 이를 알고리즘 형식으로 표시하면 다음과 같다.

1. 돌연변이 계수 σ, 개체군 크기 N, 선택되는 개체의 수 T, 초기 개체군 P^0, 그리고 N 개의 무작위 정책과 그들의 적합도 $F^0 = \{F(P_i^0)|i = 1 \dots N\}$를 초기화한다
2. 각 세대 $g = 1 \dots G$에 대하여:
   1. 세대 P^{g-1} 를 적합도 F^{g-1}에 따라 내림차순으로 정렬한다
   2. 엘리트를 복사 $P_1^g = P_1^{g-1}$, $F_1^g = F_1^{g-1}$
   3. 각 개체 $i = 2 \dots N$에 대하여:
      - 부모 $1 \dots T$에서 하나의 부모 k를 선택한다
      - 노이즈 샘플링 $\varepsilon \sim \mathcal{N}(0, I)$
      - 부모를 돌연변이 시킴 $P_i^g = P_k^{g-1} + \sigma\varepsilon$.
      - 적합도 계산 $F_i^g = F(P_i^g)$

위에 기술된 핵심 알고리즘 외에도 이 논문에서는 몇 가지 개선 사항을 제안하였지만, 우선은 이 핵심 알고리즘을 먼저 구현해 보자.

CartPole에의 GA 적용

구현 코드는 Chapter16/03_cartpole_ga.py에 있으며 ES 예제와 공통점이 많다. 차이점은 ES에서는 그라디언트 상승을 사용하였지만 GA에서는 신경망에 대한 돌연변이 기능을 사용한다는 점이다.

```
def mutate_parent(net):
    new_net = copy.deepcopy(net)
    for p in new_net.parameters():
        noise_t = torch.from_numpy(np.random.normal(size=p.data.
size()).astype(np.float32))
        p.data += NOISE_STD * noise_t
return new_net
```

이 함수는 정책망의 모든 가중치에 임의의 노이즈를 추가하여 돌연변이가 된 사본을 만든다. 부모의 가중치는 그대로 유지되어야 하는데, 왜냐하면 다른 개체를 만들 때에도 이 부모가 다시 쓰일 수가 있기 때문이다.

```
NOISE_STD = 0.01
POPULATION_SIZE = 50
PARENTS_COUNT = 10
```

하이퍼 파라미터의 수는 ES보다 훨씬 적으며 노이즈 추가를 위한 표준 편차, 세대의 크기 및 후속 세대를 생산하는 데 사용되는 부모의 수를 포함한다.

```
if __name__ == "__main__":
    writer = SummaryWriter(comment="-cartpole-ga")
    env = gym.make("CartPole-v0")

    gen_idx = 0
    nets = [
        Net(env.observation_space.shape[0], env.action_space.n)
        for _ in range(POPULATION_SIZE)
    ]
    population = [
        (net, evaluate(env, net))
        for net in nets
    ]
```

개체군 크기만큼 무작위 개체 생성

각 개체와 그들의 적합도를 저장

위에서는 무작위로 초기화된 신경망과 그들에 대한 적합도를 생성하였다.

```
    while True:
        population.sort(key=lambda p: p[1], reverse=True)
        rewards = [p[1] for p in population[:PARENTS_COUNT]]
        reward_mean = np.mean(rewards)
        reward_max = np.max(rewards)
        reward_std = np.std(rewards)

        writer.add_scalar("reward_mean", reward_mean, gen_idx)
        writer.add_scalar("reward_std", reward_std, gen_idx)
        writer.add_scalar("reward_max", reward_max, gen_idx)
        print("%d: reward_mean=%.2f, reward_max=%.2f,
reward_std=%.2f" % (
            gen_idx, reward_mean, reward_max, reward_std))
        if reward_mean > 199:
            print("Solved in %d steps" % gen_idx)
            break
```

위 코드는 이전 세대를 그들의 적합도에 따라서 정렬하고, 다음 세대를 위한 부모가 될 최상위 개체들에 대한 몇 가지 통계치를 만들었다.

```
        prev_population = population
        population = [population[0]]    엘리트 개체 다음 세대로 보존
        for _ in range(POPULATION_SIZE-1):
            parent_idx = np.random.randint(0, PARENTS_COUNT)
            parent = prev_population[parent_idx][0]          우수 부모 중 하나를 선택
            net = mutate_parent(parent)
            fitness = evaluate(env, net)    가중치를 교란하고, 평가
            population.append((net, fitness))
        gen_idx += 1
```

위에서 최상위 개체들 중 부모가 될 개체를 선택하고, 이 부모에 돌연변이를 가하고, 그 결과 얻은 자식에 대한 적합도 점수를 평가하였다.

결과

이 방법은 지극히 단순하지만, 그럼에도 불구하고 ES보다 훨씬 잘 작동하여 CartPole 환경을 단 몇 세대만에 해결할 수 있었다. 위의 코드를 사용한 실험에서는 약 5 ~ 10 세대가 걸렸다.

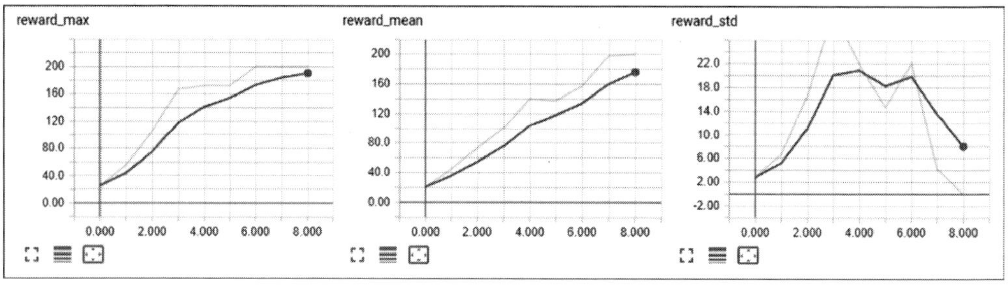

그림 3. CartPole 환경에서 GA 수렴

GA에 변화 주기

Deep Neuroevolution 논문 [2]에서 저자는 기본 GA 알고리즘에 대해 두 가지 변화를 제안하였다. 깊은 GA라는 첫 번째 변화는 구현의 확장성을 높이려 하였고, 참신성 검색(novelty search)이라고 하는 두 번째는 보상 목표를 다른 메트릭으로 대체하려고 하였다. 다음 예에서는 첫 번째 개선인 깊은 GA를 구현하려고 한다. 두 번째 개선은 독자 여러분에게 연습으로 남겨두겠다.

깊은 GA(Deep GA)

GA는 그라디언트를 사용하지 않는 방법이므로 속도 면에서 보면 ES 방법보다 확장성이 뛰어나고 더 많은 CPU를 사용할 수 있다. 그러나 우리가 본 GA 알고리즘은 ES 방법과 유사한 병목 현상을 가지고 있는데, 그것은 바로 정책의 가중치가 작업자 간에 교환되어야 한다는 점이다. 위에서 언급한 논문에서 저자들은 공유 시드 접근 방식과 유사한 트릭을 제안했지만 이를 좀더 극단적으로 사용하였다. 이를 바로 깊은 GA라고 불렀으며, 정책을 표현할 때 이 정책의 가중치를 만드는 데 사용되는 임의의 시드 리스트로 표현한다.

초기 신경망의 가중치는 첫 번째 개체군에서 무작위로 생성되었으므로 시드 리스트의 첫 번째 시드가 이 첫번째 초기화를 정의한다. 다음 세대들은 돌연변이 또한 무작위 시드에 의해 완전히 규정되므로 결국 가중치를 재구성하기 위해 필요한 유일한 것은 시드 자체이다. 이 접근 방식에서는 모든 작업자의 가중치를 재구성해야 하지만 일반적으로 이 오버 헤드는 전체 가중치를 전송하는 오버 헤드보다 훨씬 적다.

Cheetah에 GA 적용

이 장의 마지막 예에서는 HalfCheetah 환경에서 병렬화된 깊은 GA를 구현하고자 한다. 관련 코드는 Chapter16/04_cheetah_ga.py에 있다. 전체 구조는 하나의 마스터 프로세스와 여러 작업자로 구성되었던 병렬 ES 버전과 매우 유사하다. 모든 작업자는 전달받은 신경망에 대한 배치를 평가하고 결과를 마스터에 반환해야 한다. 마스터는 결과를 취합하고 획득한 보상에 따라 개체의 순위를 정하고 작업자가 평가할 다음 세대를 생성한다.

각 개체는 초기 신경망 가중치와 이후의 모든 후속 돌연변이를 만드는 데 사용된 시드 리스트로 인코딩된다. 이렇게 각 개체를 표현하면 정책의 가중치가 많지 않은 경우에도 매우 작고 효율적으로 인코딩할 수 있다. 예를 들어, 64개의 뉴런을 가지고 있는 두 개의 은닉 계층이 있는 신경망에는 6278[3]개의 실수값이 있다(입력은 26차원이라고 하고 출력으로서의 행동은 6차원이라고 하자). 모든 실수형은 4바이트를 차지하는데, 이는 랜덤 시드하나가 차지하는 크기와 동일하다. 따라서 이 논문에서 제안한 깊은 GA의 표현은 최대 6278 세대까지 가기 전까지는 효율적인 인코딩 방식이 된다[4].

비록 이 책의 예제에서는 로컬 CPU에서 병렬화를 수행하므로 전송되는 데이터의 양은 크게 중요하지 않지만 심지어 그런 경우에도 수백 개의 코어가 있는 경우라면 효율적인 인코딩이 중요한 문제가 될 수도 있다.

3) 역자주: (26+1)*64+(64+1)*64+(64+1)*6=6,278. 여기서 괄호 안의 +1은 bias를 의미.

4) 역자주: 이에 대해 약간의 설명을 더 붙이자면, 하나의 개체를 만들 때 초기에 하나의 시드를 가지고 무작위로 가중치를 샘플링하여 초기 개체 하나를 만들었다. 이후, 다음 세대의 개체를 만들 때는 앞 세대의 부모에 돌연변이를 일으켜서 다음 세대를 만드는데 이때도 시드를 가지고 무작위 샘플링을 통하여 돌연변이를 만든다. 결국 세대가 거듭될수록 그 세대 수만큼의 시드가 있게 된다. 어떤 시점에서 어떤 하나의 개체는 이 개체를 현재까지 오게 만든 시드들의 연속으로 규정되므로, 이 개체의 신경망 가중치 전체를 작업자에게 넘겨주는 것보다 그냥 이 시드 리스트만 넘겨주면 된다. 그러면 시드 리스트를 넘겨 받은 작업자는 첫 번째 시드를 이용하여 네트워크 가중치를 초기화하고, 두 번째 시드를 이용해서는 이 개체가 처음 받았던 돌연변이를, 그 다음 시드를 이용해서는 이 개체가 그 다음에 받았던 돌연변이를 만들어 낼 수 있으므로 이렇게 돌연변이 효과를 받은 시드 개수 -1 만큼(-1을 한 이유는 첫 번째 시드는 돌연변이가 아니라 초기화였기 때문) 반복해서 적용하면, 현재 세대의 개체를 시드만 가지고도 정확히 재연해 낼 수 있다.

```
NOISE_STD = 0.01
POPULATION_SIZE = 2000
PARENTS_COUNT = 10
WORKERS_COUNT = 6
SEEDS_PER_WORKER = POPULATION_SIZE // WORKERS_COUNT
MAX_SEED = 2**32 - 1
```

하이퍼 파라미터는 더 큰 세대를 사용한다는 것만 제외하면 CartPole 예제와 동일하다.

```
def mutate_net(net, seed, copy_net=True):
    new_net = copy.deepcopy(net) if copy_net else net
    np.random.seed(seed)
    for p in new_net.parameters():
        noise_t = torch.from_numpy(np.random.normal(size=p.data.
size()).astype(np.float32))
        p.data += NOISE_STD * noise_t
    return new_net
```

주어진 시드를 기반으로 신경망을 구축하는 데 사용되는 두 가지 함수가 있는데, 첫 번째는 정책 신경망에서 하나의 돌연변이를 수행하는데 인수에 따라서 대상 신경망에 직접 수행하거나 대상 신경망을 복사하여 수행할 수 있다(첫 세대의 경우에는 복사가 필요함).

```
def build_net(env, seeds):
    torch.manual_seed(seeds[0])
    net = Net(env.observation_space.shape[0], env.action_space.
shape[0])
    for seed in seeds[1:]:
        net = mutate_net(net, seed, copy_net=False)
    return net
```

두 번째 함수는 시드 리스트를 사용하여 신경망을 처음부터 새로 만든다. 리스트에 담긴 시드들 중에서 첫 번째 시드는 파이토치로 전달되어 신경망을 초기화하는 데 쓰이고, 그 이후의 시드들은 신경망에 돌연변이를 적용하는 데 사용된다.

작업자 함수는 시드 리스트를 가져 와서 획득한 결과 각각에 대해 OutputItem 튜플을 생성하고 마스터에게 전달하기 위해서 output_queue에 집어넣는다. 또한 이 함수는 시드 리스트로부터 가중치를 생성하는데 소요되는 시간을 최소화하기 위해 신경망 캐시를 가지고 있다[5]. 다음 세대는 현재 세대에서 우수한 부모를 바탕으로 만들어지기 때문에 이 캐시는 매 세대마다 초기화가 바람직하다.

```
OutputItem = collections.namedtuple('OutputItem', field_
names=['seeds', 'reward', 'steps'])

def worker_func(input_queue, output_queue):
    env = gym.make("RoboschoolHalfCheetah-v1")    마스터로부터 넘겨받은 다음 세대를 위한 시드들
    cache = {}

    while True:
        parents = input_queue.get()
        if parents is None:
            break
        new_cache = {}    1 세대 부모부터 현재 세대의 개체까지의 시드리스트
        for net_seeds in parents:    이 작업자가 테스트해야 할 시드 개수만큼 반복
            if len(net_seeds) > 1:    현재 세대가 1 세대가 아니라면, 부모가 있다는 이야기
                net = cache.get(net_seeds[:-1])    저장된 부모 신경망이 있는지 캐쉬에서 검색
                if net is not None:    부모망을 찾았으면, 마지막 시드만을 적용하여 다음 세대의 개체 하나 생성
                    net = mutate_net(net, net_seeds[-1])
                else:    부모망을 못 찾았으면, 모든 시드를 적용하여 다음 세대의 개체 하나 생성
                    net = build_net(env, net_seeds)
            else:    지금이 1세대라면 당연히 부모는 없고, net_seeds는 시드가 하나밖에 없음
                net = build_net(env, net_seeds)
            new_cache[net_seeds] = net
            reward, steps = evaluate(env, net)
            output_queue.put(OutputItem(seeds=net_seeds,
reward=reward, steps=steps))
        cache = new_cache
```

마스터 프로세스에서는 현재 세대의 시드를 작업자에게 보내 평가를 받고 결과를 기다린다. 그 다음 결과를 정렬하고 최고의 성과를 기준으로 다음 세대를 생성한다. 마스터 입장에서 돌연변

5) 역자주: 한 세대에서 다음 세대로 넘어갈 때 우수한 성능을 보인 몇 개의 부모 개체로부터 다수의 자식 개체가 생성되므로 한 부모가 여러 번 사용되어 자식을 생성할 가능성이 높다. 다음 세대가 n 번째 세대라면, 하나의 자식을 생성할 때 n개의 시드가 필요하며, 만일 이것을 이용하여 처음부터 다음 개체를 만든다면, 첫 번째 시드를 가지고 신경망을 초기화하고, 그 다음 시드를 가지고 돌연변이를 한 번 적용하고, 그리고 다음 시드를 가지고 두 번째 돌연변이를 적용한다. 이런 식으로 n개의 시드를 다 소모할 때까지 돌연변이를 적용해야 n번째 개체가 만들어진다. 하지만, 만일 부모를 캐싱하여 가지고 있다면, n-1번째 돌연변이까지 적용한 결과를 가지고 있으므로, 다음 돌연변이만 적용하면 되므로 다음 세대 생성이 훨씬 빠르게 이루어진다.

이는 그저 무작위로 생성된 시드 번호일 뿐이며 부모의 시드 리스트에 단순히 추가하면 된다.

```
        batch_steps = 0
        population = []
모든 작업자가 모든 개체를 평가하고 결과를 돌려줄 때까지 반복
        while len(population) < SEEDS_PER_WORKER * WORKERS_COUNT:
            out_item = output_queue.get()
            population.append((out_item.seeds, out_item.reward))    해당 개체를 만든 시드 리스트와 평가결과 얻은 보상을 튜플로 해서 저장
            batch_steps += out_item.steps
        if elite is not None:
            population.append(elite)
        population.sort(key=lambda p: p[1], reverse=True)    개체군을 보상에 대한 내림차순으로 정렬

        elite = population[0]
        for worker_queue in input_queues:    각 작업자에 보낼 다음 세대를 위한 시드를 준비
            seeds = []
            for _ in range(SEEDS_PER_WORKER):    각 작업자에 의뢰할 정책망의 개수만큼 시드를 준비
                parent = np.random.randint(PARENTS_COUNT)
                next_seed = np.random.randint(MAX_SEED)
                seeds.append(tuple(list(population[parent][0]) +
[next_seed]))    선택된 부모의 시드에 추가로 하나의 시드를 더해서 저장.
            worker_queue.put(seeds)
```

결과

학습을 시작하려면 그저 코드를 실행하면 된다. 아래는 그 결과를 보여준다.

```
rl_book_samples/Chapter16$ ./04_cheetah_ga.py
0: reward_mean=31.28, reward_max=34.37, reward_std=1.46,
speed=5495.65 f/s
1: reward_mean=45.41, reward_max=54.74, reward_std=3.86,
speed=6748.35 f/s
2: reward_mean=60.74, reward_max=69.25, reward_std=5.33, speed=6749.70
f/s
3: reward_mean=67.70, reward_max=84.29, reward_std=8.21, speed=6070.31
f/s
4: reward_mean=69.85, reward_max=86.38, reward_std=9.37, speed=6612.48
f/s
5: reward_mean=65.59, reward_max=86.38, reward_std=7.95, speed=6542.46
```

```
f/s
6: reward_mean=77.29, reward_max=98.53, reward_std=11.13,
speed=6949.59 f/s
```

전반적인 학습 과정은 ES 실험과 유사하며 약 4시간의 학습 시간이 지난 후 250 세대 즈음에서 에이전트는 완벽하게 서는 법을 배울 수 있다. 하지만 만일 달리는 것까지 배웠다면 훨씬 더 많은 보상을 얻을 수 있었을 것이다.

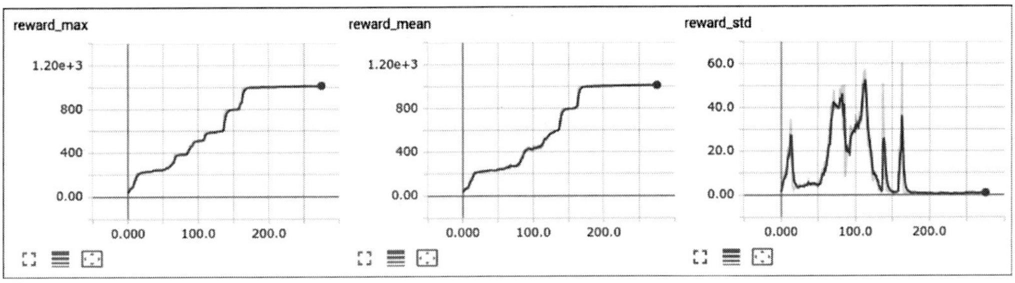

그림 4. HalfCheetah 환경에서의 GA 수렴

요약

이 장에서는 두 가지 블랙 박스 최적화 방법을 살펴보았다. 진화 전략과 유전자 알고리즘은 보상 시스템에 대한 가정은 적지만 다른 분석적 그라디언트 방법과 경쟁할 수 있을 정도의 성능을 보여주었다. 이 방법들은 많은 양의 자원을 병렬적으로 활용할 수 있다는 점과 보상 함수에 대해 별 제약이 없다는 장점을 가지고 있다.

다음 장에서는 강화 학습의 또 다른 접근 방법인 모델 기반 방법에 대하여 살펴보도록 하겠다.

■ 참고문헌

1. Tim Salimans, Jonathan Ho, Xi Chen, Szymon Sidor, Ilya Sutskever, Evolution Strategies as a Scalable Alternative to Reinforcement Learning, arXiv:1703.03864

2. Felipe Petroski Such, Vashisht Madhavan, and others, Deep Neuroevolution: Genetic Algorithms are a Competitive Alternative for Training Deep Neural Networks for Reinforcement Learning arXiv:1712.06567

3. Lehman and Stanley, Abandoning Objectives: Evolution Through the Search for Novelty Alone, Journal Evolutionary Computation archive Volume 19 Issue 2, Summer 2011 Pages 189–223

제 17 장

모델 프리(Model-free)를 넘어서: 상상(Imagination)

이 장에서는 강화학습의 모델 기반 방법을 간단히 살펴보고 에이전트에 상상력을 더하는 딥마인드 모델을 구현해 보고자 한다. 모델 기반 방법이란 환경에 대한 모델을 구축하고, 이를 학습에 사용하는 방법으로서, 환경에 대한 모델을 구축하게 되면 환경과 상호작용을 줄일 수 있다.

모델 기반 대 모델 프리(Model-based versus model-free)

4장(크로스 엔트로피 방법)의 강화학습 방법 분류 섹션에서 강화학습 방법을 분류하는 데에는 다양한 관점이 존재할 수 있음을 알았다. 우리는 세 가지 주요 측면을 기준으로 강화학습을 구분하였는데, 그 기준은 다음과 같다.

- 가치 기반 혹은 정책 기반
- 온 정책 혹은 오프 정책
- 모델 프리 혹은 모델 기반

첫 번째와 두 번째 범주에 속하는 다양한 방법들이 존재하지만 지금까지 살펴본 모든 방법들은 모두 모델 프리 즉, 모델을 사용하지 않는 방법들이었다. 그렇지만, 그것이 모델 프리 방법이 모델 기반 방법들보다 우수하다거나 중요하다는 것을 의미하는 것은 아니다. 역사적으로 보면 샘플 효율성이 높은 모델 기반 방법이 로봇 및 기타 산업 제어에 많이 사용되어 왔다. 이는 하드웨어 비용과 더불어 실제 로봇에서 얻을 수 있는 샘플의 수가 물리적 한계로 인해서 제한되기 때문에 발생한다. 많은 자유도를 가진 로봇은 쉽게 접근할 수 없기 때문에 강화학습 연구자들은 상대적으로 저렴하게 샘플을 얻을 수 있는 컴퓨터 게임 등의 환경에 더 집중하여 왔다. 자 그러면, 우선 모델 기반과 모델 프리 방법의 차이점이 어디에 있는지 이해하는 것으로부터 시작해 보자.

두 방법 모두 “모델"이란 용어를 가지고 있는데, 강화학습에서 모델이라 하면 환경 모델을 의미한다. 예를 들어 모델은 현재 상태와 행동이 주어졌을 때 새로운 상태와 보상을 제공할 수 있다. 지금까지 본 모든 방법들은 환경을 예측하거나 이해 또는 시뮬레이션 하는데 전혀 노력을 기울이지 않았다. 우리가 관심을 기울였던 부분은 관찰이 주어졌을 때 직접적(정책으로) 혹은 간접적으로(가치로) 명시된 적절한 행동(최종 보상의 측면에서)이었다. 다시 말하면 관찰과 보상을 제공하는 것은 환경 자체였지, 어떤 모델이 아니었다. 물론, 환경에서 관찰이나 보상을 얻는 과정은 때로는 매우 느리고 불충분할 수도 있었지만.

모델 기반 접근 방식에서는 이 "실제 환경"에 대한 종속성을 줄이기 위해 환경 모델을 학습하려고 한다. 만일 우리가 정확한 환경 모델을 가지고 있다면, 에이전트는 현실 세계에서 행동을 실행하는 대신 이 모델을 사용함으로써 필요한 데이터를 얼마든지 생성할 수 있을 것이다. 물론, 강화학습 연구의 놀이터들은 때로는 현실 세계의 모델이기도 하다. 예를 들어, Mujoco 또는 PyBullet은 실제 액추에이터, 센서 및 카메라를 사용하지 않아도 그것을 가능하게 해주는 물리 시뮬레이터이다. 아타리 게임이나 TORCS 자동차 레이싱 시뮬레이터도 마찬가지이다. 이렇듯, 우리는 일부 프로세스를 모델링하는 컴퓨터 프로그램을 사용하였는데, 이 모델은 빠르고 저렴하게 실행할 수 있다는 장점이 있다. 심지어 CartPole 예제조차도 스틱이 부착된 실제 카트를 꽤 많이 단순화한 것이었다(참고로, PyBullet 및 Mujoco에는 3D 액션과 더불어 보다 정확한 시뮬레이션이 포함된 현실적인 CartPole 버전이 있다).

모델 기반 방법을 사용해야 하는 이유는 다음과 같은 두 가지 동기와 관련이 있다. 첫 번째이자 가장 중요한 동기는 실제 환경에 대한 의존도를 낮출 수 있고 그로부터 얻을 수 있는 높은 샘플 효율성이다. 이상적으로 보면 정확한 모델을 보유함으로써 실제 세계와 상호작용하는 것을 피할 수 있다. 물론, 실제 응용 프로그램에서는 정확한 환경 모델을 유지하는 것이 거의 불가능하지만 불완전한 모델이라 할지라도 필요한 샘플 수를 크게 줄일 수 있다. 예를 들어 실제 생활에서는 가령 신발끈을 묶는다거나 길을 건넌다거나 할 때 이에 대한 어떤 절대적으로 정확한 과정을 머리 속에 일종의 정신적인 그림으로 가지고 있을 필요는 없지만, 그럼에도 불구하고 비록 부정확하지만 약간의 정신적 그림이 있다면 행동을 계획하고 결과를 예측하는 데 도움이 된다. 모델 기반 접근법의 두 번째 이유는 하나의 환경 모델이 다양한 목적을 이루기 위한 학습에 사용될 수 있다는 점이다. 예를 들어, 로봇 매니퓰레이터에 대한 좋은 모델을 가지고 있다면 비록 처음과 다른 목표가 주어졌다 하더라도 이 환경 모델을 사용하면 모든 것을 처음부터 재학습하지 않고도 목표를 이룰 수가 있다.

모델 기반 방법에도 물론 많은 세부 사항이 있겠지만, 이 장에서는 모델 프리 및 모델 기반 접근 방식의 결합을 시도한 특정 연구 논문을 살펴보도록 하겠다.

모델 불완전성

사실 모델 기반 접근 방식에는 하나의 심각한 문제가 있다. 모델이 실수를 하거나 환경의 일부 영역이 부정확할 때 이 모델에서 얻은 정책은 실제 상황에서 완전히 잘못될 수 있다는 점이다. 이를 해결하기 위한 방법은 몇 가지가 있을 수 있다. 가장 확실한 옵션은 "모델을 더 좋게 만드는 것"이겠지만, 불행하게도 이것은 우리가 피하려고 했던 "환경에서 더 많은 관찰"이 필요하다는 것을 의미할 수 있다. 환경이 가지고 있는 행동이 복잡하고 비선형일수록 환경을 적절하게 모델링하는 것은 더욱 어려워진다.

이 문제에 대한 몇 가지 접근방법이 있지만, 한 가지 예를 들자면 하나의 큰 환경 모델을 가지는 대신 환경에 대한 작은 여러 모델로 이루어진 집합을 만들고 TRPO와 같은 신뢰 영역의 트릭을 사용하여 학습을 시키는 것이다. 환경 모델을 보는 또 다른 흥미로운 방법은 모델 기반 경로를 사용하여 모델 프리 정책을 강화하는 것이다. 이 경우 우리는 최상의 환경 모델을 구축하는 대신 에이전트에게 추가 정보를 제공하고 학습 중에 에이전트가 스스로 우리가 제공한 정보가 유용한지 여부를 결정하도록 한다.

이런 방향으로 나온 첫 번째 연구는 딥마인드사가 만든 시스템인 UNREAL이라는 것에서 시작되었는데, 이에 대해서는 2016년에 발표된 Reinforcement Learning with Unsupervised Auxiliary Tasks (arXiv:1611.05397) [1] 논문에 설명되어 있다. 이 논문에서, 저자는 비동기 어드밴티지 Actor-Critic (A3C) 에이전트를 기반으로 학습 과정에서 추가적인 임무를 부여하였다. 이 논문에서 사용한 환경은 둠과 같은 게임 환경인데 여기서 에이전트는 1인칭 뷰를 사용하여 부분적으로 관찰 가능한 미로 환경을 탐색하면서 사물을 수집하거나 특정 행동을 하거나 해야 한다. 이 논문에서 새로운 점은 일반적인 강화학습 방법의 가치 목표 또는 할인된 보상과 관련이 없는 보조 작업을 인공적으로 활용하는 데 있었다. 이러한 작업은 비지도학습 방법으로 훈련되었는데, 다음과 같은 작업이 포함되었다[1].

---

1) 역자주: 이러한 보조 작업을 목표로 추가함으로써 얻을 수 있는 이득은 무엇일까에 대하여 독자 여러분들이 궁금해 할 것 같아서 역자의 의견을 추가해 보고자 한다. 이 논문에서도 언급한 바 있는데, 에이전트가 보상이 희박한 환경에서 훈련을 받는다면, 학습이 너무 느릴 것이다. 왜냐하면, 보상이 희박하니까 어떻게 행동하는 것이 올바른 것인지를 알 때 까지 너무 오래 걸린다는 것이다. 논문에서 사용한 Labyrinth 환경은 기본적으로 둠 같은 환경에서 움직이면서 무엇인가를 획득하거나 하는 게임인데, 이 무엇인가를 획득할 때까지 아무런 보상이 없다면 에이전트가 어떻게 행동해야 하는지 잘 배우지 못할 것은 자명하다. 따라서, 이러한 보조적인 임무의 목적은 본래의 목적을 달성하기에 필요하기는 하지만 본래 목적의 보상으로 쓰이지 않는 무언가를 보상으로 써야 한다. 픽셀 제어만 보더라도 에이전트가 보는 뷰 혹은 장면이 바뀌려면 에이전트가 어떻게 행동해야 할까? 그렇다. 움직여야 한다. 에이전트가 움직여야만 뷰가 바뀌는 것이다. 이렇게 픽셀 제어를 보조적인 임무로 부여하게 되면 비록 게임 본래의 리워드(무언가 아이템을 획득하는 것)는 받지 못한다 하더라도, 본래 리워드를 얻기 위해서 반드시 해야 하는 앞으로 나아가거나 하는 움직임을 배울 수 있게 된다.

- 즉각적인 보상 예측: 에이전트는 관찰에 대한 이력을 바탕으로 현재 단계의 즉각적인 보상을 예측한다.
- 픽셀 제어: 에이전트가 보는 뷰의 변화를 최대화하기 위해 학습한다.

이러한 보조 임무는 본래 임무와 연관된 총 보상을 극대화하려는 에이전트의 주요 목적과는 관련이 없지만, 에이전트가 저수준의 기능[2]을 잘 학습할 수 있게 될 것이며, 실제로 UNREAL은 이러한 결과를 보여주었다. 즉각적인 보상 예측은 사실 환경으로부터 얻을 수 있는 보상에 대한 작은 모델로 볼 수 있다[3]. 이 책에서는 UNREAL 구조에 대해 자세하게 다루지는 않겠지만 관심이 있다면 분은 원본 논문을 읽어보는 것을 추천한다.

이와 별도로 사실 이 장에서 자세히 다룰 논문은 Imagination-Augmented Agents(arXiv: 1707.06203)[2]라는 논문으로서 마찬가지로 구글 딥마인드가 발표한 논문이다. 이 논문은 소위 "상상력 모듈"을 사용하여 표준 A3C 에이전트의 모델 프리 경로를 보강함으로써 에이전트의 성능과 데이터 효율성을 높인 점이 기여점이라고 하겠다.

상상 증강 에이전트(Imagination-augmented agent)

상상력 증강 에이전트(I2A)라고 하는 새로운 구조는 기본적으로 현재 관찰이 주어졌을 때 미래의 경로(trajectory)를 상상하고 이러한 상상된 경로를 에이전트의 의사 결정 프로세스에 통합하자는 아이디어에 기반한다. 전체적인 구조는 그림 1과 같다.

이 에이전트는 주어진 관찰을 바탕으로 무엇을 할지를 결정할 때 두 가지 입력 경로를 사용한다[4]. 모델 프리경로는 입력 이미지를 특징 벡터로 변환하는데, 여기서는 달리 특별한 것은 없고 그냥 표준적인 컨볼루션 계층들로 이루어졌다. 또 다른 경로는 상상력 경로인데(imagination path) 현재 관찰에서 앞으로 일어날 변화들을 그야말로 "상상"해서 경로를 만들어 낸다. 이 경로를 롤

---

2) 역자주: 앞서 설명하였지만, 이런 저수준의 기능이라는 것은 원래 목적을 달성하기 위해서 기본적으로 갖추어야 할 기능이기는 하지만, 주 임무의 보상과는 직접적으로 연관되어 있지 않은 기능이다.

3) 역자주: 이런 관점에서 보면 사실 픽셀 제어도 환경에 대한 모델인데, 이 픽셀 제어에서는 입력으로 현재 관찰과 행동을 주고, 출력은 현재 뷰와 다음 뷰(입력으로 주어진 행동을 취했을 때 보게 될 다음 장면)에 대한 차이를 예측하는 것이므로, 사실 이것은 환경에 대한 작은 모델이라고 할 수 있다.

4) 역자주: 반면, 일반적인 에이전트는 두 가지가 아니라 한 가지, 즉 상상력이 빠진 루트(route)만 사용한다.

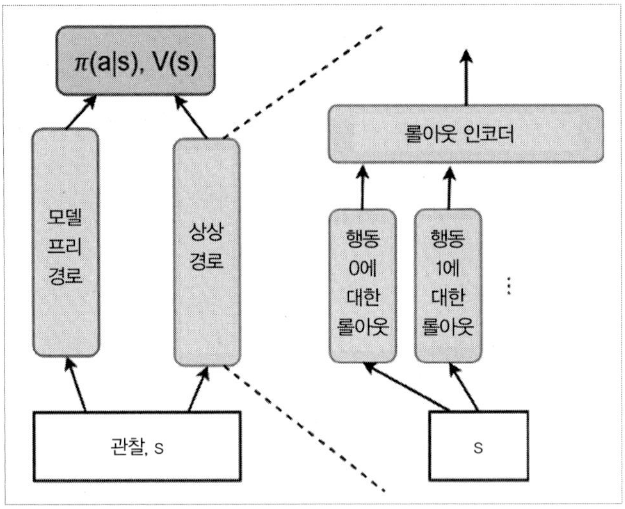

그림 1. I2A의 상상 구조

아웃(rollout)이라고 하며 현재 관찰에서 할 수 있는 행동 각각에 대하여 상상 경로를 만들어 낸다[5]. 이 상상 경로는 환경에서 사용 가능한 모든 행동에 대해 생성해야 한다. 롤아웃은 무한정 계속할 수는 없으므로 미리 고정된 수만큼만 미래를 상상하게 되며, 모든 단계에서 환경 모델(EM)(머신러닝 기법의 Expectation-Maximization 기법, 즉 EM과 혼동하지 말자)은 다음 관찰치와 즉각적인 보상을 예측한다.

롤아웃에서는 현재 관찰과 행동을 EM에 입력으로 주고 대신 EM은 다음 관찰과 보상을 출력으로 내준다. 그러면, 출력으로 나온 다음 관찰을 다시 EM의 입력으로 주면 그 다음 관찰과 보상을 얻을 수 있다. 이런 식으로 여러 번 반복하면 길이 N인 상상 경로가 하나 생성된다. 이때, 롤아웃의 첫 번째 단계에서는 취해야 할 행동(롤아웃이 생성되는 동작이므로)을 알고 있지만[6] 이후 단계에서는 작은 "롤아웃 정책 신경망"을 사용하여 행동이 선택된다. 롤아웃의 모든 단계는 상상으로

5) 역자주: 좀 더 설명하자면, 현재 상태를 o1이라고 하고, 여기서 할 수 있는 행동이 a1, a2 이렇게 두 가지가 있다고 하자. 그러면 o1에서 행동 a1을 했다면 그 결과 어떤 관찰 o2를 얻을 것이다(이 o2는 환경모델 EM으로부터 얻는다). 그러면 다시 o2에서 할 수 있는 행동이 다시 a1, a2가 있기 때문에, 미래에 대해서 전개할 수 있는 매우 많은 수의 롤아웃(rollout)이 발생하게 된다. 이런 과정을 여기서는 상상이라고 했다. 즉, 에이전트가 환경모델(EM)을 가지고 있다면, 이를 이용해서 실제로 그것을 수행하지 않고도 머리 속에서 앞으로 어떻게 상황이 변해갈지 상상하는 것이다. 이것은 굳이 비유하자면 우리가 바둑을 둘 때 앞으로 몇 수 정도를 예측해 보는 것과 다름없다.

6) 역자주: 롤아웃의 첫 번째 단계에서는 수행 가능한 모든 행동을 각각 한 번씩 시도하므로 첫 단계에서의 행동을 고민할 필요가 없다. 단, 두 번째 단계 이후부터는 가능한 행동을 모두 시도하는 게 아니라, 이때는 롤아웃 정책을 사용해서 여기서 제시된 행동만을 롤아웃에 사용한다.

만들어진 관찰과 즉각적인 보상을 예측하는 것이다. 이렇게 롤아웃 하나(즉, 상상 경로 하나)가 만들어지면, 이 롤아웃의 모든 단계는 "롤아웃 인코더"라고 하는 다른 신경망으로 전달되어 고정 크기 벡터로 인코딩된다. 즉, 하나의 롤아웃이 고정 크기의 벡터로 인코딩되는 것이다.

그러면 모든 롤아웃에 대해 다수의 벡터가 생길 텐데, 이 벡터들을 가져와 함께 연결(concatenate) 한 다음 에이전트의 헤드로 공급하여 A2C 알고리즘의 입력으로 사용한다. 이렇게 되면, 이제는 일반적인 A2C가 되는 것으로서 이제는 A2C의 정책 및 상태 가치 추정을 수행하면 된다. 요컨대, 기본은 A2C이고, 이 알고리즘의 입력으로 우리는 관찰로부터 어떤 특징을 뽑아 제공해야 하는데, 이때 두 가지(모델 프리로부터 오는 것 하나, 그리고 상상 루트로부터 오는 것 하나) 특징을 뽑겠다는 것이다. 그림 2는 이를 잘 설명하고 있다.

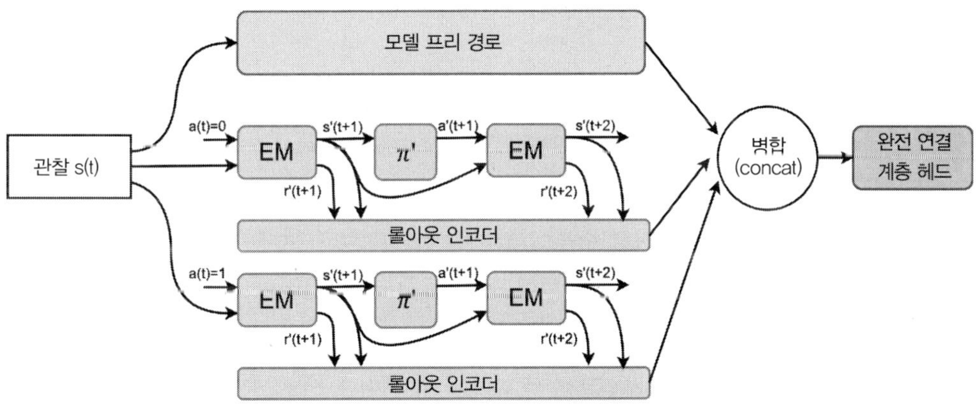

그림 2. I2A의 상상 구조 세부

환경 모델

앞서 살펴보았듯이, 롤아웃할 때 핵심적인 역할을 수행하는 것이 환경 모델 EM이었다. 다시 설명하자면, 환경 모델은 현재 관찰과 행동을 입력으로 받고 다음 관찰과 즉각적인 보상을 출력으로 하는 모듈이다. 논문 [2]에서 저자는 소코반(Sokoban) 퍼즐과 미니팩맨(MiniPacman) 아케이드 게임의 두 가지 환경에서 I2A 모델을 테스트하였는데, 두 경우 모두 관찰값은 픽셀이므로 환경 모델도 당연히 픽셀값을 출력으로 해야 하고 이와 더불어 즉각 보상에 해당하는 실수값을 반환해야 한다. 행동(스칼라 값)을 컨볼루션 신경망의 입력으로 사용하기 위해서는 스칼라 값인 행동을 일단 원핫 벡터로 바꾸고 이를 브로드캐스팅시켜서 행동 하나가 입력의 컬러 채널과 동일한 모양을 갖도록 한다. 이 변환은 그림 3에 설명되어 있다(물론, 코드를 보면 더 명확할 것이다).

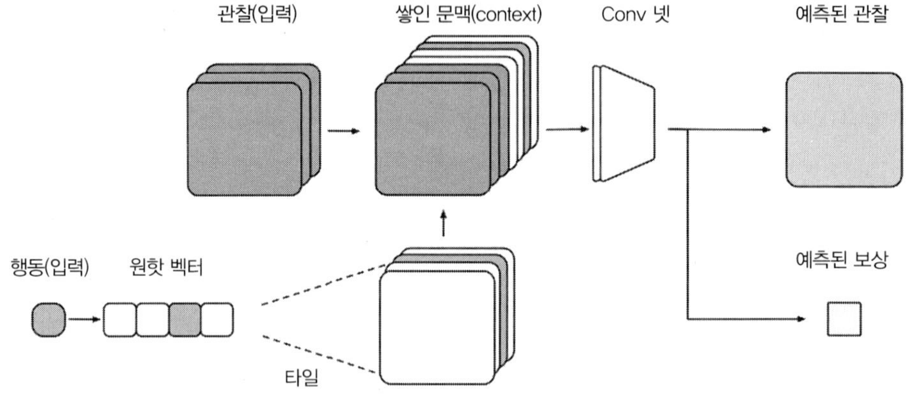

그림 3. EM 구조

이 환경 모델을 학습시킬 때는 여러 가지 방법이 있을 수 있겠지만, 가령 이 환경 모델을 포함해서 엔드투엔드(end-to-end)로 학습시킬 수도 있고, 아니면 이 환경 모델만 따로 사전 학습(pre-train)시킬 수도 있다. 논문에서는 사전 학습시키는 방법이 전체 시스템의 수렴을 빠르게 한 결과를 얻었다고 한다. 사전 학습을 시키기 위해서는 학습 샘플이 필요한데, 이 학습 샘플을 얻기 위해서 별도로 모델 프리한 기본 에이전트를 학습시켜서 이 모델을 이용하여 환경의 샘플을 얻었다.

롤아웃 정책

롤아웃을 할 때 매 단계마다 수행할 행동에 대한 결정을 내려야 한다. 첫 번째 단계에서는 모든 행동 각각에 대해 개별 롤아웃 경로를 생성하므로 이미 명시적으로 행동이 결정된거나 다름없지만 이후 단계에서는 누군가가 결정을 내려야 한다. 이상적으로는 해당 행동을 결정하는 정책이 에이전트의 정책과 유사하면 좋겠지만, 우리는 상상 속에서 경로를 생성하기 때문에 에이전트의 정책을 여기에 또 적용할 수는 없다. 이러한 문제를 해결하기 위해 별도의 "롤아웃 정책" 신경망을 만들고 이 신경망이 에이전트의 정책과 유사한 출력을 생성하도록 훈련시키면 되겠다. 롤아웃 정책은 A3C와 유사한 구조를 갖춘 소규모 신경망으로서 이 롤아웃 정책 신경망과 에이전트의 기본 정책 신경망과의 차이를 되도록 줄이기 위해서 크로스 엔트로피 손실을 사용하여 기본 I2A 신경망과 병렬로 학습시킨다. 논문에서는 이 과정을 "정책 증류(policy distillation)"라고 하였다.

롤아웃 인코더

I2A 모델의 최종 구성 요소는 롤아웃 인코더로, 롤아웃의 각 단계(즉, 관찰과 보상)를 입력으로 사용하고 고정 크기 벡터를 생성한다. 이렇게 함으로써 롤아웃에 대한 정보를 임베딩한다. 이를 위하여 모든 롤아웃 단계는 작은 컨볼루션 신경망을 사용하여 관찰에서 특징을 추출하고 특징과 보상을 병합하고(concatenate), 이를 LSTM 신경망으로 입력한다. 따라서, 롤아웃 인코더의 전체적인 기능은 LSTM이 수행한다고 보면 되고, 컨볼루션 신경망은 단지 픽셀인 관찰에서 특징을 뽑는 수준에서 이해하면 될 것이다.

각 롤아웃 인코더의 출력은 모델 프리 경로의 출력과 합쳐져서(concatenate) A2C를 구현하는 신경망의 입력으로서 사용되고, 이 A2C 신경망은 최종적으로 정책과 상태 가치를 추정하게 된다.

논문의 결과

위에서 언급했듯이 강화학습 문제에서 상상의 효과를 확인하기 위해 저자는 미래에 대한 계획과 결정이 필요한 두 가지 환경, 즉 무작위로 생성된 소코반 퍼즐과 미니팩맨 게임을 사용하였고, 두 환경 모두에서 상상력 구조는 기존 A2C 에이전트보다 더 나은 결과를 보여주었다.

이 장의 나머지 부분에서는 아타리 브레이크아웃(Atari Breakout) 게임에 모델을 적용하고 그 효과를 직접 확인하고자 한다.

아타리 브레이크아웃에의 I2A 적용

I2A의 코드나 학습 과정은 다소 복잡하여 많은 코드와 여러 단계를 포함한다. 이 예에서는 논문에 설명된 I2A 구조를 구현하고 브레이크아웃 게임에서 테스트할 것이다. 물론, 최종 목표는 상상력이 최종 정책에 과연 어떤 양향을 미치는지 확인하는 것이다.

이 예는 학습의 각 단계에 따른 세 파트로 구성되어 있다.

1. Chapter17/01_a2c.py에는 베이스라인으로서의 A2C 에이전트가 구현되어 있다. 이 에이전트는 환경 모델을 위한 관찰을 얻는 데 사용된다.

2. Chapter17/02_imag.py는 환경 모델의 학습과 관련된 파일로서, 1 단계에서 얻은 모델을 사용하여 비지도 학습 방법으로 환경 모델을 학습한다. 이를 통하여 우리는 환경 모델 EM을 얻을 것이다.
3. Chapter17/03_i2a.py는 최종 I2A 에이전트의 학습을 담당하는데, 여기서는 2 단계의 EM을 사용하여 모델 프리 경로와 롤아웃 경로를 결합한 전체 I2A 에이전트를 학습한다.

코드가 크므로 여기서는 전체 코드를 설명하지 않고 중요한 부분에 중점을 둘 것이다.

A2C 베이스라인 에이전트

앞서 언급한 단계 중 첫 번째 단계는 베이스라인 A2C 에이전트를 만드는 것인데, 이 에이전트로부터 얻는 정책은 두 가지에 이용될 수 있다. 첫 째는 나중에 얻게 될 I2A 에이전트와 비교하기 위해서이고, 둘째는 EM 단계에서 롤아웃 정책으로 쓰기 위함이다. EM은 환경에서 얻은 튜플 (s, a, r, s')을 가지고 비지도 학습 방식으로 훈련된다. 따라서 EM의 최종 품질은 사용된 데이터에 크게 좌우되는데, 이 데이터가 실제 에이전트가 경험하게 될 관찰과 가까울수록 최종 결과가 더 좋을 것이다.

이 에이전트의 코드는 Chapter17/01_a2c.py 및 Chapter17/lib/common.py에 있으며 이미 여러분들이 여러 번 경험한 그냥 기본 A2C 알고리즘이다. 필자는 이 코드의 재사용성을 좀 더 높이기 위해서 데이터 생성 부분을 PTAN 라이브러리 클래스를 사용하지 않고 그냥 처음부터 구현하였다. 이 부분은 common.iterate_batches 함수에 구현되어 있는데, 환경으로부터 관찰을 수집하고 경험된 경로에 대한 할인된 보상을 계산한다. 이 에이전트에서 사용되는 모든 하이퍼 파라미터는 OpenAI Baseline A2C 구현에 매우 가깝게 설정되어 있는데, 유일한 차이점은 가중치 초기화에 표준 파이토치 가중치 초기화 방법을 사용하였으며, 학습률을 7e-4에서 1e-4로 감소시켜 학습 안정성을 꾀하였다.

매 1000 배치가 학습될 때마다, 현재 정책에 대한 테스트를 수행하였는데 3 개의 에피소드에서 각 5개의 생명 동안 테스트를 진행하였다. 테스트를 통하여 평균 보상과 단계수가 기록되었고 새로운 최고 보상이 달성될 때마다 모델을 저장하였다. 테스트 환경은 학습 과정에서 사용되는 환경과 두 가지 측면에서 다르다. 우선 테스트 환경은 생명 단위의 에피소드가 아니라 전체 에피소드를 대상으로 하므로 테스트 에피소드의 보상이 학습 과정의 보상보다 높다. 두 번째 차이점은 테스트 환경에서는 보상에 대한 클리핑을 하지 않는다는 점이다. 클리핑은 아타리 학습의 안정성을 향상시키는 표준 방법으로서, 일부 게임에서 원시 점수가 매우 큰데 이럴 경우 A2C의 이득(advantage) 분산에 부정적인 영향을 미치기 때문이다.

또, 관찰로 주어지는 프레임의 수가 기존의 아타리 A2C 에이전트와 다르다. 일반적으로 4개의 프레임이 합쳐져서 관찰로 제공되지만 필자의 경험에 의하면 브레이크아웃 게임은 2개의 프레임만 사용해도 충분한 것으로 보인다. 두 프레임으로 작업하는 것이 더 빠르므로 이 예제의 모든 곳에서 관찰을 위한 텐서는 (2, 84, 84)의 모양을 갖는다.

학습의 재현을 가능하게 하기 위해서는 고정된 무작위 시드를 사용하는 게 좋은데, 이를 하기 위해서는 `common.set_seed` 함수를 이용하여 시드를 지정하면 된다. 이 함수를 사용하면 NumPy, Torch(CPU 및 CUDA) 및 풀(pool)의 모든 환경에 대한 시드를 설정할 수 있다.

EM 학습

EM은 베이스라인 에이전트에 의해 생성되는 데이터를 학습 데이터로 사용한다. 이때, 이전 단계에서 저장한 가중치를 지정할 수 있으므로 이를 사용하면 되지만, 꼭 최고의 모델일 필요는 없다. 데이터 생성을 위한 모델은 그저 관련 관찰을 잘 생성할 수 있도록 "충분히" 괜찮기만 하면 된다.

`Chapter17/lib/i2a.py`에 있는 EM 정의와 `EnvironmentModel` 클래스는 소코반 환경을 위해 논문 [2]에 제시된 모델의 구조를 그대로 따르고 있다. 모델에 대한 입력은 취해진 행동(정수값)과 관찰을 나타내는 텐서이다. 행동과 관찰을 합쳐서 입력으로 사용할 것이기 때문에, 행동을 우선 원핫 인코딩한 후 관찰과 같은 차원이 되도록 브로드캐스트하였다. 그런 다음 브로드캐스트된 행동과 관찰을 채널 차원을 따라 합친다. 브레이크아웃에는 4가지 행동이 있으므로 입력 텐서는 결국 (6, 84, 84)[7]가 된다.

그림 4는 EM의 전체 신경망 구조를 보여준다. 입력 텐서는 4 × 4 및 3 × 3의 2개의 컨벌루션 계층을 거친 다음 3 × 3 컨벌루션을 다시 지나게 되는데 이때 잔차(residual) 계층이 사용된다. 이 결과 텐서는 이제 최종 목적인 관찰에 대한 예측과 보상에 대한 예측을 하기 위해서 갈라지게 되는데, 하나는 디컨볼루션(deconvolution)을 거쳐 관찰을 생성하고, 다른 하나는 두 개의 컨볼루션 계층과 두 개의 완전 연결 계층을 거쳐 보상을 예측한다.

7) 역자주: 관찰은 두 개의 프레임을 사용하므로 2채널, 그리고 행동이 4가지 있으므로 4채널을 사용해서, 총 6채널이다.

그림 4에서 보이는 것처럼 EM은 두 가지 출력을 가진다. 실수값 하나인 즉각 보상과 다음 관찰이다. 그런데, 여기서 관찰에 대한 출력의 차원을 줄이기 위해 그냥 단순한 관찰을 출력하는 것이 아니고 마지막 관찰과의 차이를 의미하는 델타만을 예측한다. 따라서 출력은 (1, 84, 84) 모양의 텐서가 된다. 이것은 예측해야 할 값의 개수가 감소된다는 좋은 점 이외에도 변화를 예측하는 것이기 때문에, 기본적으로 평균이 0이 될 것이고 대부분은 0의 값을 가질 것이다. 대부분 0의 값을 갖는 이유는 브레이크아웃 게임의 특성에 기인하는데, 왜냐하면 공이나 페달 혹은 브릭이 공에 맞거나 하는 경우를 제외하면 나머지는 픽셀이 변하지 않기 때문이다.

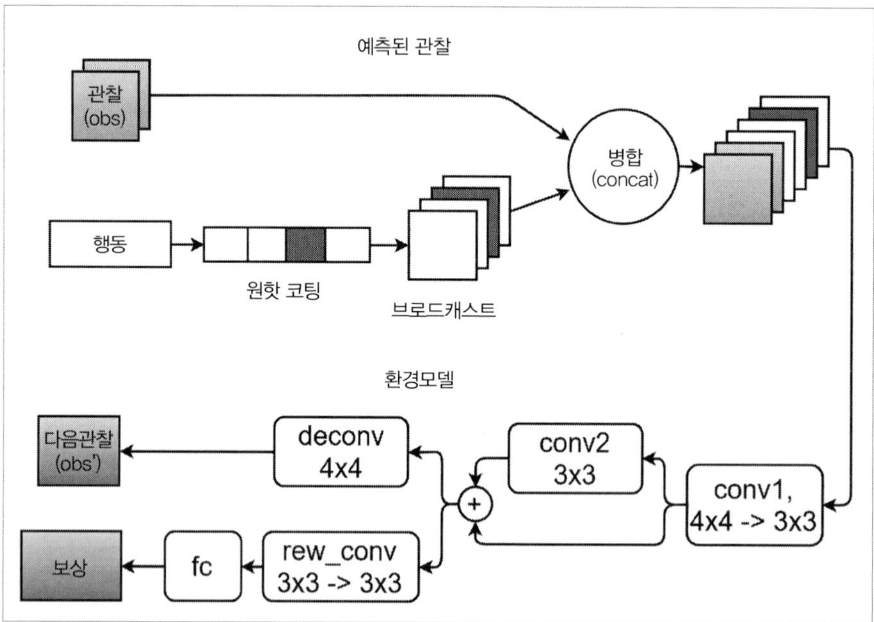

그림 4. EM 구조와 입력의 처리 과정

```
EM_OUT_SHAPE = (1, ) + common.IMG_SHAPE[1:]

class EnvironmentModel(nn.Module):
    def __init__(self, input_shape, n_actions):
        super(EnvironmentModel, self).__init__()

        self.input_shape = input_shape
        self.n_actions = n_actions

        # input color planes will be equal to frames plus one-hot
```

```
encoded actions
        n_planes = input_shape[0] + n_actions
        self.conv1 = nn.Sequential(
            nn.Conv2d(n_planes, 64, kernel_size=4, stride=4,
padding=1),
            nn.ReLU(),
            nn.Conv2d(64, 64, kernel_size=3, padding=1),
            nn.ReLU(),
        )
        self.conv2 = nn.Sequential(
            nn.Conv2d(64, 64, kernel_size=3, padding=1),
            nn.ReLU()
        )
        # output is one single frame with delta from the current
frame
        self.deconv = nn.ConvTranspose2d(64, 1, kernel_size=4,
stride=4, padding=0)

        self.reward_conv = nn.Sequential(
            nn.Conv2d(64, 64, kernel_size=3),
            nn.MaxPool2d(2),
            nn.ReLU(),
            nn.Conv2d(64, 64, kernel_size=3),
            nn.MaxPool2d(2),
            nn.ReLU()
        )

        rw_conv_out = self._get_reward_conv_out((n_planes, ) +
input_shape[1:])
        self.reward_fc = nn.Sequential(
            nn.Linear(rw_conv_out, 128),
            nn.ReLU(),
            nn.Linear(128, 1)
        )

    def _get_reward_conv_out(self, shape):
        o = self.conv1(torch.zeros(1, *shape))
        o = self.reward_conv(o)
        return int(np.prod(o.size()))

    def forward(self, imgs, actions):                현재 관찰과 취해진 행동을 인수로 받음
        batch_size = actions.size()[0]
        act_planes_v = torch.FloatTensor(batch_size,
self.n_actions, *self.input_shape[1:]).zero_()          그림 4에서 브로드캐스트 채널을 준비
```

```
        act_planes_v = act_planes_v.to(actions.device)
        act_planes_v[range(batch_size), actions] = 1.0    그림 4에서 브로드캐스트에 해당. 취해진 행동 채널만 1로 채움
        comb_input_v = torch.cat((imgs, act_planes_v), dim=1)
        c1_out = self.conv1(comb_input_v)
        c2_out = self.conv2(c1_out)
        c2_out += c1_out
        img_out = self.deconv(c2_out)
        rew_conv = self.reward_conv(c2_out).view(batch_size, -1)
        rew_out = self.reward_fc(rew_conv)
        return img_out, rew_out    다음 관찰과 보상을 반환
```

EM의 학습 과정은 간단하다. 16개의 병렬 환경 풀이 64개의 샘플 배치를 채우는 데 사용된다. 배치의 모든 항목은 현재 관찰, 다음 관찰, 취한 행동, 그리고 보상으로 구성된다. 손실 함수는 관찰 손실과 보상 손실의 합이다. 관찰 손실은 다음 관찰치에 대한 예측된 델타와 현재 관찰치와 다음 관찰치 간의 실제 델타 간의 평균 제곱 오차(MSE) 손실이다. 보상 손실은 예측된 보상과 실제 보상 간의 평균 제곱 오차(MSE)이다. 관찰을 보다 잘 예측하기 위해 관찰 항목에 스케일을 10을 주었다.

```
    def rollouts_batch(self, batch):
        batch_size = batch.size()[0]
        batch_rest = batch.size()[1:]
        if batch_size == 1:
            obs_batch_v = batch.expand(batch_size *
self.n_actions, *batch_rest)
        else:
            obs_batch_v = batch.unsqueeze(1)
            obs_batch_v = obs_batch_v.expand(batch_size,
self.n_actions, *batch_rest)
            obs_batch_v = obs_batch_v.contiguous().view(-1,

*batch_rest)
```

상상력 에이전트

학습의 마지막 단계는 I2A 에이전트이다. 이 에이전트는 모델 프리 경로와 이전 단계에서 학습된 EM에 의해 생성된 롤아웃들을 결합하여 사용한다.

I2A 모델

이 에이전트는 Chapter17/lib/i2a.py에 있는 I2A 클래스로 정의된다.

```
class I2A(nn.Module):     관찰의 모양        가능한 행동의 수   환경 모델   롤아웃 정책망
    def __init__(self, input_shape, n_actions, net_em, net_policy,
rollout_steps):
롤아웃 스텝 수  super(I2A, self).__init__()
```

생성자의 인수는 관찰의 모양, 환경에서의 행동 수, 롤아웃에서 사용될 두 개의 신경망, 그리고 마지막으로 롤아웃을 몇 단계까지 진행할지 지정하는 롤아웃 스텝 수이다. EM 및 롤아웃 정책 신경망은 모두 가중치가 I2A 신경망 가중치로 포함되지 않도록 특별한 방식으로 저장된다.

```
        self.n_actions = n_actions
        self.rollout_steps = rollout_steps

        self.conv = nn.Sequential(
            nn.Conv2d(input_shape[0], 32, kernel_size=8,
stride=4),
            nn.ReLU(),
            nn.Conv2d(32, 64, kernel_size=4, stride=2),
            nn.ReLU(),
            nn.Conv2d(64, 64, kernel_size=3, stride=1),
            nn.ReLU(),
        )
```

앞의 코드는 모델 프리 경로로서 관찰로부터 특징을 추출한다.

```
        conv_out_size = self._get_conv_out(input_shape)
        fc_input = conv_out_size + ROLLOUT_HIDDEN * n_actions
        self.fc = nn.Sequential(
            nn.Linear(fc_input, 512),
            nn.ReLU()
        )
        self.policy = nn.Linear(512, n_actions)
        self.value = nn.Linear(512, 1)
```

신경망의 최종 출력인 정책과 가치를 만들어 내기 위해서 모델 프리 경로로부터 온 특징과 롤아웃 인코더로부터 온 특징을 합쳐서 최종 출력을 만들어 내기 위한 완전 연결 계층의 입력으로 사용한다. 모든 롤아웃은 ROLLOUT_HIDDEN(256)의 크기이며, 이는 RolloutEncoder 클래스 내부의 LSTM 계층의 차원과 동일하다. 각 행동당 하나의 롤아웃이 나오므로 여기에 행동의 개수만큼

곱한다.

```
        self.encoder = RolloutEncoder(EM_OUT_SHAPE)
        self.action_selector =
ptan.actions.ProbabilityActionSelector()
        object.__setattr__(self, "net_em", net_em)
        object.__setattr__(self, "net_policy", net_policy)
```

나머지는 RolloutEncoder 클래스(나중에 설명)를 만들고 EM 및 롤아웃 정책 신경망을 저장한다. 이 두 개의 신경망은 I2A 에이전트와 함께 훈련되지 말아야 한다(EM은 이전 단계에서 사전에 학습된 상태이고, 롤아웃 정책 신경망은 별도의 정책 증류 과정으로 학습될 것이므로). 하지만 파이토치의 모듈 클래스는 클래스에 지정된 모든 필드를 자동으로 등록하고 조인하기 때문에, 이를 회피하기 위해서 EM 및 롤아웃 정책 신경망은 __setattr__ 호출을 통해 참조로 저장한다. 이 호출은 이상하게 보일 수도 있지만 필요한 작업을 정확하게 수행한다.

```
def _get_conv_out(self, shape):
    o = self.conv(torch.zeros(1, *shape))
    return int(np.prod(o.size()))

def forward(self, x):      # 관찰
    fx = x.float() / 255
    enc_rollouts = self.rollouts_batch(fx)
    conv_out = self.conv(fx).view(fx.size()[0], -1)
    fc_in = torch.cat((conv_out, enc_rollouts), dim=1)
    fc_out = self.fc(fc_in)
    return self.policy(fc_out), self.value(fc_out)
```

forward() 함수는 단순하며 대부분의 일은 rollouts_batch() 함수 안에서 이루어진다. I2A 클래스의 다음 함수들은 조금 더 복잡한데, 원래 처음 버전은 모든 롤아웃을 순차적으로 수행하도록 작성되었다. 하지만 너무 느려서 새로 짠 버전에서는 모든 롤아웃을 단계별로 한 번에 수행하도록 수정하였다. 그 결과 속도가 거의 5배 증가하였지만 반대로 코드가 좀 복잡해졌다.

```
    def rollouts_batch(self, batch):      # 관찰
        batch_size = batch.size()[0]
        batch_rest = batch.size()[1:]      # 이미지 크기 = (2, 84, 84)
        if batch_size == 1:
            obs_batch_v = batch.expand(batch_size *
self.n_actions, *batch_rest)
        else:
            obs_batch_v = batch.unsqueeze(1)      # 행동 차원을 하나 추가하고
```

```
            obs_batch_v = obs_batch_v.expand(batch_size,
self.n_actions, *batch_rest)
            obs_batch_v = obs_batch_v.contiguous().view(-1,

*batch_rest)
```

행동 차원을 따라 관찰을 행동의 개수 만큼 복사하여 확장

rollouts_batch 함수에서 우리는 관찰을 가지고 있는 배치를 인수로 받아서 각 관찰에 대해서 행동의 수 n_actions 만큼 롤아웃 가지를 만들고 각 가지당 정해진 수만큼 롤아웃을 하려고 한다. 따라서 관찰을 n_actions 만큼 복사해야 한다. 이를 수행하는 가장 효율적인 방법은 파이토치 expand() 메소드를 사용하는 것인데, 이 함수는 지정된 차원을 따라 여러 번 반복해서 복사를 수행한다. 만일 배치가 하나의 항목만 가지고 있다면 그냥 배치 차원을 따라서 확장하면 되고, 그렇지 않으면 배치 차원 바로 뒤에 별도의 차원을 추가한 다음 이 추가된 차원을 따라서 확장하면 된다. 이렇게 경우에 따라서 별도의 방법을 거치지만 view() 함수를 통하여 결과적으로는 obs_batch_v 텐서가 (batch_size * n_actions, 2, 84, 84) 모양을 가지므로, 결국은 배치 차원을 따라서 각 배치의 관찰이 행동의 개수만큼 복사해서 늘어선 형태가 만들어 진다.

```
        actions = np.tile(np.arange(0, self.n_actions,
dtype=np.int64), batch_size)
        step_obs, step_rewards = [], []
```

그 후, 모든 관찰에 대해 EM이 취해야 할 행동을 준비한다. 모든 관찰을 n_actions 만큼 반복했기 때문에, actions 배열은 이에 맞추어서 [0, 1, 2, 3, 0, 1, 2, 3, ...] 형식을 갖게 되며(브레이크아웃에는 총 4개의 행동이 있다) 결과적으로 크기가 (n_actions)*(batch_size)인 리스트가 된다. step_obs 및 step_rewards 리스트는 롤아웃되는 각 단계에서 얻는 관찰과 보상을 저장하는 공간이다. 이 데이터는 RolledEncoder로 전달되어 고정 벡터 형식으로 변환될 것이다.

이 스텝 수만큼 롤아웃 진행

```
        for step_idx in range(self.rollout_steps):
            actions_t = torch.tensor(actions).to(batch.device)
            obs_next_v, reward_v = self.net_em(obs_batch_v,
actions_t)
```

현재 관찰과 행동을 넣으면 다음 번 관찰과 보상을 내줌

그런 다음 롤아웃을 위한 루프를 시작한다. 각 단계에서 EM 신경망은 현재 관찰과 행동을 인수로 받고 다음 관찰치(우리는 현재 관찰과의 델타로 변환한다)과 보상을 예측한다. 첫 단계에서는 가능한 모든 행동에 대하여 롤아웃 가지를 형성하지만, 이후부터는 롤아웃 정책 신경망을 사용하여 선택된 행동을 EM의 입력으로 사용한다.

```
            step_obs.append(obs_next_v.detach())
            step_rewards.append(reward_v.detach())
            # don't need actions for the last step
            if step_idx == self.rollout_steps-1:
                break
```

리스트에 관찰 델타와 즉각적인 보상을 저장하고 만일 최종 롤아웃 단계에 있다면 루프를 빠져나간다.

```
            # combine the delta from EM into new observation
            cur_plane_v = obs_batch_v[:, 1:2]
            new_plane_v = cur_plane_v + obs_next_v
            obs_batch_v = torch.cat((cur_plane_v, new_plane_v),
dim=1)
```

다음 롤아웃을 위한 관찰을 완성

EM 신경망이 내준 텐서는 델타값인데 비하여 우리의 롤아웃 정책 신경망은 일반 관찰 텐서를 넣어야 하므로 델타를 일반 관찰 텐서로 변환해야 한다. 델타는 현재 관찰과 다음 관찰의 차이에 대한 예측이므로 결국 현재 관찰에 델타를 더하면 정상적인 다음 관찰을 얻을 수 있다. 이를 위해 현재 관찰(2 채널)에서 마지막 프레임(채널)과 델타를 합하여 예측 프레임을 만들고 다시 이 마지막 프레임과 예측 프레임을 합쳐 정상적인 다음 관찰(2채널)을 만든다. 그러므로 다음 관찰은 이전 관찰과 마찬가지 크기인 (2, 84, 84)이다.

```
            # select actions
            logits_v, _ = self.net_policy(obs_batch_v)
            probs_v = F.softmax(logits_v, dim=1)
            probs = probs_v.data.cpu().numpy()
            actions = self.action_selector(probs)
```

롤아웃 정책망에 적용하여 다음 행동 결정

나머지 루프에서는 다음 관찰을 롤아웃 정책 신경망에 넣어 수행할 행동을 결정한다. 그런 다음 루프는 다시 반복된다.

```
        step_obs_v = torch.stack(step_obs)
        step_rewards_v = torch.stack(step_rewards)
        flat_enc_v = self.encoder(step_obs_v, step_rewards_v)
        return flat_enc_v.view(batch_size, -1)
```

롤아웃 각 단계에서 얻은 예측된 관찰에 대한 리스트를 torch.stack함수를 이용하여 dim=0 차원에 쌓아서 하나의 텐서로 만들어 준다

롤아웃이 완료되면 step_obs와 step_rewards라는 두 리스트에 롤아웃 동안의 관찰과 보상을 얻게 된다. 이 둘을 torch.stack() 함수를 사용하여 새로운 차원에서 쌓는다. 이 두 텐서는 RolloutEncoder로 전달되어 인코딩된 벡터를 생성한다. 인코더의 출력은 (batch_size * n_actions, encoded_len)의 텐서가 된다. 그런 다음 같은 배치 엔트리(샘플)에 대한 롤아웃들에(즉, 서로 다른 행동들

에 대한 롤아웃) 인코딩을 함께 연결하려고 한다. 따라서, 출력 텐서의 모양을 batch_size를 첫 번째 차원으로 바꾸면 텐서는(batch_size, encoded_len * n_actions) 모양이 된다.

■ 롤아웃 인코더

RolloutEncoder 클래스는 (rollout_steps, batch_size, 1, 84, 84) 크기의 관찰과 (rollout_steps, batch_size) 크기의 보상을 받고, 롤아웃 단계를 따라 RNN(Recurrent Neural Network)을 적용하여 각 배치 별로 롤아웃 정보를 인코딩된 벡터로 변환한다. 실제 이것들이 RNN에 입력으로 주어지기 전에 EM에 의해 제공된 관찰 델타에서 특징을 추출하는 전처리기가 있으며, 이 특징에 보상값이 추가되어 비로서 RNN의 입력으로 사용된다.

```
class RolloutEncoder(nn.Module):
    def __init__(self, input_shape, hidden_size=ROLLOUT_HIDDEN):
        super(RolloutEncoder, self).__init__()

        self.conv = nn.Sequential(
            nn.Conv2d(input_shape[0], 32, kernel_size=8,
stride=4),
            nn.ReLU(),
            nn.Conv2d(32, 64, kernel_size=4, stride=2),
            nn.ReLU(),
            nn.Conv2d(64, 64, kernel_size=3, stride=1),
            nn.ReLU(),
        )
```

EM에 의해 생성된 1 채널짜리 델타 이미지를 전처리하기 위한 컨볼루션망

관찰 전처리는 입력 텐서로서 EM에 의해 생성된 델타를 받는다.

```
        conv_out_size = self._get_conv_out(input_shape)

        self.rnn = nn.LSTM(input_size=conv_out_size+1,
hidden_size=hidden_size, batch_first=False)
```

여기서 +1은 보상을 위한 공간임

인코더의 RNN은 LSTM 계층이다. 여기서 batch_first = False 인수는 기본값이 False이므로 여기서 +1은 보상을 위한 공간임 굳이 명시하지 않아도 되지만 입력 텐서가 (rollout_steps, batch_size, conv_features + 1)의 순서를 가지는 텐서임을 명확히 알려주기 위해 남겨 두었다. 따라서, 첫 번째 차원은 배치가 아니라 롤아웃 스텝임을 유의하자.

```
    def _get_conv_out(self, shape):
        o = self.conv(torch.zeros(1, *shape))
        return int(np.prod(o.size()))
```

```
    def forward(self, obs_v, reward_v):
        """
        Input is in (time, batch, *) order
        """
        n_time = obs_v.size()[0]
        n_batch = obs_v.size()[1]
        n_items = n_time * n_batch
        obs_flat_v = obs_v.view(n_items, *obs_v.size()[2:])
        conv_out = self.conv(obs_flat_v)
        conv_out = conv_out.view(n_time, n_batch, -1)
        rnn_in = torch.cat((conv_out, reward_v), dim=2)
        _, (rnn_hid, _) = self.rnn(rnn_in)
        return rnn_hid.view(-1)
```

forward() 함수는 먼저 모든 rollout_steps * batch_size 만큼의 델타에서 추출한 특징에 보상값을 병합하고[concatenate], LSTM에 입력으로 넣어준다. 이 rnn을 통하여 우리는 롤아웃된 정보에 대한 인코딩으로서 RNN의 마지막 단계에서 반환된 은닉 상태를 취한다.

■ I2A 학습

학습 과정은 두 단계로 이루어진다. 첫 번째 단계는 롤아웃 단계에서 행동을 선택하기 위한 롤아웃 정책 신경망을 학습시키는 단계로서 증류[distillation] 기법을 사용하여 롤아웃 신경망을 학습시킨다. 롤아웃 단계에서 행동을 선택할 때 사용되는 롤아웃 정책은 실제 상황에서 에이전트가 선택할 행동과 유사해야 하므로 언뜻 생각하기에는 그냥 메인 I2A 모델을 쓰면 제일 좋을 것이라고 생각할 수 있다. 하지만, 메인 I2A 모델은 그 자체 내에서 다시 롤아웃이 필요하므로 마치 서로 물고 물리는 그런 사이클 관계가 형성된다. 따라서, 메인 I2A 모델을 여기서 사용할 수는 없고, 대신 이와 비슷한 행동을 보일 수 있도록 별도로 학습시킨 롤아웃 정책 신경망을 만들면 된다. 따라서, 메인 I2A 모델에 대한 증류[distill]버전을 만들어야 하는데, 이를 위해서는 메인 I2A 모델의 정책과 롤아웃 정책 신경망에서 반환한 정책 간의 크로스 엔트로피 손실을 최소화하는 방향으로 롤아웃 정책 신경망을 학습시키면 된다.

증류를 담당하는 학습 루프 부분은 다음과 같다. mb_probs 배열은 obs_v 관찰에 대하여 I2A 모델이 출력한 행동의 확률을 담고 있다.

```
                probs_v = torch.FloatTensor(mb_probs)).to(device)
                policy_opt.zero_grad()
                logits_v, _ = net_policy(obs_v)
                policy_loss_v = -F.log_softmax(logits_v, dim=1) *
probs_v.view_as(logits_v)
                policy_loss_v = policy_loss_v.sum(dim=1).mean()
                policy_loss_v.backward()
                policy_opt.step()
```

학습의 두 번째 단계에서는 I2A 모델을 그냥 일반적인 A2C를 학습하는 것과 정확히 동일한 방식으로 하면 된다(I2A 모델은 내부 구조가 복잡하지만 결국은 그냥 A2C 학습과 동일하게 하면 된다). A2C 학습에서의 가치 손실은 예측된 보상과 벨만 방정식에 의해서 계산되는 할인된 보상 사이의 평균 제곱 오차(MSE)를 계산하면 될 것이고, 정책 그라디언트(PG)는 선택한 행동의 로그 확률에 이득(advantage)을 곱하면 된다. 알다시피 이렇게 하는 것은 전혀 새로운 것이 아니며 A2C 모델을 배울 때 다 알아본 내용이다.

실험 결과

베이스라인 에이전트

에이전트를 학습시키기 위해서는 Chapter17/01_a2c.py를 실행하면 되는데, 이때 GPU를 사용하려면 --cuda 플래그를 함께 쓰면 된다. 텐서 보드에 전달할 실험의 이름을 필수 옵션인 -n을 사용하여 전달해야 한다.

```
Chapter17$ ./01_a2c.py --cuda -n tt
AtariA2C (
    (conv): Sequential (
        (0): Conv2d(2, 32, kernel_size=(8, 8), stride=(4, 4))
        (1): ReLU ()
        (2): Conv2d(32, 64, kernel_size=(4, 4), stride=(2, 2))
        (3): ReLU ()
        (4): Conv2d(64, 64, kernel_size=(3, 3), stride=(1, 1))
        (5): ReLU ()
    )
    (fc): Sequential (
        (0): Linear (3136 -> 512)
```

```
            (1): ReLU ()
        )
        (policy): Linear (512 -> 4)
            (value): Linear (512 -> 1)
)
4: done 13 episodes, mean_reward=0.00, best_reward=0.00,
speed=99.96
9: done 11 episodes, mean_reward=0.00, best_reward=0.00,
speed=133.25
10: done 1 episodes, mean_reward=1.00, best_reward=1.00,
speed=136.62
13: done 9 episodes, mean_reward=0.00, best_reward=1.00,
speed=153.99
...
```

그림 5에서 보이듯이 A2C 모델을 사용한 베이스라인에서는 테스트 에피소드의 500k 이터레이션에서 평균 450의 보상에 도달하였으며, 최대 테스트 보상(세 개의 에피소드에 대한)은 650이었다.

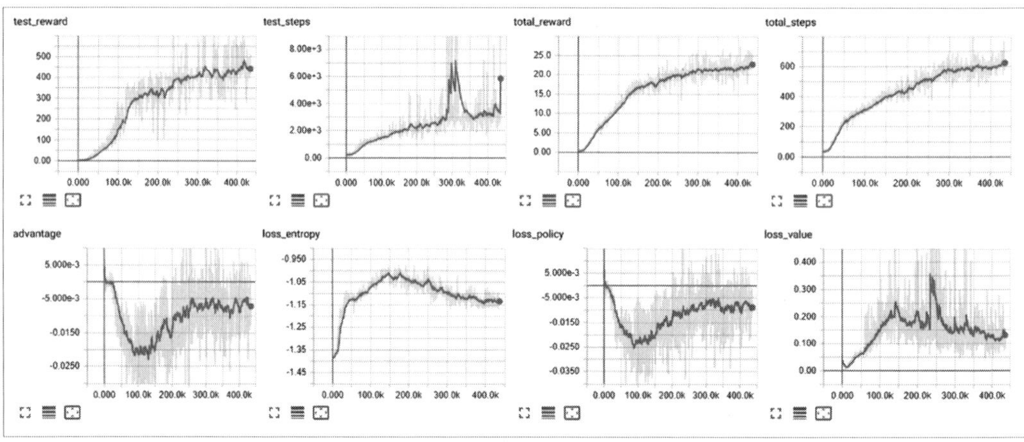

그림 5. **베이스라인 수렴**

EM 학습하기

EM을 학습시키기 위해서는 베이스라인 에이전트의 학습 결과 얻은 정책을 지정해야 한다. 이때, 물론 최고의 성능을 보인 베이스라인 에이전트의 정책을 사용할 수도 있겠지만, 학습 데이터에 다양성을 부여하기 위해서 적당한 베이스라인의 정책을 선택하였다.

```
Chapter17$ ./02_imag.py --cuda -m
res/best/01_a2c_clip/best_0342.333_119000.dat -n tt
EnvironmentModel (
  (conv1): Sequential (
    (0): Conv2d(6, 64, kernel_size=(4, 4), stride=(4, 4),
padding=(1, 1))
    (1): ReLU ()
    (2): Conv2d(64, 64, kernel_size=(3, 3), stride=(1, 1),
padding=(1, 1))
    (3): ReLU ()
  )
  (conv2): Sequential (
    (0): Conv2d(64, 64, kernel_size=(3, 3), stride=(1, 1),
padding=(1, 1))
    (1): ReLU ()
  )
  (deconv): ConvTranspose2d(64, 1, kernel_size=(4, 4), stride=(4, 4))
  (reward_conv): Sequential (
    (0): Conv2d(64, 64, kernel_size=(3, 3), stride=(1, 1))
    (1): MaxPool2d (size=(2, 2), stride=(2, 2), dilation=(1, 1))
    (2): ReLU ()
    (3): Conv2d(64, 64, kernel_size=(3, 3), stride=(1, 1))
    (4): MaxPool2d (size=(2, 2), stride=(2, 2), dilation=(1, 1))
    (5): ReLU ()
  )
  (reward_fc): Sequential (
    (0): Linear (576 -> 128)
    (1): ReLU ()
    (2): Linear (128 -> 1)
  )
)
Best loss updated: inf -> 1.7988e-02
Best loss updated: 1.7988e-02 -> 1.1621e-02
Best loss updated: 1.1621e-02 -> 9.8923e-03
Best loss updated: 9.8923e-03 -> 8.6424e-03
...
```

100k 정도 반복한 결과 손실이 더 이상 감소되지 않았으며 여기에서 손실이 가장 작은 EM 모델을 I2A 모델의 최종 학습에 사용하면 된다.

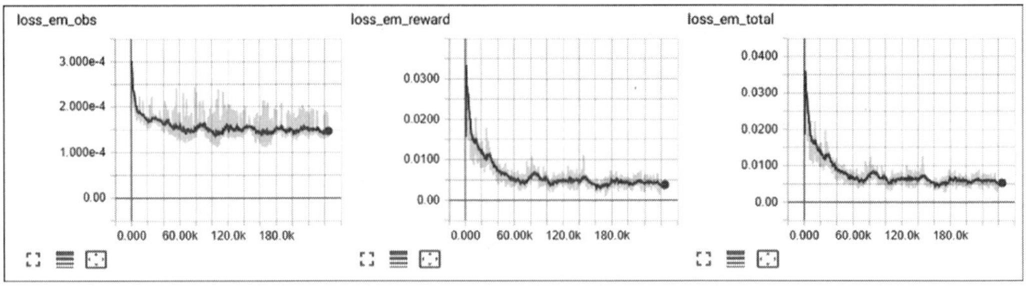

그림 6. EM 학습

I2A 모델 학습

상상력 경로는 수행할 롤아웃 단계에 비례하는 상당한 양의 계산이 필요하다. 따라서, 브레이크 아웃 게임에서의 최적의 롤아웃 단계값을 찾기 위해 몇 가지 값을 실험한 결과 브레이크 아웃에 대해서는 5 단계와 3 단계 사이에 큰 차이가 없지만 속도는 거의 두 배 차이가 났다.

```
Chapter17$ ./03_i2a.py --cuda --em res/best/02_env_largerbatch\=
64/best_6.9029e-04_106904.dat -n tt
I2A (
  (conv): Sequential (
    (0): Conv2d(2, 32, kernel_size=(8, 8), stride=(4, 4))
    (1): ReLU ()
    (2): Conv2d(32, 64, kernel_size=(4, 4), stride=(2, 2))
    (3): ReLU ()
    (4): Conv2d(64, 64, kernel_size=(3, 3), stride=(1, 1))
    (5): ReLU ()
  )
  (fc): Sequential (
    (0): Linear (4160 -> 512)
    (1): ReLU ()
  )
  (policy): Linear (512 -> 4)
  (value): Linear (512 -> 1)
  (encoder): RolloutEncoder (
    (conv): Sequential (
        (0): Conv2d(1, 32, kernel_size=(8, 8), stride=(4, 4))
        (1): ReLU ()
        (2): Conv2d(32, 64, kernel_size=(4, 4), stride=(2, 2))
        (3): ReLU ()
```

```
            (4): Conv2d(64, 64, kernel_size=(3, 3), stride=(1, 1))
            (5): ReLU ()
        )
        (rnn): LSTM(3137, 256)
    )
)
2: done 1 episodes, mean_reward=0.00, best_reward=0.00, speed=6.41 f/s
4: done 12 episodes, mean_reward=0.00, best_reward=0.00, speed=90.84 f/s
7: done 1 episodes, mean_reward=0.00, best_reward=0.00, speed=69.94 f/s
...
```

200k 학습 단계에서 I2A는 테스트에서 평균 400의 보상에 도달하였는데, 이는 베이스라인보다 좋은 모습이다. 세 번의 전체 에피소드 테스트에서 최대 보상은 750으로, 베이스라인에서 얻은 650보다 좋다.

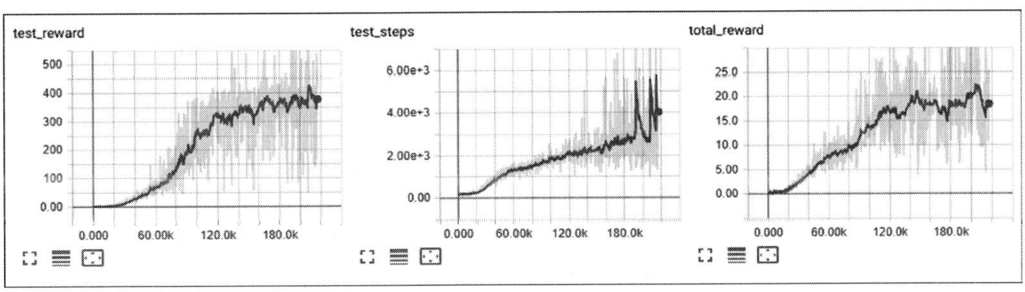

그림 7. 12A 수렴(보상과 스텝)

다음 차트는 I2A(어두운 색)와 베이스라인 A2C(밝은 색)에 대한 테스트 결과를 보여준다.

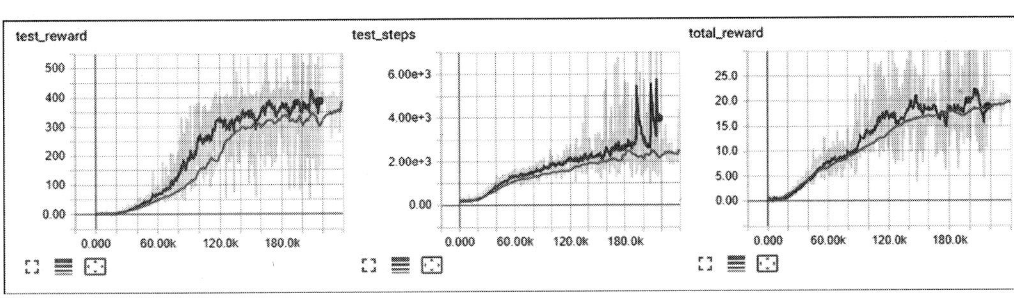

그림 8. 12A와 베이스라인 A2C의 비교

추가적으로 롤아웃에서 한 단계만을 사용하는 실험을 해봤는데, 놀랍게도 한 단계를 사용하나 세 단계를 사용하나 학습 역학은 크게 다르지 않았다. 이는 브레이크아웃에서 에이전트가 경로를 상상할 필요가 없다는 어떤 신호일 수도 있다. 만일 상상을 한 단계만 사용하게 되면 롤아웃 정책이 전혀 필요하지 않으므로(첫 번째 단계는 항상 모든 행동에서 수행되므로) RNN도 필요하지 않고 따라서 에이전트의 속도를 크게 높여서 베이스라인 A2C에 가까운 속도를 낼 수 있다.

요약

이 장에서는 강화학습에 대한 모델 기반 접근 방식에 대해 알아보고 환경 모델을 모델 프리 모델에 추가하여 보았다. 이 모델은 모델 프리 경로와 모델 기반 경로의 두 가지 정보 소스를 제공함으로써 에이전트가 취사 선택할 수 있는 방법을 제시하였다.

이 책의 마지막 장인 다음 장에서는 알파고 제로에 대하여 알아보도록 하겠다.

■ 참고문헌

1. *Reinforcement Learning with Unsupervised Auxiliary Tasks by Max Jaderberg, Volodymyr Mnih*, and others, (arXiv:1611.05397)

2. *Imagination-Augmented Agents for Deep Reinforcement Learning by Theophane Weber, Sebastien Racantiere*, and others, (arXiv:1707.06203)

제 18 장

알파고 제로

이 책의 마지막인 이번 장에서는 모델 기반 방법에 대한 논의를 계속할 예정이다. 하지만, 이번에는 환경이 경쟁하는 두 주체 간에 공유된다. 이것은 보드 게임을 하는 경우와 매우 비슷한데, 보드 게임에서는 게임의 규칙이 있고 보드의 상태는 완벽히 볼 수 있지만 게임을 하는 상대가 있다.

최근 딥마인드는 이런 문제에 대한 아주 아름다운 해결책을 제시하였는데, 사전 도메인 지식을 필요로 하지 않으며 에이전트는 오로지 셀프 플레이[self-play]를 통해서 정책을 개선해 간다. 이 방법을 알파고 제로[AlphaGo Zero]라고 하며, 이 장에서는 커넥트4 게임을 대상으로 이를 구현해 볼 예정이다.

보드 게임

보드 게임의 규칙은 매우 단순하고 간결하다. 게임을 복잡하게 만드는 것은 규칙이 아니라 보드 게임상의 다양한 위치와 함께 알 수 없는 전략을 가진 상대방의 존재 때문이다. 보드 게임에서는 게임의 상태와 함께 명시적인 규칙이 존재하기 때문에, 우리는 이를 바탕으로 현재 상황을 분석할 수 있다. 여기서 분석이라 함은 게임의 현재 상태를 가지고 여기서 가능한 모든 움직임을 평가한 다음 최선의 움직임을 행동으로 선택하는 것을 의미한다.

움직임을 평가하는 가장 간단한 방법은 가능한 모든 행동에 대하여 행동이 수행된 후 위치를 평가하고, 이 위치에서 취할 수 있는 모든 행동에 대해서 다시 재귀적으로 평가하는 것이다. 이런 반복을 거쳐 결국 더이상 움직일 수 없는 상태에 도달했을 때 최종 위치에 도달한 것이며 게임의 결과를 얻는다. 이 게임 결과를 거꾸로 전파함으로써 어떤 위치에서든 특정 행동의 예상 가치를 추정할 수 있다. 이 방법의 변형 중의 하나가 미니맥스[minimax]인데, 여기서 우리는상대를 무너뜨릴 수 있는 가장 강한 움직임을 하려고 하지만, 상대방 역시 우리에게 최악의 움직임을 취하려고 노력한다.

틱택토[TicTacToe] 게임(가능한 종료 상태가 138개뿐임)에서와 같이 게임에서 가능한 상태가 충분히 작은 경우, 현재 상태로부터 게임 트리를 거쳐 게임의 종료까지 내려가는 것이 별 문제가 되지 않으며, 어떤 행동이 최선의 행동인지 손쉽게 찾아낼 수 있다.

하지만 불행히도 이렇게 약간은 무식한 방법으로 찾는 방식은 중간 정보의 복잡도를 지닌 게임만 되도 게임에서 가능한 구성이 기하급수적으로 증가하므로 잘 동작하지 않는다. 예를 들어, 체커 게임이라고도 불리는 드라우트(draughts) 게임의 게임 트리에는 5×10^{20}개의 노드가 있으며 이는 현대적인 하드웨어에서도 상당히 어려운 문제이다. 체스나 바둑과 같이 더 복잡한 게임의 경우 이 숫자가 훨씬 크기 때문에 게임의 어떤 상태에서 도달할 수 있는 모든 위치를 분석할 수는 없다. 따라서, 이를 다루기 위해서는 근사적인 방법을 사용할 수밖에 없다. 근사적인 방법이란 게임 트리의 끝까지 탐색을 하지 않고 보통 어느 정도 깊이까지 탐색을 한 다음(pruning, 가지 치기) 그 상태에서의 위치 평가를 통해 근사를 수행한다. 이렇게 하면 복잡한 게임이라 하더라도 상당히 높은 수준의 컴퓨터 프로그램을 만들 수 있다.

2017년 말 딥마인드는 네이처 Nature 저널에 알파고 제로라는 새로운 접근 방식을 논문으로 발표하였다. 알파고 제로 방식은 게임 규칙을 제외한 어떠한 사전 지식도 없이 바둑이나 체스와 같은 복잡한 게임에서 인간을 뛰어넘는 수준을 달성할 수 있었다. 에이전트는 지속적으로 자신과의 대결을 통하여 학습을 수행함으로써 자신의 정책을 개선하였다. 여기에는 어떠한 게임 데이터베이스나, 사람이 고안한 어떤 특징 추출, 또는 모델을 사전 학습시키던지 하는 것이 전혀 사용되지 않았다. 그래서 이 방법은 단순하지만 매우 우아한 방법이라고 할 수 있다.

이 장에서는 커넥트4라는 게임을 풀기 위하여 알파로 제로의 방법을 구현해 보도록 하겠다.

알파고 제로 방법

개요

크게 보면 이 방법은 세 가지 요소로 구성되며 각각은 나중에 자세히 설명될 예정이다. 따라서, 이 개요 부분에서 좀 이해가 가지 않는 부분이 있더라도 염려하지 말자.

- 우리는 몬테카를로 트리 탐색(Monte Carlo Tree Search, MCTS) 알고리즘을 사용하여 게임 트리를 탐색한다. 여기의 핵심 아이디어는 게임 트리를 확장하면서 이동 빈도와 게임 결과에 대한 통계를 수집하는 것이다. 바둑의 게임 트리는 깊이와 너비 모두에서 너무 거대하여 끝까지 탐색하는 것은 불가능하기 때문에 트리의 가지 중 가장 그럴듯한 경로만 무작위로 샘플링한다(그래서 몬테카를로 트리 탐색이라는 이름이 붙은 것이다).

- 우리는 셀프 플레이를 통하여 에이전트의 정책을 향상시킬 것이다. 학습의 맨 처음에서 에이전트 모델이 임의의 가중치로 초기화되므로 우리 에이전트는 마치 체스를 처음 배우는 4 살짜리 아이처럼 거의 무작위로 움직일 것이다. 그러나 시간이 지남에 따라 우리는 현 시점의 최고의 플레이어를 더 나은 방향으로 변형하게 되고 갈수록 더욱 의미 있고 정교한 게임 플레이어를 생성하게 된다. 셀프 플레이하는 것은 보드의 양쪽에 동일한 현재 최고 모델이 사용되고 있음을 의미한다. 같은 모델로 셀프 플레이하면 거의 50 %의 확률로 이기거나 질 것이기 때문에 별로 유용하지 않은 것처럼 보일 수도 있지만, 사실 이것이 진짜로 필요한 데이터이다. 좀 비유해 보자면 잘하는 사람과 못하는 사람이 게임을 하면 대체로 흥미가 떨어진다. 진짜로 재미있는 게임은 비슷한 수준끼리 대결하는 게임이며, 그것이 우리가 어떤 게임의 결승전에 열광하는 이유이다. 왜냐하면 일반적으로 결승전은 실력이 비슷한 상대와 맞붙게 마련이고 그래서 재미가 있다.
- 이 방법의 세 번째 구성 요소는 견습 모델의 학습인데, 이를 위해서 필요한 데이터는 앞서 설명한 셀프 플레이 중에 수집한 데이터를 이용한다. 이는 마치 어른이 하는 체스를 앉아서 끊임없이 분석하는 어린이(견습 모델)와 같다고 할 수 있다. 우리는 정기적으로 이 견습 모델과 현재 최고 모델 간에 게임을 시켜서, 견습 모델이 상당한 양의 게임에서 현재의 최고 모델을 이기면 견습 모델을 새로운 최고 모델로 하고, 과정은 다시 반복된다.

알파고 제로는 그 단순성에도 불구하고 이전의 모든 알파고 버전을 이길 수 있었고, 게임 규칙을 제외한 아무런 사전 지식 없이도 세계 최고의 바둑 플레이어가 되었다. *Mastering the Game of Go Without Human Knowledge*[1]라는 논문이 발표된 후 딥마인드는 같은 방법을 체스에 적용하여 *Mastering Chess and Shogi by Self-Play with a General Reinforcement Learning Algorithm*[2]라는 논문을 발표했다. 완전히 처음부터 새롭게 학습한 이 프로그램은 최고의 체스 프로그램이었던 스톡피쉬(Stockfish, 10년이 넘는 시간 동안 전문가가 개발한 프로그램임)를 능가했다.

자, 그러면 이 세 가지 구성 요소를 보다 자세히 살펴보는 시간을 가져보자.

몬테카를로 트리 탐색(Monte-Carlo Tree Search)

MCTS의 기능을 보다 쉽게 이해하기 위해서 그림 1과 같이 틱택토(TicTacToe) 게임의 간단한 하위 트리를 생각해 보자. 처음에는 게임 필드가 비어 있고 x 표시를 어디로 옮길지 선택해야 한다. 첫 번째 이동에는 9가지 옵션이 있으므로 루트 상태에는 해당 상태로 연결되는 9개의 가지가 있다.

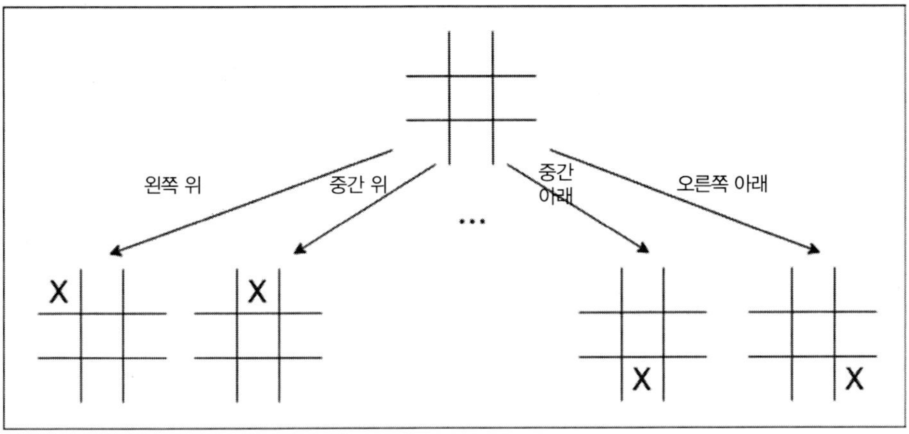

그림 1. 틱택토(TicTacToe) 게임 트리

특정 게임 상태에서 가능한 행동의 개수를 분기 요소라고 한다. 물론 항상 모든 행동이 가능한 것은 아니기 때문에 분기의 개수가 달라질 수 있다. 틱택토의 경우, 사용 가능한 행동은 게임의 시작 부근에서는 9개이지만 게임이 진행되어 트리의 리프 노드에 이르면 0까지 감소한다. 분기 요소를 가지고 트리가 얼마나 빨리 자라는지를 추정할 수 있다.

예를 들어, x가 움직인 후, 상대는 x의 각 위치마다 8개의 위치를 사용할 수 있으므로 트리의 두 번째 레벨에서 9×8=72개의 가능한 경우가 생긴다. 이렇게 계속 진행하다 보면 결국 가능한 트리의 총 노드 수는 최대 9!= 362,880까지 가능하지만 모든 게임이 이렇게 최대의 깊이까지 플레이될 수 있는 것은 아니므로 실제 숫자는 이보다 적다.

틱택토보다 더 큰 게임인 체스는 첫 번째 움직임의 수가 20이고, 바둑의 경우에는 361(19 × 19)개나 된다. 그러므로, 전체 게임 트리는 한 단계가 진행될 때마다 엄청나게 커진다.

이 조합 가능 개수의 폭발적 증가(combinatorial explosion)를 처리하기 위해 무작위 샘플링이 드디어 등장할 때이다. 일반적으로 MCTS는 현재 게임 상태에서 시작하여 임의로 또는 어떤 전략을 사용하든 충분한 임의성을 포함하면서 트리에 대한 깊이 우선 검색을 여러 번 반복한다. 모든 검색은 게임이 끝날 때까지 계속되고 게임 결과에 따라 방문한 가지의 가중치를 업데이트한다. 이 프로세스는 강화 학습의 가치 반복(value iteration)에서 에피소드를 종료될 때가지 플레이하고 에피소드의 마지막 단계가 모든 이전 단계의 가치 추정에 영향을 주는 것과 유사하다. 다만, 지금까지 설명한 것은 MCTS에 대한 일반적인 내용이며 가지를 언제 확장할 것인지, 어떤 가지를 선택할 것인지 등의 세부적인 전략에 따라 많은 변형이 있을 수 있다.

알파고 제로에서는 MCTS가 변형되어 사용되는데, 트리의 모든 에지(바둑에서 돌의 움직임을 나타냄)는 사전 확률 P(*s*, *a*), 방문 횟수 N(*s*, *a*) 및 행동 가치 Q(*s*, *a*)를 유지하고 있다. MCTS에서의 각 탐색은 루트 노드에서부터 시작하여 유틸리티 값 U(*s*, *a*)를 사용하여 가장 유망한 행동을 따라 이루어진다. 유틸리티 함수 U(*s*, *a*)는 $Q(s,a)+\frac{P(s,a)}{1+N(s,a)}$에 비례하여 정의된다. 또, 게임 트리를 충분히 탐색할 수 있도록 하기 위해서 선택 프로세스에 충분한 임의성이 추가된다. 모든 탐색은 게임의 종료 상태에 도달하거나 아직 탐색하지 않은 상태(즉, 통계값이 없음)에 도달하게 된다. 후자의 경우, 노드를 하나 확장하고 새로 생긴 에지의 사전 확률 P(*s*, *a*)는 정책망에 의해 반환된 이동 확률로 초기화되고, 행동 가치 Q(*s*, *a*)=0, 방문 횟수 N(*s*, *a*)=0으로 초기화된다. 정책망은 행동에 대한 사전 확률 외에, 현재 플레이어의 입장에서 보는 게임 결과(또는 상태값)[1)]의 추정치를 반환한다.

자, 그러면 이제 최종 게임 상태에 도달했거나 신경망을 사용하여 노드를 확장하였으므로 가치 백업이라는 프로세스를 수행한다. 가치 백업은 게임 트리를 아래에서 루트로 이동하면서 방문한 모든 중간 노드의 통계를 업데이트한다. 방문 횟수 N(*s*, *a*)를 1씩 증가시키고 게임의 결과를 Q(*s*, *a*)에 반영한다. 두 명의 플레이어가 하는 게임이므로 모든 백업 단계에서 최종 게임 결과는 플레이어에 따라 부호가 변경되어야 한다.

이 탐색 프로세스는 충분한 통계를 얻기 위해서 여러 번 수행되어야 하며(알파고의 경우 1–2 천 건의 탐색이 수행됨), 탐색이 종료되면 루트 노드의 에지 중에서 가장 큰 방문 횟수 N(*s*, *a*)를 가진 에지를 선택하고 해당 행동을 실제로 수행하게 된다.

셀프 플레이

알파고 제로에서 신경망은 행동의 사전 확률을 근사하고 게임의 상태를 평가하는 데 사용되며 이는 Actor–Critic(A2C)에서 두 개의 헤드를 가지는 것과 매우 유사하다. 신경망은 입력으로서 현재 게임 상태(몇 개의 이전 위치를 확대해서 포함함)를 받고 두 개의 값을 반환한다. 정책 헤드는 행동에 대한 확률 분포를 반환하고 가치 헤드는 현재 플레이어의 관점에서 볼 때의 게임 결과에 대한 추정 결과를 반환한다.

이미 설명한 바와 같이, 우리는 현재 시점에서 최고 성능을 보여주는 신경망을 유지하고 이 신경망을 이용하여 견습 신경망의 학습 데이터를 수집하기 위해 지속적으로 셀프 플레이를 한다.

1) 역자주: 결국 현재 플레이어 입장에서 바라보는 현재 상태(바둑판의 상태)에서 자신이 이길 확률이 되겠다.

셀프 플레이 게임의 각 단계에서는 현재 위치(즉, 바둑의 현재 상태)에서 여러 번 MCTS를 수행하여 게임 하위 트리에 대한 충분한 통계를 수집하고, 이를 바탕으로 최상의 행동을 선택한다. 구체적인 선택은 돌의 움직임 및 설정에 따라 다르다. 학습 데이터는 충분히 다양해야 하기 때문에 셀프 플레이에서 첫 번째 움직임은 확률적으로 선택된다. 그러나 일정 정도 단계가 지나고 나면(몇 단계가 지나야 되는지는 역시 하이퍼 파라미터로 정해짐) 행동 선택이 방문 카운터 N(s, a)에 기반하여 결정적으로 선택된다. 단, 평가 게임 시에는(학습중인 신경망과 현재 최상의 모델의 비교를 위하여) 모든 단계가 결정적이며 가장 큰 방문 카운터에만 기반하여 선택된다.

셀프 플레이 게임이 완료되고 최종 결과가 알려지면 게임의 모든 단계가 학습 데이터에 추가된다. 이때 추가되는 것은 (s_t, π_t, r_t)를 가진 튜플들인데, s_t는 게임 상태, π_t는 MCTS 샘플링으로부터 계산된 행동 확률, r_t는 단계 t에서의 플레이어의 관점에서 게임의 결과이다.

학습과 평가

현 단계에서 최고 성능을 보이는 신경망의 두 복사본 사이의 셀프 플레이를 통하여 우리는 상태, 행동 확률, 그리고 셀프 플레이에서 얻은 위치 가치로 구성된 학습 데이터 스트림을 얻으며, 이를 학습 데이터로 사용한다. 이를 이용한 학습은 간단한데, 학습 데이터가 들어 있는 리플레이 버퍼에서 미니 배치를 샘플링하고 가치 헤드 예측(신경망의 출력)과 실제 가치(학습 데이터로부터 옴) 사이의 평균 제곱 오차(MSE)를 최소화하며, 신경망의 또 다른 출력인 행동 확률에 대해서는 신경망의 예측 확률과 학습 데이터에 있는 행동 확률 간의 크로스 엔트로피 손실을 최소화하면 된다.

앞서 언급했듯이, 학습이 몇 번 이루어진 다음에는 현재 학습 중인 신경망을 평가하게 되는데 이는 현재 최상의 신경망과 학습 중인 신경망 사이에서 게임을 몇 번 하면 된다. 만일 현재 학습 중인 신경망이 현재 최고의 신경망보다 더 좋다면 학습 중인 신경망을 최상의 신경망으로 복사하고 학습 과정은 계속된다.

커넥트4 게임(Connect4)

자, 그러면 이 방법을 커넥트4 게임에 적용하여 알파고 제로의 기법이 작동하는 것을 확인해 보자. 이 게임은 6 × 7 필드에서 두 명이 플레이하는 게임인데, 각 플레이어는 서로 다른 색상의 디스크를 가지고 있으며, 7개의 열 중 하나에 디스크를 쌓게 된다. 게임은 자기 색상의 디스크가 가로, 세로 또는 대각선으로 4개 연속으로 놓이면(그룹) 된다. 그림 2는 두 가지 게임 상황을 그려 놓은 것인데, 첫 번째 그림에서는 빨간색(어두운 색) 플레이어가 막 이긴 상황을 보여주며, 두 번째는 파란색(밝은 색) 플레이어가 그룹을 이제 막 구성할 순간이다.

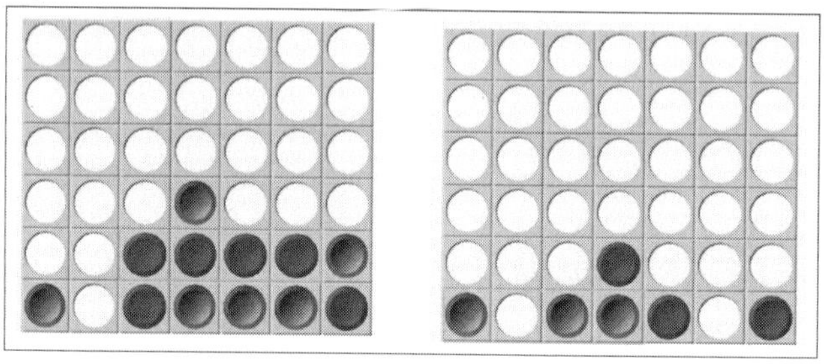

그림 2. 커넥트4 게임에서의 두 가지 상황 예시

이 게임은 단순하기는 하지만 4.5×10^{12} 개의 서로 다른 게임 상태가 가능해서 컴퓨터로 대충 풀기에는 너무 어려운 문제이다. 이 문제를 풀기 위한 코드는 다음과 같이 구성된다.

- Chapter18/lib/game.py: 여기에는 게임에서 움직임을 포함하는 저수준의 게임 표현, 게임 상태에 대한 인코딩/디코딩, 그리고 게임 관련 기타 유틸리티들이 들어 있다.
- Chapter18/lib/mcts.py: 게임 트리의 노드에 대한 GPU 확장을 허용하는 MCTS 구현. 여기서 중심 클래스는 게임 노드에 대한 통계를 유지하는 역할을 수행한다.
- Chapter18/lib/model.py: 신경망과 관련 함수들이 있는데, 예를 들면 게임 상태와 모델의 입력 간의 변환 같은 것이다
- Chapter18/train.py: 학습 관련 유틸리티로서 최고의 성능을 보이는 신경망에 대한 체크포인트 생성 같은 일을 담당한다
- Chapter18/play.py: 모델 체크 포인트 간에 토너먼트를 자동으로 구성하는 도구로서, 여러

모델 파일을 사용할 수 있으며 리더 보드를 만들기 위해 주어진 수의 게임 동안 서로 대결을 시킨다

- Chapter18/telegram-bot.py: 텔레그램용 챗봇으로서, 사용자가 모델 파일을 대상으로 게임을 플레이할 수 있다

게임 모델

전체적인 접근 방식은 우리가 취한 행동의 결과가 예측 가능하다는 것을 바탕으로 하고 있기 때문에 게임에서 특정 수를 두고 그 결과로 나오는 게임 상태를 얻을 수 있어야 한다. 물론 이것은 아타리 환경이나 Gym에서 요구했던 것보다 훨씬 더 강력한 요구 사항이기는 하나 우리가 대상으로 하고 있는 게임은 단순하고 규칙 또한 간결하므로 우리가 원하는 모델을 간단히 구현할 수 있다.

커넥트4 게임 상태는 6 × 7 게임 판의 상태와 이번에 누가 움직일지에 대한 정보만 있으면 표현이 가능하다. 이 예에서 중요한 것은 가능한 적은 메모리를 차지하면서도 효율적으로 게임 상태를 표현하는 것이다. 여기서 메모리 요구량은 MCTS 중에 저장해야 할 게임 상태에 의해 결정된다. 게임 트리를 크게 유지할 수 있으면(즉, 게임 상태의 표현이 적은 메모리를 요구할 수록) 게임에서의 이동(게임의 수) 확률에 대한 근사가 더 좋을 것이므로 게임 트리에는 더 많은 수의 게임 상태(가령 수백만 또는 수십억 개)를 유지할수록 좋다.

이처럼 게임 상태 표현을 경량화하는 것은 메모리 요구 사항과 학습 과정의 성능에 큰 영향을 줄 수 있다. 하지만 그와 동시에 게임 상태의 표현은 승패 여부를 판단할 때나, 게임에서의 이동 혹은 유효한 이동 확인 등의 작업에도 편리해야 한다.

Chapter18/lib/game.py에는 이를 고려해서 게임 필드를 표현하는 두 가지 방법이 구현되어 있다. 첫 번째 방법은 정수형 표현으로서 메모리 효율성이 좋고 게임의 전체 필드를 인코딩하는 데 63비트만 사용하므로 특히 64 비트 구조의 머신에서 가장 빠르고 가볍다. 또 다른 방법은 7개의 정수를 가진 리스트로 표현하는 방식인데, 여기서 각 요소는 다시 게임 필드의 각 컬럼에 있는 디스크를 표현하기 위한 리스트이다. 이 방법은 훨씬 더 많은 메모리를 필요로 하지만 작업하기는

훨씬 편리하다.[2)]

여기서 Chapter18/lib/game.py의 전체 코드를 살펴보지는 않겠고 제공되는 상수와 함수의 목록만 살펴보자.

```
GAME_ROWS = 6
GAME_COLS = 7
BITS_IN_LEN = 3
PLAYER_BLACK = 1
PLAYER_WHITE = 0
COUNT_TO_WIN = 4
INITIAL_STATE = encode_lists([[]] * GAME_COLS)
```

앞의 코드에서 처음 두 상수는 게임 필드의 차원을 정의한다. BITS_IN_LEN 값은 열의 높이(디스크 수)를 인코딩하는 데 사용되는 비트 수를 나타낸다. 6 × 7 게임에서는 모든 열에 최대 6개의 디스크를 가질 수 있으므로 3비트만으로 0에서 7까지 나타낼 수 있다. 만일 행 수를 변경하면 그에 따라 BITS_IN_LEN도 조정해야 한다.

PLAYER_BLACK 및 PLAYER_WHITE 값은 디코딩된 게임 표현에 사용되는 값을 정의하며, COUNT_TO_WIN은 게임에서 승리하기 위해서 만들어야 하는 그룹의 길이를 설정한다. 여러분이 원한다면 game.py에서 위의 단 4개의 숫자만 변경하여 예를 들면 20 × 40 필드에서 5의 크기를 갖는 그룹을 만들면 이기는 게임을 만들 수도 있다.

---

2) 역자주: 아무래도 게임의 표현 방식에 대해서 추가적으로 설명이 필요할 듯하다. 아래 그림에서 보이는 게임의 상태를 리스트형 표현과 정수형 표현으로 각각 표현하면 그림의 오른쪽과 같다. 게임 상태에서 4번 째 컬럼을 예시로 설명하면, 리스트형 표현은 (1)과 같이 [0, 1, 0]이 되고, 이에 대한 비트형 표현은 (2)와 같이 010000이 된다. 그런데 비트형 표현을 이렇게 해 놓으면 하얀 디스크의 자리와 빈 자리의 구분이 되지 않으므로, 이 둘을 구분하기 위해서 각 컬럼에서 빈 자리에 몇 개나 있는지를 추가적으로 표현해야 한다. 예시로 든 4번째 컬럼의 경우 빈자리가 3 개 이므로 (3)과 같이 011로 인코딩된다. 비트형 표현을 얻으면 게임의 현재 상황에 대한 정수형 표현을 얻는 것은 이진법을 십진법으로 바꾸면 되고, 그러면 게임의 현재 상황에 대한 하나의 정수를 얻을 수 있다.

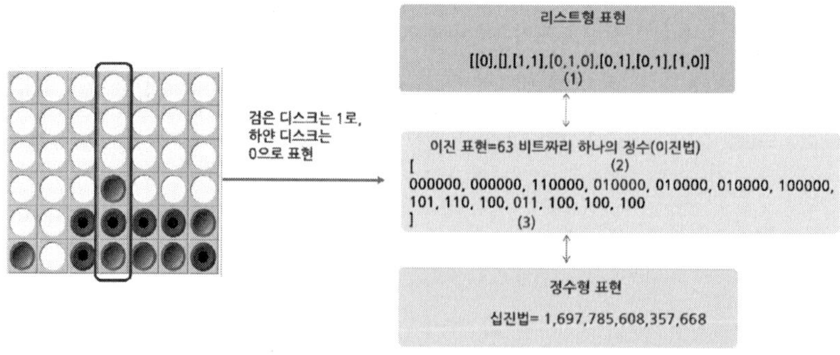

INITIAL_STATE는 초기 게임 상태를 인코딩하는데, GAME_COLS 만큼의 비어 있는 리스트를 가진다. 나머지 코드는 함수이며, 일부는 내부적으로 사용되지만 일부는 예제의 모든 곳에서 사용되는 게임의 인터페이스이다.

[[...],[...],...,[...]]
GAME_COLS

- encode_lists(state_lists): 디코딩된 게임 상태의 표현(리스트형 표현)을 인코딩된 표현(63 비트 정수 하나로 표현)으로 변환한다. 인수는 GAME_COLS 만큼의 리스트이어야 한다. 여기서 각 리스트는 열의 내용을 맨 아래에서 맨 위로 표현한다. 따라서, 맨 위에 새 디스크를 놓으려면 해당 리스트에 그냥 추가하면 된다. 함수의 결과는 게임 상태를 나타내는 63 비트 정수이다.
- decode_binary(state_int): 게임 필드에 대한 정수 표현을 리스트 표현 방식으로 변환한다.
- possible_moves(state_int): 정수형의 게임 상태 인코딩이 주어지면 다음 수를 놓을 수 있는 열에 대한 인덱스가 있는 리스트를 반환한다. 열은 왼쪽에서 오른쪽으로 0에서 6까지 번호가 매겨진다.
- move(state_int, col, player): 파일에서 가장 중심적 기능을 수행하는 함수로서, 게임 역학을 내부적으로 구현하고 있으며 승/패 확인을 제공한다. 인수로는 게임 상태(정수 형식), 디스크를 배치할 열, 그리고 이번에 이동을 하게 되는 플레이어를 받는다. 여기서 디스크를 배치할 열은 유효한 인덱스이어야 하며 (다시 말하면 possible_moves(state_int)의 결과에 들어 있는 열 중의 하나이어야 함), 그렇지 않으면 예외가 발생한다. 이 함수는 이동을 수행한 후 인코딩된 형태의 새로운 게임 상태와 해당 플레이어가 승리했는지 여부를 나타내는 이진값을 포함하는 튜플을 반환한다. 플레이어는 이동 후에만 이길 수 있으므로 이진값이면 충분하다. 아, 물론 무승부가 될 수도 있는데(즉, 아무도 이기지 못했지만 더 이상 남아 있는 유효한 움직임이 없을 때) 이런 상황은 move() 함수 다음에 possible_moves 함수를 호출하여 확인해야 한다.
- render(state_int): 필드 상태를 나타내는 문자열 리스트를 반환한다. 이 기능은 텔레그램 봇이 사용자에게 게임 필드의 상태를 보내기 위해 사용된다.

MCTS 구현

MCTS는 Chapter18/lib/mcts.py에서 클래스 MCTS로 구현되며, 트리 탐색을 수행하고 관련 통계를 수집/유지하는 역할을 수행한다. 코드는 길지 않지만 좀 까다로운 부분이 있으므로 자세히 확인해 보자.

```
class MCTS:
    def __init__(self, c_puct=1.0):
        self.c_puct = c_puct
        # count of visits, state_int -> [N(s, a)]
        self.visit_count = {}
        # total value of the state's action,
        # state_int -> [W(s, a)]
        self.value = {}
        # average value of actions, state_int -> [Q(s, a)]
        self.value_avg = {}
        # prior probability of actions, state_int -> [P(s,a)]
        self.probs = {}
```

트리 탐색 과정에서 만나는 모든 상태에 대한 통계를 유지. 각 상태에 대한 방문 횟수(self.visit_count), 상태에서 이긴 횟수(self.value), 이긴 평균 횟수(self.value_avg), 상태에서의 행동에 대한 확률(self.probs). 상태에서 이긴 횟수인 self.value값은 이 상태를 거쳐서 이긴 총 횟수를 의미하고, self.value_avg는 총 이긴 횟수를 방문횟수로 정규화한 값임

생성자는 c_puct만 인수로 가지는데, 이 상수는 나중에 노드를 선택할 때 사용된다. 원래 알파고 제로 논문[1]에서 언급되었으며 탐험을 증가시키기 위해 조정될 수 있다고 되어 있지만, 여기서는 이것을 가지고 재정의 하거나 별도의 실험을 수행하지는 않겠다. 생성자에서는 각종 통계를 유지하기 위해 빈 컨테이너(dict형으로서 상태와 값을 저장하기 위한 리스트)를 만드는데 이것들은 인코딩된 게임 상태(정수)에 대응하는 다양한 통계치 예를 들면 방문 횟수, 상태 가치 등을 저장한다. 이때, 각 통계치들은 수행된 행동에 대하여 하나씩 존재하므로 dict형 컨테이너에서 키는 상태이고 값은 각 행동에 상응하는 리스트로 구성된다.

```
def clear(self):
    self.visit_count.clear()
    self.value.clear()
    self.value_avg.clear()
    self.probs.clear()
```

위 함수는 MCTS의 각종 통계치를 지운다. 이 함수는 현재 최상의 모델을 새 모델로 바꿀 때 더 이상 기존에 수집된 통계가 의미가 없으므로 MCTS 객체 자체는 파괴하지 않으면서 통계만 지운다.

```
    def find_leaf(self, state_int, player):
        """
        Traverse the tree until the end of game or leaf node
        :param state_int: root node state
        :param player: player to move
        :return: tuple of (value, leaf_state,
        player, states, actions)
        1. value: None if leaf node, otherwise equals
        to the game outcome for the player at leaf
        2. leaf_state: state_int of the last state
        3. player: player at the leaf node
        4. states: list of states traversed
        5. actions: list of actions taken
        """
        states = []
        actions = []
        cur_state = state_int
        cur_player = player
        value = None
```

find_leaf 함수는 게임 트리를 한 번 순회하는 데 사용된다. state_int로 지정된 루트 노드에서 시작하여 트리를 따라 내려가는데 게임의 종료 상태에 도달하거나 탐색되지 않은 리프(leaf) 노드에 도달하면 종료된다. 이 과정에서 방문한 상태와 실행한 행동을 추적하고 있다가 나중에 노드의 통계치를 갱신할 때 사용한다.

```
        while not self.is_leaf(cur_state):    # 현재 상태가 리프 노드가 아니라면
            states.append(cur_state)    # 방문한 상태 저장

            counts = self.visit_count[cur_state]    # 현재 상태의 방문 횟수 N(s,a)를 꺼냄. s는 cur_state이므로 그 동안 수행된 행동만큼 즉, [N(s,a1), N(s, a3)]와 같이 들어 있음
            total_sqrt = m.sqrt(sum(counts))
            probs = self.probs[cur_state]    # [P(s,a)]: 행동에 대한 사전 확률
            values_avg = self.value_avg[cur_state]    # [Q(s,a)]: 행동에 대한 가치
```

매 루프는 현재의 게임 상태를 처리하는 데, 이 상태에서 수행해야 할 행동을 결정하기 위해서 필요한 통계를 추출한다.

```
# 이제부터 수행해야 할 행동을 선택한다
if cur_state == state_int:  # 현재 노드가 탐색의 처음 시작시에 주어진 루트 노드라면
    noises = np.random.dirichlet([0.03] *
                                 game.GAME_COLS)
    probs = [0.75 * prob + 0.25 * noise for prob,
             noise in zip(probs, noises)]  # 탐험을 증대시키기 위해서 사전확률 [P(s,a)]에 디리클레(dirichlet) 노이즈를 추가하고
score = [value + self.c_puct * prob * total_sqrt /
         (1 + count)  # 유틸리티 스코어를 계산 U(s,a) ∝ Q(s,a) + P(s,a)/(1+N(s,a))
         for value, prob, count in zip(values_avg,
                                       probs, counts)]
```

수행할 행동에 대한 결정은 행동 가치 Q(*s*, *a*)와 방문 횟수에 반비례하게 조정된 사전 확률(prior probability) P(*s*, *a*)사이의 합계인 행동 유틸리티 U(*s*, *a*)(위 코드에서 score)에 의해 결정된다. 만일 현재 노드가 인수로 받은 시작 노드라면 탐색 프로세스가 보다 탐험적일 수 있도록 노이즈를 확률에 추가한다. 시작 노드는 셀프 플레이 도중에 만나는 게임의 현재 상태이다.

```
invalid_actions = set(range(game.GAME_COLS)) - # 현재 게임 상태에서 불가능한 이동을 뽑아서
                  set(game.possible_moves(cur_state))
for invalid in invalid_actions:  # 불가능한 이동의 점수를 마이너스 무한대로 하고
    score[invalid] = -np.inf
action = int(np.argmax(score))
actions.append(action)  # 선택된 행동을 리스트에 넣음
```

이제 현재 상태의 모든 행동에 대한 점수(score)를 계산하였다. 하지만, 아직은 수행해야 할 행동을 결정하기 전에 할 일이 한가지 더 있는데, 현재 상태에서 유효하지 않은 행동을 숨겨야 한다(예를 들어, 해당 열이 가득 찬 경우 다른 디스크를 맨 위에 놓을 수 없음). 그 후, 최대 점수를 가진 행동이 선택되고 리스트에 담긴다.

```
                                    어느 컬럼에 디스크를 넣을지
cur_state, won = game.move(cur_state, action,  # 게임 엔진에 선택된 행동(이동)을 수행토록 요청. 결과로서 다음 상태와 현재 플레이어의 승리 여부를 반환받음
                           cur_player)
if won:  # 현재 플레이어가 이기면 True, 그외(비기거나 게임이 끝나지 않은 경우)는 False. 이 게임은 내가 움직였는데, 상대방이 이기는 경우는 없다
    # if somebody won the game, the value of the final
    # state is -1 (as it is on opponent's turn)
    value = -1.0
cur_player = 1-cur_player
# check for the draw
if value is None and len(game.possible_moves(cur_state))
== 0:
    value = 0.0

return value, cur_state, cur_player, states, actions  #리프 플레이어의 게임값, 리프 상태, 리프 플레이어, 방문한 상태 리스트, 수행된 행동 리스트
```

현재 상태에서 수행할 행동이 결정되었으므로 게임 엔진에 이동(game.move)을 요청하여 게임의 다음 상태와 플레이어가 게임에서 이겼는지 여부를 얻는다. 게임의 최종 상태(승리, 패배 또는 무승부)는 MCTS 통계에 추가되지 않고 항상 리프 노드가 된다. 이 함수(find_leaf)는 리프 플레이어의 게임값(혹은 None, 최종 상태에 도달하지 않은 경우), 리프 상태에서의 플레이어, 탐색 중에 방문한 상태 리스트, 그리고 수행된 행동에 대한 리스트를 반환한다.

```
def is_leaf(self, state_int): # 리프 노드의 판단은 사전 확률 P(s,a)가 있는지 여부로 판단
    return state_int not in self.probs

def search_batch(self, count, batch_size, state_int, player,     # count: 미니 배치 반복 횟수
                 net, device="cpu"):                             # batch_size: 미니배치 사이즈
    for _ in range(count):                                       # state_int: 게임 상태(정수)
        self.search_minibatch(batch_size, state_int, player,     # palyer: 현재 플레이어
                              net, device)                       # net: 게임 트리 확장 시 행동에 대한 사전확률과 상태값을 얻을 신경망
```

MCTS를 수행하는 주요 진입점은 search_batch() 함수이며 여러 번 반복해서 탐색을 수행한다. 모든 탐색은 트리의 리프를 찾아 선택적으로(즉, 게임 종료 리프가 아니라면) 리프를 확장하고 백업을 수행한다. 여기서 작업량이 많이 필요한 주요 병목 지점은 리프를 확장할 때인데, 왜냐하면 신경망을 사용하여 행동에 대한 사전 확률 $P(s, a)$와 예상 게임값 $V(s)$를 가져와야 하기 때문이다. 이때, 게임의 각 상태 하나 하나씩을 신경망에 넣어서 돌리기 보다는 미니 배치를 사용하여 한 번의 신경망 포워딩으로 확장을 처리하는 것이 효율적이다. 다만, 이방식은 한 가지 단점이 있는데, 여러 MCTS 확장이 한 번에 수행되므로 이를 순차적으로 실행했을 때와 동일한 결과를 얻지는 못한다.

따라서 미니 배치를 사용하되 순차적 탐색의 효과를 좀 주기 위해서 미니 배치 탐색을 여러 번에 걸쳐서 수행한다. 이렇게 되면 먼저 이루어진 미니 배치 탐색을 통하여 확장된 노드들이 다음 번 미니 배치 탐색에서 이용될 수 있기 때문에, 순차적 탐색의 효과를 낼 수 있다.

```
def search_minibatch(self, count, state_int, player, net,
                     device="cpu"):
    backup_queue = []
    expand_states = []
    expand_players = []
    expand_queue = []
    planned = set()
    for _ in range(count):        # count 개수만큼 find_leaf 수행
        value, leaf_state, leaf_player, states, actions =
        self.find_leaf(state_int, player)
```

```
        if value is not None:  # 게임이 종료되었으면, 관련된 값들 저장
            backup_queue.append((value, states, actions))
        else:  # 게임이 종료되지 않았으면, 확장해야 하는데
            if leaf_state not in planned:  # 아직 확장 예정 리스트에 포함되지 않았을 경우에
                planned.add(leaf_state)    만 저장. 같은 리프 노드를 다시 방문할 수도 있으므
                leaf_state_lists =         로, 이런 체크가 필요
                game.decode_binary(leaf_state)
                expand_states.append(leaf_state_lists)
                expand_players.append(leaf_player)
                expand_queue.append((leaf_state, states,
                                     actions))
```

미니 배치 검색에서는 동일한 상태를 가지고 count 횟수만큼 리프 탐색(find_leaf)을 수행한다. 탐색을 통하여 최종 게임 상태를 찾은 경우(이 경우 반환된 값이 None이 아님)더이상 노드 확장이 필요하지 않으며 나중의 백업 작업을 위하여 결과를 저장한다. 그렇지 않으면 나중에 확장하기 위해 리프 노드를 저장한다.

```
    if expand_queue:      # 확장이 필요한 리프 노드가 있으면
        batch_v = model.state_lists_to_batch(expand_states,
                  expand_players, device)
        logits_v, values_v = net(batch_v)        # 상태 가치와 행동에 대한 로짓을 반환
        probs_v = F.softmax(logits_v, dim=1)     # P(s,a)
        values = values_v.data.cpu().numpy()[:, 0]
        probs = probs_v.data.cpu().numpy()
```

확장될 상태들을 모델에 필요한 형태로 변환하고(model.py 라이브러리에 있는 state_lists_to_batch라는 특수 함수를 사용) 신경망에 넣어 확장될 상태들에 대한 사전 확률 P(s, a)와 상태 가치 V(s)를 반환받는다. 반환받은 확률을 사용하여 확장 노드를 만들고 상태 가치는 최종 통계 업데이트에서 백업된다.

```
        리프 노드   리프 노드까지 거쳐온 게임 상태들   리프 노드까지 거쳐온 행동들
                                                신경망을 통해 받은 리프 노드의 상태값
        # create the nodes                      신경망을 통해 받은 리프 노드에서
        for (leaf_state, states, actions), value, prob in   의 행동들에 대한 사전 확률 P(s,a)
            zip(expand_queue, values, probs):  # 확장이 필요한 모든 리프 노드에 대하여 확장
            self.visit_count[leaf_state] = [0] *
                                           game.GAME_COLS      # 사전형 데이터 구조들을 초기
            self.value[leaf_state] = [0.0] * game.GAME_COLS    화. 이때, 키는 게임 상태이고,
            self.value_avg[leaf_state] = [0.0] *               값은 취할 수 있는 모든 행동 즉
                                         game.GAME_COLS        여기서는 GAME_COLS 수만큼에 대
            self.probs[leaf_state] = prob                      한 리스트임
            backup_queue.append((value, states, actions))
```

노드 생성은 이 노드의 모든 행동에 대하여 방문 횟수와 행동 가치(전체 및 평균)를 0으로 초기화한다. 사전 확률 P(*s*, *a*)는 신경망에서 얻은 값으로 설정한다.

```
# 게임 트리를 따라서 게임을 여러 번 롤아웃 해봤으므로, 이제 그 결과를 게임 트리에 반영하러 간다
for value, states, actions in backup_queue: ──▸ # 롤아웃 개수만큼 반복
    # leaf state is not stored in states and
    # actions, so the value of the leaf will be
    # the value of the opponent
    cur_value = -value
    for state_int, action in zip(states[::-1],            # 한번의 롤아웃(즉, 게임 트리의 끝까지 방
                                 actions[::-1]):          문한 한번) 과정에서 방문한 상태와 행동들
                                                          의 역순으로
        self.visit_count[state_int][action] += 1
        self.value[state_int][action] += cur_value
        self.value_avg[state_int][action] =
            self.value[state_int][action] /
            self.visit_count[state_int][action]
        cur_value = -cur_value
```

백업 작업은 MCTS의 핵심 프로세스이며 탐색 중에 방문한 각 상태에 대한 통계를 업데이트한다. 수행된 행동의 방문 수는 증가하고 총 가치는 합산되며 평균 가치는 방무 수를 사용하여 정규화 된다. 이 게임은 두 명이 하는 게임이기 때문에 백업 중에 게임의 가치를 플레이어의 입장에서 올바르게 해석하는 것이 매우 중요하다(상대가 이긴 게임은 내가 진 게임이기 때문이다). 따라서 매 반복마다 값의 부호를 변경한다.

```
def get_policy_value(self, state_int, tau=1):    # state_int로 주어진 상태에서 각 행동에 대한 확
    """                                          률과 가치 Q(s,a)를 반환
    Extract policy and action-values by the state
    :param state_int: state of the board
    :return: (probs, values)
    """
    counts = self.visit_count[state_int]    # state_int로 주어진 상태에서 각 행동 예지의 방문 카
    if tau == 0:                            운트 N(s,a)를 얻음
        probs = [0.0] * game.GAME_COLS
        probs[np.argmax(counts)] = 1.0
    else:
        counts = [count ** (1.0 / tau) for count in counts]
        total = sum(counts)
        probs = [count / total for count in counts]
    values = self.value_avg[state_int]
    return probs, values
```

get_policy_value 함수는 MCTS 중에 수집된 통계를 사용하여 게임 상태가 주어지면 이 상태에서 수행가능한 행동들에 대한 확률과 각 행동들의 가치를 반환한다. 행동 확률을 계산할 때는 인수로 지정된 tau(τ)에 따라 다른데 만일 이 값이 0이면 단순히 가장 자주 방문하는(방문 횟수가 가장 높은) 행동을 선택하고, 그렇지 않으면, $\frac{N(s,a)^{\frac{1}{\tau}}}{\sum_k N(s,k)^{\frac{1}{\tau}}}$에 의해 주어진 분포가 사용된다.

모델

사용된 신경망은 6개의 계층이 있는 레지듀얼 컨볼루션(residual convolution) 신경망이며 원래 알파고 제로에 사용된 신경망의 좀 단순화된 버전이다. 입력으로는 2개의 채널로 이루어진 인코딩된 게임 상태인데, 각 채널은 6×7 크기를 갖는다. 첫 번째 채널은 현재 플레이어의 디스크가 있는 자리에 1.0을 값으로 가지고 있고, 두 번째 채널은 상대가 디스크를 가지고 있는 자리에 1.0 값을 가지고 있다. 이런 방식을 통해 신경망이 현재 플레이어의 관점에서 게임을 분석할 수 있다.

신경망은 레지듀얼 컨볼루션 필터를 가지고 있는 공통 바디가 있고, 이에 의해 생성된 특징들은 컨볼루션 계층과 완전 연결 계층을 거쳐 각각 정책과 가치 헤드로 전달된다. 정책 헤드는 가능한 모든 행동(디스크를 떨굴 열)에 대한 로짓(logits)을 반환하고, 가치 헤드는 실수값 하나를 반환한다. 자세한 내용은 Chapter18/lib/model.py 파일에서 확인할 수 있다.

이 파일에는 모델 외에도 두 가지 함수가 더 있는데, 첫 번째 state_lists_to_batch 함수는 리스트로 표현된 게임 상태에 대한 배치를 모델의 입력 방식에 맞게 변환한다. 두 번째 play_game 함수는 학습과 테스트 프로세스 모두에 매우 중요한데, 이 함수는 두 개의 신경망 사이의 게임을 시뮬레이션하면서 MCTS를 수행하고 수행된 이동을 리플레이 버퍼에 저장한다.

```
# 게임을 종료될 때까지 한번 진행하고, 도중에 얻는 상태 전이를 리플레이 버퍼에 저장
def play_game(mcts_stores, replay_buffer, net1, net2,
              steps_before_tau_0, mcts_searches, mcts_batch_size,
              net1_plays_first=None, device="cpu"):
    if mcts_stores is None:
        mcts_stores = [mcts.MCTS(), mcts.MCTS()]
    elif isinstance(mcts_stores, mcts.MCTS):
        mcts_stores = [mcts_stores, mcts_stores]
```

이 함수는 많은 인수가 필요하다

- mcts_stores: MCTS 클래스 인스턴스(하나 이상을 담은 리스트 혹은 None). 이 함수가 다양한 경우에 쓰이도록 하기 위해서 좀 융통성 있게 이 인수를 다룬다.

- replay_buffer: 리플레이 버퍼
- net1, net2: 게임에서 쓰일 신경망들
- steps_before_tau_0: 행동 확률 계산에 사용되는 τ 매개 변수가 1에서 0으로 변경되기 전에 취해야 할 게임 단계의 수
- mcts_searches: MCTS 탐색 수
- mcts_batch_size: MCTS 배치 크기
- net1_plays_first: 먼저 플레이하는 플레이어

```
state = game.INITIAL_STATE   ──→ [[...],[...],...,[...]]
                                  GAME_COLS
nets = [net1, net2]
if net1_plays_first is None:
    cur_player = np.random.choice(2)
else:
    cur_player = 0 if net1_plays_first else 1
step = 0
tau = 1 if steps_before_tau_0 > 0 else 0
game_history = []
# steps_before_tau_0에서 지정된 횟수만큼이 지나면 타우값이 0으로 변경됨. 타우값이 0이 되면 get_policy_value()에서 살펴보았듯이, 행동 선택이 결정적(deteministic)이 된다.
```

게임을 진행하기 전에 우선 게임 상태를 초기화하고 첫 번째 플레이어를 선택한다. 누가 처음으로 움직일 것인지에 대한 정보가 없다면 무작위로 선택된다.

```
result = None
net1_result = None

while result is None:    # 게임이 종료될 때까지 한 스텝씩 진행
    mcts_stores[cur_player].search_batch(mcts_searches,    # 각 플레이어별로 자기만의 검색 트리가 있음
                                         mcts_batch_size,
                                         state, cur_player,
                                         nets[cur_player],
                                         device=device)
    probs, _ = mcts_stores[cur_player].get_policy_value(
                                                  state,
                                                  tau=tau)
    game_history.append((state, cur_player, probs))
    action = np.random.choice(game.GAME_COLS, p=probs)
```

매 차례 마다(즉, 플레이어가 바뀔 때 마다), MCTS를 수행하여 현재 상태에서 각 행동이 가져다 줄 게임의 결과들을 예측해 본 다음, 이 결과로부터 얻은 행동확률로부터 다음 실제 게임에서 실행할

행동을 샘플링한다.

```
        state, won = game.move(state, action, cur_player)
        if won:
            result = 1
            net1_result = 1 if cur_player == 0 else -1
            break
        cur_player = 1-cur_player
        # check the draw case
        if len(game.possible_moves(state)) == 0:
            result = 0
            net1_result = 0
            break
        step += 1
        if step >= steps_before_tau_0:
            tau = 0
```

그런 다음 game.move() 함수를 사용하여 실제 게임을 한 스텝 진행하고, 게임 종료 상황을 처리한다.

```
    # while 루프가 종료된 후(즉, 게임을 끝까지 플레이 해 본 후)
    if replay_buffer is not None:
        for state, cur_player, probs in reversed(game_history):
            replay_buffer.append((state, cur_player, probs,    # 게임에서 거쳐간 상태, 해당 상태
                                  result))                      에서 플레이어, 행동에 대한 확률,
                                                                게임 결과
            result = -result
    return net1_result, step           # 게임의 결과와 게임에서 진행된 스텝 수를 반환
```

함수 끝 부분에서는 현재 플레이어의 관점에서 행동의 확률과 게임 결과 등을 리플레이 버퍼에 채운다. 이 버퍼는 나중에 신경망 학습을 위해서 이용된다.

학습

앞서 필요한 함수들은 다 살펴보았고, 학습 과정은 그저 함수들을 올바른 순서대로 조합하면 된다. 학습 프로그램은 Chapter18/train.py에 있다. 학습 루프에서 현재 최고 모델은 지속적으로 자기와 셀프 플레이를 수행하며 게임의 각 단계가 리플레이 버퍼에 저장된다. 또 다른 신경망은 학습이 진행되고 있는 신경망인데, 이 신경망은 MCTS에서 샘플링한 행동의 확률과 이 신경망의 정책 헤드로부터 예측된 확률 사이의 크로스 엔트로피를 최소화하도록 학습된다. 물론, 가치 헤드와 실제 게임 결과에 대한 평균 제곱 오차(MSE)도 총 손실에 추가된다.

또, 주기적으로 현재 학습 중인 신경망과 현재 최고 신경망이 100번의 게임을 수행하고, 그 결과 현재 학습 중인 신경망이 꽤 많이 이기면(예를 들면 60% 이상) 이 신경망을 현재의 최고 신경망으로 복사한다. 이 과정을 통하여 게임에서 점점 더 효과적인 모델을 지속적으로 찾아낸다.

테스트 및 비교

학습 과정에서 현재 최고 모델이 새 모델로 교체될 때마다 모델의 가중치가 저장되므로 다양한 모델의 에이전트를 얻을 수 있는데, 이론적으로는 나중의 모델이 이전 모델보다 우수해야 하지만 한 번 직접 확인해 보자.

이를 위해 Chapter18/play.py 도구가 있는데, 이 도구는 여러 모델 파일을 사용하여 각 모델을 다른 모델들과 지정된 수만큼 토너먼트를 수행한다. 이 결과로 나온 테이블은 모델의 상대적인 파워를 보여준다.

모델의 성능을 평가하는 또 다른 방법은 사람과 대결해 보는 것이다. 이를 위하여 필자는 나와 내 아이들(줄리아와 페드로에게 감사!)과 친구들에게 게임을 부탁하였으며 선택된 다양한 모델을 가지고 테스트하였다. 이것은 텔레그램 메신저 용으로 작성된 봇을 통하여 게임이 이루어졌는데, 사용자는 플레이할 모델을 선택하여 게임을 진행할 수 있고 진행된 모든 플레이에 대한 스코어 테이블은 유지된다. 봇은 Chapter18/telegram-bot.py에 있으며 설치 과정은 12장과 동일하다.

커넥트4 결과

학습을 좀 더 빨리 진행시키기 위해 하이퍼 파라미터는 의도적으로 작게 선택되었다. 예를 들어, 셀프 플레이에서 미니 배치 크기가 8(즉, 8개의 리프 노드 확장을 동시에)로 해서 10번 반복적으로 MCTS를 수행하였다. 효율적인 미니 배치 MCTS와 빠른 게임 엔진 덕분에 학습 속도는 매우 빨랐다. 기본적으로 1 시간 정도의 학습에 약 2,500개의 게임이 셀프 플레이 모드에서 실행되었으며, 이것으로 우리가 얻은 모델은 같이 플레이하기에 충분하였다. 물론 게임의 수준은 어린이 수준보다 훨씬 낮았지만 초보적인 전략을 보여 주었고 실수하는 횟수도 생각보다 적어 그럭저럭 괜찮다고 말할 수 있다.

이 학습은 이후 하루 동안 계속 진행되어 55k 게임이 최고 모델에 의해 플레이되었고 총 102회의 베스트 모델 교체가 이루어졌다. 학습 과정은 다음 차트에 나와 있다.

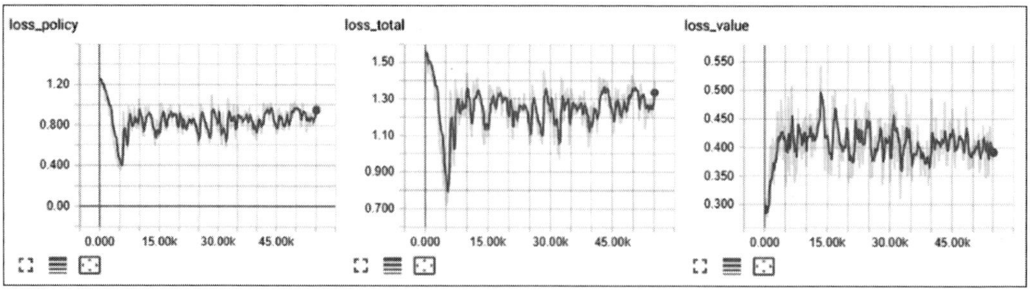

그림 3. 학습 수렴

모델들끼리 토너먼트 결과 확인은 모델의 수가 늘어날수록 복잡해진다. 서로의 우위를 가리기 위해서는 각 쌍이 여러 게임을 해야 하기 때문이다. 이를 처리하기 위해 102개의 모델을 10개 그룹으로 분리하고(시간 별로 정렬), 각 그룹의 모든 쌍 사이에 100개의 게임이 진행된 다음, 각 그룹에서 2개가 최종 라운드에 선정되었다. 그림 4에서 x 축은 모델의 인덱스이고, y 축은 달성한 승리의 수이다.

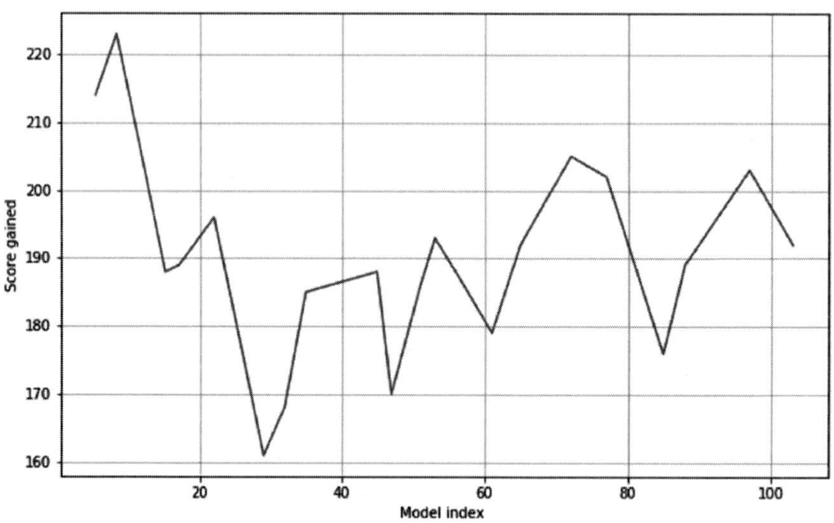

그림 4. 에이전트 간의 토너먼트 결과

앞의 차트에서 시스템이 초기에 가장 좋은 전략을 찾았지만 어떤 이유에서인지 나중에 현저히 저하되었다. 서서히 복구되기 시작했지만 너무 느리게 복구되었다. 아마도 하이퍼 파라미터(특히 MCTS의 양과 리플레이 버퍼의 크기)를 조정하면 좀 더 개선된 결과를 얻을 수 있을 것이다. 혹은 후속 모델의 게임 플레이가 더 나쁘다는 사실은 학습된 신경망을 평가하기 위한 게임을 더 많이 해야 할 필요가 있다는 신호일 수도 있다.

최고 성능을 보인 10개에 대한 성적은 아래와 같다.

1. best_008_02500.dat: w=223, l=157, d=0
2. best_005_01900.dat: w=214, l=166, d=0
3. best_072_40500.dat: w=205, l=174, d=1
4. best_097_52100.dat: w=203, l=177, d=0
5. best_077_42600.dat: w=202, l=178, d=0
6. best_022_12200.dat: w=196, l=184, d=0
7. best_053_31000.dat: w=193, l=187, d=0
8. best_065_36600.dat: w=192, l=188, d=0
9. best_103_55700.dat: w=192, l=188, d=0
10. best_017_09800.dat: w=189, l=191, d=0

비슷한 결과가 사람을 대상으로 한 게임에서도 나타났는데, best_008_02500.dat 모델이 최고의 성능을 보여주었으며, 약 50%의 게임을 이길 수 있었다.

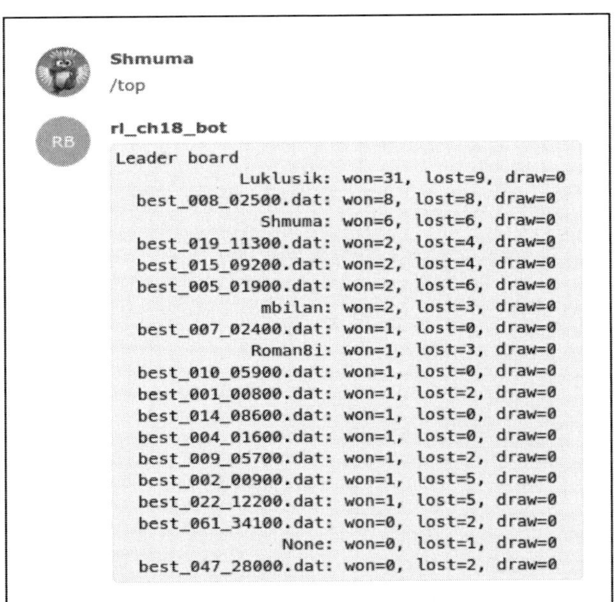

그림 5. 사람을 대상으로 한 검증 작업; 나의 딸이 완전 이기고 있음

요약

이 장에서는 보드 게임을 해결하기 위해 딥마인드에서 만든 알파고 제로 방법을 구현하였다. 이 방법의 요점은 인간이 수행한 게임이나 다른 데이터 소스로부터 얻는 사전 지식 없이 에이전트가 자체 플레이를 통해 자신의 힘을 향상시킬 수 있다는 점이다.

■ 참고문헌

1. Mastering the Game of Go Without Human Knowledge, David Silver, Julian Schrittwieser, Karen Simonyan, and others, doi:10.1038/nature24270
2. Mastering Chess and Shogi by Self-Play with a General Reinforcement Learning Algorithm, David Silver, Thomas Hubert, Julian Schrittwieser, and others, arXiv:1712.01815

책 요약

드디어 이 책의 마지막까지 오신 것을 축하 드린다! 부디 이 책이 도움이 되었기를 바란다. 필자도 또한 자료를 모으고 한 챕터 한 챕터를 즐기면서 써왔다. 마지막으로, 강화학습이라는 흥미진진하고 역동적인 영역에서 독자 여러분의 행운을 기원해 본다. 강화학습은 매우 빠르게 발전하고 있지만 기본 사항만 어느 정도 이해하면 이 필드에서 나오는 새로운 개발 혹은 연구를 따라가는 것이 훨씬 간단해질 것이다.

물론 이 책에서 다루지 못한 그렇지만 흥미로운 주제가 아직 많이 남아 있다. 예를 들면 부분적으로 관찰 가능한 MDP(환경 관찰이 마코프 속성을 충족시키지 못하는) 또는 카운트 기반 방법과 같은 최근의 탐험 접근 방식 같은 것들 말이다. 또, 주어진 문제를 해결하기 위해서 다수의 에이전트가 협력적으로 일하는 멀티 에이전트에 관한 연구도 최근 많이 진행되고 있다. 또한 에이전트가 지식과 경험을 유지하기 위해 일종의 메모리를 유지하는 메모리 기반 강화학습 접근 방식에 대해서도 언급하지 않았다. 인간이 학습하는 방식과 비슷하게 학습에 필요한 샘플에 대한 효율성을 높이기 위해 많은 노력들을 기울이고 있으나, 아직까지는 좀 요원해 보이기도 한다. 물론 새로운 아이디어가 거의 매일 나타나는 이 분야에서 이 작은 책으로 전체 영역을 다룰 수는 없다. 하지만, 이 책은 이 분야에 대한 실용적 혹은 실질적인 토대를 제공하고자 하는 것이었으며, 이를 바탕으로 독자들이 보다 일반적인 방법에 대하여 배울 때 쉽게 배울 수 있으면 좋겠다.

마지막으로 Deep RL Bootcamp 2017에서 Volodymir Mnih가 그의 강연 "Recent Advances and Frontiers in Deep RL"에서 한 말을 인용하고자 한다: "심층 강화 학습은 매우 새롭고 모든 것이 여전히 흥미롭다. 사실, 아무것도 해결된 것은 없다. 아직은!"

찾아보기

번호

A

B

D

E

G

I

K

L

M

N

O

P

Q

R

S

T

U

V

W